Eduard Dillmann

Eine neue Darstellung der Leibnizischen Monadenlehre

auf Grund der Quellen

Eduard Dillmann

Eine neue Darstellung der Leibnizischen Monadenlehre
auf Grund der Quellen

ISBN/EAN: 9783743314030

Hergestellt in Europa, USA, Kanada, Australien, Japan

Cover: Foto ©ninafisch / pixelio.de

Eduard Dillmann

Eine neue Darstellung der Leibnizischen Monadenlehre

Eine neue Darstellung

der

Leibnizischen Monadenlehre

auf Grund der Quellen.

Von

Eduard Dillmann.

Leipzig.
O. R. Reisland.
1891.

Vorwort.

Die hier erscheinende Schrift ist die Frucht einer gröfseren Reihe einzelner Untersuchungen über die Leibnizische Monadenlehre, zu welchen mich einige der in nachfolgender Einleitung angegebenen Überlegungen veranlafsten und durch die ich allmählich zu einer von der herkömmlichen in allen Punkten gänzlich abweichenden Auffassung des Systems geführt wurde. Ich war nun bestrebt, das Beweismaterial für diese Auffassung möglichst vollständig zusammenzustellen. Ich bin dabei zuweilen sehr weit ins Detail gegangen und habe öfter, bei den wichtigeren und insbesondere den grundlegenden Bestimmungen Leibnizens, eine stattliche Anzahl von Belegstellen aus· den Quellen wörtlich angeführt. Indessen glaube ich, dafs dies angesichts der durchgängigen Neuheit und Eigenartigkeit meiner Ergebnisse, durch welche alle Vorstellungen, die bisher über die Monadenlehre im ganzen wie im einzelnen verbreitet gewesen sind, von Grund aus hinfällig werden dürften, nur geboten und jedenfalls kein Fehler gewesen ist. Im übrigen habe ich mich stets bemüht, jene Ergebnisse gegen alle etwaigen Einwendungen und Anfechtungen im voraus möglichst sicherzustellen, und ich selbst kenne gegenwärtig keine Frage und keinen Einwurf von Belang mehr, welcher denselben entgegengehalten werden könnte und nicht in' dem vorliegenden Buche seine allseitige Erledigung gefunden hätte. Wenn gleichwohl

*

in dem einen oder anderen Punkte sich ernstere Schwierigkeiten erheben sollten, so bin ich gerne bereit, dieselben einer
sorgfältigen und eingehenden Prüfung zu unterziehen und
sie ihrer Lösung entgegenzuführen. Ich werde überhaupt für
jede begründete sachliche Kritik der von mir vorgetragenen
Ansichten nur dankbar sein; denn sie wird mir die Gelegenheit geben, die letzteren immer weiter zu vertiefen und ihre
Notwendigkeit und Unumgänglichkeit in immer schärferes
Licht treten zu lassen. Was die Darstellung selbst betrifft,
so habe ich jederzeit mein Hauptaugenmerk darauf gerichtet,
meine Meinung so klar und faßlich wie nur irgend möglich
zum Ausdruck zu bringen, und ich habe zu diesem Zwecke
selbst Wiederholungen und breitere Ausführungen nicht gescheut, indem ich immer glaubte, daß es besser sei, etwas
zu weitläufig zu sein, als nicht vollkommen verstanden zu
werden. Wenn dieses Buch dennoch an das eigene Nachdenken des Lesers große Anforderungen stellt, so liegt der
Grund in der Natur der Sache selbst. Der Standpunkt Leibnizens, aus welchem seine sämtlichen Überzeugungen hervorgegangen sind, ist ein ungewöhnlich schwieriger, den man erst
selbstthätig sich angeeignet und durchdacht haben muß, bevor
ein eindringlicheres Verständnis des Systems möglich ist, und
diese Thätigkeit kann durch keine noch so lichtvolle Darstellung entbehrlich gemacht werden.

Mit diesen Bemerkungen und zugleich mit der Bitte um
geneigte Aufnahme übergebe ich ein Werk langer und mühe-
voller Arbeit der Öffentlichkeit.

Berlin, den 31. August 1891.

Der Verfasser.

Inhaltsverzeichnis.

*

———

Einleitung.

Das System, welches gegenwärtig in den Lehrbüchern der Geschichte der Philosophie als die Leibnizische Monadenlehre ausgegeben zu werden pflegt, giebt schon bei geringer Bekanntschaft mit den Quellen zu mancherlei Ausstellungen Anlafs.

Fast überall, wo es sich um die Grundlegung seines Systems handelt, nimmt Leibniz von der Betrachtung des Körpers und dessen Eigenschaften seinen Ausgangspunkt. Schon der sogenannte „metaphysische Diskurs" begründet die Wiedereinführung der substantiellen Formen mit der Thatsache der Bewegung, mit dem Hinweis darauf, dafs diese etwas rein Relatives sei. Der an diese Abhandlung sich anschliefsende Briefwechsel mit Arnauld beschäftigt sich aufs eingehendste mit der Frage nach der Einheit des Körpers und kommt zu dem Resultat, dafs die letztere nur gewahrt bleiben könne, wenn man in dem Körper aufser der blofsen Gröfse noch ein unteilbares Wesen, eine Seele anerkenne. In dem „Neuen System" erklärt der Philosoph ausdrücklich, dafs er ursprünglich ein begeisterter Anhänger der neueren mechanischen Weltanschauung gewesen sei, dafs sich ihm aber, als er die Prinzipien der Mechanik selbst geprüft, die Annahme blofs ausgedehnter Massen als unzureichend erwiesen habe, und dementsprechend nehmen die Erörterungen über den Körper auch hier den breitesten Raum ein. Eben diese bilden auch in dem ausgebreiteten Briefwechsel mit De Volder und mit Des Bosses den beherrschenden Mittel-

punkt der Diskussion. Es giebt dann noch verschiedene
Schriften (besonders unter denjenigen, welche gegen Descartes
und den Cartesianismus gerichtet sind), in denen Leibniz
weitläufig und in der unzweideutigsten Weise die fundamentale Bedeutung dieser dynamischen Untersuchungen für
sein System hervorgehoben hat, und auch sonst kommt er, so
oft die Begründung seiner Substanzen in Frage steht, immer
wieder auf sie zurück.

Wenn man dieselben nun trotzdem unter den grundlegenden Bestimmungen der Monadenlehre zuweilen nicht
einmal erwähnt, so müssen wir derartigen Darstellungen
natürlich von vornherein mit Mifstrauen entgegenkommen.
Denn es ist nicht zu erwarten, dafs Arbeiten, die schon in
ihren Prinzipien im Widerspruch mit den Quellen stehen, in
ihrem weiteren Fortgange denselben näher kommen sollten.
Thatsächlich läfst man denn auch gewöhnlich den Philosophen
die allgemeinsten Sätze des Systems aus dem Wesen der
körperlichen Erscheinungen ableiten. Freilich verfährt man
auch in diesem Falle in einer Art, die keineswegs gebilligt
werden kann. Denn abgesehen davon, dafs man es gemeinhin an jeder eindringlicheren Erklärung der bezüglichen
Auseinandersetzungen Leibnizens fehlen läfst, trotzdem dieselben bei näherer Erwägung eine Menge der schwierigsten,
ja kaum lösbar erscheinender Fragen hervorrufen, pflegt man
dieselben sogar nicht einmal vollständig zusammenzustellen.
Es handelt sich hier besonders um drei Untersuchungen.
Die erste, welche sich auf die Einheit des Körpers bezieht,
pflegt trotz der sorgfältigen und umfangreichen Besprechung,
die ihr Leibniz zu teil werden läfst, entweder gar keiner
Beachtung gewürdigt oder mit einigen kargen Worten abgethan zu werden. Die zweite, welche die körperliche Bewegung zum Gegenstande hat und über deren hervorragende
Bedeutung man sofort belehrt wird, sobald man es nur einmal unternimmt, die verschiedenen zerstreuten Äufserungen
des Philosophen zu exzerpieren und im Zusammenhange miteinander zu betrachten, scheint überhaupt kaum bekannt zu

sein, und nur die dritte, die es mit dem Widerstande der
Materie zu thun hat, pflegt sich, wiewohl sie äufserlich am
wenigsten hervortritt, einer gröfseren Aufmerksamkeit zu
erfreuen, offenbar weil sie dem gewöhnlichen Verstande näher
kommt, als die beiden anderen.

Sehen wir indessen auch hiervon ab, so springt doch
in den herkömmlichen Darstellungen der Monadenlehre sofort
ein anderer, viel tiefer greifender Mangel in die Augen, und
diesen müssen wir etwas näher beleuchten. Wenn man
nämlich auch die Erörterungen Leibnizens über die Natur
des Körpers an die Spitze des Systems stellt, so ist man
doch sehr weit davon entfernt, dasselbe wirklich aus ihnen
abzuleiten oder auch nur den Versuch einer solchen Ableitung
zu machen. Man benutzt dieselben vielmehr durchgängig
lediglich zum Zweck des Nachweises, dafs überhaupt irgendwelche einfachen, thätigen Substanzen, die Monaden, als die
Elemente der Dinge angenommen werden müssen. Sobald
man sich aber dieser Bestimmungen versichert hat, stellt
man jene Erörterungen gänzlich bei Seite und schlägt einen
vollständig neuen Weg ein. Ohne jedwede Rücksicht auf
den Anfang, den man genommen hat, läfst man nämlich nun
den Philosophen in rein apriorischer Weise aus den abstrakten
und leeren Begriffen der Einfachheit und Thätigkeit im allgemeinen, aus welchen man überdies natürlich alles beweisen
kann, je nachdem man sie zu wenden versteht, sämtliche
konkrete Eigenschaften der Monaden entwickeln, gerade als
ob von dem Wesen des Körpers überhaupt gar nicht die
Rede gewesen wäre.

Diese Darstellung erregt nun aber durch sich selbst
solche Bedenken, sie ist innerlich so widerspruchsvoll, dafs
man fast unwillkürlich zu der Frage gedrängt wird, ob dieselbe denn wirklich im Sinne Leibnizens ist. Wenn nämlich
die Monaden die Prinzipien des Körpers sein sollen, so sollte
man erwarten, dafs nicht nur ihr allgemeiner Charakter,
sondern auch ihre nähere Bestimmtheit aus der Natur des
letzteren, nicht aber aus abstrakten Argumentationen gefolgert

werden müsse. Denn wenn sie nicht auch im einzelnen so beschaffen sein würden, dafs sich aus ihnen die materiellen Vorgänge vollständig erklären, so würden sie eben nicht die Prinzipien derselben sein können, wie sie es doch ihrer Ableitung nach sein sollen. Man wird nun freilich vielleicht einwenden wollen, dafs es zu dieser Erklärung ja möglicherweise genügen könnte, wenn es überhaupt einfache, überhaupt thätige Substanzen gäbe, und dafs also in diesem Falle die besonderen Attribute der letzteren allerdings durch anderweitige Betrachtungen ausgemacht werden müssen. Allein dafs dieser Einwand nicht haltbar wäre, ergiebt sich bei einigem Nachdenken sofort. Denn der Körper ist eben nicht etwas Allgemeines, sondern ein konkretes, ganz bestimmtes Ding, und seine Prinzipien können daher auch nur ganz bestimmter Natur sein. Wenn die Monade die körperliche Substanz darstellen soll, so genügt es doch offenbar nicht, dafs sie überhaupt irgend eine beliebige einfache Substanz ist; vielmehr wird sie irgend eine genau angebbare Beziehung zu diesem Körper haben müssen. Wenn sie weiter das Subjekt der Bewegung bilden soll, so reicht es doch nicht hin, dafs sie etwas Thätiges im allgemeinen ist, sondern diese Thätigkeit wird der Bewegung in irgend einer Weise entsprechen, ja sie wird so genau bestimmt sein müssen, dafs daraus einleuchtet, warum die körperlichen Bewegungen mechanischen Gesetzen folgen, warum der einzelne Körper in jedem Falle gerade so und nicht anders handelt u. dgl. Und wenn vollends die Monade die Ursache des Widerstandes sein soll, so befriedigt eine so abstrakte Fassung ihrer Natur noch viel weniger. Denn der Widerstand ist ein ganz eigentümliches Phänomen, wird also auch nur auf ganz eigentümliche Substanzen zurückgeführt werden können, und je nach unserer Auffassung von dem Wesen des Widerstandes werden wir notwendig zu vollkommen verschiedenen Ansichten über die genauere Art der Bethätigung dieser Substanzen gelangen müssen. Das alles sind ja so selbstverständliche Sätze, dafs ein Zweifel daran nicht möglich ist.

Erfordern nun aber einerseits die körperlichen Erscheinungen ganz bestimmte Prinzipien und sollen andererseits nach Leibniz die Monaden die Prinzipien dieser Erscheinungen sein, dann ist es auch unmöglich, die besonderen Attribute der Monaden aus abstrakten Überlegungen deduzieren zu wollen, welche mit dem Wesen des Körpers nichts zu schaffen haben.

Dazu kommt noch ein anderes. Begründet man nämlich die Annahme der Monaden zwar zunächst aus der Erfahrung, leitet man aber daraus nur die allgemeinen Prädikate der Substanzen, nämlich die Prädikate der Einfachheit und Thätigkeit schlechthin ab, so erhebt sich doch, da eben aus diesen Prädikaten schlechterdings nichts wirklich Existierendes begriffen werden kann, unter allen Umständen hinterher das Problem, auf welche Eigenschaften dieser Substanzen denn nun die konkreten Dinge, z. B. die Bewegung und der Widerstand, zurückgeführt werden müssen, und dieses Problem würde sich dann also nur auf spekulativem Wege lösen lassen. Man kommt daher notwendig zu dem Widerspruche, daſs zwar die Monaden um der materiellen Phänomene willen eingeführt werden, daſs aber die Frage, wodurch sich diese Phänomene eigentlich erklären, dennoch durch Betrachtungen ausgemacht wird, welche zu den letzteren nicht in der geringsten Beziehung stehen.

Die herkömmlichen Darstellungen verwickeln sich denn auch in der That in diesen Widerspruch, und dieser tritt an einzelnen Stellen besonders deutlich zu Tage. So pflegt man z. B., nachdem man in apriorischer Weise die Hauptbestimmungen des Systems gefunden, u. a. auch den Unterschied der Deutlichkeit und Verworrenheit der Vorstellungen auseinandergesetzt hat, plötzlich bei dieser oder jener Gelegenheit darauf hinzuweisen, in den deutlichen Vorstellungen bestehe die aktive, in den konfusen die passive Kraft, und jene sei das, was der Bewegung, diese das, was der Widerständigkeit der Materie zu Grunde liegt. Anstatt also gleich von vornherein die Prinzipien der Bewegung und des Widerstandes so genau zu definieren, daſs aus ihnen diese Erscheinungen vollständig eingesehen werden können, folgert man aus den letzteren zunächst irgendwelche vagen, ganz allgemein gehaltenen Substanzen, aus welchen als solchen überhaupt noch nichts Konkretes resultieren kann. Dann erfüllt man vermittelst allgemeiner Definitionen und Schluſsfolgerungen diese Substanzen mit einem konkreten Inhalt, und schließlich ergreift man eine von den so gewonnenen Bestimmungen und sagt, diese seien das Reale, was das Phänomen der Bewegung und des Widerstandes verursacht. Die innere Unhaltbarkeit einer derartigen Argumentation ist zu augenfällig, als daſs man weitere Worte darüber zu machen brauchte.

Ja, man läſst sogar der Darlegung der Hauptlehren des Systems gewöhnlich ein eigenes Kapitel folgen, in welchem die Leibnizische Naturphilosophie einer gesonderten Besprechung unterworfen wird. Man pflegt hier mit der Behauptung zu beginnen, daſs es, nachdem man die grundlegenden Lehren des Philosophen auf deduktivem Wege gefunden habe, nun darauf ankomme, aus den Monaden die konkrete Welt zu konstruieren, daſs es sich jetzt darum handle, die Erscheinung der körperlichen Masse und ihrer Bewegung, die Körperwelt und ihre Gesetze aus den Substanzen und ihren Eigenschaften, wie man diese durch jene abstrakten Manipulationen gewonnen hatte, zu erklären. Und diese Erklärung leistet man dann, indem man in ebenso abstrakter Weise, ohne auch nur im geringsten das Wesen des Körpers selbst zu berücksichtigen, die vorher gefundenen Bestimmungen in Verbindungen miteinander bringt, für die man schlechterdings keine realen Gründe einsieht. Während man daher zu Anfang den Philosophen die einfachen Substanzen überhaupt nur deshalb für notwendig erachten lieſs, weil die Erfahrung, die materiellen Phänomene ohne dieselben nicht verstanden werden können, läſst man ihn doch das nähere Wesen jener Substanzen nicht durch diese Phänomene, sondern durch apriorische Überlegungen bestimmen, um nun

umgekehrt erst auf Grund der so erhaltenen Ergebnisse zu
der Erkenntnis zu kommen, wie jene Phänomene eigentlich
entstehen.

Hierin liegt nun aber, wie jeder zugeben muſs, der
diesen Gedankengang unbefangenen Sinnes erwägt, ein so
handgreiflicher, fast unerträglicher Widerspruch, daſs man
die Richtigkeit der traditionellen Darstellung notwendig in
Zweifel ziehen muſs. Man muſs die Frage aufwerfen, ob
denn diese Darstellung in der That den Quellen entspricht,
ob es sich, wenn wir die Schriften Leibnizens einer eingehenderen Prüfung daraufhin unterziehen, wirklich bewahr-
heiten sollte, daſs er zwar die Annahme der Monaden auf
Erfahrungsthatsachen gestützt und dennoch die konkrete
Beschaffenheit derselben nicht aus diesen Thatsachen, sondern
aus vagen Spekulationen hergeleitet habe, ob es sich nicht
vielmehr bei einer genaueren Durchforschung der auf den
Körper bezüglichen Untersuchungen des Philosophen heraus-
stellen sollte, daſs nicht bloſs jene ganz allgemeinen, sondern
auch die spezielleren Sätze des Systems sich aus diesen
Untersuchungen ergeben, daſs die Natur der Substanzen
durch die letzteren unmittelbar schon so vollständig, bis ins
Detail hinein bestimmt wird, daſs für eine Begründung aus
bloſsen Begriffen überhaupt gar kein Platz mehr vorhanden
ist, kurz, ob nicht das gesamte System aus diesen Untersuchungen sich begreifen lasse und thatsächlich begriffen
werden müsse.

Und in dieser Vermutung werden wir noch durch eine
andere Thatsache bestärkt. Die dynamischen Auseinandersetzungen Leibnizens enthalten nämlich in der That, wie
man schon bei dem oberflächlichsten Blicke auf die Quellen
wahrnehmen kann, eine sehr bemerkenswerte und entschiedene
Widerlegung der traditionellen Auffassung. Um uns hier
nicht zu weit ins einzelne zu verlieren, wollen wir nur e i n e n
Hauptpunkt anführen. Unter diesen Auseinandersetzungen
des Philosophen spielt nämlich diejenige eine hervorragende
Rolle, welche sich mit der Einheit des Körpers beschäftigt,

und dieselbe fällt schon äufserlich durch den breiten Raum
auf, den sie in den Quellen einnimmt. Leibniz führt hier
aus, dafs der Körper eine blofse Vielheit, ein reines Aggregat
sei, dafs daher, wenn er eine Substanz sein solle, ihm eine
Seele zugestanden werden müsse; denn nur der organische
Körper sei etwas Substantielles, die blofse Masse aber ein
reines Phänomen. Dieser Untersuchung wird nun, entsprechend der vorher geschilderten herkömmlichen Behandlung der Monadenlehre, wenn überhaupt, doch nur an-
deutungsweise zu Anfang des Systems gedacht und erst,
nachdem man alle wesentlichen Sätze desselben entwickelt
hat, pflegt man in dem schon berührten Kapitel über die
Naturphilosophie Leibnizens ausführlicher auf dieselbe einzugehen. Und zwar pflegt man dann ihren Inhalt etwa in
folgender Weise wiederzugeben: Kraft der prästabilierten
Harmonie stehen alle Monaden zu einander in Beziehung:
sofern nun eine von ihnen das deutlicher vorstellt, was
mehrere andere verworren vorstellen, so entsteht ein Aggregat
von Monaden, welches von einer Zentralmonas, einer Seele
beherrscht wird, kurz ein organisches Wesen. Eine solche
von einer Seele verknüpfte Vielheit von Monaden konstituiert
nun eine wahrhafte Einheit und macht das aus, was wir
eine körperliche Substanz nennen: sie ist das Reale, welches
der körperlichen Erscheinung zu Grunde liegt. Wo dagegen
in einer Menge von Monaden die Seele fehlt, da setzen diese
nicht wirklich e i n e Substanz zusammen, sie e r s c h e i n e n
nur als e i n Körper und bilden also ein Phänomen. In dieser
oder ähnlicher Weise spricht man sich durchweg über jene
Erörterungen Leibnizens aus. Hiernach würde also der
Philosoph in denselben die Monadenlehre bereits voraussetzen, und seine Tendenz würde lediglich die sein, nachzuweisen, wie aus den Monaden die Erscheinung des Körpers
hervorgehe, wie wir vom Standpunkte der Monadenlehre
aus über die materielle Welt urteilen müssen, inwieweit derselben von hier aus noch Substantialität zugesprochen werden
könne, und inwieweit sie sich in blofse Phänomene auflöse.

Diese Darstellung ist indessen völlig unhistorisch. Man möge
Leibniz verstehen, wie man wolle, dafs d i e s e Ansicht nicht
richtig ist, steht aufser jedem Zweifel. Man vergleiche die
bezüglichen Auslassungen Leibnizens in dem Briefwechsel
mit Arnauld, in dem „Neuen System", in dem Briefwechsel
mit De Volder u. a., überall ist sein Bestreben darauf gerichtet, aus der Thatsache, dafs der Körper eine Vielheit ist,
die Notwendigkeit der Annahme unteilbarer Wesen darzuthun. Nirgends dagegen, aber auch nirgends setzt er die
Monadenlehre bereits voraus, nirgends vor allem ist es seine
Absicht, die Entstehung der Körperwelt aus der Welt der
Monaden zu erklären u. dgl. Und auch in dem Briefwechsel
mit Des Bosses ist von dieser letzteren Tendenz schlechterdings keine Rede, wenngleich der Philosoph es hier schon
als feststehend ansieht, dafs der Körper aus den Monaden bestehe, eine Anomalie, welche die Entwickelung der Diskussion
mit sich brachte. So erweist sich die Stellung, welche man
diesen Erörterungen im ganzen des Systems gegeben hat,
als mit den einfachsten und unleugbarsten Thatsachen der
Quellen im Widerspruche stehend: sie gehören insgesamt
allein und ausschliefslich an den Anfang, nicht an das Ende
des Systems, sie sind die Grundlage, nicht die Folge desselben.

Sobald man aber dies im Auge behält, fällt überhaupt
das ganze Gebäude der Monadenlehre, wie man es sich
gemeinhin zu konstruieren pflegt, in sich zusammen. Denn
hat man schon bisher, wie man sieht, diese dynamischen
Erörterungen des Philosophen gar nicht zu erklären vermocht, ohne sehr detaillierte Bestimmungen des Systems zu
Hülfe zu nehmen, so ist doch soviel unter allen Umständen
klar, dafs, wenn man dieselben an die Spitze des Systems
stellt, aus ihnen nicht blofs der abstrakte Satz folgen kann,
es müsse überhaupt irgend welche einfachen und thätigen
Wesen geben, sondern dafs sie unmittelbar durch sich selbst
zu einer viel bestimmteren Fassung der Natur dieser Wesen
führen müssen. Ist aber dies der Fall, dann liegt auf der

Hand, dafs eine apriorische Begründung der Monadenlehre überhaupt unmöglich gemacht wird.

Alles dieses legt nun die Vermutung sehr nahe, dafs es mit der Ableitung des Systems aus blofsen Begriffen, wie man sie bisher beliebt hat, nichts sei, dafs dasselbe vielmehr seinem ganzen Umfange nach aus den dynamischen Untersuchungen Leibnizens resultiere. Und diese Vermutung wird auch durch die sogenannte „Monadologie" nicht abgeschwächt.

Wenn man nämlich durchgehends jene Ableitung acceptiert hat, so liegt der Grund hierfür lediglich darin, dafs Leibniz selbst in einer seiner Schriften, der „Monadologie", aber auch nur in dieser, sich derselben bedient hat. Er geht hier von dem Begriffe der Monade als einfacher Substanz aus; er folgert daraus, dafs sie weder entstehen noch vergehen und dafs sie keinen Einflufs von aufsen erfahren könne; er fügt hinzu, dafs sie immer Qualitäten haben müsse, weil sie sonst überhaupt kein Wesen sei, sowie dafs jede Substanz unaufhörlich der Veränderung unterworfen sei: aus dem Begriffe der Veränderung zieht er dann den Schlufs, dafs den Monaden Vorstellung und Streben zukomme, und da sich hieraus ergiebt, dafs alle Monaden Seelen sind, setzt er die Unterschiede, die zwischen ihnen und insbesondere zwischen den gewöhnlichen Monaden und der menschlichen Seele bestehen, auseinander; indem er so auf die beiden Grundsätze des menschlichen Denkens, den Satz des Widerspruches und denjenigen vom zureichenden Grunde kommt, beweist er aus diesem letzteren, dafs es ein höchstes Wesen, einen Gott geben müsse, und schliefst dann aus dem Begriffe des höchsten Wesens auf die Eigenschaften Gottes u. s. w. Man sieht, Leibniz entwickelt hier sein System auf rein begrifflichem Wege. Hierin ist man ihm denn gefolgt, ja man hat ihn noch überboten, indem man auch solche Sätze, welche die „Monadologie" als blofse Thatsachen einführt, in dem Geiste derselben zu begründen suchte.

Allein wenn nun auch Leibniz einmal in der Erklärung seines Systems die apriorische Methode befolgt hat, so wird

damit an dem Vorhergesagten doch nichts geändert. Denn
es fragt sich eben, mit welchem Rechte man gerade die
„Monadologie" zur Grundlage der Darstellung gewählt hat.
Diese Abhandlung nimmt mit ihrer abstrakten Deduktion
der Prinzipien des Systems unter den Schriften des Philosophen eine einzigartige Stellung ein; in keiner sonstigen
hat er diesen Weg eingeschlagen. Überall stützt er vielmehr, wie wir sahen, seine Prinzipien auf die Natur der
körperlichen Erscheinungen. (Er hat wohl auch hie und da
allgemeinere Gründe für dieselben angeführt, allein das sind
doch immer nur Ausnahmen, welche die Regel bestätigen.)
So findet sich z. B. die Ableitung der Vorstellung und des
Strebens, welche die „Monadologie" kennt, in den sonstigen
Schriften Leibnizens nicht mehr wieder, ja es läfst sich sogar
zeigen, dafs sie nicht zu den letzteren pafst. Es ist also
zum mindesten willkürlich, wenn man die „Monadologie"
zur Hauptquelle des Systems macht. Es ist freilich richtig,
sie ist (wenn man von dem „metaphysischen Diskurs" absieht) die einzige Abhandlung, in welcher der Philosoph alle
seine Hauptsätze in einen Zusammenhang gebracht hat.
Indessen dies allein genügt doch noch nicht, um ihr eine
solche Bedeutung beizumessen. Man wird auch sagen, sie
sei die späteste Arbeit Leibnizens oder wenigstens eine der
spätesten und müsse also als der vollendetste Ausdruck seiner
Überzeugungen gelten. Allein der letztere Schlufs wäre auf
seine Haltbarkeit erst zu untersuchen. Es ist keineswegs
ausgemacht, dafs die spätesten Darstellungen auch die besten
sein müssen. Im Gegenteil, man wird annehmen können,
dafs vielmehr die frühesten uns den richtigsten Einblick in
die Monadenlehre und insbesondere in die Gründe derselben
gewähren werden, weil sie den Gedankengang des Philosophen
wahrscheinlich ursprünglicher und getreuer wiederspiegeln als
die späteren, für welche möglicherweise Gesichtspunkte mafsgebend gewesen sind, welche der Monadenlehre an sich fremd
sind. Es ist also an und für sich durch nichts gerechtfertigt, wenn man der „Monadologie" einen mafsgebenden

Einfluſs auf die Beurteilung des Systems eingeräumt hat. Ja, wir werden es sogar schon hier als entschieden falsch bezeichnen können, wiewohl wir selbstverständlich völlige Gewiſsheit darüber erst durch unsere späteren Untersuchungen erlangen können. Denn da sie eben die Prinzipien der Monadenlehre in anderer Weise begründet als die sämtlichen sonstigen Schriften des Philosophen, diese verschiedenen Begründungen sich aber, wie vorher gezeigt wurde, schwerlich vereinigen lassen, so scheint sie im Widerspruch zu den sonstigen Quellen zu stehen. Ist aber dies der Fall, dann ist es natürlich nicht mehr möglich, unsere Auffassung des Systems von ihr abhängig zu machen. Wir werden dann sagen müssen, daſs die „Monadologie" nicht die wahre Form der Monadenlehre darstellt, sondern daſs sie als ein gelegentlicher Versuch Leibnizens, dasjenige, was er auf ganz anderem Wege gefunden und auch in seinen sonstigen Schriften auf ganz andere Gründe gestützt hat, apriori wieder abzuleiten, verstanden werden muſs.

Haben wir nun aber Grund zu der Annahme, daſs die apriorische Entwicklung der Monadenlehre nicht die richtige sei, so muſs uns der Wert aller bisherigen Darstellungen der letzteren höchst problematisch erscheinen. Denn dieselben sind durchgängig auf das engste mit dieser Entwicklung verknüpft, und ihre Beurteilung sowohl des ganzen Systems als der einzelnen Bestimmungen desselben ist ganz und gar durch sie bedingt. Würde sie sich daher als verfehlt erweisen, so würde nicht nur im allgemeinen, sondern auch im besondern eine vollständig veränderte Auffassung der Leibnizischen Philosophie voraussichtlich Platz greifen müssen.

Indessen giebt es noch andere Punkte, welche darauf schlieſsen lassen, daſs es mit diesen Darstellungen nicht ganz richtig bestellt sei.

Vor allem fehlt es dem System, wie es gemeinhin vorgetragen zu werden pflegt, an einem Grundgedanken, aus welchem die Hauptbestimmungen desselben herflieſsen:

man sieht nicht, welche Tendenz eigentlich Leibniz mit demselben verfolgt hat. Man hat wohl mehrere solcher Tendenzen angegeben, allein man ist nicht imstande, hat auch nicht einmal den Versuch gemacht, das System wirklich aus denselben abzuleiten. So hat man geglaubt, Leibniz habe die Substantialität der Individuen wiederherstellen, eine Welterklärung geben wollen, in welcher die Individualität die Grundlage bildet. Allein von diesem Standpunkte aus würden sich nur die allgemeinsten Grundsätze der Monadenlehre rechtfertigen lassen, die übrigen Bestimmungen derselben aber unverstanden bleiben; überdies wäre auch nicht abzusehen, wie diese Tendenz mit andern offenkundigen Bestrebungen Leibnizens, wie denjenigen, welche auf die Verbindung der mechanischen Weltanschauung der modernen Philosophie mit der teleologischen des Altertums gehen, vereinigt werden sollte. Man hat dann eben diese letzteren Bestrebungen als das treibende Motiv des Philosophen angegeben; allein man hat es nie unternommen, seine Ansichten thatsächlich aus denselben zu begründen, und es ist auch nicht einzusehn, wie dies bei dem derzeitigen Zustande des Systems möglich sein sollte. Man hat ferner gesagt, wir haben in dem letzteren einen Versuch Leibnizens zu erblicken, den Pantheismus Spinozas zu überwinden; allein diese Annahme wäre ebenfalls nicht im entferntesten imstande, seine sämtlichen Überzeugungen zu erklären. Noch manche andere Auffassungen hat man ausgesprochen, ohne dafs doch auch diese befriedigend wären. Das System in seiner gegenwärtigen Gestalt bildet eine Menge von einzelnen Sätzen, die zwar wohl miteinander zusammenhängen, die aber keinen einheitlichen Gedanken entwickeln, aus welchem sie sich begreifen lassen. Und doch sollte man dies verlangen!

Dem entspricht es nun auch vollständig, dafs die geschichtliche Stellung Leibnizens bisher ganz und gar unklar geblieben ist. Man bringt die Monadenlehre mit einer Masse von gleichzeitigen und früheren Philosophemen in Zu-

sammenhang. Zu der Philosophie des Plato und Aristoteles,
der Scholastiker, Descartes', Melabranches und Spinozas, der
Atomistiker, ja der Theosophen, Giordano Brunos u. a. soll
sie in Beziehung stehen. Die eine Darstellung räumt dieser,
die andere wieder jener Beziehung eine besondere Bedeutung ein, und man kann nicht entscheiden, welche nun
Recht habe: je nachdem man die eine oder die andere Seite
der Monadenlehre mehr hervorhebt, kommt man zu dieser
oder zu jener Ansicht. Ja, man sagt, dafs Leibniz, univer-
salistisch angelegt wie er war, alle jene Systeme in seiner
Monadenlehre vereinigt und zur Versöhnung gebracht habe.
Allein auch in diesem Falle bleibt die Frage übrig, um
welche Systeme es Leibniz dabei in erster Linie zu thun
war, da doch nicht anzunehmen ist, dafs er auf alle zusammen in gleichem Mafse bedacht war. Diese Frage wird
aber verschieden beantwortet, es giebt keine wissenschaftlich
gesicherte Antwort auf dieselbe.

Hiermit hängt es dann auch zusammen, dafs über die
Entstehung der Monadenlehre noch vollständige Unwissen-
heit herrscht. Es ist freilich bekannt, dafs einerseits in den
Schriften, welche vor dem Pariser Aufenthalt Leibnizens verfafst sind, noch keine erheblichen Spuren von derselben vorhanden sind und dafs sie andererseits bereits um das Jahr
1686 ihrem Abschlufs nahe gekommen ist. Allein über
die ganze Zwischenzeit ist ein tiefes, fast unbegreifliches
Dunkel ausgebreitet. Man weifs nicht, wodurch Leibniz zur
Aufstellung seines Systems veranlafst worden ist, ob seine
dynamischen Untersuchungen, ob naturwissenschaftliche
Beobachtungen, ob die Lektüre zeitgenössischer oder älterer
Philosophen, ob religiöse Interessen und dergleichen den
ersten Anstofs gegeben haben; man weifs nicht, ob er allmählich und gleichsam unvermerkt oder von der ausgesprochenen Absicht einer Systembildung aus zu seinen
Principien geführt worden ist; man weifs nicht, ob und inwieweit für die Ausgestaltung seiner Lehre der Verkehr mit
anderen Philosophen, die Anregungen fremder Gelehrter von

Einfluſs gewesen sind; man weiſs nicht, ob er dieselbe von
e i n e m Grundgedanken, e i n e r Grundtendenz aus entwickelt
hat. oder ob sie vielmehr in der Weise zustande gekommen
ist. daſs er verschiedene, ihm an sich feststehende Überzeugungen vermittelst des Princips der Monade zu einem
Ganzen verknüpfte u. s. w. Alle diese und ähnliche Fragen
sind unbeantwortet. Man hat zwar in neuerer Zeit mehrfach versucht, über den Entwicklungsgang Leibnizens und
insbesondere die Entstehung der Monadenlehre, freilich fast
nur auf Grund von Schriften, welche vor das Jahr 1686
fallen, gröſsere Klarheit zu verbreiten. Soweit aber die
Ergebnisse dieser Arbeiten Sicherheit haben, sind sie durchgängig von geringem Belang, soweit sie aber belangreicher
scheinen, sind sie nicht gesichert. zum Teil sogar entschieden
unwahrscheinlich. So ist das Dunkel, welches über den
Anfängen der Monadenlehre ruht, nicht gelichtet. Und doch
sollte man meinen, daſs ein System, welches wirklich verstanden ist, durch sich selbst genügende Anhaltspunkte liefern müsse, aus welchen man sich wenigstens eine allgemeine Vorstellung darüber bilden könnte, auf welchem Wege
es zustande gekommen ist, daſs es durch sich selbst auf die
Art seiner Entstehung hinweisen müsse. Denn daſs ein
genau erforschtes, im Geiste seines Urhebers begriffenes
System mehrere Annahmen in betreff seiner Entwicklung
gleich möglich erscheinen lassen sollte, ist unglaublich. Kein
gröſseres System wird seinen Ursprung verleugnen können;
derselbe wird sich sowohl in dem Inhalt als in der Haltung
desselben wiederspiegeln. Ja, wir werden auf Grund dieser
Erwägung sogar behaupten können, daſs wir, wenn wir uns
eine Anschauung von dem Werdegang eines Systems bilden
wollen, uns immer in erster Linie an dieses System selbst halten
müssen (gesetzt natürlich, daſs nicht geradezu direkte Zeug-
nisse dafür vorliegen), und daſs man, wenn man bisher, um
zu einer solchen Anschauung von dem Werden der Monadenlehre zu gelangen, vor allem, ja fast ausschlieſslich die
Schriften vor dem Jahre 1686 studiert hat, überhaupt einen

falschen Weg eingeschlagen hat. Nur die Monadenlehre selbst kann über den Ursprung und die Entwicklung derselben Aufschlufs geben, und sie wird ihn geben, so gewifs sie ein Produkt dieser Entwicklung ist. Wenn man daher bisher noch zu keinem Resultat über ihre Entstehung gekommen ist, so liegt der Grund vermutlich darin, dafs sie selbst noch nicht richtig verstanden ist.

Zu dieser Vermutung scheint aber noch ein anderer Umstand zu berechtigen. So mufs es auffallen, dafs die verschiedenen Darstellungen der Monadenlehre, wenn sie auch in den wesentlichsten Punkten übereinstimmen, doch in manchen wichtigen voneinander abweichen. Die einen weisen demselben Satz innerhalb des Systems einen bedeutenden Platz ein, welchen andere wieder vernachlässigen, oder stellen einen Satz unter die Principien, welcher sonst als blofse Folge derselben behandelt wird, und auch in anderer Beziehung finden sich Ungleichheiten in der Auffassung; ja gewisse Arbeiten entfernen sich sogar ganz beträchtlich von den übrigen. Diese Beweglichkeit in den Auffassungen scheint nicht gerade die Solidität der bisherigen Darstellungen zu beweisen. Es finden sich aber auch einige handgreifliche Unrichtigkeiten, Behauptungen, deren Unhaltbarkeit sich jedermann, der unbefangnen Blickes einmal in die Quellen gesehen hat, aufdrängt. So erweist sich z. B. die Bestimmung, dafs alle zusammengesetzten Dinge einfache Elemente voraussetzen, sofort als völlig irrtümlich. Und diese Bestimmung steht unter den Principien des Systems! Wie soll man aber zu Darstellungen noch Zutrauen haben, die es schon mit den Principien so wenig genau nehmen? Mufs das nicht unvermeidlich eine falsche Beurteilung des ganzen Systems nach sich ziehen? Und auch von den mancherlei abstrakten Erörterungen, welche die Interpreten Leibnizens, und einzelne derselben sogar in grofser Menge, kennen, steht in der Regel nichts in den Quellen, und man ist erstaunt, wenn man die letzteren liest und von allen jenen Erörterungen nichts, rein gar nichts in

ihnen findet. Endlich aber verwickelt sich die Monadenlehre in ihrem gegenwärtigen Zustande in mehrere grobe
Widersprüche, besonders in Bezug auf Gott und die praktischen Grundsätze. Und dennoch kann die Art, wie man
diese Widersprüche zu erklären versucht hat, in keiner Weise
befriedigen. Oder erregt es nicht etwa Bedenken, wenn z. B.
zahlreiche Äußerungen Leibnizens, welche von dem bisherigen
Standpunkte aus die Selbständigkeit der Monaden aufzuheben und das System dem Pantheismus Spinozas nahezu-
bringen, also vollständig zu erschüttern drohen, nur mit der
Bemerkung begreiflich gemacht werden können, daß der
Philosoph hier die verschiedenen Konsequenzen seiner Lehre
nicht vollständig miteinander vereinigt habe? Und was soll
man dazu sagen, wenn die umfassenden Erörterungen Leibnizens über die menschliche Willensfreiheit, die einen außerordentlich breiten Raum in seinen Schriften einnehmen, auf
nicht viel mehr als ein bedeutungsloses Gerede zurückgeführt werden müssen? Liegt da nicht die Annahme viel
näher, daß die Auffassung der Monadenlehre, welche jene
Widersprüche mit sich bringt, verfehlt sei?

Alle diese Betrachtungen lassen nun starke Zweifel an
der Zuverlässigkeit der bisherigen Darstellung aufkommen.
Enthält sie wirklich, müssen wir fragen, die richtige und
die letzte Form der Monadenlehre, entspricht sie wirklich
dem, was Leibniz selbst gedacht hat, befindet sie sich
wirklich mit den Ansichten in Übereinstimmung, welche er
in seinen Schriften und Briefen niedergelegt hat, mit einem
Worte, ist dieselbe wirklich eine quellenmäßige Darstellung
der Leibnizischen Philosophie? Wir können den Verdacht
nicht von uns abwehren, daß die Interpreten des Philosophen
in ihrer Auffassung der Monadenlehre in höherem Maße von
den traditionellen Anschauungen über dieselbe beeinflußt und
abhängig gewesen sind, als sie selbst wußten; daß sie sich
in der Würdigung des Systems weniger durch das, was
Leibniz selbst sagt, als durch das, was einmal über seine
wissenschaftlichen Überzeugungen verbreitet war, haben be-

stimmen lassen: daß sie die Quellen mehr nach den herkömmlichen Vorstellungen als diese nach jenen beurteilt
haben. Kurz, die Vermutung scheint gerechtfertigt, daß die
bisherige Darstellung nicht sowohl ein Werk unbefangener
Quellenforschung als ein Produkt der Überlieferung sei.

Indem wir aber so derselben höchst skeptisch gegen-
übertreten, erwächst uns die Aufgabe, eine neue Darstellung
der Monadenlehre zu versuchen, welche auf festeren und
solideren Grundlagen ruht, im ganzen wie im einzelnen ge-
sicherter und daher solchen Zweifeln nicht mehr ausgesetzt
ist. Und wenn es den Anschein hat, daß man bisher in
der Erklärung des Systems mehr der Tradition als den
Quellen gefolgt ist, so werden wir am sichersten zu diesem
Ziele kommen, wenn wir uns von dem Banne der ersteren
befreien und unser Urteil allein von den Quellen abhängig
machen. Das Zurückgehen auf die Quellen wird daher den
kennzeichnenden Charakter der nachfolgenden Abhandlung
ausmachen. Die Ansichten, die man bisher vorgetragen hat,
werden zwar unsere höchste Aufmerksamkeit in Anspruch
nehmen, aber sie haben keine Autorität mehr für uns. Die
Quellen werden den alleinigen und ausschließlichen Maßstab
für unsere sämtlichen Behauptungen bilden; nur sie werden
auch darüber zu entscheiden haben, inwieweit die Überlieferung richtig und inwieweit sie falsch ist; und wer von
diesem kritischen Geiste nicht erfüllt ist, wer trotz unzweideutiger quellenmäßiger Beweise für ihre Unhaltbarkeit
dennoch von den üblichen Anschauungen nicht lassen kann,
nur weil sie einmal so hergebracht sind, für den sind die
nachfolgenden Untersuchungen überhaupt nicht geschrieben.
Nur denjenigen Bestimmungen werden wir unsere Zustimmung geben, für welche es direkte oder indirekte Belege aus
den Quellen giebt; aber wir werden alle Bestimmungen ohne
die geringste Rücksicht auf ihr Alter oder ihren Urheber
zurückweisen und verurteilen, welche entweder überhaupt
nicht in den Quellen aufzufinden sind, oder welche in einem
nachweisbaren Widerspruch mit denselben stehen, und die

ältesten, ehrwürdigsten Sätze werden fallen müssen, sobald
sie diese Probe nicht bestehen. Man mufs sich freilich
wundern, dafs Grundsätze, von denen man meinen sollte,
dafs ohne sie überhaupt keine historische Forschung möglich
sei, noch besonders hervorgehoben werden müssen. Wie
sehr dies aber geboten ist, wie sehr man bisher gegen jene
Prinzipien verstofsen hat, wird sich bald genug zeigen. Ja,
wenn es unserer Abhandlung gelingen sollte, diese Grundsätze in Bezug auf die Leibniz-Forschung zu allgemeinerer
Anerkennung zu bringen, der bisherigen wenig gründlichen
und wenig kritischen Behandlung der Monadenlehre ein
Ende zu machen, so würde sie damit schon einen wesentlichen Teil ihrer Aufgabe erfüllt haben.

Wir werden uns aber in der Darstellung des Systems
auf den theoretischen Teil desselben beschränken und auch
von diesem nur die Hauptlehren in Betracht ziehen. Denn
ehe über diese volle Klarheit und Übereinstimmung herrscht,
wäre es nutzlos, auf die Einzelheiten einzugehen, da deren
Verständnis durch jene bedingt ist. Und überdies ist es,
wenn einmal die allgemeinen Umrisse des Systems festgestellt sind, nur eine Arbeit von geringer Mühe, das Detail
nachzutragen.

Im übrigen wird die folgende Abhandlung in zwei Ab-
teilungen zerfallen, von denen die erste sich mit der
Grundlegung der Monadenlehre, die zweite mit ihrer weiteren Ausgestaltung beschäftigen wird. Jede Abteilung wird
der Übersicht halber wieder in einzelne Abschnitte zerlegt
werden *).

---

*) Wie aus dem Obigen hervorgeht, werde ich die bisherigen
Ansichten über die einzelnen Lehren wie über das Ganze des Leibnizischen Systems einer eingehenden Würdigung unterziehen. Ich werde
aber dieser Beurteilung im wesentlichen diejenige Darstellung der
Monadenlehre zu Grunde legen, welche Eduard Zeller in seiner „Geschichte der deutschen Philosophie seit Leibniz" (München 1873) gegeben hat. Denn diese scheint mir von dem bisherigen Standpunkte
aus entschieden die beste zu sein; auch hebt sie die wesentlichen
Momente des Systems trotz aller Kürze mit grofser Klarheit und
Schärfe hervor und eignet sich daher in ganz besonderem Mafse zur
Grundlage unserer Ausführungen. Ich habe umsomehr Anlafs, der-

2*

selben zu folgen, als ich selbst von den Anschauungen, welche Zeller
vertritt, meinen Ausgangspunkt genommen und meine gesamten Ergebnisse ohne Berücksichtigung fremder Auffassungen allein und ausschliefslich auf Grund der durch einige der obigen Erwägungen veranlafsten
Untersuchung der Frage gefunden habe, wie weit jene Anschauungen
haltbar seien; vielleicht wird man sogar in den nachstehend ausgesprochenen Ansichten noch Spuren dieser ihrer Entstehung entdecken.
Mit der Kritik des Zellerschen Werkes werden auch die sonstigen Arbeiten, insbesondere die verdienstvollen von Eduard Erdmann, hinläng-
liche Erledigung finden, da sie sich in den Punkten, die für uns allein
in Betracht kommen, nicht allzusehr von jenem entfernen   Soweit indessen abweichende oder sonst bemerkenswerte Ansichten von Bedeutung aufgestellt worden sind, werde ich diese besonders besprechen,
ohne doch jedesmal ihre Urheber zu nennen; auf die Namen kommt ja
nichts an, wenn nur die Sache gefördert ist.   Nur die Darstellung der
Monadenlehre von Kuno Fischer (in seiner „Geschichte der neueren
Philosophie," Bd. II, 3. Aufl. 1888) verlangt neben derjenigen Zellers
noch eine besondere Betrachtung, nicht nur wegen der Ausführlichkeit,
mit welcher sie das System behandelt, sondern vor allem wegen ihres
eigentümlichen Inhalts.   Fischer hat nämlich, trotzdem er ganz und gar
von den traditionellen Grundanschauungen beherrscht ist, doch eine
Auffassung des Systems entwickelt, die von der landläufigen sehr weit
abliegt.   Er hat eine grofse Reihe merkwürdigster Sätze aufgestellt,
von denen allerdings ein kleiner Teil, und zwar gerade derjenige, der
noch am meisten begründet ist, auf das Konto Erdmanns gesetzt werden
mufs und von denen auch manche weitere Verbreitung gefunden haben,
die aber doch im ganzen ihm allein eigen sind.   Dennoch kann ich das
Werk Fischers in dem Text der folgenden Abhandlung nicht in gleicher
Weise berücksichtigen wie diejenige Zellers.   Denn Fischers Abweichungen von dem gewöhnlichen Gedankenkreise kann ich nicht eben
für eine Verbesserung des letzteren halten.   Ich mufs freilich auch der
Darstellung Zellers durchweg und Punkt für Punkt widersprechen, aber
gleichwohl ruht diese auf einer sehr viel realeren Grundlage als diejenige Fischers; sie behält doch immer eine weitgehende Fühlung mit
den Quellen, und die Irrtümer, die sie aufweist, teilt sie nicht nur mit
allen sonstigen Darstellungen, sondern sie waren auch angesichts der
Vorstellungen, die sich einmal über die Monadenlehre verbreitet hatten,
nur durch ein anhaltendes Studium der Leibnizischen Schriften, nur
durch eine ganz ungewöhnlich langwierige und mühevolle Arbeit zu
vermeiden und zu überwinden.   Fischer dagegen verfügt, wie sich später
hinreichend zeigen wird, in der Regel allzu willkürlich über die
Quellen: seine Ausführungen haben vielfach mit dem, was Leibniz sagt,
kaum mehr etwas gemein, ja das ganze Werk macht auf den, der die
Schriften des Philosophen kennt, geradezu einen fremdartigen Eindruck.
Ebendarum aber ist es mir in der Regel nicht möglich gewesen, Fischers
Ansichten in der Abhandlung selbst zur Sprache zu bringen, weil sie
hier den Gang der Untersuchungen ohne Nutzen für die Sache meistens
allzu fühlbar unterbrochen haben würden.   Ich habe daher die Kritik
derselben in der Hauptsache in die Anmerkungen verwiesen.   Auch bin
ich nur insoweit auf sie eingegangen, als sie sich von denjenigen Zellers
unterscheiden.

Erste Abteilung.
Die Grundlegung der Monadenlehre.

Erster Abschnitt.
Der Körper im allgemeinen. Die Seele.

Leibniz begründet, wie wir gesehen haben, die Prinzipien seines Systems, die Monaden, in allen seinen Schriften durch Betrachtungen über die Natur des Körpers. Weil der Körper und seine Eigenschaften, so führt er überall aus, nichts Wesenhaftes, sondern blofse Phänomene sind, darum sind wir genötigt, unteilbare, mit einer aktiven und passiven Kraft begabte Substanzen, die Monaden, als das allein Reale anzuerkennen. Und zwar zeigt er dies in drei fundamentalen Erörterungen, von denen die erste es mit dem Körper im allgemeinen oder dem Körper, sofern er überhaupt etwas Ausgedehntes ist, die beiden anderen mit den speziellen Eigenschaften des Körpers, der Bewegung und dem Widerstande, zu thun haben.

Nun ist die Beurteilung jedes gröfseren Systems in erster Linie bedingt durch die Art, wie wir die Prinzipien desselben und deren Begründung auffassen; wird diese Auffassung eine andere, so mufs notwendig auch unsere Ansicht über das Ganze des Systems wie über seine einzelnen Sätze eine durchgreifende Änderung erfahren, und eine richtige Einsicht in dasselbe werden wir also nur dann gewinnen können, wenn wir die prinzipiellen Bestimmungen, auf welchen es ruht, im Geiste seines Urhebers verstanden haben.

Für jede Forschung daher, welche es auf eine wissenschaftlich gesicherte Erkenntnis der Monadenlehre abgesehen hat,
wird die erste, wichtigste und unerläßlichste Aufgabe diese
sein, den Sinn und die Bedeutung jener drei Erörterungen
Leibnizens über das Wesen des Körpers darzulegen, die
Überzeugungen, welchen der Philosoph in denselben hat
Ausdruck geben wollen, festzustellen. Alle anderen Probleme
müssen gegenüber diesem zunächst vollständig zurücktreten,
ja es würde sogar ein nutzloses Beginnen sein, sich mit ihnen
zu befassen, bevor das letztere erledigt ist, da vielmehr erst,
wenn dies geschehen ist, übersehen werden kann, ob sie
überhaupt in Frage kommen, ob sie überhaupt aufgeworfen
werden können. Und nicht minder müssen alle Vorstellungen
über die speziellen Lehren des Philosophen, an die man
sich bisher gewöhnt hat, so lange beiseite und außer acht
gelassen werden, bis jene Erörterungen klargestellt sind, und
es darf ihnen bis dahin sogar nur ein problematischer Wert
beigelegt werden, indem ja überhaupt erst dann entschieden
werden kann, ob sie auch nur möglich sind und nicht vielmehr schon durch die Prinzipien des Systems ausgeschlossen
werden. Eine befriedigende Erklärung der dynamischen
Untersuchungen Leibnizens zu geben, das muß unter vor-
läufiger Hintansetzung aller anderen Rücksichten für jeden,
der sich die Erforschung der Monadenlehre zum Ziele gesetzt
hat, die grundlegende Aufgabe bilden.

Diese Aufgabe wird nun aber freilich nicht in der un-
gründlichen Weise behandelt werden können, daß wir die
erste beste Auslegung jener Untersuchungen, die uns auf-
stößt, als die richtige ausgeben. Sie wird vielmehr nur
dann als gelöst gelten können, wenn wir eine solche Deutung für die letzteren gefunden haben, daß dieselben einmal
einen vernünftigen Inhalt ergeben, daß sie ferner nicht nur
teilweise, sondern ganz und vollständig aufgehellt werden,
und daß sie endlich mit den sonstigen Hauptlehren des
Philosophen in Einklang stehen. Denn daß Leibniz keine
Ungereimtheiten vorgetragen habe, daß seine Ausführungen

in allen ihren Teilen denselben Gedanken entwickeln, und
daſs er nicht in der Grundlegung seines Systems andere
Sätze aufgestellt habe, als er nachher gelehrt hat, dies
müssen wir als selbstverständlich voraussetzen und wird wohl
in der That niemand in Frage stellen wollen. Es muſs
irgend eine Erklärung geben, welche diesen drei Bedingungen gerecht und zwar vollständig gerecht wird, das steht
von vornherein über allen Zweifel gewiſs fest, und diese
zu finden, darauf muſs nun eben unser ganzes Bestreben
gerichtet sein.

Wir werden daher die drei angegebenen Auseinandersetzungen Leibnizens in unseren ersten drei Abschnitten
einer ausführlichen Würdigung unterziehen. Hier wird es
sich also um die erste derselben handeln, welche sich mit
dem Körper im allgemeinen oder mit dem Körper, sofern
er bloſs etwas Ausgedehntes ist, beschäftigt. Der Inhalt derselben ist aber der folgende:

Der Körper ist ins Unendliche teilbar, ja wirklich geteilt; jeder Teil der Materie zerfällt in andere, untereinander verschiedene Teile. Nun kann aber fürs erste das
Teilbare niemals eine wahrhafte, substantielle Einheit, e i n e
Substanz, sondern nur eine zufällige Einheit, ein Aggregat
bilden. Denn wenn mehrere voneinander entfernte Körper
offenbar nicht e i n Wesen konstituieren können, so sind sie
dazu auch nicht imstande, wenn man sie räumlich einander
noch so sehr nähert, ja wenn sie sich sogar berühren; das
Mehr oder Minder macht hierbei keinen Unterschied. Sie
werden unter keinen Umständen eine wahrhafte, wirkliche,
substantielle Einheit, sondern nur eine mechanische, zufällige
willkürliche, imaginäre Einheit ausmachen, ebenso wie ein
Haufen Steine, ein Teich voller Fische, eine Herde, eine
Armee u. dgl.; sie werden nur eine Sammlung von Wesen
darstellen, nur dadurch als etwas Einheitliches erscheinen,
daſs unser Geist sie miteinander verbindet, nur ein Phänomen
ausmachen. Da also der Körper ins Unendliche geteilt ist,
so wird er nie eine wirkliche Einheit, nie e i n e Substanz,

sondern immer nur ein Aggregat, eine Menge vieler einzelner
Dinge bilden, er wird mithin überhaupt gar keine Substanz,
gar nichts Reales, sondern ein reines Phänomen sein. Ein
Aggregat hat zum zweiten nur soviel Realität als die aggregierten Dinge besitzen; es hat nur eine von diesen Dingen
geliehene Realität, es ist nur eine Daseinsweise der Dinge,
aus welchen es zusammengesetzt ist; es hat also überhaupt
keine Realität, wenn die aggregierten Dinge ins Unendliche selbst immer wieder Aggregate sind. Auch hieraus
also erhellt, dafs der Körper an sich gar nichts Reales, sondern ein reines Phänomen ist, da er ja eben ins Unendliche
geteilt, ins Unendliche immer wieder ein Aggregat ist. Soll
daher der Körper nicht eine blofs zufällige Einheit, nicht
ein reines Phänomen sein, soll er vielmehr eine wahrhafte,
substantielle Einheit, etwas Reales, Wesenhaftes, eine Substanz
sein, so müssen wir in ihm etwas Unteilbares, eine Seele,
ein Ich, eine substantielle Form anerkennen. Jedes Aggregat
erfordert Substanzen, die mit einer wahrhaften Einheit begabt sind; es giebt nicht mehrere Wesen, wo es nicht eines
giebt, das wirklich e i n Wesen ist; jede Vielheit setzt die
Einheit voraus, es giebt keine Vielheiten ohne wahrhafte Einheiten, und wo es Aggregate giebt, da mufs es auch Substanzen geben, aus denen alle Aggregate resultieren. Vgl.
C. J. Gerhardt: „Die philosophischen Schriften von G. W.
Leibniz" (Berlin 1875 ff.), Bd. II, S. 58, 72, 76 f., 96 f., 100 f.,
118—120; Bd. IV, S. 473, 478 f., 482 f.; ferner Bd. II,
S. 193, 250, 256, 261, 267 f.; Bd. VII, S. 540—542,
552—570 u. a.

Besonders zu erwähnen sind die Ausführungen in dem
Briefwechsel mit Des Bosses, da dieselben von den eben
angegebenen etwas abweichen, Abweichungen allerdings, die
nur formeller Natur sind. Der Philosoph wurde zu diesen
Ausführungen durch die Frage nach der Möglichkeit der
Transsubstantiation veranlafst. Indem er bereits voraussetzt,
dafs der Körper aus den Monaden bestehe, zeigt er, dafs
derselbe an sich ein reines Phänomen sei, da die Monaden

eine blofs zufällige Einheit ausmachen. Solle er daher Substantialität haben, so müsse man ihm eine Seele oder, wie er hier öfter sagt, „ein substantielles Band", auch „eine herrschende Monas" geben *). Sonstige Eigentümlichkeiten dieses Briefwechsels werden später zur Sprache kommen. Vgl. besonders Bd. II, S. 435 f., 438 f., 444, 451, 457, 474 f., 481 f., 495 f., 503 f., 516—521.

---

*) Dieses „vinculum substantiale" bietet durchaus keine Schwierigkeiten. Die bezüglichen Erörterungen in den Briefen an Des Bosses unterscheiden sich ja sachlich in gar nichts von den sonstigen über die körperliche Substanz, wie z. B. denjenigen in den Briefen an Arnauld. Es kann daher kein Zweifel sein, dafs das „vinculum substantiale" dasselbe ist, was Leibniz sonst die Seele des Körpers nennt. In der „Geschichte der deutschen Philosophie" von Zeller S. 120 Anm. heifst es indessen, „dies substantielle Band der Monaden könne nach allen Voraussetzungen des Systems nichts anderes sein als ihr auf dem prästabilierten Verhältnis ihrer Aktivität und Passivität beruhender Zusammenhang selbst, und wenn Leibniz sich so ausdrücke, als ob er dabei an etwas von den Monaden substantiell Verschiedenes denke, so sei dies eine Anbequemung an einen fremden Standpunkt." Keineswegs. Das substantielle Band ist allerdings eine von den Monaden verschiedene Substanz, diejenige nämlich, welche die Monaden zu einem „unum per se" macht, während sie sonst nur ein „unum per accidens" sind. d. h. die Seele des Körpers, worauf übrigens schon von anderer Seite hingewiesen worden ist.

Wenn man überhaupt vielfach der Meinung zu sein scheint, der Briefwechsel Leibnizens mit Des Bosses enthalte Bestimmungen, die zu der Monadenlehre nicht passen oder gar im Widerspruche zu ihr stehen und die der Philosoph nur „in Anbequemung an einen fremden Standpunkt", um nämlich die Transsubstantiation zu erklären, aufgestellt habe, so mufs eine solche Ansicht als willkürlich und durch nichts begründet zurückgewiesen werden. Leibniz bewegt sich hier allerdings, wie es der Gegenstand der Diskussion mit sich brachte, vielfach in Ausdrücken, die zwar auch in seinen anderen Schriften hier und da sich wiederfinden, doch aber nur selten von ihm gebraucht werden. Daraus nun aber gleich schliefsen zu wollen, dafs er sich auch sachlicher Abweichungen von seinen sonst vorgetragenen Überzeugungen erlaubt habe, das ist ganz und gar ungerechtfertigt. Vielmehr zeigt eine eingehendere Untersuchung des Systems, dafs dieser Briefwechsel in allen Punkten mit der Lehre des Philosophen in vollkommenster Übereinstimmung ist, ja dafs er gerade infolge der eigentümlichen Darstellung in mancher Beziehung eine wertvolle Ergänzung der übrigen Schriften bildet. Wenn ich daher später das eine oder andere Mal Stellen aus demselben anführen werde (es wird gerade in diesem Abschnitte öfter geschehen), um die traditionellen Vorstellungen über das System zu widerlegen, so komme man nicht mit dem Einwande, dafs man auf diesen Briefwechsel nichts geben könne.

Es kommt jetzt alles auf die richtige Erklärung dieser Auseinandersetzungen an. Denn dafs sie nicht ohne weiteres klar sind, dürfte jedermann erkennen.

Wenn man nun gemeinhin eine Untersuchung über das Wesen des Körpers anstellt, so pflegt man regelmäfsig von dem Probleme auszugehen, wie das Reale zu denken sei, welches dem Körper zu Grunde liegt, mag man nun die Frage aufwerfen, aus welchen letzten Bestandteilen der Körper zusammengesetzt sei, oder die andere, wodurch die körperliche Erscheinung als solche in uns hervorgerufen werde, oder mag man sonstwie fragen. In der That ist dies denn auch das nächstliegende und natürlichste Problem, ja es scheint sogar das einzig mögliche zu sein.

Indem man nun von einem solchen Standpunkte aus an die Erklärung der vorliegenden Erörterungen herangegangen ist, hat man verschiedene Auffassungen derselben aufgestellt. Man hat zunächst angenommen, Leibniz wolle hier die Frage der Atomisten nach den letzten Elementen des Körpers beantworten, und man hat ihn daher so verstanden: der Körper ist ins Unendliche teilbar; nun erfordert aber jedes Teilbare, jedes Zusammengesetzte Elemente, aus denen es zusammengesetzt ist; diese Elemente können aber nicht selbst wieder teilbar, müssen also unteilbar sein. Mithin mufs der Körper aus unendlich vielen unteilbaren, einfachen Wesen zusammengeseszt sein *). Dafs indessen diese Ansicht gänzlich verfehlt ist, ist so handgreiflich, dafs wir uns eines besonderen Beweises entschlagen dürfen. Denn Leibniz will doch, von allem sonstigen abgesehen, nirgends zeigen, dafs der Körper aus unteilbaren Substanzen bestehen müsse, sondern dafs ihm eine unteilbare Substanz, eine Seele, die als solche überhaupt kein Bestandteil des Körpers ist, gar nicht in das körperliche Aggregat eingeht, innewohnen müsse,

---

*) So heifst es in der „Gesch. d. d. Phil." S. 106, offenbar in Erklärung der obigen Darstellung Leibnizens: „Zusammengesetzte Substanzen können nur aus einfachen, das, was Teile hat, kann nur aus Unteilbarem zusammengesetzt sein."

dafs eine Seele zu ihm hinzukommen müsse, dafs wir in ihm eine Seele anerkennen müssen, wie denn die Leibnizischen Substanzen überhaupt wesentlich die Seelen zu Körpern, aber nicht die Elemente von solchen sind. Und auch diejenigen Bemerkungen Leibnizens, auf die man sich noch am ehesten stützen könnte, wie die, dafs, wenn es Aggregate gebe, es auch Wesen geben müsse, aus denen sie resultieren, haben keineswegs den Sinn, den man ihnen von jenem Standpunkte aus beilegen möchte, da sie ja sonst zu den Erörterungen, denen sie entnommen sind und in denen es sich eben überall nur um die Annahme einer Seele im Körper handelt, nicht passen würden.

Da es nun offenkundig ist, dafs Leibniz überall nur die Notwendigkeit einer Seele im Körper behauptet, so hat man noch einer anderen Auslegung Raum gegeben. Nach dieser würde der Philosoph die Frage behandeln, wodurch die Erscheinung, die Anschauung, die Wahrnehmung eines Körpers zustande komme, und seine Auseinandersetzungen würden daher so zu deuten sein: Dem Körper liegen unendlich viele einzelne Substanzen zu Grunde, diese aber können noch nicht die Erscheinung einer körperlichen Masse ergeben; soll dies also möglich sein, so müssen wir eine Seele annehmen, welche jene vielen einzelnen Substanzen zu einem Ganzen vereinigt; erst durch die verworrene Vorstellung dieses zwischen der Seele und den vielen Substanzen stattfindenden Verhältnisses kann die Anschauung und Wahrnehmung eines Körpers entstehen *). Dafs indessen auch diese Ansicht mit

---

*) Vgl. Gesch. d. d. Phil. S. 121: „Steht eine Monas mit mehreren anderen Monaden in dem Verhältnis, dafs in ihr eine deutliche Vorstellung dessen ist, was in jenen vorgeht, dafs mithin die Zustände der anderen aus ihr erklärt werden können, so werden alle jene von ihr bestimmt werden; sie bildet den gemeinsamen Mittelpunkt, von welchem ihre Veränderungen ausgehen; in ihr ist als Einheit, was in jenen zerstreut ist, und durch sie ist auch jenen ihr Zusammenhang miteinander vermittelt. So entsteht ein Aggregat von Monaden, welches von einer Centralmonas zusammengehalten, ein Leib, der von einer Seele beherrscht wird.“ An diese Worte wird dann folgender Satz geknüpft: „Aus der verworrenen Vorstellung dieses Verhältnisses entsteht uns die Anschauung des räumlich Ausgedehnten, der körperlichen Masse, dessen, was man

den Quellen schlechterdings nicht vereinigt werden kann, ist
evident.   Denn in der That führt Leibniz nirgends aus, dafs,
wenn es eine körperliche Erscheinung geben, wenn wir einen
Körper wahrnehmen sollen, die Einführung einer Seele notwendig sei.   Vielmehr führt er überall und ausnahmslos nur
dies aus, dafs, wenn der Körper nicht etwas blofs Subjektives,
in unserem Geiste Existierendes, ein blofses Scheinwesen, ein
reines Phänomen, sondern etwas Objektives, an und für sich,
unabhängig von unserer Vorstellung Existierendes, Reelles,
Wesenhaftes, eine Substanz sein solle, ihm eine Seele zugeteilt werden müsse.   Dafs dies gänzlich verschiedene Sätze
sind, ja dafs der letztere den ersteren sogar unmittelbar aus-

---

gewöhnlich Materie nennt (der sog. „materia secunda"), und Leibniz
erklärt ausdrücklich, dafs nur dies das Reale sei, was der Erscheinung
der Materie zu Grunde liege." Was die letztere Bemerkung betrifft,
dafs nur dieses Verhältnis das Reale sei, was der Materie zu Grunde
liege, so werden wir diese in unseren weiteren Untersuchungen auf ihre
Stichhaltigkeit prüfen. Wenn es aber heifst, aus der Vorstellung jenes
Verhältnisses entstehe uns allererst die Anschauung eines Körpers, so
ist dies entschieden falsch. Wo hat denn Leibniz jemals etwas derartiges
behauptet? Ist es denn nicht ein gewaltiger Unterschied, ob man sagt,
der Körper würde ohne Seele ein reines Phänomen, nichts Substantielles
sein, oder ob man sagt, die Erscheinung des Körpers könne ohne eine
Seele nicht zustande kommen? Das erstere beweist Leibniz, von dem
letzteren hat er niemals etwas verlauten lassen. Ebenso unrichtig ist
es, wenn Fischer in seinem S. 20 angegebenen Werke S. 443 sagt:
„Wenn in einem Organismus die Centralmonas fehlt, so erscheint die
zusammengesetzte Substanz als blofser Haufe oder als ein Sammelwesen
(troupeau', dem das Prinzip der wirklichen Einheit mangelt." Der
Körper erscheint durchaus nicht in dem Falle, dafs ihm keine
Seele zugestehen, als ein blofser Haufe, sondern er ist alsdann ein
blofser Haufe: er erscheint als eine Substanz, aber er ist allerdings
nur ein Haufe, ein Sammelwesen, ein Phänomen, nichts Reelles und
Wesenhaftes. Die Erscheinung des Körpers ist überhaupt vollständig
unabhängig von der An- oder Abwesenheit einer Seele. Übrigens ist
es merkwürdig, wenn Fischer zu den Worten: „ein blofser Haufe oder
Sammelwesen" das Wort „troupeau" in Klammern setzt. Warum er
aus der Fülle von Ausdrücken, mit welchen Leibniz den seelenlosen
Körper bezeichnet, gerade diesen herausgreift, ist mir wenigstens nicht
klar. Denn weder tritt derselbe bei Leibniz besonders hervor — im
Gegenteil, er erscheint nur sehr selten — noch ist er an sich bezeichnender als die übrigen, fast durchgehends häufigeren. Unter allen Umständen mufsten daher, wie mir scheint, entweder alle einschlägigen
Ausdrücke Leibnizens oder die gebräuchlichsten von ihnen erwähnt,
oder sie mufsten überhaupt nicht berührt werden, aber den ersten besten
von ihnen herauszugreifen, hat wohl keinen Sinn.

schliefst, springt in die Augen. Wenn der Philosoph sagt,
der Körper könne nur unter der Annahme einer Seele etwas
Substantielles, nicht blofs Phänomenales sein, so liegt ja doch
ohne weiteres darin, dafs die Thatsache der körperlichen
Erscheinung nicht von dieser Annahme abhängig sei und
nicht durch sie erklärt werden solle, dafs wir vielmehr auch
dann, wenn keine Seele vorhanden wäre, die Anschauung
körperlicher Massen haben, materielle Dinge wahrnehmen
würden, nur dafs eben in diesem Falle der Körper ein blofses
Erzeugnis unseres Geistes, ein einfaches Phänomen, nicht
etwas objektiv Bestehendes und Substantielles sein würde.
Über allen Zweifel gewifs geht dies besonders aus den
häufigen Bemerkungen des Philosophen hervor, dafs der
Körper ohne Seele ein reines Phänomen sei, womit doch
gesagt ist, dafs wir allerdings auch abgesehen von der Seele
die Erscheinung eines Körpers haben würden, wiewohl dieselbe dann eben nur eine Erscheinung, keine Substanz
wäre. Die angegebene Auffassung der Leibnizischen Erörterungen wird daher durch den klaren, gar nicht undeutbaren
Wortlaut derselben vollständig ausgeschlossen, und es würde
müfsig sein, wenn wir dafür noch besondere Belege anführen
wollten, da es in der That fast aus jeder einzigen Äufserung
des Philosophen hervorleuchtet. Leibniz fragt also überhaupt
nicht, wie die Erscheinung des Körpers entstehe, zustande
komme, und er will keineswegs beweisen, dafs diese Erscheinung an und für sich nicht möglich sei und dafs mithin, wenn dieselbe erklärt werden solle, eine Seele notwendig
sei. Sondern er will beweisen, dafs der Körper an und für
sich ein blofses Phänomen sei und dafs also, wenn er etwas
Reales, Wesenhaftes, eine Substanz sein solle, ihm eine Seele
beigegeben werden müsse *).

---

*) Damit man nun aber nicht auch diesen Satz wieder mifsver-
stehe und sich damit die Einsicht in die folgenden Erörterungen verderbe,
will ich gleich hier noch eine mögliche Auffassung zurückweisen, an
die sich vielleicht der eine oder der andere Leser in dem Streben, die
überkommenen Anschauungen zu retten, anklammern möchte. Leibniz
beweist nämlich nicht, dafs der Körper an und für sich ein reines

Dieser Satz ist nun, wie bemerkt, so handgreiflich und zweifellos, dafs er auch nicht den geringsten Widerspruch duldet. Nimmt man daher mit der bisherigen Meinung an, dafs Leibniz in den vorliegenden Erörterungen von dem oben bezeichneten Probleme (vgl. S. 26) ausgegangen sei, von dem Probleme nämlich, was dem Körper zu Grunde liege, so würde schlechterdings nur noch eine Auslegung übrig bleiben. Man müfste nämlich sagen, Leibniz wolle nicht den Nachweis führen, dafs die körperliche Erscheinung nur durch eine Seele entstehen könne. sondern denjenigen, dafs wir allerdings auch dann die Erscheinung eines Körpers haben würden, wenn wir keine Seele anerkennen, dafs aber in diesem Falle

---

Phänomen sei und dafs er nur unter der Annahme einer Seele ein „begründetes Phänomen“. ein „phaenomenon bene fundatum“ sein könne. Sondern er beweist, dafs der Körper an und für sich ein Phänomen sei und dafs er nur unter der Annahme einer Seele etwas unabhängig von unserer Vorstellung Existierendes, eine wahrhafte, substantielle Einheit, etwas Reelles, Wesenhaftes, eine Substanz sein könne. Dafs dies seine Meinung ist, erhellt ja ebenfalls aus jedem Satze seiner Auseinandersetzungen mit solcher Evidenz, dafs ein Zweifel nicht möglich ist. Wie wenig aber jene Auslegung überhaupt in Betracht kommen kann, ergiebt sich schon daraus, dafs der Ausdruck des „phaenomenon bene fundatum“ gar keinen Gegensatz zu dem „reinen Phänomen“ bildet, dafs er überhaupt eine vollständig andere Bedeutung hat, als man bisher glaubte, wie auf Grund direkter Aufserungen des Philosophen später (vgl. Abschn. 6 dies. Abtlg.) überzeugend nachgewiesen werden wird. Und endlich zeigt Leibniz nicht nur nirgends, dafs der Körper an sich ein blofses Phänomen und nur unter der Bedingung, dafs er eine Seele habe, ein wohlbegründetes Phänomen sei, sondern er sagt ausdrücklich das gerade Gegenteil, dafs nämlich der Körper, wenn man ihm keine Seele gebe, allerdings lediglich ein wohlbegründetes Phänomen sein würde. So heifst es z. B.: „Die Materie, genommen für die Masse (ohne Seele). ist nur ein reines Phänomen oder ein wohlbegründeter Schein“ (II, 118 E.). „In dem Schein der Aggregate, welche nur Phänomene sind, jedoch begründete Phänomene u. s. w.“ (251 g. E.). „Wenn das substantielle Band der Monaden (die Seele) nicht existierte, so würden alle Körper mit allen ihren Eigenschaften nichts anderes als wohlbegründete Phänomene sein“ (435). „Aus der Hypothese, dafs nichts anderes existiert als die Monaden (nämlich keine Seele des Körpers). folgt, dafs alle anderen Wesen, wir vorstellen, nur wohlbegründete Phänomene sind“ (473). Auch würde die Meinung Leibnizens z. B. daraus erhellen, dafs er von dem seelenlosen Körper erklärt, er sei ein Aggregat, ein reines Phänomen, wie der Regenbogen. und dafs er dennoch die Ausdrücke: Aggregat und wohlbegründetes Phänomen öfter nebeneinander stellt, auch den Regenbogen überall ein wohlbegründetes Phänomen nennt u. s. w.

dem Körper nur eine Menge einzelner Substanzen, nicht e i n e wahrhafte Substanz, nichts Reales zu Grunde liegen würde und dafs also, wenn ihm dennoch etwas Reales zu Grunde liegen solle, eine Seele eingeführt werden müsse. Diese Ansicht hat man nun auch in der That aufgestellt, wiewohl man sie nicht scharf von der vorher besprochenen unterschieden hat. Sie allein ist es auch, welche einen Schein von Berechtigung hat, wenigstens nicht so ohne weiteres abgethan werden kann, wie die beiden vorhergehenden, und mit der wir uns im folgenden ausschliefslich beschäftigen werden.

Dieselbe setzt also, um es zu wiederholen, ebenfalls voraus, dafs Leibniz sich mit der Untersuchung der Frage beschäftige, was dem Körper zu G r u n d e l i e g e, und näher mit derjenigen, ob demselben etwas Reales, Substantielles zu Grunde liege und wie dieses gedacht werden müsse. Seine Auseinandersetzungen würden daher so zu verstehen sein:

Der Körper setzt sich aus einer Unendlichkeit von Substanzen zusammen, es liegen ihm unendlich viele einzelne Substanzen zu Grunde. Nun können aber viele einzelne Dinge, wenn sie einander auch noch so nahe sind, nur eine zufällige Einheit ausmachen, nur dadurch als e i n Wesen erscheinen, dafs wir sie zu einem solchen zusammenfassen, aber sie können nicht eine wahrhafte Einheit, eine Substanz bilden, woraus also hervorgeht, dafs der Körper ein blofses Phänomen, nichts Wesenhaftes ist. Soll daher dem Körper etwas Einheitliches, eine wirkliche Substanz zu Grunde liegen, so mufs es ein Wesen geben, welches jene vielen einzelnen Substanzen zu einer wahrhaften Einheit vereinigt, zu einem substantiellen Ganzen verbindet. Ein solches kann aber nur die Seele sein. Die ausgedehnte Masse würde daher, wofern ihr eine Seele innewohnt, nicht mehr ein Phänomen, sondern statt dessen eine Substanz sein*).

—— —— ——

*) Diese Ansicht ist besonders hervorgehoben worden von E. Wendt: „Die Entwickelung der Leibnizischen Monadenlehre bis zum Jahre 1695," Inaug.-Diss. Berlin 1885. Seine Meinung geht aus folgenden Sätzen mit

Ehe wir aber diese Ansicht auf ihre Richtigkeit prüfen, wollen wir noch eine andere mögliche Auffassung, die wir für die allein richtige halten, vorführen, damit man sich in den folgenden, etwas schwierigen Untersuchungen besser zurechtfinde.

Alle Schwierigkeiten nämlich, welche die Erörterungen Leibnizens bisher der Interpretation geboten haben, kommen nur daher, daſs man dieselben von einem verkehrten Standpunkte aus zu erklären unternommen hat. Man setzt immer als selbstverständlich voraus, der Philosoph sei von dem, uns allerdings am nächsten liegenden Probleme ausgegangen, welcher Art das Reale sei, was dem Körper zu Grunde liegt, und sucht nun von dieser Prämisse aus seine Auslassungen zu verstehen. Allein eben in dieser Prämisse liegt der Fehler. Denn jenes Problem ist dem Philosophen überhaupt vollständig fremd, wenigstens hat es in seinem Systeme keinen Platz. Leibniz fragt überhaupt nicht, was dem Körper zu Grunde liege, wodurch derselbe zustande komme, wie er entstehe u. dgl., sondern er fragt nach dem Prinzip des Körpers selbst. Und sobald wir diesen Standpunkt einnehmen, sobald wir uns gegenwärtig halten, daſs es sich hier überall um das Prinzip des Körpers selbst handelt,

---

Deutlichkeit hervor: „Da das Wesen der individuellen Substanz in der wirklichen Einheit besteht, die ihr von der substantiellen Form oder der Seele verliehen wird, so ist die seelenlose, der substantiellen Form entbehrende materielle Masse nicht ein einheitliches Wesen oder eine individuelle Substanz, sondern ein Aggregat von Substanzen, also von nur scheinbarer, imaginärer Einheit" (S. 30). „Die substantiellen Einheiten, aus denen die Materie besteht, können nur beseelte oder mit einer seelenartigen, substantiellen Form begabte Wesen sein" (S. 31). „Die Materie ist bis in die kleinsten Teile mit beseelten Wesen oder substantiellen Einheiten (Monaden) erfüllt" (S. 32). „Durch die substantielle Form wird der Körper, der an sich ein Aggregat von Substanzen ist, zu einem einheitlichen, organischen Wesen, zur individuellen Substanz oder Monade" (ebenda). Die Vermischung dieser ganzen Auseinandersetzung mit derjenigen über die individuelle Substanz ist unzulässig; beide Fragen haben unmittelbar gar nichts miteinander zu thun. Wie Wendt die aus Körper und Seele zusammengesetzte Substanz als Monade bezeichnen kann, begreife ich nicht, da Leibniz unter einer Monade überall eine einfache Substanz versteht. — Vgl. auch Gesch. d. d. Phil. S. 121.

fällt auf die Ausführungen des Philosophen sofort ein neues und überraschendes Licht.

Denn wenn er nun sagt, der Körper sei ins Unendliche geteilt, so heißt das nicht, er sei aus unendlich vielen einzelnen unteilbaren Substanzen zusammengesetzt, es l i e g e n ihm solche z u G r u n d e, sondern der Körper sei s e l b s t ins Unendliche immer ein Ganzes vieler Dinge, von denen jedes wieder ein solches Ganzes sei u. s. w. f. Und wenn er die Bedingung stellt, der Körper solle eine Substanz sein, so bedeutet das nicht, es solle ihm etwas Substantielles z u G r u n d e l i e g e n, sondern der Körper solle s e l b s t in einem Wesen substantiiert sein. Und demgemäß ist die Seele nicht ein bloßes M i t t e l, um die vielen einzelnen Substanzen des Körpers zu einer Einheit zu vereinigen, sondern sie ist s e l b s t das als Substanz, was der Körper als Phänomen, sie ist die S u b s t a n z des Körpers.

Der Inhalt der Leibnizischen Darstellung ist daher im Zusammenhange dieser: Das Prinzip des Körpers s e l b s t kann nur in einer einfachen Substanz, einer Seele gesehen werden. Denn der Körper s e l b s t ist ins Unendliche immer nur ein Ganzes vieler Dinge, deren jedes wieder ein Ganzes vieler Dinge ist, er ist immer nur eine Vielheit a l s s o l c h e, ein Aggregat a l s s o l c h e s, man trifft in ihm niemals etwas anderes als Vielheiten und Aggregate Nun ist aber erstens ein Ganzes vieler Dinge, eine Vielheit als solche nicht eine wirkliche, substantielle Einheit, nicht eine Substanz, sondern nur eine zufällige Einheit, nur viele einzelne Dinge, also ein Phänomen. Da mithin der Körper ins Unendliche immer nur ein Ganzes vieler Dinge ist, so ist er auch ins Unendliche immer nur eine zufällige Einheit, immer nur viele einzelne Dinge, immer nur ein Phänomen, er ist also überhaupt ein reines Phänomen. Sodann hat ein Aggregat als solches nur soviel Realität als die aggregierten Dinge, hat daher überhaupt gar keine Realität, wenn diese Dinge immer wieder Aggregate als solche sind, woraus wieder folgt, daß der Körper ohne jedwede Realität ist. Wenn nun der Körper

selbst, dieses Ganze vieler Dinge selbst, das Aggregat
als solches in einem Wesen als wirkliche, wahrhafte Einheit, als Substanz dargestellt, in einem Wesen substantiiert.
realisiert sein, wenn es ein Wesen geben soll, welches selbst
das als wesenhafte Einheit, als Substanz, was der Körper
als scheinbare Einheit, als Phänomen ist, wenn eine dem
Körper korrespondierende Einheit und Substanz existieren
soll, so müssen wir in demselben etwas annehmen, was nicht
mehr teilbar, nicht mehr ein Aggregat, was mithin unteilbar
und einfach ist. Diese unteilbare und einfache Substanz
muß daher dem Körper korrespondieren, sie muß das als
Unteilbares sein, was der Körper als bloße Menge ist. Das
heißt aber nichts andres als: sie müsse den Körper als Unteilbares darstellen, repräsentieren, ausdrücken. Diese letztere
Wendung ist mit der vorhergehenden absolut identisch: eine
Substanz, welche den Körper als Einfaches repräsentiert, oder
eine einfache Substanz, welche den Körper in sich repräsentiert, ist eben diejenige, welche das als Einfaches, was der
Körper als Vielheit ist, welche dem Körper entspricht, und
umgekehrt (vgl. dar. Abschn. 8 dieser Abtlg.). Die unteilbare Substanz aber, welche den Körper in sich repräsentiert,
nennt man allgemein eine Seele. Wir müssen also dem
Körper eine Seele zuerkennen, wofern er eine Substanz
sein soll. Der ausgedehnte Körper als solcher ist und bleibt
mithin ein reines Phänomen, das einzig Reale ist das Einfache und Unteilbare, die Seele.

Wenn wir daher lesen, der beseelte, der organische
Körper sei substantiell geeinigt, sei eine wahrhafte Substanz,
so heißt dies nicht, diesem Körper liege eine substantielle
Einheit, eine Substanz zu Grunde, die einzelnen Substanzen, aus welchen er resultiert, seien substantiell geeinigt.
seien eine wahrhafte Substanz, sondern dieser Körper selbst
sei in einem Wesen, nämlich in der Seele, als substantielle
Einheit dargestellt, repräsentiert, er sei selbst in ihr substantiiert. Und wenn der Philosoph sich dahin äußert, die
Seele verleihe dem Körper eine Einheit, mache ihn zu einer

Substanz, so will er damit nicht sagen, dieselbe bewirke, dafs dem Körper etwas Einheitliches, eine Substanz zu Grunde liege, sie verleihe den einzelnen Substanzen des Körpers eine Einheit, mache sie zu etwas Substantiellem, sondern sie stelle den Körper selbst als Einheit, als Substanz dar, sie repräsentiere ihn. Und ebenso müssen etwaige andere Ausdrücke ähnlichen Inhalts verstanden werden.

Die erste dieser beiden Auffassungen ist nun ganz und gar unhaltbar. Es sind zunächst einige allgemeinere Bedenken, die sich gegen sie geltend machen lassen.

Fürs erste würde sich Leibniz nach derselben eines elementaren Widerspruches schuldig gemacht haben. Sie läfst den Philosophen nämlich so schliefsen: Der Körper setzt sich aus unendlich vielen einzelnen Substanzen zusammen; diese aber können nicht ein Wesen ausmachen; soll also dem Körper eine wahrhafte Einheit, eine wirkliche Substanz zu Grunde liegen, so mufs eine Seele eingeführt werden. Allein eine solche Argumentation ist unsinnig. Denn wenn man zuerst voraussetzt, der Körper konstituiere sich aus vielen einzelnen Substanzen oder, was ja ganz dasselbe heifst, es liegen ihm viele einzelne Substanzen zu Grunde, so kann man doch nicht hinterher die Forderung aufstellen, dafs ihm eine zu einem Ganzen vereinigte Menge einzelner Substanzen zu Grunde liegen solle, und damit die Einführung einer Seele begründen. Denn ein solches Ganzes würde überhaupt kein Körper mehr sein, da ja nach der Voraussetzung dem Körper eben nur viele einzelne Substanzen schlechthin zu Grunde liegen. Man würde wohl beweisen können, die Erscheinung eines Körpers könne nicht durch viele einzelne Substanzen, sondern nur durch etwas wahrhaft Einheitliches in uns hervorgerufen werden, es können ihr also nicht viele einzelne Substanzen, sondern nur etwas Einheitliches zu Grunde liegen. Aber man kann nicht sagen, es liegen der Erscheinung des Körpers viele einzelne Substanzen zu Grunde, um dann

wieder zu verlangen, dafs ihr doch nicht viele einzelne Substanzen, sondern eine wirkliche Einheit zu Grunde liegen
solle. Das ist ein vollendeter Widerspruch, nicht mehr
und nicht minder. Es giebt überhaupt nur zwei wider-
spruchslose Argumentationen. Entweder man zeigt, dafs
die Erscheinung, die Anschauung einer körperlichen Masse
ohne eine Seele nicht entstehen könne; oder man zeigt,
dafs das Prinzip des Körpers selbst in der Seele gesucht
werden müsse. Und es giebt nur zwei klare Standpunkte:
Entweder man fragt, wie die Erscheinung des Körpers entsteht. oder man fragt nach dem Prinzip des Körpers
selbst. Alles, was dazwischen liegt, beruht lediglich auf
einer Unklarheit des Denkens. Da nun Leibniz, wie nach
dem Obigen (vgl. S. 27 ff.) aufser jedem Zweifel steht, den
ersteren Standpunkt nicht kennt, so bleibt nur der zweite
übrig.

Würden sodann, wie die obige Ansicht voraussetzt, dem
Körper auch unendlich viele einzelne unteilbare Substanzen
zu Grunde liegen, so würde doch der Körper selbst nicht
mit diesen Substanzen identisch sein. Denn dafs unteilbare
Wesen an sich keinen Körper ergeben können, hat Leibniz
bekanntlich selbst oft gesagt und ist auch selbstverständlich.
Man mag daher über die Art, wie die Erscheinung des
Körpers aus jenen einzelnen Substanzen entstehen sollte,
Vorstellungen haben, welche man wolle, soviel würde doch
unter allen Umständen zugestanden werden müssen. dafs der
Körper eben eine Erscheinung dieser Substanzen und
mithin etwas vollständig andres sei als diese selbst. Verhält es sich aber so. dann würde offenbar dadurch, dafs
diese vielen einzelnen Substanzen zu einem realen Wesen
gemacht werden, keineswegs auch der Körper selbst (da er
doch etwas von ihnen ganz und gar Verschiedenes ist) zu
etwas Realem gemacht werden, ebensowenig wie z. B.
daraus, dafs man die Ätherschwingungen, welche die Erscheinung der Farbe verursachen, als etwas Wesenhaftes ausgiebt, folgen würde, dafs die Farbe selbst etwas objektiv

Existierendes sei. Wenn man daher auch eine Seele annehmen
würde, welche die dem Körper zu Grunde liegenden einzelnen
Wesen zu einer Substanz zusammenfaſst, so würde dadurch
doch der Körper selbst noch nichts Substantielles werden;
er würde vielmehr genau dasselbe pure Phänomen sein und
bleiben, welches er vorher war, und jene Annahme wäre
mithin völlig zwecklos.

Die Seele soll ferner nach der in Rede stehenden Auffassung
die vielen einzelnen Substanzen des Körpers miteinander
zu einem Ganzen vereinigen. Was soll man sich aber in
aller Welt darunter denken? Die Seele hat bekanntlich nach
Leibniz schlechterdings keinen Einfluſs auf andere Wesen.
Ob wir daher jenen Substanzen eine solche geben oder nicht,
dadurch erleiden dieselben nicht die geringste Änderung.
Dann aber kann in beiden Fällen auch an ihrer Einheit
nichts geändert werden. Sie würden in dem ersten Fall diskrete
Substanzen mit einer Seele, in dem zweiten diskrete Substanzen ohne eine Seele sein, aber diskret würden sie beidemal bleiben. Die bloſse Anwesenheit einer Substanz kann
unter keinen Umständen den Effekt haben, daſs aus Wesen,
die an sich getrennt sind, ein Ganzes wird. Das ist durchaus unmöglich.

Um nun das Unmögliche dennoch möglich zu machen,
führt man einen subtilen Unterschied ein. Man sagt, die
Seele verleihe den vielen Substanzen allerdings eine Einheit,
nur nicht eine physische, sondern eine ideale Einheit. Sie
fasse diese Substanzen insofern zu einem Ganzen zusammen,
als sie dieselben als Vorstellung in sich trägt, sie in sich zu
einer Idee vereinigt, oder auch insofern, als in ihr eine
deutliche Vorstellung dessen ist, was in jenen vorgeht,
wovon die einzelnen Substanzen nur eine verworrene Vorstellung haben*). Diese Erklärung ist allgemein acceptiert
worden, ja sie pflegt mit einer Zuversichtlichkeit vorgetragen zu werden, als ob ein Zweifel an ihr gar nicht

---

*) Vgl. Gesch. d. d. Phil. S. 121.

möglich wäre. Es ist aber gegen dieselbe einzuwenden,
dafs sich in den Quellen schlechterdings kein Beleg für sie
findet. Man wird zwar zunächst über eine solche Behauptung erstaunt sein, allein dadurch wird an der Richtigkeit
derselben nichts geändert, und wer sie dennoch bezweifeln
zu müssen glaubt, der möge nur selbst einmal die Schriften
des Philosophen daraufhin durchsehen. Leibniz spricht sich
in der That nie und nirgends in diesem Sinne aus. Jene
Erklärung ist also zunächst mindestens eine blofse Hypothese,
gar nichts weiter. Nun leidet sie aber auch innerlich an
einer fast unerträglichen Unklarheit. Wie soll denn dadurch,
dafs die Seele die Substanzen in sich zu einer Einheit
sammelt, diesen selbst auch nur der geringste Zuwachs an
Einheit entstehen? Ist es denkbar, dafs die blofs ideale Beziehung, in welcher die Seele zu ihnen steht, sie zu etwas
Wesenhaftem mache, während sie an sich ein reines Phänomen
konstituieren? Dadurch, dafs ein Aggregat einzelner Dinge
von einem dritten vorgestellt wird, kann sich doch dieses
Aggregat unmöglich in eine Substanz verwandeln. Und ob
dieses dritte aufserhalb oder innerhalb desselben sich befindet, ist hiefür vollkommen gleichgültig. Die einfache
Gegenwart eines Wesens, es möge einen Inhalt haben,
welchen es wolle, kann nun und nimmer da eine Substanz
erzeugen, wo vorher keine war. Die Thatsache, dafs die
Seele die Substanzen des Körpers in sich miteinander verknüpft, könnte vielleicht für uns, die betrachtenden Subjekte, ein Grund sein, dieselben auch unsrerseits miteinander
zu verbinden, aber diese selbst würden doch in jedem
Falle sein und bleiben, was sie sind, eine reine Vielheit.

Nun könnte man, diesen letzteren Gedanken aufnehmend,
sagen, die Seele solle allerdings nicht für die Substanzen
selbst eine Einheit begründen, sondern nur uns die Berechtigung geben, dieselben im Hinblick auf sie, mit Beziehung auf sie als eine Einheit anzuschauen. Dann also
würde die Seele von Leibniz herbeigezogen worden sein,
nicht um die Substantialität des Körpers selbst zu retten,

sondern um unser Verfahren diesem gegenüber zu rechtfertigen. Allein dies würde mit den Quellen gänzlich
unvereinbar sein. Denn Leibniz knüpft eben überall die
Annahme der Seele an die Bedingung, dafs der Körper selbst
Realität haben solle, niemals aber spricht er von unserm
Verhalten zu den Dingen, von sonstigen unlösbaren Wider-
sprüchen ganz zu schweigen!

Freilich mufs nun zugegeben werden, dafs die Unmöglichkeit des Versuchs, die Substanzen des Körpers vermittelst
der Seele vereinigen zu wollen, noch nicht unbedingt beweisen würde, dafs Leibniz diesen Versuch nicht dennoch
gemacht habe. Aber dann müfste doch auf Grund eingehender Untersuchungen zuvor ausdrücklich bewiesen werden,
dafs eine andere befriedigendere Auffassung seiner Worte
unmöglich sei, ein Beweis, der nicht geführt worden ist und
nicht geführt werden kann. Überhaupt ist Leibniz ein viel
zu bedeutender Mann gewesen, als dafs wir glauben dürften,
er habe sich auf derartige, durch und durch unklare Ex-
perimente eingelassen.

Dazu kommt noch ein viertes. Würde die Seele von
Leibniz deshalb angenommen worden sein, damit dem Körper
etwas Reales zu Grunde liege, damit derselbe Realität habe,
so würde der Körper nicht mehr ein Aggregat, nicht mehr
ein Phänomen, sondern statt dessen eine wirkliche Substanz
ausmachen müssen; der ausgedehnte, materielle Körper würde
also, woferne ihm eine Seele innewohnt, etwas wahrhaft
Seiendes, objektiv Existierendes und Wesenhaftes sein müssen.
Diese Konsequenz aber würde ja allen sonstigen Lehren des
Philosophen einfach ins Gesicht schlagen. Denn er sagt
überall auf das unzweideutigste, dafs der Körper, die Bewegung, ja die gesamte materielle Welt ein reines Phänomen,
dafs die einfachen Wesen schlechthin das einzig Reale seien
(vgl. Abschn. 6 dieser Abteilung), und sein ganzes System
ist überhaupt ohne diesen Satz undenkbar. Mithin mufs
auch der organische Körper als solcher ein Phänomen sein,
wie dies Leibniz auch selbst sagt (ebenda). Jene Meinung

würde also zu einem absoluten, schroffen Widerspruch mit
den ausdrücklichen, massenhaften Angaben, ja mit dem
ganzen Systeme des Philosophen führen, und es wäre ein
gänzlich aussichtsloses Unternehmen, diesen Widerspruch von
dem gegebenen Standpunkte aus beseitigen zu wollen. Diese
e i n e Thatsache würde daher allein schon genügen, um ein
definitives Urteil über die obige Auslegung zu fällen. Nach
ihr würde die Seele den Zweck haben, den ausgedehnten
Körper als solchen zu etwas Einheitlichem und Substantiellem
zu machen, es müfste also notwendig dieser ausgedehnte
Körper, wenn er mit einer Seele begabt ist, eine substantielle
Einheit, ein reales Wesen sein; Leibniz aber läfst im Gegenteil überall nur das Einfache als etwas Reales gelten. Mithin ist diese Auslegung falsch. Daran kann für niemand
ein Zweifel bestehen, der mit uns der Überzeugung ist, ja
es für völlig selbstverständlich erachtet, dafs der Philosoph
sein System nicht mit Untersuchungen begründet haben
könne, die das Gegenteil von dem ergeben würden, was
dieses System selbst lehrt.

Wird nun schon durch diese allgemeinen Betrachtungen
die Unhaltbarkeit der vorliegenden Auffassung aufser Frage
gestellt, so geschieht dies in noch höherem Mafse durch die
eingehenden Erörterungen des Philosophen selbst über diese
ganze Materie.

Nach derselben müfste, um es kurz zu wiederholen,
Leibniz so argumentieren: Der Körper besteht aus unendlich
vielen einzelnen Substanzen, diese können aber keine wahrhafte Einheit, kein reales Wesen ausmachen; soll also dies
der Fall sein, so mufs ihnen eine Seele beigegeben werden,
welche sie zu einer Einheit, zu einer Substanz zusammen-
fafst. Das bestätigt sich nun aber in keiner Weise.

Zunächst ist schon die Voraussetzung, von welcher diese
Auffassung ausgeht und ohne die sie gar nicht denkbar ist,
dafs sich nämlich der Körper aus unendlich vielen einzelnen,
natürlich selbst nicht mehr zusammengesetzten, unteilbaren
Substanzen konstituiere, völlig unhaltbar. Das geht evident

daraus hervor, dafs ja durch diese ganzen Auseinandersetzungen gerade erst bewiesen werden soll, dafs unteilbare.
einfache Substanzen das einzig Reale seien; dieselben können
also schlechterdings von Leibniz nicht schon vorausgesetzt
worden sein. Er hat es aber auch in der That nicht gethan.
Vielmehr setzt er überall voraus, dafs der Körper ins Unendliche geteilt sei, und dieser Satz allein bildet durchweg
die Grundlage seiner Ausführungen (vgl. z. B. 2, 72. 77.
261, 267; 4, 473. 478 und oft). Dafs aber diese Worte
nicht dahin verstanden werden können, dem Körper liegen
unendlich viele unteilbare Substanzen zu Grunde, ist klar.
Mit viel gröfserem Recht würde man sie gerade im entgegengesetzten Sinne verstehen können, dafs nämlich dem
Körper überhaupt gar keine letzten Substanzen, überhaupt
gar nichts zu Grunde liege; denn wenn die Teilung nie aufhört, würde man eben nie zu irgend welchen letzten Elementen kommen. Allein wenn nun auch aus jenen Worten
folgt, dafs dem Körper nichts Wirkliches zu Grunde liegt, so
kann doch auch dies nicht die eigentliche Bedeutung derselben sein. Denn würden sie heifsen, dem Körper liege
nichts zu Grunde, so würde dies unbedingt erfordern, dafs
Leibniz sich in diesen Erörterungen mit der Frage beschäftige.
was dem Körper zu Grunde liege; würde er sich aber das Problem
gestellt haben, was dem Körper zu Grunde liege, so würde er eben
damit schon als selbstverständlich angenommen haben, d a f s ihm
irgend etwas zu Grunde liege; mithin hätte er nicht voraussetzen können, dafs ihm n i c h t s zu Grunde liege, ohne
seinen eigenen Standpunkt aufzuheben. Die Behauptung.
dem Körper liege nichts zu Grunde, wäre daher nicht zu
gebrauchen, und es würde sich auch thatsächlich gar nichts
mit ihr anfangen lassen; folglich kann auch dies nicht die
Meinung des Philosophen sein. Wenn Leibniz voraussetzt.
der Körper sei ins Unendliche geteilt. so kann dieser Satz
weder bedeuten, es liegen ihm unendlich viele Substanzen
zu Grunde, noch auch, es liege ihm nichts zu Grunde, es
kann also überhaupt nicht die Bestimmung desselben sein,
darüber etwas auszumachen, was dem Körper z u G r u n d e

liegt, sondern nur diejenige, die Natur des Körpers s e l b s t
zu charakterisieren. Er kann daher schlechterdings nur den
Sinn haben, der Körper s e l b s t sei ein Ganzes vieler Dinge,
von denen jedes ins Unendliche immer wieder ein Ganzes
vieler Dinge sei, der Körper s e l b s t sei immer nur ein
Zusammengesetztes a l s s o l c h e s, eine Vielheit a l s s o l c h e,
man treffe in ihm, soweit man auch gehen möge, stets nur
Aggregate a l s s o l c h e, niemals eine unteilbare Substanz.
Eine andere Auslegung des Satzes ist einfach unmöglich.

Erweist sich nun aber die Voraussetzung, auf welcher
die obige Auffassung ruht, als zweifellos falsch, so fällt damit
natürlich sofort auch der übrige Teil derselben. Denn geht
Leibniz nicht von dem Satze aus, dafs dem Körper unendlich viele einzelne Substanzen z u G r u n d e l i e g e n, sondern dafs der Körper s e l b s t ins Unendliche immer nur ein
Ganzes vieler Dinge, eine Vielheit a l s s o l c h e sei, so kann
es ihm selbstverständlich nicht mehr auf den Nachweis ankommen, dafs dem Körper nichts Einheitliches, Substantielles
z u G r u n d e l i e g e, dafs jene vielen einzelnen Wesen keine
wahrhafte Einheit, keine Substanz bilden und dafs sie also,
wenn sie es dennoch thun sollen, von einer Seele zu einem
Ganzen vereinigt werden müssen, sondern es kann ihm nur
noch um den Nachweis zu thun sein, dafs der Körper s e l b s t,
ein G a n z e s vieler Dinge, welche ihrerseits immer wieder
solche Ganze sind, eine Vielheit a l s s o l c h e, nichts Reales
sei und dafs also, wenn der Körper s e l b s t, dieses Ganze
s e l b s t, die Vielheit a l s s o l c h e in einem Wesen als Substanz dargestellt, repräsentiert, in einem Wesen realisiert,
substantiiert sein solle, eine Seele eingeführt werden müsse.

Das ist nun aber auch thatsächlich der Fall. Leibniz
beweist wirklich niemals, dafs viele einzelne Substanzen keine
Einheit, nichts Reales ausmachen können und dafs, wenn
dies sein solle, ihnen eine Seele zugeteilt werden müsse.
Sondern das ist der Inhalt seiner Argumentationen, dafs der
Körper s e l b s t, ein G a n z e s vieler Dinge, deren jedes
wieder ein Ganzes ist, das Zusammengesetzte a l s s o l c h e s,

das Aggregat als solches, die Vielheit als solche nur
etwas Imaginäres sei und dafs daher, wofern das Ganze
vieler Dinge als solches, das Zusammengesetzte als
solches, das Aggregat als solches, die Vielheit als
solche in einem Wesen als wirkliche Einheit dargestellt,
repräsentiert, realisiert sein solle, eine unteilbare Substanz
notwendig sei.

Schon aus einer einfachen Überlegung folgt, dafs die
Ausführungen des Philosophen die erstere Tendenz nicht
haben können. Denn dafs eine Summe einzelner Substanzen
nicht ein Wesen zusammensetzen könne, ist vollkommen
selbstverständlich, ja es ist ein ganz identischer Satz. Und
wenn also Leibniz denselben erst hätte beweisen wollen, so
wäre dies mehr als abgeschmackt. Am besten aber widerlegen seine eigenen Worte eine solche Meinung.

„Jedes Aggregat," sagt er, „setzt Wesen voraus, die mit
einer wahrhaften Einheit begabt sind, weil es seine Realität
nur von der Realität derjenigen Wesen erhält, aus welchen
es zusammengesetzt ist, sodafs es überhaupt gar keine hat,
wenn jedes Wesen, aus denen es zusammengesetzt ist,
wieder ein Aggregat ist" (2, 96; ebenso 72 und 77)*).
Das kann nicht heifsen: Viele einzelne Substanzen setzen
Wesen, die mit einer Einheit begabt sind, voraus, weil sie
ihre Realität nur von der Realität dieser vielen einzelnen
Substanzen erhalten können u. s. w. Denn das würde sinnlos

---

*) Dieser Satz, ebenso wie die nachher anzuführenden (bei letzteren
ist es schon wegen ihres Wortlautes unmöglich) können natürlich nicht
diesen Sinn haben: Alles, was aus Teilen zusammengesetzt ist, konstituiert sich nur durch die Teile, aus denen es zusammengesetzt ist; es
kann also überhaupt nicht existieren, wenn diese Teile immer selbst
wieder aus Teilen zusammengesetzt sind; mithin erfordert es unteilbare
Elemente, aus welchen es sich zusammensetzt. Denn Leibniz will ja,
wie früher (S. 26 f.) schon bemerkt wurde, nicht beweisen, dafs der Körper
nur aus unteilbaren Substanzen bestehen könne, sondern dafs ihm eine
Seele zugeteilt werden müsse. Es kann daher nur das in Frage
kommen, ob Leibniz in diesen Sätzen den Nachweis führen will, dafs
viele einzelne Dinge ohne eine Seele kein reales Wesen, keine
Substanz ausmachen können, oder aber, dafs das Aggregat als solches
nichts Reales sei, keine Realität habe, wenn man nicht eine Seele annehme.

sein. Leibniz kann nur dies meinen: Ein G a n z e s vieler
Dinge, deren jedes wieder ein Ganzes vieler Dinge ist, ist
nichts Reales; denn ein G a n z e s vieler Dinge, das Aggregat
als s o l c h e s, hat nur soviel Realität als die aggregierten
Dinge besitzen; es hat also überhaupt gar keine Realität,
wenn jedes dieser Dinge selbst immer wieder ein Ganzes,
ein Aggregat, ist. Wenn daher (nicht etwa viele einzelne
Substanzen miteinander etwas Reales ausmachen, sondern) ein
Ganzes vieler Dinge s e l b s t, das Aggregat als s o l c h e s,
in einem Wesen realisiert sein soll, so muſs eine unteilbare,
wahrhaft einheitliche Substanz, eine Seele, vorausgesetzt
werden. Noch deutlicher erhellt dieser Gedanke aus fol-
gendem: „Was das Wesen eines Aggregats ausmacht, ist
nur eine Daseinsweise derjenigen Dinge, aus welchen es
zusammengesetzt ist: z. B. was das Wesen einer Armee ausmacht, ist nur eine Daseinsweise der Menschen, welche sie
zusammensetzen. Diese Daseinsweise setzt also eine Substanz voraus, deren Wesen nicht mehr eine Daseinsweise
einer Substanz ist. Es giebt keine Vielheit ohne wahrhafte
Einheit. Was nicht wahrhaft e i n Wesen ist, ist nicht wahrhaft e i n W e s e n. Etwas anderes ist d a s Wesen, etwas
anderes eine V i e l h e i t von Wesen; aber die Mehrzahl setzt
die Einzahl voraus, und wo es nicht e i n Wesen giebt, da
wird es noch weniger mehrere Wesen geben" (97). Es ist
unmöglich, diese Worte so zu verstehen: Was das Wesen
vieler einzelner Substanzen ausmacht, ist nur eine Daseinsweise dieser einzelnen Substanzen. Diese setzt also eine
Substanz voraus, deren Wesen nicht mehr eine bloſse Daseinsweise ist. Es giebt nicht viele einzelne Substanzen
ohne eine wahrhafte Einheit u. s. w. Dies wäre ja in nicht
geringerem Maſse als das Obige barer Unsinn. Die Bedeutung dieser Sätze kann nur diese sein: Ein G a n z e s vieler
Dinge, das Aggregat a l s s o l c h e s ist nur eine Daseinsweise
der dasselbe zusammensetzenden Dinge. Soll also dieses
G a n z e vieler Dinge, das Aggregat s e l b s t, das Aggregat
als s o l c h e s, diese Daseinsweise einzelner Dinge s e l b s t in

einem Wesen substantiiert sein (nicht aber: sollen viele einzelne Substanzen zu e i n e r Substanz vereinigt werden), so müssen wir etwas anerkennen, dessen Natur nicht mehr eine Daseinsweise mehrerer Substanzen ist, d. h. etwas Einfaches, eine Seele. Es giebt keine Vielheit ohne eine wahrhafte Einheit, in welcher sie s e l b s t substantiiert ist u. s. w. „Was in mehrere Teile geteilt werden kann," sagt der Philosoph anderswo, „ist ein Aggregat von mehreren Dingen. Nun ist ein solches Aggregat nur eine scheinbare Einheit und hat keine andere Realität als eine geborgte oder als die Realität derjenigen Dinge, von denen es ein Aggregat ist. Mithin hat das, was in Teile geteilt werden kann, keine Realität, wenn es sich nicht in demjenigen befindet, was nicht in Teile geteilt werden kann" (261). In Wiederholung dessen spricht er sich so aus: „Ein Aggregat hat nur eine von den Komponenten geborgte Realität. Also giebt es in den Dingen unteilbare Einheiten, weil sonst keine wahre Einheit in ihnen wäre und nur eine geborgte Realität. Wo aber keine wahre Einheit ist, da ist auch keine wahre Vielheit, und wo nur geborgte Realität ist, da ist überhaupt keine Realität, da dieselbe doch irgend einem Subjekte eigen sein muſs" (267: vgl. auch 256 f.). Auch diese Sätze werden vollkommen absurd, wenn man unter dem „Aggregat" viele einzelne Substanzen versteht, den ersteren Ausdruck mit dem letzteren vertauscht. Der Gedanke des Philosophen ist daher dieser: Ein G a n z e s vieler Dinge, das Aggregat a l s s o l c h e s hat keine andere Realität als diejenige der aggregierten Dinge, mithin hat es gar keine Realität, „wenn es sich nicht in dem Unteilbaren befindet," „nicht irgend einem Subjekt eigen ist," mit anderen Worten, wenn es nicht in einem Unteilbaren substantiiert ist. „Es giebt nicht mehrere Wesen," sagt endlich Leibniz, „wo es nicht eines giebt, welches wahrhaft e i n Wesen ist; jede Vielheit setzt die Einheit voraus" (118). „Ohne die wahrhaften Einheiten würde es keine Vielheit geben" (4, 473). „Die Vielheit hat ihre Realität nur von den wahrhaften Einheiten" (478, ebenso

483 u. a.). Hier kann ebenfalls die „Vielheit" nicht viele einzelne Substanzen bezeichnen, denn der Satz: viele einzelne Substanzen setzen wahrhafte Einheiten oder gar eine wahrhafte Einheit voraus, würde, wie bereits bemerkt, keine vernünftige Bedeutung haben. Wir sind daher auch hier zu der nun hinlänglich erläuterten Auslegung gezwungen. Diese letztere ist in Bezug auf alle angeführten Erklärungen so einleuchtend und unumgänglich, daſs eine andere Auslegung als ausgeschlossen gelten muſs; von dem bisherigen Standpunkte aus wird sich niemals ein Sinn in dieselben bringen lassen.

Nun beweist Leibniz allerdings an anderen Stellen auch dies, daſs mehrere bloſs räumlich verbundene Dinge nur eine scheinbare Einheit haben. Aber dies geschieht doch nur zu dem Zwecke, um zu zeigen, daſs ein Ganzes vieler Dinge, das Aggregat als solches keine wirkliche Einheit, also nichts Reelles sei. Das folgt mit Notwendigkeit aus den eben citierten Stellen, mit denen ja doch jene ihrer Tendenz nach übereinstimmen müssen. Und wenn Leibniz in den Schreiben an Des Bosses darlegt, daſs die Monaden des Körpers sich nur scheinbar zu einem Wesen vereinigen, so ist auch dies kein Widerspruch gegen unsere Behauptungen. Nur darf man diese Auslassungen allerdings nicht dahin verstehen, daſs die einzelnen Monaden miteinander, sondern daſs das Ganze derselben keine Einheit bilde, was nicht die geringste Schwierigkeit verursacht.

Ebenso wie durch die bisher angeführten Auseinandersetzungen Leibnizens wird die in Rede stehende Auffassung aber auch durch die sonstigen Äuſserungen desselben als vollständig unhaltbar widerlegt. Der Philosoph soll nach derselben zeigen, daſs der Körper sich aus vielen einzelnen Substanzen konstituiere, diese aber nur eine zufällige, imaginäre Einheit bilden, daſs also, wenn dem Körper eine wahrhafte, substantielle Einheit zu Grunde liegen solle, eine Seele angenommen werden müsse, die jene einzelnen Substanzen zu einem wirklichen Ganzen zusammenfaſst. Allein wenn dem so wäre, dann hätte sich Leibniz also, wie unmittelbar klar ist, durchgängig dahin aussprechen müssen, dafs nur eine von einer unteilbaren Substanz vereinigte Menge einzelner Wesen eine substantielle Einheit sei, dafs er unter einer wahrhaften Einheit nur ein mit einer Seele begabtes Aggregat verstehe, und er hätte der zufälligen, phänomenalen Einheit des Körpers eine von einer Seele verbundene Vielheit einzelner Substanzen als die substantielle, wahrhafte Einheit entgegenstellen müssen. Davon ist aber nirgends die Rede. Vielmehr sagt er überall und ausnahmslos, dafs nur die unteilbare Substanz s e l b s t u n d f ü r s i c h a l l e i n eine substantielle Einheit sei, dafs er unter einer substantiellen Einheit eine einfache Substanz schlechthin begreife, und demgemäfs setzt er dem Aggregat des Körpers nicht ein von einer Seele vereinigtes Aggregat vieler einzelner Dinge, sondern das Unteilbare, die Seele s e l b s t u n d f ü r s i c h a l l e i n als die wirkliche, wesenhafte Einheit entgegen. Leibniz will eben überall nur ausführen, dafs der Körper s e l b s t eine blofs zufällige Einheit sei, dafs daher, wenn der Körper s e l b s t in einem Wesen als substantielle, wahrhafte Einheit dargestellt, repräsentiert sein solle, demselben eine einfache Substanz, eine Seele beigegeben werden müsse. Und im Anschlufs hieran und in vollem Einklange hiermit erklärt er nun, dafs eben nur das Einfache eine substantielle Einheit, nur die unteilbare Substanz, die Seele eine wirkliche Einheit sei, während im Gegensatz zu ihr der Körper lediglich eine Vielheit, ein Aggregat sei.

Um aus der grofsen Fülle von Belegstellen die markantesten hervorzuheben, so ist zunächst darauf hinzuweisen, dafs, wenn der Philosoph in den S. 44 ff. angeführten Beispielen sagt, die Vielheit setze „eine wahrhafte Einheit" voraus, mit dieser letzteren nur das Unteilbare, die Seele gemeint sein kann; auch bemerkt er dies selbst in einigen derselben (so 2, 261 u. 267; vgl. auch 4, 478 u. 483 u. a.). Instruktiver sind einige andere Stellen. So erklärt er, nachdem er nachgewiesen, dafs zwei voneinander getrennte Substanzen,

wenn sie einander auch noch so nahe sind, nur eine zufällige, keine substantielle Einheit ausmachen und also der
Körper nicht e i n e Substanz sei: „Die substantielle Einheit
erfordert ein unteilbares Wesen, was man nur in einer
Seele oder substantiellen Form finden kann nach Analogie
dessen, was man Ich nennt. Dieses Ich kann nicht durch
Annäherung oder Entfernung der Teile geschaffen oder vernichtet werden," bildet also im Gegensatz zu der blofs
räumlichen Einheit eine wahrhafte Einheit (2, 76; auch 101).
„Man mufs einen Unterschied machen zwischen einer Substanz und einem Aggregat. Wenn ich sage: Ich, so spreche
ich von einer einzigen Substanz, aber eine Armee u. s. w.
würde nur eine Sammlung von Substanzen sein" (4, 473).
„Die körperliche Substanz mufs etwas sein, was dem Ich
entspricht, was unteilbar und doch handelnd ist. Denn da
es unteilbar ist, so wird es nicht mehr ein Aggregat sein, und
da es handelnd ist, so wird es etwas Substantielles sein"
(ebenda). „Alles, was w a h r h a f t e i n e Substanz ist, beginnt nicht und endigt nicht, denn die w a h r h a f t e Einheit ist unauflöslich" (d. i. das Einfache) (474). „Jede einfache Substanz, welche eine w a h r h a f t e Einheit hat, kann
nicht beginnen u. s. w." (479). „Durch das Mittel der Seele
oder der Form giebt es eine w a h r h a f t e Einheit in dem
Körper, welche dem entspricht, was man in uns Ich nennt,
was man nicht in der einfachen Masse der Materie finden
kann, die man nur wie eine Armee oder einen Trupp betrachten kann. Ohne w a h r h a f t e Einheiten würde es nichts
Substantielles geben. . . . . Es giebt nur die substantiellen
Atome, d. h. die r e e l l e n und absolut einfachen Einheiten"
(482; vgl. auch 495, 1). „Die aktive Kraft vollendet mit
der passiven Kraft (also das, was Leibniz sonst allgemeiner
die Seele nennt) die körperliche Substanz, welche nämlich
eine w a h r h a f t e Einheit. nicht ein blofses Aggregat ist"
(395). „Die aktive Kraft konstituiert mit der passiven Kraft
eine w a h r h a f t einheitliche Substanz. Ohne diese w a h r-
h a f t e n und r e a l e n Einheiten würden nur Aggregate übrig

bleiben" (511). „In einer wahrhaft einheitlichen Substanz sind nicht mehrere Substanzen," (d. h. sie ist einfach) „und wo sie sind, da konstituieren sie nicht eine Substanz, sondern ein Aggregat von solchen" (2, 233 A; ebenso 239; auch 250 und 251). „Eine wahrhafte Einheit ist das, was nicht in mehrere Wesen geteilt werden kann" (261 f.; ebenso 262 E., auch 263 f. E. u. A.). „Die körperliche Masse ist ein Phänomen, welches aus den einfachen Substanzen, die allein eine Einheit haben, resultiert" (275). „Die Körper sind Vielheiten, und die Seelen sind Einheiten, aber Einheiten, welche die Vielheiten in sich repräsentieren" (7, 452 A.; genau ebso. 542). „Die Seelen sind die wahrhaften Einheiten" (551 E.). „Die Materie ist eine Vielheit. Aber da jede Vielheit wahrhafte Einheiten voraussetzt, ist es offenbar, daſs diese Einheiten nicht materiell sein können. So sind die Einheiten eigentlich Substanzen für sich, welche nicht teilbar sind . . . . . Es muſs also in den Körpern Einheiten geben, die Vorstellungen haben. Und das ist diese einfache Substanz, diese substantielle Einheit, die man Seele nennt, und folglich sind die Seelen wie die anderen substantiellen Einheiten immateriell" (552 f.). „Das Materielle kann nicht in eine wahrhafte Einheit eingehen, sonst würde sie keine Einheit sein. Also was in der Einheit ist, ist nicht das Materielle, sondern die Repräsentation des Materiellen" (554; ebso. 556). „Die Seelen sind wahrhafte Einheiten, d. h. einfache Substanzen; aber die Körper sind nur Vielheiten" (558; vgl. auch 560). „Die Analyse der Materie führt zu den substantiellen Einheiten, zu den einfachen, unteilbaren Substanzen" (565). „Die Seele ist eine einfache Substanz oder Einheit . . . . Die Seelen sind Einheiten und die Körper sind Vielheiten" (567) u. a. — Wenn Leibniz überhaupt seine einfachen Substanzen allgemein Einheiten (unités) nennt, so liegt ja doch in dieser Bezeichnung gar nichts anderes, als daſs sie eben die wahrhaften, wirklichen, substantiellen Einheiten sind im Gegensatz zu den materiellen Dingen, welche

wesentlich und ihrer Natur nach Aggregate, Vielheiten und
mithin blofs zufällige, phänomenale Einheiten sind.
Und eben dieser selbige Gedanke drückt sich ja auch in der
Benennung seiner Substanzen als „Monaden" aus, ein Wort,
das bekanntlich gar nichts anderes bedeutet als Einheiten.

:   Alle diese Stellen und Thatsachen sind mit der bisherigen Ansicht vollständig, aber auch vollständig unvereinbar, ja sie beweisen die Unrichtigkeit derselben so eklatant, so unwidersprechlich, dafs man auf Grund derselben
allein schon, selbst wenn gar keine andern Argumente dagegen vorhanden wären, zu dem Urteile gezwungen wäre:
Diese Ansicht mufs falsch sein.

Von durchschlagender Bedeutung ist auch noch ein
anderer Punkt. Gesetzt, Leibniz wollte den Nachweis führen,
dafs, wenn dem Körper etwas Substantielles zu Grunde
liegen solle. ihm eine Seele zugeteilt werden müsse, so
würde doch diese Seele lediglich ein Mittel sein, um den
Körper, d. h. die vielen einzelnen Substanzen desselben zu
einem realen Wesen zusammenzufassen. Allein auch diese
Konsequenz würde den ausdrücklichen Erklärungen des
Philosophen auf das entschiedenste widersprechen. Er stellt
nämlich die Seele so wenig als blofses Mittel dar, durch
welches der Körper zu etwas Reellem gemacht werden soll,
dafs er sie vielmehr als das Wesen, die Essenz, die
Substanz des Körpers bezeichnet. Er will eben überhaupt
nicht darthun, dafs, wenn dem Körper etwas Substantielles
zu Grunde liegen, sondern, dafs, wenn der Körper
selbst in einem Wesen substantiiert sein solle, ihm eine
Seele zuerkannt werden müsse. Und deshalb ist die Seele
für ihn nicht nur ein Mittel, um den Körper in eine Substanz zu verwandeln, sondern sie ist selbst das als Substanz,
was der Körper als Phänomen, sie ist selbst das dem
Körper korrespondierende Reale, sie ist das Wesen, die
Substanz des Körpers.

„Die Substanz eines Körpers," sagt Leibniz, „mufs unteilbar sein" (2, 72). „Was die körperliche Substanz aus-

macht, mufs etwas sein, was dem Ich entspricht" (4, 473).
„Die aktive Kraft macht mit der passiven die körperliche
Substanz aus" (395). „Die Essenz des Körpers mufs in die
Kraft zu handeln und zu leiden gesetzt werden" (7, 314 E.) u. ö.
Besonders eingehend äufsert sich der Philosoph in dem Brief-
wechsel mit Des Bosses über die Natur der körperlichen
Substanz, da die Lösung der in demselben behandelten
Fragen eine genauere Bestimmung dieses Punktes erheischte.
„Wenn die körperliche Substanz," heifst es da, „etwas
Reales aufser den Monaden ist, so mufs sie in einer Vereinigung derselben bestehen;" sie besteht näher in der substantiellen Form und der ersten Materie: die Monaden sind
ihr nicht wesentlich. „Wenn daher auch die Substanz des
Körpers geändert wird, so können doch die Monaden dieselben bleiben" (2, 435). „Die Erklärung aller Phänomene
allein durch die Monaden, indem man die körperliche Substanz beiseite setzt, halte ich für nützlich" (450 E.). „Es ist
zu sehen, was den Monaden zugefügt werden mufs, wenn
wir annehmen, es gebe eine körperliche Substanz" (451).
„Wenn wir etwas Substantielles aufser den Monaden zulassen," so hat der Körper eine ganz andere Einheit als ein
Aggregat (457). „Die Monaden machen nicht die körperliche
Substanz aus, sie können gegenwärtig oder abwesend sein,
während die zusammengesetzte Substanz bleibt" (460). „Das
den Monaden zugefügte Substantielle, welches die zusammengesetzte Substanz konstituiert, kann unbeschadet der Monaden geändert werden;" diese sind keine Bestandteile derselben (474 f.). „Wenn wir körperliche Substanzen oder
etwas Substantielles aufser den Monaden zulassen," so
können sie nicht blofse Modifikationen der Monaden sein
(481). Die Monaden sind nicht Bestandteile der körperlichen Substanz; „daher kann die körperliche Substanz
unbeschadet der Monaden aufgehoben oder verändert
werden u. s. w." (482). „Es ist der Untersuchung wert, was
die zusammengesetzte Substanz konstituiert. Soviel ich urteilen kann, besteht sie in der aktiven und passiven Kraft oder

in der ersten Materie und der substantiellen Form" (485 f.).
„Wenn etwas Substantielles aufser den Monaden im Körper
ist," so mufs dieses seine Modifikationen in sich tragen
(495 f.). „Die zusammengesetzte Substanz enthält etwas Substantielles aufser den Monaden, sonst würde es keine zusammengesetzte Substanz geben," und diese besteht in der
ersten Materie und der substantiellen Form (511). „Das
Aggregat löst sich in Teile auf, nicht die zusammengesetzte
Substanz, welche nicht wesentlich aus Teilen konstituiert
wird." Der letzteren sind die Monaden nicht wesentlich,
sie können unbeschadet dieser aufgehoben werden u. s. w.
(517). „Die zusammengesetzte Substanz besteht in der
aktiven und passiven Kraft" (518 A.). Vgl. ferner 438 f.,
444, 458. 518, 519 u. a.

Die körperliche, die zusammengesetzte Substanz ist also
unteilbar, entspricht dem Ich, konstituiert sich aus der substantiellen Form und der ersten Materie, der aktiven und
passiven Kraft, ist etwas Reales aufser, neben den Monaden des Körpers, kann unverändert bleiben, während die
letzteren sich verändern oder aufgehoben werden, diese bilden
keine Bestandteile der körperlichen Substanz u. s. w. Auch
erscheinen die Ausdrücke; „substantielles Band" und „körperliche Substanz" als vollständig identisch (z. B. 2, 458, 474 f.,
481 f., 503, 511 u. a). Dafs aber das substantielle Band
dasselbe ist, was Leibniz sonst als Seele bezeichnet, ist
früher schon angegeben worden (vgl. S. 25). Alles dies zeigt
unwidersprechlich, dafs die Seele nach Leibniz das Wesen,
die Substanz des Körpers ausmacht.

Und dieser Satz wird nicht im geringsten durch einige
andere Bemerkungen Leibnizens, auf die man sich vielleicht
berufen möchte, abgeschwächt oder gar widerlegt. Während
nämlich der Philosoph an den obigen Stellen erklärt, dafs
die körperliche Substanz ein unteilbares Wesen (nämlich die
Seele) sei, sagt er anderswo auch wieder, dafs er nur da
eine körperliche Substanz anerkenne, wo ein organischer
Körper sei, dafs eine körperliche Substanz nur diejenige sei,

„welche in einer einfachen Substanz oder Monade und einem mit dieser verbundenen organischen Körper bestehe" (7, 501; ebso. 2, 506 u. a.). Allein der Widerstreit, der zwischen diesen beiderlei Auslassungen zu herrschen scheint, ist, wie von vornherein nicht anders zu erwarten ist, nur ein scheinbarer. In beiden Fällen gebraucht nämlich Leibniz den Ausdruck „körperliche Substanz" in einer ganz verschiedenen Bedeutung. In dem ersteren Falle meint er damit dasjenige Wesen, in welchem der Körper selbst substantiiert ist, welches das als Substanz, was der Körper als Phänomen ist, die Essenz, die Substanz des Körpers, und so genommen ist die körperliche Substanz unter allen Umständen ein einfaches Wesen, die Seele für sich allein. Und nur in diesem Sinne spricht der Philosoph in den oben beigebrachten Citaten, was aus ihnen selbst hinlänglich hervorgeht, von der körperlichen Substanz, wie wir denn auch aus ihnen nur die Folgerung gezogen haben, daß die Seele für den Philosophen nicht ein einfaches Mittel sei, um den Körper zu etwas Realem zu machen, sondern daß sie selbst das als Substantielles sei, was der Körper als Phänomen ist, daß sie die Substanz des Körpers bilde. In dem zweiten Falle dagegen versteht Leibniz unter einer körperlichen Substanz (nicht das Wesen, in dem der Körper selbst substantiiert ist, sondern) einen Körper, welcher nicht ein bloßes Phänomen, sondern eine Substanz ist (d. h. natürlich nicht einen Körper, dem etwas Substantielles zu Grunde liegt, sondern einen Körper, der selbst in einem Wesen substantiiert ist), und so genommen ist dann die körperliche Substanz allerdings ein mit einer Seele begabter Körper, giebt es nur da eine körperliche Substanz, wo eine Seele und ein ihr eignender organischer Körper vorhanden ist (indem ja nur derjenige Körper eine Substanz, selbst in einem Wesen substantiiert ist, welcher mit einer Seele begabt ist). Und in diesem Sinne bedient sich der Philosoph des Ausdruckes „körperliche Substanz" überall da, wo er sagt, daß dieselbe in einer Seele und einem

Körper bestehe. Diese letzteren Angaben entkräften daher
unsere vorherigen Ausführungen nicht im mindesten (ja man
könnte sie sogar als eine neue Stütze für dieselben anführen,
insofern sie ja gerade von unserm Standpunkte aus sich
vollständig anstandslos mit den oben citierten zahlreichen
Angaben des Philosophen vertragen, während sie von dem
bisherigen Standpunkte aus in einem unlösbaren Widerspruch
zu diesen letzteren stehen würden, da nämlich nach der herkömmlichen Auffassung schlechterdings nur das aus Seele
und Leib Zusammengesetzte, niemals aber die Seele für sich
allein als körperliche Substanz bezeichnet werden könnte).

Über die Natur der Seele und ihr Verhältnis zu dem
Körper geben weiterhin folgende dem Briefwechsel mit
Des Bosses entnommenen Sätze sehr schönen Aufschlufs:
„Die Substantialität (d. i. die Substanz) des Brotes
besteht in der Vereinigung der Monaden" (2, 403). „Die
körperliche Substanz besteht in einer gewissen Vereinigung
(unio) oder vielmehr in dem realen Vereinigenden (in
uniente reali), welches von Gott den Monaden zugefügt ist,
und aus der Vereinigung der passiven Kraft der Monaden
entsteht die erste Materie und aus derjenigen der Entelechieen der Monaden die substanstielle Form;" „sie besteht
in der realitas unionalis, welche etwas Absolutes den zu
vereinigenden Monaden hinzufügt" (435). Die körperliche
Substanz wird daher „substantia unionalis" genannt (ebenda,
zweimal). „Diese Vereinigung (unio) konstituiert das Kontinuum aus den Punkten;" „die Kontinuität hängt von der
realitas unionalis ab" (436). Gott sieht die Beziehungen
der Monaden zu einander, z. B. die Dauer, die Lage, die
Wechselwirkung. „Aber aufser diesen realen Beziehungen
kann e i n e begriffen werden, durch welche aus mehreren
Substanzen e i n e neue entsteht. Und diese den Monaden
zugefügte Substanz entsteht nicht auf jede beliebige Weise,
denn sonst würde alles, was zerstreut ist, in eine neue Substanz
vereinigt werden (in novam substantiam unirentur) u. s. w."
(438 f.). „Es ist zu sehen, was den Monaden noch hinzugefügt

werden mufs, wenn wir eine substantielle Vereinigung (unio
substantialis) hinzufügen oder setzen, es gebe eine körperliche
Substanz" (451). „Wenn etwas Substantielles aufser den
Monaden oder eine gewisse reale Vereinigung (unio realis)
zugelassen wird, so ist es eine weit andere Vereinigung,
welche macht, dafs ein Tier oder ein organischer Körper der
Natur eine substantielle Einheit ist, als diejenige Vereinigung,
welche ein blofses Aggregat ausmacht: Diese besteht in der
blofsen örtlichen Vereinigung, jene in einer Vereinigung,
welche eine neue Substanz konstituiert (in unione substan-
tiatum novum constituente), welche die Schulen e i n e s für
sich nennen" (457). „Die zusammengesetzte Substanz hängt
nur dadurch von den Monaden ab, dafs sie postuliert, dieselben
in eine (von ihnen verschiedene) zusammengesetzte Substanz
zu vereinigen (in substantiam compositam unire)" (458). Diese
zusammengesetzte Substanz wird daher „res unitiva" genannt
(ebenda). „Wenn es eine reale Vereinigung giebt, welche
die Phänomene realisiert u. s. w." (495). „Die Beziehungen
zwischen zwei Monaden sind allein in Gott; diese Beziehungen wird man nicht begreifen, wenn man nicht ein reales
Band oder etwas Substantielles hinzufügt, welches das Subjekt dieser gemeinsamen Prädikate ist" (597).

Unter der körperlichen Substanz versteht Leibniz, wie aus
dem Obigen (vgl. S. 50 ff.) und auch aus diesen Sätzen selbst
über allen Zweifel gewifs hervorgeht, die Seele. Diese Seele ist
also eine Vereinigung der Monaden, sie ist das Reale, welches
sie in sich vereinigt, sie wird erzeugt durch die Vereinigung
der aktiven und der passiven Kräfte der Monaden, sie entsteht dadurch, dafs die Monaden in eine neue, neben ihnen
existierende Substanz vereinigt werden, sie ist eine „realitas
unionalis", eine „substantia unionalis", eine „res unitiva".
Sie vereinigt mithin nicht die einzelnen Monaden zu einem
Ganzen, sondern sie ist s e l b s t eine Vereinigung dieser
Monaden. Das heifst aber nichts andres und kann nichts
andres heifsen als dies, sie sei das als Einheit, was die
Monaden als Vielheit, sie sei die dem Ganzen der Monaden
entsprechende unteilbare Einheit.

Und eben diesen Sinn hat es auch, wenn Leibniz die
Seele das „substantielle Band" der Monaden nennt. Denn
das ist selbstverständlich nur ein andrer Ausdruck für den
in den eben genannten Wendungen ausgesprochenen Gedanken; überdies identifiziert der Philosoph selbst das
„substantielle Band" vollständig mit der „Vereinigung", der
„substantia unionalis" (so 2, 436, 439, 461, 495; auch 457).
Er gebraucht also diese Bezeichnung nicht deshalb, weil die
Seele die einzelnen Monaden miteinander verbindet, sondern
weil sie s e l b s t u n d f ü r s i c h a l l e i n ein „Band", eine
„Vereinigung" derselben darstellt, sie als Einheit repräsentiert.

Zu dem gleichen Resultate führen einige andre Stellen
aus demselben Briefwechsel. „Wenn der Körper", sagt
Leibniz, „eine Substanz ist, so ist er eine Realisation der
Phänomene" (2, 456). „Den Phänomenen ist etwas hinzuzufügen,
was sie realisiert. Wenn aber die Realisation der Phänomene
und die zusammengesetzte Substanz zugelassen werden u. s. w."
(460). „Das substantielle Band konstituiert die zusammengesetzte Substanz und realisiert die Phänomene" (474). „Ich
möchte das Wesen, welches die Phänomene realisiert, nicht
von dem substantiellen Band trennen" (475; gleich darauf
ebenso; auch 485). „Die reale Vereinigung realisiert oder
substantialisiert vielmehr die Phänomene" (495). „Die zusammengesetzte Substanz realisiert die Phänomene." „Aus
den zwei Thatsachen, dafs es eine zusammengesetzte Substanz
giebt, welche den Phänomenen aufserhalb der Vorstellenden
Realität verleiht, und dafs die Substanz nicht entsteht noch
vergeht, folgen allgemeine Sätze" (519). Vgl. ferner 510,
515 f, 517, 518, 520.

Die Seele realisiert also das Phänomen des Körpers.
Mithin kann sie nicht bewirken, dafs dem Körper etwas
Substantielles z u G r u n d e l i e g t. Denn dann würde sie
den Körper aus einer Vielheit zu einer Einheit, aus einem
Phänomen zu einer Substanz machen, aber sie würde nicht
das Phänomen des Körpers realisieren. Das geschieht nur
in dem Falle, wenn sie das als Substantielles, Reelles, was

der Körper als Phänomen ist, wenn das Phänomen des
Körpers s e l b s t in ihr realisiert, wenn sie s e l b s t eine
Realisation dieses Phänomens ist. Und dafs Leibniz dies
meint, zeigen ja unwiderleglich und mit der gröfsten Evidenz
die zwei erstgenannten Sätze, in denen er selbst die körperliche Substanz, die Seele eine „Realisation" des körperlichen
Phänomens nennt.

Auch mögen noch folgende Äufserungen aus den andern
Schriften des Philosophen herbeigezogen werden: „Wenn
es", sagt Leibniz, „keine wahrhaften Einheiten gäbe, so würde
es nichts Substantielles noch Reelles i n der Sammlung von
Dingen (d. i. im Körper) geben" (4, 482). Es mufs alles
voll von Seelen sein, „sonst würden wir keine Substanzen
i n der Materie haben" (473 E.). „Alle Aggregate sind nur
scheinbare Wesen; und ebenso ist es mit jedem Aggregat,
so dafs man nichts Einheitliches i n ihm findet, wenn man die
Entelechieen wegnimmt" (2, 250). „Ohne die Seele würde nichts
(Reales) i n den Körpern sein . . . . Das Teilbare hat keine
andre Realität als die, welche die Einheiten haben, die sich
i n ihm befinden" (261). „I n den Dingen mufs es unteilbare
Einheiten geben, weil sonst keine wahre Einheit i n ihnen
ist" (267). „Hebt man die Einheiten auf, so bleiben keine
wahrhaften Wesen i n den Körpern übrig" (4, 511). „Der
Körper wird stets ein Aggregat mehrerer Substanzen sein,
oder er wird vielmehr kein reelles Wesen sein, da ja die
Teile, die ihn zusammensetzen, denselben Schwierigkeiten
unterworfen sind und da man nie zu i r g e n d e i n e m
r e e l l e n W e s e n gelangt" (2, 72; ähnlich 96). Der Körper
ist ohne die Seele ein reines Phänomen. Denn „das Kontinuum ist ins Unendliche geteilt . . . . . man wird daher
nie auf etwas stofsen, von dem man sagen kann: Das ist
wahrhaft e i n Wesen" (77). Man sieht, es kommt Leibniz
nicht darauf an, dafs die Materie als solche etwas Reales
sei, sondern dafs i n dem Körper etwas Reales sich befinde,
selbstverständlich ein diesem Körper entsprechendes Reales,
eine ihm korrespondierende Substanz.

Zum Schlusse müssen wir noch auf eine sehr bemerkenswerte Thatsache aufmerksam machen. Hätte nämlich
die Seele den Zweck, die einzelnen Substanzen des Körpers
zu einem Ganzen zusammenzufassen, so müßte sie doch
notwendig diese einzelnen Substanzen vorstellen, wie man
dies ja auch bisher wollte (vgl. S. 37). Nun steht es aber
fest, daß die Seele, die Monade nach Leibniz keineswegs
die einzelnen unteilbaren Substanzen, die Monaden vorstellt.
Vielmehr stellt sie den Körper als solchen materielle
Dinge als solche, Phänomene als solche vor. Das
ergiebt sich aus sehr zahlreichen Äußerungen des Philosophen mit vollkommener Gewißheit (vgl. den Abschn. 9
dieser Abtlg.). Repräsentiert aber die Seele das körperliche
Phänomen als solches, so heißt dies ja gar nichts andres,
als daß dieses Phänomen als solches, das Phänomen des
Körpers selbst in ihr realisiert sei, wie denn auch die
Monaden von Leibniz ausdrücklich als Repräsentationen der
Phänomene (vgl. ebda.) bezeichnet werden.

Alle diese schwerwiegenden zwingenden Argumente
lassen nun die Unhaltbarkeit der in Frage stehenden Auffassung der Leibnizischen Darstellung mit hinreichender
Deutlichkeit erkennen.

Leibniz führt aus, daß der Körper an sich eine bloß
zufällige Einheit, ein Phänomen sei, daß ihm daher, wenn
er eine wahrhafte Einheit, eine Substanz sein solle, eine
Seele zugeteilt werden müsse. Nimmt man nun an, es
handle sich hier für den Philosophen um die Frage, was
dem Körper zu Grunde liege, so würden diese seine
Ausführungen so verstanden werden müssen: Der Körper
setzt sich aus unendlich vielen einzelnen unteilbaren Substanzen zusammen; diese aber bilden nur eine zufällige
Einheit, nicht eine Substanz, also überhaupt keine
Substanz, sondern ein Phänomen; soll also dem Körper
etwas Reales und Substantielles zu Grunde liegen, so müssen

wir in ihm eine Seele anerkennen, welche jene vielen einzelnen Substanzen zu einem wirklichen Ganzen, einem
realen Wesen zusammenfaſst. Nun haben wir aber zunächst
gezeigt, daſs diese Auslegung innerlich unhaltbar ist, einen
Widerspruch in sich schlieſst, daſs in Bezug auf den Körper
überhaupt nur zwei Probleme möglich sind, entweder wie
die Erscheinung des Körpers e n t s t e h e, oder wie das
Prinzip des Körpers s e l b s t zu denken sei, daſs weiter die
Seele die vielen einzelnen Substanzen des Körpers gar nicht
zu einem Ganzen vereinigen kann, daſs auch nach dem
Leibnizischen System der materielle Körper trotz der Seele
ein reines Phänomen bleibt, indem nur das Einfache und
Unteilbare etwas Wesenhaftes ist (vgl. S. 35—40). Ferner
haben wir gesehen, daſs auch die Auseinandersetzungen des
Philosophen selbst mit jener Auslegung unvereinbar sind.
Denn er geht überhaupt nicht von der Voraussetzung aus,
daſs dem Körper unendlich viele einzelne unteilbare Substanzen z u G r u n d e l i e g e n, sondern daſs der Körper
s e l b s t ins Unendliche immer ein Ganzes vieler Dinge, ein
Aggregat a l s s o l c h e s sei; dementsprechend beweist er auch
nicht, daſs viele einzelne Substanzen keine wirkliche Einheit, kein reales Wesen ausmachen, sondern daſs ein
G a n z e s vieler Dinge, ein Aggregat a l s s o l c h e s nichts
Reales, keine wahrhafte Einheit sei und daſs also, wenn
dieses Ganze vieler Dinge s e l b s t, das Aggregat a l s s o l c h e s
in einem Wesen realisiert sein solle, eine Seele eingeführt
werden müsse (vgl. S. 40—46). Im Einklang hiermit haben
wir endlich nachgewiesen, daſs Leibniz unter einer substantiellen Einheit nicht e i n e von einer Seele zusammen-
gehaltene Menge einzelner Wesen, sondern eine einfache
Substanz schlechthin versteht, daſs er daher auch der imaginären Einheit des Körpers nicht den mit einer Seele be-
gabten Körper, sondern die Seele s e l b s t u n d f ü r s i c h
a l l e i n als die wahrhafte Einheit gegenüberstellt, daſs weiter
die Seele nicht als ein bloſses M i t t e l, um die vielen einzelnen Substanzen des Körpers zu einem Ganzen zu ver-

binden, sondern als das Wesen und die Substanz des
Körpers dargestellt, dafs sie auch ausdrücklich als eine
Vereinigung von Substanzen u. dgl., als eine Realisation des
Phänomens des Körpers bezeichnet wird und dafs endlich
auch die Monade nach Leibniz nicht die einzelnen einfachen
Substanzen, sondern vielmehr Aggregate als solche,
Körper als solche, kurz Phänomene repräsentiert, was
ja nichts andres heifst, als dafs sie die dem körperlichen
Phänomen korrespondierende unteilbare Substanz sei (vgl.
S. 46—58). Das alles sind einfache Thatsachen, die nicht
bemängelt und nicht weggeleugnet werden können, die auf
Grund massenhaften Quellenmaterials unwidersprechlich fest-
stehen. Verhält es sich aber so, dann kann doch auch
nicht der leiseste Schatten eines Zweifels mehr bestehen,
dafs die obige Deutung der Leibnizischen Darstellung verfehlt, falsch und unmöglich ist.

Zugleich aber ergiebt sich hieraus die richtige Deutung.
Es handelt sich für Leibniz überhaupt nicht um das Problem,
was dem Körper zu Grunde liege, sondern er fragt nach
dem Prinzip des Körpers selbst. Und der Inhalt seiner
Auseinandersetzungen ist daher dieser: Der Körper selbst
ist ins Unendliche immer ein Ganzes vieler Dinge, eine Vielheit als solche, ein Aggregat als solches. Ein derartiges
Ganzes bildet nun aber niemals eine wahrhafte Einheit, hat
überhaupt gar keine Realität, ist ein Phänomen schlechtweg.
Soll also der Körper selbst, dieses Ganze selbst, das
Aggregat als solches in einem Wesen als substantielle
Einheit dargestellt, repräsentiert, in einem Wesen realisiert,
substantiiert sein, so müssen wir demselben etwas, was nicht
mehr ein Aggregat ist, eine unteilbare Substanz, eine Seele
zugestehen. Diese Auffassung wird ja, wie man sieht, durch
jedes einzige der eben angeführten Argumente unmittelbar
und unabweislich gefordert. Da dieselbe überdies, wie wir
nachher sehen werden, zu der Annahme nötigt, Leibniz setze
hier voraus, dafs das Detail der Natur rein mechanisch,
durch den Körper und dessen Eigenschaften erklärt werden

müsse, und er wolle nur beweisen, daſs das Prinzip des Körpers s e l b s t in der Seele bestehe, der Philosoph aber ausdrücklich und häufig genau in dieser selbigen Weise sich ausspricht, und zwar stets in unmittelbarem Zusammenhange mit seinen Untersuchungen über die Natur des Körpers, so erhält jene Auffassung hierdurch eine neue Stütze. Endlich aber wird dieselbe auch durch die Erörterungen Leibnizens über die Bewegung und den Widerstand, wie das weitere zeigen wird, vollkommen bestätigt, wie denn überhaupt das gesamte System in allen seinen Teilen — wir machen ganz besonders auf die Gotteslehre des Philosophen aufmerksam — buchstäblich einen fortlaufenden, ununterbrochenen Beweis dafür bildet.

Andererseits aber giebt es doch, soviel wir wenigstens wissen, überhaupt keinen Satz in den Quellen, der unsrer Ansicht widerspräche oder nicht vollkommen mit ihr vereinigt werden könnte; und sollte dies dennoch bei der einen oder andern Bemerkung des Philosophen der Fall zu sein scheinen, so kommt dies vermutlich nur daher, daſs man sich diese Ansicht noch nicht vollständig zu eigen gemacht, sich noch nicht genügend in dieselbe eingelebt hat. Nur e i n Einwand könnte mit einigem Schein von Berechtigung gegen sie geltend gemacht werden, aber auch dieser erweist sich sofort als hinfällig.

Wenn nämlich, wird man uns entgegnen, diese Auslegung wirklich die Überzeugung des Philosophen wiedergiebt, weshalb hat er dann dieser Überzeugung nicht den gleichen Ausdruck gegeben, weshalb hat er dieselbe dann in so zweideutiger Weise dargestellt, er, der doch ein Meister des Wortes gewesen ist? Z. B. wenn die Bedingung, der Körper solle eine Substanz sein, wirklich nicht heiſst, daſs dem Körper etwas Substantielles zu G r u n d e l i e g e n, sondern daſs der Körper s e l b s t in einem Wesen substantiiert sein solle, warum hat er dann nicht diese letztere Form gewählt? Die Antwort ergiebt sich von selbst. Diese Form ist eben nur dann anwendbar, wenn es sich um die Zurückweisung

der angegebenen irrtümlichen Deutung der Worte Leibnizens
handelt. Denn — wir machen ausdrücklich darauf aufmerksam, um etwaigen Mifsverständnissen vorzubeugen, und
diese Bemerkung ist für das ganze System von der aller-
gröfsten Bedeutung — Leibniz stellt ja nicht die Bedingung,
dafs der Körper in einem Wesen substantiiert, als
Substanz dargestellt sei — das hiefse, seine Ausführungen gründlich verkennen, und wer das glaubt, der
hat uns nicht verstanden —, sondern die, dafs der Körper
eine Substanz sei, aber allerdings nicht, dafs ihm etwas
Substantielles zu Grunde liege, sondern dafs der Körper
selbst in einem Wesen substantiiert sei. Die Forderung
aber, der Körper selbst solle in einem Wesen substantiiert
sein, verneint wesentlich die andere, dafs dem Körper etwas
Substantielles zu Grunde liegen solle; sie ist ohne diesen
Gegensatz gar nicht verständlich. Sie hat also nur da Sinn,
wo es gilt, die Bedingung Leibnizens, der Körper solle eine
Substanz sein, dieser falschen Auffassung gegenüber auf ihre
richtige Bedeutung zurückzuführen. Und ebenso ist es mit
allen andern hierher gehörigen Bestimmungen. So ist der
Satz, der Körper selbst sei ins Unendliche ein Ganzes
vieler Dinge, sei ein Aggregat als solches, nur zu dem
Zwecke zu gebrauchen, um die These Leibnizens, der
Körper sei ins Unendliche geteilt, klarzustellen, indem
nämlich diese auch dahin verstanden worden ist, dafs dem
Körper unendlich viele Substanzen zu Grunde liegen
u. s. w. Die Fassung, die Leibniz seinen Gedanken
gegeben hat, ist daher die richtige und die normale; und
die Fassung, die wir denselben gegeben haben, ist nur
behufs Abwehr einer mifsverständlichen Auslegung dieser
normalen Fassung möglich und geboten. Leibniz hätte sich
daher dieser letzteren Formulierung nur bedienen können,
wenn er seine eigenen Sätze hätte erläutern, gegen jenes
Mifsverständnis schützen wollen, aber diese Sätze selbst
konnten nicht anders lauten. Und wenn er dieser Erläuterung sich nicht unterzogen hat, so lag dies offenbar

daran, dafs er die Möglichkeit eines solchen Mifsverständnisses
gar nicht bemerkte.

So widerlegt sich auch dieser Einwurf, der gegen unsre
Auffassung erhoben werden könnte, mit leichter Mühe.
Angesichts dieser Sachlage ist nun aber ebenfalls kein
Zweifel mehr möglich, dafs diese Auffassung in der That die
richtige ist. Dieselbe ruht auf so festen Grundlagen, ist
durch die Quellen so dringend, mit so zwingender Notwendigkeit gefordert, dafs sie als gesichert angesehen werden
darf und mufs.

——— ———

Leibniz geht also nicht von dem Probleme aus, was
dem Körper zu Grunde liege, wie er entstehe,
sondern von demjenigen, wie das Prinzip des Körpers
selbst zu denken sei. Dieses Problem schliefst nun aber
mehrere Voraussetzungen in sich, ohne die es gar nicht
gestellt werden kann und durch deren Aufdeckung es überhaupt erst vollkommen verständlich wird.

Fragt man nämlich danach, was dem Körper zu
Grunde liege, wie er entstehe, so setzt man natürlich
voraus, dafs der Körper die Form darstelle, in welcher
irgend ein Reales, an und für sich Existierendes von uns auf
gefafst wird, dafs uns in demselben eine aufser uns befindliche Substanz erscheine, dafs er die Erscheinung dieses
Substantiellen sei. Denn würde er dies nicht sein, so wäre
es thöricht und zwecklos, darüber zu spekulieren, was ihm
zu Grunde liege, d. h. was uns in demselben erscheine.
Fragt man hingegen nach dem Prinzip des Körpers selbst,
dann wird offenbar vorausgesetzt, nicht dafs der Körper die
Erscheinung eines Dritten, sondern dafs er selbst in
uns repräsentiert sei. Denn wäre er wesentlich die Erscheinung eines Objektiven, so würde es ein Widerspruch
sein, nach dem Prinzip des Körpers selbst zu forschen;
man würde sich dann schlechterdings nur in eine Untersuchung darüber einlassen können, wie das Objektive

beschaffen sei, welches die Erscheinung des Körpers
hervorruft, was demselben zu Grunde liege, aber
man könnte nicht das Wesen des Körpers selbst in Betracht ziehen. Die Frage nach dem Prinzip des Körpers
selbst setzt daher unbedingt voraus, daſs der Körper nicht
die Erscheinung eines Realen, sondern daſs er selbst
in uns repräsentiert sei; ohne dies ist sie einfach unmöglich
und kann auch nicht einmal aufgeworfen werden.

Und damit haben wir die Grundvoraussetzung der
obigen Erörterungen Leibnizens über die Natur des Körpers
gefunden. Die gewöhnliche Ansicht sieht in dem Körper
die Form, in welcher sich irgend ein Ding an sich unsrer
Anschauung darstellt, sie sieht in ihm gleichsam ein subjektives Bild dieses Dinges, kurz die Erscheinung einer
äuſseren Substanz. Und dementsprechend pflegt man auch
durchgängig, sobald es sich um das Wesen des Körpers
handelt, zu fragen, wie das Reale vorgestellt werden müsse,
welches uns als Körper erscheint, wodurch diese Erscheinung
erzeugt werde, was derselben zu Grunde liege, wie sie
entstehe. Leibniz dagegen geht von vornherein von einer
ganz anderen Auffassung aus. Er nimmt nicht an, daſs der
Körper die Erscheinung eines Dritten, sondern daſs er
selbst in uns repräsentiert sei, daſs der Körper und überhaupt alle Dinge, welche wir vorstellen, selbst in uns
dargestellt, ausgedrückt seien, ein Gedanke, der mit der
gewöhnlichen Art, die Objekte zu betrachten, vollständig
bricht und in der That eine gänzlich neue Weltanschauung
mit sich bringt. Und dementsprechend fragt er nicht, was
dem Körper zu Grunde liege, wie er entstehe,
sondern worin das Prinzip des Körpers selbst zu
suchen sei.

Daſs diese letztere Frage wirklich die angegebene
Voraussetzung fordert, erhellt auch noch auf indirektem
Wege. Beginnt man nämlich mit der Spekulation über das
Prinzip des Körpers selbst, so folgt, wie ja unsre obige
Darstellung zeigt, mit Notwendigkeit, daſs das einzig Wesen-

hafte Substanzen seien, in welchen der Körper selbst als
Einheit repräsentiert ist. Ist aber dies die unumgängliche
Antwort auf jenes Problem, dann ergiebt sich ohne weiteres,
daſs Leibniz, indem er dasselbe stellte. nicht vorausgesetzt
haben kann, der Körper. den wir vorstellen, sei die Erscheinung äuſserer Substanzen. Denn würde er es gethan
haben, so würde ja seine Lehre, nach welcher das allein
Reale, also auch wir selbst Substanzen sind, in welchen der
Körper selbst repräsentiert ist, im Widerspruche zu der
Voraussetzung stehen. von welcher aus er diese Lehre überhaupt erst fand. Mithin kann er nicht vorausgesetzt haben,
daſs der Körper die Erscheinung eines Objektiven,
sondern daſs er selbst in uns repräsentiert sei.

Diese Voraussetzung ist nun aber noch unvollständig.
Der Körper selbst soll danach in uns repräsentiert sein.
Mit dieser Repräsentation ist nun natürlich die Vorstellung des Körpers unmittelbar gegeben: zugleich aber
ist damit gesagt, worin diese Vorstellung ihren Grund hat.
Denn der Satz. der Körper selbst sei in uns repräsentiert,
heiſst ja doch gar nichts anderes, als daſs wir selbst
Repräsentationen des Körpers seien, daſs also die Vorstellung
des letzteren mit uns selbst, mit unserem eigenen Wesen
gesetzt sei und in ihm allein ihren Ursprung habe; diese
Vorstellung wird mithin nicht durch äuſsere Substanzen in
uns hervorgerufen. ist vielmehr unsere spontane Produktion.
Indem daher Leibniz voraussetzt, daſs der Körper selbst
in uns repräsentiert sei, setzt er zugleich die Vorstellung
des Körpers als etwas unmittelbar Gegebenes, Primitives,
an und für sich Bestehendes, als etwas, was nicht aus dritten
Substanzen, sondern allein aus uns selbst als seiner aus-
schlieſslichen Quelle hervorgeht, als etwas unserer eigenen
Natur Entstammendes voraus, für das kein weiterer Grund
mehr angegeben werden kann.

Indessen damit haben wir den Standpunkt Leibnizens
noch nicht vollständig klargelegt. Er setzt, wie wir eben
sagten, die Vorstellung des Körpers als etwas Ursprüngliches

voraus. Allein er setzt noch mehr als dieses voraus. Denn
es hat ja doch offenbar keinen Sinn, und es ist sogar ganz
unmöglich, die Vorstellung des Körpers als etwas Ursprüngliches vorauszusetzen, wenn diese Vorstellung nicht zur
Erklärung und Begründung von irgend etwas benutzt wird.
Denn unser Denken vermag sich niemals in der blofsen Vorstellung einer Sache aufzuhalten; kann also die Vorstellung
des Körpers nicht mehr abgeleitet werden, so folgt notwendig, dafs sie selbst zur Ableitung irgend welcher anderen
Dinge dienen mufs. Nun kann aber natürlich dasjenige,
was durch die Vorstellung des Körpers erklärt werden soll,
wiederum nur in Vorstellungen und natürlich nur in den
s p e z i e l l e n Erscheinungen, in den Vorstellungen von den
b e s o n d e r e n Naturvorgängen bestehen. Und so würden
wir den Standpunkt, der den obigen Untersuchungen
Leibnizens zu Grunde liegt, näher dahin formulieren können,
er setze voraus, dafs die E i n z e l erscheinungen auf die
Erscheinung des Körpers, seiner Eigenschaften und Gesetze
zurückgebracht, durch die Vorstellung des Körpers, des
Mechanismus expliziert werden müssen, und womit er sich
allein beschäftige, sei nur die Frage nach den Prinzipien
des Körpers s e l b s t , des Mechanismus s e l b s t .

Allein hierbei ist noch E i n e s zu beachten. Ist der
Körper, den wir vorstellen, nicht die E r s c h e i n u n g
äufserer Substanzen, sondern ist er vielmehr s e l b s t in uns
repräsentiert, so mufs dasselbe natürlich auch von allen
anderen Dingen gelten, die wir vorstellen. Auch sie sind
daher nicht die E r s c h e i n u n g e n eines Realen, sondern
sie sind s e l b s t in uns repräsentiert, und mithin müssen,
was ja damit schon gesagt ist, sämtliche Vorstellungen, die
wir haben, etwas Primitives, selbst nicht mehr Ableitbares
sein. Auch die E i n z e l erscheinungen entspringen daher
allein aus unserer eigenen Natur, genau ebenso wie die
Erscheinung des Körpers. Und demgemäfs haben wir auch
nicht behauptet, die Einzelerscheinungen e n t s t e h e n aus
der Erscheinung des Körpers, was ja ohnehin unsinnig wäre,

da eine Erscheinung, eine Vorstellung nicht aus einer
Erscheinung, einer Vorstellung entstehen kann, sondern wir
haben behauptet, dafs die Einzelerscheinungen auf die
Erscheinung des Körpers zurückgeführt, durch sie
begründet, expliziert, erklärt, aus ihr abgeleitet
werden müssen. Und erst jetzt ist eine vollständige Würdigung des Standpunktes des Philosophen möglich.

Leibniz setzt, entgegen der gewöhnlichen Anschauung,
nicht voraus, dafs die Dinge, welche wir vorstellen, die
Erscheinungen einer objektiven Welt seien, und er
fragt daher nicht, wodurch diese Erscheinungen verursacht
werden, was den Dingen zu Grunde liege, wie sie
entstehen. Vielmehr setzt er voraus, dafs die Dinge
selbst in uns repräsentiert, ausgedrückt seien, dafs daher
unsere Vorstellungen, unser gesamter Vorstellungsverlauf etwas
Primitives und Unableitbares sei, das lediglich in unserer
eigenen Natur (nicht in äufseren Substanzen) seinen Grund hat,
mit unserem eigenen Wesen gegeben ist und daher keine besondere Erklärung mehr zuläfst. Er setzt ebenso voraus, dafs
wir zunächst gar nicht aus dem Gebiete der Erscheinungen,
der Vorstellungen heraustreten dürfen, ganz und gar innerhalb der Welt der Erscheinungen, der Vorstellungen bleiben
müssen (ohne uns um das zu kümmern, was darüber liegt,
ohne uns auf metaphysische Betrachtungen einzulassen),
indem wir nämlich Erscheinung aus Erscheinung, Vorstellung
aus Vorstellung und zwar näher die speziellen Erscheinungen aus der Grunderscheinung des Körpers und
seiner Gesetze, die Vorstellungen von den besonderen
Thatsachen und Vorgängen in der Natur (z. B. der Farben,
der Töne, der Wärme u. dergl.) auf die allgemeine Vorstellung des Körpers und des Mechanismus zurückführen,
jene durch diese begründen, explizieren, klar machen. Kurz,
indem er voraussetzt, dafs alle Einzelerscheinungen, alle
Einzelvorstellungen auf die Erscheinung, die Vorstellung
des Körpers, körperlicher Bewegungen, des Mechanismus
zurückgebracht werden können und müssen, fragt er nur

nach den Substanzen, in welchen die Körper selbst, die Bewegungen selbst, der Mechanismus selbst realisiert sind. Oder, sprechen wir weniger genau, indem er voraussetzt, dafs das Detail der Natur auf mechanischem Wege, aus dem Körper und seinen Eigenschaften erklärt und abgeleitet werden müsse, fragt er nur nach den Prinzipien des Mechanismus selbst, will er nur beweisen, dafs die Prinzipien des Mechanismus selbst in den unteilbaren Substanzen bestehen, metaphysischer Natur seien. Das ist der Standpunkt, von dem aus die Erörterungen Leibnizens über das Wesen des Körpers verstanden werden müssen und allein verstanden werden können.

Genau mit denselben Worten formuliert nun aber auch Leibniz selbst seinen Standpunkt, und zwar finden sich seine diesbezüglichen Bemerkungen stets in unmittelbarer Verbindung mit seinen Auseinandersetzungen über die Natur des Körpers, mit seinen dynamischen Untersuchungen, sei es nun, dafs sie denselben vorangeschickt, sei es, dafs sie in den Zusammenhang derselben selbst eingeflochten werden. Wir werden später (vgl. Abschn. 4 dieser Abtlg.) die einschlägigen Belege dafür wörtlich citieren. Alle besonderen Phänomene, sagt er nämlich überall übereinstimmend, können und müssen durch Körper, Figuren und Bewegungen, d. h. rein mechanisch expliziert werden, aber die Prinzipien des Mechanismus selbst, des Körpers und der Bewegung selbst gehören in das Gebiet der Metaphysik. Insbesondere wiederholt sich das Wörtchen „selbst" ausnahmslos an allen Stellen.

Wie daher diese Erklärungen Leibnizens unsere vorherigen Ergebnisse in glänzender Weise bestätigen, so erhellt andererseits auch erst durch diese letzteren ihr wahrer Sinn und ihre fundamentale, grundlegende Stellung innerhalb des Systems. Denn bisher hat man diese ihre Stellung allerdings nicht erkannt, ja man hat sie so sehr mifsverstanden, dafs man sie nicht nur nicht unter den prinzipiellen Bestimmungen der Monadenlehre aufzuführen, sondern sie sogar als blofsen

Folgesatz der letzteren darzustellen und demgemäfs am
Ende des Systems zu behandeln pflegte *). Oder vielmehr,
man hat diese Angaben des Philosophen nicht blofs mifsverstanden, sondern man ist überhaupt in keine nähere Untersuchung über die Bedeutung derselben eingegangen. Man
hat sie in die Darstellung aufgenommen, weil sie sich einmal in den Quellen finden, aber man hat, in der still-
schweigenden Annahme, dafs darauf doch nichts weiter
ankomme, nicht gefragt, welchen Sinn sie haben, und man
hat auch nicht angegeben, wie man sich dieselben erkläre.
Denn hätte man es gethan, so würde man bald gewahr
geworden sein, dafs sie mit der traditionellen Auffassung
des Systems überhaupt vollständig unvereinbar sind. Sie
führen nämlich durch sich selbst mit Notwendigkeit zu
unserer vorher entwickelten Ansicht, und dies wollen wir
noch des näheren nachweisen.

Leibniz führt also aus, dafs die s p e z i e l l e n Phänomene
durch den Körper und seine Gesetze begründet werden
müssen, dafs aber das Prinzip des Körpers s e l b s t in der
Seele bestehe. Man könnte nun diesen Satz zunächst so
verstehen: Die speziellen Naturvorgänge e n t s t e h e n durch
den Körper, werden durch denselben v e r u r s a c h t, aber
der Körper k o m m t selbst erst z u s t a n d e, e n t s t e h t
selbst erst durch die unteilbaren Substanzen. Diese Auslegung wäre indessen nicht aufrechtzuerhalten. Fürs erste
nämlich sagt der Philosoph niemals, dafs die Veränderungen
in der Natur durch den Körper und den Mechanismus e n t-
s t e h e n, sondern er sagt durchgängig, dafs sie daraus e r-
k l ä r t, e x p l i z i e r t werden müssen, und man braucht seine
Äufserungen nur zu lesen. um zu sehen, dafs diese Ausdrücke
mit Bedacht gewählt sind, dafs sich in denselben der Gedanke ausspricht, die Dinge e n t s t e h e n zwar nicht aus dem
Körper, aber sie müssen durch ihn e x p l i z i e r t werden.
Sodann wie soll denn aus dem Körper irgend etwas e n t-

---

stehen können, da er ja doch auch nach der bisherigen Ansicht ein reines Phänomen ist? Denn aus einem Phänomen kann selbstverständlich nichts Reales, kann auch nicht einmal ein anderes Phänomen entstehen. Endlich aber, und darauf machen wir vor allem aufmerksam, ist jene Auslegung auch ihres eigenen Inhaltes wegen unmöglich. Die besonderen Naturvorgänge sollen durch den Körper entstehen, aber der Körper soll selbst erst durch die Monaden entstehen! Allein, das ist ein handgreiflicher Widerspruch. Denn wenn man zuerst behauptet, die Dinge entstehen aus dem Körper, so kann man unmöglich hinterher diesen Körper selbst erst entstehen lassen. Indem man erklärt, die Dinge entstehen aus dem Körper, setzt man ja doch die Existenz dieses Körpers bereits voraus (denn aus einer Sache, die noch gar nicht existiert, kann auch nichts entstehen), und es ist also ein Widerspruch, nachher zu sagen, dieser Körper entstehe überhaupt erst aus den Monaden. Entsteht vielmehr der Körper erst aus den Substanzen, so entstehen die Dinge überhaupt nicht aus dem Körper, sondern aus den Substanzen; und man müfste also gerade umgekehrt sagen, die Dinge entstehen nicht aus dem Körper, sondern aus den Monaden, da ja der Körper selbst erst aus den Monaden entsteht. Es ist darum nur zweierlei möglich. Entweder man lehrt, die Dinge entstehen schlechthin aus dem Körper, oder aber, sie entstehen nicht aus dem Körper, sondern aus den Substanzen; aber zu sagen, sie entstehen aus dem Körper, und dann hinzuzusetzen, dieser Körper entstehe selbst erst aus den Monaden, das ist ein grober Widerspruch, ein sachlich völlig unhaltbarer Satz, und dafs Leibniz so elementare Fehler nicht gemacht haben könne, darüber werden wir wohl keine weiteren Worte zu verlieren brauchen.

Nun wäre noch eine andere Deutung möglich. Man könnte annehmen, die speziellen Phänomene entstehen zwar nach Leibniz nicht aus dem Körper, sondern sie müssen, wie wir oben ausführten, durch die Erscheinung des Körpers begriffen, erklärt werden, sie müssen auf die Erschei-

nung, die Vorstellung des Körpers zurückgeführt werden,
aber diese Erscheinung selbst, die Vorstellung selbst des
Körpers werde erst durch die unteilbaren Substanzen in uns
hervorgerufen, entstehe erst durch die Monaden.
Und diese Deutung würde wohl der bisherigen Auffassung
am nächsten kommen. Allein auch gegen sie würde derselbe Einwand erhoben werden müssen, den wir soeben besprochen haben. Denn wenn man sagt, die Einzelerscheinungen müssen durch die Vorstellung des Körpers erklärt
werden, so ist ja bereits die Existenz dieser Vorstellung vorausgesetzt, und es ist also ein heller, reiner Widerspruch,
wenn man dennoch hinterher diese Vorstellung erst entstehen
läfst. Entsteht dieselbe vielmehr erst aus den Monaden,
so können die Dinge überhaupt nicht aus ihr, sondern nur
aus den letzteren erklärt werden. Und überdies, wenn die
Vorstellung des Körpers aus den Substanzen entsteht, so
würde sich doch notwendig auch die Frage erheben, woraus
denn nun die übrigen Erscheinungen entstehen. Denn
damit, dafs sie aus dem Körper erklärt werden, würde
ja noch nicht das geringste darüber ausgemacht sein, wie
sie entstehen. Und die Antwort auf diese Frage könnte
natürlich nur die sein, dafs sie, ebenso wie der Körper,
eben aus den Monaden entstehen. Entstehen sie aber
aus den Monaden, so ist es selbstverständlich, dafs sie nicht
aus dem Körper erklärt werden können. Denn der Satz,
dafs sie zwar aus den Monaden entstehen, aber aus dem
Körper erklärt werden müssen, würde ja geradezu unsinnig sein. Und mithin müfste an die Stelle dieses Satzes
vielmehr der andere treten, dafs die Dinge nicht aus der
Vorstellung des Körpers, sondern aus den Monaden als ihren
Ursachen und Gründen erklärt werden müssen, weil nämlich
jene Vorstellung selbst nur durch die unteilbaren Substanzen
erzeugt wird.

Erweist sich nun aber auch diese Auffassung der vorliegenden Bestimmung Leibnizens als zweifellos falsch, so
bleibt schlechterdings nur noch diejenige übrig, welche wir

bereits oben aufgestellt haben. Indem nämlich der Philosoph
voraussetzt, daß die Dinge, welche wir vorstellen, nicht die
Erscheinungen äußerer Substanzen, sondern daß sie
selbst in uns repräsentiert sind, daß daher unsre gesamten
Vorstellungen etwas Primitives sind, lehrt er, daß zwar die
speziellen Vorstellungen auf die Grundvorstellung des
Körpers, seiner Eigenschaften und Gesetze zurückgeführt
werden müssen, daß aber das Wesen, in welchem der Körper
selbst realisiert ist, in einer unteilbaren Substanz gesucht
werden müsse. Diese Auslegung läßt sich gar nicht ab-
weisen. Denn indem Leibniz fordert, daß die einzelnen
Erscheinungen durch die Erscheinung, die Vorstellung des
Körpers begründet werden müssen, setzt er die Existenz der
Erscheinung, der Vorstellung des Körpers bereits voraus;
dieselbe kann daher nicht ohne Widerspruch erst aus etwas
Drittem abgeleitet werden, muß also etwas Ursprüngliches
sein. Dieser Satz ist vollständig unanfechtbar, er muß von
jedermann zugegeben werden, der nicht von vornherein auf
eine Erklärung der Angaben des Philosophen verzichtet.
Ist aber die Vorstellung des Körpers etwas Ursprüngliches,
die alleinige Folge unsrer eignen Natur, dann ist der Schluß
nicht mehr abzulehnen, daß überhaupt unsre gesamten Vorstellungen etwas Ursprüngliches, die alleinige Folge unsrer
Natur sind. Sind sie aber dies, dann können auch die
Dinge, die wir vorstellen, nicht die Erscheinungen eines
Realen sein, weil dies zu einem evidenten Widerspruche
führen würde, sie müssen also notwendig selbst in uns
repräsentiert sein. Und aus alledem folgt dann auch endlich notwendig, daß die These Leibnizens, das Prinzip des
Körpers selbst bestehe in einer Seele, nicht die Bedeutung
haben kann, der Körper komme erst durch die Seele zustande, sondern nur die andre, das Wesen, in welchem
der Körper selbst realisiert sei, bestehe in einer Seele.
Damit ist dann aber unsre Ansicht in allen ihren Teilen als
unumgänglich erwiesen. Diese Ansicht ist daher durch die
Worte Leibnizens so unmittelbar, so dringend gefordert, daß

ihre Richtigkeit nicht mehr in Zweifel gezogen werden kann.
Es giebt keine andere Auslegung, und jedes Bemühen, in
jene Worte vom Standpunkte der traditionellen Darstellungen
aus einen vernünftigen Sinn zu bringen, wird vergeblich sein.
So stürzt diese e i n e Bestimmung der Quellen die ganze
bisherige Auffassung des Systems um, wie sie andrerseits
für die Notwendigkeit der unsrigen einen neuen und überzeugenden Beleg liefert.

Leibniz setzt also in seinen obenbesprochenen Erörterungen über das Wesen des Körpers nicht voraus, daß der
Körper die E r s c h e i n u n g eines Substantiellen, sondern
daß er s e l b s t in uns repräsentiert sei und daß näher die
b e s o n d e r n Phänomene aus dem Phänomen des Körpers
und des Mechanismus hergeleitet werden müssen; und infolgedessen fragt er nicht, wodurch die Erscheinung des Körpers
h e r v o r g e r u f e n wird, wie sie e n t s t e h t, sondern er
fragt nach dem Prinzip des Körpers s e l b s t. Das ist nun
freilich ein ganz eigentümlicher Standpunkt, den man bisher
nicht gekannt, ja von dessen Möglichkeit man auch nicht
einmal etwas geahnt hat. Es ist zugleich ein außerordentlich
schwieriger Standpunkt, auf den man sich erst künstlich
versetzen muß und den sich anzueignen nicht geringe Mühe
und Nachdenken kostet. Dennoch ist eine solche Aneignung
die Grundbedingung und ein unerläßliches Erfordernis für
jeden, der eine Einsicht in die dynamischen Untersuchungen
des Philosophen gewinnen will. Diese Untersuchungen
k ö n n e n nicht verstanden werden, und sie werden stets ein
unlösbares Rätsel bilden, solange man von den gewöhnlichen Anschauungen aus an die Auslegung derselben heran-
tritt; und nur, weil man dem Philosophen immer unbewußt
Tendenzen untergeschoben hat, die u n s zwar geläufig, ihm
selbst aber fremd sind, hat man ihren Inhalt wie ihre Bedeutung so vollständig verkannt.

Dieser originelle Standpunkt ist es nun aber auch, aus
dem überhaupt die ganze Monadenlehre hervorgegangen ist
und von dem sämtliche Bestimmungen derselben die not-

wendige und konsequente Folge sind. Während alle anderen Systeme der Geschichte der Philosophie seit Thales' Zeiten, soweit sie sich mit der Spekulation über das Wesen der uns umgebenden Welt beschäftigen, ausnahmslos die Voraussetzung teilen, daſs die Dinge, welche wir wahrnehmen, die Erscheinungen und gleichsam die mehr oder minder subjektiv gefärbten Abbilder unabhängig von uns bestehender Substanzen seien, und während sie demgemäſs ausnahmslos das Problem zum Gegenstande ihrer Untersuchungen machen, welcher Art das Reale sei, das den Dingen zu Grunde liegt, wie das wahrhaft Seiende vorgestellt werden müsse, welches sich uns unter den wechselnden Formen der Erscheinungen darstellt, nimmt das Leibnizische System von vornherein eine gänzlich andere Stellung zu der Welt der Objekte ein. Dieses System setzt voraus, daſs die Dinge selbst in uns repräsentiert seien, daſs daher unsere gesamten Vorstellungen in unserem eigenen Wesen ihren Ursprung haben; es setzt im Einklange damit zugleich voraus, daſs wir uns zunächst auf die Betrachtung der Erscheinungen, der Welt der Vorstellungen beschränken und in dieser die speziellen Phänomene auf das Phänomen des Körpers und seiner Bewegungen zurückbringen, die Besonderheiten der Natur aus mechanischen Vorgängen und Gesetzen erklären; und worauf es allein abzielt, ist der Nachweis, daſs die Prinzipien des Körpers selbst, des Mechanismus selbst in den substantiellen Formen liegen. Und dementsprechend sind die Monaden nicht die Ursachen, die Gründe der Erscheinungswelt, sondern sie sind die Prinzipien der Erscheinungen selbst, sie sind die Seelen zu Körpern, die Substanzen zu Phänomenen, sie sind mit einem Wort die Repräsentationen der Phänomene. Alle wesentlichen Sätze der Monadenlehre sind aus diesem Standpunkte mit einer staunenerregenden Folgerichtigkeit und unvergleichlichem Scharfsinn abgeleitet worden, und selbst die Einzelheiten desselben haben ihn zur Voraussetzung und können ohne eine Kenntnis desselben nicht vollständig begriffen werden.

Dafs dieser Standpunkt, der von Leibniz zuerst entdeckt worden ist, der aber dann bei der geringen Empfänglichkeit, welche die Zeitgenossen dieses grofsen Mannes ebenso wie die Fölgezeit der Lehre desselben entgegenbrachten, wieder verloren gegangen ist und mit dem die Wissenschaft in der Zukunft vielleicht zu rechnen oder wenigstens sich auseinanderzusetzen haben wird, endlich wieder zum Vorschein gekommen ist, halten wir auch für das wichtigste Resultat aller unserer Untersuchungen. Und wenn man uns fragen würde, wodurch unsere Darstellung der Monadenlehre sich in erster Linie von der herkömmlichen unterscheide, so würden wir eben hierauf verweisen müssen. Wir müssen zwar die bisherigen Ansichten über das Leibnizische System Satz für Satz bekämpfen, aber der wesentlichste Unterschied unserer Auffassung ist dieser, dafs wir dasselbe als eine Antwort auf die Frage nach den Prinzipien der Erscheinungen selbst betrachten, während man es bisher als eine Antwort auf die Frage nach dem, was den Erscheinungen zu Grunde liegt, betrachtet hat. Auf diesen Punkt lenken wir daher die ganze Aufmerksamkeit des Lesers. Es ist nicht möglich, ohne ein volles, klares und eindringliches Verständnis desselben zu einer Einsicht, wie in die obigen, so in die folgenden Erörterungen, überhaupt zu einer richtigen Würdigung der Monadenlehre zu gelangen. Hier wird deshalb auch jede Kritik unserer Arbeit einsetzen müssen. Wer immer die Ergebnisse derselben einer Beurteilung, sei es in zustimmendem, sei es in abweisendem Sinne, unterziehen will, der wird stets mit der Untersuchung darüber beginnen müssen. ob das System in der That, wie wir behaupten, von dem Problem ausgeht, wie die Prinzipien der Dinge selbst zu denken seien, oder vielmehr von dem anderen, was den Dingen zu Grunde liege, wie die Erscheinungen entstehen. Und sobald man diese Alternative gestellt, verstanden und in Erwägung gezogen haben wird, sind wir nicht zweifelhaft, wie die Entscheidung ausfallen wird.

Es erübrigen nun noch ein paar Bemerkungen.

Leibniz setzt, wie wir gehört haben, in seinen Auseinandersetzungen über die Natur des Körpers nicht voraus, daſs der Körper die Erscheinung eines Objektiven sei, und er beweist dementsprechend nicht, daſs dem Körper nicht eine wahrhafte Substanz, sondern nur eine Menge vieler einzelner Substanzen zu Grunde liege und daſs ihm also, wenn ihm dennoch etwas Einheitliches zu Grunde liegen solle, eine Seele zuerkannt werden müsse. Sondern er setzt voraus, daſs der Körper selbst in uns repräsentiert sei, die Vorstellung des Körpers also aus unserem eigenen Wesen hervorgehe, und er beweist dementsprechend, daſs der Körper selbst nur eine zufällige Einheit, ein Aggregat sei, daſs ihm überhaupt gar keine Realität zukomme und daſs daher, falls er selbst in einer Substanz realisiert sein solle, eine Seele angenommen werden müsse. So betrachtet, tritt nun aber erst seine Behauptung von der Phänomenalität des Körpers in ihr richtiges Licht.

Würde Leibniz von der Annahme ausgehen, daſs der Körper die Erscheinung eines Objektes sei, und würde er daher darthun, daſs ihm nur eine Menge vieler einzelner Substanzen zu Grunde liege, so würde sich daraus ergeben, daſs der Körper als solcher etwas Reales darstelle, nämlich diese vielen einzelnen Substanzen, nur daſs uns allerdings in demselben dieses Reale nicht so wiedergegeben werde, wie es an und für sich existiert, sondern nur in einem subjektiv getrübten, der Natur unserer Sinnlichkeit angepaſsten Bilde (nämlich nicht als viele einzelne Substanzen, sondern als ein Körper), kurz daſs er das Phänomen eines Realen oder, wenn wir das Wort Erscheinung in einem prägnanteren Sinne gebrauchen, daſs er eine Erscheinung dieses Realen sei. Und diese Bedeutung würde es dann haben, wenn der Philosoph erklärt, daſs der Körper als solcher ein Phänomen sei, eine Bedeutung, die man dieser Erklärung bisher in der That allgemein beigelegt hat. Nun aber geht Leibniz vielmehr von der anderen Ansicht aus, daſs der Körper

selbst in uns repräsentiert sei und dafs also die Vorstellung des Körpers lediglich in uns ihren Grund habe, und
er führt daher den Nachweis, dafs der Körper selbst nichts
Substantielles sei. Aus diesem Nachweis aber folgt dann,
wie ja unmittelbar klar ist, nicht, dafs der Körper als solcher
ein Reales darstellt, nur allerdings in einer subjektiven Form,
dafs er das Phänomen eines Realen ist, sondern dafs er
überhaupt gar nichts Reales in sich schliefst, dafs ihm
gar nichts Objektives entspricht, dafs er ein reiner
Schein, etwas vollständig Imaginäres ist, gerade so
wie ein Traumbild. Denn wenn der Körper selbst in uns
repräsentiert ist, die Vorstellung desselben also nur in uns
ihren Ursprung hat und wenn nun dieser Körper selbst keine
Substanz ist, so ist er eben notwendig ein purer Schein,
gleich einem Traume. Und diese Bedeutung allein hat es,
wenn Leibniz sagt, dafs der Körper als solcher ein Phänomen
sei. Er meint damit nichts anderes, als dafs der Körper
als solcher (nicht die subjektive Erscheinung eines Dinges
an sich, sondern dafs er) ein Phänomen ohne jedwede
Realität sei, dafs er ganz und gar auf eine Linie mit den
Träumen gestellt werden müsse und dafs die einzige Eigentümlichkeit der körperlichen Phänomene, dasjenige Merkmal,
durch welches sie sich allein von den Träumen unterscheiden,
nur und ausschliefslich in dem Zusammenhange bestehe,
welchen sie untereinander haben, in ihrer Verbindung und
Ordnung. Die Körperwelt gleicht einem wohlverbundenen
und wohlgeregelten Traume.

Das ist nun aber in der That die ausgesprochene Ansicht des Philosophen. Dieselbe ergiebt sich nicht nur mittelbar aus einer grofsen Reihe seiner Äufserungen, sondern
er hat ihr auch selbst in den Quellen, und zwar nicht nur
einmal, sondern häufig einen unumwundenen und ent-
schiedenen Ausdruck gegeben. Überall erklärt er ausdrücklich, der Körper sei an und für sich, wenn wir von der
Seele absehen, ein reiner Schein, wie ein geregelter und
verbundener Traum, die materiellen Erscheinungen als solche,

ja überhaupt die gesamte sichtbare Welt seien pure Phänomene, die den Träumen vollständig gleichzusetzen seien
und die vor den letzteren lediglich dies voraushaben, daſs
sie immer eine bestimmte Ordnung bewahren, daſs sie die
Erwartung niemals täuschen u. dgl. Die zahlreichen Belegstellen hierfür werden wir später (vgl. Abschn. 6 dieser
Abtlg.) anführen; Leibniz hat sich an denselben durchgängig
so bestimmt in diesem Sinne ausgesprochen, und seine Worte
lassen so wenig irgend eine Umdeutung zu, daſs über seine
Meinung nicht der geringste Zweifel mehr obwalten kann.
Dies aber, daſs der Philosoph denselben Satz, der sich uns
als eine nothwendige Folge unserer Auffassung seiner Untersuchungen über das Wesen des Körpers ergeben hat, wirklich überall in seinen Schriften vertritt, ist zugleich wieder
ein neuer, schlagender Beweis für die Richtigkeit dieser Auffassung; es drängt eben alles und alles zu derselben hin.

Bisher hat man freilich die betreffenden Erklärungen
Leibnizens überhaupt nicht beachtet, und vielleicht hat man
kaum eine Kenntnis von ihnen gehabt, wie man denn vielfach diejenigen seiner Äuſserungen, welche zu den traditionellen, einmal überkommenen Vorstellungen nicht paſsten,
unbewuſst ohne weiteres beiseite gelassen und als nicht-
existierend behandelt hat. Ja, man hat sogar auf Grund
einiger miſsverstandener Stellen dem Philosophen Überzeugungen imputiert, die im strikten Widerspruche zu jenen
Erklärungen stehen würden, und diese Stellen wird man
nun gegen unsere Ansicht verwerten wollen. Er sagt nämlich
nicht nur, die Körper seien gutgeregelte, sondern auch, sie
seien wohlbegründete Phänomene; und dieser letztere Ausdruck, hat man nun behauptet, habe den Sinn, daſs die
Körper nicht reiner Schein, sondern die Erscheinung eines
Objektiven seien. Allein eine genauere Untersuchung lehrt,
daſs diese Behauptung ganz und gar unrichtig ist, wie wir
ebenfalls später, sogar an der Hand direkter Äuſserungen
des Philosophen, darthun werden (ebda.). Jener Ausdruck hat
eine andere Bedeutung, und er beweist nicht nur nichts
gegen unsere Ausführungen, sondern er bestätigt sie sogar.

Besonders muſs in diesem Zusammenhang auch noch die schon früher besprochene Fundamentalbestimmung des Systems, daſs nämlich der Körper ins Unendliche geteilt sei, hervorgehoben werden. Denn trifft man, soweit man auch in der Teilung des Körpers geht, immer nur auf Körper, niemals auf etwas Substantielles, so ist ja damit klar gesagt, daſs der Erscheinung des Körpers überhaupt nichts zu Grunde liegt, woraus von selbst folgt, daſs sie etwas r e i n Imaginäres, wie ein Traumgebilde, ist.

Wie nun durch diese Thatsachen, so erwächst unserer obigen Darstellung über den eigentümlichen Standpunkt Leibnizens auch noch durch eine andere Überlegung eine überraschende Bestätigung. Wir behaupteten, Leibniz setze voraus, daſs alle unsere Vorstellungen die ursprünglichen Produktionen unserer eigenen Natur seien und daſs er demgemäſs nur nach den Prinzipien der Dinge s e l b s t frage. Daraus folgt, wie sich später zeigen wird, wie man aber wohl schon hier bemerken dürfte, ohne weiteres, daſs die Monaden als die Prinzipien der Dinge s e l b s t , als die Substanzen, in welchen die Dinge s e l b s t substantiiert sind, ihre gesamte Thätigkeit aus sich selbst heraus erzeugen müssen, daſs ihre Vorstellungen das alleinige Ergebnis ihrer Anlage, das in der Entwicklung sind, was von Anfang an im Keime präformiert in ihnen liegt, wie dies ja bekanntermaſsen die Überzeugung des Philosophen ist. Umgekehrt aber, und darauf kommt es uns hier allein an, muſs auch aus der Lehre Leibnizens, daſs die Vorstellungen der Monaden aus ihrem eigenen Grunde hervorgehen, mit Notwendigkeit gefolgert werden, daſs er gleich von Anfang an unsere Vorstellungen als etwas Ursprüngliches vorausgesetzt und daſs also sein System es nur auf die Prinzipien der Dinge s e l b s t abgesehen habe.

Denn setzen wir einmal den Fall, Leibniz sei in der Bildung seiner Monadenlehre von der Voraussetzung ausgegangen, daſs unsere Vorstellungen nicht aus uns selbst heraus, also unter dem Einflusse äuſserer Substanzen ent-

stehen, daß er demgemäß die Frage aufgestellt habe, was
den Erscheinungen zu Grunde liege, wie dieselben zustande
kommen, daß er in Beantwortung dieser Frage seine Substanzen gefunden habe und daß diese also wesentlich die
Ursachen unserer Vorstellungen und unsere Vorstellungen,
wesentlich die Erscheinungen dieser Substanzen darstellen.
In diesem Falle würde er sich doch offenbar mit der Bestimmung, daß die gesamten Vorstellungen der Monaden
und also auch die unserigen nur die Folge unserer eigenen
Entwicklung seien, in einen flagranten Widerspruch mit
sich selbst gesetzt haben. Denn wenn er voraussetzte, daß
unsere Erscheinungen durch irgendwelche Objekte veranlaßt
werden, und wenn er daher fragte, wodurch sie veranlaßt
werden, so konnte er unmöglich hinterher den Satz vertreten, daß jene Erscheinungen dennoch bloß aus uns selbst
stammen, ohne seinen eigenen Standpunkt, den Standpunkt,
aus dem sein System hervorgewachsen war, aufzuheben.
Und wenn seine Substanzen ihrer Ableitung nach die
Gründe unserer Erscheinungen waren, so konnte er nicht
behaupten, daß sie diese Erscheinungen dennoch nicht hervorrufen, ohne den Begriff dieser Substanzen zu vernichten.
Und wenn unsere Vorstellungen ihrer Natur nach die Erscheinungen der Außenwelt waren, so konnte er sie nicht, ohne
in Konflikt mit der Natur dieser Vorstellungen zu kommen,
bloß unser eigenes Produkt sein lassen. Wenn vielmehr
der Fall, den wir gesetzt haben, zutreffen würde, so würden
wir notwendig urteilen müssen, entweder daß der Philosoph von seinem Standpunkte aus überhaupt nicht lehren
durfte, die Substanzen ziehen ihre Vorstellungen aus ihrem
eigenen Grunde, oder aber, wenn er dennoch diesen Satz
für sicher hielt, daß sein Standpunkt nicht richtig gewählt
war, daß es von vornherein falsch von ihm war, wenn er
fragte, wodurch die Erscheinungen entstehen, und wenn
er auf die Notwendigkeit der Lösung dieser Frage die Annahme seiner Monaden basierte und dementsprechend das
Wesen dieser Monaden bestimmte; daß er vielmehr gleich

von Anfang an hätte voraussetzen müssen, unsere Vorstellungen rühren lediglich aus uns selbst her, dafs er mithin nicht hätte fragen dürfen, wie die Erscheinungen ent-stehen, sondern wie das Prinzip dieser Erscheinungen selbst gedacht werden müsse, und dafs er also die Natur der Substanzen nur so hätte bestimmen dürfen, wie es dieser Frage entsprochen haben würde.

Da wir nun aber auf Grund unserer sonstigen Untersuchungen bereits zu dem Resultate gekommen sind, dafs der Gedankengang Leibnizens in der That der letztere gewesen ist, so ergiebt sich offenbar aus diesen Überlegungen eine neue und eklatante Bestätigung dieses Resultates. Wie der Satz der Monadenlehre, dafs die gesamte Thätigkeit der Substanzen allein aus ihrem Wesen resultiere, die notwendige Folge des oben dargelegten Standpunktes des Philosophen ist, so führt er auch wieder umgekehrt mit Notwendigkeit zu demselben hin.

Und nun noch eine Bemerkung. Es ist klar, dafs nach den obigen Erörterungen Leibnizens keine Auseinandersetzung mehr darüber nötig ist, durch welche Substanzen die Erscheinung des Körpers als solche in uns hervorgerufen wird, indem denselben vielmehr schon vorausgesetzt ist, dafs dieses Phänomen allein aus uns selbst stammt. Kann nun aber auch ein solches Problem nicht mehr gestellt werden, so lassen die Untersuchungen des Philosophen doch statt dessen ein anderes noch unbeantwortet. Wenn nämlich auch das Prinzip des Körpers durch diese Untersuchungen in der Seele nachgewiesen ist, so fragt es sich doch wieder, welches denn nun die Prinzipien der in diesem Körper selbst wieder enthaltenen anderen Körper seien? Jeder Körper ist ja, wie wir sehen, wesentlich ein Ganzes vieler Dinge, von denen jedes wieder ein solches Ganzes ist u. s. w. f.; er schliefst also seinem Begriffe nach eine Menge einzelner Körper, einzelner Phänomene in sich, die natürlich ebenso wie er selbst ihre Prinzipien verlangen. Mit dieser Frage werden wir uns weiter unten beschäftigen. Indessen läfst

sich schon hier sehen, dafs jene Prinzipien selbst wieder
unteilbare Substanzen, die Seelen zu den betreffenden Körpern sein müssen und dafs also der gesamte Körper aus
einer Unendlichkeit unteilbarer Substanzen resultiert, eine
Bemerkung, welche uns den Satz Leibnizens, der uns schon
früher begegnete (vgl. S. 27), dafs nämlich jedes Aggregat,
jedes Zusammengesetzte Substanzen erfordere, aus denen es
resultiert, aus denen es zusammengesetzt ist, erst in seinem
richtigen Lichte erscheinen läfst. Dieser Satz kann nicht,
worauf wir bereits früher aufmerksam machten (ebda.), die
Bedeutung haben, dafs jedes Aggregat Elemente (nach Art
der Atome) voraussetze, aus welchen es e n t s t e h t, sondern
nur die, dafs es Substanzen voraussetze, in denen es s e l b s t
und diejenigen Aggregate, aus welchen es seinerseits besteht,
s e l b s t realisiert seien.

Im Anschlusse an diese Auseinandersetzungen müssen
wir noch einen Punkt kurz berühren.

Wir haben schon wiederholt — im Gegensatze zu der
traditionellen Darstellung — darauf hingewiesen, dafs die
unteilbare Substanz, welche Leibniz durch seine oben
besprochenen Erörterungen über die Natur des Körpers
abgeleitet hat, zu der Erscheinung des Körpers nichts beiträgt, dafs sie nicht ein E l e m e n t desselben ist, sondern
die Substanz z u dem körperlichen Phänomen, die S e e l e
des Körpers bildet. Diese Bemerkung führt uns von selbst
zu dem Verhältnis Leibnizens zu der Atomistik.

Der Philosoph stellt nämlich bei Gelegenheit seiner
obigen Darlegungen zuweilen die Atome seinen einfachen Substanzen, seinen Einheiten gegenüber und nennt die letzteren
sogar die „wahrhaften, substantiellen Atome" (vgl. z. B. 4.
473. 478. 482; 2, 78, 96 u. ö.). Diese gelegentlichen Bemerkungen pflegt man nun durchgehends unter den fundamentalen Bestimmungen des Systems aufzuführen, und teilweise behandelt man sie sogar mit grofser Breite, so dafs

man schliefsen mufs, es bestehe ein genetischer Zusammenhang zwischen den Atomen und den Monaden, und man
sagt auch ausdrücklich, dafs die Atomistik einen bestimmenden Einflufs auf die Bildung der Einheiten des Philosophen gehabt habe *). Eine solche Ansicht läfst sich aber
unseren vorherigen Ergebnissen gegenüber nicht aufrecht
erhalten.

Die Atomisten stellen sich eine andere Aufgabe als
Leibniz. Jene fragen, was für Substanzen dem Körper z u
G r u n d e l i e g e n, für diesen handelt es sich um das Prinzip
des Körpers s e l b s t. Dementsprechend gehen die ersteren
von der Thatsache aus, dafs jeder wahrnehmbare Körper
teilbar oder aus mehreren Teilen zusammengesetzt sei, und
sie knüpfen daran die Überlegung, dafs jedes Zusammengesetzte Dinge erfordere, aus welchen es zusammengesetzt
ist, um daraus auf unteilbare Körper oder Atome als die Elemente alles Bestehenden zu schliefsen. Leibniz dagegen setzt
voraus, dafs der Körper s e l b s t ein Ganzes vieler Dinge sei;
er zeigt, dafs ein solches Ganzes nichts Reales sein könne,
und folgert aus dieser Thatsache, dafs dem Körper ein einfaches Wesen, eine Seele zugeteilt werden müsse. Und eben
darum haben auch die Atome einen anderen Charakter als
die Einheiten unseres Philosophen. Jene sind die Elemente
des Körpers, diese sind die einem körperlichen Phänomen
korrespondierenden Substanzen, die Seelen von Körpern.
Die atomistische Spekulation ist daher ihrem Problem, ihrem
Ausgangspunkt, ihrem Inhalt und ihrem Resultat nach
vollständig von der Leibnizischen Spekulation verschieden.
Beide haben also nichts, aber auch rein gar nichts miteinander zu thun.

Ist dem aber so, dann kann vernünftigerweise von irgend
welcher Einwirkung der Atomistik auf Leibniz durchaus

---

*) Auch in der Gesch. d. d. Phil. S. 99 f. wird diese Auffassung
vertreten. S. 107 heifst es, nachdem die Monaden abgeleitet sind: „An
die Stelle der materiellen Atome treten daher geistige Individuen, an
die Stelle der physischen, metaphysische Punkte." Ganz besonders breit
wird diese Materie bei Fischer S. 337 f. und 347 durchgenommen.

nicht mehr die Rede sein. Ja, dafs der letztere überhaupt seine Einheiten auf e i n e Linie mit den Atomen stellen konnte, war nur dadurch möglich, dafs er annahm, die Atome sollen eine Lösung des von ihm selbst erst aufgeworfenen Problems nach dem Prinzip des Körpers s e l b s t darstellen (vgl. die vorher bezeichneten Stellen), wie es denn überhaupt seine Art ist, zur Bekräftigung seiner eigenen Ansichten Sätze anderer Philosophen herbeizuziehen, die, geschichtlich betrachtet, nichts mit jenen gemein haben. Diese Annahme Leibnizens ist aber thatsächlich falsch. Seine betreffenden Äufserungen beweisen also nicht einen Einflufs der Atomistik auf sein System, sondern gerade umgekehrt einen Einflufs des letzteren auf seine Auffassung der Atomistik. Und auch die bekannte Stelle im „Neuen System" beweist nichts dergleichen: im Gegenteil, sie scheint eine Abhängigkeit der Leibnizischen Substanzen von den Atomen auszuschliefsen. Denn der Philosoph sagt hier, dafs er, als er sich vom Joch des Aristoteles befreit, auf die Atomistik geworfen habe, dafs er aber wieder von dieser zurückgekommen sei und dann nach sehr vielen Meditationen bemerkt habe, es sei unmöglich, in der Materie allein die Prinzipien einer wahrhaften Einheit zu finden (4, 478). Daraus folgt also, dafs die Atomistik für ihn nicht der Anlafs gewesen ist, die Frage nach der Einheit des Körpers aufzuwerfen, sondern dafs er, als er sich bereits lange von ihr abgewandt hatte, durch andere Überlegungen darauf gekommen ist. Vor allem aber schliefst die Sache selbst einen solchen Zusammenhang Leibnizens mit den Atomisten absolut aus. Es wird daher auch richtiger sein, wenn man künftig den Vergleich der Monaden mit den Atomen, als für das System unwesentlich, entweder ganz beiseite läfst oder doch nur im Vorübergehen darauf eingeht, wie ja auch Leibniz selbst dies thut.

Zweiter Abschnitt.
Die Bewegung und die aktive Kraft.

Wir hatten bisher den Körper lediglich insofern in Betracht gezogen, als er überhaupt etwas Ausgedehntes ist. Er ist nun aber näher eine Substanz, welche handelt und leidet, welche fähig ist, sich zu bewegen und zu widerstehen. Der obigen Untersuchung reiht sich daher folgerichtig diejenige über die Bewegung und den Widerstand an. Wir haben es in diesem Abschnitt mit der ersteren zu thun.

Der Philosoph führt nun hinsichtlich der Bewegung im wesentlichen zwei Gedanken aus. Da dieselbe fürs erste nur in einer räumlichen Veränderung besteht, so läfst sich nicht bestimmen, welchem Körper sie zukommt; denn die Ortsveränderung ist etwas rein Relatives. Können wir aber das Subjekt der Bewegung nicht angeben, so folgt, dafs sie überhaupt nichts Wesenhaftes ist. Soll sie also Realität haben, so mufs aufser der Veränderung auch die Ursache der Veränderung in irgend einem Körper vorhanden sein. Die Ursache der Bewegung besteht aber in der aktiven Kraft. Lassen wir den Philosophen selbst reden:

„Wenn die Bewegung nichts anderes ist als die Veränderung der Nachbarschaft, so kann nie bestimmt werden, welche Sache eigentlich bewegt wird . . . . Wenn nichts anderes in der Bewegung ist als diese respektive Veränderung, so folgt, dafs kein Grund angegeben werden kann, warum die Bewegung dem einen Ding vielmehr als dem anderen zugeschrieben werden mufs. Daraus ergiebt sich dann, dafs die Bewegung überhaupt nichts Reales ist. Mithin verlangen wir, wenn wir von etwas sagen wollen, dafs es sich bewege, nicht blofs, dafs es seine Lage in Beziehung auf andere verändere, sondern dafs auch der Grund der Veränderung, die Kraft, die Handlung in ihm sei" (4. 369). „Hebt man die Kräfte auf, so bleibt nichts Reales in der Bewegung; denn aus der blofsen Veränderung der Lage kann nicht bestimmt werden, wo die wirkliche Bewegung oder die

Ursache der Veränderung ist" (400 E.). „Die Bewegung ist,
wenn man in ihr nur die Ortsveränderung betrachtet, keine
ganz reelle Sache, und wenn mehrere Körper untereinander
ihre Lage ändern, ist es nicht möglich, durch die bloße
Betrachtung dieser Veränderungen zu bestimmen, wem unter
ihnen die Bewegung oder die Ruhe zugeteilt werden muß.
Aber die Kraft oder die nächste Ursache dieser Veränderungen ist etwas Reelleres, und man hat Grund, sie
dem einen Körper vielmehr als dem anderen zuzuteilen"
(444). „Die Bewegung, soferne sie nur eine Veränderung
der Nachbarschaft ist, schließt etwas Imaginäres ein, sodaß
man nicht bestimmen kann, welchem Subjekt sie unter
denjenigen, welche sich ändern, zugehört, wenn man nicht
auf die Kraft zurückgeht, welche die Ursache der Bewegung
ist" (2, 98). „Die Bewegung an sich, getrennt von der
Kraft, ist etwas rein Relatives, und man kann ihr Subjekt
nicht bestimmen. Aber die Kraft ist etwas Reales und Absolutes" (133). Vgl. ferner 4, 346, 436, 523; 2, 57, 69,
76, 101, 119, 137 A; 1, 392 u. a.

Neben diesen Betrachtungen des Philosophen findet sich
nun aber, wie gesagt, in den Quellen noch eine zweite in
Bezug auf die Bewegung, die von hervorragender Bedeutung
für das System ist. Zum Verständnis derselben müssen wir
aber einige Bemerkungen voranschicken. In jeder Bewegung
müssen wir nämlich nach Leibniz zwei Momente unterscheiden,
einmal das Streben des Körpers nach Ortsveränderung
(tendentia, conatus, nisus u. a.) und zweitens die Ortsveränderung selbst. Das Streben bezeichnet er allgemein
als abgeleitete Kraft (vis derivativa); es ist näher derart,
daß die Veränderung von selbst aus ihm folgt, falls ihr
nur kein Hindernis in den Weg tritt; auch ist dasselbe, wie
später belegt werden wird (vgl. Abschn. 10 dieser Abtlg.),
nichts Wesenhaftes, sondern gehört ebenso wie die Bewegung
selbst zu der materiellen Welt und ist ein Phänomen.
Diesen Unterschied von Streben und Ortsveränderung macht
Leibniz überall, nicht bloß in seinen philosophischen, sondern

auch in seinen mathematisch-dynamischen Schriften. Es wird daher genügen, wenn wir einige Beispiele dafür anführen:

„Der bewegte Körper", sagt der Philosoph, „hat ein Streben, seinen Ort zu verändern, derart, daſs der folgende Zustand aus dem gegenwärtigen unmittelbar folgt" (4, 513; auch 511). „Der Substanz ist ein Streben nach Veränderung wesentlich . . . . Ein Bild dafür sind die Quasisubstanzen oder der in Bewegung gesetzte Körper. Aus dem Streben des bewegten Körpers folgt, daſs er ohne äuſsere Hülfe in gegebener Zeit an einen gegebenen Punkt gelangt . . . . . Man begreife also in dem primitiven Streben" (d. h. dem Streben der einfachen Substanz), „was man in dem abgeleiteten Streben" (d. h. demjenigen des Körpers) „anerkennen muſs" (2, 258). „In der Bewegung gestehe ich auſser der nach Veränderung strebenden Kraft noch etwas zu, nämlich die Veränderung selbst" (300). „Ich halte die Bewegung nicht für die abgeleitete Kraft" (d. h. für das Streben des Körpers), „sondern ich glaube, daſs die Bewegung aus ihr folgt; die abgeleitete Kraft ist der gegenwärtige Zustand" (des bewegten Körpers), „indem er zum folgenden strebt oder den folgenden im voraus in sich schließt, wie denn alles Gegenwärtige mit der Zukunft schwanger ist" (262). „Aus der Natur des bewegten Körpers folgt, daſs er in gegebener Zeit, wenn nichts hindert, den gegebenen Punkt erreicht" (263) u. a.

Nach diesen Vorbemerkungen kommen wir nun auf die vorher angegebene zweite Untersuchung Leibnizens über das Prinzip der Bewegung zurück. Ihr Inhalt ist dieser: Das Streben des bewegten Körpers, die abgeleitete Kraft ist ebenso wie die Ortsveränderung etwas Variables, Wechselndes und als solches ein bloſser Modus, eine reine Modifikation. Jede Modifikation aber setzt ein Beharrendes, Dauerndes voraus, dessen Modifikation sie ist. Ein solches Beharrendes aber kann wiederum nur in der aktiven Kraft gesucht werden. Und so erhellt auch auf diese Weise, daſs wir in

dem Körper eine aktive Kraft als das Prinzip der Bewegung
anerkennen müssen.

„Dafs wir eine aktive Kraft", sagt nämlich Leibniz, „in
den Körpern statuieren, dazu zwingt uns vor allem die
Erfahrung, dafs es in der Materie Bewegungen giebt . . . .
Denn die abgeleitete Kraft und die Handlung ist etwas
Modales, da sie eine Veränderung in sich schliefst. Jeder
Modus aber wird durch die Modifikation irgend eines Beharrenden konstituiert. Und wie die Figur eine Limitation
oder Modifikation der ausgedehnten Masse, so ist die abgeleitete Kraft und die bewegende Handlung die Modifikation
nicht einer rein passiven Sache (denn sonst würde die
Modifikation mehr Realität haben als dasjenige, was limitiert
wird), sondern irgend eines Aktiven, d. h. der primitiven
Entelechie. Die abgeleiteten und accidentellen oder veränderlichen Kräfte werden also die Modifikationen eines
ursprünglichen, wesenhaften und in jeder körperlichen Substanz beharrenden Vermögens sein" (4, 396 f.). „Der Körper
bewahrt die einmal erhaltene Bewegung oder er hat das
Streben, in derselben Reihe der Veränderung fortzufahren,
die er einmal begonnen hat. Da nun diese Aktivität und
Entelechie nicht die Modifikation einer rein passiven Sache
sein kann, so mufs sich in der körperlichen Substanz eine
erste Entelechie, eine ursprüngliche bewegende Kraft finden"
(511). „Das aktive Prinzip oder die Grundlage der
Aktivität kann nicht entbehrt werden, denn die accidentellen
oder veränderlichen thätigen Kräfte und die Bewegungen
selbst sind die Modifikationen einer substantiellen Sache"
(2, 171, auch 184). „Aus der Verbindung des Widerstandes
mit der abgeleiteten (bewegenden) Kraft kann keine Substanz
konstituiert werden. Denn jede Modifikation setzt etwas
Dauerndes voraus" (251). „Die abgeleiteten oder accidentellen
Kräfte sind reine Modifikationen, das Aktive aber kann nicht
die Modifikation eines Passiven sein, da ja die Modi die
Dinge nur limitieren, nicht vermehren und also keine
Vollkommenheit besitzen können, die nicht der zu modi-

fizierenden Sache innewohnt. Sonst müfste man fürwahr
jene Accidenzien als Substanzen begreifen, als ob sie etwas
für sich Bestehendes ausmachen" (257f: auch 262). „Wenn
nicht etwas ursprüngliches Aktives in uns wäre, so könnten
keine abgeleiteten Kräfte und Handlungen in uns sein, weil
alles Accidentelle oder Veränderliche die Modifikation irgend
eines Wesenhaften oder Beharrenden sein mufs und nicht
mehr Positives einschliefsen kann als dasjenige, was modifiziert
wird" (270). Wenn blofs die abgeleiteten Kräfte, welche in
der Materie sind, ohne die ersten Entelechieen vorhanden
wären, „so würde es Modifikationen geben ohne irgend ein
modifizierbares substantielles Subjekt: denn was nur passiv
ist" (wie die Materie) „kann keine aktiven Modifikationen
haben, da die Modi nur eine Restriktion oder veränderliche
Limitation sind und folglich die Vollkommenheit des Subjekts
nicht überschreiten können" (3. 67). „Man mufs beachten,
dafs die abgeleitete Kraft eine Modifikation der ersten Kraft
sein mufs, wie die Figur eine Modifikation der Ausdehnung
ist. Die accidentellen Kräfte sind nicht möglich ohne
wesentliche Kräfte, denn sie sind nur Limitationen und
können nicht mehr Vollkommenheit einschliefsen als die
Substanz" (457, 3) u. a.

Noch einen dritten Grund bringt Leibniz gelegentlich
für die Notwendigkeit der Kraft bei. Derselbe erhält indes
seine Beweiskraft erst durch die letzten Darlegungen. Er
zeigt, dafs die Bewegung nicht in der blofsen Ortsveränderung
bestehen könne, sondern auch ein Streben in sich schliefsen
müsse, weil sonst der gegenwärtige Augenblick der Bewegung von dem zukünftigen nicht zu unterscheiden sei
(4, 399, 513f: 2, 226, 250, 295 u. a.). Dabei ist offenbar
der Nachweis, den wir Leibniz eben führen liefsen, dafs das
Streben ohne eine aktive Kraft nicht möglich sei, schon
vorausgesetzt.

Diese aktive Kraft verhält sich endlich, um dies gleich
hier anzuschliefsen, zu dem Körper wie die Seele zu ihrem
Leibe. Das ergiebt sich schon daraus, dafs Leibniz dieselbe,

wie wir sahen, eine Entelechie nennt. Er sagt es aber auch
ausdrücklich: „Die aktive Kraft" (die dann als Prinzip der
Bewegung dargestellt wird), heifst es z. B., „oder die Entelechie
ist eine Seele oder etwas der Seele Analoges und hat beständig und ihrem Wesen nach einen organischen Körper"
(4, 395). „Die aktive bewegende Kraft ist das substantielle
Prinzip, das in lebenden Wesen Seele, in anderen substantielle Form genannt wird" (511). „Da in der Materie
die primitiven Entelechieen zerstreut sind, wie leicht daraus
bewiesen werden kann, dafs die Prinzipien der Bewegung in
ihr zerstreut sind, so folgt, dafs auch Seelen überall in der
Materie zerstreut sind, die für Organe handeln, und daher
auch die organischen Körper der Tiere mit einer Seele
begabt sind" (7, 330) u. ö.

Es ist selbstverständlich, dafs wir in der Erklärung der
obigen Sätze mit dieser Thatsache rechnen müssen, dafs nur
eine solche Deutung derselben zugelassen werden kann, mit
welcher diese Beziehung der Kraft zu ihrem Körper verträglich ist: Leibniz will nicht beweisen, dafs der Körper
sich aus aktiven Kräften zusammensetzen müsse, sondern
dafs ihm e i n e Kraft zuerkannt werden müsse, die sich zu
ihm wie die Seele zu ihrem Leibe verhält, also gar keinen
Bestandteil desselben ausmacht.

——— —

Diese Ausführungen des Philosophen lassen nun auf den
ersten Blick abermals mehrere Auffassungen zu, und zwar
Auffassungen, welche denjenigen analog sind, mit denen wir
es im ersten Abschnitte zu thun hatten. Bei näherer
Prüfung erweist sich freilich nur e i n e von diesen als begründet und stichhaltig. Dennoch müssen wir auch die
anderen, obwohl sie bisher von niemand aufgestellt worden
sind, unserer Besprechung unterziehen. Nicht nur deshalb,
weil sie für jedermann die nächstliegenden sind und vermutlich auch ausgesprochen worden wären, wenn man nur
auf den Gedanken gekommen wäre, sich mit diesen Dingen

etwas näher zu befassen, sondern vor allem deshalb, weil sie den natürlichen Gegensatz zu der richtigen Auffassung bilden und diese daher ohne eine Kenntnis jener nicht vollkommen verständlich ist, ebenso wie wir ja auch im vorigen Abschnitte die wahre Meinung des Philosophen nur im Gegensatze zu den herkömmlichen Auffassungen seiner Darstellung entwickeln konnten (vgl. S. 61 f.).

Das erste würde nämlich auch hier die Annahme sein, daß Leibniz von dem Probleme ausgehe, wie das Reale zu denken sei, welches der Bewegung zu Grunde liegt, wodurch die Bewegung verursacht werde, wie sie zustande komme, wodurch sie entstehe u. dgl. Unter dieser Annahme würden aber verschiedene Ansichten möglich sein.

Man könnte sich zunächst denken, Leibniz wolle zeigen, wie die Thatsache, daß es Bewegungen in der Materie giebt, daß die Körper sich bewegen, daß sie nicht beständig in einem Zustande beharren, sondern sich bewegen, sich verändern, thätig sind, nur dann möglich, nur dann zu erklären sei, wenn wir dem Körper eine in ihm wirkende thätige Kraft zugestehen. Dann würden also seine Betrachtungen notwendigerweise so haben lauten müssen: Der Körper ist an sich eine träge Masse, welche nicht die Fähigkeit hat, ihren Zustand zu verändern, thätig, aktiv zu sein. Wenn wir daher dennoch sehen, daß der Körper niemals ruht, sondern in einer beständigen Veränderung seines Ortes begriffen ist, wenn wir überall in der Welt Bewegungen wahrnehmen, so kann dies nur daher kommen, daß eine thätige, lebendig wirkende Natur, eine aktive Kraft sich in dem Körper befindet, welche ihn zur Bewegung antreibt. Andere Argumentationen würden sich mit der eben bezeichneten Tendenz, wie sich ja unmittelbar aus ihr selbst ergiebt, schlechterdings gar nicht vertragen haben. Nun kennt ja aber Leibniz solche Argumentationen überhaupt nicht, indem seine obigen Auseinandersetzungen über die Bewegung vielmehr gänzlich anderen Inhalts sind. Es folgt also ohne weiteres, daß dem Philosophen jene Tendenz vollständig fremd ist.

Man würde nun noch eine zweite Ansicht aufstellen können, die den Quellen wenigstens etwas näher kommen würde. Man könnte sagen, Leibniz wolle beweisen, dafs die Bewegung als blofse Veränderung nicht entstehen, nicht existieren könne ohne ein Streben, welches den Körper von Ort zu Ort treibt. Dann würde er sich also in dieser Weise haben aussprechen müssen: Die Bewegung enthält an und für sich nichts weiter als eine successive Veränderung des Ortes; sie besteht nur in einer Reihe einzelner sich folgender Zustände. Eine solche Veränderung ist nun aber nicht denkbar ohne ein Prinzip, welches den Körper dazu drängt, aus seinem jedesmaligen Orte in einen neuen, aus jedem gegenwärtigen in den nächstfolgenden Zustand überzugehen, kurz ohne ein Prinzip, welches den Wechsel unterhält; und dieses Prinzip kann natürlich nur in einem Streben nach Veränderung gefunden werden. Soll es also eine Bewegung geben, so müssen wir dem Körper eine Tendenz, seinen Ort zu verändern, eine aktive Kraft zuerkennen.

Dafs indessen auch diese Auffassung nicht aufrecht zu erhalten wäre, ist leicht zu sehen. Denn einmal würde der erste Teil der obigen Erörterungen Leibnizens nicht zu derselben passen, da sie ja einen vollständig anderen Inhalt hat, einen Inhalt, der unverständlich wird, sobald man voraussetzt, der Philosoph wolle darlegen, dafs die Bewegung nicht ohne ein Streben zur Ortsveränderung existieren könne. Was aber sodann den anderen Teil betrifft, so geht aus diesem das gerade Gegenteil von dem hervor, was Leibniz nach dieser Auffassung behauptet haben müfste. Denn der Philosoph weist hier keineswegs nach, dafs die Bewegung an sich eine blofse Veränderung sei und dafs daher in dem Körper ein Streben anerkannt werden müsse, welches ihn aus jedem gegenwärtigen Zustand zu dem nächstfolgenden treibt, sondern dafs das Streben (die „abgeleitete Kraft") des bewegten Körpers, ebenso wie die Ortsveränderung desselben, etwas Variables, Wechselndes, also eine blofse Modifikation und dafs mithin ein Beharrendes notwendig sei,

dessen Modifikation jenes Streben ist (vgl. S. 88 f.). Dafs
dies etwas vollständig anderes ist, liegt auf der Hand. Denn
zeigt der Philosoph, dafs das Streben des bewegten Körpers
eine blofse Modifikation sei und also etwas erfordere, was
durch dasselbe modifiziert wird, so setzt er ja damit voraus,
dafs die Bewegung eben nicht eine blofse Ortsveränderung
sei, sondern dafs in ihr an und für sich bereits ein Streben
enthalten sei. Er erklärt daher so wenig, die Bewegung
als solche sei nur eine Veränderung und sei daher nicht
ohne ein dem Körper innewohnendes Streben zur Veränderung möglich, dafs er vielmehr annimmt, die Bewegung
schliefse schon a l s s o l c h e aufser der Veränderung auch
noch ein Streben zur Veränderung in sich, welches Streben
also nicht erst zu ihr hinzukomme, nicht erst abgeleitet
werden kann und soll, und was er allein ausführen will, ist
nichts anderes, als dafs dieses bereits vorausgesetzte Streben
des Körpers eine blofse Modifikation sei und mithin auf ein
Beharrendes hinweise, dessen Modifikation es ist. Dafs dies
die Tendenz seiner Erörterungen ist, geht aus ihnen selbst
so handgreiflich und mit solcher Gewifsheit hervor, dafs
irgendwelcher Zweifel in dieser Beziehung nicht möglich ist,
und so wird also auch dadurch die obige Auslegung vollständig ausgeschlossen.

Übrigens würde sie, um von anderen Einwänden ganz
zu schweigen, auch schon deshalb verworfen werden müssen,
weil die Kraft danach in einem Streben zur Veränderung
oder in einem Zustande bestehen müfste, der eine Reihe
zukünftiger Zustände in sich schliefst, indem er zu dem
folgenden Zustande strebt. So hat man bisher allerdings
den Begriff der Kraft bestimmt: Die Kraft soll nach den
traditionellen Vorstellungen etwas T h ä t i g e s , V e r ä n d e r -
l i c h e s sein. Dies ist indessen, wie sich sowohl aus den
Untersuchungen des Philosophen über das Prinzip der Bewegung, als auch aus massenhaften sonstigen Bemerkungen
desselben zweifellos ergiebt, und wie wir nachher überzeugend darlegen werden, grundfalsch. Die Kraft ist nach

Leibniz nicht etwas Thätiges, Veränderliches, sondern sie ist das unveränderliche Prinzip der Veränderung, sie ist das unveränderliche, beharrliche und dauernde Substrat der Thätigkeit.

Beachtet man nun diese letztere Thatsache, so könnte man unter der Voraussetzung, dafs Leibniz das vorher (S. 91) angegebene Problem behandele, noch eine dritte und letzte Ansicht geltend machen. Man könnte annehmen, Leibniz wolle den Nachweis führen, dafs die Bewegung nicht entstehen, nicht existieren könne ohne eine Ursache, ein beharrendes Subjekt, ein unveränderliches Substrat, von welchem dieselbe ausgeht. In diesem Falle würden seine Untersuchungen in folgender Weise verstanden werden müssen. Erstens: Von der Bewegung als blofser Veränderung können wir nicht angeben, welchem Körper sie zugehört, da die Veränderung etwas blofs Relatives ist. Soll also eine Bewegung existieren können, so müssen wir in dem Körper eine Ursache der Bewegung, ein Wesen anerkennen, welches der Bewegung als ihr Substrat zu Grunde liegt und durch welches dieselbe hervorgebracht wird. Zweitens: Die Bewegung ist als Veränderung eine blofse Modifikation. Eine Modifikation aber kann nicht existieren ohne ein unveränderliches, beharrendes Substrat, welches durch sie modifiziert wird. Soll es also eine Bewegung geben, so müssen wir ein unveränderliches Substrat, ein Subjekt voraussetzen, welches dieselbe im voraus in sich schliefst, welches sie hervorbringt und in welchem sie sich vollzieht.

Indessen auch diese Deutungen sind nicht haltbar. Denn einmal würde die erste derselben überhaupt keinen vernünftigen Gedanken ergeben. Leibniz müfste danach argumentieren, dafs die Bewegung als solche etwas blofs Relatives sei, dafs sie mithin nicht selbständig existieren könne und dafs also, wenn es dennoch eine Bewegung geben solle, eine Ursache der Bewegung, eine Kraft vorhanden sein müsse, welche sie erzeugt. Allein diese Sätze würden unsinnig sein. Denn daraus, dafs die Bewegung an sich

etwas Relatives ist, von dem man nicht bestimmen kann,
welchem Subjekt es zugeschrieben werden mufs, folgt nicht,
dafs die Bewegung (keine selbständige Existenz führen,
sondern) nur die Wirkung einer Ursache, einer Kraft sein
könne. Das sind vollständig heterogene Gedanken, die in
keiner Beziehung zu einander stehen. Man könnte sagen, die
Bewegung sei eine blofse Modifikation, könne also nicht für
sich allein existieren, sondern nur die Wirkung eines
Beharrenden sein, wie dies Leibniz nach der eben (S. 94)
angegebenen zweiten Deutung lehren müfste; aber damit,
dafs man von der Bewegung nicht feststellen kann, welchem
Körper sie angehört, kann man unmöglich den Satz begründen wollen, dafs dieselbe nur die Wirkung einer Kraft
sein könne; das geht schlechterdings nicht an. — Übrigens
spricht sich der Philosoph auch gar nicht dahin aus, dafs
die Bewegung an sich etwas Relatives sei und dafs sie also
nicht ohne eine Ursache existieren könne, sondern dafs die
Bewegung, soferne es nur eine Ortsveränderung in ihr gäbe,
etwas blofs Relatives sei und dafs man also auch in irgend
einem Körper eine Ursache der Bewegung antreffen müsse,
was zu einer vollständig anderen Auffassung führt.

Sodann aber beweist Leibniz niemals, dafs die Existenz
einer Bewegung an und für sich unbegreiflich sei und dafs
also, wenn es eine solche dennoch geben solle, eine Kraft notwendig sei, dafs die Bewegung nur durch die Kraft entstehen
könne. Sondern er beweist, dafs die Bewegung als solche ein
blofses Phänomen, nichts Reales, Substantielles sei
und dafs also, wenn sie nicht ein blofses Phänomen sein solle,
dem Körper eine Kraft zugeteilt werden müsse. So heifst es
keineswegs, dafs die Bewegung, wenn sie nichts weiter als eine
Veränderung enthalte, nicht existieren könne, sondern dafs
die Bewegung alsdann nur etwas Relatives, etwas Imaginäres,
nichts Reales, sondern ein reines Phänomen sein würde
(vgl. S. 85 f.). Und ebenso heifst es nicht, dafs die Bewegung
als blofse Modifikation nur unter der Voraussetzung einer
Kraft existieren könne, sondern dafs sie ohne diese Voraus-

setzung eben nichts weiter als eine Modifikation, also nichts
Wesenhaftes, sondern nur ein Phänomen sein würde.
Darin aber liegt ja doch, dafs wir allerdings auch dann die
Erscheinung einer Bewegung haben würden, wenn es keine
Kraft gäbe, nur, dafs dieselbe in diesem Falle lediglich ein
Phänomen wäre (vgl. auch S. 28 f.). Verhält es sich aber
so, dann folgt unwidersprechlich, dafs Leibniz es in den
vorliegenden Erörterungen überhaupt nicht mit dem Problem
zu thun hat, wie die Existenz der Bewegung zu erklären
sei, was ihr zu Grunde liege, wie sie entstehe, und
damit werden alle Auslegungen, welche ein solches Problem
voraussetzen, widerspruchslos und definitiv beseitigt. Es ist
daher nicht mehr nötig, dafs wir uns bei der Widerlegung
der obigen Deutungen, obwohl gegen dieselben noch eine
Menge von Einwendungen gemacht werden könnten (vgl.
z. B. die Betrachtungen auf S. 36—40, die hier sinngemäfse
Anwendung finden würden, sowie die folgende Anm.), weiter
aufhalten.

Beschäftigt sich nun aber Leibniz nicht mit der Frage,
was der Bewegung zu Grunde liege, wie sie entstehe,
so kann er sich schlechterdings nur noch mit der Frage nach
dem Prinzip der Bewegung selbst beschäftigen. Ein
drittes ist vernünftigerweise nicht möglich. Entweder es
handelt sich für den Philosophen darum, wie die Bewegung
entsteht, oder es handelt sich um das Prinzip der Bewegung selbst. Alle Auslegungen, welche nicht von dem
einen oder von dem anderen dieser beiden entgegengesetzten
Standpunkte ausgehen, gründen sich lediglich auf denselben
Widerspruch, den wir schon der in unserem vorigen Abschnitte
behandelten Auffassung vorwerfen mufsten (vgl. S. 35 f.)*).

---

*) Denn es würde allerdings noch eine andere Auslegung möglich
sein. Da dieselbe aber, wie gesagt, innerlich unhaltbar ist, so kann
ich, zumal sie noch von niemand aufgestellt worden ist, im Texte
nicht näher auf sie eingehen. Anmerkungsweise aber will ich sie doch
kurz besprechen, damit man sich nicht eventuell unnötig bei derselben
aufhalte.
Man könnte nämlich annehmen, Leibniz wolle beweisen, dafs zwar
auch dann, wenn es keine aktive Kraft gäbe, eine Bewegung existieren,

Leibniz setzt also auch hier voraus, dafs die Bewegung (nicht die Erscheinung äufserer Substanzen, sondern dafs sie) selbst in uns repräsentiert, die Vorstellung derselben also

dafs wir wenigstens eine solche wahrnehmen würden, dafs ihr aber dann nur eine einfache Veränderung und mithin nichts Substantielles zu Grunde liegen würde. Dann müfste man also den Philosophen folgendermafsen verstehen: 1) Der Bewegung liegt an sich eine blofse Veränderung des bewegten Körpers zu Grunde, zu welcher das Subjekt, die Ursache fehlt: sie ist daher etwas rein Relatives, woraus folgt, dafs sie überhaupt nichts Substantielles, ein einfaches Phänomen ist. Soll ihr also nicht etwas blofs Relatives, eine blofse Veränderung, sondern eine von einem Subjekte, einer Ursache ausgehende Veränderung zu Grunde liegen, so müssen wir dem Körper eine Kraft zugestehen, welche ihn in Bewegung setzt. 2) Die Bewegung ist als Veränderung eine reine Modifikation, zu welcher kein beharrendes, unveränderliches Substrat vorhanden ist. Soll ihr also nicht eine reine Modifikation, sondern die Modifikation eines Beharrenden, eines unveränderlichen Substrates zu Grunde liegen, so müssen wir eine Kraft annehmen, welche den Körper bewegt.

Diese Darstellung würde indessen vollständig unhaltbar sein. Leibniz müfste darnach fürs erste zeigen, dafs wir zwar auch dann, wenn wir von einer Kraft absehen, eine Bewegung wahrnehmen würden, dafs derselben aber in diesem Falle eine blofse Veränderung, etwas rein Relatives, eine einfache Modifikation zu Grunde liegen würde. Allein eine solche Argumentation ist nicht möglich. Denn eine blofse Veränderung, etwas rein Relatives, eine einfache Modifikation kann doch überhaupt nichts wirklich Existierendes, nichts Reales, objektiv Bestehendes sein. Mithin würde, wenn es keine Kraft gäbe, durchaus nicht blofs folgen, dafs der Bewegung nur eine Veränderung u. s. w. zu Grunde liege, sondern dafs ihr überhaupt gar nichts zu Grunde liege, dafs wir also auch gar keine Bewegung wahrnehmen können, da ja von diesem Standpunkte aus eine solche Wahrnehmung nur durch irgend ein Objekt hervorgerufen werden könnte. Damit aber würde die Voraussetzung, von welcher diese Auffassung ausgeht, aufgehoben sein. Das ist eine Erwägung, die äufserst lehrreich ist: denn sie zeigt mit der gröfsesten Evidenz und auf das frappanteste, dafs nicht nur diese, sondern auch die analoge Auffassung des vorigen Abschnittes gänzlich verfehlt ist. — Sodann aber enthält die angegebene Auslegung, wie oben bemerkt wurde, einen Widerspruch in sich. Denn wenn man zuerst voraussetzt, dafs die Bewegung nach dem, was ihr zu Grunde liegt, etwas rein Relatives, eine einfache Modifikation sei, so kann man nicht nachher wieder fordern, dafs sie in derselben Beziehung nicht etwas rein Relatives, nicht eine einfache Modifikation, sondern eine von einer Ursache, von etwas Unveränderlichem und Beharrendem ausgehende Veränderung sei: denn eine solche Veränderung würde eben überhaupt keine Bewegung mehr sein, da ja diese nach der Voraussetzung eine Veränderung schlechthin sein soll. Es würde ferner einzuwenden sein, dafs die Kraft nach Leibniz keine reale Beziehung zu dem Körper hat, in diesem also auch keine Bewegung hervorbringen kann: denn dafs dazu eine blofs ideale Beziehung nicht hinreichen würde, geht aus dem Früheren hervor (vgl. S. 37 ff.). Vor allem aber müfste nach dieser Auslegung die Bewegung etwas

etwas Ursprüngliches und unmittelbar Gegebenes sei, und näher
setzt er voraus, dafs alle s p e z i e l l e n Phänomene, die Vorstellungen von dem D e t a i l der Natur durch die Vorstellung
des Mechanismus, des Körpers und der Bewegung begriffen
werden müssen. Was er beweisen will, ist nur dies, dafs das
Prinzip der Bewegung s e l b s t in der aktiven Kraft bestehe.
Und demgemäfs führt er nicht aus, dafs die Bewegung an
und für sich nicht e x i s t i e r e n, nicht e n t s t e h e n könne,
sondern dafs die Bewegung s e l b s t nichts Substantielles sei,
und führt er die Kraft nicht aus dem Grunde ein, um die
E x i s t e n z. die E n t s t e h u n g der Bewegung verständlich
zu machen. sondern damit die Bewegung s e l b s t in einem
Wesen im Keime und als Unveränderliches repräsentiert sei.

Fürs erste ist nämlich. wie er zeigt, die Bewegung
s e l b s t, weil sie eine blofse Veränderung des Ortes ist,
etwas rein Relatives. etwas. was einem Körper nur mit
Bezug auf seine Nachbarschaft zukommt. Man kann daher
nie bestimmen, wo eigentlich die Bewegung ist. welchem

Wesenhaftes, Reales sein, während sie nach Leibniz ein reines Phänomen
ist und bleibt (vgl. S. 39 f.). — Endlich ergiebt sich, wenn wir von
anderem absehen. die Unhaltbarkeit dieser Darstellung auf das einleuchtendste auch aus der Thatsache. dafs die Kraft in den bezüglichen
Erörterungen Leibnizens durchgängig s e l b s t und f ü r s i c h a l l e i n
als das Absolute und Reale schlechthin erscheint und dafs dem Phänomen
der rein materiellen Bewegung die Kraft a l l e i n als das Substantielle
gegenüber gestellt wird. So heifst es: „Die Bewegung ist etwas rein
Relatives . . . . . Aber die Kraft ist etwas Reales und Absolutes.“ „Die
Bewegung ist keine ganz reelle Sache . . . . . Aber die Kraft ist etwas
Reelleres, und man hat Grund, sie dem einen Körper vielmehr als dem
anderen zuzuteilen.“ „Ohne die Kraft kann nicht bestimmt werden,
wo die w a h r e Bewegung o d e r die Ursache der Veränderung ist“ (siehe
oben S. 85 f.). „Es giebt eine Qualität in der Natur der Körper, die
man die Kraft nennen kann, welche sehr verschieden von der Bewegung
ist. und sie ist reell. während die Bewegung es nicht ist“ (4, 346).
„Was die Bewegung betrifft, so ist das Reelle in ihr die Kraft“ (523).
„Die Kraft ist ganz verschieden von der Bewegung, die etwas Relativeres
ist“ (2, 137; vgl. auch 2, 76, 101, 119). „Die Bewegung ist etwas blofs
Relatives. und es giebt keinen Weg. genau zu bestimmen, wie viel
absolute Bewegung jedem Subjekte zugewiesen werden mufs. Aber die
bewegende Kraft ist etwas Reales und kann in den Körpern unterschieden werden. Daher mufs die Essenz des Körpers in die Kraft zu
handeln und zu leiden gesetzt werden“ (7, 314 E.). „Wenn es in dem
Körper etwas Reales giebt. ist dies nur die Kraft zu handeln und zu
leiden“ (322) u. a. (vgl. hierzu oben S. 46 ff.).

Subjekt sie zugeschrieben werden mufs, ob sie dem Körper
A zuzurechnen und die Umgebung desselben als ruhend
anzusehen ist, oder ob diese sich bewegt und jener ruht.
Ist aber dies nicht möglich, so folgt, dafs die Bewegung
selbst nichts Reales, sondern ein blofses Phänomen ist.
Wenn wir dieselbe also irgend einem Subjekt sollen zuteilen
können, so darf es in ihr nicht blofs eine Ortsveränderung geben,
sondern es mufs auch in irgend einem Körper die Ursache
der Bewegung vorhanden sein; „um von etwas sagen zu
können, dafs es sich bewege, ist es nötig, dafs es nicht blofs
seine Lage zu anderen Dingen ändere, sondern dafs auch
der Grund der Veränderung in ihm sei" (vgl. S. 85). Soll
es mithin in einem Körper eine Ursache der Bewegung
geben, ein Wesen, in welchem die Bewegung selbst im
Keime dargestellt ist, welches selbst das unentwickelt und
als Einheit, was die Bewegung entfaltet und auseinander-
gewickelt ist, welches die Bewegung selbst in einer Einheit
repräsentiert oder ausdrückt, so müssen wir eine aktive
Kraft annehmen. Wenn daher diese die Ursache der Bewegung genannt wird, so heifst das, sie sei selbst das in
der Einheit und konzentriert, was die Bewegung als
Entwicklung ist. Daraus erhellt zugleich, dafs die materielle
Bewegung trotz der Kraft eine blofse Veränderung, etwas
rein Relatives und als solches ein Phänomen ist und bleibt
und dafs das einzig Substantielle allein in der Kraft besteht.

Zum zweiten ist die Bewegung selbst als blofse Veränderung etwas Accidentelles. Modales, eine Modifikation. Jede
Modifikation aber setzt ein Unveränderliches, Beharrendes
voraus. dessen Modifikation sie ist, welches durch sie modifiziert, limitiert wird. Soll es daher ein solches Unveränderliches geben, soll ein Wesen existieren, in welchem die Bewegung selbst als Unveränderliches dargestellt, repräsentiert
ist, welches selbst das als Bleibendes und Beharrendes,
was die Bewegung als Veränderung, als Modifikation ist, so
müssen wir in dem Körper eine aktive Kraft anerkennen.
Wenn daher Leibniz die Bewegung als die Modifikation der

Kraft und diese als das Bleibende in der Bewegung bezeichnet,
so hat das den Sinn, die Bewegung sei selbst in der Kraft
als Dauerndes ausgedrückt und diese sei selbst das der
Bewegung korrespondierende Dauernde. Auch hieraus leuchtet
ohne weiteres ein, dafs die materielle Bewegung nach wie
vor eine reine Modifikation und darum etwas Phänomenales
bleibt und dafs die Kraft allein die wahrhafte Substanz ist.

Warum aber Leibniz sich nicht in derselben Weise ausgesprochen hat und aussprechen konnte, wie wir es eben
gethan haben, darüber ist bereits im vorigen Abschnitt
(S. 61 f.) geredet worden.

Dafs dies die einzig richtige und die einzig mögliche
Erklärung der in Rede stehenden Ausführungen des Philosophen ist, ergiebt sich evident aus unseren vorherigen Bemerkungen, wie auch aus der in unserem ersten Abschnitt
besprochenen Erörterung über den Körper im allgemeinen,
von der ja diejenige über die Bewegung nicht wesentlich abweichen kann. Wem dies nicht genügt, wer gleichwohl an der
Stichhaltigkeit dieser Erklärung zweifeln zu müssen glaubt,
der stelle eine andere bessere Auslegung auf und lege sie
in möglichst klaren Worten dar. Sobald dies geschehen ist,
werden wir dieselbe dann als unmöglich widerlegen.

Aus diesen Sätzen folgt nun unmittelbar die nähere
Beschaffenheit der aktiven Kraft.

Die Kraft soll das der Bewegung entsprechende Einheitliche und Unveränderliche sein, sie soll das konzentriert und
im Keime, das als Bleibendes und Dauerndes sein, was die
Bewegung entwickelt und als Veränderung ist; sie soll die
Bewegung als Einheit und als Unveränderliches darstellen,
repräsentieren, ausdrücken. Die Bewegung besteht aber in
erster Linie in einer Veränderung des Ortes. Die Kraft wird
also zunächst das der Ortsveränderung entsprechende
Einheitliche und Unveränderliche sein. Nun mufs die Einheit, das Beharrende natürlich von derselben Art sein wie
das von diesem dargestellte Phänomen. Die Ortsveränd-

rung ist aber im allgemeinen eine Handlung, eine Thätigkeit. Die Kraft wird also nur als Thätigkeit gedacht werden
können. Aber nicht als veränderliche Thätigkeit, sondern
nur als ein unteilbarer, unveränderlicher und zeitloser Akt.
Und näher natürlich nicht als ein beliebiger Akt, sondern
als derjenige, welcher der Bewegung korrespondiert, als der
unteilbare und unveränderliche Akt, welcher die Bewegung
oder, sprechen wir gleich genauer, die sämtlichen vergangenen,
gegenwärtigen und zukünftigen Bewegungen desjenigen Körpers in sich repräsentiert, ausdrückt, dessen Seele die Kraft
ist (oder richtiger derjenigen Körper, in denen sie sich der
Reihe nach als Seele befindet, da ja nach Leibniz der Leib
einer Seele in beständigem Wechsel begriffen, also in keinem
Momente derselbe ist; doch dürfen wir dies der Einfachheit
halber hier aufser acht lassen). Nennen wir nun diesen
Akt, weil er die Bewegungen nur unentwickelt und im Keime
repräsentiert, ein Vermögen, so besteht also die Kraft zunächst in einem Vermögen.

Allein mit dieser Bestimmung ist das Wesen der Kraft
noch nicht erschöpft. Denn bis jetzt haben wir die Bewegung
nur insofern in Betracht gezogen, als sie lediglich eine Ortsveränderung ist, und hieraus haben wir unser Ergebnis
gewonnen: Das Wesen, welches die Ortsveränderung als
Unveränderliches darstellt, ist eben jener permanente Akt.
Aber die Bewegung ist mehr als eine blofse Veränderung
Denn sie enthält aufser dieser, wie wir oben sahen (vgl.
S. 86 f.), auch noch ein Streben nach Veränderung.
Nun ist es selbstverständlich, dafs auch dieses Streben irgendwie in der Kraft vertreten sein mufs. Bevor wir aber einsehen können, wie dies möglich ist, müssen wir die Natur
dieses Strebens etwas näher in Betracht ziehen.

Das Streben nämlich, welches sich in der Bewegung
findet, darf vor allem nicht mit demjenigen, welches wir in
uns selbst wahrnehmen, mit dem Begehren identifiziert
werden. Es ist dies freilich an sich klar; dennoch verfällt
man unwillkürlich in eine Verwechselung beider Vorstellungen,

wenn man sich über ihren Unterschied nicht ausdrücklich Rechenschaft gegeben hat.

Unter dem Begehren verstehen wir das Streben nach einem durch das Mittel mehrerer Handlungen erreichbaren Erfolg, nach dem auf Grund dieser Handlungen zu erwartenden Ergebnis. Daher ist die Thätigkeit, zu der wir durch eine Begierde veranlafst werden, eine Zweckthätigkeit, d. h. eine solche, welche blofs deshalb unternommen wird, weil sie das Mittel ist, um das begehrte Resultat zu erlangen. Und darum ist sie zugleich eine freie Thätigkeit. Von dem materiellen Streben gilt nicht das Gleiche. Die Tendenz des Körpers geht vielmehr darauf, die ganze Folge derjenigen Zustände, welche in dem Anfangszustand der Bewegung virtuell enthalten sind, successiv zu durchlaufen, aus seiner jedesmaligen Lage in eine andere überzugehen, welche durch jene gefordert wird. Eben deshalb ist die Bewegung die rein mechanische Konsequenz eines ursprünglichen Zustandes und mithin auch ein notwendiger Vorgang. Aus diesen Bestimmungen erklärt sich zugleich ein anderer Unterschied beider Prinzipien, der für uns von besonderem Interesse, für das System von geradezu fundamentaler Bedeutung ist. Da die Begierde sich auf das Ziel einer Reihe von Handlungen richtet, so richtet sie sich zugleich auch auf alle diese Handlungen selbst, insoferne sie ja das Mittel sind, um jenes Ziel zu erreichen. Sie bildet daher den einheitlichen und beharrlichen Grund für eine ganze Serie von Handlungen, von Veränderungen; diese Veränderungen folgen sämtlich aus ihr, aber sie selbst wechselt deshalb nicht; sie tritt ihnen vielmehr als das eine, unveränderliche und sich gleichbleibende Prinzip gegenüber, aus welchem sie allesamt entspringen. Dagegen ist das Streben der Materie, weil es nur auf die Änderung des jeweiligen Zustandes sich bezieht, selbst etwas Variables, in gleicher Weise variabel wie die einzelnen Zustände der Bewegung. Denn das Streben wird charakterisiert durch den Gegenstand, auf den es gerichtet

ist, und wird ein anderes, wenn dieser Gegenstand ein
anderer wird. Es giebt daher in der Bewegung ebensoviele
verschiedene Strebungen als es wechselnde Zustände
giebt. Eben darum sagt ja auch Leibniz, die abgeleitete
Kraft, d. h. also das Streben des bewegten Körpers, sei
accidenteller und veränderlicher Natur (wie er sie ja
auch ausdrücklich „eine veränderliche Kraft" nennt), und
gerade diese Thatsache war es ja zum Teil, die ihn zur
Annahme beharrender, unveränderlicher Kräfte nötigte (vgl.
S. 87 ff.).

Nach dieser Abschweifung kehren wir zum Ausgangspunkte
unserer Erörterung zurück. Die Kraft sollte das der Bewegung korrespondierende Einheitliche und Unveränderliche
sein. Die Bewegung setzt sich nun aber aus zwei Bestandteilen zusammen, aus der Ortsveränderung selbst und aus
dem Streben des Körpers nach Ortsveränderung, und von
diesem Streben haben wir soeben auseinandergesetzt, dafs es
ebenfalls etwas Veränderliches ist. Das Einheitliche und Unveränderliche nun, welches der Ortsveränderung entspricht, ist jener permanente Akt, jenes Vermögen, von dem
wir oben sprachen. Die Kraft ist also zunächst ein Vermögen.
Aber sie kann nicht ein blofses Vermögen sein; denn es
liegt auf der Hand, dafs nicht nur die Ortsveränderung, sondern auch das Streben des Körpers in ihr zum Ausdruck
gebracht sein, dafs sie aufser dem Vermögen noch ein Prinzip
in sich tragen mufs, welches jenem in der Bewegung sich
findenden Streben korrespondiert, ein Prinzip, welches das als
Einheit und Dauerndes, was das Streben als Wechselndes
ist. Welcher Art dieses Prinzip sei, läfst sich aus dem
Vorhergesagten leicht beurteilen. Das Streben des Körpers,
zeigten wir, gehe dahin, alle diejenigen Veränderungen aus-
zuführen, welche durch den ersten Zustand des Körpers gegeben sind. Das Prinzip, welches dieser veränderlichen
Tendenz entspricht, wird also das einheitliche und unveränderliche Streben sein, aus welchem jene gesamten Veränderungen sich ergeben. Ein solches Streben kann aber, wie

aus unseren vorherigen Bemerkungen über den Unterschied
des mechanischen Strebens und des Begehrens erhellt, offenbar nur dasjenige sein, das auf die Realisierung des Endzieles dieser Veränderungen gerichtet ist; denn dann ist es
zugleich auch auf diese Veränderungen selbst gerichtet, und
diese folgen alle aus ihm, trotzdem es doch nur ein unveränderliches Streben ist. Ein Streben dieser Art aber nennt
jedermann ein Begehren. Die Kraft muſs also auſser dem
Vermögen auch noch ein Streben, welches auf die Verwirklichung des Endzieles der in diesem Vermögen vorge-
sehenen Entwicklung geht, noch ein Begehren in sich
schlieſsen.

Dieses Begehren ist nun einerseits das als Einheit und
Unveränderliches, was das Streben des Körpers als Veränderliches und Vielfaches. Andererseits aber geht aus ihm,
wie dies verlangt werden muſs, da es ja das Prinzip des
mechanischen Strebens sein soll, ebenso wie aus diesem
letzteren die Handlung unfehlbar — obzwar nicht notwendig — hervor, vorausgesetzt nur, daſs kein Hindernis
da ist. Denn jedes begehrende Wesen führt mit vollkommener Gewiſsheit alle diejenigen Handlungen aus, zu welchen
es sich durch seine Begierde, seine Neigung getrieben fühlt,
sofern nicht, sei es äuſsere, sei es innere (z. B. andere stärkere Begierden, Überlegungen u. dgl.) Hinderungsgründe
vorhanden sind, wie man dies wohl allgemein zugeben dürfte.
Die Kraft ist daher nicht eine bloſse Fähigkeit, sondern sie
enthält auch ein Streben, einen Trieb, eine Neigung zur
Thätigkeit, kraft deren sie durch sich selbst zur Handlung
übergeht, falls sie nicht daran gehindert wird.

Durch diese Ausführungen gewinnen wir nun einen
vollständigen Einblick in das Wesen der aktiven Kraft.

Die Kraft besteht zunächst aus einem Vermögen und
einem Streben, dieses Vermögen zu entwickeln. Doch darf
diese Bestimmung nicht miſsverstanden werden. Die Kraft
ist, wie das ja aus dem Vorherigen sonnenklar hervorgeht,
nicht etwa ein im Streben nach Entwicklung begriffner Zu-

stand, so wie die „abgeleitete Kraft" nach Leibniz der gegenwärtige Zustand der Bewegung ist. indem er zum folgenden strebt (vgl. S. 87), sondern sie besteht aus zwei
selbständigen Bestandteilen, einem Vermögen und einem
Streben, was etwas vollkommen anderes ist. Diese
beiden Bestandteile sind dann allerdings der Kraft wesentlich, und keiner davon kann fehlen, ohne dafs der Begriff
der Kraft vernichtet wird. Die Kraft ist eben ihrer Natur
nach nicht ein blofses Vermögen, sondern ein Vermögen,
mit dem ein Streben zur Handlung verbunden ist, ein Vermögen und ein Streben. Näher besteht die Kraft aus
einem unveränderlichen Vermögen und dem unveränderlichen, auf die Verwirklichung des Zieles der in
diesem Vermögen angelegten Entwicklung gerichteten Streben,
welches Streben eben wesentlich ein Begehren ist. Die Kraft
selbst ist daher etwas Unveränderliches, Beharrliches,
Dauerndes. Aber daraus folgt nicht im entferntesten, dafs
auch keine Veränderung, keine Handlung aus ihr hervorgeht. Vielmehr ergiebt sich aus dem Streben, welches ihr
eigen ist, immer und unfehlbar eine Handlung, ja es ergiebt
sich aus ihm mit vollständiger Sicherheit die ganze Reihe
derjenigen Handlungen, welche in jenem Vermögen präformiert sind. Denn weil dasselbe auf das Ziel dieser Handlungen und nur insofern auf diese selbst gerichtet ist, so
folgen die letzteren aus ihm, ohne dafs es doch deshalb
selbst ein anderes wird, trotzdem es selbst unwandelbar
als ein und dasselbe Streben beharrt. Es resultiert
daher aus der Kraft immer eine Handlung, eine Veränderung, und es giebt keine Kraft, aus der keine Veränderung
resultierte; aber die Kraft selbst, jenes Vermögen und
Streben selbst ändert sich deshalb nicht, sondern bleibt
trotz des Wechsels seiner Äufserungen unveränderlich bestehen.
Die Kraft ist das unveränderliche, beharrende Prinzip, der
bleibende Grund, die permanente Ursache und Quelle der
veränderlichen Handlungen der Substanz, sie ist das Substrat, das allen diesen Handlungen zu Grunde liegt, sie ist

das Subjekt, in welchem sich aller Wechsel der Zustände der
Substanz vollzieht, welches durch diese Zustände limitiert,
modifiziert wird und von welchem sie die vorübergehenden
Modifikationen sind.

Alle diese Aufstellungen werden nun durch das weitere
eine glänzende Bestätigung finden.

Durch diese Erörterungen sind wir nun zu einem Kraftbegriff gelangt, der mit den traditionellen Anschauungen
nicht in Übereinstimmung steht und der überhaupt eine
ganz veränderte Auffassung der Monadenlehre mit sich bringt.
Wir sind daher genötigt, hier eine eingehendere zusammen-
hängende Untersuchung über das Wesen der aktiven Kraft
anzuschliefsen. Wir hätten diese Untersuchung allerdings
schon früher anstellen können, bevor wir mit den vorstehenden Resultaten bekannt waren; allein wir haben die
letzteren absichtlich vorangestellt, damit man, über das Ziel
der nachfolgenden Auseinandersetzungen unterrichtet, diesen
von vornherein mit mehr Verständnis folgen könne, als
es bei der Neuheit und Schwierigkeit der Sache sonst
möglich wäre.

Bisher hat man nun den Begriff der Kraft in eigentümlicher Weise gefafst. Weil nämlich Leibniz sagt, die
Kraft sei nicht ein blofses Vermögen, sondern schliefse auch das
Streben zur Thätigkeit ein, aus welchem stets eine Thätigkeit
folge, und es gebe keine Kraft, welche nicht thätig sei, so hat
man gemeint, der Begriff der Kraft bestehe überhaupt darin,
ein thätiges, veränderliches Wesen zu sein*). Die

---

*) Vgl. Gesch. d. d. Phil. S. 106 f. Das ist auch Fischers Ansicht.
Er bemerkt übrigens, um das Wesen der Kraft zu charakterisieren, auf
S. 333 folgendes: „Läfst sich etwa eine Kraft denken, welche nicht
handelt? Wenn sie nicht handelt, so ist die Kraft entweder eine leere
Potenz (inanis potentia), welche nicht wirken kann, oder sie ist nach
scholastischen Schulbegriffen eine blofse Potenz (potentia nuda), die,
um zu wirken, der äufseren Anregung bedarf." Der Unterschied, der
hier zwischen potentia inanis und potentia nuda gemacht wird, scheint

Kraft soll ein thätiges, unaufhörlich in der Veränderung begriffenes Wesen sein, ein Wesen, welches aus sich selbst heraus
handelt, die Quelle seiner Veränderungen in sich selbst

mir unbegründet zu sein; ein solcher Unterschied existiert nicht; beide
Ausdrücke sind für Leibniz ganz und gar gleichbedeutend. Auch die
sonstigen Auseinandersetzungen, die Fischer an den Begriff der Kraft
knüpft (S. 328—334), sind nicht unbedenklich. Schon die erste Betrachtung, welche die Frage behandelt, weshalb die Kraft ein metaphysischer
Begriff sei, ist meines Erachtens wenig angebracht, da Leibniz sich
niemals darüber geäufsert hat, auch das, was Fischer sagt, ziemlich
selbstverständlich ist. Wenn Fischer dabei andeutet, Leibniz habe die
Kraft deshalb die „Quelle des Mechanismus" genannt, weil dieselbe der
Anschauung verborgen sei, so ist dies nicht korrekt. Leibniz will damit
nur sagen, dafs sie das Prinzip der Mechanik sei. Jenen Sinn in diese
Worte hineinzulegen, ist ungerechtfertigt. Und nicht minder ungerechtfertigt ist es, dafs dieselben überhaupt besonders hervorgehoben werden,
da der Philosoph sie doch nur sehr selten, wenigstens viel seltener als
sonstige Worte gebraucht hat. Dann fährt Fischer etwa so fort: Was
ist nun die Kraft, oder zunächst, was ist sie nicht? Nun giebt es in
der Ausdehnung keine Kraft, also werden wir alles von ihr verneinen
müssen, was jener zukommt: woraus folgt, dafs die Kraft einfach, ursprünglich und unteilbar ist. Ist es indessen möglich, irgend einen
Beleg dafür anzuführen, dafs Leibniz auf diesem Wege zu den letzteren
Bestimmungen gekommen ist? Wenn nicht, so sind diese Sätze ebenfalls willkürlich. Und überhaupt, was sollen dieselben? Wie soll man
sich denn die Kraft anders denken denn als etwas Einfaches? Das ist
ja so unmittelbar gewifs, dafs es höchst unnötig ist, es noch besonders
beweisen zu wollen. Endlich zeigt Fischer, dafs es eine Vielheit von
Kräften geben müsse. Denn wenn nur eine Kraft existierte, so wäre
diese allein zur Kraftäufserung oder Handlung fähig, und alle übrigen
Dinge würden ohnmächtig und thatenlos sein; sie wären lediglich passiv,
sie könnten nicht selbst wirken, sondern würden bewirkt werden. Aber
die Erfahrung lehrt, dafs es in allen Dingen eigentümliche Handlungen
giebt: die Geister denken aus eigenem Vermögen, und die Körper bewegen sich selbst. Mithin gilt der Satz: soviel Dinge, soviel Kräfte.
Es mag ja nun sein, dafs Leibniz, um den Spinozismus zu widerlegen,
sich einigemal so oder ähnlich ausgesprochen hat. Aber folgt denn
daraus, dafs er durch solche Überlegungen erst zu der Annahme einer
Vielheit von Kräften gekommen ist, wie dies doch Fischer offenbar
sagen will? Man darf doch wohl nicht jede beliebige Äufserung des
Philosophen ohne Rücksicht auf die Gelegenheit, bei welcher, und den
Zusammenhang, in welchem sie gethan worden ist, sofort unter die
grundlegenden Bestimmungen des Systems aufnehmen! Und überdies
ist der Beweis, dafs es viele Kräfte geben müsse, nach Fischers Darstellung sogar überflüssig. Denn da er die Kraft aus der Thatsache
des Widerstandes der Körper abgeleitet hat, so war es selbstverständlich, dafs ebenso viele verschiedene Kräfte als Körper existieren müssen.
Leibniz sagt übrigens auch, die Kraft sei aus sich selbst heraus
thätig, wie dies bekannt ist. Diese Bestimmung ist aber vielfach in
einem falschen Sinne benutzt worden, ganz besonders von Fischer.
Fischer spricht nämlich infolge dieser Bestimmung allgemein von einer

trägt u. dgl.; und man pflegt demgemäß zu behaupten, darin
bestehe eben die Eigentümlichkeit der Leibnizischen Lehre, daß
sie die Kraft nicht als Vermögen, sondern als thätiges Wesen, als
Entelechie bestimme, daß sie nicht ein ruhendes Sein, sondern
lebendig wirkende Naturen als die Prinzipien der Dinge ausgebe.
Aus dieser allgemeinen Begriffsbestimmung ergiebt sich dann
sofort die nähere Beschaffenheit der Kraft. Da sie nämlich
aus sich selbst heraus thätig sein soll, so muß in jedem
ihrer Zustände die ganze Reihe der folgenden enthalten sein;
da sie andererseits immer thätig sein soll, so muß jeder
ihrer Zustände im Streben nach Veränderung begriffen sein;
und da endlich ihr ganzes Wesen lediglich darin besteht,
etwas Thätiges zu sein, so ist überhaupt nichts Unveränderliches, Bleibendes in ihr: ihr ursprünglicher Zustand geht
in den nächstfolgenden, dieser wieder in einen andern
über u. s. w. fort; ebenso geht jede Strebung in eine neue
über, und es existiert hier also schlechterdings nichts als
eine Reihe wechselnder Zustände und Strebungen. Es giebt

Selbstthätigkeit, einer Selbstunterscheidung, einer Selbsteigentümlichkeit,
einer Selbstbethätigung, überhaupt von einem Selbst der Substanzen.
Das ist durchaus unzulässig. Leibnizens Meinung ist nur die, daß die
Substanzen nicht der äußeren Anregung bedürfen, um thätig zu sein,
sondern daß sie durch sich selbst, kraft ihres eigenen Strebens zur
Thätigkeit übergehen. Wenn aber Fischer von einer Selbstbethätigung
der Substanzen spricht, so heißt das, ihre Natur bestehe darin, ihr eigenes
Ich, ihre eigene Individualität, ihre besondere Eigentümlichkeit im
Gegensatz zu anderen Substanzen zu bethätigen, zu behaupten und zur
Geltung zu bringen. Das sind doch zwei völlig verschiedene Sätze.
Freilich kommen in beiden die Worte: „selbst" und „Thätigkeit" vor,
aber das genügt doch noch nicht, um sie einander gleichzusetzen. —
Auch die sich vielfach findenden Ausdrücke: Die Substanzen seien
„kraftthätig", „kräftig" (besonders Fischer spricht öfter von „kräftigen
Substanzen", von einer „kräftigen Individualität" u. dgl. m.) müssen
aufgegeben werden. Sie sind schon an sich selbst höchst fragwürdiger
Natur, und wenn sie überhaupt einen Sinn haben sollen, so ist es nur
in dem Falle möglich, daß wir den bisherigen faschen Begriff der Kraft
zu Grunde legen; sie sind aber sinnlos, wenn man den oben angegebenen Kraftbegriff, wonach die Kraft wesentlich das unveränderliche
Subjekt der Thätigkeit ist, festhält. Auch sagt ja Leibniz niemals und
an keiner Stelle etwas derartiges. Man begreift gar nicht, wie solche
Ausdrücke haben aufkommen und sich einbürgern können, und es würde
sich wirklich der Mühe lohnen, einmal nachzuforschen, wer diese merk-
würdigen Worte und andere ähnliche Dinge zuerst aufgebracht hat.

kein Vermögen und kein Streben, welches der Thätigkeit
der Kraft unveränderlich zu Grunde liegt, sondern nur einzelne im Streben nach Veränderung begriffene Zustände; es
giebt kein dauerndes Subjekt der Veränderung, überhaupt
nichts Beharrendes als die Veränderung selbst; die Kraft ist
beharrend nur in der Veränderung, nur insofern, als sie sich
beharrlich verändert.

Diese Vorstellungen sind nun von alters her überkommen
und allgemein verbreitet. Obwohl man schwerlich einmal
den traditionellen Kraftbegriff einer besondern quellenmäfsigen Prüfung unterworfen hat, ist man dennoch allgemein darüber einig, dafs er richtig sei, und man betrachtet
ihn wie ein Axiom, das keinen Zweifel duldet. Und trotz
alledem ist dieser Begriff grundfalsch und ein blofses Produkt der Überlieferung. Ja, er ist so unvereinbar mit den
Quellen, er steht mit massenhaften Äufserungen des Philosophen in einem so handgreiflichen Widerspruch, dafs überhaupt nur die Ungründlichkeit, mit der das ganze Leibnizische System, wie sich immer mehr zeigen wird,
hergebrachtermafsen behandelt zu werden pflegt, es begreiflich macht, wie eine derartige Lehre sich so lange erhalten konnte.

Allerdings giebt es keine Kraft, aus welcher nicht eine
Thätigkeit, eine Veränderung folgt; aber die Kraft selbst
ist darum doch nicht ein thätiges, sich veränderndes Wesen,
sondern sie ist das unveränderliche Prinzip der
Thätigkeit, der Veränderung. Sie besteht aus dem unveränderlichen Vermögen, welches die gesamte Entwicklung
der Substanz virtuell in sich enthält, verbunden mit der
unveränderlichen Tendenz, dieses Vermögen zu entwickeln;
sie ist, wie wir oben sagten, der bleibende Grund, die permanente Ursache und Quelle aller veränderlichen Handlungen der Substanz, das beharrende Substrat, welches allen
diesen Handlungen zu Grunde liegt, das Subjekt, in welchem
sie sich vollziehen und von welchem sie die Modifikationen sind.

Dafs nun in der That die bisherige Ansicht verfehlt ist,
dafs dem Kraftbegriff die eben ausgesprochene Fassung gegeben werden mufs, das ergiebt sich schon aus einer allgemeinen Überlegung.

Die Kraft ist nämlich nach Leibniz, wie bekannt, identisch mit der Substanz; von dieser mufs daher dasselbe
gelten wie von jener. Ist daher die Kraft etwas Veränderliches, so kann auch der Substanz nichts Unveränderliches
zukommen. Eine Substanz aber, der nichts weiter zukommt, als eine Reihe sich verändernder, ineinander über-
gehender Zustände, in der es kein unveränderliches Substrat der Veränderung giebt, ist ein Widerspruch in sich
selbst. Denn die Veränderung ist eben etwas blofs Modales,
eine reine Modifikation; eine Modifikation aber kann ihrem
Begriffe nach niemals eine Substanz konstituieren, und eine
Substanz kann wesentlich niemals nur in einer Modifikation
bestehen. Ein Wesen vielmehr, in dem nichts weiter wäre
als ein Wechsel von Zuständen, würde nicht länger als
einen Moment, also überhaupt gar nicht existieren können.
Es ist darum auch geradezu unmöglich, sich ein derartiges
Wesen auch nur zu denken, wie man sofort bemerkt, wenn
man nur einmal den ernsthaften Versuch dazu macht, wenn
man es nur einmal unternimmt, sich eine Substanz vorzustellen, deren Thätigkeit es w i r k l i c h an einem unveränderlichen Substrate, an einem bleibenden Subjekte mangelt.
Und wenn man bisher die Leibnizischen Substanzen dennoch
in dieser Weise denken zu können geglaubt hat, so hat
dies seinen Grund lediglich darin, dafs man den Handlungen
derselben (weil nun eben einmal ohnedies platterdings keine
Substanz möglich ist) trotz allem stillschweigend und unbewufst ein unveränderliches Substrat untergeschoben hat,
wovon sich jedermann bei einer näheren Prüfung seiner
Gedanken mit Leichtigkeit überzeugen kann.

Nun aber stehen auch die Quellen im schroffsten Widerspruche zu dieser Auffassung. Das erhellt in e r s t e r
Linie aus den Erörterungen Leibnizens über die Bewegung,

in denen er die Notwendigkeit der Annahme einer aktiven
Kraft nachweist.

Wir haben oben gezeigt, dafs der Philosoph sich in
diesen Erörterungen nicht mit der Frage beschäftigt, was
der Bewegung zu Grunde liegt, wie sie entsteht,
sondern dafs er nach dem Prinzip der Bewegung selbst
fragt und dafs er dieses Prinzip eben in der aktiven Kraft
sieht. Das Prinzip aber der Bewegung selbst, der Veränderung selbst kann unmöglich wieder etwas Veränderliches, sondern nur etwas sein, was sich nicht mehr verändert, also nur etwas Unveränderliches, nur ein Wesen, in
welchem die Bewegung selbst als etwas Unveränderliches
repräsentiert ist. Das ist ein vollkommen unanfechtbarer, ja
selbstverständlicher Satz, und wer ihn nicht zugiebt, der
hat nicht verstanden, was es heifst, die Kraft sei das Prinzip
der Bewegung selbst. So gewifs daher diese Auffassung
die richtige ist, so gewifs ist die Kraft nicht etwas Veränderliches, sondern etwas Unveränderliches.

Allein selbst wenn wir von dieser eigentümlichen Auffassung der Leibnizischen Auseinandersetzungen ganz und
gar absehen, so würde dennoch soviel mit Sicherheit aus
denselben hervorgehen, dafs die herkömmlichen Vorstellungen
über die Natur der Kraft unhaltbar sind. Wenigstens würde
dies unbedingt aus demjenigen Teile dieser Auseinandersetzungen folgen, den wir oben an zweiter Stelle besprochen
haben (vgl. S. 88 f.).

Denn einmal beweist Leibniz, wie wir gesehen haben
(vgl. S. 91), nicht, dafs der Körper an sich eine träge
Masse sei und dafs daher, wenn er sich dennoch bewegt,
verändert und in einem beständigen Streben zur Veränderung begriffen ist, diese Erscheinung nur durch eine Kraft
erklärt werden könne. In diesem Falle würde allerdings
die Kraft in der bisherigen Weise bestimmt werden müssen.
Er beweist auch nicht, wie wir ebenfalls bereits bemerkt
haben (vgl. S. 92 f.), dafs die Bewegung an sich eine blofse
Veränderung, dafs aber diese ohne ein Streben zur Verände-

rung nicht möglich sei, dafs dem Körper also ein solches
Streben zuerkannt werden müsse und dafs dieses Streben mit
der primitiven aktiven Kraft identisch sei. Sondern er setzt
voraus, dafs die Bewegung als solche nicht in einer blofsen
Veränderung bestehe, vielmehr aufser dieser auch noch ein
Streben zur Veränderung einschliefse, welches Streben also
nicht erst abgeleitet werden soll. Er setzt näher voraus,
dafs jeder Zustand des bewegten Körpers die ganze Reihe
seiner zukünftigen Zustände enthalte und zugleich das
Streben habe, in den folgenden Zustand überzugehen, aus
welchem Streben die Veränderung von selbst folge. Und
worum es sich für ihn allein handelt, ist nur der Nachweis,
dafs dieses in der Bewegung sich findende Streben etwas Veränderliches, Accidentelles sei und dafs dasselbe mithin ein
Beharrendes, eine Kraft voraussetze. Verhält es sich aber
so, dann kann diese Kraft unter keinen Umständen selbst
wieder in einem solchen Streben oder in einem Zustande
bestehen, der eine Reihe zukünftiger Zustände einschliefst,
indem er zum folgenden Zustand strebt, wie dies nach den
bisherigen Anschauungen über die Natur der Kraft allerdings
der Fall sein müfste. Denn sonst wäre sie ja eben selbst
nur etwas Accidentelles. Und dementsprechend bezeichnet
der Philosoph ja auch das Streben des bewegten Körpers
als „abgeleitete Kraft" und rechnet diese zu den Phänomenen, während er die Kraft, um die es sich hier handelt,
als die „primitive Kraft" bezeichnet, die er allein als etwas
Wesenhaftes gelten läfst. Daraus ergiebt sich für jedermann klar und handgreiflich, dafs die letztere vollständig
anderer Natur sein mufs als die erstere. Die blofse quellenmäfsig feststehende Thatsache, an der nicht gerüttelt werden
kann, dafs nämlich Leibniz eine „abgeleitete Kraft" kennt und
dafs diese ganz und gar dasselbige ist, was man bisher
unter der primitiven Kraft verstanden hat, macht allein
schon den traditionellen Vorstellungen über diese Dinge
ein Ende.

Dazu kommt noch ein anderes. Die Bewegung, führt nämlich Leibniz aus, ist als Veränderung eine blofse Modifikation; jede Modifikation aber setzt ein Beharrendes voraus, dessen Modifikation sie ist, und dieses Beharrende kann nur in der Kraft gesehen werden. Würde nun die bisherige Begriffsbestimmung der Kraft zutreffend sein, so würde, da ja nach dieser in der Kraft gar nichts Beharrendes ist als die Veränderung selbst, da die Kraft nur insofern beharrt, als sie sich beharrlich verändert (s. S. 108 f.), unter jenem Beharrenden nur ein sich b e h a r r l i c h V e r ä n d e r n d e s verstanden sein können. Dafs aber dies nicht möglich ist, dafs darunter nur das unveränderliche Substrat der Bewegung verstanden sein kann, das ist, man möge jene Sätze deuten wie immer man wolle, unter allen Umständen zweifellos. Denn der Satz, die Bewegung setze, weil sie eine Modifikation sei, ein sich b e h a r r l i c h Veränderndes voraus, dessen Modifikation sie sei, würde unsinnig sein, und die Bewegung, die Veränderung kann nicht die Modifikation eines sich V e r - ä n d e r n d e n sein. Leibniz hätte vielleicht auf ein in der Veränderung Beharrendes schliefsen können, wenn er vorher etwa bemerkt hätte, dafs die Bewegung eine blofse Reihe einzelner Zustände sei, also etwas erfordere, was beharrlich von einem Zustand zum andern übergehe u. dgl.; aber daraus, dafs die Bewegung eine M o d i f i k a t i o n sei, konnte nie und nimmer ein derartiger Schlufs gezogen werden; das ist eine logische Unmöglichkeit, denn die Begriffe der Modifikation und des sich beharrlich Verändernden stehen in gar keiner Beziehung zu einander. Aus der Behauptung, dafs die Bewegung eine Modifikation sei, läfst sich vielmehr schlechterdings nur dies folgern, dafs es ein unveränderliches Substrat geben müsse, welches die einzelnen Zustände der Bewegung in sich schliefst und sich als deren gemeinsamer Grund wandellos erhält, welches also durch die Bewegung in jedem Momente modifiziert, limitiert, restringiert wird. Das folgt einfach aus dem Begriffe der Modifikation; denn jede Modifikation ist eben wesentlich die Modifikation irgend eines bleibenden, unveränderlichen Subjekts.

Und dafs der Philosoph mit jenem Beharrenden nicht ein sich beharrlich veränderndes Wesen, sondern das unveränderliche Substrat der Bewegung, das Vermögen, die Substanz, das Wesenhafte, Substantielle, das Subjekt, die Sache meint, welche durch sie modifiziert wird, das erhellt am besten daraus, dafs er diese letzteren Ausdrücke vollständig identisch mit demjenigen des Beharrenden gebraucht. „Die abgeleiteten Kräfte," sagt er ja (vgl. S. 88 f.), „werden die Modifikationen eines ursprünglichen, wesenhaften, in jeder körperlichen Substanz beharrenden Vermögens sein". „Die accidentellen Kräfte sind die Modifikationen einer substantiellen Sache." Die ` Modi können keine Vollkommenheit besitzen, „die nicht der zu modifizierenden Sache innewohnt. Sonst müfste man fürwahr jene Accidenzien als Substanzen begreifen, als ob sie etwas für sich Bestehendes ausmachen." „Alles Accidentelle mufs die Modifikation irgend eines Wesenhaften oder Beharrenden sein und kann nicht mehr Positives einschliefsen als dasjenige, was modifiziert wird." „Ohne Kraft würde es Modifikationen geben ohne irgend ein modifizierbares substantielles Subjekt, da die Modi die Vollkommenheit des Subjekts nicht überschreiten können." „Die accidentellen Kräfte sind nicht möglich ohne wesentliche Kräfte, denn sie sind nur Limitationen und können nicht mehr Vollkommenheit einschliefsen als die Substanz." Auch zeigt der Vergleich, dessen sich der Philosoph mehrmals bedient, dafs nämlich die Bewegung in ähnlicher Weise eine Modifikation der Kraft sei, wie die Figur eine solche der ausgedehnten Masse ist (ebda.), deutlich seine Meinung. Wie die Masse das Substrat ist, welches durch die Figur limitiert wird, so ist eben auch die Kraft das Substrat, welches durch die Veränderung limitiert wird. Und nicht minder bezeichnend sind folgende Bemerkungen: „Die accidentellen oder veränderlichen Kräfte werden die Modifikationen eines beharrenden Vermögens sein." „Die accidentellen oder veränderlichen thätigen Kräfte sind die

Modifikationen einer substantiellen Sache". „Alles Accidentelle oder Veränderliche muß die Modifikation eines
Beharrenden sein" (ebda.). Denn der Gegensatz, in den
hier das Beharrende, die primitive Kraft zu den veränderlichen Kräften gebracht wird, erfordert unbedingt,
daß jene eben nicht eine veränderliche, also eine unveränderliche Kraft sei.

So leuchtet aus jedem der bezüglichen Sätze die Unhaltbarkeit der traditionellen Anschauungen ein, und den
möchten wir in der That sehen, der imstande wäre, diese
Anschauungen in einer auch nur halbwegs befriedigenden
Weise mit denselben zu vereinigen.

Ebendies ergiebt sich aber sodann auch noch aus
einer ganzen Reihe sonstiger Äußerungen Leibnizens.

So sagt er: „Es scheint Ihnen, daß die Kraft nicht das
Wesen einer Substanz bilden kann. Das kommt ohne
Zweifel daher, weil Sie von den veränderlichen Kräften
sprechen. Anstatt daß ich unter der primitiven Kraft das
Prinzip der Handlung verstehe, von welchem die veränderlichen Kräfte nur Modifikationen sind" (3, 356). „Die
Bewegung ist nicht die Ursache, sondern der Effekt oder
das Resultat der Kraft; auch ist die Bewegung nicht mehr
ein Wesen als die Zeit, da ihre Teile nicht coexistieren"
(successiv sind) „und folglich niemals existieren. Aber die Kraft
ist beharrend und kann dauern" (457, 4; vgl. auch 227 E.
u. 260). „Die Kraft ist ein Attribut, aus welchem die Veränderung folgt, deren Subjekt die Substanz selbst ist"
(2, 170; ebenso wird die Kraft S. 183 u. 186 als Subjekt
der Veränderung bezeichnet). „Wenn Gott in den Dingen
nicht die Prinzipien der Veränderungen produziert hat, so
hat er überhaupt nichts Dauerndes und kein Subjekt der
Veränderung produziert" (259; auch 262 g. E.). „Die
Kräfte sind nichts Substantielles, sondern etwas der Substanz
Anhaftendes, falls man darunter die veränderlichen
Kräfte versteht; aber wenn die Kraft für das Prinzip der
Handlung und des Leidens genommen wird, welches also

8 *

durch die abgeleiteten Kräfte oder das, was in der Handlung momentan ist, modifiziert wird", so ist dies nicht der Fall (269). „Die bewegende Kraft ist eine Limitation oder accidentelle Variation der primitiven Kraft" (4, 473) u. a. Überhaupt werden allgemein die abgeleiteten Kräfte als Modifikationen der ursprünglichen Kräfte bezeichnet.

Wenn Leibniz hier, wie oben, die Kraft in ausdrücklichen Gegensatz zu den veränderlichen Kräften stellt und davor warnt, sie mit diesen zu verwechseln, so hat auch dies schlechterdings nur dann Sinn, wenn die Kraft etwas Unveränderliches ist. Wenn er weiter bemerkt, dafs die Bewegung kein Wesen sei, weil ihre Teile successiv sind, und dann hinzufügt: „Aber die Kraft ist beharrend und kann dauern", so kann wiederum unter diesen letzteren Worten absolut nur dies verstanden sein, dafs die Kraft nicht successiv, also unveränderlich sei, wie dies auch die Worte an sich selbst deutlich genug besagen. Wenn er weiter sehen läfst, dafs die Kraft wesentlich das Subjekt der Veränderung sei, so kann sie unmöglich selbst etwas Veränderliches, sondern nur das unveränderliche Substrat der Veränderung sein, was mit der gröfsten Evidenz auch daraus hervorgeht, dafs er den Ausdruck des „Subjekts" und denjenigen des „Dauernden" als unmittelbar identisch nebeneinander stellt. Wenn er endlich auch hier und überhaupt überall die abgeleiteten Kräfte und die Bewegung als Modifikationen der primitiven Kraft bezeichnet, so ergiebt sich daraus, wie vorher gezeigt wurde, dafs die letztere das bleibende Substrat der Bewegung sein mufs.

Ferner müssen folgende Sätze hervorgehoben werden, in denen der Philosoph die Kraft als das Gesetz oder gar als das beharrende Gesetz der Substanz bezeichnet.

„In die aktive Kraft," lesen wir, „setze ich die Entelechie und sozusagen etwas der Seele Analoges, dessen Natur in dem beharrenden Gesetz einer und derselben Reihe von Veränderungen besteht" (2, 171, ebso. 172). „Das Beharrende selbst, insofern es alle einzelnen Fälle (der Veränderung) in sich schliefst, hat eine primitive Kraft, sodafs

die primitive Kraft das Gesetz der Reihe, die abgeleitete
Kraft gleichsam eine Bestimmung ist, welche einen bestimmten Punkt der Reihe bezeichnet" (262; ebso. 258).
„In den Dingen ist nichts Permanentes, als das Gesetz
selbst, welches die ganze Folge (ihrer Zustände) enthält"
(263 u. gleich danach ähnlich). „Die Identität der Substanz
zu verschiedenen Zeiten wird daran erkannt, daſs ein und
dasselbe Gesetz der Reihe beharrt, welches in uns die Meinung hervorruft, daſs ein und dasselbe Subjekt sich ändere.
Daſs ein bestimmtes Gesetz in der Substanz beharrt, welches
die künftigen Zustände derselben einschlieſst, dies konstituiert eben die Identität derselben" (264). Daſs in den
beiden letzteren Sätzen unter dem „Gesetz" die aktive Kraft
verstanden ist, folgt aus dem Zusammenhang, in dem sie
stehen. Von einem solchen Gesetz spricht übrigens Leibniz
öfter, z. B. 4, 518, 523, 548, 553. 573; 2, 136; 6, 289;
3. 58 u. a.

Daſs auch diese Äuſserungen mit der bisherigen Ansicht
von dem Wesen der Kraft nicht in Einklang zu bringen
sind, ist einleuchtend; denn nach dieser würde zwar die
Kraft nach einem bestimmten Gesetze thätig sein, aber dieses
Gesetz würde nicht etwas selbständig Existierendes und Beharrendes und noch viel weniger mit der Kraft selbst identisch
sein. Dagegen werden sie sofort sonnenklar, sobald man die
Kraft als das unveränderliche Prinzip der Handlungen der Substanz nimmt, welches ihnen allen beharrlich zu Grunde liegt
und aus welchem sie allesamt hervorflieſsen. Dann bildet die
Kraft in der That das Gesetz, das beharrende Gesetz für
die ganze Reihe der Veränderungen der Substanz und ist
dieses Gesetz das einzig Beharrende in der Substanz, dasjenige, durch welches die Identität der letzteren zu verschiedenen Zeiten konstituiert wird.

Von entscheidender Bedeutung sind weiterhin einige
andere Stellen.

Die Kraft soll nach der Tradition ein thätiges Wesen
sein. In diesem Wesen giebt es nichts weiter als eine Reihe

von Zuständen, von denen jeder gegenwärtige alle künftigen
in sich trägt und das Bestreben hat, in den nächstfolgenden
Zustand überzugehen. Wir können daher die Kraft auch
als den gegenwärtigen Zustand der Substanz, in dem er
zum folgenden strebt, oder als einen im Streben nach
Veränderung begriffenen Zustand bezeichnen (eine Bezeichnung, die Leibniz, wie wir sahen, für die abgeleitete
Kraft braucht). Damit stehen nun aber alle diejenigen
Sätze in unauflöslichem Widerspruche, in welchen Leibniz
erklärt, dafs die Kraft nicht ein reines Vermögen sei. Denn
nach diesen ist die Kraft nicht ein im Streben nach Veränderung begriffener Zustand, sondern sie ist ein Vermögen,
mit welchem ein Streben zur Handlung verbunden ist, besteht aus einem Vermögen und einem Streben, dasselbe zu
entwickeln. Dafs dies zweierlei Dinge sind, Dinge, die zu
einer vollkommen verschiedenen Vorstellung von
dem Wesen der Kraft führen, braucht wohl nicht erst gesagt
zu werden. Ein die zukünftigen Zustände in sich enthal-
tender Zustand, in dem er zum folgenden strebt, ist keineswegs ein Vermögen und ein Streben, er ist überhaupt kein
Vermögen, sondern eben ein zum folgenden hinstrebender
Zustand. Und ein Vermögen, mit welchem ein Streben
verbunden ist, ist und bleibt eben ein Vermögen und nicht
ein zum folgenden hinstrebender Zustand. Jenes ist, als
Vermögen, wesentlich etwas Unveränderliches, während
dieser etwas Veränderliches ist.

„Die aktive Kraft," sagt nämlich Leibniz, „darf nicht
begriffen werden als das einfache Vermögen der Scholastiker
oder eine Fähigkeit zur Handlung, sie schliefst vielmehr ein
Streben zur Handlung ein, sodafs die Handlung von selbst
daraus folgt. Und darin besteht eigentlich die Entelechie;
denn ein solches Vermögen schliefst den Akt ein und besteht nicht in der nackten Fähigkeit" (4, 395). „Die aktive
Kraft unterscheidet sich von dem nackten Vermögen der
Scholastiker dadurch, dafs die aktive Kraft der letzteren
oder die Fähigkeit nichts anderes ist als die nahe Möglich-

keit zu handeln, welche jedoch der äußeren Anregung bedarf, um zur Handlung überzugehen. Aber die aktive Kraft
enthält eine Entelechie und schließt ein Streben ein und
geht also durch sich selbst zur Handlung über" (469).
„Unter der Kraft verstehe ich nicht das Vermögen oder die
einfache Fähigkeit, welche nur eine nahe Möglichkeit zum
Handeln ist und welche niemals eine Handlung produziert,
ohne von außen angeregt zu werden, sondern ich verstehe
darunter eine Mitte zwischen Vermögen und Handlung,
welche ein Streben einschließt; denn die Kraft geht durch
sich selbst zur Thätigkeit über" (472). „Die primitive Kraft
enthält nicht bloß den Akt oder das Komplement der Möglichkeit, sondern auch eine originale Aktivität" (479). „Die
Fähigkeiten ohne irgend welchen Akt, mit einem Worte
die reinen Vermögen der Schule sind nur Fiktionen. Denn
wo wird man je in der Welt eine Fähigkeit finden, welche
sich allein auf das Vermögen beschränkt und nicht noch
irgend eine Handlung ausübt? Es giebt stets eine besondere Disposition zur Handlung, und außer der Disposition
giebt es eine Tendenz zur Handlung u. s. w." (5, 100;
vgl. auch 102 u. 128). „Die aktive Kraft wird zuweilen
in einem vollkommneren Sinne genommen, wenn außer der
einfachen Fähigkeit noch ein Streben vorhanden ist. Man
wird sie speziell mit dem Wort „Kraft" bezeichnen können"
(155). „Die Kraft verstehe ich in dem weiteren Sinne, in
welchem die Tendenz mit der Fähigkeit verbunden ist" (158).
„Wenn die Kraft für die Quelle der Handlung genommen
wird, so sagt sie etwas mehr als eine Geschicklichkeit oder
Fähigkeit; denn sie schließt noch die Tendenz ein" (200).
„Die Kräfte, welche nicht nur eine Geschicklichkeit, sondern
auch noch eine bestimmte Tendenz einschließen, sind das,
was man unter den reellen Qualitäten verstehen muß" (210).
Ebso. 2, 295, 307 u. a.

In allen diesen Sätzen will nun Leibniz, wie man sieht,
keineswegs zeigen, daß die Kraft nicht ein Vermögen,
sondern ein im Streben nach Veränderung begriffener Zu-

stand sei, sondern dafs sie allerdings ein Vermögen sei und
bleibe, wiewohl sie nicht ein blofses Vermögen sei,
sondern aufser diesem auch noch ein Streben in sich begreife, dasselbe zu verwirklichen. Schon der fast an diesen
sämtlichen Stellen sich wiederholende Ausdruck, die Kraft
schliefse ein Streben zur Handlung ein, enthalte ein
solches und dergleichen, zeigen sonnenklar, dafs die Kraft
noch etwas Selbständiges aufser und neben dem Streben
ist, nämlich das Vermögen, welches das Streben einschliefst,
enthält, dafs sie ein Vermögen und ein Streben ist. Wenn
ferner Leibniz ebenfalls fast durchweg sagt, die Kraft sei
nicht ein blofses, einfaches, reines Vermögen u. dgl.,
so liegt darin, dafs sie allerdings zunächst ein Vermögen ist,
wenn sie auch überdies noch ein Streben hat, dasselbe zu
entwickeln. Unwidersprechlich geht dies aber aus Wendungen
wie diesen hervor: „Die Fähigkeiten ohne Akt seien Fiktionen", die Kraft „sei mehr als eine Fähigkeit, sie schliefse
noch die Tendenz ein", „sie sei nicht nur eine Fähigkeit, sondern enthalte auch noch eine Tendenz". „sie
beschränke sich nicht auf das Vermögen, sondern übe
noch eine Handlung aus". es sei in ihr „aufser der einfachen Fähigkeit noch ein Streben vorhanden", „die Tendenz sei mit der Fähigkeit verbunden" u. dgl. Alle diese
Bemerkungen sind so unzweideutig, dafs ein Zweifel an der
Meinung Leibnizens völlig ausgeschlossen ist.

Noch deutlicher tritt dieselbe in folgenden Sätzen hervor: „Aristoteles hat der Seele den Namen Entelechie oder
Akt gegeben. Und zwar begreift er, dafs es zwei Arten
von Akten giebt, den permanenten Akt und den successiven
Akt. Der permanente oder dauernde Akt ist nichts anderes
als die substantielle Form: denn die substantielle Form wie
die Seele ist, wenigstens nach mir, ganz und gar permanent.
Aber der durchaus veränderliche" (d. i. also der successive)
„Akt, dessen Natur vorübergehend ist, besteht in der Handlung selbst. Ich habe anderswo gezeigt, dafs der Begriff
der Entelechie keineswegs zu verachten ist und dafs sie,

obwohl sie permanent ist, nicht blofs eine einfache Fähigkeit,
sondern auch ein Streben mit sich bringt, aus welchem die
Handlung von selbst folgen mufs, wenn nichts hindert. Die
Kraft, welche nicht die primitive, sondern die abgeleitete
ist, ist eine Qualität, welche von der Substanz unterschieden
und trennbar ist. Ich habe auch gezeigt, dafs die Seele
eine primitive Kraft ist, welche durch die abgeleitete modifiziert und variiert wird und welche sich in den Handlungen bethätigt" (6. 149 f.). Eine deutlichere Erklärung
kann man nicht verlangen. Die Kraft ist also ein „perma-
nenter oder dauernder Akt", ist „ganz und gar permanent".
Dafs dies nur bedeuten kann, sie sei ein unveränderlicher
Akt, etwas Unveränderliches, ist unmittelbar klar: ein per-
manenter oder dauernder Akt kann nichts anderes sein, als
ein unveränderlicher Akt. Über allen Zweifel gewifs wird dies
aber auch dadurch, dafs diesem „permanenten Akt" der „veränderliche, successive Akt," die „Handlung" gegenübergestellt
und von jenem unterschieden und getrennt wird. Wenn der
Philosoph dann weiter bemerkt, dafs, obwohl die Entelechie
permanent sei, dennoch eine Handlung aus ihr folge, so
nötigt auch hier wieder das Wort „permanent" sowohl an und
für sich als auch durch den Gegensatz, indem es zu der Handlung, also zu der Veränderung steht, zu demselben Schlusse.
Dafs, endlich hier ebenso wie anderswo gesagt wird, die
Kraft sei nicht blofs eine einfache Fähigkeit, sondern
bringe auch ein Streben mit sich, und dafs die abgeleitete
Kraft als eine Modifikation und Variation der primitiven
Kraft bezeichnet wird, darauf brauchen wir nicht mehr besonders hinzuweisen.

Von hervorragendem Interesse für diese ganze Materie
ist ferner die hauptsächlich gegen den Altorfer Professor
Chr. Sturm gerichtete Abhandlung: „De ipsa natura seu de
vi insita notionibusque creaturarum etc.", die wir deshalb
gesondert in Betracht ziehen müssen. Der Philosoph behandelt hier nämlich die beiden Fragen, worin die Natur
der Dinge bestehe und ob denselben eine eigene Thätig-

keit zukomme. Was zunächst die erstere betrifft, so bekämpft er vor allem die Ansicht Sturms, als ob die Veränderungen der Dinge allein daraus erklärt werden können,
dafs Gott denselben zu Anfang ein Gesetz, in bestimmter
Weise zu handeln, vorgeschrieben habe. „Diese Erklärung,"
sagt er, „genügt nicht. Denn ich frage, ob dieses göttliche
Gesetz den Dingen nur äufserlich geblieben ist oder ob es
einen in den Dingen selbst fortdauernden Eindruck oder ein
ihnen eingepflanztes Gesetz mit sich gebracht hat, aus
welchem die Handlungen und Leiden hervorgehen. Denn
jener vergangene Befehl kann, da er jetzt nicht existiert,
jetzt auch keine Wirkung haben, wenn er nicht damals
irgend einen beharrenden Effekt hinterlassen hat, welcher
jetzt noch dauert. Daher genügt es nicht, zu sagen, Gott
habe zu Anfang gewollt, dafs die Dinge ein bestimmtes
Gesetz ihrer Entwicklung beobachten, wenn nicht ein dauernder Effekt in ihnen erzeugt worden ist. Wenn aber das
Gesetz Gottes irgend eine Spur in den Dingen hinterlassen
hat, so mufs zugegeben werden, dafs ihnen eine gewisse
Kraft beigegeben worden sei, aus welcher die Reihe der
Phänomene nach Vorschrift des ersten Befehls hervorgeht."
Wollte man nun aber sagen, dafs der Befehl Gottes keinen
dauernden Effekt gehabt, also keine dauernde Kraft in ihnen
hervorgebracht habe, so würde es unbegreiflich sein, dafs
es überhaupt bleibende Dinge giebt. Denn da die Substanz
der Dinge in der Kraft zu handeln und zu leiden besteht, „so
folgt, dafs nicht einmal dauernde Dinge produziert werden
können, wenn ihnen keine permanente Kraft durch Gott
eingeprägt werden kann. Dann würde keine Substanz eine
und dieselbe bleiben, und alle Dinge würden nur die flüch-
tigen Modifikationen der einen beharrenden, göttlichen
Substanz sein" (4, 508 f.). Gott soll also in den Dingen
„einen in ihnen fortdauernden Eindruck" oder „ein ihnen
eingepflanztes Gesetz", einen „beharrenden Effekt, welcher
jetzt noch dauert", „einen dauernden Effekt" erzeugt haben,
welcher Effekt eben die Kraft sein soll. Dafs unter diesem

Effekt nur ein unveränderliches Prinzip der Handlungen der Dinge verstanden sein kann, zeigen die Worte mit hinreichender Deutlichkeit. Insbesondere sind die Schlußsätze hierfür vollkommen überzeugend. Denn dieser Effekt, die Kraft soll ja eben dasjenige sein, vermöge dessen die Substanz eine und dieselbe bleibt und die Dinge nicht blofs flüchtige Modifikationen, nicht blofs vorübergehend, successiv sind, woraus also folgt, dafs die Kraft selbst nicht vorübergehend, mithin keinem Wechsel unterworfen ist. Leibniz wendet sich alsdann zu der anderen Frage, ob nämlich die Kreaturen im eigentlichen Sinne handeln. „Diese Frage kommt freilich, wenn wir einmal einsehen, dafs die den Dingen eingepflanzte Natur sich nicht von der Kraft zu handeln und zu leiden unterscheidet, auf die vorige zurück. Denn eine Handlung kann ohne eine Kraft zu handeln nicht bestehen. und wiederum ist es ein nichtiges Vermögen, welches sich niemals bethätigen kann. Weil jedoch die Handlung und die Kraft zwei verschiedene Dinge sind, jene successiv, diese permanent, so wollen wir doch auch in betreff der Handlung näher zusehen" (507). Hier liegt es also klar zu Tage: Die Kraft ist so wenig ihrem Begriffe nach ein thätiges Wesen, dafs vielmehr die Kraft und die Thätigkeit auf das strengste voneinander unterschieden werden müssen: diese ist etwas Successives, jene etwas Permanentes, welcher letztere Ausdruck schlechterdings nur bedeuten kann, dafs die Kraft etwas nicht Successives. also etwas Unveränderliches ist; eine andere Auffassung ist unmöglich. Der Philosoph äufsert sich nun zunächst über die Behauptung Sturms, dafs die Dinge nicht eigentlich aus sich selbst heraus handeln. „Soweit ich den Begriff der Handlung verstehe," sagt er nämlich, „folgt aus demselben, dafs die Handlungen einem Subjekte angehören (actiones esse suppositorum), und dies ist so wahr, dafs man es auch umkehren kann, dergestalt, dafs nicht blofs alles, was handelt, eine besondere Substanz ist, sondern dafs auch jede besondere Substanz ununterbrochen handelt" (509). Wie es vor-

her hiefs. dafs die Handlung eine beharrende Kraft voraussetze. so wird hier gesagt, dafs dieselbe nicht ohne ein Subjekt
denkbar sei; dies Subjekt ist daher natürlich mit der Kraft
identisch. und so erhellt auch hieraus, dafs die letztere von
der Handlung verschieden, das ihr zu Grunde liegende Substrat ist. Hierauf geht der Philosoph auf die Lehre der
Occasionalisten ein. wonach nicht die Dinge. sondern Gott
handle, und er widerlegt dieselbe mit dem Hinweis auf
die Thatsache des menschlichen Denkens sowie der Bewegung der Materie. In Anknüpfung hieran bespricht er den
Einwand Sturms, dafs die Materie ihrer eigenen Natur nach
nicht mit einer aktiven bewegenden Kraft begabt sein könne,
da sie etwas wesentlich Passives sei. Er entkräftet denselben mit der Bemerkung, „dafs die zweite Materie zwar
eine vollständige, aber nicht eine rein passive, die erste
Materie dagegen zwar eine rein passive, aber keine vollständige Substanz sei und dafs also zu derselben eine Seele
oder eine Entelechie hinzutreten müsse, d. h. eine primitive
Kraft zu handeln, welche eben das eingepflanzte Gesetz sei,
das den Dingen durch das göttliche Dekret eingeprägt wurde".
„Diese Meinung," fährt er dann fort, „wird Sturm, wie ich
glaube. nicht zurückweisen, da er noch kürzlich den Satz
verteidigte, dafs der Körper aus Materie und Geist bestehe, vorausgesetzt nur, dafs der Geist blofs als Form und
nicht als einfache Modifikation, sondern als etwas Konstitutives, Substantielles und Beharrendes gefafst wird, was ich
als Monade zu bezeichnen pflege" (512). Auch hier wird
daher die Kraft wieder das „Gesetz" der Substanzen und
„etwas Konstitutives, Substantielles und Beharrendes",
d. h. etwas Unveränderliches genannt. Nach einigen sonstigen Auseinandersetzungen kommt dann Leibniz wieder auf
den Occasionalismus zurück. von dem er sagt, dafs er Gott
zur Natur der Dinge mache. „da das, was nicht handelt,
was der aktiven Kraft entbehrt, was jeder Grundlage zu
beharren beraubt wird. keine Substanz sein kann" (515).
Auch der Sinn dieser Worte kann nicht zweifelhaft sein.

Der Schluſs der Abhandlung hat kein Interesse mehr für uns.

Endlich müssen wir noch e i n e s erwähnen. Nach den bisherigen Vorstellungen giebt es in der Kraft nichts Unveränderliches, sondern nur eine Reihe wechselnder Zustände, deren jeder alle zukünftigen Zustände involviert und zugleich in den nächsten Zustand überzugehen und damit zu verschwinden bestrebt ist. Von diesen Zuständen würde daher jeder einzelne zwar alle diejenigen, welche ihm folgen, alle zukünftigen, aber er würde keineswegs auch diejenigen, aus welchen er selbst hervorgegangen ist, die vergangenen, in sich schlieſsen. Der ursprüngliche Zustand würde allerdings die g e s a m t e Thätigkeit der Kraft, alle folgenden aber würden immer nur einen beschränkten Teil dieser Thätigkeit, nämlich nur denjenigen, der vor ihnen, nicht aber auch denjenigen, der hinter ihnen liegt, in sich tragen. Ein dritter Beobachter würde freilich aus jedem Zustande auch auf die diesem vorangegangenen, die vergangenen Zustände schlieſsen und sich also ein Bild von der g e s a m t e n Thätigkeit der Kraft machen können, ebenso wie wir ja auch zuweilen aus einem einzelnen Zustande des bewegten Körpers auf den Weg, den er bis dahin zurückgelegt hat, schlieſsen können. Aber jener Zustand selbst würde doch nicht die vergangenen, sondern nur die zukünftigen Zustände der Kraft einschlieſsen.

Dies würde indessen den Angaben Leibnizens über die Thätigkeit der Monaden schnurstracks widersprechen. Denn Leibnizens Ansicht ist keineswegs die, daſs nur ein dritter Beobachter jederzeit aus dem gegenwärtigen Zustande der Monaden auf ihre Vergangenheit schlieſsen könne, sondern die, daſs sie selbst jederzeit ihre Vergangenheit, ebenso wie ihre Zukunft in sich enthalten. Er bemerkt allerdings öfter, daſs nur jemand, der allwissend wäre, wie Gott, in den Monaden ihre gesamte Vergangenheit lesen könnte u. dgl. Allein dies sagt er nicht deshalb, weil diese Vergangenheit nur durch einen sehr komplizierten Schluſs aus dem jewei-

ligen Zustande der Monaden entziffert werden kann, nicht
in diesem selbst eingeschlossen ist, sondern deshalb, weil
die Monaden als endliche Wesen immer nur eine verworrene
Vorstellung von dem haben können, was in ihnen enthalten
ist. Dies folgt mit Sicherheit daraus, dafs er durchgängig
erklärt, die Monaden repräsentieren ihre Vergangenheit, sie drücken dieselbe aus, stellen sie, wiewohl
nur konfus, vor (Belege vgl. weiter unten). Die Vergangenheit der Monaden mufs also nicht erst künstlich aus
ihrem jedesmaligen Zustande erschlossen werden, sondern
die Monade enthält ihre Vergangenheit selbst in sich, repräsentiert dieselbe, stellt sie in jedem Momente vor, genau in
derselben Weise, wie ihre Zukunft. Diese Thatsache ist
aber, wie man sieht, gänzlich unvereinbar mit dem bisherigen Kraftbegriff und läfst sich nur dann erklären, wenn
die Kraft das unveränderliche Vermögen ist, welches die
gesamte vergangene, gegenwärtige und zukünftige Thätigkeit im Keime in sich trägt und dauernd repräsentiert.

Es liefsen sich nun noch manche Äufserungen Leibnizens
zur Widerlegung der traditionellen und zur Erhärtung der
von uns ausgesprochenen Ansicht über das Wesen der Kraft
anführen. Ja, schon die gewöhnlichsten Wendungen des
Philosophen, wie diese, dafs die Kraft das Prinzip, der
Grund, die Quelle der Thätigkeit sei, diese aus jener folge
u. dgl. m., würden wir hierfür herbeiziehen können. Denn
da ja nach der bisherigen Lehre die Kraft wesentlich etwas
Thätiges sein soll, so würde die Kraft so wenig das
Prinzip der Thätigkeit sein, dafs sie vielmehr erst durch
diese konstituiert würde. Indessen dürfen wir hiervon absehen.

Nur auf einen Punkt müssen wir noch kurz hindeuten,
weil derselbe eine ganz besonders eklatante Bestätigung
unserer Auffassung ergiebt und auch in sonstiger Hinsicht
von grofsem Interesse ist.

Da nämlich nach Leibniz die Substanz in der Kraft
besteht, so werden wir vermuten können, dafs von der Natur

der ersteren analoge Sätze gelten wie von derjenigen der
letzteren. Dies ist nun auch in überraschendem Maße der
Fall. Der Philosoph sagt allerdings auch von der Substanz,
daß sie stets eine Thätigkeit ausübe, daß immer eine Veränderung in ihr stattfinde (z. B. 4, 466 f., 472 f., 478, 482,
485, 495 (14); 589 f., 594; 5, 58; 3, 66, 567; 7, 326 u. a.).
Aber daraus folgt nicht, daß die Substanz selbst in einer
veränderlichen Thätigkeit bestehe. Vielmehr versteht Leibniz
überall unter der Substanz die unveränderliche, dauernde,
beharrende Realität, welche die gesamten zeitlichen Thätigkeiten derselben in sich schließt und zu denen sie sich verhält wie das Subjekt oder Substrat zu seinen Modifikationen.
Und von diesem Gesichtspunkt aus unterscheidet er durchgängig zwischen der Substanz und ihren Handlungen,
Modifikationen oder Accidenzien. Aus der großen Menge
der Belegstellen wollen wir nur einige der markantesten
citieren:

„Die Modi," heißt es, „sind v e r ä n d e r l i c h , aber die
Substanzen b e h a r r e n , und es muß eine Definition der
Substanz gesucht werden, durch welche sie von den Modis
unterschieden wird" (2, 221). „Die Modifikationen, welche
einem Subjekt zukommen können, müssen aus den Limitationen einer k o n s t a n t e n und absolut originalen Natur
kommen. In dieser Weise unterscheidet man bei den Philosophen die Modi eines absoluten Wesens von diesem Wesen
selbst u. s. w." (5, 59; auch 58). „Die Handlung der Substanz ist eine Modifikation derselben, welche eine Variation
in den Vollkommenheiten und Schranken der Kreatur einschließt. Dies läßt auch sehen, daß es einen reellen Unterschied zwischen der Substanz und ihren Modifikationen oder
Accidenzien giebt" (6, 121; auch 119). „Spinoza geht so
weit, daß er den Kreaturen die Handlung abspricht: er erkennt
sogar keinen reellen Unterschied zwischen den Accidenzien
und der Substanz an" (342; auch 340, 346, 347). „Wenn die
Accidenzien nicht von der Substanz unterschieden sind, wenn
die geschaffene Substanz ein successives Wesen ist, wie die

Bewegung, wenn sie nicht länger als einen Moment dauert und nicht mehr denn ihre Accidenzien sich irgend eine Zeit hindurch als eine und dieselbe findet, wenn sie nicht mehr handelt als eine mathematische Figur oder Zahl: warum soll man dann nicht mit Spinoza sagen, daſs Gott die einzige Substanz ist und daſs die Kreaturen nur Accidenzien oder Modifikationen sind? Bisher hat man immer geglaubt, daſs die Substanz bleibt und daſs die Accidenzien wechseln, und ich denke, man muſs es bei dieser alten Lehre lassen" (350 f.). Ich begreife die Qualitäten oder die abgeleiteten Kräfte oder das, was man accidentelle Formen nennt, als die Modifikationen der primitiven Entelechieen, ebenso wie die Figuren die Modifikationen der Materie sind. Deshalb sind diese Modifikationen in einer beständigen Verände-rung, während die einfache Substanz bleibt" (352). Vgl. ferner 2, 233, 276, 281 Anm.; 4, 364, 432 g. E., 495 (9), 584 E.; 3, 245, 307, 472, 474, 575; 6, 582—584, 590, 607 (7) u. a.

Insbesondere müssen auch noch die hierher gehörigen Stellen aus dem Briefwechsel Leibnizens mit Des Bosses erwähnt werden. In Anknüpfung an das in demselben be-handelte Problem von der Möglichkeit der Transsubstantia-tion spricht sich nämlich der Philosoph hier über die Natur des Accidens und des Modus eingehender aus. Und auch aus diesen Auslassungen geht mit voller Sicherheit hervor, daſs Leibniz sehr scharf zwischen der Substanz und ihren Modifikationen unterscheidet und daſs er unter der ersteren das Subjekt, das unveränderliche Subjekt irgendwelcher Veränderungen oder Accidenzien begreift. Um nur zwei Beispiele zu citieren, so sagt er: „Die einfache Substanz ist beharrlich, das Accidenz ist das, was entsteht oder aufhört, während die Substanz bleibt" (2, 459). „Die Accidenzien des Zusammengesetzten müssen die Modifika-tionen der Seele sein; diese sind zwar vorübergehend, aber die zusammengesetzte Substanz selbst dauert, ebenso wie die herrschende Monas" (486). Vgl. ferner 457—459, 475, 495 f., 503 f, 516 u. 518.

Es giebt aber noch eine beträchtliche Reihe anderweitiger Belege in derselben Richtung. So ist das, was Leibniz über den Begriff der individuellen Substanz bemerkt, ohne diese Thatsachen gar nicht zu verstehen, wie wir später sehen werden. Wenn der Philosoph ferner sagt, die Monade oder die Seele sei das „Prinzip", „die Grundlage", „die Quelle" ihrer Handlungen und Phänomene (z. B. 2, 172; ebso. 184, 278; 4, 544, 560, 588; 3, 636; 6, 290, 296, 308 u. a.) u. dgl., so liegt darin, dafs die Substanz etwas anderes ist als ihre Handlungen. Wenn er endlich überall von der Natur der Substanzen spricht, wenn es heifst, dafs die Veränderungen derselben aus ihrer Natur oder ihrem eigenen Grunde folgen, dafs sie kraft ihrer Natur miteinander übereinstimmen, dafs Gott den Substanzen ihre Natur oder ihr Wesen gegeben habe u. s. w., so kann mit dieser Natur nur das Beharrende, welches die ganze Reihe der Zustände der Substanz in sich schliefst, gemeint sein. Da aber die Natur der Substanz von dieser selbst nicht verschieden sein kann, so folgt unmittelbar, dafs die Substanz eben in jenem Beharrenden bestehe. Es verhält sich hier mit der Substanz ebenso, wie oben mit der Kraft. Die gebräuchlichsten, fast auf jeder Seite der Quellen wiederkehrenden Ausdrücke haben unsere Begriffsbestimmung der Kraft und der Substanz zur Voraussetzung.

In den bisherigen Erörterungen war es uns nun blofs um den Erweis der allgemeinen These zu thun, dafs die Kraft nicht als etwas Thätiges, sich Veränderndes, sondern als das unveränderliche Prinzip der Thätigkeit, als das beharrliche Substrat der Veränderung bestimmt werden müsse. Dafs dieser Beweis erbracht ist, dürfte wohl angesichts des erdrückenden Materials, das wir vorführten, niemand mehr in Abrede stellen. Nun aber wollen wir noch im besonderen zeigen, dafs auch das der Kraft eigene Streben nicht in der Art gedacht werden kann, wie es bisher üblich war. An sich brauchten wir uns freilich dieser

Mühe gar nicht mehr zu unterziehen. Denn wenn erwiesen
ist, dafs die bisherigen Vorstellungen über das allgemeine
Wesen der Kraft aufgegeben werden müssen, so liegt es auf
der Hand, dafs auch diejenigen über das Streben der Kraft
eine entsprechende Änderung erleiden müssen. Da indessen
dieser Punkt von aufserordentlicher Bedeutung für das
Leibnizische System ist, da überdies zu erwarten steht, dafs
man gerade unsere diesbezüglichen Aufstellungen, die der
ganzen traditionellen Auffassung der praktischen Lehren des
Philosophen ein jähes Ende bereiten, besonderen Widerstand
entgegensetzen wird, so müssen wir uns doch noch etwas
näher mit dieser Sache befassen.

Da man nämlich unter der Kraft ein thätiges, sich
veränderndes Wesen zu verstehen pflegt, ein Wesen, in
dem jeder gegenwärtige Zustand in einem Streben zum
folgenden begriffen ist, so ist die Tendenz der Kraft nach
der herkömmlichen Ansicht darauf gerichtet, aus jedem vorhergehenden Zustande in den aus diesem resultierenden künftigen Zustand überzugehen, und deshalb ist sie auch ebenso
veränderlich wie diese Zustände selbst. Das Streben der
Kraft ist daher vollständig analog dem Streben des bewegten
Körpers und gleich diesem etwas wesentlich Veränderliches,
wie denn überhaupt die Entwicklung der Substanz nach der
Tradition in jeder Beziehung sich durchaus mit dem Verlaufe
körperlicher Bewegungen deckt. Allein wie die bisherige
Ansicht von dem Wesen der Kraft falsch ist, so ist auch
diejenige über die Natur des ihr zukommenden Strebens
verfehlt. Dieses Streben ist ein gänzlich anderes als das
mechanische des bewegten Körpers; es mufs als ein Begehren gedacht werden (vgl. über dies alles S. 102 ff.).

Freilich gebraucht der Philosoph an denjenigen Stellen,
an welchen er ausführt, dafs die Kraft nicht ein blofses
Vermögen sei, sondern auch ein Streben zur Entwicklung
desselben besitze, für dieses letztere dieselben Ausdrücke,
wie für das entsprechende Prinzip in der Bewegung (tendentia, conatus, nisus u. a.) Aber man darf daraus durchaus

nicht schliefsen, dafs es diesem gleich sei. Jene Ausdrücke
haben hier offenbar einen allgemeineren Sinn und bedeuten
nur ein Streben überhaupt, das als solches ebensowohl ein
Begehren, wie ein mechanisches Streben bezeichnen kann;
nennt doch Leibniz selbst häufig das menschliche Begehren
ein „tendere" u. dgl. Ja, einigemal vergleicht der Philosoph in diesem Zusammenhang das Streben der Kraft mit
demjenigen eines gespannten Bogens (so 4, 469 E. u. 7,
326 E.; auch einmal in den „Nouveaux essais"). Allein
damit will er nicht dieses Streben als solches beschreiben,
sondern nur die Unfehlbarkeit veranschaulichen, mit welcher
die Kraft auf Grund desselben sich bethätigt, sobald nur
die Hindernisse für diese Bethätigung aus dem Wege geräumt
sind (vgl. dar. S. 118 f.).

Dafs diese Deutung die richtige, dafs das Streben der
Kraft ein B e g e h r e n ist, geht zunächst aus unseren bisherigen Auseinandersetzungen hervor. Denn da die Kraft
unveränderlicher Natur ist, so mufs notwendig auch das in
ihr sich findende Streben unveränderlich sein, kann also
nicht in dem mechanischen Streben, das wesentlich veränderlich ist, sondern nur in einem solchen Streben bestehen, das, obwohl eine Menge von Handlungen aus ihm
hervorgeht, dennoch unveränderlich als e i n - und e b e n -
d a s s e l b i g e beharrt, d. h. nur in einem auf das Ziel der
in der Substanz angelegten Entwicklung (und damit zugleich
auch auf die in letzterer enthaltenen einzelnen Handlungen
als die Mittel zur Realisierung jenes Zieles) gerichteten
Streben, also nur in einem Begehren (vgl. S. 103 f.). Das ist
eine Folgerung, die durchaus nicht umgangen werden kann;
ja es ist sogar nicht einmal möglich, die Kraft sich als etwas
Unveränderliches vorzustellen, wenn man sich nicht das
Streben derselben nach Art des menschlichen Begehrens
denkt, wie man leicht bemerken kann, wenn man auf seine
Gedanken achtet.

Noch evidenter, ja mit einer jedweden Zweifel aus-
schliefsenden Gewifsheit ergiebt sich aus den Erörterungen

des Philosophen über die Bewegung, dafs er in der That
das Streben der Kraft in dieser Weise begriffen haben mufs.
Denn wenn er sagt, die abgeleitete Kraft, d. h. also das
Streben des bewegten Körpers, sei etwas Veränderliches,
eine blofse Modifikation, setze daher ein Unveränderliches
voraus, dessen Modifikation es ist, so mufs doch dieses unveränderliche Prinzip des mechanischen Strebens selbstverständlich wiederum ein Streben, nur eben nicht ein veränderliches, mechanisches, sondern ein unveränderliches sein.
Da es nun aber aufser dem mechanischen Streben gar kein
anderes giebt als das Begehren, wir uns wenigstens von
einem anderen gar keine Vorstellung machen können, so
mufs jenes unveränderliche Prinzip von dem Philosophen
notwendig als ein Begehren gedacht worden sein. Er mufs
also einmal das Streben der Kraft ganz ausdrücklich von
demjenigen des bewegten Körpers unterschieden haben, und
sodann mufs er es bewufstermafsen als ein Begehren bestimmt haben. Das ist eine so zwingende Konsequenz, dafs
alle Versuche, die bisherigen Anschauungen über diesen
Punkt aufrecht zu erhalten, daran scheitern werden.

Das Gleiche erhellt aber auch aus anderen Thatsachen.
Leibniz sagt nicht blofs, dafs das Streben der Substanzen
dem menschlichen Begehren analog sei, sondern er nennt
es auch, abgesehen von den vorher besprochenen Orten,
ausdrücklich ein Begehren (appetitus, appetitio). Dieser
Ausdruck ist der allgemeine und das „tendere“ erscheint
nur ausnahmsweise. Dementsprechend stellt er die Substanzen in allen seinen Schriften, und zwar häufig, als zweckthätige Wesen dar, welche im Gegensatz zu dem Körper,
der sich nach den mechanischen Ursachen regelt, „nach den
Gesetzen des Begehrens“, „nach dem Prinzip des Guten“.
„nach den Finalursachen“ thätig sind, worauf wir in der
Folge zurückkommen werden. Vor allem aber wird unsere
Auffassung durch die umfassenden Auseinandersetzungen
Leibnizens über die Freiheit des menschlichen Willens mit
unabweislicher Notwendigkeit gefordert. Es läfst sich, wie

wir später sehen werden, auf Grund des gewichtigsten
Materials überzeugend nachweisen, dafs die bisherige Anschauung, als ob die Substanzen in ihrer Entwicklung einer
Notwendigkeit unterworfen seien, mit jenen Auseinandersetzungen in gänzlich unlösbarem Widerspruche steht, dafs
die letzteren von Anfang bis zu Ende Substanzen voraussetzen,
die sich frei nach Begierden und Neigungen bethätigen, ja dafs
sie ohne diese Voraussetzung nicht einmal niedergeschrieben
werden konnten.

Angesichts aller dieser unzweideutigen, überzeugenden
Argumente kann nun wohl nicht der geringste Zweifel mehr
an der Unhaltbarkeit der traditionellen und der Notwendigkeit der von uns vertretenen Begriffs- und Wesensbestimmung der Kraft bestehen. Denn einerseits ist fast jede Bemerkung Leibnizens über diesen Punkt mit den bisherigen
Anschauungen unvereinbar und fordert kategorisch unsere
Auffassung. Und andererseits wird man doch keine Äufserung beizubringen imstande sein, welche der letzteren widerstrebte. Und so, denken wir, wird man doch über kurz oder
lang der Erkenntnis Raum geben müssen, dafs die altüber-
lieferten Vorstellungen hier wie in allen Punkten von Grund
aus falsch sind und dafs an die Stelle des bisherigen Kraft-
begriffs derjenige treten mufs, den wir oben angegeben haben.

———

Hieran müssen wir noch einige Betrachtungen knüpfen,
die zur Bestätigung und Erläuterung unserer früheren De-
duktionen (S. 100 ff.) dienen.

Wir haben gefunden, dafs die Kraft in dem beharrlichen
Akte, der alle vergangenen, gegenwärtigen und zukünftigen
Bewegungen desjenigen Körpers repräsentiert, dessen Seele
die Kraft ist, und in einem beharrlichen Streben besteht,
das sich als ein Begehren charakterisiert. Diese beiden
Bestimmungen stehen nun mit den Angaben des Philosophen
über die Beschaffenheit der Monaden in vollstem Einklang.

Was zunächst die erstere betrifft, so sagt Leibniz auf
das bestimmteste, die Monaden drücken in jedem Momente
ihre Vergangenheit, Gegenwart und Zukunft, wiewohl nur
konfus, aus, und ihr ganzes Handeln habe nur den Inhalt,
diese konfusen Ausdrücke zur Deutlichkeit zu entwickeln.
„Jede Substanz, heifst es z. B., drückt, obwohl konfus, alles
aus, was in dem Universum vorgeht, Vergangenes, Gegen-
wärtiges und Zukünftiges" (4, 434). „Jede Substanz drückt
ihre ganze Vergangenheit und Zukunft aus" (475). „Der
Geist drückt immer alle seine zukünftigen Gedanken aus"
(451). Vgl. ferner 521, 522 f., 532, 544 A., 551 f., 564 f. u. a.
Nun ist jedes Ausdrücken, jedes Vorstellen eine Thätigkeit.
Wir finden mithin in der Monade zwei Thätigkeiten: eine,
welche in jedem Zeitpunkte die gesamte Entwicklung der
Substanz repräsentiert, also stets denselben Inhalt hat, folglich
eine unveränderliche, und eine andere, die das in jenem
dauernden Akte Enthaltene entwickelt, d. h. eine wechselnde.
    Ferner besteht das ganze Leben der Monade lediglich
darin, das Universum gemäfs denjenigen Veränderungen darzustellen, die dasselbe in ihrem Körper hervorbringt, wie
dies Leibniz aufserordentlich häufig bemerkt. Das heifst
aber nicht blofs, sie repräsentiere das Universum nach Mafsgabe der Beziehungen, welche dies zu ihrem Leibe hat,
ohne diesen Leib selbst zu repräsentieren, sondern sie repräsentiere ihren Leib und seine Bewegungen und infolgedessen auch die Aufsenwelt, da ja jene Bewegungen nur
das Resultat der letzteren sind und mithin diese wiederspiegeln. Dafs dies die Meinung des Philosophen ist, steht
vollkommen fest. Denn er spricht sich öfter ausdrücklich
in dieser Weise aus (vgl. Abschn. 7 dieser Abtlg.); und
aufserdem sagt er sehr häufig, dafs die Monaden wesentlich
ihren Leib und alles, was in diesem geschieht, ausdrücken
(z. B. 2, 171, 251; 6, 326, 611; 3, 70 u. oft), ein Satz, der
auch durch die Ergebnisse des vorhergehenden Abschnittes
zweifellos gemacht wird. Die Thätigkeit der Monaden besteht daher darin, dafs sie die Bewegungen ihres Körpers

und vermittelst dieser auch die Veränderungen in dem Universum repräsentieren. Indessen mufs hierbei noch eines im Auge behalten werden. Die Monade drückt, worauf wir schon oben hinwiesen (vgl. S. 58), nach Leibniz keineswegs die einzelnen Monaden und ihre Thätigkeiten, sondern sie drückt Vielheiten, Aggregate als solche, Körper und Bewegungen als solche, kurz sie drückt materielle Phänomene aus. Daher mufs auch der eben angegebene Satz so verstanden werden, dafs die Monaden einen wirklichen materiellen Körper und wirkliche Bewegungen dieses Körpers und vermittelst derselben auch ein materielles Universum repräsentieren.

Jener permanente Akt, der die Vergangenheit, Gegenwart und Zukunft der Substanz darstellt, stellt also mit anderen Worten sämtliche Bewegungen ihres Körpers und infolgedessen auch sämtliche Stadien des Weltlaufes, die ganze Welt dar. Sehen wir nun von dieser letzteren Bestimmung als einer blofsen Konsequenz von der Repräsentation der körperlichen Bewegungen ab, so ergiebt sich als das Wesen jenes Aktes dies, dafs er eine Repräsentation der vergangenen, gegenwärtigen und zukünftigen Bewegungen des Körpers ist, zu dem die Substanz die Seele bildet.

Diese Sätze können nicht bestritten und nicht widerlegt werden; sie sind einfache Thatsachen. Mit diesen Thatsachen aber stimmen unsere früheren Ausführungen offenbar vollständig überein.

Durch unseren neuen Kraftbegriff fällt ferner auch ein überraschendes Licht auf das Verhältnis des Strebens zu dem Vorstellen.

Man hat nämlich, entsprechend der bisherigen Ansicht von der Natur der Kraft, wonach diese ein thätiges, vorstellendes Wesen sein soll, das Streben der Substanzen überhaupt nicht als ein selbständiges Prinzip neben demjenigen der Vorstellung gelten lassen, sondern es als eine blofse Folge der letzteren hingestellt *).

---

*) Vgl. Gesch. d. d. Phil. S. 114: „Jede Monade mufs in einer unablässigen Veränderung begriffen sein, die nur darin bestehen kann, dafs ihre

Diese Lehre wird indessen durch den von uns gewonnenen Kraftbegriff widerlegt. Danach besteht die Kraft aus einem Vermögen und einem Streben zur Handlung. Dieses Streben ist aber dem Vermögen nicht sub-, sondern koordiniert; es bildet ein selbständiges Prinzip neben dem Vermögen. Da nun die Substanzen kraft des Strebens zur Handlung übergehen, so ist dieses das alleinige und selbständige Prinzip aller ihrer Handlungen oder, da ja diese in ihren Vorstellungen bestehen, ihrer Vorstellungen. Das Streben ist also so wenig erst eine Folge der Vorstellung, daſs vielmehr umgekehrt die Thätigkeit der Substanz, ihre Vorstellungen erst eine Folge ihres Strebens sind. Auch dies wird besonders durch die Erörterungen Leibnizens über die Willensfreiheit seine volle Bestätigung finden.

Da endlich die Kraft der Akt ist, der den sämtlichen Bewegungen des Körpers entspricht, so müssen natürlich auch die Handlungen, welche kraft des Strebens aus ihm hervorgehen, solche sein, welche den Bewegungen des Körpers entsprechen, welche das als innere Veränderungen, was die Bewegungen als äuſsere Veränderungen sind, oder welche die Bewegungen des Körpers repräsentieren. So sagt Leibniz, nachdem er die Notwendigkeit von Seelen im Körper aus

---

Vorstellungsthätigkeit sich ändert. Oder, wie dies unser Philosoph näher ausführt: wie in uns dem Verstande der Wille entspricht, so muſs überhaupt in jedem kraftthätigen Wesen mit seinem Vorstellen ein Begehren oder Streben verbunden sein." Auch S. 146: „Aus unserem Vorstellen geht unser Wollen als notwendige Folge hervor, wie in jeder Monade mit ihren Vorstellungen sich ein Streben verbindet." — Fischer identifiziert sogar das Streben mit der Vorstellung. Er sagt S. 417 f.: „Die Perzeption ist immer eine Handlung oder ein thätiges Streben." „Daſs die Perzeption thätige Vorstellung ist, erklärt der Ausdruck: „Appetition". „Die Vorstellung existiert in den Dingen als deren eigenes Streben". Mir ist es unmöglich, mit dieser Gleichstellung einen klaren Gedanken zu verbinden. — Zuweilen wird das Streben auch in der Weise neuerer Systeme als ein Resultat der aktiven und passiven Kraft, als Folge davon hingestellt, daſs die an sich unendliche Aktivität der Substanz durch die passive Kraft begrenzt, gehemmt werde. Diese Auffassung ist Leibniz gänzlich fremd, und man schiebt ihm damit Ansichten späterer Philosophen unter. Er führt stets das Streben als ein drittes, zu dem aktiven und passiven Vermögen hinzukommendes Prinzip an, das den Übergang aus der Anlage in die Wirklichkeit vermittelt.

der Bewegung abgeleitet hat, folgendes zur Begründung der
Vorstellungen: „Jede Entelechie hat eine innere Verände-
rung, der gemäfs äufsere Veränderungen sich vollziehen.
Aber die Vorstellung ist nichts anderes als die Repräsen-
tation der äufseren Veränderung in der inneren" (7, 330 E.).
„Die Seele ist das Prinzip der inneren Handlung in dem
Einfachen, der eine äufsere Handlung entspricht. Und
dieses Entsprechen des Innern und des Äufsern oder die
Repräsentation des Äufsern in dem Innern konstituiert eine
Vorstellung" (7, 529).

Dritter Abschnitt.

**Der Begriff des Körpers. Der Widerstand und die passive
Kraft. Rückblick auf die dynamischen Untersuchungen
Leibnizens.**

Es bleibt uns noch die Untersuchung Leibnizens über
den Widerstand des Körpers. Da dieselbe aber die Kenntnis
einiger sonstiger Bemerkungen des Philosophen voraussetzt,
so wollen wir diese im voraus erledigen, damit die folgende
Darstellung keine Unterbrechung erleide.

Leibniz sagt öfter, der Körper könne nicht in der Ausdehnung schlechthin bestehen, weil diese ein blofs relativer
und abstrakter Begriff sei. Da indessen die bezüglichen
Sätze mifsverstanden worden sind, so müssen wir die hauptsächlichsten derselben wörtlich anführen.

„Die Natur des Körpers, erklärt der Philosoph, kann
nicht in der blofsen Ausdehnung bestehen, weil der Begriff
der Ausdehnung relativ auf etwas ist, was ausgedehnt werden
mufs, und eine Diffusion oder Wiederholung einer gewissen
Natur bezeichnet . . . . Sie ist kein absolutes Prädikat,
sondern ein relatives und kann daher nicht von der Natur
desjenigen, was verbreitet wird, getrennt werden, nicht mehr
als die Zahl von der gezählten Sache . . . . Durch die
Diffusion des Widerstandes nun wird die Materie konsti-

tuiert u. s. w." (4, 393 f.). „Der Begriff der Ausdehnung ist
abgeleitet, fast wie der der Zahl oder Zeit; denn die Ausdehnung ist relativ und setzt etwas voraus, was ausgedehnt
wird, ebenso wie die Zahl" (589). „Durch die Ausdehnung
allein wird keine Substanz konstituiert, da der Begriff derselben unvollständig ist; auch wird die Ausdehnung nicht
durch sich selbst begriffen, sondern ist ein auflösbarer und
relativer Begriff. Es wird daher etwas vorausgesetzt, was
kontinuierlich verbreitet wird, wie die weifse Farbe in der
Milch, die Geschmeidigkeit und die Schwere in dem Golde,
wie der Widerstand in der Materie. Denn die Kontinuität
an sich ist nicht mehr eine Substanz als die Menge oder
die Zahl" (2, 169 f.). „Die Ausdehnung ist nur etwas
Modales, wie die Zahl und die Zeit, nicht eine Substanz,
da sie abstrakt eine mögliche Menge koexistierender Dinge
bezeichnet" (195). „Die Ausdehnung, wenn man sie von
dem Ausgedehnten unterscheidet, ist etwas Abstraktes, wie
die Dauer oder die Zahl, wenn sie von den Dingen getrennt
werden. Die Ausdehnung, die Dauer, die Zahl ohne Dinge
sind blofse Möglichkeiten. Auch bezieht sich die Ausdehnung auf eine Natur, deren Diffusion sie ist" (234). „Die
Ausdehnung ist das Abstraktum des Ausgedehnten und ist
nicht mehr eine Substanz als die Zahl oder Menge und
drückt nichts anderes aus als die simultane Diffusion einer
Natur, die ausgedehnt oder ausgebreitet werden mufs. Daher
ist der Begriff der Ausdehnung relativ oder die Ausdehnung
von etwas. Die Natur aber, welche sich verbreitet, ist das,
was den physischen Körper konstituiert, und kann nur in
dem Prinzip des Handelns und Leidens gefunden werden"
(269). „Die Ausdehnung ist nur ein Abstraktum und fordert
etwas, was ausgedehnt wird. Sie hat ein Subjekt nötig, sie
ist etwas auf dies Subjekt Bezügliches, wie die Dauer. Sie
setzt eine Eigenschaft, ein Attribut, eine Natur dieses Subjekts voraus, welche sich ausdehnt, sich verbreitet mit dem
Subjekt. Die Ausdehnung ist die Diffusion dieser Qualität
oder Natur: z. B. in der Milch giebt es eine Verbreitung

der weifsen Farbe, in dem Körper eine Ausdehnung der
Antitypie oder der Materialität" (6, 584; ebenso 585, überhaupt 580‒586). Vgl. ferner noch 4, 467, 499; 2, 183 f.,
195, 227 u. a.

Nach der herkömmlichen Meinung würde nun der Inhalt
dieser Sätze der folgende sein: Die Thatsache, dafs der
Körper einen Raum einnimmt, die Raumerfüllung läfst sich
nur durch Substanzen erklären, welche den Raum ausfüllen, und diese können nur als aktive, resp. passive Kräfte
bestimmt werden; mithin müssen wir solche Kräfte im
Körper anerkennen. Diese Auseinandersetzungen würden
daher dem Nachweise dienen, dafs dem Körper Kräfte zu
Grunde liegen, ihre Tendenz würde diese sein, die Annahme
von unteilbaren Wesen und näher von Kräften in der Materie zu rechtfertigen, kurz, die Prinzipien des Körpers
festzustellen. Sie würden mithin mit den Erörterungen
Leibnizens über die Einheit des Körpers, über die Bewegung und den Widerstand, die sich ja auch mit der Frage
nach dem Prinzip des Körpers beschäftigen, vollständig auf
eine Linie gestellt werden müssen. Wie der Philosoph in
diesen Erörterungen zeigt, dafs die körperliche Substanz in
einer Seele bestehen müsse, dafs die Bewegung und der
Widerstand die Einführung einer aktiven und passiven Kraft
notwendig mache, so würde er auch hier zeigen, dafs die
Raumerfüllung des Körpers nur als eine Folge und Wirkung von Kräften gedacht werden könne *).

Diese Auffassung ist indessen unmöglich. Und zwar
ist sie es schon aus allgemeinen Gründen. Die Raumerfüllung, müfste Leibniz hiernach folgern, kann nur durch
Kräfte entstehen, welche den Raum einnehmen, mithin mufs

---

*) Vgl. Gesch. d. d. Phil. S. 106: „Das Wesen des Körpers kann
nicht in der Ausdehnung als solcher bestehen. Denn jede Ausdehnung
setzt ein Ausgedehntes voraus, und aus der blofsen Ausdehnung läfst
sich die Widerstandskraft der Körper so wenig erklären, dafs vielmehr
die Ausdehnung oder Raumerfüllung sich nur als eine Wirkung der
Kraft begreifen läfst, welche den Widerstand der Körper gegeneinander,
ihr Wirken und Leiden bewirkt."

sich der Körper aus Kräften zusammensetzen. Allein wir
haben schon früher hinreichend bewiesen, dafs der Philosoph
überhaupt nirgends von der Frage ausgeht, wie der Körper
entstehe, er kann also auch hier nicht die Frage behandeln, wie die Raumerfüllung des Körpers entstehe. Aufserdem würde dies voraussetzen, dafs die Substanzen sich zu
dem Körper wie die Bestandteile zu dem aus ihnen bestehenden Ganzen verhalten; sie müfsten die Komponenten,
die Elemente des Körpers darstellen. Das würde aber im
Widerspruch mit allen sonstigen Lehren des Philosophen
stehen, wonach die Substanzen nicht die Elemente von Körpern, sondern wesentlich die Seelen zu Körpern bilden.
Und endlich können die Substanzen, die Kräfte überhaupt
gar keinen Raum erfüllen, da sie einfach und rein geistiger
Natur sind; sie können also auch nicht zu dem Zwecke angenommen worden sein, um die Raumerfüllung begreiflich
zu machen, sie können nicht mit der Thatsache der Raumerfüllung begründet worden sein.

Nun aber und vor allem ist jene Auffassung auch mit
der eigenen Darstellung Leibnizens in einem solchen Mafse
unverträglich, dafs man sich fast wundern mufs, wie dieselbe
nicht nur hat aufkommen, sondern auch sich allgemein hat
festsetzen können. Nach dieser Auffassung würde der Philosoph nämlich, wenn er hier von der Ausdehnung spricht,
immer die Raumerfüllung meinen. Allein dazu würde
fast keine einzige seiner bezüglichen Bemerkungen passen.
Wenn er, wie die angeführten Beispiele beweisen, überall
sagt, die Ausdehnung sei ein blofser Beziehungsbegriff, sie
beziehe sich auf eine Natur, deren Diffusion sie sei, sie sei
etwas Auflösbares und Relatives, etwas Modales, eine reine
Möglichkeit, sie „bezeichne", „drücke aus" die Verbreitung
einer Natur, sie sei ein unvollständiger Begriff, ein blofses
Abstraktum, wenn er sie in vollem Einklang damit den Begriffen der Dauer, der Menge, der Zahl gleichsetzt, so ist
ja dies alles ganz unverständlich, wenn er unter der Ausdehnung die Raumerfüllung versteht. Denn die Raumerfül-

lung würde zwar nicht existieren können ohne Substanzen. die den Raum erfüllen, sie würde nur durch solche Substanzen e n t s t e h e n können, aber deshalb wäre sie doch nicht ein blofser Beziehungsbegriff, ein relativer und auflösbarer Begriff, etwas blofs Modales, eine einfache Möglichkeit, ein leeres Abstraktum, wie die Dauer u. dgl. So wenig z. B. der Satz, dafs es keine Bewegung und keinen Widerstand geben könne ohne das Vorhandensein von Kräften, dafs diese Phänomene nur durch die letzteren entstehen können, dem anderen gleichgestellt werden könnte, dafs dieselben relative Begriffe, blofse Möglichkeiten. pure Abstrakta seien, genau ebensowenig würde dies in Bezug auf die Raumerfüllung angehen. Die Raumerfüllung würde eine Folge der raumerfüllenden Substanzen, sie würde also eine sekundäre, aus den Substanzen resultierende Erscheinung. aber sie würde doch unter allen Umständen etwas Thatsächliches, Wirkliches, Konkretes und mithin nicht ein Abstraktum sein. Wie gänzlich unvereinbar besonders dieser letztere Ausdruck Leibnizens mit der herkömmlichen Ansicht ist, geht schlagend schon aus dem Umstande hervor, dafs man ja den Philosophen gerade beweisen läfst, die Raumerfüllung könne nur eine Wirkung der Kräfte sein, könne nur durch diese zustande kommen, womit doch bereits vorausgesetzt ist, dafs sie etwas Konkretes sei; denn was entsteht, ist notwendig auch etwas Konkretes, und ein Abstraktum kann nicht die Wirkung von Kräften sein. Welche Auslegung man daher der Darstellung Leibnizens zu geben hat, kann im übrigen fraglich sein, dafs aber die traditionelle Auslegung falsch ist, das ergiebt sich aus diesen Thatsachen jedenfalls mit vollkommener Gewifsheit.

Dieselbe ist aber noch aus einem anderen Grunde zu verwerfen. Würde es sich hier für Leibniz um das Prinzip der R a u m e r f ü l l u n g handeln, so hätte er doch nur ausführen können. dafs die Ausdehnung (die Raumerfüllung) durch eine Substanz bedingt sei, durch welche d e r R a u m e r f ü l l t werde. welche den R a u m e i n n e h m e. Allein

auch dies ist nicht der Fall. Der Philosoph erklärt nicht,
daſs die Ausdehnung eine Substanz erfordere, die den Raum
erfülle, sondern daſs sie sich auf eine Natur beziehe,
welche ausgedehnt, ausgebreitet werde, daſs sie die
Ausbreitung einer Natur bezeichne. Daſs dies aber ganz
heterogene Gedanken sind, leuchtet sofort ein, sobald man
es mit den letzteren Ausdrücken nur einigermaſsen genau
nimmt. Es ist doch ein auſserordentlicher Unterschied, ob
man sagt, eine Substanz fülle einen Raum aus, oder ob man
sagt, irgend eine Natur werde ausgedehnt, werde kontinuierlich verbreitet, so etwa, wie die weiſse Farbe in der Milch
verbreitet wird. Eine Substanz, die einen Raum erfüllt, wird
deshalb doch nicht ausgedehnt, verbreitet. Ja, Leibniz hätte
nach der bisherigen Meinung nicht bloſs lehren müssen, daſs
die Raumerfüllung eine Substanz, sondern daſs sie viele
einzelne unteilbare Substanzen voraussetze, durch welche der
Raum erfüllt werde. Diese Wendung würde aber in einem
noch auffälligeren Widerspruche mit seinen Worten stehen,
daſs die Ausdehnung eine Natur in sich begreife, welche
ausgedehnt, ausgebreitet wird. Denn jene vielen Substanzen
würden zwar einen Raum ausfüllen, aber sie würden doch
nicht ausgedehnt werden; weder würde die einzelne von
ihnen, noch auch würden sie alle zusammen ausgedehnt
werden. Ja, der Satz, viele einzelne Substanzen werden
ausgedehnt, verbreitet, würde offenbar unsinnig sein, indem
die Verbreitung ihrem Begriffe nach sich immer auf eine
Natur bezieht, welche verbreitet wird. Überhaupt ist es
schon unmöglich, zu sagen, eine Substanz werde ausgedehnt, verbreitet. Eine Substanz ist, was sie ist, sie kann
einen Raum erfüllen, aber sie kann nicht verbreitet werden;
das wäre ein Widerspruch gegen den Begriff der Substanz.
Eine Eigenschaft kann verbreitet werden, aber nicht
eine Substanz. So folgt auch aus diesen Betrachtungen die
vollständige Unhaltbarkeit der gewöhnlichen Ansicht.

    Zugleich aber führen dieselben auf den richtigen Weg.
Leibniz beschäftigt sich nämlich in den vorliegenden Erörte-

rungen überhaupt nicht mit der Raumerfüllung, mit der
Erfüllung eines Raumes durch eine Substanz, sondern
mit der Ausdehnung selbst einer Natur, mit der Ausbreitung selbst einer Eigenschaft. Und sobald wir davon ausgehen, werden die Auslassungen des Philosophen sofort sonnenklar. Die Ausdehnung, die Ausbreitung selbst ist nämlich
überhaupt gar kein vollständiger Begriff. Sie bezieht sich
vielmehr auf irgend eine Natur, eine Eigenschaft, die ausgebreitet wird, sie drückt die Verbreitung dieser Natur aus,
sie besagt nur, daß irgend eine Eigenschaft verbreitet werde,
so wie in der Milch die Eigenschaft der weißen Farbe, in
dem Golde die Eigenschaft der spezifischen Schwere sich
verbreitet; sie ist daher ein relativer, auflösbarer Begriff,
etwas Modales, ein Abstraktum, gerade so wie die Dauer,
die Zahl, wenn sie von den dauernden, gezählten Dingen
getrennt werden, reine Abstrakta, reine Möglichkeiten sind.
So befinden wir uns also in völliger Übereinstimmung mit
dem Philosophen.

Allein diese Sätze dürfen, wie wir nochmals betonen,
nicht mißverstanden werden. Die Ausdehnung bezeichnet
die Verbreitung irgend einer Natur. Aber, wie es sich hier
überhaupt nicht um die Raumerfüllung, sondern um die
Ausdehnung selbst handelt, so heißt das auch nicht, die
Ausdehnung bezeichne die Erfüllung eines Raumes mit
einer Substanz oder mit vielen Substanzen, sondern es heißt,
sie bezeichne die Ausbreitung selbst einer Natur. Das
sind gänzlich verschiedene Dinge, und auf die Erkenntnis
dieses Unterschiedes kommt gerade alles an. Ehe man sich
darüber klar geworden ist, ist es nicht möglich, zu einer
Einsicht in die Erörterungen Leibnizens über das Prinzip
des Widerstandes zu gelangen; hier liegt der Schlüssel für
das Verständnis dieser Erörterungen, und es wird nicht gelingen, eine befriedigende Erklärung für die letzteren zu
geben, so lange man diesen Punkt nicht berücksichtigt.
Übrigens beachte man auch noch: wir sagen nicht, die Ausdehnung bezeichne die Ausbreitung einer Substanz, was,

wie bereits bemerkt, unsinnig wäre, da eine Substanz nicht
ausgebreitet werden kann, sondern wir sagen, die Ausdehnung
bezeichne die Ausbreitung einer Natur, einer Eigenschaft, einer Qualität, wie sich denn auch Leibniz selbst
durchgängig dieser Ausdrücke, insbesondere des ersteren,
bedient.

Führt nun aber Leibniz in den in Frage stehenden
Auseinandersetzungen nicht den Nachweis, dafs die Prinzipien
der Raumerfüllung in den unteilbaren Substanzen gesucht werden müssen, sondern dafs der Begriff der Ausdehnung
selbst, der Ausbreitung selbst ein blofses Abstraktum
sei, so kann es überhaupt nicht die Tendenz dieser
Auseinandersetzungen sein, das Prinzip des Körpers abzuleiten, sondern nur die, den Begriff desselben klarzustellen.
Descartes hatte nämlich den Begriff des Körpers mit demjenigen der Ausdehnung schlechthin identifiziert. Eine solche
Identifikation ist nun aber nach Leibniz unmöglich, da vielmehr die Ausdehnung etwas Relatives ist, sich auf eine
Natur bezieht, welche ausgedehnt wird. Mithin besteht der
Körper seinem Begriffe nach nicht in der Ausdehnung
schlechthin, sondern in der Ausdehnung, in der Ausbreitung
einer Natur und näher natürlich in der Ausbreitung der
Thätigkeit und der Widerständigkeit. Und dieser Gedanke
allein ist es, den Leibniz in seinen obigen Ausführungen
aussprechen will.

Also um den Begriff und nicht um das Prinzip
des Körpers handelt es sich hier! Beides sind sehr verschiedene Dinge; das letztere ist noch keineswegs mit dem
ersteren gegeben! Bei Descartes fiel allerdings beides zusammen; denn wenn man das Wesen des Körpers in der
Ausdehnung schlechthin sieht, so wird diese auch das Prinzip des Körpers ausmachen müssen. Nicht so bei Leibniz.
Damit, dafs der Philosoph den Begriff des Körpers nicht in
die blofse Ausdehnung, sondern in die Ausbreitung einer
Natur setzt, ist noch nicht das Geringste darüber entschieden,
worin das Prinzip des Körpers gefunden werden müsse, ist

durchaus noch nicht gesagt, dafs die körperliche Substanz
eine aktive und passive Kraft sein müsse, geschweige denn,
dafs diese Kräfte in der Weise bestimmt werden müssen,
wie es Leibniz gethan hat. Freilich mufs zugegeben werden,
dafs die Bestimmung des körperlichen Prinzips jedesmal
zu dem Begriffe in Beziehung stehen wird, den man sich
von dem Körper gebildet hat; ja, wir werden sogleich zeigen,
dafs der Begriff des Körpers, wie ihn Leibniz angiebt, auf
das engste mit seiner Stellung zu der Frage nach den Prinzipien der Dinge zusammenhängt. Aber deshalb darf doch
das eine nicht mit dem anderen verwechselt werden!

Steht nun aber in dieser ganzen Erörterung lediglich
der Begriff des Körpers zur Diskussion, so hat sie mit
den Erörterungen über die Einheit des Körpers, über die
Bewegung und den Widerstand unmittelbar gar nichts zu
schaffen, da es bei diesen vielmehr auf das Prinzip des
Körpers abgesehen ist. Wenn man dieselbe vielmehr in ein
Verhältnis zu den letzteren bringen will, so wird man sagen
müssen, dafs sie diesen vorausgesetzt sei, ihnen vorangeschickt werden müsse; denn ehe man nach dem Prinzip
des Körpers forschen kann, mufs man zuvor den Begriff
desselben festgestellt haben *). Aber man darf sie nicht, wie

*) Deshalb hätte ich auch eigentlich die Darstellung der Monaden-
lehre mit der Bestimmung des Begriffs des Körpers beginnen und erst
dann auf die Untersuchungen über das Prinzip desselben (also diejenigen
über die Einheit des Körpers, über die Bewegung und den Widerstand)
eingehen müssen. Ich habe dies indessen aus dem Grunde nicht gethan,
weil der Begriff des Körpers, wie ihn Leibniz definiert, auf das engste
mit seinem ganzen Standpunkte zusammenhängt, ja ohne eine Kenntnis
desselben gar nicht verstanden werden kann, dieser Standpunkt aber
nicht schon ursprünglich von mir als bekannt vorausgesetzt werden
konnte, vielmehr erst umständlich abgeleitet und begründet werden
mufste, eine Begründung, welche in hinlänglichem Mafse nur durch eine
Betrachtung der Auseinandersetzungen des Philosophen über das Prinzip
des Körpers gegeben werden konnte. Jede künftige Darstellung der
Monadenlehre dagegen würde, falls man überhaupt den von mir angegebenen Standpunkt Leibnizens als den richtigen anerkennt, zuerst diesen
erklären, alsdann den vollständigen Begriff des Körpers (und dieser ist,
wie das Spätere zeigen wird, mit den obigen Bestimmungen noch nicht
erschöpft) darlegen müssen, und erst dann würde sie sich zu der Erörterung über die Prinzipien des Körpers wenden dürfen. Nur so erhält
man einen klaren Überblick über das System.

man bisher gethan hat (vgl. oben S. 139), mit jenen vermischen und auf e i n e Linie stellen, falls überhaupt einmal
Klarheit in diese Dinge kommen soll.

Es erübrigen nun noch einige Worte über den Zusammenhang der obigen Definition des Körpers mit der sonstigen
Lehre des Philosophen. Gewöhnlich pflegt man nämlich,
wenn es sich um den Begriff des Körpers handelt, diesen
als eine Substanz zu bestimmen, welche den Raum erfüllt,
und diese Substanz pflegt man sich dann als die Ursache des
Widerstandes und der Bewegung zu denken. Nach Leibniz
hingegen ist der Körper nicht eine Substanz, welche d e n
R a u m e r f ü l l t, sondern er besteht in der Ausdehnung
s e l b s t einer Natur, in der Ausbreitung s e l b s t der Thätigkeit und des Widerstandes. Wie erklärt sich diese eigentümliche Vorstellung?

Der Grund dafür liegt, wie man schon bemerkt haben
wird, offenbar in dem besonderen Standpunkte, welchen der
Philosoph zu der Welt der Erscheinungen einnimmt. Leibniz
nimmt ja, wie wir nachgewiesen haben (vgl. S. 63 ff.), nicht
an, dafs die Dinge, welche wir vorstellen, und also auch der
Körper, die E r s c h e i n u n g e n äufserer Substanzen, sondern
dafs sie s e l b s t in uns repräsentiert seien; und dementsprechend fragt er auch in seinen Untersuchungen, welche
sich mit dem Prinzip des Körpers beschäftigen, nicht danach,
wie der Körper und seine Eigenschaften e n t s t e h e n, was
ihnen z u G r u n d e l i e g e, sondern er fragt nach dem Prinzip
des Körpers s e l b s t. Sobald man aber dies beachtet, wird
es sofort klar, wie der Philosoph zu der angegebenen, von
der gewöhnlichen so weit abliegenden Begriffsbestimmung des
Körpers kam und kommen mufste. Denn setzt er voraus,
dafs der Körper nicht die E r s c h e i n u n g eines Objektiven,
sondern dafs er s e l b s t in uns repräsentiert sei, so konnte
er natürlich unter dem Körper nicht den G r u n d und die
U r s a c h e dafür, dafs er einen Raum erfüllt, nicht ein Wesen
verstehen, durch welches die Erscheinung der Raumerfüllung
e n t s t e h t, oder, was ja vollständig dasselbe bedeutet, er

konnte unter ihm nicht eine Substanz verstehen, welche d e n
R a u m e r f ü l l t, sondern er mußte den Begriff desselben in
die Ausdehnung s e l b s t einer Natur setzen. Denn würde
er ihn als die U r s a c h e der Raumerfüllung, als eine r a u m -
e r f ü l l e n d e Substanz bestimmt haben, so würde dies ja
erfordern, daß er von der Überzeugung ausgehe, der Körper
sei die E r s c h e i n u n g irgend eines Realen, er sei die
W i r k u n g desselben, was seinem Standpunkte widerspräche.
So ist es eine vollständig unausweichliche Konsequenz dieses
eigentümlichen Standpunktes, daß er den Körper nicht in
einer Substanz, einem Wesen, welches d e n R a u m e r f ü l l t,
sondern nur in der Ausdehnung s e l b s t einer Natur und
näher in der Ausdehnung s e l b s t der Thätigkeit und des
Widerstandes bestehen lassen konnte. Und daß Leibniz diese
letztere Lehre wirklich überall vertreten hat, das ist wiederum
ein neuer und glänzender Beweis für die Richtigkeit jenes
Standpunktes.

_____

Hiernach wenden wir uns zu der Untersuchung über
den Widerstand des Körpers.

Wie nämlich die Bewegung auf eine aktive, so weist der
Widerstand auf eine passive Kraft hin. Denn wenn es in dem
Körper nichts anderes als Ausdehnung giebt, so können wir
keinen Grund für die Thatsache des Widerstandes angeben.

„Wenn das Wesen des Körpers", sagt Leibniz, „in der
Ausdehnung bestände, so müßte diese bloße Ausdehnung
genügen, um für alle Eigenschaften des Körpers einen Grund
anzugeben. Aber das ist nicht der Fall. Wenn es in dem
Körper nur die Ausdehnung oder die Lage gäbe, d. h. das,
was der Geometer darin erkennt, verbunden mit dem bloßen
Begriff der Veränderung, so würde diese Ausdehnung in
Rücksicht auf diese Veränderung indifferent sein, und das
Resultat des Zusammentreffens der Körper würde sich durch
die bloße geometrische Zusammensetzung der Bewegungen
ergeben, d. h. der Körper würde nach dem Zusammenstoß"
(mit einem ihm begegnenden Körper) „stets mit einer Bewegung

gehen, die gleich der Differenz der beiden Geschwindigkeiten
ist. Und in dem Falle, dafs ein schnellerer Körper einen
langsameren einholen würde, würde der langsamere die
Geschwindigkeit des anderen erhalten, und sie würden im
allgemeinen nach dem Zusammenstofs stets miteinander
gehen, und im besonderen würde derjenige, der in Bewegung
ist, denjenigen, der in Ruhe ist, ohne Veränderung seiner
Geschwindigkeit mit sich führen, was mit der Erfahrung unvereinbar ist" (4, 464 f.). „Durch die blofse Ausdehnung kann
man keinen Grund dafür angeben, dafs die Materie der
Bewegung widersteht, oder dafür, dafs ein in Bewegung befindlicher Körper einen ruhenden nicht mit sich führen kann,
ohne dadurch verzögert zu werden. Denn die Ausdehnung
ist an sich indifferent gegen Bewegung und Ruhe" (466 f.).
„Wenn es nur eine ausgedehnte Masse gäbe in dem Körper,
so würde folgen, dafs der geringste Körper dem gröfsten,
der in Ruhe ist und dem er begegnete, dieselbe Geschwindigkeit giebt, die er selbst hat, ohne von der seinigen zu verlieren" (446). Ebenso 2, 170 f., 184, 186 f.; 4, 395, 510;
besonders auch 7, 280—283 u. a.

Dafs die passive Kraft, welche Leibniz auf Grund dieser
Erwägungen für notwendig erachtet, zu dem Körper in demselben Verhältnis steht, wie die Seele zu ihrem Leibe, darauf
braucht nach dem früheren kaum besonders hingewiesen zu
werden. Denn sie bildet ja mit der unteilbaren Einheit oder
der Seele, die wir in unserem ersten, und der aktiven Kraft,
die wir in dem zweiten Abschnitte deduzierten, e i n e und
dieselbe Substanz; sie mufs also auch dieselbe Beziehung zu
dem Körper wie diese haben. Das ist ein vollkommen
sicherer Schlufs, der nicht umgangen werden kann, falls
diese Untersuchung mit den früher behandelten überhaupt
noch in Zusammenhang stehen soll. Auch hier will also
Leibniz nicht zeigen, dafs der Körper ein Produkt von
Kräften sei, sondern dafs ihm e i n e passive Kraft innewohnen müsse, welche die Seele, aber nicht ein Element
desselben bildet.

Diese Darstellung des Philosophen stellt nun an den Scharfsinn des Interpreten vielleicht noch gröfsere Anforderungen als die entsprechende der beiden vorigen Abschnitte. Es ist aber selbstverständlich, dafs eine richtige Erklärung derselben und insbesondere eine richtige Einsicht in den Zweck und die Beschaffenheit der passiven Kraft gar nicht möglich ist, bevor wir uns darüber unterrichtet haben, worin nach Leibniz das Wesen des körperlichen Widerstandes besteht. Wir müssen uns daher zunächst um eine quellenmäfsig gesicherte Antwort auf diese Frage bemühen.

Bisher hat man nun gemeint, Leibniz begreife den Widerstand als eine Thätigkeit des Körpers, die darauf gerichtet ist, seinen Raum zu behaupten und seinen jeweiligen Zustand aufrecht zu erhalten, mithin fremde Körper, die in jenen einzudringen und diesen zu verändern suchen, von sich abzuwehren, ihnen entgegen zu wirken, dergestalt, dafs der Körper nicht durchdrungen und nur mit Mühe bewegt werden kann, kurz er begreife den Widerstand als eine Reaktion des widerstehenden Körpers gegenüber dem ihn angreifenden Körper. Allerdings hat man diese Ansicht niemals aus den Quellen begründet — man hätte es auch nicht gekonnt, da in diesen nichts davon steht — aber dennoch hat man sie, sei es, weil es einmal so hergebracht war, sei es, weil man sich selbst die Thatsache des Widerstandes in dieser Weise zurechtzulegen pflegt und daher als unmittelbar feststehend annimmt, dafs es auch Leibniz gethan haben müsse, allgemein acceptiert, und man ist auch nicht einmal auf den Gedanken gekommen, dafs dieselbe irrig sein könne *). Nichtsdestoweniger ist auch sie vollständig falsch: eine Auffassung von der Natur des Widerstandes, wie sie hier vertreten wird, liegt dem Philosophen gänzlich fern.

Und ein paar einfache Überlegungen zeigen auch, dafs er dieselbe gar nicht gehabt haben kann. Denn fürs erste,

---

*) Vgl. Gesch. d. d. Phil. S. 106 und 119 Anm.

bestände der Widerstand in einer Reaktion, so würde diese doch nicht nach Art der Wirkungen abstofsender oder expansiver Kräfte, sondern nur als eine B e w e g u n g gedacht werden können. Nach allgemeiner Zustimmung bestehen ja doch die Grundbestandteile alles Seienden nach Leibniz in einfachen Wesen, die weder expansive noch abstofsende Kräfte sind, in denen es vielmehr gar nichts Positives giebt als eine rein geistige Thätigkeit, welche Thätigkeit im Aggregat eben als Bewegung erscheint. Mithin kann es auch in der Welt der Phänomene keine anderen positiven Vorgänge geben als Bewegungen. Folglich müfste mit Notwendigkeit auch der Widerstand eine Bewegung und näher eine Gegenbewegung des widerstehenden Körpers gegen den ihn angreifenden darstellen, er müfste die Folge einer solchen Gegenbewegung sein. Eine andere Theorie wäre vom Standpunkte der Monadenlehre aus undenkbar und vollständig ausgeschlossen. Dafs dieselbe nun aber ganz und gar unhaltbar wäre, ist leicht zu sehen.

Leibniz begründet ja die Notwendigkeit einer passiven Kraft damit, dafs, wenn in der Materie weiter nichts zu finden wäre als die Ausdehnung und die Ortsveränderung, für den Widerstand derselben kein Grund angegeben werden könne, indem vielmehr in diesem Falle folgen würde, dafs der gröfste ruhende Körper von dem kleinsten in Bewegung befindlichen fortgerissen werden könne u. dgl. (vgl. S. 147 f.). Und das ist ja der Inhalt aller Ausführungen des Philosophen in Bezug auf den Widerstand. Kann nun aber der Widerstand nach diesen Ausführungen nicht aus der blofsen Ausdehnung und Bewegung begriffen werden, so kann er also nicht selbst wieder in einer Bewegung bestehen, sondern mufs eine selbständige Eigenschaft der Materie bilden. Das ist ein Satz, der nicht den geringsten Widerspruch duldet. Ja, Leibniz beweist sogar ausdrücklich, dafs, wenn wir in dem Körper nur Ausdehnung und Veränderung anerkennen, sich daraus die Konsequenz ergeben würde, dafs ein sich bewegender Körper nach dem Zusammenstofse mit einem anderen, welcher sich g e g e n ihn bewegt, mit einer Geschwindigkeit gehen würde, welche gleich der Differenz beider Geschwindigkeiten ist, was der Erfahrung zuwider sei. Mithin kann der Widerstand nicht selbst durch eine solche G e g e n b e w e g u n g hervorgebracht werden. Das ist schlechtweg unmöglich.

Besonders zu erwähnen sind noch folgende beiden Stellen: „Indem ich als Jüngling annahm, dafs die Materie an sich indifferent gegen Bewegung und Ruhe sei, so schlofs ich daraus, dafs der gröfste ruhende Körper von dem kleinsten, der ihn angreift, ohne Schwächung des angreifenden bewegt werden müsse .... Daher bewirkten zwei Erwägungen, dafs ich nachher anerkannte, die Materie sei von Gott so geschaffen, dafs ihr ein Widerstand innewohne, durch den der Körper an sich der Bewegung widersteht" (2, 170 f.), dafs ihr also aufser der Ausdehnung und der Ortsveränderung auch noch eine besondere Widerständigkeit innewohne, woraus handgreiflich hervorgeht, dafs diese letztere nicht aus der Bewegung abgeleitet werden kann. Ebenso schildert der Philosoph anderswo, wie er früher alle mechanischen Gesetze aus den Begriffen der Ausdehnung und der Ortsveränderung zu erklären unternommen habe, wie er aber auf diesem Wege zu erfahrungswidrigen Resultaten gelangt sei; „denn zu sagen, dafs die Materie widerstehe, das heifst etwas behaupten, was aus der einfachen Natur des Körpers und der Bewegung, wie wir sie oben angenommen haben, wenn wir nämlich nichts anderes in ihr begreifen als die Raumerfüllung und die Veränderung, nicht hergeleitet werden kann." Und in Übereinstimmung hiermit heifst es dann später: „Aber als ich nachdachte, wie man über die Erscheinung Rechenschaft geben könne, dafs, wenn die Masse vermehrt werde, die Geschwindigkeit sich vermindert, so entdeckte ich, dafs diese sogenannte Trägheit der Körper aus dem blofsen Begriffe der Materie und der Bewegung nicht abgeleitet werden könne" (7, 281 u. 283), womit also unzweideutig gesagt ist, dafs wir dem Körper

aufser der Ausdehnung und der Ortsveränderung noch eine
dritte von diesen verschiedene und nicht aus ihnen erklär-
bare Eigenschaft, nämlich den Widerstand, die Trägheit zuteilen müssen. Aus alledem ergiebt sich unwidersprechlich,
dafs die Widerständigkeit des Körpers nicht auf einer Bewegung, sie sei welcher Art auch immer, beruhen könne.

Allein auch die sonstigen Äufserungen des Philosophen
lassen darüber keinen Zweifel. Wenn er zunächst aufserordentlich häufig sagt, dafs die Materie, der Widerstand
etwas rein Passives sei, so folgt ja schon daraus, dafs der
letztere nicht in einer Reaktion, einer Gegenbewegung bestehen könne; denn sonst wäre er eben etwas eminent
Aktives. — Sodann bemerkt er auch ausdrücklich, dafs der
Materie, sofern wir blofs die Ausdehnung und die Widerständigkeit (die „materia nuda") an ihr betrachten, keine
Bewegung zukomme, dafs sie insoferne nicht aktiv sei, dafs sie
erst durch das Hinzutreten der Bewegung, bez. ihres Prinzips,
der aktiven Kraft, Aktivität erhalte. So lesen wir z. B.:
„Die Ausdehnung oder was im Körper geometrisch ist, wenn
es für sich (nude) genommen wird, hat nichts in sich, woraus
die Bewegung hervorgeht; ja die Materie widersteht vielmehr der Bewegung kraft ihrer Trägheit . . . . und wie in
der Materie die Trägheit der Bewegung entgegengesetzt ist,
so ist auch in jedem Körper, vielmehr in jeder Substanz
eine natürliche Beharrlichkeit der Veränderung entgegengesetzt" (4, 510 f.). Also der Widerstand besteht so wenig
in einer Bewegung, dafs vielmehr, wenn man nur die Ausdehnung und Widerständigkeit in der Materie berücksichtigt,
überhaupt keine Bewegung aus ihr hervorgeht, sondern im
Gegenteil ein Widerstand gegen die Bewegung. Ebenso
lautet es anderswo: „Die Materie an sich genommen oder
die nackte Materie wird durch die Antitypie und Ausdehnung
konstituiert . . . . Daher ist es klar, dafs die Materie etwas
rein Passives ist, da ihre Attribute" (nämlich Antitypie
und Ausdehnung) „keine Handlung in sich schliefsen . . . .
Aber wenn wir eine wirkliche Veränderung oder das Prinzip

der Bewegung hinzufügen, so tritt etwas aufser der Materie
hinzu" (7, 328). „Die Materie ist das, was in der Antitypie
besteht oder was dem Eindringenden widersteht, und daher
ist die nackte Materie rein passiv. Der Körper aber hat
aufser der Materie auch eine aktive Kraft" (501). „Ohne die
aktive Kraft würde die Materie rein passiv sein" (502 M.).
„Die Materie ist an sich nicht aktiv" (503 A., auch 489), und
solchen Äufserungen begegnen wir überhaupt öfter in den
Quellen. — Wenn der Philosoph ferner überall erklärt, die
Materie konstituiere sich durch zwei Eigenschaften, die Bewegungsfähigkeit und die Widerständigkeit, wenn er durchgängig die Bewegung und den Widerstand als verschiedene
Dinge unterscheidet und einander entgegensetzt, so ist ja
selbst diese Thatsache nicht verständlich, wenn der Widerstand doch nur eine Bewegung darstellt. Dann hätte er die
Materie, aufser durch die Bewegung und den Widerstand, auch
durch die Kohäsion, die Elastizität und verschiedene andere
Eigenschaften, die doch nach Leibniz bekanntlich auch durch
die innere Bewegung der Materie verursacht werden, sich
konstituieren lassen müssen, was indessen niemals geschieht.
— Auch wäre endlich durchaus nicht einzusehen, wie neben
der Bewegung der Körperteilchen, durch welche die Kohäsion
und Elastizität bewirkt wird, noch eine andere, durch welche
der Widerstand bewirkt wird, Platz haben könnte; denn dafs
die letztere nicht mit der ersteren würde identifiziert werden
können, dafs der Widerstand nicht aus der Kohäsion abgeleitet werden könnte, ist klar und hat Leibniz selbst gesagt (5, 111 f.).

Wenn aufserdem der Widerstand sich auf die Bewegung
gründen, mit dieser schon gegeben sein würde, so wäre es
unbegreiflich, warum der Philosoph neben der Untersuchung
über das Prinzip der Bewegung noch eine solche über dasjenige des Widerstandes anstellt und vollends beide Untersuchungen auf das Schärfste voneinander trennt; mit dem
gleichen Rechte hätte er dann auch eine besondere Auseinandersetzung über das Prinzip der Kohäsion und dergleichen

geben können, was er bekanntlich nicht gethan hat. Und
überhaupt ist es schon jemals jemandem ernstlich in den
Sinn gekommen, die Erscheinung des Widerstandes durch
diejenige der Bewegung erklären zu wollen? Warum also
sollen wir Leibniz solche Ungereimtheiten imputieren? Entweder man erkennt in dem Körper überhaupt keinen Widerstand gegen die Bewegung an, sondern man gesteht ihm nur
Ausdehnung, Raumveränderung und höchstens noch Undurchdringlichkeit zu, wie dies Leibniz früher gethan hat. Oder
aber, man erkennt einen solchen Widerstand allerdings an,
dann mufs er auch eine selbständige Eigenschaft neben der
Bewegung bilden; aber ihn auf die Bewegung zurückführen
zu wollen, ist unmöglich.

Zu alledem kommt nun noch ein zweites. Hätte Leibniz
den Widerstand in der That als eine Reaktion, eine Thätigkeit aufgefafst, so müfste auch die passive Kraft, da sie ja
das Prinzip des Widerstandes ist, aus diesem abgeleitet und
nur wegen desselben angenommen wurde, mit Notwendigkeit
in einer Thätigkeit bestehen. Das ist ein Satz, den sicherlich niemand wird anfechten wollen. Allein eine solche
Konsequenz würde ja allen Angaben Leibnizens über die
Natur der passiven Kraft ins Gesicht schlagen. Erklärt er
doch überall übereinstimmend, dafs die passive Kraft etwas
rein Passives sei, dafs keine Thätigkeit, welcher Art auch
immer, aus ihr hervorgehe, dafs die aktive Kraft das alleinige und einzige Prinzip der Thätigkeit in der Substanz
darstelle, dafs die letztere ohne die aktive Kraft überhaupt
nicht thätig sein würde, dafs die passive Kraft toto genere
von der aktiven verschieden sei (vgl. z. B. 4, 512; 7, 523
und oft). Ja, schon der e i n e Umstand, dafs er die Substanz aus zwei Kräften, der aktiven und der passiven, zusammensetzt, zeigt zur Genüge, dafs die letztere nicht aktiv,
nicht thätig sein könne. Denn wäre sie das, so würde sie
sich eben nicht von der aktiven Kraft unterscheiden, sondern
höchstens eine bestimmte Äufserung dieser letzteren darstellen. Wenn aber Leibniz eine Äufserung der aktiven

Kraft als eine selbständige Kraft neben diese gestellt hätte, so wäre dies nicht blofs ungenau und unklar, wie man gesagt hat, sondern geradezu unbegreiflich, abgesehen davon, dafs er, wenn er so hätte verfahren wollen, den Substanzen noch verschiedene andere Kräfte hätte beilegen müssen, beispielsweise eine Kohäsionskraft, da ja auch die Kohäsion eine Folge, eine Äufserung der aktiven Kraft ist. Die Bestimmung, dafs die Substanz aus zwei Kräften, der aktiven und der passiven, bestehe, stellt es daher allein schon aufser Frage, dafs die letztere nichts Thätiges und der Widerstand also keine Thätigkeit sein könne.

Bisher hat man freilich die Sache gerade umgekehrt angesehen. Man nimmt als sicher an, dafs Leibniz den Widerstand als Reaktion gedacht habe, und da nun hieraus folgen würde, dafs die passive Kraft ebenfalls als Reaktion, als Thätigkeit zu denken sei, damit sich aber der Unterschied der passiven von der aktiven Kraft nicht vertragen würde, so schliefst man, dafs Leibniz sich eben einer Unklarheit schuldig gemacht habe, indem er die Substanz aus zwei Kräften zusammensetzte, dafs er nur hätte sagen dürfen, die e i n e thätige Kraft äufsere sich teils als Aktion, teils als Reaktion*). Und damit wäre dann einer der fundamen-

---

*) Vgl. Gesch. d. d. Phil. S. 119 Anm. Es heifst hier: „Es läfst sich hier eine gewisse Unklarheit nicht verkennen . . . . Leibniz hat streng genommen kein Recht, von einer passiven Kraft in den Monaden zu reden und diese der Widerstandskraft der Körper gleichzusetzen. Denn der Widerstand, den ein Körper dem Eindringen eines anderen entgegenstellt, beruht auf derselben Expansivkraft, die sich da, wo sie den Widerstand anderer Körper überwindet, als bewegende Kraft darstellt. Von den zwei Kräften, der Expansiv- und der Attraktivkraft, hat Leibniz nur die erstere angenommen: statt aber jene e i n e Kraft in zwei Kräfte zu zerlegen, durfte er nur sagen, sie äufsere sich teils als Bewegungs-, teils als Widerstandskraft, teils in der Aktion, teils in der Reaktion; von einer passiven Kraft zu sprechen, ist ungenau." In der That liegt hier nicht die geringste Schwierigkeit vor, sobald man den willkürlichen Begriff des Widerstandes als einer Reaktion aufgiebt. Auch ist es nicht richtig, dafs die aktive Kraft eine „Expansivkraft" sei. Wenigstens versteht man unter einer Expansivkraft doch gewöhnlich eine solche, die ihre Wirkungen über einen bestimmten Raum erstreckt, ausbreitet. Dafs davon aber bei der Leibnizischen Kraft keine Rede sein kann, ist klar, da sie etwas schlechthin Immaterielles ist und

talsten Sätze der Monadenlehre auf eine Unklarheit des
grofsen Denkers zurückgeführt. Dafs aber diese Argumentation nicht angeht, springt in die Augen. Wenn man freilich als feststehend voraussetzt, dafs Leibniz von einer Vorstellung über den Widerstand ausgegangen sei, die im
Widerspruche mit den Prinzipien seines Systems steht, dann
folgt selbstverständlich, dafs es mit diesen Prinzipien nicht
richtig bestellt sei. Allein wie kommt man denn eigentlich zu
einer solchen Voraussetzung? Hat man denn dieselbe zuvor
geprüft und gerechtfertigt oder auch nur den Versuch einer
solchen Rechtfertigung gemacht? Ist aber dies nicht der
Fall, dann wird sogleich die ganze Argumentation hinfällig.
Dann ergiebt sich eben aus der Erwägung, dafs der herrschende Begriff des Widerstandes den Prinzipien des Philosophen widerstrebt, nicht im entferntesten, dafs diese letzteren
auf einer Unklarheit beruhen, sondern dafs jener Begriff
falsch ist, wie wir vorher ausgeführt haben. Denn ändert
man diesen, so ist eben in dem System alles klar und in
schönster Ordnung.

Zur Erhärtung alles dessen (obwohl es einer solchen
gar nicht mehr bedarf) kann dann zum Schlusse auch noch
auf eine Stelle verwiesen werden, an welcher Leibniz ausdrücklich sich gegen die Ansicht verwahrt, als betrachte er
den Widerstand als eine Reaktion des widerstehenden Körpers gegenüber dem Andringen eines anderen. „Du sagst“,
heifst es in einem Briefe an Wagner, „dafs ich der Materie
eine aktive Kraft zugesprochen habe, und indem ich ihr
einen Widerstand zuteile, zugleich auch eine Reaktion und
mithin eine Handlung zugeteilt habe. Da also in der Materie ein aktives Prinzip sei, so scheine dies Prinzip zu den
Handlungen der Tiere zu genügen, ohne dafs es dazu einer
unzerstörbaren Seele bedürfe. Hierauf erwidere ich nun
fürs erste, dafs das aktive Prinzip von mir nicht der nackten

ihre Äufserungen in rein geistigen Thätigkeiten bestehen. Fassen wir
die Kraft als Expansivkraft, so kommen wir notwendig zu Fischers ver-
fehlter Theorie, auf die ich weiter unten kommen werde.

Materie zugeteilt wird, welche rein passiv ist und allein in
der Antitypie und der Ausdehnung besteht, sondern dem
vollständigen Körper, welcher überdies noch eine Entelechie oder ein aktives Prinzip enthält. Ich erwidere zum
zweiten, dafs der Widerstand der nackten Materie nicht eine
Handlung ist, sondern ein reines Leiden, indem er nämlich
eine Antitypie oder Undurchdringlichkeit in sich schliefst,
kraft deren sie zwar demjenigen Körper, der in sie eindringen will, widersteht, aber nicht ihn zurückstöfst (reper-
cutit)" (7, 528 f.).

In der That, wenn wir das einschlägige Quellenmaterial
über den vorliegenden Gegenstand prüfen, so kommen wir
zu einem Resultate, das von der traditionellen Ansicht weit
abliegt. Um dies zu zeigen, wollen wir zunächst ausein-
andersetzen, wie Leibniz sich den Widerstand im engeren
Sinne vorgestellt hat. Er versteht nämlich unter dem Widerstand einmal die Eigenschaft des Körpers, kraft deren er
keinen fremden Körper in den von ihm eingeschlossenen
Raum eindringen läfst, ohne dafs er selbst weicht, die Undurchdringlichkeit, und ferner die Eigenschaft, kraft deren er
auch der Bewegung sich widersetzt, den Widerstand im engeren
Sinne. Diesen letzteren Widerstand also, vermöge dessen der
Körper der Bewegung widersteht, wollen wir hier zunächst
allein in Betracht ziehen, die Undurchdringlichkeit aber vor-
läufig bei Seite lassen. Denn einmal handelt es sich in den
Erörterungen, in denen der Philosoph die Annahme einer
passiven Kraft begründet, fast immer in erster Linie um
diesen Widerstand, nicht um die Undurchdringlichkeit
(vgl. S. 147 f.; die bisherigen Darstellungen sind auch in
dieser Beziehung nicht korrekt), und sodann hat sich Leibniz
über die Natur der letzteren viel seltener geäufsert als über
diejenige des ersteren.

Dieser Widerstand beruht aber, wie die Quellen aufser
Zweifel stellen, nach Leibniz nicht auf einer Thätigkeit,

sondern auf der Passivität, auf der Trägheit der Materie *).
Die Widerständigkeit ist eine Folge der Trägheit des Körpers, derjenigen Eigenschaft desselben, kraft deren er sich
nur bewegt, wenn ein Grund zur Veränderung vorhanden
ist, wenn er von einem anderen gestofsen wird, und kraft
welcher er nur soviel lebendige Kraft annimmt, als der
stofsende auf ihn überträgt und somit selbst verliert, so dafs
die Ursache stets der Wirkung gleich ist und im Weltganzen sich immer dieselbe Summe der bewegenden Kraft
erhält: derjenigen Eigenschaft, vermöge deren der Körper
nur nach dem Gesetz von der Erhaltung der Kraft oder
nach dem Satze vom zureichenden Grunde bewegt werden
kann. Wir sagen eben von einem Körper, er leiste der
Bewegung Widerstand, weil er infolge seiner Trägheit nur
so viel Bewegung annimmt, als ein anderer Körper verliert,
weil er sich nur nach dem Satze von der Erhaltung der
Kraft bewegt; und gesetzt, es wäre den Substanzen, aus
denen die Welt resultiert, das Gesetz eingepflanzt, dafs sie
nur nach diesem Satze, nur in dem beschränkten Mafse
thätig sind, wie es durch diesen Satz gefordert ist, so wäre
ja damit die Thatsache des Widerstandes unmittelbar und
vollständig erklärt. Der Widerstand mufs also auf die absolute Passivität, auf die Trägheit der Materie zurückgeführt
werden.

Dafs dies die Meinung Leibnizens ist, ergiebt sich zunächst mit voller Evidenz aus dem Wesen der Monaden.
Jede Monade ist ja zunächst ein thätiges Wesen, sie ist

---

*) Fischer versteht freilich unter der Trägheit auch eine Thätig-
keit, eine Bewegung. So sagt er S. 327: „Jedem Körper ist eine gewisse Widerstandskraft, eine gewisse Energie, in seinem Zustande zu
beharren, welche die Physiker Trägheit nennen, von Natur eingepflanzt.
Ohne diese Kraft, vermöge deren ein Körper wirkt und immer wirkt,
können die Naturgesetze nicht verstanden werden“, und S. 361 spricht
er von einer „Energie des Beharrens“. Dafs dies unhaltbare Vorstellungen sind, wird jedermann zugeben. Niemand denkt sich unter
der Trägheit eine Thätigkeit. Befremdlich ist es übrigens, dafs der
Körper vermöge dieser Kraft wirken soll; nach meinem Dafürhalten
ist dazu die aktive Kraft da.

thätig; zugleich aber ist sie, wie es bei einer endlichen Substanz selbstverständlich ist, doch nicht in unbeschränktem, sondern nur in einem gewissen beschränkten Maße thätig. Sie ist also einerseits thätig, andererseits aber ist sie doch nur beschränkt thätig. Etwas anderes giebt es aber in der Monade überhaupt nicht, und man wird auch niemals, man möge die Natur derselben zergliedern, so lange man wolle, etwas anderes in ihr entdecken. Muß aber dies zugegeben werden, dann kann es natürlich auch in der Welt der Phänomene und näher in dem Körper, da ja doch die Monade das Prinzip des letzteren ist, nichts weiter geben als dies, daß er einmal thätig und sodann nur in beschränktem Maße thätig ist, oder daß er sich einmal bewegt und sodann sich nur nach ganz bestimmten Gesetzen bewegt. Da nun aber der Widerstand des Körpers nicht in einer Bewegung besteht, so kann er also nur darin bestehen, daß der Körper nur nach bestimmten Gesetzen und näher natürlich nur nach dem Gesetz von der Erhaltung der Kraft bewegt werden kann, d. h. in der Trägheit, der Passivität. Das folgt mit zwingender Notwendigkeit aus dem Wesen der Monaden, und so gewiß man keine andere Eigenschaften als die eben angebenen in den letzteren wird finden können, so gewiß wird man auch diese Konsequenz vorbehaltlos anerkennen müssen. Ein anderer Ausweg ist ja gar nicht möglich.

Weiter wird unsere Ansicht über die Natur des Widerstandes durch die schon berührten sehr zahlreichen Bemerkungen Leibnizens gefordert, daß die Materie, der Widerstand etwas rein Passives sei („materia est mere passiva“). Denn das heißt doch nichts anderes, als daß der Widerstand auf die Passivität der Materie sich gründe. Nicht minder klar geht dasselbe daraus hervor, daß das Prinzip des Widerstandes von Leibniz als eine passive Kraft bestimmt wird. Denn dies wäre eben ganz und gar unmöglich, wenn der Widerstand nicht ebenfalls etwas Passives wäre, in der Passivität des Körpers seinen Grund hätte. Von durch-

schlagender Bedeutung sind dann aber eine große Reihe
sonstiger Äußerungen des Philosophen, die jedweden Zweifel
an der Richtigkeit unserer Auffassung zerstreuen. Wir
wollen die hauptsächlichsten derselben hier zusammenstellen.

„Wir bemerken," sagt Leibniz, „in der Materie eine Eigenschaft, die natürliche Trägheit, durch welche der Körper
der Bewegung widersteht, so daß man Kraft anwenden muß,
um ihm solche zu geben, und daß ein größerer Körper
schwerer bewegt wird als ein kleiner" (4, 464). „Die Trägheit macht, daß die Materie der Bewegung widersteht oder
vielmehr, daß ein Körper, welcher sich schon bewegt, einen
anderen, der ruht, nicht mit sich fortreißen kann, ohne dadurch aufgehalten zu werden" (466). „Durch die Widerständigkeit kommt es, daß der Körper nicht weicht, ohne
die Bewegung des stoßenden etwas zu verzögern, und daß
er also in seinem vorigen Zustand zu verharren sucht . . . .
Den Widerstand oder die natürliche Trägheit erkannte
Cartesius daraus, daß die Körper eine neue Bewegung nur
durch Kraft annehmen und also dem bewegenden widerstehen und seine Kraft brechen. Dies würde nicht geschehen,
wenn nicht in dem Körper das Prinzip der Gesetze
der Bewegung vorhanden wäre, durch welches es kommt,
daß die Summe der Kräfte nicht vermehrt, noch vermindert werden kann und also der Körper von einem
anderen nur bewegt werden kann, nachdem die Kraft des
letzteren gebrochen ist" (395). „Daß die Körper an und
für sich träge sind, ist zwar wahr, wenn man dies dahin
versteht, daß, was einmal ruht, sich selbst nicht in Bewegung setzen kann und nicht ohne Widerstand zuläßt, daß
es von einem andern bewegt werde . . . . Die Materie
widersteht durch ihre natürliche Trägheit der Bewegung,
so daß sie nicht indifferent gegen Ruhe und Bewegung ist,
sondern zur Bewegung eine ihrer Größe entsprechende
aktive Kraft gebraucht" (510). „Die Materie wird ihrem
ursprünglichen Wesen nach zur Trägheit (tardivité) getrieben

oder zur Privation der Geschwindigkeit; nicht um sie durch
sich selbst zu vermindern, wenn sie diese Geschwindigkeit
empfangen hat, denn das würde h a n d e l n heifsen, sondern
um durch ihre Rezeptivität den Effekt des Eindruckes zu
vermindern, wenn sie ihn empfangen soll . . . . Auch lassen
die Erfahrungen des Stofses sehen, dafs man zweimal mehr
Kraft anwenden mufs, um dieselbe Geschwindigkeit einem
zweimal gröfseren Körper zu geben, was nicht nötig wäre,
wenn die Materie nicht diese n a t ü r l i c h e T r ä g h e i t
hätte, die ihr eine Art Widerstreben gegen die Bewegung
g i e b t" (6, 120). „Die Materie ist nur passiv und mufs
g e s t o f s e n werden, um zu handeln" (308). „Die natürliche Trägheit g i e b t der Materie einen Widerstand gegen
die Bewegung, durch den eine gröfsere Masse durch eine
und dieselbe Kraft geringere Geschwindigkeit erhält" (341).
„Die Widerständigkeit ist eine rein passive Sache" (587). „Die
Materie ist eine w e s e n t l i c h passive Sache" (3, 227). „Die
Widerständigkeit o d e r Trägheit b e s t e h t d a r i n, dafs ein
Körper einem anderen nicht ohne Schwierigkeit weicht und
nicht, ohne die Bewegung des stofsenden Körpers zu
schwächen" (260). „Der Widerstand der Materie ist nicht
eine Handlung, sondern ein reines Leiden" (7, 529). „Die
Trägheit m a c h t, dafs die Materie der Bewegung widersteht und dafs man Kraft anwenden mufs, um einen Körper
fortzubewegen" (5, 111). „Ein Körper beginnt nie eine Bewegung, ohne dafs ein anderer, der ihn berührt, solche in
entsprechendem Mafse nach den konstanten Gesetzen verliert, die wir in den Phänomenen beobachten" (2, 92;
ebso. 4, 442). „Alles bleibt in seinem Zustande, bis ein
Grund der Veränderung eintritt, was ein Prinzip von metaphysischer Notwendigkeit ist; aber ein anderes ist es, seinen
Zustand bewahren, bis etwas da ist, was verändert, wie dies
auch dasjenige thut, was gegen beides indifferent ist, ein
anderes ist es und enthält vielmehr, dafs eine Sache nicht
indifferent sei, sondern eine Kraft und gleichsam eine Neigung habe, ihren Zustand zu bewahren und m i t h i n dem

Verändernden zu widerstehen" (2, 170 f.). „Es ist dem
Gesetz der Kraft oder der Ursache und Wirkung zuwider,
dafs ein gröfserer Körper von einem kleineren ohne Verlust
für diesen bewegt wird" (184 u. 186). „Wenn man sagt,
es sei eine gröfsere Ursache oder gröfsere Kraft notwendig,
damit ein gröfserer Körper mit einer gegebenen Geschwindigkeit bewegt wird als ein kleinerer, so setzt man voraus,
dafs der Körper der Bewegung widersteht" (194) u. s. w.
Ganz besonders vergleiche man noch 3, 636, eine Stelle,
welche später wörtlich angeführt werden wird (vgl. S. 184)
und an der ausdrücklich die Widerständigkeit als eine Folge
davon dargestellt wird, dafs die Monaden nach dem Gesetz
von der Gleichheit der Ursache und Wirkung thätig sind. —
Dementsprechend bildet auch das Gesetz von der Erhaltung der Kraft oder der Satz vom zureichenden Grunde
für Leibniz das Prinzip aller Naturgesetze, wie dies bekannt ist.

Besondere Erwähnung verdient noch ein e Thatsache.
Leibniz erzählt nämlich, wie wir schon gehört haben
(vgl. S. 151), dafs er ursprünglich in dem Körper nichts
weiter als Ausdehnung, Undurchdringlichkeit und Raumveränderung anerkannt, dafs er aber keinen Widerstand gegen
die Bewegung in demselben zugelassen habe. Von dieser
Ansicht sei er jedoch durch die Beobachtung abgebracht
worden, dafs die Gesetze der Bewegung, z. B. dasjenige,
wonach ein Körper um so schwerer bewegt werden kann,
je gröfser seine Masse ist, mit derselben nicht vereinbar
seien, und dementsprechend handelt es sich ja auch in den
Erörterungen seiner monadologischen Schriften über den
Widerstand regelmäfsig nur um den Nachweis, dafs die allgemein anerkannten Bewegungsgesetze ohne einen besonderen
Widerstand der Materie gegen die Bewegung und also auch
ohne ein Prinzip für diesen Widerstand nicht erklärbar seien.
Wurde der Philosoph nun aber zu der Annahme eines Widerstandes durch die Betrachtung der Bewegungsgesetze, also
doch insbesondere durch das oberste derselben, durch den

Satz von der Erhaltung der Kraft, veranlaſst, so war es nur
natürlich, daſs seine Auffassung von der Natur des Widerstandes eben durch diesen Satz bestimmt wurde (obwohl
allerdings, wie sich nachher zeigen wird, der entscheidende
Grund hierfür in seinem ganzen Standpunkte lag), daſs er
sich denselben also als Trägheit dachte, da ja diese doch
wesentlich nichts anderes ist als die Eigenschaft, kraft deren
sich die Materie nur nach dem Satze von der Erhaltung der
Kraft bewegt. Und eben dieser Gedankengang leuchtet mit
voller Klarheit aus folgender, schon oben citierter Bemerkung am Ende jener kleinen Abhandlung des Philosophen
hervor, in der er ausführt, „was er einst in Bezug auf den
Körper für wahr gehalten und was ihn von dieser Meinung
abgeführt habe" (7, 280): „Aber als ich nachdachte, wie
über die Erfahrungsthatsache Rechenschaft abgelegt werden
könne, daſs, wenn die Masse vermehrt wird, die Geschwindigkeit sich vermindert, da stockte ich, und nachdem ich
alles vergeblich versucht, entdeckte ich, daſs diese sogenannte
Trägheit der Materie aus dem bloſsen Begriff der Materie
und der Bewegung nicht abgeleitet werden könne" (283).

Alle diese Daten beweisen nun unsere vorher ausgesprochene Ansicht in einer so bündigen, eklatanten Weise,
und insbesondere sind die beigebrachten massenhaften Erklärungen des Philosophen so unzweideutig und stringent,
daſs wir uns weiterer Worte enthalten können. Die Richtigkeit dieser Ansicht kann danach einem Zweifel nicht mehr
unterliegen.

Wir haben daher nur noch nachzuweisen, worauf die
Undurchdringlichkeit nach Leibniz beruht. Indessen können
wir uns hier kurz fassen. Denn es ist ja klar, daſs auch
diese nur in der Passivität der Materie ihren Grund haben
kann. Denn einmal sind der Widerstand gegen die Bewegung
und die Undurchdringlichkeit doch nur die Folgen einer und
derselben Eigenschaft der Materie, wie sie ja auch Leibniz
unter der allgemeinen Bezeichnung des Widerstandes
zusammenzufassen pflegt: die letztere kann also keine

andere Wurzel haben als die erstere. Sodann soll die
passive Kraft nach Leibnizens Angaben auch das Prinzip der
Undurchdringlichkeit sein, mithin mufs diese mit der Passivität der Materie sich decken, und das Gleiche folgt aus der
Erklärung, dafs die Materie etwas rein Passives sei, da auch
die Undurchdringlichkeit der Materie wesentlich ist. Endlich bemerkt es aber der Philosoph auch ausdrücklich. So
sagt er ja an der schon oben angeführten Stelle, dafs die
Undurchdringlichkeit nicht in einer Reaktion des Körpers
bestehe, sondern ein reines Leiden, also etwas rein Passives
sei, auf die Passivität der Materie sich zurückführe: „Der
Widerstand ist nicht eine Handlung, sondern ein reines
Leiden, indem er nämlich Antitypie oder Undurchdringlichkeit in sich schliefst, durch welche sie dem Eindringenden
widersteht, aber nicht ihn zurückstöfst" (7, 529). Ebenso
äufsert er: „Die Materie widersteht der Bewegung durch
ihre natürliche Trägheit, so dafs sie nicht indifferent gegen
Ruhe und Bewegung ist: daher setze ich in diese passive
Kraft zu widerstehen, die auch die Undurchdringlichkeit in
sich schliefst, den Begriff der ersten Materie" (4, 510). Dieselbe passive Kraft also, welche er zuerst als Trägheit
charakterisiert hatte, soll auch die Undurchdringlichkeit in
sich schliefsen, was nichts anderes heifsen kann, als dafs
auch die Undurchdringlichkeit von der Passivität der
Materie kommt. Auch über diesen Punkt kann daher kein
Zweifel sein.

Dafs aber aus der Passivität der Materie nicht blofs
der Widerstand derselben gegen die Bewegung, sondern auch
die Undurchdringlichkeit hervorgeht, ist leicht zu sehen.
Denn die Passivität ist eben die Eigenschaft der Materie,
in dem Zustande, in dem sie sich einmal befindet, zu beharren, also auch den von ihr eingenommenen Raum zu
behaupten. Damit ist es aber unmittelbar gegeben, dafs es
unmöglich ist, in einen von einem Körper umschlossenen
Ort einzudringen, bevor dieser selbst ihn verlassen hat, dafs
nicht zwei Körper in einem und demselben Orte existieren

können, kurz dafs der Körper undurchdringlich ist. Die
Undurchdringlichkeit ist eine notwendige Konsequenz von
der Passivität der Materie.

So ist die „reine Passivität" die Grundeigenschaft der
Materie, und diese äufsert sich in der doppelten Weise als
Undurchdringlichkeit und als Widerstand gegen die Be-
wegung.

Aus diesem Satze erklären sich dann auch ein paar
Bemerkungen Leibnizens, die scheinbar im Widerspruche mit
unseren Ausführungen stehen. Der Widerstand des Körpers
beruht auf der Passivität desselben, vermöge deren er sich
nur dann bewegt, wenn er von einem anderen Körper gestofsen, wenn von diesem Kraft auf ihn übertragen wird,
kurz vermöge deren er nur nach dem Satze von der Erhaltung der Kraft thätig ist. Die Widerständigkeit, die
Passivität der Materie steht daher in wesentlicher Beziehung
zu der Bewegungsfähigkeit, der Aktivität derselben; die
erstere weist ihrem Begriffe nach auf die letztere hin, und
diese bildet gleichsam das Komplement zu jener. Daher
kommt es, dafs Leibniz einigemal bemerkt, der Widerstand —
eben als die Eigenschaft der Materie, nur in beschränktem
Mafse sich zu bewegen, thätig zu sein, zu handeln — schliefse
ein Handeln und Leiden in sich, dafs er aus demselben auf
eine Kraft zu handeln und zu leiden schliefst (vgl. 4, 465 f.;
467; 2, 184)*), ja dafs er sogar einmal den Widerstand,
im Gegensatze zu seiner obigen Äufserung (vgl. S. 156),
eine Reaktion nennt, indem er sagt: „Die Natur des Körpers
fordert einen Widerstand oder eine Reaktion, welche ein
Handeln und ein Leiden, eine Antitypie in sich schliefst"

---

*) Wenn es 4, 465 E. heifst: „Der Begriff der Substanz bringe es
mit sich, dafs alles, was leidet, handelt und dafs alles, was handelt,
irgend eine Reaktion leiden mufs," so ist dies natürlich in voller Übereinstimmung mit meiner Ansicht. Leibniz will damit nur sagen, dafs
kein Körper handeln kann, auf den nicht Kraft übertragen wird, der
nicht leidet, und dafs umgekehrt derjenige Körper, der Kraft auf jenen
überträgt, der handelt, dafür einen entsprechenden Teil Kraft verliert,
also leidet, wie dies durch die wesentliche Passivität der Materie notwendig bedingt ist.

(7, 444). Diese Stellen widerlegen daher durchaus nicht unsere obigen Ergebnisse, da sie vielmehr mit diesen vollkommen verträglich sind.

Endlich sei noch darauf aufmerksam gemacht, dafs, wenn Leibniz einigemal sagt, der Körper widersetze sich der Bewegung oder er gestatte nicht, dafs er von einem anderen Körper durchdrungen wird u. dgl., daraus natürlich nicht geschlossen werden kann, dafs der Widerstand als Reaktion zu fassen sei. Die Passivität des Körpers hat eben zur Folge, dafs er sich der Bewegung widersetzt und dafs er keine Durchdringung zuläfst, oder dafs es wenigstens scheint, a l s o b er sich so verhalte.

Zum Schlusse mufs nun noch auf den Zusammenhang dieser Bestimmungen mit dem übrigen System hingewiesen werden. Auch sie nämlich sind eine blofse Folge des eigentümlichen Standpunktes des Philosophen. Leibniz nimmt, wie wir wissen, nicht an, dafs der Körper die E r s c h e i n u n g eines Objektiven, sondern dafs er s e l b s t in uns repräsentiert sei. Daraus aber ergab es sich mit Notwendigkeit, dafs er die Widerständigkeit des Körpers nicht als eine Thätigkeit, durch welche die Erscheinung, dafs er seinen Ort behauptet und nur unter bestimmten Bedingungen bewegt werden kann, e n t s t e h t, v e r u r s a c h t wird, sondern nur als die Eigenschaft s e l b s t des Körpers, sich blofs unter diesen Bedingungen bewegen zu lassen, d. h. nur als Passivität bestimmen konnte. Denn hätte er sie in dem ersteren Sinne bestimmt, so hätte dies ja zur Voraussetzung gehabt, dafs er den Körper für die E r s c h e i n u n g eines Realen hielt, dafs er glaubte, der Körper e n t s t e h e aus irgend welchen Substanzen. Leibniz versteht entsprechend seinem ganzen Standpunkte unter dem Widerstande nicht die U r s a c h e dafür, dafs der Körper nur nach dem Gesetze von der Erhaltung der Kraft zu bewegen ist, mithin eine Thätigkeit, welche dies bewirkt, eine Reaktion, sondern er versteht darunter diese Eigenschaft s e l b s t, wonach er nur so zu bewegen ist, mithin die Passivität, die Trägheit. So läfst sich auch diese Anschauung Leibnizens ohne eine Kenntnis jenes Standpunktes nicht vollständig begreifen, wie sie auch umgekehrt die Richtigkeit desselben in einer geradezu augenfälligen, schlagenden Weise bestätigt.

Diese Begriffsbestimmung der Widerständigkeit bildet zugleich das notwendige Komplement zu der früher angegebenen allgemeinen Definition des Körpers (vgl. S. 144). Wir haben schon oben bemerkt (vgl. S. 146), daſs man sich gemeinhin den Körper als eine Substanz zu denken pflegt, welche den Raum erfüllt, und daſs man diese Substanz als den Grund und die Ursache für die Bewegung und insbesondere für den Widerstand auszugeben pflegt, welchen Widerstand sie natürlich nur dadurch erzeugen könnte, daſs sie dem Andringen fremder Körper eine Reaktion irgend welcher Art entgegenstellt. Dieser Vorstellung liegt die stillschweigende Voraussetzung zu Grunde, daſs der Körper die Erscheinung, die Wirkung irgend eines Realen sei, daſs er aus diesem Realen entstehe. Da nun Leibniz diese Vorstellung überhaupt fremd ist, da er vielmehr der Überzeugung ist, daſs der Körper selbst in uns repräsentiert, ausgedrückt sei, so konnte er, wie wir oben gezeigt haben (vgl. S. 146 f.), den Körper natürlich nicht als die Ursache dafür, daſs er einen Raum erfüllt, als eine Substanz, welche den Raum erfüllt, definieren, sondern er muſste ihn in der Ausdehnung selbst einer Natur, nämlich der Thätigkeit und des Widerstandes, bestehen lassen. Damit war es dann aber zugleich gegeben und gefordert, daſs er auch unter der Widerständigkeit, im Gegensatze zu der gewöhnlichen Ansicht, nicht die Ursache dafür, daſs der Körper blofs nach bestimmten Regeln zu bewegen ist, sondern nur diese Eigenschaft selbst, sich blofs so zu bewegen, kurz die Passivität verstehen konnte, daſs also das Wesen des Körpers in die Ausdehnung der Thätigkeit und der Passivität, der Trägheit gesetzt werden muſste. So findet der Leibnizische Begriff des Körpers in der Erörterung über die Natur des Widerstandes seine notwendige Ergänzung.

Hiernach können wir uns wieder zu der oben angegebenen Darstellung Leibnizens über das Prinzip des Widerstandes wenden (vgl. S. 147 f.).

Man kann zunächst die Annahme aufstellen, es sei hier
Leibniz um die Lösung des Problems zu thun, wodurch der
Widerstand des Körpers entstehe, woraus sich die
Existenz desselben, die Thatsache, dafs wir in der Materie
einen Widerstand wahrnehmen, erkläre. In diesem Falle
würden seine Ausführungen so gedeutet werden müssen: Der
Körper besteht in der blofsen Ausdehnung, in der Ausdehnung
schlechthin; er kann daher keinen Widerstand leisten, da
die Ausdehnung gegen Ruhe und Bewegung indifferent ist.
Wenn also die Erfahrung lehrt, dafs er dennoch nur nach
bestimmten Gesetzen bewegt werden kann, wenn es dennoch
einen Widerstand in der Materie giebt, so kann diese Erscheinung nur von einer passiven Kraft herrühren, die den
Körper oder die Ausdehnung widerständig macht, ihn befähigt,
dem Andringen fremder Körper Widerstand entgegenzusetzen.

Dieser Auslegung wird wahrscheinlich jeder, der die
Erklärungen des Philosophen liest, zunächst beipflichten.
Dennoch ist dieselbe nicht haltbar. Denn einmal beweist
ja Leibniz keineswegs, dafs die Existenz des Widerstandes
ohne eine passive Kraft unmöglich sei, sondern dafs für denselben kein Grund angegeben werden könne, wenn wir
nicht eine passive Kraft einführen (vgl. S. 147 f.), was doch
nichts anderes heifst, als dafs wir allerdings auch abgesehen
von der letzteren die Erscheinung eines Widerstandes haben
würden, aber dafs man alsdann keine Ursache für denselben
aufweisen könnte oder, was ja daraus folgen würde, dafs er
alsdann ein blofses Phänomen wäre. Ferner aber geht jene
Auslegung schon deshalb nicht an, weil die Kraft keine
reelle Verbindung mit dem Körper hat, diesen mithin auch
nicht widerständig machen kann und weil der körperliche
Widerstand ebenso wie alle materiellen Vorgänge für Leibniz
ein reines Phänomen ist (vgl. darüber S. 37—40). Noch
wichtiger in dieser Beziehung ist aber ein anderer Punkt.

Diese Ansicht setzt nämlich voraus, dafs der Körper als solcher nicht widerständig sei, dafs es nicht zu seinem Begriffe gehöre, Widerstand zu leisten, dafs der Widerstand nicht eine konstituierende Eigenschaft desselben sei, sondern dafs er in der abstrakten Ausdehnung bestehe, dafs sein Begriff sich mit demjenigen der Ausdehnung schlechthin decke. Denn wenn der Materie wesentlich die Widerständigkeit zukäme, wenn dieselbe überhaupt erst durch die letztere gebildet würde, so könnte sie selbstverständlich nicht erst durch eine dritte Substanz widerständig gemacht werden, da ja dies erfordern würde, dafs sie abgesehen von dem Widerstande noch etwas sei.

Eine solche Voraussetzung ist nun aber nach dem, was wir früher gehört haben, schlechterdings unmöglich. Leibniz weist ja ausdrücklich und weitläufig nach, dafs der Körper nicht mit der Ausdehnung schlechthin verwechselt werden dürfe, dafs diese sogar nichts Seiendes, sondern ein abstrakter Begriff, ein leeres Abstraktum sei und dafs der Körper nur in der Diffusion des Widerstandes bestehe. Wird aber der Körper durch die Ausbreitung des Widerstandes konstituiert, ist also der letztere eine konstituierende Eigenschaft desselben, so ist der Körper wesentlich etwas Widerständiges, so giebt es keinen Körper ohne Widerstand, und diese beiden Begriffe können nicht voneinander getrennt werden. Das ergiebt sich aus den oben besprochenen Angaben Leibnizens mit Gewifsheit (vgl. S. 137 ff.).

Ist nun aber dies letztere der Fall, besteht der Körper seinem Begriffe nach in der Ausdehnung des Widerstandes, dann ist also die in Frage stehende Auffassung vollständig unhaltbar, da sie ja zur Voraussetzung hat, dafs der Körper mit der Ausdehnung schlechthin identisch sei. Mithin kann die passive Kraft nicht aus dem Grunde von Leibniz angenommen worden sein, weil der Körper als solcher nicht widerständig ist, sondern weil der Widerstand s e l b s t des Körpers keinen Grund hat, und nicht zu dem Zwecke, damit der Körper durch sie erst widerständig gemacht werde, son-

dern damit der Körper selbst in einem Wesen als ein
passives Vermögen repräsentiert sei; wie ja denn auch die
Definition des Körpers, welche Leibniz giebt, nach dem
früheren (vgl. S. 146 f.) auf das Engste damit zusammenhängt,
dafs er nach dem Prinzip der Dinge selbst fragt. Das ist
eine so notwendige und handgreifliche Konsequenz, dafs sich
ihr niemand wird entziehen können.

Es würden sich nun noch mancherlei Einwendungen
gegen die obige Deutung erheben lassen, Einwendungen, die
sich insbesondere auf die Begriffsbestimmung des körperlichen Widerstandes stützen würden. Denn diese steht ja
ebenfalls mit jener Frage nach dem Prinzip des Körpers
selbst in der innigsten Verbindung (vgl. S. 166 f.), mufs also
auch wieder zu dieser Frage hinführen. Indessen dürfte es
nicht mehr nötig sein, hierauf näher einzugehen. Wir können
daher jene Deutung als abgethan betrachten.

Handelt es sich mithin für Leibniz gar nicht um die Frage,
wodurch der Widerstand des Körpers entstehe, so kann
es sich also nur um das Prinzip des Widerstandes selbst
des Körpers handeln. Er setzt daher auch hier die Vorstellung des Körpers und seiner Widerständigkeit als etwas
Primitives, Unableitbares voraus mit der Bestimmung, dafs
alle speziellen Naturphänomene rein mechanisch, aus
dem Körper, seiner Bewegung und seinem Widerstand
deduziert werden müssen, und beweisen will er nur dies,
dafs das Prinzip des Widerstandes selbst in einer passiven
Kraft gefunden werden müsse.

Der Körper besteht nämlich in der Ausdehnung einer
Natur und näher in der Ausdehnung des Widerstandes.
Dieser Satz heifst aber nicht, wie wir hier noch einmal
wiederholen, der Körper sei eine widerständige Substanz,
welche den Raum erfüllt, sondern er bestehe in der
Ausdehnung selbst des Widerstandes, was etwas vollständig anderes ist. Damit erhebt sich aber unmittelbar die
dringende Frage, welches denn nun das Prinzip für diesen
Widerstand selbst des Körpers sei. Denn die blofse

Ausdehnung, welche ja doch das Wesen des Körpers ausmacht, kann keinen Grund für denselben abgeben, da sich
aus ihr überhaupt gar kein Widerstand ableiten läfst. Vielmehr ist die Ausdehnung in Bezug auf alle Veränderungen
indifferent, und aus ihr allein würden sich die Gesetze der
Bewegung nicht begreifen lassen. Soll es also einen Grund,
eine Ursache für den Widerstand des Körpers geben, soll
es ein Wesen geben, in welchem der Körper selbst als
passives Vermögen dargestellt, repräsentiert ist, so müssen
wir eine passive Kraft einführen. Wenn daher Leibniz sagt,
der Widerstand des Körpers rühre von der Kraft her u. dgl.,
so heifst dies nicht, der Körper werde durch die Kraft erst
widerständig gemacht, sondern der Körper sei selbst in ihr
als passives Vermögen repräsentiert.

Diese Deduktion ermöglicht nun zugleich eine nähere
Bestimmung der passiven Kraft. Vorweg aber müssen wir
noch eines bemerken. Die passive Kraft ist zunächst das
Prinzip des Widerstandes. Nun besteht ja aber die Materie
in gar nichts anderem als in der Ausbreitung des Widerstandes. Das Prinzip des Widerstandes ist daher zugleich
auch das Prinzip der Materie. Dementsprechend bezeichnet
denn auch der Philosoph die passive Kraft nicht blofs als
das Prinzip des Widerstandes, sondern ebenso häufig auch
als dasjenige der Materie. Und demgemäfs nennt er sie ja
auch selbst „materia prima", was eben nichts anderes heifst,
als dafs sie das Prinzip der „materia secunda" sei. Ja, er
setzt sie öfter auch der Materie schlechthin oder gar der
Masse gleich. So lesen wir: „Die passive Kraft konstituiert
die Materie oder die Masse." „Die aktive Kraft macht mit
der Materie oder der passiven Kraft die körperliche Substanz
aus" (4, 395). „In die passive Kraft des Widerstandes setze
ich den Begriff der ersten Materie oder der Masse" (510).
„Das erste Aktive wird durch die Materie oder das Passive
modifiziert." „In den Widerstand setze ich die Natur des
passiven Prinzips oder der Materie" (2, 171). „Die Materie

oder die passive Kraft wird durch die aktive Kraft ergänzt"
(301). „Die Aktivität kann keine Modifikation der ersten
Materie oder der Masse sein." „Die Form macht mit der
Materie eine einheitliche Substanz aus" (4, 511) u. ö.

Was nun die nähere Natur der passiven Kraft betrifft,
so soll dieselbe gemäfs ihrer obigen Ableitung das der Materie
entsprechende passive Vermögen sein. Was wir uns nun
zunächst unter einem passiven Vermögen im allgemeinen
zu denken haben, das wird uns nur die Natur der Passivität
der Materie lehren können. Diese besteht aber in derjenigen
Eigenschaft der Materie, kraft deren dieselbe sich nur nach
dem Gesetze von der Erhaltung der Kraft oder vom zureichenden Grunde bewegt. Ein passives Vermögen wird
also dasjenige sein, auf Grund dessen eine Substanz nur so
handelt, wie es mit jenem Gesetze verträglich ist. Nun ist
jedes Vermögen, wie aus dem vorigen Abschnitte ersichtlich
ist, etwas Einheitliches und Beharrendes. Die passive Kraft
wird mithin der eine und unveränderliche Akt sein, der
nur insoweit thätig ist, als es der Satz vom Grunde zuläfst,
sofern er nur insoweit thätig ist. Denn aus einem solchen
Akte werden nur Äufserungen folgen, die mit diesem Satze
verträglich sind. Dies ist das allgemeine Wesen der
passiven Kraft. Nun soll dieselbe aber nicht blofs ein
passives Vermögen im allgemeinen, sondern das der
Materie, einem bestimmten Körper entsprechende
Vermögen sein. Sie wird also im besonderen derjenige
Akt sein, der nur in dem Mafse thätig ist, als es diesem
bestimmten Körper nach dem Gesetze vom Grunde entspricht.
Jeder Körper bewegt sich ja nur insoweit, wie es dieses
Gesetz zuläfst; mithin wird das einem bestimmten Körper
korrespondierende passive Vermögen in einem Akte bestehen
müssen, welcher nur so thätig ist, wie dieser bestimmte
Körper nach dem Satze vom Grunde thätig sein mufs. Ein
solcher Akt wird aber derjenige sein, welcher nur die Bewegungen dieses bestimmten Körpers repräsentiert, soferne er nur diese repräsentiert. Denn ein Akt, welcher

nur die Bewegungen eines gewissen Körpers ausdrückt, ist selbstverständlich nur in dem Grade thätig, wie dieser Körper nach dem Gesetze von der Erhaltung der Kraft sich bewegt. Die passive Kraft ist mithin ihrem allgemeinen Wesen nach der e i n e und unveränderliche Akt, der nur in dem Mafse thätig ist, wie es der Satz vom Grunde erfordert, s o f e r n er nur insoweit thätig ist, und sie ist näher derjenige Akt, welcher nur die Bewegungen eines bestimmten Körpers repräsentiert, s o f e r n er nur diese repräsentiert.

Sofern nun dieser Akt t h ä t i g ist, die B e w e g u n g e n des Körpers darstellt, ist er natürlich das, was wir früher aktive Kraft nannten. Damit ergiebt sich eine bestimmte Beziehung zwischen der aktiven und der passiven Kraft. Beide sind e i n und d e r s e l b e permanente Akt. Aber dieser Akt heifst aktive Kraft, sofern er thätig und positiv, und er heifst passive Kraft, sofern er dem Satz vom Grunde unterworfen, nur in dem beschränkten Mafse thätig ist, wie es sich mit diesem verträgt, sofern er beschränkt und negativ ist; er heifst aktive Kraft, sofern er die B e w e g u n g e n eines Körpers, und er heifst passive Kraft, sofern er nur die Bewegungen eines K ö r p e r s ausdrückt. Die aktive und die passive Kraft bilden daher e i n e n Akt, e i n e Substanz.

Indessen darf dieser Satz nicht dahin mifsverstanden werden, als ob diese beiden Kräfte nur e i n e und d i e s e l b e K r a f t, nur die verschiedenen Seiten e i n e r K r a f t wären. Sie machen e i n e n A k t, e i n e S u b s t a n z, aber nicht e i n e K r a f t aus. Das ist ein grofser Unterschied. Jener Akt ist, sofern er thätig ist, das Prinzip für die Thätigkeiten, die Handlungen des betreffenden Wesens; er ist also eine aktive Kraft, da man ja doch unter einer Kraft gar nichts anderes versteht, als das unveränderliche Prinzip von Veränderungen. Sofern er aber beschränkt ist, ist er das Prinzip für die Leiden des betreffenden Wesens, ist also eine passive Kraft. Er konstituiert sich daher aus zwei Kräften, und mithin sind die aktive und die passive Kraft, trotzdem sie e i n e n A k t, e i n e S u b s t a n z bilden, dennoch nicht e i n e und d i e s e l b e

Kraft, sondern sie sind zwei verschiedene Kräfte, wie es Leibniz selbst überall sagt. Es folgt dies auch aus unserer ganzen Darstellung. Denn jenen Akt haben wir ja nur dadurch als das Wesen der Dinge erkannt, dafs wir uns zuerst durch die Betrachtung der Bewegung zu der Annahme einer aktiven und dann durch die Betrachtung des Widerstandes zu der Annahme einer passiven Kraft, dafs wir uns also zu der Annahme zweier besonderer Kräfte genötigt sahen. Verhält es sich aber so, dann ist es völlig selbstverständlich, dafs jener Akt aus zwei Kräften bestehen mufs, und wenn es nicht der Fall wäre, so würde dies im Widerspruche zu der Ableitung desselben stehen; daraus aber ergiebt sich dann von selbst, dafs die aktive und die passive Kraft zwar die beiden entgegengesetzten Seiten e i n e r S u b s t a n z, aber dennoch zwei verschiedene K r ä f t e sind und bleiben.

Dafs thatsächlich beide Kräfte, die aktive und die passive, in dem System des Philosophen e i n e Substanz bilden, ist bekannt. Der Grund aber für die substantielle Einheit beider ist aus dem vorhergehenden leicht zu ersehen. Die aktive Kraft ist das Prinzip der Bewegung, die passive dasjenige der Widerständigkeit. Diese aber besteht in der Eigenschaft des Körpers, vermöge deren er nur unter bestimmten Bedingungen in B e w e g u n g gesetzt werden kann. Die Bewegungsfähigkeit und die Widerständigkeit stehen daher in Beziehung zu einander und ergänzen sich gegenseitig, und so ist es nur natürlich, dafs die aktive und die passive Kraft die beiden sich ergänzenden Seiten e i n e r Substanz sind.

Die aktive und die passive Kraft machen also e i n e n und d e n s e l b e n Akt aus. Die aktive Kraft aber ist dieser Akt, sofern er thätig ist, sofern er die B e w e g u n g e n eines Körpers repräsentiert; die passive Kraft hingegen ist dieser Akt, sofern er beschränkt ist, sofern er nur die Bewegungen eines K ö r p e r s repräsentiert. Vermöge der aktiven Kraft

sind daher die Substanzen thätig, repräsentieren sie die
Bewegungen eines Körpers. Weil sie aber auch mit
einer passiven Kraft begabt sind, sind sie dem Gesetz von
der Erhaltung der Kraft oder vom zureichenden Grunde
unterworfen, sind sie nur beschränkt thätig, repräsentieren
sie nur die Bewegungen eines Leibes, drücken sie nur
dasjenige aus, was in ihrem Leibe vorgeht, stellen sie nur
die Veränderungen und Eindrücke vor, die ihr Leib erfährt,
sind sie mit der Leiblichkeit behaftet.

Dafs nun aber diese unsere Bestimmung der Natur der
passiven Kraft richtig ist, dafür bürgt uns in erster Linie
wiederum die thatsächliche Beschaffenheit der Monaden.

Die Monade ist ja zunächst ein thätiges Wesen, und
zwar drückt sie in ihrer Thätigkeit das gesamte Universum
aus. Näher aber drückt sie dies Universum, wie wir früher
schon bemerkten (vgl. S. 134 f.), nur nach Mafsgabe der
Eindrücke aus, welche es auf ihren Körper macht. Die Bedeutung dieses Satzes ist aber, worauf wir ebenfalls noch
einmal hinweisen, keine andere als die, dafs die Monade die
Welt nur vermittelst der Repräsentation der durch sie verursachten Bewegungen ihres Leibes, nur insofern und insoweit repräsentiert, als sie die Bewegungen ihres Leibes reprä-
tentiert und diese Bewegungen die äufseren Vorgänge wider-
spiegeln (ebda.). Und dafs der Philosoph unter diesem Leibe
und seinen Bewegungen, ebenso wie unter der Welt, welche
die Substanzen wahrnehmen sollen, wirkliche materielle
Phänomene versteht, dafs er also eigentlich sagen will, die
Monade repräsentiere die Phänomene der materiellen Welt
nur in Gemäfsheit der Repräsentation des Phänomens eines
Leibes und seiner Bewegungen (ebda.), auch dies mufs hier
abermals auf das eindringlichste eingeschärft werden.

So ist die Monade allerdings in erster Linie eine thätige
Substanz, und sie stellt in dieser Thätigkeit das gesamte
Universum dar. Indessen ihr Handeln ist kein grenzenloses,
wie dasjenige der Gottheit. Vielmehr kann sie das Universum nur insoweit darstellen, als sie die Veränderungen

ihrer Organe darstellt. Das ist nun aber auch die primitive, ja die einzige Schranke aller Monaden. Sämtliche andere Unvollkommenheiten derselben, insbesondere die Verworrenheit ihrer Vorstellungen, sind nur die Folge dieser originalen Beschränktheit.

Bisher ist man freilich anderer Ansicht gewesen. Man lehrt nämlich, dafs die alleinige oder doch wenigstens die ursprüngliche Schranke der Monaden allerdings in der Verworrenheit ihrer Vorstellungen bestehe, während man die Bestimmung des Philosophen, dafs dieselben das Universum nur nach den Bewegungen ihres Körpers darstellen, entweder überhaupt zu ignorieren, oder aber sie sogar aus jener Verworrenheit der Vorstellungen abzuleiten pflegt. Dafs diese Bestimmung indessen nicht einfach vernachlässigt werden kann, ist klar, zumal sie in den Quellen so häufig wiederkehrt wie kaum eine andere des Systems. Wenn man es aber für möglich gehalten hat, dieselbe aus dem Unterschied der Deutlichkeit und Verworrenheit der Vorstellungen deduzieren zu können, so ist dies der beste Beweis, dafs man sie überhaupt nicht richtig verstanden hat. Denn geben wir ihr diejenige Fassung, welche wir ihr vorher auf Grund der Quellen gegeben haben, so ist eben eine solche Deduktion, wie man ohne weiteres sieht, einfach ausgeschlossen *).

---

*) Vgl. Gesch. d. d. Phil. S. 118 f. Fischer hat allerdings eine andere Ansicht von dem Wesen der passiven Kraft entwickelt. Er versteht unter derselben nämlich eine körperliche oder, wie er sagt, „eine Körperkraft", diejenige Kraft, vermöge deren die Monade sich verkörpert, einen bestimmten Raum einnimmt und diesen gegen das Eindringen fremder Körper behauptet. „Die leidende Kraft ist die Widerstandskraft oder die widerstrebende Energie, wodurch die Monade alles Fremde von sich ausschliefst. Sie behauptet in der Monade das ausschliefsende Dasein, den ursprünglichen Naturzustand und kann daher Trägheit heifsen. Sie verneint alles, was von aufsen her jenen ursprünglichen Naturzustand bedroht, und kann insofern die Kraft der Ausschliefsung oder des Widerstandes genannt werden. Vermöge der leidenden Kraft verschliefst sich die Monade; sie setzt sich als undurchdringlich, und darum ist sie vermöge dieser Kraft ein Körper. Die leidende Kraft ist also Körperkraft etc." (S. 360). Die Thätigkeit dieser Kraft vergleicht Fischer mit einem sich bewegenden mathematischen Punkt; „denken

Ist aber dies der Fall, so fällt auch sofort die Ansicht, als ob die Begrenztheit der Monaden in erster Linie in der Verworrenheit ihrer Vorstellungen gesucht werden müsse. Es

wir uns nämlich den mathematischen Punkt in Thätigkeit gesetzt, so wird er sich in den räumlichen Dimensionen der Länge, Breite und Tiefe ausdehnen und auf diese Weise einen begrenzten Raum oder einen geometrischen Körper erzeugen. Genau ebenso bildet der metaphysische Punkt einen wirklichen, physischen Körper, indem er die ihm eingeborene Kraft der Undurchdringlichkeit bethätigt" (S. 361 f.). Die passive Kraft selbst nennt Fischer die materia prima. Aus dieser folgt der wirkliche Körper, die wirkliche Materie oder die reelle Ausdehnung. Dieses Ausgedehnte nennt Fischer die materia secunda (ebda.).

Seele und Körper machen daher nach ihm nicht zwei verschiedene Substanzen aus, sondern sie sind die Momente e i n e r und derselben Substanz. Diese Theorie verteidigt nun Fischer gegen die drei Einwände, dafs Leibniz die Seele und den Körper als eine substantia completa bezeichne, sie also scheinbar voneinander trenne, dafs er in dem Briefwechsel mit Des Bosses von einem vinculum substantiale spreche, welches von dem Körper unabhängig sein soll, und dafs er endlich in der Lehre von der prästabilierten Harmonie Seele und Körper als zwei verschiedene, durch Gott in Übereinstimmung gebrachte Substanzen behandle. Die beiden ersteren Punkte können wir übergehen, zumal sich das, was Fischer über das vinculum substantiale sagt, aus unserem ersten Abschnitte von selbst widerlegt. Was den letzteren Punkt anlangt, so spricht sich Fischer folgendermafsen aus: „Die Harmonie in ihrer Anwendung auf Seele und Körper b e g r e i f t nicht, sondern e r l ä u t e r t nur deren metaphysisches Verhältnis. Diese Erläuterung war ohne Zweifel mehr geeignet, andere über die endgiltigen Ergebnisse seiner Philosophie zu belehren, als deren erste Prinzipien in ihrem wahren Lichte zu zeigen. Denken wir uns Leibniz mit seinem Begriff der Monade, welcher Seele und Körper zugleich ist, gegenüber einem Zeitbewufstsein, welches von kartesianischen Begriffen eingenommen und in dem Dualismus von Seele und Körper befangen war, so begreifen wir wohl, wie diesem Bewufstsein unser Philosoph nur mit Hilfe der prästabilierten Harmonie deutlich werden konnte. Er konnte nur begreifen, dafs Seele und Körper eines sind; die herkömmliche Philosophie konnte nur begreifen, dafs Seele und Körper einander entgegengesetzt sind. Um dieser Vorstellungsweise nahe zu kommen, läfst er den Körper gelten als eine von der Seele verschiedene Substanz, und jetzt zeigt er, dafs zwischen beiden eine vollkommene Übereinstimmung stattfinde, dafs diese Übereinstimmung in beiden ursprünglich begründet sei" (S. 377 f.). Aber hier mufs ich mir doch die Frage erlauben, wen gedenkt eigentlich Fischer mit diesen Ausführungen zu überzeugen? Er scheint gar nicht zu bemerken, wie sehr willkürlich es ist, eine Lehre, die Leibniz in seinen massenhaften Schriften überall in der gleichen Fassung, oft sogar mit denselben Worten vorträgt, die er durchgehends in den Mittelpunkt seines Systems stellt und die er als eine seiner wichtigsten Entdeckungen betrachtete, so umzudeuten, dafs sie einfach illusorisch wird, ohne dafs Leibniz selbst auch nur den geringsten Anlafs giebt und ohne dafs in der Sache irgend eine Nötigung dazu liegt, ist Thatsache, dafs die Substanzen die Dinge nur von dem Standpunkte ihres Körpers, ihres Leibes aus repräsentieren; es ist Thatsache, dafs ihre Repräsentationen der Dinge teil-

---

lediglich aus dem Grunde, um eine von Fischer selbst erst eingeführte Theorie zu ermöglichen und noch dazu eine Theorie, die mit einer Menge hervorragender Bestimmungen des Systems in Konflikt steht. Und überdies würde Fischers Auslegung auch an sich selbst unhaltbar sein. Die prästabilierte Harmonie solle das Verhältnis von Seele und Körper nicht begreifen, sondern erläutern! Aber wozu bedurfte es denn einer solchen Erläuterung? Fischer mufs, um dieselbe erklärlich zu machen, annehmen, dafs die damaligen Philosophen so sehr in dem kartesianischen Dualismus von Seele und Körper befangen waren, dafs sie die Einheit beider nicht hätten fassen können. Allein giebt es eine unwahrscheinlichere Fiktion? Wenn Leibniz sagte, Seele und Körper bilden für ihn ein Wesen, es könne daher die Frage nach ihrer Übereinstimmung gar nicht mehr aufgeworfen werden, und alle Schwierigkeiten, die man sich in dieser Hinsicht gemacht habe, werden also durch sein System gehoben, würde dieser Satz wirklich für die damaligen Philosophen ein Rätsel gewesen sein? Wer soll denn das glauben? Das ist ja ein so klarer Gedanke, dafs ihn jedermann, er gehöre welcher Richtung immer an, verstehen mufs. Ja, es ist sogar ein viel einfacherer, leichterer Gedanke als die prästabilierte Harmonie selbst. Man kennt die Einwürfe und Zweifel, die Leibniz von seinen Zeitgenossen in Bezug auf diese Harmonie entgegengehalten worden sind: alle diese Einwürfe verschwinden sofort, sobald man die Einheit von Seele und Körper annimmt. Die Lehre von der prästabilierten Harmonie hätte daher die wirkliche Ansicht des Philosophen nicht erläutert, sondern verdunkelt. Und trotzdem sollte Leibniz an dieser Lehre hartnäckig festgehalten, eigene Schriften zu ihrer Verteidigung verfafst haben, während doch eine solche Verteidigung gar nicht nötig gewesen wäre, wenn er seine wahre Meinung herausgesagt hätte? Nein, das ist unglaublich, und Fischers Auslegung ist also falsch.

Aber Fischer irrt sich auch gewaltig, wenn er meint, dafs dies die einzigen Schwierigkeiten seien, die sich seiner Ansicht von dem Wesen der passiven Kraft entgegenstellen. Es sind sogar nicht einmal die nächstliegenden oder die am schwersten wiegenden. Nach Fischer würde die Monade ein ausgedehntes Wesen, und die Ausdehnung mit allen ihren Eigenschaften würde etwas Reales sein. Denn wenn man auch sagen könnte, dafs die Materie als solche ein Phänomen sei, indem das, was uns als Materie erscheint, nur die Wirkung, der Ausflufs einer expansiven Kraft sei, so würde doch unzweifelbaft die Ausdehnung als etwas Reales, Substantielles angesehen werden müssen: Die Dinge würden vermöge ihrer Kraft an und für sich einen bestimmten Raum einnehmen, sie würden wirklich, auch abgesehen von einem anschauenden Subjekt, ausgedehnt sein. Man braucht diese Konsequenz nur auszusprechen, um die Unmöglichkeit der Fischerschen Theorie einzusehen. Denn es ist ein Grundsatz der Monadenlehre, mit dem diese steht und fällt, dafs alle Substanzen schlechthin einfach, unteilbar, unausgedehnt sind und dafs die gesamte materielle Welt einschliefslich der Ausdehnung ein reines Phänomen ist. Das hat Leibniz selbst in allen seinen Schriften mit den unzweideutigsten Worten ausgesprochen.

weise verworren sind. Sie sind also in doppelter Beziehung limitiert. Da nun natürlich die eine Limitation nicht unab-

Es wird Fischer niemals gelingen, diese Sätze mit seinen Anschauungen in Einklang zu bringen. Überdies soll die materia secunda nach Fischer die Wirkung der passiven Kraft sein. Und doch sagt Leibniz, dafs dieselbe nicht blofs teilbar, sondern wirklich ins Unendliche geteilt sei. Diese Thatsache scheint nun Fischer allerdings keine Schwierigkeiten zu bereiten. „Wie nämlich die Ausdehnung", sagt er, „an sich teilbar, beweglich ist, so ist die Kraft, welche die Ausdehnung erzeugt, notwendig teilend, bewegend. Wie es in der Natur der Kraft liegt, thätig und immer thätig zu sein, so ist durch jene in der Natur der Dinge enthaltene Körperkraft von Anbeginn eine geteilte, bewegte Materie gegeben. Und wie jene immer wirkenden Kräfte allgegenwärtig sind, so ist die Materie überall geteilt und in allen ihren Teilen bewegt" (S. 363). Allein das scheinen mir nicht viel mehr als blofse Worte zu sein. Die Kraft soll teilend sein! Was soll sie denn teilen? Doch nicht sich selbst? Aber aufser ihr giebt es ja überhaupt nichts zu Teilendes! Die Materie soll ins Unendliche geteilt sein! Ist das wahr, dann kann sie also nicht die Wirkung einer Kraft sein, dann mufs sie aus unendlich vielen Substanzen bestehen. Denn „geteilt sein" heifst nichts anderes als: aus vielen Dingen zusammengesetzt sein. Kurz, die Thatsache, dafs die materia secunda ins Unendliche geteilt ist, schliefst es definitiv und absolut aus, dafs sie eine Kraft, eine Monade darstellt, und keine Sophisterei der Welt wird instande sein, diese beiden Bestimmungen zu vereinigen. Auch sagt ja Leibniz oft ausdrücklich, dafs die materia secunda ein Aggregat von Substanzen, von Monaden sei. Es würden sich nun noch eine Masse von Einwendungen gegen Fischers Auffassung geltend machen lassen; unter anderem erweisen sich alle Angaben Fischers, die auf dieser Auffassung fufsen, wie z. B. diejenigen über die Zweckthätigkeit der Substanzen, als völlig willkürlich und haltlos. Indessen brauchen wir wohl nicht weiter auf die Sache einzugehen, da Fischer, soviel ich sehe, ohnehin in diesem Punkte keine Anhänger hat.

Nur auf eine merkwürdige Konsequenz dieser Theorie möchte ich noch hinweisen. Da nämlich die Monaden, wenigstens die höher entwickelten von ihnen, wie die Seelen der Menschen, erfahrungsmäfsig mit einem Körper begabt sind, der einen gröfseren Umfang hat, als wir dies von demjenigen Körper erwarten könnten, der eine Wirkung der passiven Kraft ist, so müssen wir von Fischers Standpunkt aus annehmen, dafs ihnen aufser dem letzteren noch ein zweiter, gröfserer Körper eignet, der natürlich ein Aggregat anderer Monaden ist. Das ist denn auch Fischers Meinung. Nachdem er nämlich gezeigt hat, dafs den Monaden eine vorstellende Kraft zukommt und dafs dieselben eine stetige Reihe von Substanzen ausmachen, welche vom Niederen zum Höheren, vom Unvollkommneren zum Vollkommneren aufsteigt, spricht er sich über den Unterschied der höheren und niederen Organismen etwa so aus (S. 440 ff.): Da innerhalb des Stufenreiches der Welt jede höhere Bildungsform alle niedrigeren in sich enthält oder deutlich vorstellt, so wird eine Monade um so vollkommener sein, je mehr von den anderen Monaden sie vorstellt. Nun ist aber, wie Fischer annimmt, die deutlichste Vorstellung der Monade ihr (aus der passiven Kraft resultierender) Körper. Je mehr Wesen also dieser Körper ausdrückt, um so mehr wird die Monade deutlich vorstellen. Repräsentiert nun aber eine

hängig von der anderen sein kann, so fragt es sich, welche
von ihnen die primitive und welche die sekundäre ist.   Die

Monade in dieser Weise vermittelst ihres Körpers eine Anzahl anderer,
so verhält sie sich zu diesen wie die herrschende Monade zu den unter-
geordneten, wie die Seele zu ihrem Körper, und das Ganze ist dann
ein beseelter Körper, ein Organismus höherer Ordnung. Hiernach würden
also die Monaden nicht nur e i n e n, sondern zwei ausgedehnte Körper
haben, einen kleineren und einen gröfseren, einen, welcher durch ihre
passive Kraft konstituiert wird, und einen, welcher aus einem Aggregat
von Substanzen besteht, und da sie wesentlich eine Vorstellung von
dem haben, was sie sind, so würden sie auch zwei ausgedehnte Leiber
vorstellen müssen. Dieser Satz widerspricht indessen nicht blofs der
Erfahrung, sondern er ist überhaupt so seltsam, dafs ohne weiteres klar
ist, Leibniz könne denselben nicht aufgestellt haben. Aufserdem würde
sich die Monade in diesem Falle sowohl zu dem Körper der passiven
Kraft als auch zu jener Vielheit fremder Monaden als Seele verhalten,
und es würde damit eine unerträgliche Unklarheit in das System gebracht werden. Und diese Unklarheit wird nicht im Geringsten gehoben
durch den subtilen Unterschied, den Fischer einführt, wenn er sagt:
„Das Verhältnis von Seele und Körper, wie es in der Monade als solcher besteht, ist u n m i t t e l b a r e Einheit; das Verhältnis von Seele und
Körper aber, wie es zwischen Monaden besteht zufolge ihrer natur-
gemäfsen Stufenordnung, ist n ä c h s t e V e r w a n d t s c h a f t; diese letztere
Beziehung ist der ersteren ähnlich, aber nicht gleich; das Gemeinsame
beider Verhältnisse ist die Unterordnung, nur dafs diese Unterordnung
in der unmittelbaren Einheit zwischen Faktoren e i n e s Individuums, in
der nächsten Verwandtschaft zwischen verschiedenen Individuen stattfindet. . . . Man könnte den Unterschied zwischen beiden Begriffen
auch so bezeichnen, dafs in dem ersteren Falle der Körper die e i n-
geborene Kraft, hier dagegen das a n g e b o r e n e Reich der Seele ausmacht“ (S. 442). Nebenbei bemerkt, wenn Fischer in dem betreffenden
Abschnitte ausführt, dafs zwischen den Monaden ein Verhältnis der
Unterordnung stattfinde, das bei der unendlichen Verschiedenheit oder
dem Stufenreich der Monaden „als entferntere, nähere und nächste Verwandtschaft“ (S. 441) erscheine, und wenn er dann von diesem Gesichtspunkte aus das Folgende behandelt, so hat diese Ausdrucksweise in den
Quellen keinen Grund. Eine exakte Darstellung des Systems darf doch
auch in der Form nicht ganz und gar willkürlich vorgehen.
    Wenn übrigens Fischer, wie vorher angeführt wurde, sagt: „Wie
die Ausdehnung beweglich ist, so ist auch die Kraft, welche die Ausdehnung erzeugt, bewegend etc.“ und wenn er weiterhin als Folge der
Einführung der passiven Kraft dies angiebt, dafs „die Materie bei
Leibniz von Natur vollkommen geteilt, bewegt und bis in die kleinsten
Teile gestaltet, überall lebendig und thätig ist, und dafs ihre Bewegung
durch innere spontane Kräfte hervorgebracht wird und daher in ihrem
Ursprunge dynamisch ist“ (S. 363 f.), so ist auch das nicht haltbar.
Denn nach Leibniz ist nicht die passive, sondern die aktive Kraft das
Prinzip der Bewegung, und zwar ist sie es nicht blofs insoferne, als sie
der Bewegung das Ziel und die Richtung giebt, wie dies Fischer viel-
leicht entgegnen möchte, sondern sie erscheint überall schlechthin und
für sich allein als die bewegende Kraft. Durch die passive Kraft ent-

Antwort aber auf diese Frage kann nicht im mindesten zweifelhaft sein. Denn daraus, dafs die Substanzen die Dinge nur nach deren Beziehung zu ihren Organen ausdrücken, folgt allerdings mit unabweislicher Notwendigkeit, dafs sie dieselben gröfstenteils nur konfuse ausdrücken können; nie und nimmer aber kann daraus, dafs die Substanzen die Dinge gröfstenteils nur konfuse ausdrücken, gefolgert werden, dafs sie die Welt nur gemäfs der Repräsentation des Phänomens eines Leibes und seiner Bewegungen repräsentieren. Das ist schlechterdings unmöglich und wird niemals jemandem gelingen *). Die Tradition ist also falsch. Die ursprüngliche Schranke der Substanzen ist diese, dafs sie die Welt nur gemäfs den Veränderungen ihres Körpers darstellen. Dieser Satz darf unter allen Umständen, man möge im übrigen die Monadenlehre auffassen wie man wolle, als zweifellos gelten.

Die Passivität, die passive Kraft der Monaden besteht also darin, dafs sie lediglich die Bewegungen ihres Körpers und nur insofern auch das Weltganze oder, wenn wir von der Vorstellung der Welt als einer Folge der

---

steht keine Bewegung, sie ist etwas rein Passives, sie ist das Prinzip nicht der Bewegung oder der Thätigkeit, sondern ihres Gegenteils, der Trägheit oder der Materie. Das Prinzip der Bewegung ist allein und ausschliefslich die aktive Kraft.

Ebenso falsch ist eine andere Bemerkung Fischers. Er sagt: „An sich betrachtet, ist die Kraft als solche nicht ausgedehnt, aber in der Körperkraft liegt das Streben nach Ausdehnung, wie in der Denkkraft das Streben nach Vorstellung. Darum sagt Leibniz, dafs die materia prima nicht „in extensione", sondern „in extensionis exigentia" bestehe" (S. 361). Das ist nicht die richtige Erklärung dieser Ausdrücke. Denn der Philosoph sagt in demselben Briefwechsel mit Des Bosses, in welchem diese vorkommen, auch von der Seele oder substantiellen Form, dafs die Monaden ihres Körpers nicht notwendig mit ihr vereinigt seien, sondern dafs sie dieselben nur „exigiere". Da nämlich die Seele das als Einheit, was der Körper als Vielheit ist, so liegt es in ihrem Begriffe, dafs ihr ein Aggregat von Substanzen, also Monaden, entspricht, sie fordert oder postuliert kraft ihrer Natur solche Monaden, und dieses Postulieren versteht eben Leibniz unter dem „Exigieren". Genau ebenso verhält es sich mit der passiven Kraft. Denn da sie das der ausgedehnten Masse entsprechende passive Vermögen ist, so postuliert oder „exigiert" sie ein Ausgedehntes. wiewohl sie selbst nicht ausgedehnt ist.

*) Vgl. Gesch. d. d. Phil. S. 121 f.

Vorstellung der körperlichen Bewegungen absehen, daſs sie
bloſs die Bewegungen eines Körpers in sich darstellen,
sofern sie nur diese darstellen. Dieser Schluſs ist notwendig, sobald man überhaupt einmal zugiebt, daſs die Beschränktheit der Monaden von der angegebenen Art sei.
Diese aus den Resultaten des Systems deduzierte Bestimmung der passiven Kraft ist aber, wie man sieht, mit derjenigen identisch, welche wir durch unsere obigen Untersuchungen gefunden haben.

Zur Erhärtung dieser Bestimmung kann aber sodann
noch einiges andere dienen.

Zunächst der Umstand, daſs Leibniz die passive Kraft
auch die erste Materie oder schlechthin Materie oder Masse
nennt (siehe S. 171 f.). Wir hatten diese Ausdrücke damit
erklärt, daſs die passive Kraft das Prinzip der Materie ist.
Erst jetzt aber erhält sie ihr volles Licht. Denn ob man
sagt, die Substanzen repräsenticren wegen ihrer Passivität
nur die Bewegungen eines Körpers (und nach diesen die
Welt), oder sie seien mit der Leiblichkeit, mit der Materie,
der Masse behaftet, macht keinen Unterschied. Wird also
die passive Kraft im ersteren Sinne gefaſst, so ist die Gleichstellung derselben mit der Materie nur natürlich.

Vermöge der aktiven Kraft ist sodann die Substanz
thätig, vermöge der passiven hat ihre Thätigkeit nur dasjenige Maſs, welches mit dem Satz vom Grunde verträglich
ist. Beide Kräfte weisen daher auf einander hin, ergänzen
sich gegenseitig, die eine bildet gleichsam das Komplement
der anderen. Das lehrt aber auch Leibniz: „Die Entelechie,“ sagt er, „ist mit der passiven Kraft verbunden,
welche die erstere ergänzt (complet)“ (2, 250, auch 252).
„Durch die aktive Kraft wird die Materie oder die passive
Kraft ergänzt“ (301). „Die erste Materie oder die passive
Kraft ergänzt die Entelechie oder die aktive Kraft, sodaſs
eine vollständige Substanz (substantia perfecta) daraus resultiert“ (306). „Die erste Materie ist jeder Entelechie
wesentlich und wird nie von ihr getrennt, da sie dieselbe

ergänzt und die passive Kraft der vollständigen Substanz
(substantia completa) ist" (324; auch 378). „Die erste Materie ist keine vollständige Substanz, und es mufs also die
Seele oder die substantielle Form hinzukommen" (4, 512) u. a.
Und demgemäfs pflegt der Philosoph die Begriffe des Handelns und Leidens, ebenso wie die entsprechenden der Bewegung und des Widerstandes, wie Korrelatbegriffe nebeneinander zu setzen. So sagt er: „Die Ausdehnung ist un-
unfähig der Handlung und des Widerstandes, welche nur
der Substanz zukommen" (4, 467). „Die Kraft macht die
Materie fähig, zu handeln und zu widerstehen" (472). „Aus
der Kraft gehen die Handlungen und Leiden hervor" (507).
„Die Substanz der Dinge besteht in der Kraft zu handeln
und zu leiden" (508 u. ö.).

Die passive Kraft ist ferner das Vermögen, auf Grund
dessen die Substanzen nur in begrenztem Mafse thätig sind.
Sie bildet daher eine Schranke ihrer Thätigkeit. Eine Bestätigung hierfür ist es, wenn Leibniz von den Schranken,
den Grenzen, der Limitation, der Privation, der wesentlichen
Unvollkommenheit der Substanzen u. dgl. spricht. „Was den
Dingen Unvollkommnes bleibt," sagt er z. B., „kommt aus
der wesentlichen und originalen Limitation der Kreatur"
(6, 603 A). „In den Dingen giebt es Grenzen oder
Schranken" (613, 41). „Der Kreatur ist es wesentlich, begrenzt zu sein" (614, 47) u. s. w. Besonders häufig bewegt
er sich in diesen Ausdrücken in der „Theodicee", in der es
sich ja bekanntlich grofsenteils um die Rechtfertigung der
Unvollkommenheit der Dinge, des physischen und moralischen Uebels handelt. Auch vergleicht er dort öfter diese
Beschränktheit der Substanzen mit der Trägheit der Materie
(so 6, 119, 341, 449; vgl. auch 7, 414, 102).

Da weiterhin die passive Kraft die Ursache davon ist,
dafs die einzelne Substanz nur so handelt, wie es mit allen
übrigen nach dem Satz vom zureichenden Grunde verträglich ist, so sind alle Substanzen wesentlich auf einander
bezogen. Damit stimmt es überein, wenn Leibniz die passive

Kraft und überhaupt die Materie, wie bekannt, das Band
der Dinge nennt (so 2, 324; 6, 546 u. a.).

Endlich sei noch auf eine Auslassung des Philosophen
speziell hingewiesen, weil dieselbe die oben vorgetragenen
Ansichten über das Wesen der passiven Kraft besonders zu
bekräftigen geeignet ist. „Wie die Materie,“ sagt er nämlich,
„selbst nur ein Phänomen ist, so verhält es sich auch mit der
Trägheit, welche eine Eigenschaft dieses Phänomens ist. Es
muſs scheinen, daſs die Materie etwas ist, was der Bewegung widersteht und daſs ein kleiner in Bewegung befindlicher Körper einen groſsen in Ruhe befindlichen nur in
Bewegung setzen kann, indem er von der seinigen verliert;
sonst würde die Wirkung ihre Ursache überschreiten; so
scheint es, daſs die Materie etwas ist, was der Bewegung
widersteht, die man ihr zu geben versucht. Aber in dem
Innern der Dinge müssen, da ja die absolute Realität nur
in den Monaden und in ihren Vorstellungen ist, diese Vorstellungen bestimmt geregelt sein, d. h. so, daſs die Zweck-
mäfsigkeitsregeln sich darin erhalten, wie z. B. diese, daſs
die Wirkung ihre Ursache nicht überschreiten darf“ (3, 636).
Der Widerstand der Materie gründet sich also darauf, daſs
die Substanzen nur so handeln, daſs das Gesetz von der Gleichheit der Ursache und Wirkung nicht verletzt wird, woraus
dann ohne weiteres folgt, daſs die passive Kraft dasjenige
Vermögen ist, kraft dessen die Substanzen nur in diesem
Sinne thätig sind.

Diese Erörterungen verbreiten nun, um dies sogleich
hier zu erledigen, auch über die Stellung, welche das Gesetz
von der Erhaltung der bewegenden Kraft oder, was dasselbe
heiſst, von der Gleichheit der Ursache und Wirkung in der
Monadenlehre einnimmt, ein klares Licht. Da die Widerständigkeit der Materie von Leibniz als das Vermögen bestimmt wird, kraft dessen sie dem Satze von der Erhaltung
der Kraft unterworfen ist, die Monaden aber die Prinzipien

der Widerständigkeit sind, so ist dieser Satz dem System vorausgesetzt; er bildet eine jener Voraussetzungen, auf Grund deren Leibniz seine Monaden erst gefunden hat. Ebendarum sind die letzteren auch von vornherein und ihrer Natur nach Wesen, welche nur so handeln, wie es dieses Gesetz zuläfst, welche sich nach diesem Gesetze regeln. Keineswegs aber ist das letztere erst eine Folge der Monadenlehre, wie man bisher gemeint hat. Thatsächlich würde es sich auch auf gar keine Weise aus den Monaden ableiten lassen, wenn Leibniz es nicht schon ursprünglich und ausdrücklich in sie hineinverlegt hätte. Man hat freilich eine solche Ableitung geben zu können geglaubt; indessen man täuscht sich darin. Da nämlich die Monaden nach Leibniz auf natürlichem Wege weder entstehen noch vergehen, also auch ihre Menge weder vermehrt noch vermindert werden kann, so, sagt man, folge aus der Natur der Substanzen, dafs sich stets dieselbe Summe der Kraft erhalte *). Allein dieser Schlufs ist ganz und gar irrig. Daraus, dafs die Anzahl der Substanzen keine Änderung erleidet, würde sich nur ergeben, dafs die b e h a r r e n d e Realität, welche der wechselnden Thätigkeit jeder Monade als ihr Subjekt und Substrat zu Grunde liegt, sich unveränderlich gleich bleibe; niemals aber würde sich daraus ergeben, dafs die w e c h s e l n d e n

---

*) Vgl. Gesch. d. d. Phil. S. 128: „Der Satz von der Erhaltung der Kraft ist durch die Voraussetzungen der Monadenlehre gefordert. Denn wenn die Substanz der Körper anerkanntermafsen weder vermindert noch vermehrt werden kann, da man ja sonst ein absolutes Entstehen oder Vergehen annehmen müfste, diese ihre Substanz aber nicht in der Masse, sondern in den wirkenden Kräften besteht, so folgt unmittelbar, dafs die Summe der Kräfte in der Welt sich unveränderlich gleich bleibt." Ebenso sagt Fischer: „Wenn die Monaden ewig sind, so existieren alle zugleich im Ursprung der Welt, keine hat eine Priorität vor der anderen: Die Summe des Universums ist ewig dieselbe. Wie jede einzelne Monade sich auch entwickele, welche Ordnung in allen stattfinde: es ist unmöglich, dafs eine neue Monade erzeugt oder eine vorhandene vernichtet werde, dafs der Weltinhalt sich vermehre oder vermindere, dafs der Inbegriff aller Dinge zu- oder abnehme. Mithin bleibt die Summe aller in der Welt wirkenden Kräfte ewig dieselbe" (S. 393). Wenn es übrigens in der Gesch. d. d. Phil. a. a. O. heifst: „Leibniz behauptet, das Gesetz von der Erhaltung der Kraft lasse sich nicht mit aller mathematischen Strenge demonstrieren, und gebraucht es als Beweis

Zustände der Substanzen in jedem Momente, miteinander addiert, die gleiche Gröfse von Kraft ausmachen. Die Monaden würden ja doch sehr wohl — es ist dafür nirgends auch nur der geringste Hinderungsgrund zu entdecken — auch so angelegt sein können, dafs die Summe von Realität, welche sie produzieren, in einzelnen Zeitpunkten gröfser, in anderen kleiner wäre. Und selbst wenn dies zufällig nicht der Fall wäre, so würde immer noch nicht folgen, dafs innerhalb des einzelnen Zeitpunktes jeder Abnahme von Kräften auf e i n e r Seite eine genau proportionale Zunahme von Kräften auf einer g a n z b e s t i m m t e n anderen Seite entspräche. Denn unzweifelhaft könnten die Monaden auch in dieser Beziehung so beschaffen sein, dafs zwar jeder Augenblick die gleiche Quantität von Kraft aufwiese, dafs aber diese Gleichheit keinen bestimmten Regeln unterworfen wäre, dergestalt, dafs der Kraftverminderung in gewissen Substanzen eine Kraftsteigerung in g a n z b e l i e b i g e n andern gegenüberstände. Wenn aber Leibniz sagt, es erhalte sich stets dieselbe Summe der bewegenden Kraft, so versteht er darunter nicht die Summe der beharrenden Realität, von der wir zuerst sprachen, sondern er meint, für den Verkehr der Substanzen untereinander gelte die Regel, dafs keine von ihnen auf eine andere Kraft übertragen kann, ohne selbst in entsprechendem Mafse solche zu verlieren, und dafs auf sie selbst keine Kraft übergehen könne, ohne dafs genau angebbare andere Substanzen einen bestimmten Teil ein-

für den Satz, dafs die Gesetze der Bewegung durch Zweckmäfsigkeitsgründe Gottes bedingt seien. Indessen läfst es sich nicht allein ganz allgemein aus dem logischen Gesetz des zureichenden Grundes und dem metaphysischen der Kausalität ableiten etc.", so scheint damit angedeutet werden zu sollen, dafs es m i t h i n notwendig sei. Diese Folgerung wäre nicht richtig. Denn das Gesetz von der Gleichheit der Ursache und Wirkung ist nach Leibniz selbst erst aus Zweckmäfsigkeitsgründen Gottes zu erklären. Überdies folgt der Satz von der Erhaltung der Kraft, wie auch hervorgehoben wird, gar nicht aus dem letzteren Gesetz, sondern ist damit gleichbedeutend. Auch hat sich Leibniz nicht blofs so schwankend geäufsert, dafs der Satz von der Erhaltung der Kraft sich nicht „mit voller mathematischer Strenge" beweisen lasse, sondern er sagt überall rundweg, dafs er nicht notwendig sei, worüber später.

büfsen, kurz, dafs die Ursache und die Wirkung einander stets gleich seien. Dieses Gesetz kann daher niemals aus den Monaden gefolgert werden, wenn es nicht b e s o n d e r s in ihnen liegt. Auch sagt ja Leibniz ausdrücklich, dafs Gott dasselbe nur aus Zweckmäfsigkeitsrücksichten gegeben habe, dafs es nicht notwendig sei, was doch heifst, dafs die Welt unbeschadet ihrer sonstigen Beschaffenheit, also auch unbeschadet der Ewigkeit und Unvergänglichkeit der Substanzen, existieren könne, auch wenn der Satz von der Erhaltung der Kraft keine Geltung für sie hätte.

Nachdem wir nun die fundamentalen Untersuchungen Leibnizens dargestellt und erläutert haben, müssen wir noch einen Blick auf ihr Verhältnis zu einander werfen.

Der Körper wird nach Leibniz durch die Ausdehnung, die Ausbreitung der Thätigkeit und des Widerstandes konstituiert. Seiner a l l g e m e i n s t e n Natur nach besteht er daher überhaupt in der Ausdehnung irgend einer Sache, ist er überhaupt irgend etwas Ausgedehntes; seinem s p e z i e l l e n Begriffe nach besteht er aber in der Ausdehnung ganz bestimmter Prinzipien, ist er etwas, was sich bewegt und widersteht. Diese Worte dürfen aber nicht so verstanden werden, als ob der Körper zunächst überhaupt in der Ausdehnung bestehe und die Bewegung und der Widerstand nur unwesentliche, accidentelle Bestimmungen dieser Ausdehnung seien; vielmehr wird er durch die Ausdehnung des Handelns und Leidens, also durch die Bewegung und den Widerstand konstituiert, und die Ausdehnung überhaupt ist nur ein allgemeiner, abstrakter Ausdruck seiner Natur. Wenn wir daher das Wesen des Körpers überhaupt in die Ausdehnung irgend einer Eigenschaft setzen, ihn überhaupt als etwas Ausgedehntes bezeichnen, so geben wir damit nur eine abstrakte Definition des Körpers; das konkrete Wesen desselben wird durch die Ausdehnung der Thätigkeit und des Leidens, also durch die Bewegung und den Widerstand ausgemacht.

Nun hatten wir zuerst den Körper insofern in Betracht
gezogen, als er überhaupt etwas Ausgedehntes ist, und nachher waren wir auf die Bewegung und den Widerstand eingegangen. In der ersteren Beziehung war nachgewiesen
worden, dafs der Körper ins Unendliche geteilt, ein
Aggregat, mithin nicht wahrhaft e i n e, also überhaupt keine
Substanz sei und dafs daher in ihm etwas anerkannt werden
müsse, was nicht mehr geteilt, nicht mehr ein Aggregat,
mithin einfach ist, was den Körper als unteilbare Substanz repräsentiert. Betreffs der Bewegung war gezeigt
worden, dafs man bei ihr als blofser Veränderung, der es
an einer Ursache fehlt, nicht angeben könne, welchem Subjekt sie zukommt, und dafs sie eine reine Modifikation sei,
dafs mithin eine Ursache der Bewegung, ein Beharrendes,
dessen Modifikation sie ist, ein Wesen, welches die körperlichen Bewegungen in e i n e m beharrenden Akt ausdrückt,
eine aktive Kraft notwendig sei. Und endlich sahen wir,
dafs für die Trägheit der Materie kein Grund angegeben
werden könne, dafs somit auf ein Wesen, welches die letztere als ein passives Vermögen darstellt, auf eine passive
Kraft geschlossen werden müsse.

Wie nun die A u s d e h n u n g ü b e r h a u p t das Wesen
des Körpers nur abstrakt und im allgemeinen kennzeichnet,
während das wirkliche Wesen desselben durch die Bewegung und den Widerstand konstituiert wird, so sind auch
die beiden letzten Untersuchungen die entscheidenden,
während die erste lediglich allgemeiner Natur ist; diese hat
nur den Zweck, die Schwierigkeiten, die sich inbetreff des
Körpers erheben, auf ihre allgemeinste, abstrakteste Form
zurückzuführen und das Prinzip des Körpers seinem allgemeinsten, abstraktesten Wesen nach zu charakterisieren.
Die Betrachtung der Bewegung und des Widerstandes lehrte
uns, dafs für diese beiden Erscheinungen keine Ursache und
kein Beharrendes vorhanden sei. Diese Thatsache findet
sich in der ersten Untersuchung auf die allgemeine Formel
zurückgebracht, dafs der Körper überhaupt ein blofses

Aggregat, eine reine Vielheit ohne Einheit sei. Denn es leuchtet ein, dafs, wenn der Körper überhaupt nur eine Menge von Dingen ist, dann auch für die körperlichen Zustände der Bewegung und des Widerstandes keine Ursache und kein Beharrendes existieren kann, da jene sowohl wie dieses etwas wesentlich Einheitliches sein mufs. Aus jener Beobachtung hinsichtlich der Bewegung und des Widerstandes ergab sich sodann für den Philosophen die Notwendigkeit, in dem Körper ein Wesen anzunehmen, welches die Bewegungen desselben in einer Einheit und die Materie als passives Vermögen repräsentiert. Diese Bestimmung wird dann in der ersten Erörterung allgemein dahin ausgesprochen, dafs dem Körper ein Wesen beigegeben werden müsse, welches denselben als Einheit darstellt. Denn es ist klar, dafs eine Substanz, welche die Handlungen und Leiden des Körpers in einem Beharrenden ausdrückt, vor allem den Körper in einer Einheit ausdrücken mufs. Das Verhältnis der genannten Erörterungen ist daher nicht dieses, dafs die erste den wesentlichen Teil derselben bildet und die beiden anderen nur dazu bestimmt sind, jene zu ergänzen. Den Kern derselben bilden vielmehr die Auseinandersetzungen über die Bewegung und den Widerstand, und diejenigen über die körperliche Einheit dienen nur dazu, die Überzeugungen Leibnizens auf ihre allgemeinste Form zu bringen. Darin und darin allein besteht die Bedeutung der letzteren für das System. Thatsächlich können wir dieselbe sehr wohl aus dem System wegdenken ohne irgend einen sachlichen Nachteil für dieses. Die ganze Monadenlehre würde existieren können, auch wenn die Ausführungen über die Einheit des Körpers fehlten. Dem widerspricht es natürlich nicht, wenn gerade diese Ausführungen häufiger wiederkehren als diejenigen über die Bewegung und den Widerstand. Denn gerade, weil sie die Ansichten Leibnizens in ihrer allgemeinsten und darum einfachsten Form vorführen, sind sie am meisten dazu geeignet, den Leser mit den Prinzipien der Monadenlehre bekannt zu machen.

Ist nun dies das Verhältnis der drei Untersuchungen,
so werden wir daraus auch auf ihre zeitliche Entstehung
einen Schluß ziehen dürfen. Da die Untersuchungen über
die Bewegung und den Widerstand die Hauptsache sind,
diejenige aber über die körperliche Einheit nur allgemeiner
Natur ist, so werden wir folgern können, daß die ersteren
auch die ursprünglicheren und daß die letzteren nur durch
eine Verallgemeinerung jener entstanden sind. Denn war
sich Leibniz einmal über die Probleme hinsichtlich der Bewegung und des Widerstandes und über die Annahme einer
Kraft klar, so war es für ihn nur eine geringe Mühe, die
entsprechenden Sätze über den Körper im allgemeinen aufzustellen, eben weil diese in jenen Ergebnissen implicite schon
enthalten waren, während im umgekehrten Falle noch nach
einer eigenen Erklärung für die speziellen Bestimmungen
betreffs der Bewegung und des Widerstandes gesucht werden
müßte; und überhaupt ist es im Gebiet der wissenschaftlichen Forschung das Gewöhnliche, daß das Besondere früher
erkannt wird als das Allgemeine. Leibniz begann also mit
der Spekulation über die Natur der Bewegung und des
Widerstandes. Er überzeugte sich hierbei, daß es zu diesen
beiden Phänomenen keine Ursache gebe und daß mithin
dem Körper eine aktive und passive Kraft zugestanden
werden müsse. Was er nun hier für die Bewegung und
den Widerstand gefunden hatte, das suchte er alsdann für
den Körper im allgemeinen, für den Körper, sofern er überhaupt etwas Ausgedehntes ist, zu begründen; denn die Bewegung und der Widerstand, wenn sie auch das konkrete
Wesen des Körpers ausmachen, sind doch nicht die allgemeinsten und abstraktesten Prädikate desselben; dieses Prädikat liegt vielmehr in der Ausdehnung. Mit anderen
Worten, der Philosoph suchte die Fragen und Resultate, die
sich ihm für die Bewegung und den Widerstand ergeben
hatten, auf die allgemeinste Formel zu reduzieren. So fand
er, daß der Körper überhaupt eine bloße Vielheit sei und
daß sich also eine unteilbare Einheit in ihm finden müsse.

Dafs dies der Entwicklungsgang Leibnizens war, können wir freilich nicht mit Gewifsheit behaupten, aber wir können es auf Grund der vorherigen Überlegungen als sehr wahrscheinlich vermuten.

Dafs es in dem Körper eine Substanz geben müsse, welche abstrakt und im allgemeinen das als Einheit ist, was er selbst als Vielheit, und deren besonderes konkretes Wesen in der aktiven und passiven Kraft besteht, das ist also das einfache, aber inhaltvolle Resultat dieser Untersuchungen.

In diesem Resultate sind nun, wie man sieht, fast alle Hauptlehren des Systems unmittelbar enthalten, und auch die anderen gehen mühelos und mit der gröfsten Folgerichtigkeit aus demselben hervor. So bestätigt sich die Vermutung, die wir schon in der Einleitung dieses Buches aufstellten, dafs die Monadenlehre ihrem gesamten Umfange nach in den dynamischen Erörterungen Leibnizens ihren Ursprung habe und aus ihnen begründet werden müsse. Wenn man daher bisher diese Erörterungen zu Anfang des Systems nur flüchtig in Betracht zu ziehen pflegte zum Zweck des Nachweises, dafs den Dingen irgendwelche einfachen und thätigen Substanzen schlechthin zu Grunde liegen, die nähere Bestimmheit dieser Substanzen dagegen auf apriorischem Wege entwickelte*), so mufs diese Methode verworfen

---

*) Der Widerspruch, der hierin liegt, tritt besonders auffällig in Fischers Darstellung hervor. Er leitet nämlich zunächst aus der Thatsache des Widerstandes überhaupt irgend eine thätige Kraft, eine Kraft im allgemeinen ab und, indem er dann zu einem neuen Kapitel übergeht, sagt er, nun handle es sich darum, aus dieser abstrakten Kraft die konkrete Welt zu deduzieren. „Wir sind mit Leibniz, heifst es, auf dem Wege der Induktion emporgestiegen zu den letzten Prinzipien der Dinge, gleichsam zu den Quellen der Naturphänomene, und wir werden jetzt aus diesen Prinzipien die bestimmte Welt- und Naturanschauung ableiten müssen. Damit sind unmittelbar zwei Probleme gegeben, deren Lösung die Hauptaufgabe der Leibnizischen Metaphysik bildet. Der Gegenstand der Weltanschauung ist die Weltordnung, und diese besteht in einem notwendigen Zusammenhange der Dinge: der Gegenstand der Naturanschauung sind die Körper, und diese bestehen in ausgedehnten Massen. Wenn die Dinge nicht in einem notwendigen Zusammenhang miteinander verknüpft sind, so giebt es keine Welt,

werden. Daran ist angesichts unserer obigen Ergebnisse ein Zweifel nicht möglich. Es ist Thatsache, dafs der Philosoph überall seine Monaden aus dem Wesen des Körpers abge-

wenn sie nicht körperliches Dasein haben, so giebt es keine Natur als Objekt unserer Anschauung. Demnach heifst die Frage: Wie sind aus dem Gesichtspunkt der Leibnizischen Metaphysik Natur und Welt möglich?" Nur dann läfst sich zwischen Monaden," fährt Fischer nach einigen Zwischenbemerkungen fort, „eine natürliche Koexistenz denken, wenn sie zusammen bestehen können, ohne sich gegenseitig zu stören und in ihrer Selbständigkeit zu beeinträchtigen. . . . Sie ist daher nur unter einer Bedingung möglich: wenn jene ursprünglichen Kräfte nicht ineinander fliefsen, sondern jede für sich besteht und in ihrer Selbstthätigkeit vollkommen undurchdringlich ist für alle anderen. Die Bedingung ihrer Undurchdringlichkeit liegt aber darin, dafs jedes Wesen seine Schranke hat. . . . Also die eigentümliche Schranke jeder Kraft ist die einzige Bedingung, unter welcher die Monaden in friedliche Koexistenz eingehen können. Nun kann aber das beschränkte Wesen nicht anders gedacht werden, denn als körperliches Dasein, mithin mufs ein Prinzip der Materie, eine passive Kraft in der Monade angenommen werden" (S. 356 ff.). Kann man sich nun eine widerspruchsvollere Darstellung denken? Zuerst beweist Fischer, dafs eine Kraft angenommen werden müsse, weil der Widerstand des Körpers ohne eine solche unerklärlich sei, aber nicht eine passive Kraft, eine Widerstandskraft, wie man erwarten sollte, sondern nur eine Kraft im allgemeinen, aus der überhaupt kein Widerstand resultieren kann; und erst, nachdem er diese gewonnen, folgert er aus einer Betrachtung, die mit dem Widerstande des Körpers nicht das Geringste zu schaffen hat, daraus, dafs eine Koexistenz der Substanzen unmöglich sein würde, wenn sie nicht mit einer Schranke behaftet wären, dafs denselben eine passive Kraft, eine Widerstandskraft zukomme. Überhaupt verstehe ich nicht recht, wie man derartige Sätze, wie wir sie eben gehört haben, ausdrücklich aufstellen und weitläufig behandeln kann, ohne irgend welchen Beweis dafür anzuführen, ohne auch nur die Frage aufzuwerfen, ob denn das wirklich Leibnizische Sätze sind, ob sie in der That dem Ideengange des Philosophen entsprechen, ob sie überhaupt mit dem Systeme, wie er es darstellt, vereinigt werden können. Wo hat denn Leibniz jemals den Grundsatz ausgesprochen, dafs man zuerst auf induktivem Wege zu den Prinzipien der Dinge emporsteigen müsse, um dann die konkrete Bestimmtheit dieser Prinzipien auf deduktivem, spekulativem Wege zu gewinnen? Wo hat Leibniz den Unterschied zwischen Welt und Natur gemacht, wie ihn Fischer hier angiebt? Wo hat er die Lösung der Frage nach der Möglichkeit von Welt und Natur, nach der Möglichkeit einer Koexistenz der Monaden als die Aufgabe seines Systems bezeichnet? Wo hat er jemals die Notwendigkeit einer passiven Kraft in den Monaden mit dem Hinweis darauf begründet, dafs sie ohne eine solche keine Weltordnung ausmachen können? Die Ausführungen Fischers sind daher Satz für Satz willkürlich. Sie würden in der Darstellung einiger neuerer Systeme Platz finden können, aber in die Monadenlehre gehören sie nicht. Vielmehr würde Leibniz gegen Grundsätze, wie sie ihm Fischer hier zuschreibt, höchst wahrscheinlich energisch protestiert haben.

leitet hat; es ist kaum minder Thatsache, dafs diese seine Auseinandersetzungen gar nicht verstanden werden können, ohne dafs dadurch die Monaden schon so vollständig bestimmt erscheinen, dafs daneben eine apriorische Deduktion ihrer Eigenschaften keinen Platz mehr hat. Mithin ist eine solche Deduktion als unhaltbar erwiesen, und nur der wird diese Behauptung in Frage ziehen können, der imstande zu sein glaubt, die dynamischen Untersuchungen des Philosophen auf andere Weise erklären zu können, als wir es gethan haben.

Damit ergiebt sich dann aber auch, dafs die „Monadologie", welche ja denselben apriorischen Weg befolgt, nicht als eine ursprüngliche Quelle des Systems angesehen und dafs sie nicht zur Grundlage der Darstellung gemacht werden darf. Man mag sich sträuben, so sehr man wolle, an diesem Satze läfst sich nichts ändern. Leibniz hat nun eben einmal in allen seinen anderen Schriften eine Begründung seiner Lehre gegeben, mit welcher, wie wir eben sahen, die apriorische, welche sich in der „Monadologie" findet, schlechtweg nicht vereinigt werden kann. Diese Abhand-

---

Übrigens hat Fischer, so breit auch seine Darstellung sonst angelegt ist, die dynamischen Untersuchungen Leibnizens wenig beachtet. Diejenige über die Einheit des Körpers und besonders diejenige über die Bewegung findet in seinem Buche kaum eine Erwähnung: nur auf die Erörterung über den Widerstand, aus welchem er die Notwendigkeit der Annahme einer Kraft beweist, geht er etwas näher ein: freilich ist hier ebensowenig Verständnis für den Inhalt derselben oder auch nur für die Schwierigkeiten, die sie bietet, vorhanden wie bei den anderen Interpreten der Monadenlehre. Indessen weist Fischer besonders darauf hin, dafs er im Gegensatz zu den sonstigen Darstellungen die Prinzipien der Monadenlehre mit Absicht aus der Thatsache der körperlichen Erscheinungen abgeleitet habe: „denn der Philosoph beginnt," wie er sagt, „regelmäfsig mit der Untersuchung des Körpers und zeigt, dafs derselbe nicht durch die Ausdehnung, sondern durch die Kraft erklärt werden müsse, und auf dieselbe Weise lassen die Entwürfe seiner Metaphysik vom ersten bis zum letzten den Hauptgedanken des Systems entspringen. Es heifst hier nicht, der Begriff der Substanz mufs als Monade gedacht werden. Sondern es heifst: weil es zusammengesetzte Substanzen giebt, darum mufs es einfache Substanzen oder Monaden geben u. s. w." (S. 340). Aber trotz dieser letzten Worte hat Fischer gerade die Untersuchung Leibnizens, auf welche er sich damit bezieht, nämlich diejenige über die Einheit des Körpers, zu Beginn des Systems gar nicht berührt.

lung steht also im Widerspruch zu seinen sonstigen Arbeiten, und daraus folgt von selbst und mit Notwendigkeit, daſs ihr kein entscheidender Einfluſs auf die Beurteilung des Systems eingeräumt werden kann. Die „Monadologie" ist gar nichts weiter als ein einmaliger, gelegentlicher Versuch Leibnizens, diejenigen Überzeugungen, die er durch die Analyse der Erfahrung gewonnen und überall sonst auch auf diese gestützt hat, aus bloſsen Begriffen zu deduzieren, ein Versuch, der zwar immerhin beachtet werden muſs, der aber nicht maſsgebend für uns sein kann. Dieser Satz, den wir früher als bloſse Vermutung aussprachen, ist durch unsere bisherigen Untersuchungen zur Gewiſsheit erhoben worden und muſs als streng bewiesen angesehen werden.

Vierter Abschnitt.
Die mechanische Naturerklärung als Voraussetzung des Systems.

Das Leibnizische System geht von der Voraussetzung aus, daſs die Dinge, welche wir vorstellen, nicht die Er - scheinungen einer objektiv existierenden Welt, sondern daſs sie selbst in uns repräsentiert seien, daſs demgemäſs unsere gesamten Vorstellungen etwas Primitives und Ur- sprüngliches darstellen, in unserer eigenen Natur ihren alleinigen Grund und ihre Quelle haben. Es setzt ferner voraus, daſs jede Forschung nach den Gründen der Dinge sich zunächst auf das Gebiet der Erscheinungen beschränken, sich innerhalb des Reiches der Vorstellungen halten müsse, indem sie hier die speziellen Erscheinungen auf die Er- scheinung des Körpers und seiner Gesetze zurückführt, die Vorstellungen von den besonderen Vorgängen in der Welt, von dem Detail der Natur durch die Vorstellung des Mechanismus expliziert und auseinandersetzt. Und was es beweisen will, ist einzig und allein dieses, daſs die Prin- zipien des Körpers selbst, des Mechanismus selbst in den Monaden bestehen.

Ebendies ist auch der Standpunkt, der den bisher dargestellten Untersuchungen Leibnizens über das Wesen des Körpers zu Grunde liegt. Indem er in denselben voraussetzt, dafs alle besonderen Phänomene rein mechanisch, durch den Körper, die Bewegung und den Widerstand und durch die Gesetze der körperlichen Natur erklärt werden müssen, will er nur zeigen, dafs die Prinzipien des Körpers, der Bewegung, des Widerstandes selbst, der mechanischen Gesetze selbst in unteilbaren Substanzen liegen, metaphysisch begründet werden müssen. So formuliert nun auch der Philosoph selbst die Tendenz und die Bedeutung dieser Untersuchungen, und zwar geschieht dies regelmäfsig in unmittelbarem Anschlufs an diese letzteren.

„Obwohl alle besonderen Phänomene der Natur," sagt er, „mathematisch oder mechanisch erklärt werden können, sind doch die allgemeinen Prinzipien der körperlichen Natur und der Mechanik selbst mehr metaphysisch als geometrisch und kommen den Formen oder unteilbaren Wesen zu" (4, 444). „Alles geschieht in der Natur mechanisch, und um irgend ein besonderes Phänomen zu begründen, genügt es, die Figur und die Bewegung anzuwenden. Aber die Prinzipien der Mechanik und die Gesetze der Bewegung selbst entstehen von etwas Höherem, was vielmehr von der Metaphysik als der Geometrie abhängt" (472). „Alle speziellen Phänomene können mechanisch erklärt werden, und auf keinem anderen Wege können die Ursachen der materiellen Dinge verstanden werden. Aber die mechanischen Prinzipien selbst und also die allgemeinen Gesetze der Natur kommen aus höheren Prinzipien und können nicht durch die blofse Betrachtung der Gröfse erklärt werden, vielmehr wohnt ihnen etwas Metaphysisches inne. Nachdem aber einmal dies im allgemeinen festgestellt ist, kann nachher alles mechanisch erklärt werden" (390 f.). „Wenn auch die Kraft oder substantielle Form zugelassen wird, so müssen wir doch in der Erklärung der Phänomene immer mechanisch verfahren, nämlich durch Figuren

13*

und Bewegungen. Aber die Gründe für die Gesetze der
Bewegung selbst oder die Prinzipien des Mechanismus
selbst müssen aus einer metaphysischen Quelle, nämlich
aus der Gleichheit von Ursache und Wirkung und anderen
derartigen Gesetzen, welche den Entelechieen wesentlich sind,
hergeleitet werden" (397 f.). „So sehr ich der Scholastik
in der allgemeinen und sozusagen metaphysischen Erklärung
der Prinzipien der Körper beistimme, so sehr bin ich Anhänger der Atomistik in der Erklärung der besonderen
Phänomene. Man mufs die Natur mathematisch und mechanisch erklären, vorausgesetzt, dafs man weifs, dafs die Prinzipien der Mechanik selbst von einigen metaphysischen
Gründen abhängen" (2, 58). „Alle Phänomene der Körper
können durch Gröfse, Figur und Bewegung erklärt werden,
aber die Bewegungen selbst nur durch die Entelechieen"
(314). Vgl. ferner 4, 393, 434, 466, 479, 505, 560; 1, 383;
2, 77 f., 98; 7, 272, 280, 317, 343 E. u. a.

Fünfter Abschnitt.
Die geschichtliche Stellung Leibnizens.

Die vorstehenden Untersuchungen Leibnizens nötigen
uns nun, seine geschichtliche Stellung näher zu bestimmen,
indem erst dadurch ein eindringlicheres Verständnis derselben ermöglicht wird. Wir wollen daher zunächst die
herkömmlichen Ansichten über diesen Punkt prüfen, uns
jedoch dabei auf die Beziehungen des Philosophen zu
Descartes und Spinoza beschränken und auch diese nur insoweit in Betracht ziehen, als sie nicht spezielle Fragen
betreffen und daher bei besonderen Gelegenheiten behandelt werden müssen. Denn die bisherigen Ansichten
über die sonstigen Beziehungen Leibnizens sind von gerin-
gerer Wichtigkeit und werden, sofern sie nicht schon besprochen worden sind oder später besprochen werden, durch

unsere nachfolgenden positiven Ausführungen hinlänglich berichtigt bez. widerlegt werden.

Man pflegt nämlich die Monadenlehre in einen prinzipiellen Zusammenhang mit dem cartesianischen System zu bringen, indem man sie an den Substanzbegriff Descartes' anknüpfen läfst. Dieser hatte bekanntlich den Begriff der Substanz für den Grundbegriff der Metaphysik erklärt, und zwar hatte er die körperliche und die geistige Substanz aufs schärfste voneinander unterschieden: jene sollte nur in der Ausdehnung, diese nur im Denken bestehen. Diese Bestimmungen sollen nun nach den herkömmlichen Vorstellungen zuerst das Nachdenken Leibnizens angeregt haben, indem ihm sowohl der Dualismus Descartes' als ganz besonders dessen Ansicht über die Natur der körperlichen Substanz bedenklich erschienen: sie sollen ihn veranlafst haben, den Körper und seine Eigenschaften einer näheren Betrachtung zu unterziehen, und durch sie soll er dann einen Substanzbegriff gewonnen haben, welcher jene Bedenken beseitigte. Demgemäfs läfst man Leibniz durchgängig nach dem Vorgang des Cartesius von der Frage nach dem Wesen der Substanz seinen Ausgangspunkt nehmen, man läfst ihn diese Frage im Gegensatz zu Cartesius dahin beantworten, dafs alle Substanzen gleicher Natur seien und näher als thätige Wesen gedacht werden müssen, diesen Satz läfst man ihn aus der Thatsache der körperlichen Erscheinungen beweisen, und nur in diesem Zusammenhange pflegt man auf seine dynamischen Erörterungen einzugehen*).

Man beruft sich für diese Darstellung gewöhnlich darauf, dafs Leibniz an einigen Stellen besonders erklärt habe, der Substanzbegriff sei einer der fruchtbarsten und wichtigsten Begriffe, sei der Schlüssel der Metaphysik (so 5, 137, 203; 3, 567, 245); insbesondere weist man auf die Abhandlung: „De primae philosophiae emendatione et de notione sub-

---

*) Vgl. Gesch. d. d. Phil. S. 105.

stantiae" (4, 468 ff.) hin, in welcher sich Leibniz ebenso
äufsert. Hieraus soll folgen, dafs die Cartesianische
Frage nach der Natur der Substanz das Grundproblem der
Monadenlehre bilde. Allein abgesehen davon, dafs diese
Bemerkungen viel seltener sind, als man zu meinen scheint
(es werden sich nicht viel mehr als ein halbes Dutzend derselben aufweisen lassen), dafs Leibniz sie fast durchgängig
nur ganz gelegentlich und zufällig hat fallen lassen, ist man
doch keineswegs berechtigt, jene Folgerungen aus ihnen zu
ziehen. Man braucht sie durchaus nicht dahin zu verstehen,
dafs die Bestimmung des Substanzbegriffs die erste Aufgabe
der Metaphysik sei, dafs dieser Begriff das fundamentale
Problem der Philosophie darstelle; man kann ihnen auch
den Sinn beilegen, dafs der Substanzbegriff, wie ihn Leibniz
auf Grund irgendwelcher Untersuchungen gefunden hatte,
derjenige Substanzbegriff, welcher mit der Kraft identisch
ist, die Quelle der mannigfachsten und bedeutendsten Wahrheiten sei, dafs er den Schlüssel für eine Menge von Rät-
seln bilde (wie dies auch thatsächlich der Fall ist; denn es
läfst sich aus demselben fast die ganze Monadenlehre ableiten). Ja, in der angegebenen Schrift, welche als Haupt-
argument angeführt zu werden pflegt, spricht sich Leibniz ausdrücklich in dieser Weise aus, indem er sagt: „Von wie grofsem
Gewicht dies alles ist, wird vorzüglich aus dem Begriff der
Substanz, wie ich ihn aufstelle, erhellen, welcher so
fruchtbar ist, dafs daraus die ersten Wahrheiten folgen u. s. w."
(4, 469). Würde aber dies die Bedeutung jener Erklärungen sein, so würde durch sie über den Ausgangspunkt des
Systems offenbar nicht das geringste ausgemacht werden
können; Leibniz würde sie dann auch in dem Falle haben
abgeben können, wenn er von ganz anderen Tendenzen aus,
als man annimmt, zu seinem System gekommen wäre.

Dafs aber diese Annahme wirklich unhaltbar ist, ergiebt
sich mit Evidenz aus unserer bisherigen Darstellung. Leibniz
soll von dem Cartesianischen Problem ausgegangen sein, worin
die Substanz bestehe; und die Lösung dieses Problems soll

er durch seine dynamischen Untersuchungen erstrebt und
erreicht haben. Wäre das der Fall, dann hätte es sich also
in diesen Untersuchungen nur darum handeln können, festzustellen, was das Reale sei, welches sich unserer Anschauung als Körper darstellt, welches dem Phänomen des
Körpers zu Grunde liegt. Denn wenn Cartesius fragte,
worin die Substanz bestehe, so meinte er damit, wie das
Substantielle zu denken sei, welches in uns die Erscheinung
der sichtbaren Welt hervorruft, welches dieser Welt zu
Grunde liegt; mithin hätte auch Leibniz, wenn er in der
That an jenen anknüpfen würde, notwendig fragen müssen,
welcher Art das Substantielle sei, welches dem Körper zu
Grunde liegt. Allein davon ist, wie wir gesehen haben,
keine Rede. Nicht darum ist es Leibniz zu thun, die Substanzen aufzuweisen, durch welche der Körper e n t s t e h t,
welche dem Körper zu G r u n d e l i e g e n, sondern, indem
er voraussetzt, dafs das D e t a i l der Natur durch den
Körper und seine Eigenschaften erklärt werden müsse, will
er nur zeigen, dafs das Prinzip des Körpers s e l b s t ein
unteilbares Wesen sein müsse. Mithin kann er jene Untersuchungen nicht in der Absicht angestellt haben, um die
Natur der Substanz aufzuklären, sondern nur zum Zweck
des Nachweises, dafs trotz der ausnahmslosen Gültigkeit des
Mechanismus i m e i n z e l n e n doch der Mechanismus s e l b s t
von den substantiellen Formen abhänge. Das sind zwei
vollkommen verschiedene Tendenzen, die nicht miteinander
vereinigt werden können, die schlechterdings nichts miteinander zu schaffen haben. Dann aber kann auch der angegebene Zusammenhang zwischen der Monadenlehre und
dem Cartesianischen System nicht mehr zugegeben werden.
Die Monadenlehre knüpft n i c h t an den Substanzbegriff
Descartes' an; diese Ansicht ist mit den Quellen unvereinbar.

Wie nun aber der Cartesianische Substanzbegriff in
letzter Linie zu dem Spinozismus hindrängte, so führt die
Behauptung, dafs Leibniz jenen bekämpft habe, sehr leicht

zu der anderen, dafs er gegen diesen sich richte. Dieser letzteren Ansicht pflegt man denn auch allgemein zuzuneigen, wiewohl dieselbe in der einen Darstellung mehr, in der anderen weniger bestimmt vertreten wird. Die Monadenlehre soll das Gegenstück zu dem System Spinozas bilden, sie soll die Tendenz haben, den Pantheismus zu zerstören, die Lehre, dafs nur e i n e Substanz existiere, zu widerlegen und zu beseitigen; und dieses Streben, den Dingen eine eigene Substantialität wiederzugewinnen, soll Leibniz zu der Erkenntnis gebracht haben, dafs das Wesen derselben nicht in einem ruhenden Sein, sondern in der thätigen Kraft, in der Thätigkeit bestehe; denn in diesem Falle würde allerdings ihre Unabhängigkeit gesichert sein, da sie ja dann eben nicht blofse Wirkungen Gottes, sondern selbst thätig wären.

Allein, wenn diese Behauptungen begründet wären, so müfsten auch die Auseinandersetzungen Leibnizens über die Natur des Körpers, aus denen ja sein ganzes System resultiert, sich gegen die Spinozistische Theorie kehren, sie müfsten dem Nachweis dienen, dafs es nicht blofs e i n Sein gebe und alle übrigen Existenzen dessen flüchtige Modifikationen seien, sondern dafs den Dingen eine selbständige Thätigkeit zukomme, dem Nachweise, dafs die Substanz des Körpers, das Reale, was ihm zu Grunde liegt, nur als Thätigkeit begriffen werden könne. Denn wenn Spinoza lehrte, dafs nur e i n e Substanz existiere, so hiefs dies eben gar nichts anderes, als dafs dasjenige, wodurch die Erscheinungen verursacht werden, dasjenige, was der Welt der Erscheinungen zu Grunde liegt, nur e i n e und d i e s e l b e Substanz sei. Leibniz hätte daher, wenn sein System sich wirklich gegen diese Lehre richten würde, darthun müssen, dafs den Dingen nicht blofs e i n e Substanz, sondern dafs ihnen eine Menge einzelner thätiger und darum selbständiger Wesen, dafs also näher dem Körper thätige Substanzen zu Grunde liegen. Allein dies trifft, wie soeben gezeigt, in keiner Weise zu. Seine Auseinandersetzungen beschäftigen sich

überhaupt nicht mit der Frage, welcher Art die Substanzen
seien, die dem Körper zu Grunde liegen, sondern mit
der Frage nach dem Prinzip des Körpers selbst, mit der
Frage, ob und inwieweit die mechanische Weltanschauung
berechtigt sei. Schon diese eine Thatsache genügt daher,
um die Vermutung, daß die Monadenlehre im Gegensatze
zu dem Spinozistischen System entstanden sei, als unhaltbar
erscheinen zu lassen.

Dazu kommt aber noch ein anderes. Die Monadenlehre
soll ihre Spitze gegen den Versuch Spinozas richten, alle
Selbständigkeit der endlichen Dinge aufzuheben und sie in
bloße Modi der einen göttlichen Substanz zu verwandeln,
und um diese Lehre zu überwinden, soll sie die Bestimmung
aufstellen, daß das Wesen der Substanz in die Thätigkeit
gesetzt werden müsse. Allein eine solche Bestimmung kennt
ja Leibniz überhaupt nicht, da die Substanz, wie die Quellen
mit vollkommner Sicherheit ergeben, für ihn vielmehr etwas
Permanentes, Unveränderliches, Beharrendes, Dauerndes ist.
In den grundlegenden Erörterungen des Systems ist es ihm
immer nur um den Nachweis zu thun, daß dem Körper ein
Beharrendes zuerkannt werden müsse, weil ohne dieses keine
Bewegung möglich sei, niemals aber führt er aus, daß dem
Körper eine eigene Thätigkeit zukommen, daß die körperliche Substanz durch die Thätigkeit konstituiert werden
müsse. Würden die Argumentationen Leibnizens sich in
dieser letzteren Richtung bewegen, dann würde man sie,
wenn man von allem sonstigen absieht, allenfalls denjenigen
des Spinoza entgegensetzen können. Denn, wie bemerkt,
wenn die Dinge thätig sind, so sind sie auch selbständig,
nicht bloße Produktionen eines dritten Wesens; und ein
System, an dessen Spitze der Satz stände, daß das Wesen
der Dinge in der Thätigkeit liege, würde daher mit Fug
demjenigen gegenübergestellt werden können, welches in
denselben nur die Wirkungen der göttlichen Substanz sieht.
Dagegen kann die Erklärung, daß die Bewegungen des
Körpers und überhaupt die Veränderungen in der Welt nur

die Modifikationen beharrender Kräfte sein können, eine
Ursache und dergleichen voraussetzen, unmöglich in einen
Gegensatz zu der Spinozistischen Theorie von der Einheit
alles Seins gebracht werden. Denn, wohl gemerkt, Leibniz
sagt nicht etwa, dafs die Bewegungen des Körpers nicht an
dem göttlichen Wesen ihre beharrende Substanz, ihre Ursache
haben können, dafs sie vielmehr eine eigene Ursache, ein
eigenes Beharrendes voraussetzen, sondern er sagt, dafs die
Bewegungen als blofse Modi nicht für sich selbst existieren
können, vielmehr ein Beharrendes, eine Ursache erfordern. Jene Erklärung bildet also einen Gegensatz zu der
Annahme, dafs die Bewegungen einen selbständigen Bestand
haben, nicht aber zu derjenigen des Spinoza, dafs es überhaupt keine selbständigen Dinge gebe; sie ist gegen die
mechanische Weltanschauung gerichtet, welche in den Bewegungen etwas Primitives, Substantielles sieht, aber sie
hat nicht das Geringste mit der Widerlegung des Spinozismus zu thun; sie steht in gar keiner Beziehung zu diesem.
So erhellt auch auf diesem Wege, wie völlig verfehlt die
Auffassung ist, welche in dem Leibnizischen System eine
Reaktion gegen den Pantheismus sieht. Wer der Auslegung
zustimmt, welche wir den dynamischen Auseinandersetzungen
Leibnizens gegeben haben, für den kann in dieser Hinsicht
auch nicht der mindeste Zweifel mehr obwalten. Jene Auffassung ist unmöglich, denn sie steht in unlöslichem Widerspruche mit den Prinzipien der Monadenlehre, und diese
Behauptung hat denselben Grad von Gewifsheit wie die Resultate, welche wir in unseren ersten Abschnitten gewonnen
haben. Und auch unsere späteren Untersuchungen, insbesondere diejenigen über die Leibnizische Lehre von der
Willensfreiheit und von der prästabilierten Harmonie, Lehren,
die noch am ehesten zu der Vermutung eines spinozistischen
Einflusses berechtigen könnten, sowie diejenigen über das
Verhältnis des Leibnizischen Gottes zu der Welt werden
die vollständige Haltlosigkeit der bisherigen Ansichten auf
das überzeugendste beweisen. Es mag immerhin sein, dafs

Leibniz sich zu der Aufstellung seines Systems um so mehr
gedrungen fühlte, dafs er um so mehr an die Richtigkeit
desselben glaubte, als dadurch auch dem Pantheismus
Spinozas ein Ende gemacht wurde, aber dafs es eigens
diese Tendenz verfolgte, davon kann keine Rede sein.

Das bestätigt sich aber auch durch die Haltung der
Schriften des Philosophen. In diesen ist wohl häufig
von der modernen, mechanischen Weltanschauung und den
substantiellen Formen der antiken und scholastischen Philosophie die Rede, und zwar meistens gerade an den hervor-
stechendsten Stellen derselben, aber von Spinoza wird nur
äufserst selten gesprochen. Sehr lehrreich sind in dieser
Beziehung die frühesten Werke Leibnizens, von denen man
doch erwarten sollte, dafs in ihnen seine ursprünglichen
Tendenzen am reinsten zum Ausdruck kommen. In dem
umfangreichen „metaphysischen Diskurs", welcher die ganze
Monadenlehre behandelt, sowie in dem „neuen System" und
dem Entwurf zu diesem wird Spinozas und überhaupt des
Pantheismus auch nicht mit einer einzigen Silbe gedacht;
in dem sehr wichtigen Briefwechsel mit Arnauld wird
Spinoza nur ein mal, und noch dazu in einem der letzten
Briefe, aber auch hier nur ganz vorübergehend erwähnt,
und genau ebenso verhält es sich mit sämtlichen anderen
Schriften. Niemals wird Spinoza in einen wesentlichen Zusammenhang mit dem System gebracht; so oft er vielmehr
genannt wird, ist dies meistens reiner Zufall, sei es, dafs
Leibniz von fremder Seite, sei es, dafs er durch den Gang
der Diskussion dazu gedrängt wurde. Diese Thatsachen
würden nun schlechthin unerklärlich sein, wenn Leibniz mit
der Monadenlehre die Absicht verfolgt hätte, den Spinozismus zu vernichten. Wäre dies der Fall gewesen, dann
hätte er vielmehr überall von dem Spinozistischen System
seinen Ausgangspunkt nehmen, er hätte darauf hinweisen
müssen, dafs die neuere Philosophie im Begriffe sei, dem
Pantheismus zu verfallen und damit allen schlimmen Konsequenzen, welche mit diesem verbunden waren, Eingang

zu verschaffen, dafs der falsche Begriff der Substanz, welchen
Cartesius aufgestellt hatte, zu dieser Theorie führen müsse,
dafs man, um derselben zu entgehen, einen anderen Substanzbegriff suchen, das Wesen der Substanz in die Thätigkeit
setzen, den Dingen ihre Selbständigkeit zurückgeben müsse
und dergleichen, kurz, dafs es nur in der Monadenlehre eine
Rettung vor dem Spinozismus gebe. Wenn nun von alledem
in den Quellen überall nichts steht, ja wenn die Monadenlehre in diesen Quellen ausdrücklich mit ganz anderen
Systemen als demjenigen Spinozas in wesentliche Verbindung gebracht wird, so würde diese Erscheinung unter der
Annahme einer antispinozistischen Tendenz der ersteren
noch viel unbegreiflicher, noch viel rätselhafter sein, als die
Entstehung des Leibnizischen Systems es sein würde, deren
Aufhellung man allerdings mit jener Annahme in erster
Linie im Auge hat. Denn mit der Auskunft, dafs Leibniz
fürchtete, als Spinozist verschrieen zu werden, wenn er sich
näher mit Spinoza einliefs, würde hier gar nichts gethan
sein. Wozu brauchte er denn dies zu fürchten, wenn er
doch den Spinozismus durch seine Monadenlehre gerade
widerlegt zu haben glaubte? Im Gegenteil, je gefährlicher
jenes System in den Augen der damaligen Gelehrten war,
um so mehr lag es im Interesse Leibnizens, hervorzuheben,
dafs er dasselbe zu nichte gemacht, dafs allein die Monadenlehre imstande sei, ihm wirksam zu begegnen; ein solcher
Hinweis wäre nur eine Empfehlung für ihn gewesen, die
seiner Lehre vielleicht eine schnellere Verbreitung und Anerkennung gesichert haben würde, als sie dieselbe in der
That gefunden hat. Und überhaupt wäre es eine lächerliche Fiktion, dafs Leibniz aus blofser Angst sein Leben
lang bestrebt gewesen sei, den Zweck seines Systems zu
verbergen; das hätte ihm ja überdies eine viel gröfsere
Mühe gekostet, als der Gewinn, den er dadurch erlangte,
überhaupt wert war. Nein, die Thatsache, dafs Leibniz
seine Monadenlehre niemals zu dem Pantheismus in Beziehung bringt, dafs er überhaupt nur äufserst selten und immer

nur ganz beiläufig von Spinoza spricht, ist ein schlagender
Beweis dafür, dafs ein Zusammenhang zwischen diesen beiden
Systemen nicht besteht. Übrigens würde auch die gering-
schätzige Art, mit der Leibniz bekanntlich den Spinoza behandelt hat, gegen einen solchen Zusammenhang sprechen.
Denn wenn er die Monadenlehre eigens erdacht hätte, um
ein Bollwerk gegen den Spinozismus zu schaffen, so würde
er diesem eben damit die allergröfste Bedeutung beigelegt,
so würde er anerkannt haben, dafs derselbe nicht etwas so
Paradoxes, wie er es gewöhnlich darstellt, sondern dafs er
eine mehr oder minder berechtigte Form der Weltanschauung
sei. Und damit würden seine Äufserungen über Spinoza
unvereinbar sein; man müfste denn auch hier wieder
mit der Erklärung aushelfen wollen, dafs die Furcht
vor der Mitwelt ihn bestimmt habe, Urteile über jenen
Philosophen zu fällen, die mit seiner eigenen Überzeugung
im Widerspruch standen, was indessen unglaublich ist und
überhaupt von vornherein als ausgeschlossen gelten mufs.
Auch hätte schliefslich die Monadenlehre, im Falle sie sich
wirklich gegen Spinoza richtete, eine ganz andere Anordnung
erhalten müssen. So hätte z. B. das Verhältnis der endlichen Substanzen zu Gott den Mittelpunkt des Systems
bilden und eine viel gründlichere Erörterung seitens
Leibnizens erfahren, und er hätte sich viel klarer und
unzweideutiger über dieses Verhältnis aussprechen müssen,
als es thatsächlich geschehen ist. Nach alledem können
wir es daher für ausgemacht halten, dafs ein prinzipieller
Zusammenhang zwischen der Monadenlehre und dem Spinozistischen System nicht besteht.

In allerneuester Zeit hat man allerdings an der Hand
einer gröfseren Reihe zum Teil noch unedierter Dokumente,
welche über einige Beziehungen Leibnizens zu Spinoza Aufschlufs geben und vor das Jahr 1686 fallen, einen sicheren
Beweis für einen solchen Zusammenhang erbringen zu können
geglaubt. Und zwar hat man die Behauptung aufgestellt,

Leibniz sei in den Jahren 1676—1679 ein eifriger Anhänger
Spinozas gewesen und habe dessen Lehre fast vorbehaltlos
gebilligt; weil aber diese Lehre die Leugnung der Zweckursachen zur notwendigen Folge hatte, was seinen religiösen
Überzeugungen zuwider gewesen sei, so habe er sich doch
nicht auf die Dauer bei dem Pantheismus beruhigen können,
vielmehr den Entschluſs gefaſst, diesem ein neues System
entgegenzustellen, durch welches die religionsgefährlichen Konsequenzen desselben überwunden und insbesondere die teleologische Naturbetrachtung wieder in ihr Recht eingesetzt
werden sollte. Die Monadenlehre habe also eine antispinozistische Tendenz, sei in bewuſstem Gegensatz zu dem Pantheismus entstanden und wolle als das monumentale Gegenstück zu diesem gelten*). Obwohl nun nach dem Vorhergehenden ein Zweifel daran nicht möglich ist, daſs diese
Behauptungen nicht richtig sein können, so müssen wir dieselben wegen der Wichtigkeit der Sache und um diese alte
Streitfrage endlich einmal aus der Welt zu schaffen, doch
noch einer besonderen Prüfung unterziehen.

Zur Erhärtung derselben hat man zunächst angeführt,
daſs Leibniz schon frühe den Namen Spinozas gekannt, daſs
er dessen „Tractatus theologico-politicus" gleich bei seinem
Erscheinen studiert, daſs er sogar, als er hörte, Spinoza sei
der Verfasser dieser Schrift, dadurch geradezu bestimmt
worden sei, in Korrespondenz mit dem letzteren zu treten,
eine Korrespondenz, die von November 1671 bis März 1672
sich erstreckte und in deren Verlaufe der Philosoph mindestens einen Brief philosophischen Inhalts, der sich mit jenem
„Traktate" beschäftigte, an Spinoza gerichtet haben müsse**).
Allein diese Daten beweisen nicht, daſs Leibniz jemals ein

---

*) Diese Ansicht ist von Ludwig Stein zuerst in einer kleineren,
in den Sitzungsberichten der Berliner Akademie der Wissenschaften,
Jahrg. 1888 S. 615 ff. veröffentlichten Abhandlung ausgesprochen und
dann mit grofser Beredsamkeit, aber, wie mir scheinen will, mit wenig
Grund in seinem Buche „Leibniz und Spinoza" (Berlin 1890) verteidigt
worden, auf welches Buch ich mich im folgenden allein beziehen werde.
**) Vgl. Stein S. 28—41.

Freund des Pantheismus gewesen sei. Leibniz hat die
meisten Autoren seiner Zeit schon sehr frühe kennen gelernt,
sich überhaupt für jede bedeutendere Arbeit zeitgenössischer
Philosophen interessiert, und auch wenn er das angegebene
Werk Spinozas im wesentlichen gebilligt haben sollte, so
würde doch für seine damaligen, geschweige denn für seine
späteren m e t a p h y s i s c h e n Ansichten daraus nichts folgen.
Wie belanglos alle diese Angaben für die vorliegende Frage
sind, erhellt schon aus der Erwägung, daſs Leibniz damals
von dem eigentlichen System Spinozas noch gar nichts ahnen
konnte, daſs er denselben auch in den Jahren 1672—1675
auſser acht gelassen hat.

Man hat ferner darauf hingewiesen, daſs Leibniz im
Jahre 1676 auf seiner Rückreise von London nach Deutschland sich eigens zu dem Zwecke längere Zeit in Holland
aufgehalten habe, um sich bei Spinoza einzuführen, daſs er
sich zunächst an dessen Vertrauensmann Schuller gewandt
habe, um von ihm Näheres über die spinozistische Philosophie zu erfahren, daſs dieser ihm einige auf Spinoza bezüg-
liche Schriftstücke zugestellt und daſs Leibniz endlich, als
es ihm gelungen war, von Spinoza empfangen zu werden,
wiederholte und langdauernde Unterredungen mit diesem
gehabt habe, die sich wahrscheinlich u. a. auch auf die Ethik
des letzteren bezogen*). Setzen wir indessen voraus, daſs
diese Darstellung, wie es den Anschein hat, durchgängig
richtig ist, so ergiebt sich allerdings aus derselben, daſs
Leibniz auſserordentlich begierig war, die Lehre Spinozas
kennen zu lernen; wenn man aber aus dieser Thatsache
schlieſsen wollte, daſs er geneigt war, derselben seine Zustimmung zu geben, daſs er sich innerlich zu ihr hingezogen
fühlte, so wäre dies ganz und gar übereilt. Denn daſs Leibniz auch dann, wenn ihm die Spinozistische Weltanschauung
nicht zusagte, ja wir können vielleicht sagen, gerade dann
den dringenden Wunsch haben muſste, sich über dieselbe

---

*) Vgl. Stein S. 47—59.

zu unterrichten, liegt auf der Hand. Hat er doch zeitlebens
überhaupt an allen nur einigermafsen bemerkenswerten Erscheinungen auf philosophischem Gebiete den lebhaftesten
Anteil genommen, ging doch sein ausgesprochenes Streben
immer dahin, sich über die Ansichten seiner Vorgänger und
Zeitgenossen, auch über die seinem Standpunkte entgegengesetzten, mit sich selbst auseinanderzusetzen. Um wieviel
mehr mufste er also einem neuen, in sich geschlos-
senen Systeme gegenüber, dessen Eigenartigkeit und Bedeutung doch sofort in die Augen springt, das Verlangen
tragen, sich darüber zu informieren, was es eigentlich mit diesem Systeme für eine Bewandnis habe, dasselbe einer näheren
Prüfung zu unterziehen, sich zu überzeugen, wie es von
seinem Urheber begründet werde, ob es diesem Manne in
der That gelungen sei, die Einheit alles Seins zu beweisen
u. dgl. Wenn er daher auf seiner Rückreise nach Deutschland die Gelegenheit wahrnahm, sich über die Spinozistische
Philosophie zu orientieren, da er ja bis dahin nur auf Mit-
teilungen von dritter Seite angewiesen war — die Ethik kam
erst ein Jahr später heraus —, wenn er selbst einen
gröfseren Zeitaufwand nicht scheute, um eine Zusammen-
kunft mit Spinoza zu erreichen, so war dies doch alles so
natürlich, dafs wir deshalb im entferntesten noch nicht zu
der Annahme berechtigt sind, die Spinozistische Weltanschauung sei ihm von vornherein sympathisch gewesen oder
er habe sie gar, nachdem er sie des näheren kennen gelernt, gebilligt. Der Wunsch Leibnizens, die Bekanntschaft
Spinozas zu machen, ist vollkommen erklärlich, auch wenn
wir keine tieferen Beziehungen zwischen beiden zugeben, und
diese daher daraus zu folgern, ist durchaus unzulässig.

Als weiteren Beleg für das Vorhandensein solcher Beziehungen hat man dann die Erscheinung angeführt, dafs
Leibniz in den Jahren 1676—1679 sich auffallend viel in
seinen Schriften mit Spinoza beschäftigt habe *). Allein auch

---

*) Vgl. Stein Kap. V. — Wenn Stein S. 65—73 behauptet, Leibniz
sei zu seinen, seit den Jahren 1674 oder 1675 auftretenden häufigen

gegen dieses Argument müssen wir entschieden Einspruch
erheben. Leibniz hat sich allerdings in diesen Jahren öfter
und eingehender über das Spinozistische System ausgesprochen

Angriffen gegen die Cartesianische Definition des Körpers und gegen
dessen Bewegungsgesetze durch einige beiläufige Äufserungen Spinozas
veranlafst worden (welche Behauptung ebenfalls seine nahen Beziehungen
zu letzterem erweisen soll), so ist dies nicht richtig. Diese Behauptung
stützt sich nicht nur auf eine willkürliche Zeitbestimmung der beiden
ersten Briefe Leibnizens an Malebranche (Gerhardt 1, 321 - 327; Stein
S. 69 f.), sondern sie ist auch sachlich unhaltbar. Denn dafs zunächst
die in diesen Briefen sich findenden Erörterungen über die Natur des
Körpers eine Spinozistische Einwirkung unmöglich machen, ist leicht
zu sehen. Leibniz bekämpft in denselben nämlich die Lehre des
Cartesius, dafs der Körper in der blofsen Ausdehnung bestehe, ohne
dafs sich doch erkennen liefse, welche positive Bestimmung er an die
Stelle dieser Lehre zu setzen gedachte. Nimmt man daher an, dafs er
hier noch dieselben Anschauungen in dieser Beziehung gehabt habe,
die er bereits im Jahre 1669, bez. 1671 (Gerhardt 4, 105 — 109, 162 — 174
und 1, 68 ff.) gegen Cartesius entwickelt hatte, so schliefst sich damit
ein Spinozistischer Einflufs von selbst aus. Nimmt man hingegen an,
dafs seine Ansichten über diesen Punkt sich schon denjenigen näherten,
welche er später ausgesprochen hat (vgl. oben S. 137 ff.), so kann abermals von einem solchen Einflusse keine Rede sein, da Spinoza wohl
niemals Bemerkungen dieses Inhalts über den Körper gemacht hat;
wenigstens an den von Stein S. 66 beigebrachten Stellen hat er gewifs
etwas anderes gemeint. Dafs aber ferner Leibniz zu seinen Meditationen
über das Prinzip der Bewegung, mit denen er sich Oktober 1676 auf
der Überfahrt von London nach Amsterdam beschäftigte, nicht durch
Spinoza angeregt sein kann, erhellt evident aus ihrem eigenen Inhalt,
da er hier die Frage nach dem Subjekt der Bewegung aufwirft, sich also
dasselbe Problem stellt, das den früher von uns besprochenen Erörterungen des Philosophen über die Natur der Bewegung zu Grunde liegt.
Dafs aber Spinoza von diesem Problem keine Ahnung hatte und Leibniz
also auch nicht darauf gebracht haben kann, ist klar. Ebensowenig
kann er endlich den Anlafs zu Leibnizens Beobachtungen hinsichtlich
der Bewegungsgesetze, also insbesondere zu seiner Erkenntnis gegeben
haben, dafs sich nicht dieselbe Summe der Bewegung, sondern nur diejenige der bewegenden Kraft erhalte, da er auch davon nichts gewufst
hat, wie denn Leibniz selbst sagt: „Spinoza sah nicht die Fehler der
Cartesianischen Bewegungsgesetze, er war überrascht, als ich ihm zeigte,
dafs sie die Gleichheit von Ursache und Wirkung verletzten." Auch wird
unsere spätere Darstellung von dem Entwicklungsgange der Monadenlehre Steins Ansicht auf das bündigste widerlegen. — Wenn Stein
S. 73 f. darauf aufmerksam macht, dafs Leibniz um das Jahr 1677 und
1678 die Berechtigung und Notwendigkeit der mechanischen Weltbetrachtung besonders betont habe, so beweist dies nicht das Geringste
dafür, dafs er zu dieser Zeit ein Anhänger des Pantheismus gewesen,
oder auch nur, dafs er demselben damals nicht feindlich gegenüber
gestanden habe, zumal Leibniz ja auch später verlangt hat, dafs alle
Erscheinungen in bestimmten Grenzen rein mechanisch begriffen werden
sollen.

als in seinen späteren Werken; das war indessen nur natürlich, da dasselbe eben erst um diese Zeit weiteren Kreisen
bekannt, bezw. publiziert wurde. Daß er sich aber auffallend viel darüber ausgesprochen habe, müssen wir bestreiten. Vielmehr begreifen sich alle hierhergehörigen Daten
vollkommen ungezwungen aus dem Bestreben Leibnizens,
das Spinozistische System kennen zu lernen, sich ein Urteil
über dasselbe zu bilden, es auf seine Haltbarkeit zu untersuchen. Lediglich deshalb ließ er sich bei seiner Anwesenheit in Amsterdam von Schuller die drei Briefe Spinozas an
Oldenburg sowie eine Übersicht über dessen Lehren geben,
und kommentierte er beides, lediglich deshalb richtete er
nach seiner Rückkehr nach Deutschland die Frage an Schuller,
wie Spinoza seine fünfte Proposition beweise, und bat ihn
um möglichst frühzeitige Zusendung der opera posthuma des
Spinoza, lediglich deshalb hat er auch die Ethik selbst ex-
cerpiert und glossiert. Alles dies schließt nicht im geringsten aus, daß er von Anfang an dem Spinozistischen
System skeptisch gegenüberstand und daß er dasselbe, als
er die Ethik im Original gelesen hatte, definitiv verwarf.
Hat er doch selbst in seinen späteren Jahren, als er mit
seiner Monadologie längst im reinen war, seine Ansichten
also nach allen Richtungen vollkommen feststanden, die Arbeiten beispielsweise eines Locke, eines Robert Bayle noch
viel eingehender und sorgfältiger studiert, und enthalten doch
die beiden grössten von ihm verfassten Werke fast nichts
weiter als eine Zusammenstellung und kritische Beleuchtung
der Lehren dieser beiden Männer. Und dennoch weiß jeder,
daß er denselben keinen wesentlichen Einfluß auf seine Überzeugungen eingeräumt hat*).

---

*) Das Begleitschreiben zu dem Briefe Spinozas an Borghi, welches
Leibniz seinem Herzog übersandte (Stein S. 75—81), beweist nichts
hinsichtlich seiner Stellung zu dem Pantheismus: denn diesen Brief
Spinozas hat er gewiß nicht bloß damals, sondern zeitlebens im wesentlichen gebilligt. Der Satz: „Ce qu'il (Spinoza) dit de la certitude de la
philosophie et des démonstrations, est bon et incontestable" bezieht sich
nicht auf die Spinozistische Philosophie als solche, wie aus dem Zusammen-

Man hat nun aber zum Erweise der obigen Ansicht noch ein anderes Argument beigebracht, welches die bisher angeführten allerdings an Wichtigkeit weit überragt. Man hat nämlich behauptet, Leibniz habe sich, während er in späterer Zeit bekanntlich meist tadelnd und schroff abweisend über Spinoza urteilte, in den Schriften von 1676—1679

hang hervorgeht: dieser Ansicht ist Leibniz auch später stets gewesen. — Stein hat auch noch angeführt, dafs sich selbst in denjenigen Schriften, welche sich nicht mit Spinoza beschäftigen, wenigstens vielfach „Anklänge" an denselben finden. Allein es handelt sich hier höchstens um zwei oder drei Stellen, und ob diese eine Entlehnung von Spinoza enthalten, läfst sich nicht einmal ausmachen; unter allen Umständen steht nur eine Entlehnung von Worten, nicht von Gedanken in Frage, und auch diese ist so unbedeutend, dafs rein gar nichts daraus folgt. Leibniz hat von manchen Philosophen Ausdrücke entlehnt, zu denen er keine weiteren Beziehungen hatte. Was Stein über den Gottesbeweis Leibnizens sagt (S. 88—92), kann ich im wesentlichen nicht zugeben; ich kann keinen erheblichen Unterschied zwischen der Abhandlung: „quod ens perfectissimum existit" (Gerhardt 7, 261 f.) und den Briefen an Eckhardt (ebenda 1, 212 ff.) wahrnehmen. Was Leibniz beidemal sagen will, ist dies, dafs der ontologische Gottesbeweis des Cartesius dann zugelassen werden könne, wenn zuvor nachgewiesen sei, dafs ein vollkommenstes Wesen keinen Widerspruch in sich schliefse, möglich sei: nur dafs er in der Abhandlung nachweist, dafs ein solches in der That gedacht werden könne, während er dies in den Briefen unentschieden läfst. Dafs er in den letzteren zugleich auch noch eine kürzere Formel für den Cartesianischen Beweis vorschlägt, ist völlig nebensächlich, und wenn er für diese Formel auch eine Spinozistische Wendung wählt, so ist doch jedenfalls eine sachliche Einwirkung Spinozas ausgeschlossen, da ja das, was er gegen jenen Gottesbeweis vorbringt, ihm bekanntlich, wie er auch selbst erklärt hat, ganz eigentümlich ist. — Wenn ferner Leibniz in der Diskussion über diesen Gottesbeweis auf ein Argument des Cartesianers Eckhardt, welches mit dem Satze beginnt, dafs es nichts gebe, als was wir deutlich vorstellen, dafs also zwei Arten von Substanzen, eine ausgedehnte und eine denkende, zu unterscheiden seien, erwidert, daraus, dafs wir keine andere Substanz kennen, folge noch nicht, dafs auch keine andere existiere (1, 237, 27), so kann er ja zu diesem Einwande immerhin durch Spinoza veranlafst worden sein (obwohl ich es nicht behaupten möchte): wer wird aber mit Stein (S. 93 f.) daraus schliefsen, dafs Leibniz selbst der Überzeugung gewesen sei, es gebe noch andere Substanzen? Vielmehr ist es klar, dafs er hier nur zeigen will, wie mangelhaft und unbrauchbar der obige Beweis Eckhardts sei. Noch weniger ist auf die in demselben Zusammenhange fallende Bemerkung Leibnizens zu geben, es sei noch nicht dargethan, dafs die Ausdehnung und das Denken nicht Eigenschaften derselben Substanz sein können (237, 29), zumal er diesen Satz in der folgenden Note (237, 30) in einer Weise erläutert, die jeden Zweifel daran beseitigt, dafs er sich hier nicht auf den Pantheismus oder überhaupt auf Spinoza bezieht. — Nicht minder müssen die Bemerkungen Steins über den Determinismus Leibnizens zurückgewiesen werden, da sie auf einer

14*

nicht nur nicht auffallend milde und schonend über denselben ausgesprochen, sondern er habe ihm auch in allen
wesentlichen Punkten fast vorbehaltlos zugestimmt *). Würde
sich dies bestätigen, so würde es zwar noch keineswegs ausgemacht sein, dafs das Spinozistische System den Anstofs zu
der Bildung der Monadenlehre gegeben habe, aber es würde
doch eine solche Möglichkeit in Erwägung gezogen werden
müssen. Dafs nun aber jener Satz entschieden falsch ist,
zeigt eine nähere Prüfung des einschlägigen Materials.

Was zunächst die im Jahre 1676 verfafsten Noten Leibnizens zu den erwähnten drei Briefen Spinozas betrifft, so
beschäftigen sich diese (entsprechend dem Inhalt der Briefe)
fast nur mit moralphilosophischen und theologischen Fragen,
lassen daher die Grundlagen des Spinozistischen Systems unberührt. Dennoch ergiebt sich aus zweien derselben mit
voller Deutlichkeit, welche Stellung Leibniz schon damals zu
dem Pantheismus einnahm. So bemerkt er zu dem Satze
Spinozas, dafs alles mit Notwendigkeit aus der Natur Gottes
folge: „Dies mufs so erklärt werden, dafs die Welt nicht
anders produziert werden konnte, weil Gott nur auf die
vollkommenste Weise handeln kann. Denn da er der Weiseste
ist, wählt er das Beste. Keineswegs ist aber zu billigen,
dafs alles aus der Natur Gottes ohne Dazwischenkunft des
Willens folge" (1, 123, ı; auch 124. ₃). Noch bezeichnender
ist eine andere Stelle, an welcher Leibniz die Lehre Spinozas, dafs alles in Gott sei, so auslegt: „Man kann allerdings
sagen, dafs alles eins, dafs alles in Gott sei, wie die Wirkung in ihrer Ursache enthalten ist und die Eigenheit eines
Subjektes in der Essenz dieses selben Subjekts. Denn es
ist sicher, dafs die Existenz der Dinge eine Folge der gött-

---

falschen Auffassung der Erörterungen Eckhards (253—256) beruhen. Es
handelt sich hier überhaupt nicht um die Frage, ob Gott frei sei oder
nicht, sondern um die, ob es von Gottes Willen abhänge, dafs etwas
wahr oder gut sei, was ganz verschiedene Dinge sind. Denn wenn
auch die Wahrheit nicht von Gottes Willen abhängt, so kann doch
dieser Wille im übrigen sehr wohl vollständig frei sein, wie Leibniz
dies beides in der That stets gelehrt hat.

*) Vgl. Stein S. 22 und 26 f., ferner S. 75—110.

lichen Natur ist, welche bewirkte, dafs nur das Vollkommenste
gewählt werden konnte" (129, 2). Aus diesen Worten geht
unwidersprechlich hervor, dafs der Philosoph jene Lehre
Spinozas eben nicht in dem Sinne gelten läfst, in welchem
sie der letztere versteht. Denn dafs die Welt nur insofern
in Gott sei, als dieser die Ursache derselben ist, als seine
Natur den Grund für die Existenz gerade dieser und keiner
andern Welt bildet, ist nicht Spinozas Meinung; ja diese
Deutung ist so wenig spinozistisch, dafs sie überhaupt von
jedem, der Gott als den Schöpfer der Welt anerkennt, gebilligt werden müfste *). — Der Auszug sodann aus der Ethik
Spinozas, welchen Schuller ebenfalls Leibniz zukommen liefs,
geht meist nur auf unwesentliche Sätze des Spinozistischen
Systems ein, sodafs der Philosoph hier keine Gelegenheit
hatte, sich über den Pantheismus näher auszusprechen; er
kritisiert hier nur den Substanzbegriff Spinozas (131, 1 und
132, 2) **).

Dagegen sind wieder die Äufserungen Leibnizens in
einigen Briefen aus den Jahren 1677 und Anfang 1678 sehr
lehrreich. Sehen wir davon ab, dafs er in einem seiner
Briefe an Schuller die sehr wichtige fünfte Proposition Spinozas verwirft, so schreibt er an Galloys: „Spinoza hat eine
seltsame Metaphysik, voll von Paradoxieen. Unter anderem
glaubt er, dafs die Welt und Gott nur eine und dieselbe
Sache ihrer Substanz nach sind, dafs Gott die Substanz aller

---

*) Stein zieht allerdings aus dieser Stelle genau den entgegen-
gesetzten Schlufs (S. 50 f.)! Was die erste Note zu dem zweiten Briefe
betrifft (1, 127, 1), so hat diese wohl noch einen anderen Sinn, als Stein
annimmt, da Leibniz im ersten Briefe (123 f., 1 u. 3), wie überhaupt auch
in den folgenden Jahren, sehr entschieden gegen den Determinismus
Spinozas protestiert hat.
    **) Stein sagt: „Auch hier kommt der grundsätzliche Widerstreit
zur Spinozistischen Philosophie nicht zum Durchbruch" (S. 52) — selbstverständlich, weil das Schriftstück keine Gelegenheit dazu bot. Falsch
ist es, wenn Stein (S. 53) sagt, der strenge Determinismus habe Leibnizens vollen Beifall; denn an der betreffenden Stelle (Gerhardt 1, 133,23)
handelt es sich überhaupt nicht um den Determinismus, sondern um den
Gottesbeweis der Alten, wonach nicht jedes Ding wieder in einem
anderen seinen Grund haben könne, also etwas Unbedingtes existieren
müsse, was meines Erachtens doch sehr verschiedene Fragen sind.

Dinge ist und daſs die Kreaturen nur Modi oder Accidenzien
sind. Aber ich habe ihm bemerkt, daſs einige angebliche
Demonstrationen, die er mir gezeigt hat, nicht exakt sind"
(118). Wie kann man nun aber angesichts einer solchen
Erklärung die Behauptung aufstellen, Leibniz habe dem
Spinozismus zugeneigt, oder auch nur, er habe sich in dieser
Zeit weniger abweisend gegenüber demselben verhalten als
später? Wenn er sagt, der Satz, daſs Gott die Substanz
aller Dinge sei, beruhe auf falschen Demonstrationen, ja die
Metaphysik Spinozas sei seltsam und voller Paradoxieen,
liegt denn darin nicht die allerentschiedenste Zurückweisung
des Pantheismus? Sollte er sich denn noch stärker ausdrücken? Ist dies nicht vielmehr schon genau dieselbe harte
Sprache, deren er sich in seinen monadologischen Schriften
bedient hat?*) Allein es giebt noch andere solcher Auslassungen. So schreibt der Philosoph im Februar 1878,
nachdem er die Ethik gelesen hatte, an Justel: „Es finden
sich in der Ethik Paradoxa, die ich weder wahr noch selbst
plausibel finde. Wie z. B., daſs es nur eine einzige Substanz

---

*) Stein giebt dies freilich nicht zu. Er sagt im Gegenteil: „Uner-
findlich ist mir, wie Prantl auf Grund dieser Worte behaupten konnte,
Leibniz habe sich von Spinoza abgestoſsen gefühlt!" (S. 58 Anm.). Ich
glaube nicht, daſs ihm hierin irgend jemand beipflichten wird. Anderswo (S. 87 f.) heiſst es: „Die Quintessenz des Pantheismus, wie sie in
diesem Satze niedergelegt ist, findet Leibniz also nur(!) sonderbar und
paradox. Das sind Epitheta, die einem metaphysischen Systeme gar
nicht übel anstehen(!) . . . Wieviel herber und schonungsloser hat er
später über diese Quintessenz geurteilt; er stand nicht an, sie erbärmlich und unverständlich, gefährlich und absurd zu schelten" (ähnlich
S. 96). Ich kann keineswegs finden, daſs diese Äuſserungen wesentlich
schroffer sind. Ob man sagt, ein System sei voller Paradoxieen, oder
es sei absurd, unverständlich, beklagenswert (Leibniz sagt an der von
Stein bezeichneten Stelle nicht „erbärmlich", sondern „pitoyable"), scheint
mir auf dasselbe hinauszukommen. S. 96 bemerkt Stein in Bezug auf
dieselbe Stelle: „Allerdings fand Leibniz einige vermeintliche Beweis-
führungen, die Spinoza entwickelt hatte, nicht ganz zutreffend. Diese
Wendung schlieſst nicht aus, daſs ihm die anderen umsomehr zusagten."
Das ist richtig. Nur sind die Argumente, auf die sich Leibniz hier
bezieht, gerade diejenigen, auf die Spinoza seinen Pantheismus stützte,
wie aus dem Zusammenhang hervorgeht. Daſs endlich Leibniz mit den
Worten, es gebe in der Philosophie auch gute Definitionen, nicht diejenigen Spinozas meint, wie Stein allerdings a. a. O. behauptet, ergiebt
sich ebenfalls aus dem Zusammenhange.

gebe, nämlich Gott, dafs die Kreaturen Modi oder Accidenzien Gottes seien, dafs alles mit einer fatalen Notwendigkeit
geschehe, dafs Gott nicht aus Zwecken, sondern kraft der
Notwendigkeit seiner Natur handle u. s. w. Ich halte dies
Buch für gefährlich für Leute, die sich die Mühe geben
wollen, es zu vertiefen*)". Also auch hier wieder erklärt
er den Pantheismus für eine Paradoxie, als eine Hypothese,
die nicht nur nicht wahr, sondern sogar nicht einmal plausibel sei! Und diese Worte werden nicht im geringsten
dadurch abgeschwächt, dafs er denselben die Bemerkung
voranschickt, er finde in der Ethik „viele schöne Gedanken,
die den seinigen konform seien"; denn damit kann er eben,
wie das vorherige klar zeigt, nur nebensächliche, nicht die
entscheidenden Lehren Spinozas meinen, auf die es uns hier
allein ankommt. Ähnlich schreibt er zur selben Zeit an
Placcius: „Obwohl Spinoza bisweilen schöne Gedanken hat,
die mit den meinigen in Einklang sind, so können doch im
ganzen seine Hauptansichten keineswegs gebilligt werden und
sind nicht von ihm bewiesen worden, was immer er auch
versprechen möge. Es giebt für ihn nur e i n e Substanz,
nämlich Gott. Die Kreaturen hält er für Modi Gottes. Gott
entbehre des Willens und handle nicht aus Zwecken, sondern auf Grund der Notwendigkeit seiner Natur etc. **), wie

---

*) Vgl. Stein S. 307 f.
**) Vgl. Stein S. 308. Stein bemerkt hierzu: „In dem Briefe an
Placcius kommen Wendungen vor wie: „„Quamquam Spinoza pulchra
passim habeat cogitata et a me demonstratis non abhorrentia . . ."" Dafs
er indessen einschränkend hinzufügt, man könne die Grundanschauungen
Spinozas nicht billigen, werden wir begreiflich finden. Man braucht
dabei nicht einmal die kirchliche Orthodoxie des Adressaten als haupt-
sächlichstes Motiv in Anschlag zu bringen; Leibniz konnte vielmehr mit
gutem Gewissen sagen, dafs er einzelne Voraussetzungen Spinozas sich
nicht aneignen könne. Nur richteten sich seine Bedenken weniger
gegen den pantheistischen Substanzbegriff als gegen den Ausschlufs
aller Teleologie." Hier ist nun zunächst merkwürdig, wie Stein das
letztere behaupten kann, da doch in diesem selben Briefe an Placcius
gerade in erster Linie der Satz Spinozas bemängelt wird, dafs nur e i n e
Substanz existiere. Wenn er sodann durchblicken läfst, dafs Leibniz
hier mit Rücksicht auf den Adressaten schlechter über Spinoza geurteilt habe, als er selbst dachte, wenn man überhaupt derartigen Ver-
dächtigungen in seinem Buche öfter begegnet, so mufs ich dagegen

er auch endlich in einem Briefe an Tschirnhaus sagt, daſs
Spinoza seine Thesen nicht bewiesen habe *). Alle diese
Äuſserungen sind wohl mehr als genügend, um die Behauptung, daſs Leibniz in diesen Jahren Spinozist gewesen sei,
richtig zu würdigen. Leibniz hat so wenig daran gedacht,
dem Pantheismus Spinozas beizupflichten, daſs er ihn vielmehr von Anfang an als eine unbewiesene, unhaltbare, die
Thatsachen der Erfahrung auf den Kopf stellende Hypothese
angesehen hat.

Genau zu demselben Resultat führt nun aber auch der
Auszug, welchen Leibniz im Jahre 1878 aus der Ethik gemacht und mit Bemerkungen versehen hat **). Wir können

---

protestieren. Leibniz hat allerdings zuweilen seine Beziehungen und
Ansichten verschwiegen, sei es, weil er voraussah, daſs er durch
eine Preisgabe derselben in einen ungerechtfertigten Verdacht kommen
würde, sei es, weil er wuſste, daſs er doch kein Verständnis finden
würde. Aber daſs er je eine Meinung ausgesprochen haben sollte,
die seinen Überzeugungen zuwiderlief, das ist nicht wahr, dafür soll
man erst den Beweis erbringen. Überhaupt scheint mir Stein den
Charakter Leibnizens sehr zu verkennen.

*) Wenn Stein S. 108 sagt, Leibniz tadle hier nur die Unzuläng-
lichkeit der Beweisführung, lasse dagegen das Materiale des Werkes
unberührt, so komme ich nachher auf die Unhaltbarkeit einer solchen
Unterscheidung.

**) Von den Randbemerkungen, welche Stein S. 100—102 bespricht,
sehe ich hier ab, da sie zu kurz und unbedeutend sind. Die Vermutung
Steins, daſs dieselben „unter dem frischen Eindrucke der ersten Lektüre
der Ethik entstanden sind“, ist ganz willkürlich. Man könnte genau
ebensogut sagen, daſs sie nach dem gröſseren Auszug aus der Ethik
entstanden sind, indem sie nur einige Nachtragungen zu dem letzteren
enthalten. Diese Hypothese wäre sogar viel natürlicher und wahrscheinlicher. Denn da jene Randbemerkungen gerade die fundamentalen, den
Pantheismus begründenden Bestimmungen Spinozas fast ganz übergehen,
da aber Leibniz nachweislich den Pantheismus von vornherein verworfen hat, so ist es nicht glaublich, daſs er bei der Lektüre und Kritik
der Ethik diesen Teil desselben so wenig hätte berücksichtigen sollen. —
Ebensowenig kann ich Steins Annahme zustimmen, daſs die zweite
Hälfte des Auszuges aus der Ethik, von Propos. XX an, später verfaſst
sei als die erste (S. 105 f.). Ich kann nicht den geringsten Grund sehen,
der zu einer solchen Annahme berechtigte. Leibniz widerlegt in dem
zweiten Teile die einzelnen Propositionen Spinozas in derselben bündigen Weise, wie die meisten des vorhergehenden Teiles, und auch den
Ton kann ich nicht schärfer finden. Denn wenn der Philosoph hier
mehreremal bemerkt, dieser oder jener Satz Spinozas sei dunkel, konfus, voreilig, ein Paralogismus, so hatte er ja das Gleiche auch in dem
ersteren Teile öfter gesagt, und wenn wirklich ein paar besonders ab-

uns nun freilich auf eine genauere Analyse desselben hier
nicht einlassen; allein schon eine oberflächliche Betrachtung
lehrt, dafs dieses Schriftstück nicht weniger als eine vollständige Widerlegung aller Hauptbestimmungen Spinozas
enthält. Leibniz zeigt hier nämlich, dafs die wesentlichen
Definitionen und Axiome dieses Philosophen teils ungenau,
unklar und dunkel, teils lückenhaft, teils falsch sind, dafs
seine Propositionen teils auf mangelhafte Definitionen zurückgehen, teils auf übereilten Folgerungen beruhen, teils im
Widerstreit mit einander liegen oder den Prämissen des
Systems widersprechen u. s. w., kurz er führt den überzeugenden Nachweis, dafs alle entscheidenden Sätze desselben
sich auf unzulässige Voraussetzungen und Schlüsse gründen.
Was insbesondere die Proposition betrifft, dafs es aufser
Gott keine Substanz geben könne, so bemerkt er zu dieser:
„Alles dies setzt die Definition der Substanz voraus, dafs
sie ein Wesen sei, welches durch sich selbst begriffen wird,
und vieles andere vorher gekennzeichnete, was nicht zugelassen
werden darf" (1, 145). Auch sagt er ausdrücklich: „Der
Autor scheint sehr verschroben zu sein; selten geht er auf
klarem und natürlichem Wege vor, immer gelangt er übereilt und auf Umwegen zu seinem Ziel, und seine meisten
Demonstrationen überlisten den Geist mehr als sie ihn er-
leuchten" (149); und Ähnliches findet sich öfter. Und das
soll nun ein minder harter Ausspruch sein! Aber giebt es
denn überhaupt ein abfälligeres Urteil über einen Philosophen? Was verlangt man denn eigentlich von Leibniz?
Und hat sich dieser überhaupt jemals schärfer über Spinoza
geäufsert? Bewegen sich nicht vielmehr auch seine späteren
Auslassungen ganz in derselben Richtung? Und trotzdem
soll Leibniz in diesen Jahren dem Spinozismus ergeben gewesen sein! Aber liegt denn nicht in alledem die entschiedenste Verurteilung desselben? Man hat freilich eingewandt,

---

fällige Äufserungen fallen (so am Ende der Prop. XX und XXX), so
liegt der Grund eben darin, dafs die bezüglichen Propositionen Spinozas
besonders schwach sind.

dafs Leibniz hier nur die Art, wie Spinoza seine Sätze ableitet und begründet, nicht diese Sätze selbst gemifsbilligt,
dafs er allerdings den Weg, auf dem Spinoza zu der Einheit
der Substanz kommt, für verfehlt gehalten, dafs er aber
dennoch an diese Einheit geglaubt, dafs er nur die Methode,
nicht den Inhalt des Systems verworfen habe. Allein eine
solche Unterscheidung ist ganz unmöglich. Wie anders
sollte denn Leibniz überhaupt das System widerlegen, wie
sonst sollte er sich und andere von der Unhaltbarkeit desselben überzeugen als dadurch, dafs er nachwies, dafs die
Definitionen und Axiome, von welchen es ausgeht, fehlerhaft
seien, dafs die Folgerungen, welche aus denselben gezogen
werden, nicht mit Recht aus ihnen hergeleitet werden dürfen
und dergleichen? Sollte er dasselbe mit Gründen bekämpfen,
welche zu den Argumenten Spinozas in keiner Beziehung
standen? Indessen das wäre überhaupt keine bündige Widerlegung des Systems gewesen, und es war auch schon dadurch
ausgeschlossen, dafs es sich bei den fraglichen Auslassungen
nur um Noten zu Spinozas Werk handelte. Es ist also
schlechterdings nicht angängig zu sagen, Leibniz richte sich
nur gegen die Form, nicht gegen den Inhalt des letzteren.
Aber es geht auch aus mehreren seiner Bemerkungen in der
handgreiflichsten Weise hervor, dafs Leibniz den Pantheismus entschieden gemifsbilligt hat. Wenn er z. B. sagt,
dafs der Satz, Gott sei die einzige Substanz, eine falsche
Definition der Substanz und viele andere nicht zuzulassende
Prämissen voraussetze, und dann hinzufügt: „Mir scheint es
noch nicht sicher, ob die Körper Substanzen sind. Anders
in betreff der Geister“ (145), so ist darin deutlich seine Überzeugung ausgesprochen, dafs die Geister selbständige Substanzen neben Gott seien. Wenn er weiterhin bemerkt:
„Dafs Gott die immanente Ursache der Dinge ist, folgt aus
dem Satze, den Spinoza bewiesen zu haben vermeinte (sibi
visus est), Gott sei die einzige Substanz“ (146), so leuchtet
auch hieraus ein, dafs er selbst an diesen letzteren Satz
nicht glaubt. Wenn es ferner heifst, die Bestimmung, dafs

die besonderen Dinge nur Modi Gottes seien, durch welche
dessen Attribute in bestimmter Weise ausgedrückt werden,
sei richtig, „sobald man ihr einen gesunden Sinn beilegt,
nämlich den, dafs nicht die D i n g e solche Modi sind, sondern dafs die Modi, die besonderen Dinge zu begreifen, bestimmte Modi sind, die göttlichen Attribute zu begreifen"
(148), so folgt abermals unwiderleglich, dafs Leibniz die
endlichen Dinge nicht als blofse Modifikationen gelten lassen
will. Und auch dafür, dafs er von dem Determinismus Spinozas, überhaupt von allen denjenigen Lehren, die für den
letzteren charakteristisch sind, nichts hat wissen wollen,
würde es an eindringlichen Beweisen nicht fehlen *).

Ziehen wir nun aus alledem die Summe, so dürfen wir
wohl unser Urteil dahin zusammenfassen, dafs die bisher
veröffentlichten über Spinoza handelnden Schriften Leibnizens
aus den Jahren 1676—1679 die Annahme, als sei er in dieser
Periode Spinozist gewesen, nicht nur nicht begünstigen, sondern geradezu als vollständig haltlos erscheinen lassen.

Man hat nun endlich noch die in Frage stehende Ansicht durch Argumente aus den späteren monadologischen
Werken Leibnizens zu stützen gesucht. Auch diese erweisen
sich indessen durchgängig als hinfällig, und wir können sie
daher aufser acht lassen **). Nur auf zwei Bemerkungen
Leibnizens über Spinoza, auf die man sich auch schon früher

---

*) Vgl. Stein S. 104 f. und 106 f. Wenn Stein S. 107 darauf hin-
weist, dafs sich eine Reihe von Stellen in diesem Auszuge finden, „die
sich über einzelne Lehrsätze ausdrücklich billigend oder doch zustimmend
auslassen", so vergifst er hinzuzufügen, dafs es sich hier regelmäfsig
um nebensächliche Sätze, zum mindesten um solche handelt, die mit
dem Pantheismus nichts zu thun haben. — Wie ferner Stein S. 101 f.,
103, 104 E., 113 behaupten kann, dafs Leibniz im wesentlichen nur die
Leugnung der Zwecke seitens Spinozas bekämpft, alle übrigen Lehren
desselben aber im ganzen gebilligt habe, verstehe ich einfach nicht.

**) Anmerkungsweise indessen will ich wenigstens die Ausführungen
Steins über das Verhalten Leibnizens zu Spinoza in den Jahren 1680
bis 1686 kurz besprechen. „Wird in diesem Zeitraume, sagt nämlich Stein,
der gegen Spinoza angeschlagene Ton auch zusehends immer kühler, so
ist dieser doch von der späteren Schärfe und Bitterkeit noch recht weit
entfernt ... Eine Entfremdung ist freilich seit Ende 1679 unverkenn-
bar vorhanden" (S. 111; ebenso 220 f.). Es ist indessen nicht zu sehen,
wie Stein zu diesem Urteile gekommen ist, da aus den fraglichen Jahren

als besonders beweiskräftig berufen hat, müssen wir noch
mit einigen Worten eingehen.

Die erste derselben lautet so: „Vorstellung und Streben
sind in allen Monaden, denn sonst würde eine Monade
keine Beziehung zu den übrigen Dingen haben. Ich weifs
nicht, mein Herr, wie Sie daraus Spinozismus folgern können.
Im Gegenteil, gerade durch diese Monaden wird der Spinozismus zerstört, denn es giebt ebensoviele Substanzen, als
es Monaden giebt, anstatt dafs es nach Spinoza nur eine
einzige Substanz giebt. Er würde recht haben, wenn es

überhaupt fast gar keine Äufserungen Leibnizens über Spinoza vorliegen und diese wenigen durchaus belanglos sind. Denn was der
Philosoph 1682 an Tschirnhaus über Spinoza schrieb (Stein S. 112),
hatte er auch früher gesagt. Wenn er ferner 1679 erklärt, er billige
die beiden Propositionen Malebranches, dafs wir alle Dinge in Gott
sehen (Gerhardt 1, 330), so hat er dies ganz gewifs nicht im pantheistischen Sinne gemeint. Vielmehr scheint der Zusatz, dafs er auch die
andere Proposition Malebranches billige, wonach die Körper nicht eigentlich auf uns handeln, und die weiteren Worte, er habe sich von der
Richtigkeit beider Propositionen auf Grund neuer, bisher unbekannter
Axiome und Thesen überzeugt, darauf hinzudeuten, dafs er hier schon
die spätere Lehre von der prästabilierten Harmonie im Auge hat. Wenn
er weiter in Bekämpfung einiger Cartesianischer Sätze im Vorübergehen
bemerkt: „Das sind die Meinungen, welche Spinoza klarer entwickelt
hat, nämlich dafs die Gerechtigkeit und Schönheit nur Dinge sind,
welche sich auf uns beziehen" (4, 283: Stein benutzt übrigens dieses
Sätzchen als Beleg für die allgemeine Behauptung, „Leibniz gestehe jetzt
ausdrücklich zu, Spinoza sei der konsequentere Denker" [nämlich im
Vergleich zu Cartesius] S. 115 und 221), wenn er in Wiederholung
dieses selben Gedankens ebenso beiläufig sagt, dafs, wenn Gott selbst
erst bestimme, was gut und böse sei, ein solcher Gott nach Art des
Spinoza gedacht werden müsse (4, 285 und 299), was in aller Welt soll
denn daraus in Bezug auf das Verhältnis Leibnizens zu Spinoza folgen?
Dafs sich Leibniz endlich in der Abhandlung: „De vera methodo"
(7, 323 ff.), wie Stein glaubt (S. 117 f.), auf Spinoza beziehe, ist schwerlich
richtig; er meint hier nur diejenigen Systeme, welche im Gegensatze zu
der antik-scholastischen Philosophie alles lediglich durch die Materie
und den Mechanismus erklären. Auch im „Discours de métaphysique"
(4, 428) handelt es sich nicht, zum mindesten nicht allein um Spinoza,
sondern um diejenigen Philosophen, welche die Schönheit und Güte als
Chimären der Menschen ansehen, was nach den vorher angeführten
Stellen in erster Linie wohl auf Cartesius geht: überhaupt haben noch
verschiedene andere Philosophen diese Ansicht vertreten, z. B. Hobbes,
wenn ich nicht irre (vgl. Stein S. 221).
Auch die weitere Darstellung Steins mufs ich fast Satz für Satz
bestreiten, wie ich auch gegen die bisher kritisierten Teile derselben
noch manche Ausstellung zu machen hätte. Doch ist es nicht nötig,
weiter darauf einzugehen.

keine Monaden gäbe etc." (3, 575)*). Hieraus soll erhellen,
dafs die Monadenlehre eine Lösung der Aufgabe darstelle,
den Spinozismus zu vernichten. Gewifs, man kann diesen
Sinn, wenn sonst nichts hindert, in die Worte hineinlegen,
aber notwendig ist das nicht im entferntesten. Auch wenn
die Monadenlehre nicht den besonderen Zweck hätte, dem
Spinozismus den Garaus zu machen, konnte Leibniz dennoch
sehr gut sagen, dafs der letztere durch jene zerstört werde,
da ja die Monade wesentlich eine Vielheit von Substanzen
voraussetzt, während Spinoza nur e i n e Substanz zugesteht,
und dafs dessen Lehre begründet sein würde, wenn es keine
Monaden gäbe, da es ja dann eben nur e i n e Substanz geben
würde; und er konnte dies um so eher, als er ausdrücklich
dazu herausgefordert war. Wenn ihm der Vorwurf gemacht
wurde, dafs seine Monadenlehre zum Spinozismus führe,
warum in aller Welt, fragen wir, hätte er dann nicht auch
in dem Falle, dafs zwischen beiden Systemen kein genetischer Zusammenhang besteht, erklären können, seine Monaden begünstigen nicht nur nicht den Spinozismus, sondern
im Gegenteil, sie zerstören ihn gerade, und Spinoza würde
recht haben, wenn keine Monaden existierten? Wenn man
sich einmal an die obige Auslegung gewöhnt hat, so scheint
sie allerdings ganz natürlich zu sein; allein man mache nur
einmal den Versuch, sich auf einen anderen Standpunkt zu
stellen, so wird man sofort gewahr werden, dafs man dem
Philosophen hier einen Gedanken unterschiebt, der keineswegs
in seinen Worten gefunden werden mufs. Jene Auslegung ist
durchaus willkürlich, und die citierte Stelle kann daher für die
vorliegende Frage überhaupt gar nicht in Betracht kommen.

Die zweite der vorher erwähnten Äufserungen Leibnizens
findet sich in den „Nouveaux essais". Nachdem er nämlich
hier in einem Überblick über sein eigenes System die Hauptbestimmungen desselben auseinandergesetzt hat, kommt er
schliefslich auf die Natur Gottes zu sprechen und äufsert
sich hierüber in folgender Weise: „Sie werden überrascht

---

*) Vgl. Stein S. 1 f. und 251 f.

sein, mein Herr, zu erkennen, wie sehr die Kenntnis der
Größe und der Vollkommenheiten Gottes durch dieses System erhöht wird. Denn ich kann Ihnen nicht verhehlen,
wie sehr ich jetzt von Bewunderung und Liebe für diese
souveräne Quelle der Dinge durchdrungen bin. Sie wissen,
daß ich etwas zu weit in anderer Richtung (ailleurs, nicht
autre fois nach Gerhardts Ausgabe) gegangen war und daß
ich zur Seite der Spinozisten hinzuneigen begann, welche
Gott nur eine unendliche Macht geben, ohne weder Vollkommenheit noch Weisheit in Bezug auf ihn anzuerkennen,
und, indem sie die Zweckursachen vernachlässigen, alles aus
einer blinden Notwendigkeit herleiten" (5,65)*). Diese Sätze,
hat man nun gesagt, beweisen unwiderleglich, daß Leibniz
zu irgend einer Zeit sich dem Pantheismus angefreundet
habe. Das ist indessen in keiner Weise der Fall. Denn
Leibniz giebt ja doch keineswegs an, er habe jemals zu der
Ansicht hingeneigt, daß es nur eine Substanz gebe, daß
Gott die einzige Substanz sei, sondern zu der andern, daß
Gott nur eine unendliche Macht, nicht aber einen freien
Willen und Weisheit habe, daß er einer blinden Notwendigkeit unterliege, nicht aber frei nach Zwecken handle. Daß
er dies allein meint, geht aus seinen Worten wie aus dem
Zusammenhange sonnenklar hervor, sowie auch schon daraus,
daß sich jene Worte nicht am Anfange seiner Darstellung,
da, wo er bemerkt, daß er unteilbare Einheiten, also doch
viele einzelne selbständige Substanzen als das wahrhaft
Seiende annehme, sondern am Schlusse derselben finden, da,
wo er von den Eigenschaften Gottes spricht. Die obige
Stelle besagt also keineswegs, daß Leibniz je ein Anhänger
des Pantheismus gewesen sei, sondern nur, daß er einmal
in einem speziellen Punkte, nämlich in Bezug auf die Frage,
ob Gott mit Freiheit oder mit Notwendigkeit handle, zur
Seite der Spinozisten hinzuneigen begonnen habe. Denn daß
dies etwas vollständig anderes ist, daß man auch dann,
wenn man Gott nicht als die einzige Substanz gelten läßt,

---

*) Vgl. Stein S. 234.

sondern neben ihm noch andere unabhängige Substanzen
statuiert, Gott nicht als ein freies, zweckthätiges Wesen zu
denken braucht, sondern ihn mit den Spinozisten als einer
Notwendigkeit unterworfen sich vorstellen kann, ist selbstverständlich; ist man doch bisher allgemein der Meinung
gewesen, daß sogar der Gott der Monadenlehre sich notwendig so bethätigen müsse, wie es in der That geschieht.
Hat sich nun aber Leibniz nur in dieser besonderen Hinsicht einmal der Ansicht der Spinozisten genähert, so folgt
daraus natürlich nicht das Geringste in Bezug auf die Entstehung und die Tendenz der Monadenlehre.

Es würde dies umsoweniger gefolgert werden können,
als aus der obigen Bemerkung des Philosophen nicht einmal
zu ersehen ist, ob er unter dem Einflusse des Spinozistischen
Systems oder durch selbständige Untersuchungen, welche mit
diesem nichts zu schaffen hatten, zu jenen Neigungen geführt
worden ist. Die letztere Annahme würde seinen Worten
sogar entschieden angemessener sein als die erstere. Denn
Leibniz sagt ja nicht, daß das Spinozistische System ihn
eine Zeitlang von dem richtigen Wege abwendig gemacht
und in ihm eine Neigung zu dem Pantheismus erweckt habe,
sondern er sagt, daß er selbst einmal zu weit gegangen
sei, daß er aus eigenem Grunde zu dem Spinozismus
hinzuneigen begonnen habe. Das kann doch aber wohl nichts
anderes heißen, als daß er im Laufe seiner philosophischen
Untersuchungen (vermutlich derjenigen, durch welche seine
Monadenlehre begründet wurde) irgend einmal (vielleicht an
derjenigen Stelle, wo es sich für ihn darum handelte, das
Verhältnis Gottes zu den Monaden zu bestimmen) in seinen
Argumentationen und Schlüssen zu übereilt vorgegangen sei,
so daß er sich eine Zeitlang zu der Auffassung Spinozas hingedrängt glaubte, daß er aber später die Irrigkeit jener
Schlüsse eingesehen habe. Diese Deutung würde sich umso-
mehr empfehlen, als Leibniz, wie wir sahen, in den Jahren
1676—1678 sehr energisch gegen die Lehre Spinozas, daß
Gott kraft der Notwendigkeit seiner Natur handle, protestiert

hat. Es ist also zu vermuten, dafs er erst nach dem Jahre
1678, als er sich mit dem einschlägigen Probleme näher be-
fafste, auf Schwierigkeiten gestofsen sei, infolge deren er sich
trotz seiner früheren Polemik gegen Spinoza dennoch in
dieser Hinsicht ihm anfangs anschliefsen zu müssen glaubte.
So angesehen, würde sich natürlich aus der Erklärung des
Philosophen erst recht nichts in Bezug auf den Zweck der
Monadenlehre ausmachen lassen.

   Überhaupt erregt die vorliegende Ansicht auch an und
für sich, ganz abgesehen von ihrer Begründung, Bedenken.
Leibniz soll nämlich darnach bis zum Jahre 1679 dem Pantheismus ergeben gewesen sein; dann aber soll er, weil
dieser mit Notwendigkeit zu einer streng mechanisch-deter-
ministischen Weltanschauung führte, beschlossen haben, ein
neues System aufzustellen, welches mit dem Pantheismus
überhaupt brach und den Einzeldingen wiederum ihre Selbständigkeit gab. Er würde also die Monadenlehre nicht aus
dem Grunde dem Pantheismus entgegengesetzt haben, weil
ihm der Satz, dafs es nur e i n e Substanz gebe, an sich
selbst widerstrebte oder unmöglich erschien, sondern nur
darum, weil mit demselben eine rein mechanische Naturerklärung verbunden war, und er würde demgemäfs nicht
deshalb eine Unendlichkeit vieler Substanzen gelehrt haben,
damit die Unabhängigkeit des Einzeldaseins wiederhergestellt,
sondern nur deshalb, damit für eine teleologische Naturbetrachtung Platz geschafft werde. Dafs dies indessen eine
höchst gezwungene Hypothese sein würde, wird man nicht
in Abrede stellen können. Wenn man schon einmal annehmen zu müssen glaubt, dafs die Monadenlehre im Gegensatze zu dem Spinozismus entstanden sei, so wird man sich
dies nur so denken können, dafs eben der Pantheismus als
solcher, der Satz von der Einheit der Substanz von dem
Philosophen als unhaltbar erkannt worden und dafs er infolgedessen an die Bildung eines Systems gegangen sei, welches die Einzelsubstanz zu seinem Prinzip machte. Hält
man dies nicht für durchführbar oder nicht vereinbar mit

den Quellen, so wird man auch annehmen müssen, dafs die
Monadenlehre überhaupt nicht gegen den Spinozismus, sondern gegen die mechanisch-materialistischen Systeme gerichtet
sei und dafs sie also eine Versöhnung der antiken teleologischen mit der modernen mechanischen Weltanschauung
darstelle, wie dies in der That der Fall ist und durch zahlreiche ausdrückliche Angaben Leibnizens selbst mit Notwendigkeit gefordert wird. Aber eine Verbindung dieser beiden
Tendenzen in der angegebenen Weise würde zu einem höchst
unklaren, undurchsichtigen, schiefen und verschwommenen
Standpunkte führen, von dem es von vornherein wenig glaublich ist, dafs ihn Leibniz eingenommen haben sollte.

So darf auch dieser Versuch, eine Abhängigkeit Leibnizens von Spinoza herzustellen, als vollständig gescheitert
angesehen werden. Überhaupt mufs hier noch einmal besonders betont werden, worauf wir schon früher hingewiesen
haben, dafs man sich in einem Irrtum befindet, wenn man
glaubt, aus Argumenten, welche nicht dem Charakter und
Inhalt der Monadenlehre selbst entnommen sind, insbesondere
aus den Schriften, deren Abfassungszeit vor das Jahr 1686
fällt, etwas Sicheres über die geschichtlichen Beziehungen
jener ausmachen zu können. Denn entweder passen die so
gewonnenen Resultate nicht zu dem Systeme selbst, dann
folgt nur, dafs sie falsch sind; oder sie passen allerdings zu
demselben, dann wird ihre Sicherheit weniger auf jenen
Argumenten als auf der Haltung des Systems selbst beruhen.
In jedem Falle also wird bei allen derartigen Untersuchungen
die Analyse der Monadenlehre den entscheidenden Faktor
der Beweisführung bilden müssen, und alle sonstigen Gesichtspunkte werden gegenüber diesem nur eine nebensächliche Bedeutung beanspruchen können *).

Thatsächlich weist denn auch die Monadenlehre durch
sich selbst auf ein ganz bestimmtes Verhältnis Leibnizens zu

---

*) Und wenn die Monadenlehre bisher in dieser Beziehung nicht
durch sich selbst zu einem sicheren Resultate geführt hat, so folgt nur

den früheren und gleichzeitigen Philosophen hin, und insbesondere gilt dies von seinen dynamischen Erörterungen, die
wir ja bisher allein erst kennen gelernt haben. Dieselben
können sogar ohne die Aufhellung dieses Verhältnisses gar
nicht einmal wirklich verstanden werden, und eben deshalb
müssen wir schon hier auf dasselbe eingehen. Diese Erörterungen sind durch sich selbst nicht ganz begreiflich; erst
wenn sie in einen größeren geschichtlichen Zusammenhang
eingereiht werden, ist eine vollkommene Würdigung derselben
möglich.

Schon die Voraussetzung, die ihnen zu Grunde liegt,
dafs nämlich alle einzelnen Erscheinungen der Natur in rein
mechanischer Weise begründet werden müssen, deutet auf
einen solchen Zusammenhang hin. Denn dafs Leibniz mit
dieser Voraussetzung an die Wissenschaft seiner Zeit an-
knüpft, dafs in derselben eine Anerkennung der von dieser
vertretenen Anschauungen liegt, hat er nicht nur oft selbst
gesagt, sondern es ist auch an sich selbstverständlich. Das
war ja eben das kennzeichnende Merkmal der neueren
Philosophie, wie sie mit Baco begann, dafs sie im Gegensatz
zu der Scholastik darauf drang, die Thatsachen der Erfahrung
nicht aus den Formen der Dinge oder sonstigen verborgenen
Eigenschaften derselben, sondern aus ihren natürlichen,
materiellen Bedingungen zu begreifen, dafs sie jede blofs
metaphysische oder teleologische Erklärung derselben verwarf und den Grundsatz einer streng physikalischen Naturbetrachtung proklamirte und zur Geltung brachte. Und

daraus, dafs sie überhaupt noch nicht richtig verstanden ist, nicht aber,
dafs man aus den ihrer Bildung vorangehenden Schriften um jeden
Preis Notizen herausklauben müsse, die nun einmal nicht darin zu finden
sind, oder dafs man gar auf die Suche nach neuen Schriftstücken ausgehen müsse. Ich kann daher auch dem, was Stein S. 19—22 über
seine neue „entwicklungsgeschichtliche, auf archivalische Forschungen
sich stützende Methode" sagt, nicht ohne Vorbehalt zustimmen. Wer
aus dem massenhaften Material, welches uns in Bezug auf die Leibnizische Philosophie vorliegt, noch zu keinem Urteil über die geschichtlichen Beziehungen derselben gelangen kann, der wird dazu auch nicht
imstande sein, wenn ihm ein Dutzend weiterer Schriften vorliegt; es
müfsten denn hier ganz merkwürdige Dokumente zum Vorschein kommen,
auf die ja gar nicht gerechnet werden kann.

diesem Grundsatz, dessen Ein- und Durchführung Leibniz
mit Recht als das wesentliche Verdienst der modernen Wissenschaft, als denjenigen Punkt angesehen hat, durch den sie
sich in erster Linie von der antiken und scholastischen
Philosophie unterschied, gesteht er nun seine Berechtigung
zu, indem er an die Spitze seines Systems die Forderung
stellt, dafs alle besonderen Phänomene auf die Materie und
ihre Bewegungen zurückgeführt werden müssen.

Allein durch diese Erwägungen finden die Erörterungen
des Philosophen noch nicht ihre vollständige Erklärung. Dieselben gehen von der Voraussetzung aus, dafs die Dinge,
welche wir vorstellen, nicht die Erscheinungen eines
Realen, sondern dafs sie selbst in uns repräsentiert seien,
dafs näher alle speziellen Phänomene durch das Phänomen
des Körpers, seiner Eigenschaften und Gesetze, die Vorstellungen von dem Detail der Natur durch die Vorstellung
des Mechanismus begründet und expliziert werden müssen,
und das Problem, womit sie sich allein beschäftigen, ist nur
dieses, ob nicht die Prinzipien des Körpers selbst, des
Mechanismus selbst in das Gebiet der Metaphysik gehören.
Demgemäfs wurde zunächst nachgewiesen, dafs der Körper
selbst nichts Reales sei, es wurde gezeigt, dafs er nur eine
Vielheit, eine Menge, dafs die Bewegung eine blofse Veränderung, eine reine Modifikation sei, dafs von ihr nicht bestimmt werden könne, welchem Subjekt sie zugehört, und
dafs endlich auch für den Widerstand kein Grund anzugeben
sei. Hieraus wurde dann geschlossen, dafs die körperliche
Substanz als einfaches Wesen, als aktive und passive Kraft
gedacht werden müsse.

Nun ist es nicht möglich, dafs Leibniz zuerst die Wahrnehmung gemacht hat, der Körper selbst besitze keine
Realität, und dafs er erst dadurch veranlafst wurde, sich das
angegebene Problem vorzulegen. Denn um überhaupt eine
solche Wahrnehmung machen, um überhaupt seine Aufmerksamkeit auf das Wesen des Körpers selbst richten zu
können, mufste er sich zuvor der gewöhnlichen Anschauung

15*

(die natürlich auch er ursprünglich teilte), wonach der Körper
wesentlich die Erscheinung eines Realen ist und wonach
daher immer nur nach dem geforscht werden kann, was dem
Körper zu Grunde liegt, wie er entsteht, entledigt
haben, mußte er sich schon auf den ihm eigentümlichen Standpunkt, wonach der Körper eben nicht die Erscheinung
eines Dritten, sondern selbst in uns repräsentiert ist und
wonach also allererst das Prinzip des Körpers selbst in Frage
kommt, gestellt haben, kurz er mußte dazu zunächst das
Problem nach dem Prinzip des Körpers selbst ausdrücklich
aufgeworfen haben. Derjenige, dem ein solches Problem vollständig fremd ist, der es noch gar nicht kennt, gar nichts
von demselben ahnt, dem können sich selbstverständlich auch
keine Beobachtungen aufdringen, welche die Natur des Körpers selbst betreffen. Leibniz hat also nicht zuerst bemerkt, daß der Körper selbst nichts Primitives sei, und
erst dann jenes Problem gestellt, sondern er ist von dem
Problem ausgegangen, ob nicht trotz der Berechtigung der
mechanischen Naturbetrachtung im besonderen doch der
Mechanismus selbst metaphysischen Ursprungs sei, und erst
von diesem Standpunkt aus hat er die Entdeckung gemacht,
daß der Körper selbst keine wahrhafte Substanz darstelle,
daß er ein bloßes Aggregat sei, daß es für die Bewegung
und den Widerstand an einer Ursache fehle.

Wie kam nun aber Leibniz dazu, ein solches Problem
sich vorzulegen? Denn daß er nicht durch Zufall auf dasselbe geraten sein kann, daß es nur das Produkt einer ganz
eigentümlichen Geistesrichtung gewesen, nur aus einem ganz
bestimmten Gedankenkreise heraus entstanden sein kann, ist
unmittelbar klar. Liegt es doch dem gewöhnlichen Verstande
so vollständig fern, daß es in der gesamten Geschichte der
Philosophie bis auf den heutigen Tag außer von Leibniz
niemals, schlechterdings niemals von einem Philosophen aufgestellt worden ist. Ja, in diesem Problem liegt schon die
ganze Weltanschauung, welche Leibniz in seiner Monadenlehre zum Ausdruck gebracht hat, wie im Keime eingewickelt.

Hatte der Philosoph einmal jene Frage zu dem Gegenstande seines Nachdenkens gemacht, dann war schon mit einiger Gewißheit vorauszusehen, welche Gestalt seine späteren Überzeugungen annehmen würden, dann mußte er auch über kurz oder lang zu der Monadenlehre gelangen. Diese Frage bildet den über alles entscheidenden Anfangspunkt seines gesamten Systems, und erklären, wodurch er zu derselben angeregt wurde, das heißt in der That den Ursprung, ja die ganze Entwicklung der Monadenlehre aufweisen.

Es kann aber offenbar nur derjenige sich die Aufgabe vorsetzen, zu untersuchen, ob nicht unbeschadet der Bedeutung des Körpers und des Mechanismus für die Einsicht in die spe z i e l l e n Vorgänge der Natur gleichwohl die Prinzipien des Körpers s e l b s t, des Mechanismus s e l b s t in seelenartigen Wesen, in den Formen gesucht werden müssen, der die Tendenz hat, die Alleinherrschaft der mechanischen Weltanschauung zu brechen und sie mit derjenigen zu verbinden, welche das Universum aus den Formen der Dinge zu begreifen sucht. Nun, eine solche Weltanschauung haben die idealistischen Systeme des Altertums und nach ihrem Vorbilde auch die Scholastiker vertreten. Und so werden wir vermuten können, daß die Stellung jener Aufgabe dem Streben entsprungen sei, die antike und die scholastische Philosophie mit der modernen zu versöhnen.

Das Altertum hatte einseitig in den Formen der Dinge das allein wahrhaft Seiende gesehen und aus ihnen die Beschaffenheit der Welt und die Veränderungen in derselben herleiten zu können geglaubt; aber es hatte darüber die Betrachtung der materiellen, mechanischen Bedingungen alles Geschehens, der wirkenden Ursachen allzusehr vernachlässigt. Indem dann die Scholastiker diese Richtung aufnahmen und weiter verfolgten, verfielen sie allmählich in eine Unfruchtbarkeit und einen leeren Formelkram, der sie schließlich zum Gespött aller denkenden Leute machte. In der Reaktion gegen diese Art der Spekulation wandten sich nun die neueren Philosophen dem anderen Extrem zu, indem sie die

Metaphysik aus der Wissenschaft verbannten und die rein mechanische Welterkärung, welche nur Gröfsen, Figuren und Bewegungen kennt, für die einzig richtige ausgaben. Und da drängte sich nun Leibniz die Frage auf, ob es nicht möglich sei, diese beiden scheinbar einander widerstrebenden Richtungen mittelst eines neuen Prinzips miteinander zu verbinden.

Eine solche Verbindung war nun aber nur möglich, wenn die betreffenden Theorieen einer durchgreifenden Änderung unterzogen wurden. Um dies zu verstehen, müssen wir die Grundgedanken der letzteren, soweit sie hier in Betracht kommen, mit ein paar Worten analysieren. Die mechanischen Systeme gehen von der Voraussetzung aus, dafs die Dinge, welche wir vorstellen, die Erscheinungen eines Realen, einer objektiv existierenden Welt seien, und sie fragen daher, welches dieses Reale sei, das uns in den Dingen erscheint, wodurch diese Erscheinungen hervorgerufen werden, was denselben Wesenhaftes zu Grunde liegt, wie sie entstehen, kurz sie fragen nach den Ursachen und Gründen für die Existenz der Erscheinungen. Und diese Gründe müssen nun eben nach ihnen in dem Körper, seinen Eigenschaften und Gesetzen, mit e i n e m Worte in dem Mechanismus gesucht werden. Das Reale, was den Dingen, der Welt der Erscheinungen zu Grunde liegt, sollen nur materielle Vorgänge sein; die Erscheinungen sollen auf mechanischem Wege, durch den Körper und seine Bewegungen entstehen. Ebenso setzen nun auch diejenigen Systeme, welche die Welt aus den Formen zu begreifen suchen, voraus, dafs die Dinge, die wir wahrnehmen, die Erscheinungen einer an sich bestehenden Welt seien, und auch sie wollen daher die Prinzipien für die Existenz der Dinge aufweisen. Aber sie sehen im Gegensatz zu den Vertretern der mechanischen Richtung, welche nur die Materie und den Mechanismus als etwas Substantielles gelten lassen, vielmehr das allein wahrhaft Reale in den Formen der Dinge: Die Gründe der Erscheinungen müssen nach ihnen in den substantiellen Formen gefunden werden.

Wollte nun Leibniz diese beiden Weltanschauungen, von denen die erste den Grundsatz aufstellt, daſs die Erscheinungen durch den Körper und seine Gesetze, und von denen die zweite lehrt, daſs die Erscheinungen durch die substantiellen Formen entstehen, miteinander vereinigen, so war dies offenbar nur dann möglich, wenn ihm der Nachweis gelang, daſs zwar das D e t a i l der Natur auf mechanischem Wege abgeleitet werden könne, daſs aber der Körper selbst nichts Reales, selbst nur ein Phänomen sei, daſs also das Prinzip des Körpers s e l b s t in einer substantiellen Form bestehe. Eine andere Art der Vereinigung war ja gar nicht denkbar. Die Aufgabe, die ihm damit erwuchs, war nun aber keineswegs identisch mit der anderen, nachzuweisen, daſs zwar alles einzelne durch den Körper expliciert werden könne, daſs aber der Körper selbst erst durch ein Drittes z u s t a n d e k o m m e, erst durch eine unteilbare Substanz e n t s t e h e. Eine solche Lehre würde ja, wie wir schon früher auseinandergesetzt haben (vgl. S. 69 ff.), einen Widerspruch in sich schlieſsen. Denn wenn man zuerst fordert, daſs die Veränderungen in der Welt durch den Körper erklärt werden sollen, so setzt man ja damit die Existenz dieses Körpers bereits voraus, und man kann also diesen unmöglich hinterher erst wieder aus den Formen entstehen lassen. Wenn man vielmehr darauf dringt, daſs alle s p e z i e l l e n Phänomene aus dem Körper erklärt werden müssen, so bleibt nur noch übrig, nicht daſs der Körper aus den Formen e n t - s t e h e, sondern daſs der Körper s e l b s t nichts Reales sei und daſs er s e l b s t nur in einer substantiellen Form realisiert sein könne. Sprechen wir daher genauer, so muſste Leibniz, wenn er die mechanische und die formalistische Weltbetrachtung miteinander verschmelzen wollte, zeigen, daſs zwar die B e s o n d e r h e i t e n der Physik mechanisch, durch den Körper begriffen werden können, daſs aber der Körper s e l b s t nur in einer substantiellen Form realisiert sei. Auf einem anderen Wege war eine solche Verschmelzung evidentermaſsen schlechterdings nicht zu erreichen.

Die Durchführung dieses Gedankens war indessen an einige Bedingungen geknüpft. Denn um überhaupt nach dem Prinzip des Körpers s e l b s t fragen zu können, muſs man offenbar voraussetzen, daſs der Körper, den wir vorstellen, nicht etwa die E r s c h e i n u n g äuſserer Substanzen, sondern daſs er s e l b s t in uns repräsentiert sei. Denn würde der Körper wesentlich die E r s c h e i n u n g eines Dritten sein, so liegt auf der Hand, daſs das Wesen des Körpers s e l b s t gar nicht in Betracht kommen könnte. daſs es ein Widerspruch sein würde, nach dem Prinzip des Körpers s e l b s t zu fragen. Leibniz muſste also voraussetzen, daſs der Körper nicht die E r s c h e i n u n g eines Realen, sondern daſs er s e l b s t in uns repräsentiert sei. War aber diese Annahme unumgänglich, dann war es selbstverständlich, daſs auch die übrigen Dinge, die wir vorstellen, nicht die E r s c h e i n u n g e n eines Objektiven, sondern daſs sie s e l b s t in uns ausgedrückt seien. Damit war es aber zugleich auch gegeben, daſs unsere gesamten Vorstellungen mit unserem eigenen Wesen gesetzt. primitiver Natur sind, allein aus uns selbst hervorgehen. Fassen wir daher alles zusammen, so kommen wir zu dem Resultat: Wollte Leibniz die formalistische Weltauffassung mit der mechanischen versöhnen, so muſste er mit Notwendigkeit zunächst voraussetzen, daſs die Dinge, die wir wahrnehmen, nicht die E r s c h e i n u n g e n einer äuſseren Welt, sondern daſs sie s e l b s t in uns repräsentiert, daſs mithin alle unsere Vorstellungen etwas Ursprüngliches, unserer eigenen Natur Entstammendes seien, daſs näher alle b e s o n d e r e n Erscheinungen, Vorstellungen auf die Erscheinung, die Vorstellung des Körpers, der Bewegungen und des Mechanismus zurückgeführt werden müssen, und dementsprechend muſste er dann darthun, daſs die Prinzipien des Körpers s e l b s t, des Mechanismus s e l b s t in den substantiellen Formen liegen. Und so ergab sich für ihn in dem Streben, jene Versöhnung der alten und der neuen Wissenschaft herbeizuführen, das Problem, ob nicht zwar das D e t a i l der Natur durch mechanische Betrachtungen expliciert werden könne und müsse,

aber die Prinzipien des Mechanismus s e l b s t immateriellen
Wesens seien, in den substantiellen Formen bestehe.

Wenn es nun auf dieses Problem eine bejahende Antwort gab, so war damit in der That eine vollständig befriedigende Vereinigung der mechanischen und der formalistischen
Systeme erzielt. Denn wenn jene behaupten, dafs alles in
dem Mechanismus seinen Grund habe, so war ja dieser
Theorie nun hinlänglich Rechnung getragen durch das Zu-
geständnis, dafs alle E i n z e l phänomene durchgängig eine
mechanische Ableitung erfordern. Und wenn diese behaupten, dafs alles in den Formen seinen Grund habe, so war
auch dem Genüge geschehen durch den Nachweis, dafs die
Prinzipien des Körpers s e l b s t in die substantiellen Formen
zu setzen seien. Allein wenn nun auch so die gleichzeitige
Berechtigung dieser anscheinend entgegengesetzten Richtungen anerkannt war, so hatte dies doch zugleich zur un-
vermeidlichen Folge, dafs der Geltungsbereich und die Bedeutung beider erheblich anders bestimmt wurde, als man
es gemeinhin gewohnt war. Denn wenn die Anhänger der
ersteren die a u s n a h m s l o s e Gültigkeit des Mechanismus
betonten, so wurde diese Lehre jetzt dahin eingeschränkt,
dafs nur die b e s o n d e r e n Veränderungen in der Welt
mechanisch begründet werden dürfen. Und wenn sie von
der Grundansicht ausgehen, dafs die Dinge die E r s c h e i -
n u n g e n eines Realen seien, und daher der Meinung waren,
dafs diese Erscheinungen durch den Mechanismus e n t -
s t e h e n, so trat dem der Satz entgegen, dafs die Dinge
s e l b s t in uns repräsentiert seien, unsere Vorstellungen aus
unserem eigenen Grunde entspringen, dafs mithin der Mechanismus nur innerhalb der Welt der E r s c h e i n u n g e n, der
V o r s t e l l u n g e n anwendbar blieb und dafs er nur dazu
diente, diese Erscheinungen zu e x p l i c i e r e n. Wenn andererseits die Anhänger der zweiten Richtung die Überzeugung
aussprachen, dafs a l l e Dinge aus den substantiellen Formen
begriffen werden müssen, so wurde ihnen entgegengehalten,
dafs die Formen für die Erklärung der e i n z e l n e n Natur-

vorgänge überhaupt nicht benutzt werden dürfen. Und wenn
auch sie, auf eben jener Grundansicht fufsend, glaubten, dafs
die Erscheinungen aus den substantiellen Formen entstehen, so war diese Annahme nicht minder irrtümlich,
indem die Formen vielmehr nur die Prinzipien der Dinge
selbst, die Substanzen darstellten, in welchen die Körper
selbst repräsentiert waren.

Und damit liegt der Gedankengang, durch welchen
Leibniz zur Stellung jenes Problemes, als dessen Lösung
seine Monadenlehre gelten will, geführt wurde, klar vor
unseren Augen. Die antik-scholastischen Systeme hatten
einseitig die Formen der Dinge, die modernen hatten ebenso
einseitig die Materie und den Mechanismus für die Grundprinzipien der Welt ausgegeben. Auf diesen Gang der geschichtlichen Entwickelung blickte nun der Philosoph zurück,
ja er hatte ihn in sich selbst durchlebt, und da fafste er,
konziliatorisch angelegt wie er war, den genialen Gedanken,
ob es nicht ein Fehler sei, wenn die Gelehrten seiner Zeit
den früheren Bestrebungen jedwede Berechtigung absprachen,
ob nicht die wahre Philosophie darin bestehe, beide Richtungen miteinander zu verbinden; ob nicht die Alten im
Rechte seien, wenn sie das Wesen der Dinge in den substantiellen Formen erkannten, und nur darin irren, dafs sie
dieselben auch zur Erforschung des einzelnen zur Anwendung
brachten; ob nicht die Modernen, trotzdem ihnen die Notwendigkeit der physikalischen Naturbetrachtung in gewissen
Grenzen zugegeben werden müsse, doch darin zu verurteilen
seien, dafs sie auch die Prinzipien der Physik selbst für
etwas Primitives hielten, ob nicht jene durch diese bereichert
und diese durch jene ergänzt, mit einem Worte, ob nicht
mit den Neueren alle besonderen Phänomene in der Welt
rein mechanisch erklärt, aber die mechanischen Gesetze selbst
mit den Alten auf die substantiellen Formen zurückgeführt
werden müssen. So wurde Leibniz unter dem Einflusse der
beiden Weltanschauungen, deren eine dem Altertum und der
Scholastik eigen, deren andere ein Erzeugnis der Neuzeit

war, zu der Frage nach den Prinzipien des Mechanismus
selbst geführt, und diese Frage bedeutet den Anfangspunkt
auf dem Wege, jene Weltanschauungen, die sich bis zu Leibnizens Zeit gegensätzlich und unvermittelt gegenübergestan-
den hatten, miteinander zu verschmelzen. Erst in dem
Lichte dieser historischen Entwickelung der Philosophie erhält sie ihre richtige Bedeutung; nur von diesem Standpunkte
aus heben sich auch die letzten Schwierigkeiten, die sich dem
vollen Verständnis der dynamischen Untersuchungen des
Philosophen entgegenstellen.

Daſs nun jenes Grundproblem des Leibnizischen Systems
wirklich diesen Ursprung hat, daſs die Monadenlehre in der
That den groſsartigen Versuch darstellt, die alte Zeit mit
der neuen zu vereinigen, die substantiellen Formen in einer
solchen Weise zu rehabilitieren, daſs die Errungenschaften
der Neuzeit darüber nicht verloren gingen, geht aus einer
ganzen Reihe von Thatsachen mit Evidenz hervor. Vor
allem deutet die innere Verwandtschaft zwischen den Monaden und den substantiellen Formen darauf hin. Die letzteren stehen der Materie als das formgebende Prinzip gegenüber und verhalten sich zu ihr wie die Seele zu ihrem Körper, wie denn schon Aristoteles die Seele der lebenden Wesen
mit ihrer Form identifiziert hatte; näher sind sie diejenigen
Substanzen, durch welche dem an sich formlosen Stoffe eine
bestimmte Form verliehen wird, oder, wenn wir unter Form
allgemein eine Einheit in der Mannigfaltigkeit verstehen
dürfen, diejenigen Substanzen, durch welche das Mannigfaltige des Stoffes zu einer Einheit verbunden wird; ebenso
waren sie schon von Aristoteles als das den Dingen immanente Prinzip ihrer Bewegungen, als die Ursache ihrer Veränderungen bestimmt worden. Ziemlich das Gleiche gilt nun
auch von der Leibnizischen Substanz. Sie ist ebenso wesentlich die Seele eines Körpers, sie vereinigt in ähnlicher Weise
den Körper, der an sich ein bloſses Aggregat, eine Vielheit
ist, zu einer Einheit, auch sie stellt das Prinzip der Ver-

änderungen des Körpers dar, sie ist die Ursache der Bewegungen, das Beharrende, welches ihnen zu Grunde liegt,
und ebenso ist sie der Grund des körperlichen Widerstandes.
Der Unterschied zwischen den substantiellen Formen und
den Monaden besteht nur darin, dafs jene die Prinzipien für
die Existenz der Dinge und ihrer Veränderungen sind und
daher die Beschaffenheit der Welt und die Vorgänge in
dieser unmittelbar auf sie zurückgeführt werden müssen,
während diese nur die Prinzipien des Körpers und seiner
Bewegungen selbst sind und daher für die Erklärung des
Details der Physik nicht verwendet werden können. Die
Monaden sind die Prinzipien des Körpers selbst, sie sind
selbst das als Einfaches, was der Körper als Vielheit, das
im Keime, was die körperlichen Bewegungen entwickelt sind.
und ebendarum sind sie auch repräsentative Wesen, während die substantiellen Formen nur in den allgemeinen Begriffen
bestanden. Diese Unterschiede aber waren eben, wie man
sieht, durch die Aufnahme des modernen Elements in den
Gedankenkreis des Altertums bedingt, sie waren die Frucht
der Erkenntnisse der neueren Wissenschaft.

Indessen lassen auch die Ausdrücke Leibnizens wie viele
seiner Bemerkungen erkennen, dafs ein genetischer Zusammenhang zwischen den Monaden und den substantiellen
Formen der Alten, bezw. der Scholastiker besteht. Bezeichnet er doch seine Monaden selbst als substantielle Formen,
als Entelechieen! Ja, diese Bezeichnung ist sogar die gewöhnliche, oder sie findet sich zum mindesten aufserordentlich häufig. Und auch sonst bewegt er sich, wenn es sich
um die Wesensbestimmung seiner Substanzen handelt, in
Worten, die der alten und scholastischen Terminologie entnommen sind; so geht der Ausdruck „materia prima" bekanntlich auf Aristoteles zurück. In alledem liegt doch aber
deutlich ausgesprochen, dafs die Monaden dazu bestimmt
waren, an die Stelle der früheren substantiellen Formen zu
treten, dafs diese in jenen wieder aufleben sollten. Ebenso
wendet sich Leibniz in allen denjenigen Sätzen, in welchen

er darauf hinweist, dafs die aktive Kraft nach ihm nicht ein blofses Vermögen sei, sondern auch noch ein Streben zur Handlung in sich schliefse, durchgängig gegen die Schola-stiker, deren Substanzen eben in leeren Fähigkeiten bestan-den, und zwar wendet er sich meistens ausdrücklich gegen sie (vgl. die auf S. 118 f. angegebenen Stellen). Diese per-manente Gegenüberstellung beweist aber wieder, dafs er seine Kraft im Gegensatze zu den scholastischen Formen, oder wenigstens, dafs er sie in dem Streben gefunden hat, jene Formen in einer mit den anerkannten Entdeckungen der Neuzeit verträglichen Weise wiederherzustellen; denn daraus folgte notwendig, dafs sie nicht als einfache Vermögen gedacht werden können, sondern lebendig wirkende Naturen sein müssen. Es lassen sich indessen hier noch mancherlei andere Punkte anführen. Besonders bemerkenswert ist die hohe Wertschätzung des Aristoteles und vor allem des Plato, die Leibniz, wie bekannt, öfter ausgesprochen hat; nament-lich mufs aber auch auf die häufige Vergleichung einzelner Sätze der Monadenlehre mit den entsprechenden der alten und scholastischen Systeme aufmerksam gemacht werden; so bringt der Philosoph z. B. die Erklärung, dafs die Materie eine blofse Vielheit, ein reines Phänomen sei, sehr häufig mit der platonischen Ansicht über das Wesen der Materie zusammen; so ist es eine stehende Gewohnheit von ihm, wenn er die Notwendigkeit einer teleologischen Natur-erklärung einschärft, die bekannte Stelle aus dem Phädon des Plato anzuführen u. dgl. m. Freilich beweist dies nicht, dafs Leibniz zu diesen und ähnlichen Lehren durch die be-treffenden älteren Systeme angeregt worden sei, aber ein gewisser Zusammenhang mit diesen dokumentiert sich dennoch dadurch. Sein System geht eben von der Tendenz aus, die Grundanschauungen der alten und scholastischen Philosophie in einer solchen Gestalt wiedereinzuführen, wie es dem mo-dernen Stande der Wissenschaft entsprach, und da war es dann nur natürlich, wenn er auch manche einzelne Bestim-mungen der Früheren, die ja doch nur eine Folge jener

Grundanschauungen waren, mit seinen eigenen zusammenstellte, obwohl sie unmittelbar nichts miteinander zu schaffen hatten.

Von durchschlagender Bedeutung sind aber einige andere Ausführungen des Philosophen. Es kommt hier in erster Linie seine schon mehrfach erwähnte erste monadologische Abhandlung, der „metaphysische Diskurs" in Betracht. In diesem geht er von der Bestimmung des Begriffes der individuellen Substanz aus, eines Begriffes, der, wie wir später hören werden, mit demjenigen der Kraft identisch ist, und folgert hieraus sein gesamtes System. Unmittelbar nachdem er jenen Begriff erklärt hat, macht er aber folgende Bemerkungen: „Es scheint, dafs die Alten ebenso wie die Scholastiker eine gewisse Kenntnis von dem, was wir soeben gesagt, gehabt haben, und dies liefs sie die substantiellen Formen einführen, welche heute so verschrieen sind. Aber sie sind von der Wahrheit nicht so entfernt, noch so lächerlich, als unsere neuen Philosophen sich einbilden. Ich bin damit einverstanden, dafs die Betrachtung dieser Formen in dem Detail der Physik zu nichts dient und dafs sie zu der Erklärung der besonderen Phänomene nicht angewendet werden dürfen. Nur darin haben unsere Scholastiker gefehlt, dafs sie glaubten, die Eigenheiten der Körper zu begründen, indem sie der Formen und der Qualitäten Erwähnung thaten. Aber dieser Mangel und schlechte Gebrauch darf uns nicht veranlassen, eine Sache zu verwerfen, deren Kenntnis in der Metaphysik so notwendig ist, dafs ohne sie nach meinem Dafürhalten die ersten Prinzipien nicht erkannt werden können" (4, 434 f., X). Hiernach setzt Leibniz auseinander, dafs, wie z. B. ein Geometer nicht nötig habe, über die Zusammensetzung des Kontinuums nachzudenken, ebenso auch der Physiker auf rein mechanische Weise in der Erforschung der Natur vorgehen könne, ohne sich auf jene metaphysischen Betrachtungen einzulassen. Darauf fährt er in einem neuen Abschnitte so fort: „Ich weifs, dafs ich ein grofses Paradoxon vorbringe, indem ich es unternehme, in gewisser

Weise die alte Philosophie zu rehabilitieren und die substantiellen Formen, die fast verbannt waren, zurückzurufen;
aber vielleicht dafs man mich nicht so leicht verurteilen
wird, wenn man weifs, dafs ich über die moderne Philosophie hinlänglich nachgedacht habe und dafs ich lange von
der Eitelkeit dieser Wesen überzeugt war, die ich endlich
gezwungen wurde wieder aufzunehmen, nachdem ich Untersuchungen angestellt hatte, welche mich haben erkennen
lassen, dafs unsere Modernen dem St. Thomas und anderen
grofsen Männern jener Zeit nicht genug Gerechtigkeit wider-
fahren lassen und dafs es in den Meinungen der scholastischen Philosohpie weit mehr Solidität giebt, als man sich
einbildet, vorausgesetzt, dafs man sich ihrer in passender
Weise und an ihrem Orte bedient. Ich bin selbst überzeugt,
dafs, wenn jemand sich die Mühe nähme, ihre Gedanken zu
verarbeiten, er darin einen Schatz wichtigster Wahrheiten
finden würde" (435. XII). Leibniz geht dann auf die einzelnen Lehren seines Systems ein; dabei flicht er eine gröfsere
Auseinandersetzung über den Satz von der Erhaltung der
Kraft ein, zeigt dann, dafs die Bewegung als etwas Relatives
eine absolute Substanz, eine Kraft voraussetze, und in Anknüpfung hieran sagt er: „So sind wir genötigt, die Formen
wieder einzuführen, welche man verbannt hat. Und es scheint,
obwohl alle besonderen Phänomene der Natur mechanisch
erklärt werden können, dafs doch die Prinzipien der körperlichen Natur und der Mechanik selbst mehr metaphysisch
als geometrisch sind. Eine Erwägung, welche geeignet ist,
die mechanische Philosophie der Modernen mit den Meinungen einiger intelligenter und wohlunterrichteter Personen
zu versöhnen, welche mit Grund fürchten, dafs man sich
allzusehr von den immateriellen Wesen entferne zum Scha-
den der Frömmigkeit" (444). Nicht minder bezeichnend ist
die zweite grofse Darstellung, welche Leibniz von seiner
Lehre gegeben hat, das sogenannte „Neue System". Der
Entwurf zu demselben nimmt von folgenden Sätzen seinen
Ausgangspunkt: „Man wird überrascht sein, dafs ich beab-

sichtige, in gewisser Weise die Philosophie der Schulen zu
rehabilitieren, und dafs ich es unternehme, einen Standpunkt
zu zeigen, von dem aus man Aristoteles, St. Thomas und die
Scholastiker in Bezug auf gewisse Dinge einleuchtend erklären
kann, und darüber wird man sich vielleicht einbilden, dafs
ich zu der Zahl derjenigen gehöre, welche die Phänomene
der Natur durch Qualitäten u. dgl. begründen wollen. Das
zwingt mich also zu erklären, dafs in der Natur alles mechanisch geschieht, aber die Prinzipien der Mechanik selbst
hängen von der Metaphysik ab" (471 f.). Ebenso beginnt
das „Neue System" selbst mit der Gegenüberstellung der
scholastischen und der mechanischen Naturbetrachtung, indem
Leibniz erzählt, dafs er sich schon frühe mit den Scholastikern beschäftigt, dafs er aber dann unter dem Einflusse
der Neueren den Formen den Abschied gegeben, als er jedoch
die Prinzpien des Mechanismus selbst untersucht, sich überzeugt habe, dafs man wieder zu den substantiellen Formen
zurückkehren müsse.

Eine deutlichere Sprache ist nun kaum möglich. Gesetzt, es existierte zwischen den Monaden und den substantiellen Formen gar kein ursächlicher Zusammenhang, gesetzt,
die Tendenz, die letzteren auf moderner Grundlage, in verbesserter Gestalt wieder aufleben zu lassen, hätte Leibniz
bei der Bildung seines Systems vollständig fern gelegen, er
wäre gänzlich unbeeinflufst von den älteren Vorstellungen
lediglich auf Grund einiger naturphilosophischer Betrachtungen zu seinen Ansichten gelangt, so wären alle diese
Ausführungen unbegreiflich. In diesem Falle hätte er wohl
beiläufig einmal darauf hindeuten können, dafs durch seine
Monaden etwas Ähnliches wie die Formen der Alten in die
Philosophie eingeführt werde, aber er hätte diesen Gedanken
nicht in einer solchen Weise besprechen und hervorheben
können. Wenn ein Philosoph an die Spitze seines Systems
den Satz stellt, dafs durch dasselbe die substantiellen Formen
rehabiliert werden, die mechanische Weltanschauung der
modernen mit der früheren metaphysisch-teleologischen ver-

söhnt werde, so liegt eben darin, dafs er es als eine Vereinigung dieser beiden Richtungen aufgefafst wissen will,
dafs es von dem Leser unter diesem Gesichtspunkte betrachtet und verstanden werden soll, dafs jene Vereinigung
der leitende Gedanke, das Ziel und der Zwek desselben
sei. Damit ist es aber unmittelbar gegeben, dafs eben das
Interesse, zwischen der alten und der neuen Zeit zu ver-
mitteln, das treibende Motiv für die Ausbildung dieses
Systems gewesen ist, dafs es aus dem Streben nach einer
solchen Vermittlung heraus zustande gekommen ist.

In derselben Weise spricht sich aber Leibniz noch öfter
aus, und diese Äufserungen bestätigen ebenfalls unsere Annahmen in überraschender Weise; sie stehen mit denselben
im schönsten Einklang. Auch sie mögen daher zum Schlusse
noch zitiert werden. „Ich gestehe," sagt der Philosoph, „dafs
ich in meiner Jugend die Dornen der Schule berührt habe
(gegen die Gewohnheit der Unsrigen), und es reut mich
nicht, dies gethan zu haben, und überdies hatte ich immer
das Streben, das Überkommene vielmehr zu verbessern als
zu vernichten. Daher entstanden mir die konziliatorischen
Meditationen, die Du so sehr begünstigst" (2, 295). „Nachdem ich die Cartesianer in der Mathematik angegriffen und
nachdem ich habe sehen lassen, wie sehr ihre Regeln über
die bewegende Kraft mifsverständlich sind, habe ich es zu
gleicher Zeit unternommen, in gewisser Weise die alte
Philosophie zu rehabilitieren. Denn obwohl ich damit einverstanden bin, dafs das Detail der Natur mechanisch zu erklären ist, so mufs man doch aufser der Ausdehnung in dem
Körper noch eine primitive Kraft begreifen, welche alles enthält, was es in den Formen der Schule Solides giebt" (J. E. Erdmann: Leibnitii opera philos. Berol. 1840, p. 123). „So wenig
weicht der Sinn, in welchem ich das Wort Substanz anwende,
von dem gewöhnlichen Gebrauche ab, dafs ich vielmehr glaube,
er befinde sich mit der Doktrin des Plato und Aristoteles
und selbst der Scholastiker in Übereinstimmung (soweit sie
einen gesunden Sinn zuläfst) und sei dazu geeignet, die alte

und, wie ich glaube, die wahre Philosophie wiederherzustellen. Obwohl ich zugestehe, daß ich gewissen Sätzen des
Gassendi und des Cartesius widerspreche, indem die Korpuskularphilosophen, nicht zufrieden, die Phänomene mechanisch
zu erklären, die höheren Prinzipien des Mechanismus selbst
in den Dingen aufheben" (ebda. p. 145). „Ich sehe, daß
eine Menge von Leuten glauben, daß man die Philosophie
der Schule abschaffen und eine andere an ihre Stelle setzen
muß, und mehrere wollen, daß dies der Cartesianismus sei.
Aber nachdem ich alles erwogen, finde ich, daß die Philosophie der Alten solid ist und daß man sich derjenigen der
Monaden bedienen muß, um sie zu bereichern, aber nicht,
um sie zu zerstören. Ich habe sehr viele Streitigkeiten
darüber mit tüchtigen Cartesianern gehabt, und ich habe
ihnen gezeigt, daß sie nicht die wahrhaften Gesetze der
Natur haben und daß man, um sie zu haben, in der Natur
nicht bloß die Materie, sondern auch die Kraft betrachten
muß und daß die Formen der Alten oder die Entelechieen
keine andere Sache sind als die Kraft, und durch dies
Mittel glaube ich, die Philosophie der Alten oder der Schule
zu rehabilitieren, deren sich die Theologie mit Nutzen bedient, ohne den modernen Entdeckungen Abbruch zu thun,
noch den mechanischen Erklärungen, da ja die Mechanik
selbst die Betrachtung der Kraft voraussetzt" (ebda. p. 146).
„Ich glaube, einige evidente Beweise dafür geben zu können,
um die alte Philosophie zurückzurufen; unter anderem kann
ich sehen lassen, daß die körperliche Substanz nicht in der
Ausdehnung bestehen kann und daß es etwas geben muß,
was der substantiellen Form entspricht: aber die Philosophen der Schule haben darin gefehlt, daß sie ihre Formen
und Qualitäten anwandten, um die besonderen Phänomene
der Natur zu erklären, wo sie nichts ändern" (4, 345 f.;
vgl. auch 349 u. 393). „Die Formen und die Entelechieen
des Aristoteles und der Scholastiker und dennoch die mechanische Erklärung aller besonderen Phänomene nach Demokrit
und den Modernen finden sich in meinem System vereinigt"

(524). „Dieses System" (die Monadenlehre) „scheint Plato
mit Demokrit, Aristoteles mit Descartes, die Scholastiker mit
den Modernen zu verbinden u. s. w." (5, 64; vgl. auch 19
und 296 f.) „Ich habe versucht," sagt endlich Leibniz, „die
unter den Meinungen der verschiedenen Sekten der Philosophie vergrabenen und zerstreuten Wahrheiten auszugraben
und zu vereinigen, und ich glaube, etwas von dem Meinigen
dazu gefügt zu haben." Er sei, fährt er dann fort, durch
seinen Entwicklungsgang dazu aufgefordert worden, indem
er sich zuerst mit Aristoteles und den Scholastikern beschäftigt habe und dann zu den Anschauungen der Modernen
übergegangen sei. „Aber," bemerkt er weiter, „als ich die
letzten Gründe des Mechanismus und der Gesetze der Bewegung suchte, war ich ganz überrascht zu sehen, dafs es
unmöglich sei, sie in der Mathematik zu finden und dafs
man zu der Metaphysik zurückkehren müsse. Dies führte
mich zu den Entelechieen und von dem Materiellen zu dem
Formellen zurück. . . . Ich habe gefunden, dafs die meisten
Sekten in einem guten Teile dessen, was sie behaupten,
recht haben, aber nicht in dem, was sie leugnen. Die
Formalisten haben recht, die Quellen der Dinge in den
finalen und formellen Ursachen zu suchen. Aber sie haben
unrecht, die wirkenden und die materiellen zu vernachlässigen und daraus den Schlufs zu ziehen, dafs es Phänomene
giebt, welche nicht mechanisch erklärt werden können. Aber
auf der anderen Seite haben die Materialisten unrecht, die
metaphysischen Betrachtungen zu verwerfen und alles durch
dasjenige zu erklären, was von der Imagination abhängt"
(3, 606 f.). Vgl. auch 6, 547, 550, 551 f., 7, 323 ff. u. a.

Sechster Abschnitt.
Der Körper als solcher. Die Begriffe des Raumes und der Zeit.

Da der Körper an und für sich ein reines Phänomen,
ein blofser Schein, wie ein geregelter Traum ist, so mufs

ihm, wie früher gezeigt wurde, wofern er Realität haben
soll, eine entsprechende unteilbare Substanz, eine Seele zugeteilt werden, die näher in der Kraft zu handeln und zu
leiden besteht, und diese Seele bildet eben das Prinzip des
Körpers.

Nun schließt aber der Körper, da er wesentlich etwas
Teilbares ist, selbst wieder eine Reihe anderer Körper in
sich, deren jeder seinerseits in eine bestimmte Anzahl
von Körpern zerfällt, und so geht es ins Unendliche
fort, da es ja eine Grenze für die Teilbarkeit der Materie
nicht giebt. Es ist nun aber klar, dafs jeder dieser Körper
ebenfalls ein Prinzip erfordert und dafs dieses Prinzip
wiederum nur in einer einfachen Substanz, in einer aktiven
und passiven Kraft gesucht werden kann, welche die Seele
des betreffenden Körpers ausmacht. Auf diese Weise erhalten wir eine Unendlichkeit unteilbarer Wesen, deren jedes
das Prinzip irgend eines Körpers, die einem Phänomen
korrespondierende wahrhafte Substanz ist. Und was das
gegenseitige Verhältnis dieser Wesen selbst betrifft, so ist
klar, dafs sie einander nicht koordiniert sind, sondern eine
organische Beziehung zu einander haben, dergestalt, dafs
alle zusammen e i n e r sie beherrschenden Seele untergeordnet
sind, während jedes von ihnen seinerseits wieder zu einer
Unendlichkeit anderer Wesen in dem gleichen beherrschenden
Verhältnis steht. Daher sagt denn auch der Philosoph, dafs
alles ins Unbegrenzte mit lebendigen Wesen, mit Organismen erfüllt sei, dafs es überall Seelen und diesen zuge-
hörige organische Körper gebe.

Obwohl nun aber so der Körper aus unendlich vielen
einfachen Substanzen resultiert, so e n t s t e h t er doch keineswegs aus denselben. Denn diese Substanzen sind ja nicht die
Bestandteile, die Komponenten, die E l e m e n t e des Körpers,
sie sind überhaupt nicht die G r ü n d e und die U r s a c h e n
der körperlichen Erscheinung, sondern sie sind s e l b s t das
als Einheitliches und Wesenhaftes, was der Körper und diejenigen Körper, in welche er sich teilt, als Vielheiten und

Phänomene sind. Der Körper setzt sich daher nicht aus diesen Substanzen zusammen, er entsteht nicht aus ihnen, die Erscheinung desselben wird nicht durch sie hervorgerufen, sondern er ist samt den in ihm enthaltenen Körpern selbst in ihnen als unteilbare Einheit dargestellt, selbst in ihnen realisiert und substantiiert. Leibniz hat diesem Gedanken in der Form Ausdruck gegeben, dafs er sagt, der Körper setze sich nicht aus den Monaden zusammen, sondern er resultiere aus ihnen, die Monaden seien nicht die Teile, sondern die Fundamente oder die Requisite des Körpers. „Um genau zu sprechen," bemerkt er z. B.. „so setzt sich die Materie nicht aus den konstitutiven Einheiten zusammen, sondern sie resultiert aus ihnen, da die Materie oder die ausgedehnte Masse nur ein Phänomen ist . . . . . Die substantiellen Einheiten sind nicht die Teile, sondern die Fundamente der Phänomene" (2, 268). „Die Monaden sind nicht Teile, sondern Requisite der Körper" (7, 503). Und dieser Ausdrücke bedient er sich öfter, wiewohl er auch nicht selten wiederum weniger genau sagt, der Körper setze sich aus den Monaden zusammen. Entsteht also der Körper nicht aus den Monaden, so ist und bleibt er nach wie vor, wie wir schon früher ausgeführt haben, gleich den Traumbildern ein purer Schein (vgl. darüb. S. 76 ff.).

Das ist nun auch Leibnizens Lehre. Er sagt zunächst, dafs der Körper mit allen seinen Eigenschaften, überhaupt die gesamte materielle Welt Phänomene seien, dafs alle Realität nur den einfachen und unteilbaren Substanzen zukomme, dafs die Monaden das einzig Wesenhafte und Substantielle seien*).

*) Eine äufserst sonderbare Ansicht über die Phänomenalität der Körper hat Fischer geäufsert. Nachdem er dargestellt, dafs den Monaden eine Vorstellung von dem gesamten Universum eignet, dafs diese Vorstellungen aber wegen ihrer Passivität gröfstenteils verworren sind, kommt er zu einem Abschnitte, dessen Überschrift lautet: „Die Körper als Erscheinungen oder Vorstellungen." Er behandelt hier zunächst „die beschränkte Vorstellung". „Vermöge ihrer leidenden Kraft", sagt er nämlich, „ist oder erscheint jede Monade als Körper. Da nun die

„Die Monaden," erklärt er, „sind die alleinigen Substanzen, der Körper ist viele Substanzen, nicht eine

Kraft der Monade überhaupt in der Thätigkeit des Vorstellens, das
Leiden aber in der beschränkten Thätigkeit besteht, so ist der Körper
eine beschränkte Vorstellung . . . Jede Monade stellt vor, was sie ist,
und da sie als ein individuelles Wesen die Schranke in sich schliefst,
so mufs sie ein beschränktes Wesen vorstellen, d. h. ein solches, aufser
welchem noch andere Wesen sind. Aufser einander sein, heifst räumlich sein, im Raume sein, heifst körperlich sein: mithin mufs jede
Monade einen Körper oder einen Teil der Körperwelt vorstellen. Jeder
Körper ist in fortwährender Veränderung, welche in einer Folge von
Zuständen besteht, die nacheinander sind. Nacheinander sein, heifst
zeitlich sein. Jede Monade mufs demnach ein Dasein in Raum und
Zeit, d. h. einen Körper im Verkehr mit anderen Körpern vorstellen . . .
So gewifs ich beschränkt bin, so gewifs mufs ich ein beschränktes, aus-
schliefsendes Wesen, d. h. eine Aufsenwelt und einen Komplex aus-
gedehnter, materieller Dinge und unter diesen selbst ein materielles
Ding, einen Körper unter Körpern vorstellen und als solcher vorgestellt
werden . . ." (S. 430). Hiernach zeigt Fischer, dafs „der Körper eine
notwendige Vorstellung" sei. „Wenn daher", fährt er fort, „Leibniz den
Körper als Erscheinung der Monaden, als deren Vorstellung oder
Phänomen betrachtet, so mufs man nicht meinen, dafs dadurch die
Natur des Körpers, die Solidität der Materie aufgehoben und in eine
pure Vorstellung, in ein blofses Bild verwandelt werden oder an die
Stelle des natürlichen Körpers leerer Schein gesetzt werden soll; sondern
es will die Erscheinung des Körpers nur erklärt und der letzte mögliche Zwiespalt zwischen Körper und Seele aufgehoben werden. Der
Körper ist keine beliebige, sondern eine notwendige, in dem Wesen
jeder Monade begründete Vorstellung, ein „phaenomenon bene fundatum".
Wie diese Grundlage stets unveräufserlich ist, so auch die Erscheinung
und Vorstellung der Körper. So wenig ich meine Individualität aus-
ziehen kann, so wenig kann ich die Vorstellung einer materiellen Welt
verlieren . . . . . Es ist nicht blofs unsere beschränkte Vorstellung,
welcher die Dinge aufser uns als Körper erscheinen, sondern es ist zugleich deren eigene beschränkte Vorstellung, welche die Dinge zu
Körpern macht oder als solche erscheinen läfst. Die Körper sind daher
nicht blofs unsere Anschauungen, sondern sie sind Naturerscheinungen,
welche aus den Kräften der Dinge selbst folgen. Die Körperwelt ist
die Erscheinung der Monadenwelt" (S. 431 f.). Wie man sieht, will
Fischer hier nachweisen, dafs jede Monade einen Körper und eine Körperwelt vorstellen mufs. Allein man wird zunächst fragen, wozu eigentlich
dieser ganze Nachweis dient? Nach Fischer ist ja doch jede Monade
von vornherein eine ausgedehnte, aus Seele und Leib bestehende Substanz (vgl. oben S. 176 ff. Anm.). Es ist also vollkommen selbstverständlich,
dafs sie diesen Leib vorstellen mufs, und ich begreife nicht, wozu sich
Fischer die Mühe macht, dies besonders zu beweisen. Sodann erhebt
sich die Frage, wie Fischer überhaupt auf diese Erörterung gekommen
ist. Denn wenn man die Quellen liest, findet man nichts dergleichen
darin. Allein die Erklärung ist bald gefunden. Augenscheinlich meint
nämlich Fischer allerdings, mit diesen seinen Auseinandersetzungen
quellenmäfsige Sätze Leibnizens zu erläutern, den Satz nämlich, dafs der

Substanz" (2, 262). „Die Materie oder die ausgedehnte
Masse ist nur ein Phänomen, und alle Realität kommt nur
den Einheiten zu" (268). „Nichts giebt es in den Dingen
als die einfachen Substanzen; die Materie aber und die Bewegung sind nicht sowohl Substanzen als Phänomene der
vorstellenden Wesen" (270). „Die körperliche Masse, die
eine Realität aufser den einfachen Wesen haben soll, ist
keine Substanz, sondern ein Phänomen, welches aus den
einfachen Substanzen resultiert, die allein Einheit und absolute Realität haben" (275 f.). „Ich halte dafür, dafs jenes
Vermögen, das man in der Ausdehnung und der Masse be-

Körper und alle seine Eigenschaften Phänomene seien. Wenn der
Philosoph bemerkt, die Materie sei eine Erscheinung, so hat dies offenbar nach Fischer nicht die Bedeutung, dafs die Materie nichts Reales
sei, sondern die, dafs jede Monade kraft ihres Wesens die Erscheinung,
die Vorstellung der Materie haben müsse, sodafs durch jene Bemerkung
die Realität, die Solidität der Materie nicht aufgehoben werden würde,
und diesen angeblichen Gedanken Leibnizens will Fischer hier des
näheren beleuchten. Aber man beachte wohl, wir imputieren hiermit
Fischer nicht eine fremde Meinung, sondern dass ist in der That seine
eigene Meinung: er sagt es ja ausdrücklich, wie wir hörten, und auch
seine ganze Ausführung läfst eine andere Auslegung, soviel ich wenigstens sehe (sehr klar hat er seinen Gedanken nicht ausgesprochen, was
vermutlich an diesem selbst lag), gar nicht zu. Wie aber eine solche
Darstellung möglich ist, ist mir rätselhaft. Denn jedem, der die bezüglichen Erörterungen Leibnizens kennt, dürfte es unmittelbar klar sein,
dafs, wenn er sagt, der Körper sei ein blofses Phänomen, er damit nichts
anderes meint, als dafs der Körper keine Substanz, nichts Reales sei,
dafs er nur in unserer Anschauung existiere. So drückt Leibniz selbst
sich häufig aus, und es ist überhaupt so selbstverständlich, dafs es
keiner weiteren Worte bedarf. Und trotzdem giebt Fischer den Worten
des Philosophen eine solche Auslegung! Auch weifs Leibniz nichts
von einer „beschränkten Vorstellung". — Wenn übrigens Fischer am
Schlusse dieser Erörterungen noch auf das „vinculum substantiale"
flüchtig eingeht, indem er fragt, ob aufser den Monaden noch andere
Wesen existieren, ob zur Erklärung der Körperwelt noch andere Prinzipien, wie z. B. das „vinculum substantiale", angenommen werden dürfen,
und wenn er diese Frage auf Grund einer einzigen Stelle aus den
Quellen (6, 590) verneint (S. 433), so befindet er sich auch hier in einem
Irrtum. Diese Stelle hat nichts mit der aufgestellten Frage, insbesondere
nicht das Mindeste mit dem „vinculum substantiale" zu schaffen. Leibniz will hier lediglich den Gedanken ausdrücken, dafs es nur unaus-
gedehnte Substanzen gebe, die Körper aber blofse Phänomene seien,
indem er sagt: „Man hat guten Grund zu zweifeln, ob Gott andere
Dinge als Monaden oder Substanzen ohne Ausdehnung gemacht habe.
und ob die Körper etwas anderes sind als Phänomene, die aus diesen
Substanzen resultieren."

greift, außerhalb der vorstellenden Wesen keine Substanz,
sondern ein Phänomen sei, ebenso wie die Ausdehnung, die
Masse und die Bewegung selbst u. s. w." (281 f. Anm.).
„Die einfachen Dinge sind allein wahrhaft, die übrigen sind
nur Aggregate und also Phänomene" (252). Vgl. ferner
2. 306, 371. 379, 390; 3, 622 f., 636; 6, 585, 625 F. u. oft.

Daß nun nach Leibniz die Körper Phänomene sind und
nur die einfachen Substanzen Realität haben, diesen Satz
hat man auch bisher allgemein zugegeben. Die Frage ist
jetzt aber, wie die Natur dieser Phänomene näher bestimmt
werden müsse, und diese macht eine ausführlichere Besprechung nothwendig. Die traditionelle Darstellung ist
nämlich in dieser Frage mit den Quellen nicht in Übereinstimmung. Man pflegt zu lehren, daß die körperlichen
Phänomene nicht ein bloßer Schein, wie etwa die Traumbilder, seien. daß ihnen vielmehr die unteilbaren Substanzen
zu Grunde liegen, daß sie aus diesen entstehen, kurz daß sie
die Erscheinungen der Monaden seien*). Diese Lehre
steht nun aber mit fast allen Äußerungen des Philosophen
in unversöhnlichem Widerspruche. Denn prüft man diese,
so kommt man vielmehr zu dem Resultate, daß die Körper
allerdings ein reiner Schein seien, ein Schein, der ganz
und gar auf einer Linie mit den Träumen steht und sich
nur insofern von diesen unterscheidet, als er geregelt und
verbunden ist, während die Traumvorstellungen keinen Zusammenhang untereinander zu bewahren pflegen.

Schon aus den dynamischen Erörterungen Leibnizens
ergiebt sich, worauf wir bereits hingewiesen haben, mit Notwendigkeit die vollständige Unhaltbarkeit der bisherigen
Auffassung. Denn in diesen führt ja der Philosoph, wie
wir sahen, den Nachweis, daß der Körper selbst ein Phänomen sei, woraus ohne weiteres folgt, daß der Körper
etwas bloß Subjektives, ohne jede objektive Realität ist.

---

*) Vgl. Gesch. d. d. Phil. S. 122.

Dazu gesellt sich nun aber eine Reihe anderer, höchst wichtiger Momente.

Wäre Leibniz in der That der Ansicht gewesen, daſs dem Phänomen des Körpers etwas Reales zu Grunde liege, daſs er nicht r e i n e r S c h e i n, sondern die Erscheinung eines S u b s t a n t i e l l e n, der M o n a d e n sei, so sollte man notwendig erwarten, daſs er sich in seinen Schriften an irgend einer Stelle, und zwar nicht nur an e i n e r, sondern an mehreren, in unzweideutiger Weise darüber ausgesprochen habe. Denn das ist ja ein so einfacher Gedanke, daſs es für Leibniz wahrlich ein Leichtes gewesen wäre, ihm einen klaren, nicht miſszuverstehenden Ausdruck zu geben. Man sollte dies um so eher erwarten, als der Philosoph auſserordentlich häufig auf die Phänomenalität der Körperwelt zu sprechen kommt und nicht minder häufig, sei es durch einzelne Epitheta oder Zusätze, sei es noch ausführlicher, die Natur dieser Phänomene klarzustellen sich bemüht. Dennoch giebt es in den Quellen auch nicht einen einzigen Satz, in welchem sich ein derartiger Gedanke offenkundig ausgedrückt fände. Es existieren zwar einige Äuſserungen, die, wenn man sie auſser Zusammenhang mit den übrigen betrachtet, in diesem Sinne gedeutet werden k ö n n t e n und auch thatsächlich so gedeutet worden sind; daſs aber unter all' den vielen auf diesen Gegenstand bezüglichen Stellen auch nur eine einzige wäre, die eine solche Deutung wirklich n o t w e n d i g machte, davon ist keine Rede, wovon sich ja jeder durch Nachschlagen in den Quellen leicht überzeugen kann. Diese Thatsache macht die traditionelle Ansicht schon sehr verdächtig.

Dieselbe erweist sich aber als positiv unhaltbar, sobald wir die Erklärungen Leibnizens näher in Betracht ziehen. Wenn der Philosoph zunächst ungezählte Mal ausspricht, die körperlichen Erscheinungen seien b l o ſ s e, r e i n e, e i n f a c h e, w a h r h a f t e, p u r e Phänomene u. dgl., wenn er sagt, daſs die g e s a m t e Realität nur bei den einfachen Substanzen sei, so wird ja doch schon dadurch jene Ansicht widerlegt. Denn wenn der Körper die Erscheinung eines R e a l e n

wäre, so würde er doch in gewisser Beziehung selbst etwas
Reales sein; er würde ein Reales wiedergeben, nur freilich
nicht so, wie es an und für sich ist und gedacht werden
muſs, sondern in einem infolge der Natur unserer Sinnlichkeit getrübten Bilde; er würde also an dem Realen teil-
haben und mithin nicht etwas rein Subjektives, nicht ein
Phänomen schlechthin sein. Leibniz hätte daher in diesem
Falle sagen müssen, daſs die Körper n i c h t reine Phänomene seien, sondern daſs sie etwas Reales, nur in subjek-
tiver Form darstellen, daſs sie die Erscheinung eines R e a l e n
seien. Wenn er dagegen durchgängig betont, daſs die
Körper b l o ſ s e, r e i n e Phänomene u. dgl. seien, so kann
dies gar keinen anderen Sinn haben, als daſs sie eben etwas
r e i n Subjektives, in dem g a r n i c h t s Objektives enthalten
ist, also ein r e i n e r S c h e i n seien. Und nur so kann es auch
verstanden werden, wenn er ebenfalls öfter bemerkt, der
Körper sei etwas Imaginäres, ein Wesen der Imagination,
ein bloſses Geisteswesen (mentale quiddam), wenn er häufig
das Wort des Demokrit auf sie anwendet, sie existieren bloſs
„opinione", „lege" u. dgl.

Wenn es ferner an sehr zahlreichen Stellen heiſst, die
materiellen Dinge seien wohlgeregelte und wohlverbundene
Phänomene, sie seien zwar reine Phänomene, aber geregelt
und verbunden, so ist auch dies mit der üblichen Auffassung durchaus unvereinbar. Man wird freilich hierin
keine Schwierigkeit finden wollen. Man wird entgegnen, die
körperlichen Phänomene haben ebendeshalb, weil sie nicht
r e i n e r S c h e i n sind, sondern weil ihnen etwas R e a l e s
zu Grunde liegt, zugleich auch Ordnung und Zusammenhang, und so könne es nicht wunder nehmen, wenn Leibniz
auch darauf hinweise, daſs dieselben geregelt und verbunden
seien. Allein eine solche Auskunft ist nicht möglich. Denn
der Philosoph sagt ja nicht, die körperlichen Phänomene
seien g e r e g e l t u n d v e r b u n d e n, sondern die Körper
seien geregelte und verbundene P h ä n o m e n e. So lauten
übereinstimmend alle die bezüglichen Äuſserungen. Das kann

aber gar nichts anderes heifsen, als dafs das kennzeichnende
Merkmal, die Eigentümlichkeit dieser Phänomene, also dasjenige, wodurch sie sich von Träumen, von leeren Einbildungen u. dgl. unterscheiden, in ihrer Verbindung
bestehe, dafs sie mithin zwar ein purer Schein, gleich den
Träumen, seien, dafs sie aber doch, im Gegensatze zu diesen,
ein mit sich selbst stets übereinstimmender Schein, ein
Schein, der nie täuscht, kurz ein geregelter und verbundener
Schein seien. Eine andere Auslegung ist geradezu vollständig ausgeschlossen.

Von durchschlagender Bedeutung sind dann aber eine
Reihe anderer Stellen, welche überhaupt jedwede Unsicherheit, die noch über die wahre Meinung Leibnizens
bestehen könnte, beseitigen. Wenn nämlich der Philosoph
nicht nur niemals sagt, die Körper seien k e i n blofser Schein,
sondern sie vielmehr geradezu einen Schein (apparence),
einen puren Schein nennt, auch allgemein von dem Schein
redet, welchen die Substanzen vorstellen; wenn er ferner
die körperlichen Phänomene beständig mit Träumen (die doch
gewifs nur Schein sind), mit gut geregelten und verbundenen, vollkommen zusammenhängenden, fortgesetzten, ex-
akten und beharrenden Träumen vergleicht; wenn er ausdrücklich erklärt, dafs das einzige Merkmal, wodurch sich
diese Phänomene von den Träumen unterscheiden, ausschliefslich in ihrer Verbindung und Übereinstimmung miteinander, darin zu suchen sei, dafs sie niemals von unseren
richtig angestellten Berechnungen abirren u. w. dgl. m. i.;
wenn er nicht minder ausdrücklich darauf hinweist, dafs
die Körper nichts als Phänomene, jedoch verbundene Phänomene, dafs sie jedweder Realität beraubte Phänomene
seien, dafs sie gar keine andere Realität haben als diejenige
geregelter Phänomene, dafs die Realität, die Wahrheit der
Phänomene lediglich in ihrer Verbindung miteinander, in
der Harmonie der vorstellenden Wesen mit sich selbst und
mit anderen Substanzen, in ihrer Gesetzmäfsigkeit und dergleichen bestehe, dafs sie „nichts anderes reales Objektives

haben als dasjenige, wodurch wir auch einen Traum vom
Wachen unterscheiden, nämlich die Übereinstimmung der
Phänomene der einzelnen Substanzen mit sich selbst und
„mit den Phänomenen der übrigen Monaden"; wenn es
schliefslich heifst, dafs die Körper ein wahrhafter Schein
und gleichsam gut geregelte Träume seien, wenn von dem
Schein der Phänomene gesprochen wird, welche nichts als
Phänomene sind, wenn bemerkt wird, dafs die Körper ein
Schein seien, aber ein Schein, der nie täuscht, wie verbundene
Träume, dafs sie nichts aufser den Vorstellungen der Substanzen seien; wenn man alles dies erwägt, dann kann doch
wahrlich auch nicht der Schimmer eines Zweifels mehr an
der Unhaltbarkeit der bisherigen und an der Notwendigkeit
unserer Ansicht bestehen.

Um die hauptsächlichsten Belege hierfür wörtlich anzuführen, so äufsert sich Leibniz in folgender Weise: „Die
Körper würden etwas Imaginäres und nur Scheinendes
(apparent) sein, wenn es nur die Materie und ihre Modifikationen gäbe" (2. 77). „Die Masse ist nur ein pures
Phänomen oder ein Schein (apparence)" (118 E.). „Die ausgedehnte Masse ist ein ganz pures Phänomen" (119). „Die
Scheine der Substanzen entstehen aus ihnen selbst nach den
ewigen Regeln der Metaphysik" (275). „Aus den vorhergehenden Scheinen werden in den Substanzen die folgenden
produziert" (278). „Warum soll Gott der Substanz nicht
eine Natur geben können, welche alle ihre Scheine, welche
sie haben wird, in Ordnung produziert?" (4, 485; auch 496).
„Die zusammengesetzten Wesen sind nur Scheinwesen"
(6, 516). „Alle Körper und alles, was man ihnen zuteilt,
sind nur Phänomene oder die Grundlage der Scheine, welche
in verschiedenen Beobachtern verschieden sind" (3, 622).
„Die Körper würden sich auf puren Schein reduzieren,
wenn es nur Ausdehnung in ihnen gäbe" (7, 444). „Hat
der Körper keine wahrhafte Einheit, so wird es also zum
Wesen des Körpers gehören, ein Phänomen zu sein, beraubt
jedweder Realität, wie es ein geregelter Traum sein würde"

(2, 97). „In dem Schein der Aggregate, welche durchaus nichts weiter als Phänomene, jedoch geregelte Phänomene sind, wer wird da den physischen Einfluß leugnen?" (251). „Die Materie und die Bewegung sind nicht sowohl Substanzen oder Dinge als Phänomene der vorstellenden Wesen, deren Realität in der Harmonie der Vorstellenden mit sich selbst zu verschiedenen Zeiten und mit den übrigen Vorstellenden liegt" (270 E.). „Der Körper ist ein reales Phänomen, welches die Erwartung des methodisch Berechnenden nicht täuscht" (276). „Die Ausdehnung, die Masse und die Bewegung sind nicht mehr Dinge als das Bild des Spiegels; aber über diese Phänomene hinaus noch nach etwas zu fragen, das scheint mir ebenso, als wenn einer, nachdem man über das Spiegelbild Rechenschaft abgegeben, sich noch nicht für befriedigt erklärte, gleichsam als ob irgend eine Essenz des Bildes noch zu erklären übrig bliebe" (281). „Ohne Seele würden alle Körper mit all' ihren Eigenschaften nichts anderes sein als Phänomene, wie fortgesetzte und vollkommen mit sich selbst übereinstimmende Träume, und darin allein würde die Realität der Phänomene bestehen" (435 E.). „Wenn auch die Körper reine Phänomene sind, so werden deshalb doch die Sinne nicht getäuscht. Denn die Sinne sagen nichts über metaphysische Dinge aus. Die Wahrheit der Sinne besteht darin, daß die Phänomene unter sich übereinstimmen und daß wir nicht durch die Erwartung getäuscht werden, wenn wir den auf die Erfahrung gebauten Regeln in richtiger Weise folgen" (510). „Ohne die Seele würden die Körper nur Phänomene und gleichsam gut geregelte Träume sein" (4, 473). „Die Seele ist zuerst so geschaffen worden, daß sie sich alles, was der Körper ihr darbieten kann, kraft ihrer repräsentativen Natur präsentiert: In der Folge der Zeiten, durch die Kette der Gedanken und sozusagen wie durch Träume oder vielmehr innere Phänomene, welche so geregelt und so wahrhaft sind, daß sie mit Erfolg vorausgesehen werden können" (477 A.). „Unsere inneren Vorstellungen sind nur Phänomene oder

vielmehr wahrhafter Schein und gleichsam gut geregelte
Träume" (485). „Die Akademiker und Skeptiker scheinen
hauptsächlich nur dadurch in Verwirrung geraten zu sein,
weil sie eine gröfsere Realität in den sinnlichen Dingen
aufser uns suchten, als diejenige geregelter Phänomene" (523).
„Obwohl die mathematischen Meditationen nur ideal sind,
mindert das doch nicht ihren Nutzen, weil die wirklichen
Dinge nicht von ihren Regeln abirren können; und man
kann in der That sagen, dafs dies dasjenige ist, worin die
Realität der Phänomene besteht, welche sie von den Träumen unterscheidet" (569). „Ohne eine Substanz vorauszusetzen, welche in etwas anderem als in der Ausdehnung besteht, würde der Körper ebenso imaginär sein, wie die gut
geregelten Träume" (1, 392). „Die Realität der Phänomene
wird durch ihre Verbindung bezeichnet, welche sie von den
Träumen unterscheidet" (6, 590). „Man mufs nicht denken,
dafs die Monaden wie die Punkte sich bewegen und sich
stofsen; es genügt, dafs die Phänomene es so erscheinen
lassen, und dieser Schein hat Wahrheit, insofern diese
Phänomene übereinstimmen. Die Bewegungen sind nur
Schein, aber ein Schein, der nie täuscht, und gleichsam
exakte und beharrende Träume . . . . . Die materiellen Dinge
sind nichts aufser den Vorstellungen, und sie haben ihre
Realität von der Übereinstimmung der Vorstellungen der
Substanzen" (3, 623). „Es folgt auch, dafs es entweder
keine körperlichen Substanzen giebt und die Körper wahrhafte oder miteinander übereinstimmende Phänomene sind,
wie ein vollkommen zusammenhängender Traum, oder dafs
in allen körperlichen Substanzen etwas der Seele Analoges
ist" (7, 314). „Die Substanzen und sogar die accidentellen
Realitäten bestehen einzig und allein in den aktiven und
passiven Kräften . . . . . Die Ausdehnung aber und in ihr die
Masse oder Undurchdringlichkeit mit den übrigen körperlichen Prädikaten halte ich nur für Phänomene, die zwar
nicht täuschen, aber die nichts anderes reales Objektives
haben als dasjenige, wodurch wir auch einen Traum vom

Wachen unterscheiden, nämlich die mathematisch-metaphysische Übereinstimmung alles desjenigen, was die Seelen oder Entelechieen vorstellen, mag man nun eine und dieselbe Entelechie mit sich selbst oder mit den Phänomenen der anderen Entelechieen vergleichen" (468) u. a.

Was übrigens diejenigen von diesen Stellen betrifft, an denen der Philosoph sagt, dafs der Körper, wenn man ihm keine Seele zugestehe, ein blofser Schein sein würde wie ein geregelter und verbundener Traum, so liegt darin natürlich nicht, wie ja aus dem Früheren klar hervorgeht, dafs der ausgedehnte, materielle Körper unter Voraussetzung einer Seele etwas Substantielles, mehr als ein blofser Schein, ein geregelter Traum sei; vielmehr ist und bleibt der Körper als solcher, auch wenn wir eine Seele in ihm annehmen, genau dasselbe Phänomen, das er vorher war. Diese Beispiele beweisen daher selbstverständlich ganz dasselbe, was aus den übrigen hervorleuchtet, dafs nämlich der Körper als solcher ein reiner Schein ist, wie ein geregelter Traum.

Besondere Erwähnung verdient dann noch, dafs Leibniz das Wesen der körperlichen Phänomene öfter auch mit den Worten charakterisiert, sie seien reale Phänomene (z. B. 2, 262, 276, 371, 492; 5, 196 A. u. ö). Auf den ersten Blick könnte es freilich scheinen, als ob hierin eine Bestätigung der bisherigen Ansicht liege; es ist indessen das gerade Gegenteil der Fall. Denn hätte der Philosoph mit jenem Ausdrucke den Gedanken verbunden, dafs der Körper nicht ein reiner Schein, sondern die Erscheinung eines an sich Bestehenden sei, so hätte er offenbar sagen müssen, er sei das Phänomen eines Realen, aber doch nicht, er sei ein reales Phänomen. Dafs dies etwas vollständig anderes ist, liegt ja auf der Hand. Unter einem realen Phänomen kann schlechterdings nicht das Phänomen eines Realen, sondern nur ein Phänomen verstanden werden, welches zwar ein blofser Schein ist, gerade so wie die eingebildeten Phänomene, die Träume u. dgl., aber im Gegensatz zu diesen ein Schein, welcher Realität hat, d. h. ein Schein,

der nicht blofs e i n m a l und sporadisch in dem vorstellenden
Subjekt auftritt, sondern im Einklang mit den vorhergehenden Vorstellungen 'des letzteren steht und von ganz
bestimmten, im voraus zu berechnenden Erscheinungen derselben Art gefolgt ist, der überdies nicht blofs einer einzelnen
Substanz, sondern allen zusammen eigen ist oder wenigstens eigen sein würde, wenn sie sich alle in derselben
Lage befänden. Eine andere Deutung ist nicht möglich *).

*) Hiergegen, sowie überhaupt gegen die obige Theorie, wird man
sich nun freilich auf die Abhandlung Leibnizens: „De modo distinguendi
phaenomena realia ab imaginariis" (7, 319—322) berufen. In dieser
kleinen Studie zeigt der Philosoph nämlich, wie die Existenz von
Dingen aufser uns bewiesen werden könne („quibus modis existentia
probetur"). Zunächst, sagt er hier, steht ohne weiteres fest, dafs ich,
der ich verschiedenes denke, existiere, und sodann, dafs die verschiedenen Phänomene oder Scheine (apparitiones), die ich habe, in mir
existieren. Nun müssen wir aber, fährt er fort, in Erwägung ziehen,
wie wir erkennen können, „welche Phänomene real sind" und welche
blofs eingebildet. Die beiden Hauptindizien in dieser Beziehung liegen
in den vorhergehenden und in den folgenden Phänomenen. Steht nämlich ein Phänomen mit allen ihm vorangegangenen Phänomenen, ja
mit unserem ganzen bisherigen Leben in Einklang, können wir ferner
aus demselben mit Erfolg auf die zukünftigen Phänomene schliefsen, so
werden wir annehmen müssen, dafs dies ein reales Phänomen sei,
während alle diejenigen Phänomene, welche diesen Bedingungen nicht
genügen, als blofs scheinbare gelten müssen. Freilich, wird dann weiter
bemerkt, mufs zugestanden werden, dafs diese Indizien immer nur eine
sehr grofse Wahrscheinlichkeit, niemals eine metaphysische Gewifsheit
begründen. „Daher kann durch kein Argument absolut bewiesen werden, dafs es Körper gebe, und nichts hindert, dafs blofs wohlgeordnete
Träume unserem Geiste vorschweben, die von uns für wahr gehalten
werden." Nachdem Leibniz auf diese Weise „de his, quae apparent"
geredet hat, spricht er dann „de non apparentibus, quae tamen ex
apparentibus colligi possunt". Diese Erörterung hat indessen kein
Interesse mehr für uns. Hiermit kann man dann auch noch einige
andere Stellen verbinden. So heifst es in den „Nouveaux essais", wo
es sich um das Kriterium für die Wahrheit der Sinnesobjekte handelt:
„Das wahre Kriterium in Bezug auf die Objekte der Sinne ist die Verbindung der Phänomene, d. h. der Zusammenhang dessen, was in verschiedenen Orten und Zeiten geschieht und in der Erfahrung verschiedener Menschen. . . . Indessen man mufs zugestehen, dafs diese ganze
Gewifsheit nicht von dem höchsten Grade ist. Denn, metaphysisch gesprochen, ist es nicht unmöglich, dafs es einen fortgesetzten und
dauernden Traum giebt wie das Leben eines Menschen. Allein dies ist
eine Annahme, die der Vernunft zuwider ist u. s. w." (5, 356 f.). Entsprechend bemerkt der Philosoph anderswo: „Das Sein und die Wahrheit werden durchaus nicht durch die Sinne erkannt. Denn es würde
nicht unmöglich sein, dafs eine Kreatur lange und geregelte Träume
hätte, so dafs alles, was sie durch die Sinne zu bemerken glaubte, nur

Alle diese Thatsachen und Erwägungen führen nun zu einem gesicherten Resultate über diese ganze Materie. Leibniz hat keineswegs, wie man bisher wollte, gelehrt, dafs die Körper nicht r e i n e r S c h e i n, vielmehr die Erscheinungen der M o n a d e n, sondern dafs sie allerdings ein p u r e r S c h e i n seien, gerade wie die T r ä u m e, und dafs sie sich lediglich insofern von diesen unterscheiden, als sie geregelt und verbunden sind. Dieses Resultat kann angesichts der zahlreichen sonnenklaren Quellenzeugnisse durchaus nicht mehr in Frage gestellt werden.

---

purer Schein wäre. Es mufs also etwas über den Sinnen geben, was uns das Wahre von dem Scheinbaren unterscheiden läfst" (6, 489; ebenso 494 und 502 f.; vgl. auch den Brief an Foucher 1, 369 ff.).

Hier bezeichnet also Leibniz erstens mit einem realen Phänomen dasjenige, welches nicht blofs in uns, sondern auch aufser uns existiert, und zweitens ist es seine Ansicht, dafs die Phänomene nicht nur Träume sind, sondern Realität haben. Wie läfst sich dies mit dem Obigen vereinigen? Man könnte Leibniz zunächst so verstehen: Phänomene, welche nicht r e i n e r S c h e i n, sondern die Erscheinung eines R e a l e n sind, können nur durch die Verbindung, welche sie untereinander haben, von denjenigen unterschieden werden, welche nur Einbildungen sind. In diesem Falle würden allerdings die Auslassungen des Philosophen nicht nur mit unserem obigen Aufstellungen, sondern auch mit seinen eigenen zahlreichen Angaben über die Natur der körperlichen Phänomene in Konflikt kommen. Dafs dies letztere nun nicht möglich ist, ist selbstverständlich, und mithin bleibt nur folgende Auslegung übrig: Diejenigen Phänomene, welche s e l b s t in etwas aufser uns Existierendem realisiert sind, können nur durch ihre Verbindung von denjenigen Phänomenen unterschieden werden, bei welchen dies nicht der Fall ist. Von diesem Standpunkte aus verschwindet offenbar sofort jede Schwierigkeit. Denn fürs erste, wenn wir oben sagten, dafs ein reales Phänomen unmöglich das Phänomen eines Realen bezeichnen könne, so wird dies durch die eben gehörten Erklärungen Leibnizens nicht im geringsten widerlegt, da er hier unter einem realen Phänomen keineswegs die Erscheinung eines Realen, sondern ein Phänomen versteht, welches selbst in einem Wesen realisiert ist. eine Bedeutung, deren Möglichkeit wir ja gar nicht bestritten haben. die indessen in dem obigen Zusammenhange überhaupt nicht in Betracht kommen konnte, da es sich in diesem nur darum handelte, ob der Körper a l s s o l c h e r ein blofser Schein oder die Erscheinung eines Dritten, nicht aber darum, ob er s e l b s t in einer Substanz realisiert sei. Ebensowenig wird aber an unserer obigen Behauptung, dafs der Körper ein blofser Schein sei, einem Traume gleiche, irgend etwas geändert. Fragt man nämlich nach der Natur des Körpers a l s s o l c h e n, ob er die Erscheinung eines Substantiellen sei oder nicht, so ist und bleibt die einzig richtige Antwort diese, dafs er nicht die Erscheinung eines S u b s t a n t i e l l e n, sondern ein p u r e r S c h e i n, etwas r e i n S u b j e k t i v e s, ein b l o f s e r T r a u m sei. und nur diese Frage war es, die wir oben behandelten und auf die sich Leibniz in den oben angeführten

Und daran wird auch durch einige andere Daten, die
man vielleicht zur Widerlegung unserer Darstellung hervor-
ziehen möchte, nichts geändert. Man wird nämlich darauf
hinweisen, dafs Leibniz die körperlichen Phänomene vielfach
auch mit den Phänomenen der Farben, der Töne, des
Regenbogens u. dgl. verglichen habe; und wie nun diesen
letzteren Phänomenen gewisse Bewegungen der Materie
zu Grunde liegen, so. wird man folgern, müsse also
auch das Phänomen des Körpers die Erscheinung der
M o n a d e n sein.

Diese Folgerung würde indessen nicht stichhaltig sein.
Denn selbst wenn an und für sich nichts gegen dieselbe
einzuwenden wäre, so würde es doch immerhin völlig willkürlich sein, sich für die Beurteilung der vorliegenden
Fragen gerade an d i e s e Vergleiche des Philosophen zu
halten; denn es ist ja doch eine Thatsache, dafs er die
Körper nicht blofs den Farben und Tönen, sondern
ebenso häufig auch geregelten Träumen gleichgesetzt hat.
Man könnte daher höchstens sagen, es liegen hier zwei verschiedene, einander widersprechende Angaben Leibnizens vor,
aber blofs die eine von diesen Angaben zu berücksichtigen
und die andere zu übergehen, wäre unzulässig. Allein jene
Folgerung besteht überhaupt nicht zu Recht. Denn sie
stützt sich auf die Annahme, dafs die Erscheinung der
sinnlichen Qualitäten durch die materiellen Bewegungen
(aus denen sie allerdings a b g e l e i t e t werden müssen) e n t-

---

Citaten bezieht. Fragt man hingegen, ob die Körper s e l b s t in aufser
uns befindlichen Substanzen realisiert seien, ob ihnen eine äufsere Welt
korrespondiere, dann müssen wir notwendig antworten, dafs ihnen allerdings Substanzen, die unabhängig von uns Existenz haben, entsprechen,
dafs sie nicht leere Einbildungen, nicht blofse Träume seien (wie denn
die Monaden von Leibniz nur deshalb eingeführt wurden, damit der
Körper s e l b s t nicht ein reines Phänomen, sondern s e l b s t in einem
Wesen substantiiert sei, und wie es ihm überhaupt niemals eingefallen
ist, das Dasein einer äufseren Welt zu leugnen), und nur diese Frage
steht in der vorher angezogenen Abhandlung des Philosophen zur Diskussion. Dieselbe ist also durchaus nicht im Widerspruch mit dem
Obigen. Der Körper als s o l c h e r ist ein reiner Schein, ein blofser
Traum, soferne er aber s e l b s t in den äufseren Substanzen realisiert
ist, ist er nicht reiner Schein, sondern hat er Realität.

stehe. Diese Annahme aber ist entschieden unrichtig.
Das System setzt ja nach unserer früheren Darstellung von
vornherein unsere gesamten Vorstellungen als etwas Primitives, Ursprüngliches voraus, das aus unserer eigenen
Natur entspringt, selbst aber keine weitere Erklärung mehr
zuläfst. Es setzt allerdings auch voraus, dafs das Detail
der Natur durch die Erscheinung des Körpers und des
Mechanismus expliziert werden könne und müsse; aber
dieser Satz ist keineswegs gleichbedeutend mit dem anderen,
dafs dieses Detail auf mechanischem Wege entstehe,
indem es vielmehr ebenso wie das Phänomen des Körpers
lediglich aus uns selbst hervorgeht. Die Farben, die
Töne u. dgl. sind infolgedessen von dem Standpunkte der
Monadenlehre aus genau dasselbe pure Phänomen wie
der Körper, sie sind ebenso wie dieser ein blofser Schein,
müssen ebenfalls mit geregelten Träumen verglichen werden,
und der einzige Unterschied, der zwischen diesen Phänomenen und demjenigen des Körpers besteht, ist der, dafs
dieselben, ebenso wie alle speziellen Naturerscheinungen,
rein mechanisch, durch die Materie und ihre Veränderungen
begründet und begriffen werden müssen, während das Prinzip
des Körpers metaphysischer Natur ist.

Und dafs auch Leibniz selbst dieser Ansicht ist, geht
aus einigen Stellen (denen sich, wenn man die Quellen daraufhin durchsuchen würde, wohl noch andere zugesellen
würden) mit Sicherheit hervor. So heifst es: „Der Körper
würde ohne eine Seele nur ein Phänomen sein, wie ein geregelter Traum; denn die Phänomene selbst, wie der Regenbogen, würden ganz und gar imaginär sein, wenn sie nicht
aus Wesen zusammengesetzt wären, welche eine wahrhafte
Einheit haben" (2, 97), womit vollkommen deutlich gesagt
ist, dafs der Regenbogen als solcher ein reiner Schein,
wie ein geregelter Traum, sei. Und wenn anderswo gesagt
wird: „Der Regenbogen ist ein reales Phänomen, welches
die Erwartung nicht täuscht" (276), und: „Die Körper
würden ebenso imaginär sein wie die sinnlichen Qualitäten

(d. h. wie Farben, Töne u. s. w.) oder wie die geregelten
Phänomene" (1, 392), so werden also die sinnlichen Qualitäten mit realen Phänomenen, welche die Erwartung nicht
täuschen, mit den geregelten Phänomenen, d. h. nach dem
Obigen mit Phänomenen verglichen, welche zwar ein reiner,
aber ein geregelter Schein sind.

Sind nun aber für Leibniz die Farben, die Töne u. dgl.
ebenso wie die Körper ein purer Schein, gleich einem Traume,
so hebt sich die obige Schwierigkeit von selbst; und wenn
er also das Phänomen des Körpers demjenigen der Farbe
gleichstellt, so steht das nicht im geringsten im Widerspruche
mit seiner sonstigen Darstellung, wonach jenes Phänomen auf
e i n e r Stufe mit einem geregelten Traume steht.

Ebendasselbige muſs aber auch von einigen anderen
Erklärungen des Philosophen .gesagt werden, auf die wir
nun noch mit einigen Worten eingehen müssen. Er nennt
nämlich den Körper nicht blofs ein wohlgeregeltes und wohl-
verbundenes, sondern auch ein wohlbegründetes, ein in den
Dingen begründetes Phänomen (phaenomenon bene fundatum,
in rebus, in monadibus fundatum). So sagt er: „Die Materie ist nur ein wohlbegründetes Phänomen" (3, 636).
„Die abgeleiteten Kräfte des Körpers sind nur Scheinwesen,
wie der Regenbogen und andere wohlbegründete Phänomene"
(2, 306). „Die Körper sind nur Aggregate und also wohlbegründete Phänomene" (7, 344). „Eine materielle Masse
ist nicht eine wahrhafte Substanz, sondern nur ein Aggregat
und also ein wohlbegründetes Phänomen" (564). Ebenso
4, 492; 2, 473 u. ö.

Während man nun die sonstigen Angaben der Quellen
über die Natur der körperlichen Phänomene einfach zu übergehen pflegt, hat man dagegen diese letzteren, trotzdem sie
durchaus nicht so häufig sind, wie man nach den herkömmlichen Darstellungen annehmen müſste, in übermäſsiger
Weise betont, und gerade sie sind es auch, die zu der
vorher von uns bekämpften Auffassung Anlaſs gegeben
haben oder auf die man die letztere wenigstens in erster

Linie gestützt hat. Man hat nämlich, ohne sich freilich je
auf eine besondere Untersuchung darüber eingelassen zu
haben, behauptet und es sogar als selbtsverständlich angesehen, daſs der Philosoph die Körper deshalb als begründete
Phänomene bezeichne, weil sie nicht ein b l o ſ s e r S c h e i n
seien, wie die Traumbilder, sondern weil ihnen etwas Reales
zu Grunde liege, weil sie die Erscheinungen eines O b j e k -
t i v e n seien*).

Es ist indessen darauf hinzuweisen, daſs eine solche
Auslegung zunächst ganz und gar problematisch ist, da
Leibniz sich niemals ausdrücklich in diesem Sinne geäuſsert
hat. Daſs diese Auslegung aber entschieden falsch ist, folgt
aus unseren vorherigen Auseinandersetzungen. Denn wenn
der Philosoph, wie wir nachgewiesen haben, an vielen
Stellen sagt, daſs die körperlichen Phänomene reiner
Schein seien wie die Träume, so kann man ihn selbstverständlich nicht an anderen Stellen das gerade Gegentheil davon aussprechen lassen, daſs die Phänomene nämlich
nicht bloſser Schein, sondern die Erscheinungen eines Substantiellen seien. Die Hauptsache sind aber auch hier die
bezüglichen Bemerkungen Leibnizens selbst. Die Bestimmung nämlich, daſs die Körper wohlbegründete Phänomene seien, findet sich mehrfach in unmittelbarer Verbindung
mit dem Satze, daſs sie n u r Phänomene, nichts weiter
als dies, daſs sie pure Phänomene, daſs sie reiner
Schein seien, daſs sie gar nichts Reales und Objektives an
sich haben als ihre Übereinstimmung untereinander; ja jene
Bestimmung wird überhaupt vollständig der anderen koordiniert, daſs die Körper wohlgeregelte und wohlverbundene
Phänomene, daſs sie zwar ein bloſser Schein, aber ein Schein,
welcher die Erwartung nicht täuscht, daſs sie fortgesetzte
Träume seien, und demgemäſs wird von einem wohlbegründeten S c h e i n gesprochen, wird das begründete Phänomen

---

*) Vgl. Gesch. d. d. Phil. S. 122: „Die körperliche Masse ist eine
bloſse Erscheinung. Aber weil dieser Erscheinung jenes Reale zu
Grunde liegt, ist sie kein bloſser Schein, sondern ein phaenomenon
bene fundatum".

mit einem beharrenden Traume verglichen, ja es wird ausdrücklich erklärt, dafs der Ausdruck, die Phänomene seien
begründet, lediglich dies bedeute, sie stimmen miteinander
überein.

Es sind meistens die schon vorher angeführten Stellen,
welche hier in Betracht kommen. So heifst es: „Die Materie, genommen für die Masse, ist nur ein pures Phänomen
oder ein wohlbegründeter Schein" (2, 118). „Wer wird in
dem Schein der Aggregate, die durchaus nichts weiter als
Phänomene sind, jedoch begründete und geregelte Phänomene, den physischen Einflufs leugnen?" (251). „Die Körper
sind ein reales oder wohlbegründetes Phänomen, und die
gesamte Realität gehört nur den Einheiten" (268). „Die
materiellen Dinge sind nur Phänomene, aber wohlbegründet
und wohlverbunden" (3, 606). „Die Körper sind ein reales
oder wohlbegründetes Phänomen, das die Erwartung nicht
täuscht" (276). „Die Körper sind nur Phänomene, die zwar
gut begründet sind und nicht täuschen, aber die nichts
reales Objektives haben, als ihre Übereinstimmung untereinander" (7, 468). Ohne die Seele „würden alle Körper
mit allen ihren Eigenschaften nichts anderes als wohlbegründete Phänomene sein, gleichsam fortgesetzte Träume, und
darin allein würde die Realität dieser Phänomene bestehen"
(2, 435).- „Der Schein hat Wahrheit, insofern die Phänomene begründet, d. h. übereinstimmend sind. Die Bewegungen sind nur Schein, aber ein Schein, der wohlbegründet
ist und nie täuscht, und gleichsam exakte und beharrende
Träume" (3, 623).

Das genügt. Steht der Satz, dafs die Körper begründete Phänomene seien, auf einer Stufe mit demjenigen, dafs
sie reiner Schein seien, nur ein Schein, der nie täuscht, dafs
sie geregelte Phänomene, wie fortgesetzte Träume, seien, dann
kann er nicht den Sinn haben, dafs die Körper nicht reiner
Schein, nicht den Traumbildern gleich, sondern die Erscheinungen eines Objektiven seien. Das ist platterdings unmöglich, und mithin ist die bisherige Ansicht falsch. Diese
Ansicht steht im Widerspruche mit den Quellen.

Die körperlichen Erscheinungen heifsen vielmehr begründete, in den Monaden begründete Phänomene, weil die
Substanzen ihrer ursprünglichen Natur nach so angelegt
sind, dafs, indem sie die körperlichen Phänomene aus sich
heraus produzieren, diese Phänomene ein wohlgeregeltes
Ganzes bilden, zu jeder Zeit so miteinander übereinstimmen,
dafs wir, wenn wir nach den erfahrungsmäfsig feststehenden
Prinzipien argumentieren, mit Sicherheit auf die vergangenen,
gleichzeitigen oder zukünftigen Verhältnisse und Vorgänge
schliefsen, dafs wir uns dieser Erscheinungen bedienen
können, ohne in unseren auf sie gebauten Erwartungen
widerlegt zu werden. Denn es liegt ja auf der Hand, dafs
die Substanzen auch so beschaffen sein könnten, dafs die
Phänomene, welche sie erzeugen, nicht eine in sich einstim-
mige materielle Welt, nicht ein harmonisches Ganzes materieller Phänomene, sondern nur ein wirres Durcheinander
von solchen ergeben würden, wie wir dies z. B. in regellosen
Träumen erleben, in welchem Falle wir diese Phänomene
eben nicht mehr mit Nutzen anwenden könnten. Dafs dies
wenigstens nach Leibnizens Anschauungen möglich wäre, ist
zweifellos; es würde unter anderem auch daraus folgen, dafs
die Naturgesetze, also die mechanischen, für die materielle Welt als solche geltenden Gesetze, nach ihm auf
Zweckmäfsigkeitserwägungen Gottes zurückgehen, nicht notwendig sind.

Von diesem Standpunkte aus erklären sich dann, wie
man sieht, die von Leibniz gegebenen Umschreibungen und
Erläuterungen des in Rede stehenden Ausdruckes in der
befriedigendsten Weise. Die Dinge seien wohlbegründete
Phänomene, das heifst eben danach im wesentlichen nichts
anderes, als dafs sie wohlgeregelte und verbundene Phänomene, dafs sie zwar blofser Schein seien, aber ein Schein,
der nicht täuscht, wie ein geregelter Traum.

Doch können wir noch einen Schritt weiter gehen.
Denn wenn die materiellen Phänomene der einzelnen Monaden nicht nur mit sich selbst, sondern auch mit den Phäno-

menen aller anderen Monaden jederzeit in Übereinstimmung sind, so ist dies eben nur durch Berufung auf Gott erklärlich. Gott hat die Substanzen zu Anfang ausdrücklich so geschaffen, dafs ihre Phänomene in Beziehung zu einander stehen; und auf diese göttliche Wirksamkeit deutet eben der Ausdruck des „begründeten Phänomens" in letzter Linie hin. Leibniz hat selbst einmal auf diesen Zusammenhang hingewiesen, indem er sagt: „Die Dinge sind nichts aufser unseren Vorstellungen und haben ihre Realität nur von der Übereinstimmung der vorstellenden Substanzen. Diese Übereinstimmung kommt von der in diesen Substanzen prästabilierten Harmonie u. s. w." (3, 623).

So bestätigt sich auch hierdurch wieder unsere Behauptung, dafs die Körper nach Leibniz reiner Schein sind.

Aus diesem Satze ergiebt sich dann sogleich noch ein Weiteres. Denn liegen dem Phänomen des Körpers nicht die Monaden zu Grunde, ist derselbe nicht eine Erscheinung der Monaden, sondern etwas rein Subjektives, so liegt zu Tage, dafs er auch nicht durch eine verworrene Auffassung der Monaden zustande kommen könne, dafs er mithin überhaupt keine verworrene Vorstellung, sondern ein Phänomen sei. Bisher hat man freilich das erstere angenommen, ja man pflegt diese Annahme wie ein feststehendes Axiom vorzutragen*). Auch dies aber ist ein vollständiger Irrtum.

Leibniz hat in der That niemals etwas Derartiges gesagt, und man wird vergeblich in den Quellen nach einem Beleg dafür suchen. Es finden sich allerdings Äufserungen, wie diese: „Was die Frage betrifft, ob es eine Ausdehnung aufser uns giebt oder ob sie nur ein Phänomen ist, so ist dieselbe nicht leicht. Der Begriff der Ausdehnung ist nicht so klar, als man sich denkt. Man müfste bestimmen, ob der Raum etwas Reelles ist, ob die Materie etwas mehr als die Ausdehnung enthält und ob die Materie selbst eine Sub-

---

*) Vgl. Gesch. d. d. Phil. S. 121 f.

stanz ist" (1, 384). „Ich beweise, dafs die Ausdehnung,
Figur und Bewegung etwas Imaginäres und nur Scheinbares
haben, und obwohl man sie deutlicher begreift als die Farbe
oder die Wärme, so findet man doch, wenn man die Analyse
so weit treibt, wie ich es gethan habe, dafs diese Begriffe
noch etwas Konfuses haben und dafs sie, wenn man nicht
etwas voraussetzt, was in etwas anderem besteht, imaginär
sein würden. Denn durch die Bewegung an sich kann man
nicht bestimmen, welchem Subjekt sie zugehört u. s. w."
(392). „Da der Begriff der individuellen Substanz ebenso
klar ist wie derjenige der Wahrheit, so wird es auch derjenige der körperlichen Substanz und der substantiellen
Form sein. Aber wenn er es nicht wäre, so müssen wir
viele Dinge zulassen, deren Kenntnis nicht hinlänglich klar
und deutlich ist. Ich halte dafür, dafs der Begriff der Ausdehnung es noch weniger ist, was durch die seltenen
Schwierigkeiten über die Zusammensetzung des Kontinuums
bezeugt wird u. s. w." (2, 77; vgl. auch 58). „Die Gröfse
und die Bewegung schliefsen mehr deutliche Kenntnis ein,
als die Farben und Töne, können aber nicht die letzte
Analyse aushalten" (119). „Der Begriff der Gröfse, Figur
und Bewegung ist nicht so deutlich, als man sich einbildet,
und schliefst etwas Imaginäres und auf unsere Vorstellungen
Bezügliches ein . . . . . Deshalb können diese Qualitäten keine
Substanz konstituieren" (4, 436) u. ö.

Allein diese Sätze haben eine gänzlich andere Bedeutung, als man vielleicht geglaubt hat. Denn Leibniz will
hier keineswegs sagen, dafs der Körper und seine Eigenschaften durch eine verworrene Anschauung der Monaden
entstehe, sondern dafs er kein deutlicher, klarer Begriff sei, insofern man ihn nämlich gemeinhin für etwas
Primitives, Substantielles, selbständig Existierendes zu halten
pflegt, während doch eine genauere Analyse desselben zeigt,
dafs er nichts an sich Seiendes, sondern etwas „Imaginäres,
auf unsere Vorstellung Bezügliches ist" (indem z. B. die
Bewegung etwas rein Relatives ist, dem es an einer Ursache

fehlt), dafs er daher eine substantielle Form, eine Kraft voraussetzt, falls er überhaupt Realität haben soll. Dafs dies der Gedanke des Philosophen ist, geht aus den angeführten Citaten evident hervor. Dieselben können daher nicht als Stütze für die traditionelle Ansicht herangezogen werden; im Gegentheil, sie widerlegen dieselbe.

Es bleibt daher dabei, der Körper ist nicht eine verworrene Vorstellung, sondern er ist ein aus uns selbst hervorgehendes Phänomen. Die verworrenen Vorstellungen entstehen uns dadurch, dafs wir die Vorstellungen der materiellen Dinge, der Körper und ihrer Bewegungen vielfach nicht genügend unterscheiden und miteinander verschmelzen, aber die Körper und die Bewegungen selbst sind keine verworrenen Vorstellungen, sondern Phänomene; ebenso wie auch die Farben, die Töne, die Wärme, überhaupt die sinnlichen Qualitäten keineswegs konfuse Vorstellungen irgendwelcher materieller Bewegungen, sondern Phänomene sind *). Es ist darum auch ein grofser Irrtum, wenn man meint, in den Monaden alles auf die deutlichen und verworrenen Vorstellungen zurückführen zu können. Dieser Unterschied setzt vielmehr schon eine andere Art von Vorstellungen, nämlich die materiellen Phä-

---

*) Leibniz sagt allerdings, wie dies wohl bekannt ist, sehr häufig, dafs die sinnlichen Qualitäten durchgängig konfuse Vorstellungen seien. Damit meint er aber niemals und nirgends, dafs sie konfuse Vorstellungen der materiellen Bewegungen seien, aus denen sie nach den Grundsätzen des Systems freilich expliziert werden müssen, sondern dafs z. B. jede konkrete Farbe aus den Vorstellungen verschiedener Farben, etwa diejenige des Grünen aus den Vorstellungen des Blauen und des Gelben resultiere, also das Resultat davon sei, dafs wir die Vorstellungen von diesen einzelnen Farben nicht unterscheiden, sondern zu einer Gesamtfarbe zusammenfassen; ebenso meint er, dafs jeder konkrete Ton durch die konfuse Vorstellung verschiedener Töne, jede konkrete Figur durch eine konfuse Vorstellung aller der einzelnen in ihr enthaltenen Linien, Ecken, Unebenheiten zustande komme u. dgl. In dieser Weise spricht er sich überall übereinstimmend aus. Überdies würde sich die Empfindung z. B. der Farbe niemals durch eine konfuse Vorstellung materieller Bewegungen erklären lassen; daraus würde sich immer und immer nur die Vorstellung einer Bewegung, aber nicht diejenige von Farben ergeben, ebensowenig wie auch die Erscheinung des Körpers nie durch eine konfuse Vorstellung der Monaden entstehen könnte, worüber oben.

nomene voraus, auf die er sich allein bezieht. Alle Monaden
stellen zunächst Phänomene vor, gar nichts weiter; nämlich
die Phänomene von Körpern und Bewegungen (aufserdem noch
diejenigen der sinnlichen Qualitäten); und diese Vorstellungen
bilden die Grundlage aller ihrer Thätigkeit; erst daraus,
dafs sie diese Phänomene bald mehr, bald weniger klar
auseinanderhalten, folgt der Unterschied der deutlichen und
verworrenen Vorstellungen.

Übrigens wäre, selbst wenn man sich auf den bisherigen
Standpunkt stellt, gar nicht zu begreifen, wie die körperliche Erscheinung aus einer verworrenen Vorstellung von
den ihr zu Grunde liegenden Monaden sollte hervorgehen können. Unter einer verworrenen Vorstellung versteht ja doch Leibniz nicht eine solche, welche ihren Gegenstand nicht so, wie er an sich existiert, sondern in einer
gewissen subjektiven Form wiedergiebt, sondern er versteht
darunter diejenige Vorstellung, welche eine Menge einzelner
Vorstellungen in sich enthält, die an sich wie die deutlichen
Vorstellungen sind, die aber nicht hinreichend voneinander
gesondert werden und daher zu e i n e r Totalvorstellung
zusammenfliefsen, so dafs z. B. das Rauschen des Meeres
eine verworrene Vorstellung ist, weil dasselbe dadurch entsteht, dafs die Vorstellungen von den einzelnen kleinen
Geräuschen, welche das Meer verursacht, nicht voneinander
unterschieden werden und daher sich zu dem Gesamteindruck
des Rauschens vereinigen. Leibniz hat sich ausdrücklich
in dieser Weise geäufsert, und wir werden darauf später
kommen. Wäre also der Körper eine verworrene Vorstellung der Monaden, so könnte dies nur heifsen, die Erscheinung desselben werde dadurch in uns erzeugt, dafs die Vorstellungen, welche wir von den einzelnen ihn konstituierenden
Monaden haben, nicht voneinander getrennt werden, sondern
zu einer Gesamtvorstellung sich verbinden. Wie soll sich
aber daraus, dafs die Vorstellungen von den Monaden nicht
voneinander getrennt werden, die Anschauung eines Körpers
ergeben können? Dadurch würde vielleicht der Effekt er-

reicht werden können, daſs die Vorstellungen von diesen
einzelnen einfachen Substanzen sich für uns zu der Vorstellung von einer sie alle umfassenden einfachen Substanz
vereinigten, ebenso wie ja durch die konfuse Vorstellung
der verschiedenen durch die Meereswellen erregten kleinen
Geräusche der Eindruck von einem groſsen Geräusche hervorgebracht wird. Wie aber auf diese Weise die Erscheinung eines Körpers erklärt werden könnte, ist nicht abzusehen.

Ist nun der Körper mit allen seinen Eigenschaften, die
gesamte materielle Welt, ein Phänomen, so sollte man das
Gleiche auch von dem Raume und der Zeit erwarten. Das
ist indessen nicht der Fall. Vielmehr gelten von diesen beiden
Begriffen ganz eigentümliche Sätze, und um diese zu begründen,
bedarf es einer besonderen eingehenden Erörterung.

Was nun zunächst den Raum betrifft, so sagt Leibniz,
daſs derselbe eine Ordnung oder eine Beziehung der Dinge
bezeichne, insoferne sie koexistieren. Auch dieser Satz ist
aber ganz und gar miſsverstanden worden. Um jedoch den
Grund dieses Miſsverständnisses einleuchtend zu machen,
müssen wir auf die bisherige Begriffsbestimmung des Körpers
zurückgehen.

Wie man nämlich die Monadenlehre gemeinhin von der
Annahme ausgehen läſst, daſs die Dinge, welche wir vorstellen, die Erscheinungen äuſerer Substanzen seien, so
hat man auch, wie wir schon früher gezeigt haben (vgl.
S. 146 f.), dem Begriffe des Körpers eine diesem Standpunkte
entsprechende Fassung gegeben. Der Körper soll seinem
Begriffe nach der Grund der Raumerfüllung, eine raumerfüllende Substanz sein. Man hat diese Definition allerdings nicht ausdrücklich aufgestellt, dieselbe liegt indessen
den herkömmlichen Darstellungen als stillschweigende Voraussetzung zu Grunde. Von dieser Voraussetzung aus gelangt
man nun aber mit Notwendigkeit zu einer ganz bestimmten
Ansicht über die Natur des Raumes. Denn ist der Körper

der G r u n d der Raumerfüllung, so ist es klar, daſs, da dasjenige, was dem Körper nach der bisherigen Meinung zu
Grunde liegt, eben die einfachen Substanzen sind, die Raumerfüllung, die Thatsache, daſs die Dinge einen Raum einnehmen, und mithin der Raum überhaupt ein P h ä n o m e n
jener Substanzen sein muſs. Demgemäſs hat man nun auch
die Bestimmungen der Quellen dahin ausgelegt, daſs der
Raum ein P h ä n o m e n von der Ordnung, von den Beziehungen der einfachen Substanzen, der Monaden sei. Wenn
wir sehen, daſs die Dinge einen Raum einnehmen, wenn wir
überhaupt einen Raum auſser uns wahrnehmen, so soll dies
ein P h ä n o m e n von der Ordnung der Monaden sein *).

Diese Auffassung ist von dem bisherigen Standpunkte
aus in der That unumgänglich, und man hat sie denn auch
allgemein acceptiert. Nichtsdestoweniger ist sie grundfalsch
und läſst sich mit den Quellen schlechterdings nicht vereinigen. Ehe wir aber diesen Nachweis führen, wollen wir
die unseres Erachtens allein richtige Auffassung darlegen.

Wie nämlich die Monadenlehre keineswegs von der
Annahme ausgeht, daſs die Dinge, welche wir vorstellen, die
E r s c h e i n u n g e n eines Realen, sondern daſs sie s e l b s t
in uns repräsentiert seien, so ist auch die obige Begriffsbestimmung des Körpers verfehlt. Der Körper ist, wie wir
früher ausgeführt haben (vgl. S. 137 ff., und bes. S. 146 f.),
seinem Begriffe nach nicht der G r u n d, die U r s a c h e der
Raumerfüllung, er ist nicht ein Wesen, durch welches es e n t -
s t e h t, daſs der Körper einen Raum einnimmt, sondern er
besteht in der Ausdehnung s e l b s t einer Natur, in der Ausbreitung s e l b s t einer Eigenschaft. Sobald man aber dies
im Auge behält, gewinnen die Angaben Leibnizens über das
Wesen des Raumes sofort eine gänzlich andere Bedeutung.
Denn ist der Körper nicht der G r u n d dafür, daſs er einen
Raum einnimmt, sondern besteht er in der Ausdehnung
s e l b s t einer Natur, so folgt ja ohne weiteres, daſs der Raum
nicht ein Ph ä n o m e n von der Ordnung der Monaden ist,

---

*) Vgl. Gesch. d. d. Phil. S. 122.

sondern daſs er eine Ordnung der Phänomene selbst, eine
Beziehung der Körper selbst bezeichnet. Das ist ja für
jeden, der den Vordersatz überhaupt richtig verstanden hat,
eine selbstverständliche Konsequenz. Ist der Körper nicht
die Ursache der Raumerfüllung, sondern konstituiert er
sich durch die Ausdehnung selbst einer Eigenschaft, so
kann auch der Raum nicht ein Phänomen von der Ordnung dessen, was dem Körper zu Grunde liegt, der Monaden,
sondern nur eine Ordnung der Phänomene selbst, der Körper selbst sein.

Wenn wir daher von den Phänomenen, von den Körpern
sagen, sie nehmen einen Raum ein, oder näher — denn dies
beides ist darin enthalten —, es komme ihnen in Bezug aufeinander eine „Lage" zu und sie haben einen „Platz" inne,
so begreifen wir darunter gar nichts anderes als eine gewisse
Ordnung dieser Phänomene selbst, dieser Körper selbst,
insofern sie koexistieren. Die Erfahrung liefert uns eine
Menge einzelner Phänomene, einzelner Körper sowie die
Ordnung und die Beziehungen derselben untereinander, und
diese Ordnung giebt uns nun den Anlaſs, von dem einen
Körper zu sagen, er habe diese Lage und er nehme diesen
Platz ein, und von dem anderen, er habe jene Lage und
nehme jenen Platz ein. Unter diesen Ausdrücken verstehen
wir, meinen wir also nur die Ordnung, die Beziehungen der
Phänomene selbst, der Körper selbst, insofern wir sie
als zusammen existierend wahrnehmen; sie bezeichnen gar
nichts anderes als eine Ordnung der Körper selbst zu
koexistieren. Der Raum ohne die Phänomene, ohne die
Körper, der abstrakte Raum ist darum auch nur eine mögliche Ordnung von Phänomenen, drückt nur eine Ordnung
aus, welche die möglichen Körper und die wirklichen, sofern
sie möglich sind, umfaſst, ist eine Ordnung möglicher Dinge,
eine bloſse Möglichkeit, etwas rein Ideales.

Indem wir uns nun zu der Widerlegung der traditionellen Ansicht wenden, wollen wir zunächst die wichtigsten
Äuſserungen Leibnizens über den Begriff des Raumes

zusammenstellen, zugleich aber auch diejenigen über den Begriff der Zeit berücksichtigen, da diese sich nicht wohl von jenen trennen lassen und überdies von der Zeit ganz und gar das Analoge gilt wie von dem Raume.

„Der Raum," sagt der Philosoph, „ist nichts anderes als eine Ordnung zu koexistieren, wie die Zeit eine Ordnung zu existieren ist, aber nicht zusammen" (3, 612). „Der Raum ist eine Ordnung wie die Zeit, eine Ordnung der Koexistenzen, wie die Zeit eine Ordnung unter den Existenzen ist, welche nicht zusammen sind" (622). „Wie wir in der Zeit nichts anderes begreifen als die Ordnung oder die Reihe der Veränderungen, welche in ihr geschehen können, so begreifen wir in dem Raume nichts anderes als die mögliche Ordnung der Körper" (4, 394). „Der Raum ist nur eine Ordnung von Koexistenz sowohl für das wirklich Existierende als für das Mögliche. . . . Er begreift die Ordnung oder Beziehung der möglichen koexistierenden Dinge" (491). „Wir begreifen die Ausdehnung, indem wir eine Ordnung in den Koexistenzen begreifen; aber wir müssen sie nicht mehr als den Raum nach Art einer Substanz begreifen. Sie ist wie die Zeit, welche dem Geiste nur eine Ordnung in den Veränderungen präsentiert" (523). „Die Zeit und die Ausdehnung, wie man sie in der Mathematik begreift, sind nur ideale Dinge, d. h. welche die Möglichkeiten ausdrücken. Die Ausdehnung ist die Ordnung der möglichen Koexistenzen, wie die Zeit die Ordnung der möglichen Dinge ist, welche nicht koexistieren, aber welche dennoch einen Zusammenhang haben. So betrifft die eine die simultanen Dinge oder welche zusammen existieren, die andere diejenigen, welche unverträglich sind und die man dennoch als existierend begreift, und dies ist das, was macht, daß sie successiv sind. Aber der Raum und die Zeit zusammen genommen machen die Ordnung der Möglichkeiten aus, so daß diese Ordnungen, d. h. der Raum und die Zeit, nicht nur auf das passen, was aktuell ist, sondern auch auf das, was an die Stelle dessen gesetzt werden könnte" (568). „Die Körper gehen von einem

Orte des Raumes zu dem anderen, d. h. sie ändern die
Ordnung untereinander. . . . Die Zeit und der Ort sind
nur Arten von Ordnung u. s. w." (5, 115). „Die Zeit und
der Raum gehen ebensowohl auf die möglichen Dinge als
auf die existierenden. . . . Sie bezeichnen Möglichkeiten über
die Voraussetzung der Existenzen hinaus u. s. w." (140).
„Der Raum wie die Zeit ist etwas Ideales und besteht in
den Möglichkeiten oder der möglichen Ordnung der koexistierenden Dinge" (2, 278 E.). „Die Ordnung der Monaden,
ausgedrückt durch unsere Phänomene, konstituiert die Begriffe der Zeit und des Raumes" (281 Anm.; vgl. auch 282
Anm.). „Der Raum ist, ebenso wie die Zeit, eine gewisse
Ordnung, nämlich zu koexistieren, welche nicht blofs das
Wirkliche, sondern auch das Mögliche umfafst. . . . . Der
Raum ist etwas Kontinuierliches, aber Ideales" (379). „Der
Raum ist eine Ordnung der koexistierenden Phänomene, wie
die Zeit der successiven" (450 E.). „Die Ausdehnung ist nur
eine Menge koordinierter Vorstellungen oder Phänomene,
sofern sie eine gemeinsame Ordnung zu koexistieren haben.
Ich stelle zugleich A, B, C vor, und anders ist die gleichzeitige Vorstellung von A und B als diejenige von A und C.
Und indem ich dies beobachte, sage ich, dafs ich Raum und
Ausdehnung vorstelle" (473). „Ich halte den Raum für etwas
rein Relatives, wie die Zeit, für eine Ordnung der Koexistenzen, wie die Zeit eine Ordnung der Successionen ist.
Denn der Raum bezeichnet der Möglichkeit nach eine Ordnung der Dinge, welche zu gleicher Zeit existieren, insofern
sie zusammen existieren" (7, 363, 4). „Vorausgesetzt, dafs
der Raum an sich etwas ist aufser der Ordnung der Körper
untereinander, so giebt es keinen Grund, warum Gott die
Körper in dem Raume so und nicht anders gestellt hat.
Aber wenn der Raum nichts anderes ist als diese Ordnung
oder Beziehung und durchaus nichts ist ohne die Körper als
die Möglichkeit, solche zu setzen", so hebt sich diese
Schwierigkeit (364, 5; ebenso von der Zeit 364, 6). „Der
Raum ist diese Ordnung, durch welche die Körper eine Lage

untereinander haben, indem sie zusammen existieren, wie die
Zeit diese Ordnung ist in Bezug auf ihre successive Lage.
Aber wenn es keine Kreaturen gäbe, würden der Raum und
die Zeit nur in den Ideen Gottes sein" (376 f., 41). „Da der
Raum an sich eine ideale Sache ist wie die Zeit, so ist der
Raum aufser der Welt imaginär" (396, 33). „Die Zeit ohne
die Dinge ist nichts als eine einfache ideale Möglichkeit. . . .
Sie begreift sich nur durch die Gröfse der Veränderungen
der Kreaturen" (404 f., 55). „Der Raum, genommen ohne die
Dinge, ist nichts Aktuelles" (407, 67). „Der abstrakte Raum
ist etwas Ideales" (415, 104). „Wenn es keine Kreaturen
gäbe, so würde es weder Zeit noch Ort geben und folglich
keinen aktuellen Raum. Wenn Gott allein existierte, so
würden Zeit und Raum nur in den Ideen sein wie die einfachen Möglichkeiten" (415, 106). „Die Zeit ist nur ein Prinzip von Beziehungen, eine Grundlage der Ordnung in den
Dingen, sofern man ihre successive Existenz begreift oder
ohne dafs sie zusammen existieren. Ebenso ist der Raum
die Grundlage der Beziehung der Dinge, aber sofern man
sie als zusammen existierend begreift. Beide Grundlagen
sind wahrhaft, obwohl sie ideal sind" (564). Vgl. ferner 3,
674; 5, 136, 137, 139, 205, 213; 2, 101. 115, 183, 195,
234, 268 f., 276 f.; 7, 314, 327, 374, 16, 378, 395, 27 und 29,
402, 49, 403, 52, 404 f., 54—57, 406, 62, 407, 68, 467, 561 ff.;
6, 629 u. a.

Aus allen diesen Auslassungen Leibnizens ergiebt sich
nun die Unmöglichkeit der bisherigen Ansicht in der handgreiflichsten Weise.

Der Raum soll nach dieser Ansicht ein Phänomen
von der Ordnung, von den Beziehungen der einfachen Sub-
stanzen, der Monaden sein. Darauf ist nun aber zunächst
zu erwidern, dafs Leibniz selbst den Raum niemals ein
Phänomen, weder ein Phänomen von der Ordnung der
Monaden noch auch ein Phänomen schlechthin, genannt hat.
Er hat wohl öfters erklärt, dafs der Raum nichts wirklich
Existierendes, nichts Wesenhaftes, Substantielles sei; indessen

dieser Satz trifft auch dann zu, wenn der Raum nicht ein
P h ä n o m e n von der Ordnung der Monaden, sondern, wie
wir behaupten, eine Ordnung der Phänomene s e l b s t ist;
denn in diesem Falle ist er natürlich ebensowenig etwas
Reales wie diese Phänomene. Aber dafs der Raum ein
Phänomen sei, dafür findet sich unseres Wissens, wenn wir
von e i n e r beiläufigen Bemerkung absehen, die indessen
nichts beweist*), in den Quellen kein Beleg. Im Gegenteil
sagt der Philosoph mehreremal, unmittelbar nachdem er die
materiellen Dinge, die Körper und ihre Eigenschaften als
blofse Phänomene gekennzeichnet hat, dafs der Raum und
die Zeit, nicht etwa auch Phänomene wie die Körper, sondern Ordnungen oder Beziehungen der Dinge seien, woraus
doch wohl hervorgeht, dafs sie eben nicht Phänomene wie
die Körper sind (so 3, 612 und 622); und demgemäfs heifst
es auch wiederholt, dafs in der Sinnenwelt alles sich auf
„Phänomene u n d Beziehungen" reduziere (so 4, 523 und 2,
101), unter welchen Beziehungen natürlich nur die Vorstellungen des Raumes und der Zeit und was damit zusammenhängt verstanden sein können, womit also wiederum ein Unterschied zwischen den Phänomenen und dem Raume gemacht
zu werden scheint.

Diese Thatsache nun, dafs Leibniz den Raum niemals
als ein Phänomen bezeichnet hat, läfst bereits vermuten, dafs
es mit der vorliegenden Auffassung nicht richtig bestellt sei.
Denn wenn diese begründet wäre, so würde ja gar nicht einzusehen sein, warum der Philosoph jene Bezeichnung beständig vermieden haben sollte, trotzdem dieselbe doch in

---

*) Dieselbe lautet nämlich so: „Ceterum facile hinc intelligis,
extensionem, ut tempus, et molem et qui ex his variatis constat motum,
non minus quam qualitates reales in phaenomena abire" (2, 282 Anm.).
Allein diese vereinzelte Stelle kann umsoweniger etwas beweisen, als
sie doch auch vom Standpunkte unserer oben angegebenen Auffassung
aus keineswegs unerklärlich ist. Denn wenn der Raum und die Zeit
die Ordnung der Phänomene bezeichnen, so sind sie doch in gewisser
Beziehung selbst Phänomene, und wenn der Philosoph sich daher wirklich einmal in diesem Sinne äufsert, so wird man das zwar für eine
Ungenauigkeit ausgeben müssen, aber man wird keine weiteren Schlüsse
daraus ziehen können.

diesem Falle die natürlichste, ja die einzig passende gewesen wäre und trotzdem er sie auch in Bezug auf den Körper zahllose Mal angewendet hat. Zur Gewifsheit aber wird jene Vermutung durch die positiven Angaben der Quellen.

Der gewöhnliche Ausdruck zunächst, mit dem Leibniz das Wesen des Raumes zu charakterisieren pflegt, ist, wie die vorher angeführten Äufserungen zeigen, dieser, dafs der Raum eine Ordnung oder Beziehung der Dinge sei. Schon diese Worte stehen aber im Widerspruche zu der herkömmlichen Annahme. Denn nach dieser würde dem Raum zwar eine Ordnung, eine Beziehung, nämlich diejenige der Monaden, zu Grunde liegen, er würde daraus entstehen, aber er würde doch nicht eine Ordnung sein. Vielmehr würde er als die Erscheinung von der Ordnung der Monaden etwas ganz anderes als diese, also gerade nicht eine Ordnung sein. Nun ist allerdings zuzugeben, dafs man, anstatt zu sagen, dem Raume liege eine Ordnung zu Grunde, hin und wieder auch weniger genau sagen kann, er sei eine Ordnung, und wenn Leibniz nur das eine oder andere Mal die letztere Wendung gebraucht hätte, so würde daraus in der That nichts geschlossen werden können. Allein ein solcher Einwand wird ganz und gar hinfällig dadurch, dafs der Philosoph sich eben nicht blofs ausnahmsweise, sondern überall und beständig in dieser Weise ausgesprochen hat.

Wenn Leibniz ferner, wie wir sahen, häufig auch erklärt, dafs der Raum eine Ordnung der Dinge „bezeichne" oder „ausdrücke", wenn er ausführt, dafs wir, „wie wir in der Zeit nichts anderes begreifen als die Ordnung oder die Reihe der Veränderungen, so auch in dem Raume nichts anderes als die Ordnung der Dinge begreifen", dafs „wir die Ausdehnung begreifen, indem wir eine Ordnung in den Koexistenzen begreifen", dafs wir eine Ordnung mehrerer koexistierender Dinge vorstellen und „indem wir dies beobachten, sagen, wir stellen einen Raum vor", dafs „die Zeit" und also auch der Raum „dem Geiste nur eine Ordnung in den Dingen präsentiere", wenn er den Raum „ein Prinzip von

Beziehungen", „die Grundlage der Ordnung der Dinge"
nennt, wenn er die Begriffe des Raumes und der Ordnung
als vollständig gleichwertig behandelt, wenn er ausdrücklich
sagt, der Satz, „die Körper gehen von Ort zu Ort", heiſse
nichts anderes, als „daſs sie ihre Ordnung untereinander
ändern" u. dgl. m., so ist ja doch alles dies mit der in Frage
stehenden Ansicht gar nicht in Einklang zu bringen. Denn
nach dieser würde dem Raume zwar eine Ordnung z u
G r u n d e l i e g e n, aber er würde doch keineswegs und in
gar keinem Sinne eine Ordnung b e z e i c h n e n oder a u s -
d r ü c k e n, indem er vielmehr etwas vollkommen anderes,
nämlich dasjenige, was der gewöhnliche Verstand sich unter
dem Raume denkt, bezeichnen oder ausdrücken würde; nach
ihr würden wir uns ferner, indem wir uns den Raum vorstellen, nicht im entferntesten eine Ordnung, sondern etwas
davon ganz und gar Verschiedenes, nämlich einen Raum,
vorstellen, ebenso wie auch die Vorstellung des Raumes
unserem Geiste durchaus nicht eine Ordnung, sondern eben
einen Raum präsentieren würde; nach ihr würde weiter der
Raum so wenig ein Prinzip von Beziehungen, eine Grundlage der Ordnung der Dinge sein, daſs er vielmehr selbst
sein Prinzip und seine Grundlage in der Ordnung der
´Monaden hätte; nach ihr würden endlich die Begriffe des
Raumes und der Ordnung nicht identisch, sondern höchst
verschiedener Natur sein, wie auch die Worte, die Körper
ändern ihren Ort, keineswegs mit den anderen zusammenfallen würden, daſs sie ihre Ordnung untereinander ändern.

Besonders instruktiv sind dann die auſserordentlich
zahlreichen Stellen (es gehören fast alle der oben zitierten
hierher), an welchen Leibniz auseinandersetzt, was der abstrakte Raum bezeichne. Der Raum ohne die Dinge, heiſst
es ja, sei nur eine mögliche Ordnung oder Beziehung der
Dinge, eine Ordnung der Dinge begriffen als möglich, eine
Ordnung sowohl der möglichen als auch der aktuellen, wirklich existierenden Dinge, eine Ordnung, welche sich auf das
Mögliche und Aktuelle beziehe, eine Ordnung der Möglich-

keiten, eine Ordnung, welche die Möglichkeiten betreffe; ohne
die Dinge sei der Raum eine blofse, einfache Möglichkeit,
gebe es überhaupt keinen aktuellen Raum, sei derselbe nur
in den Ideen Gottes, sei er nur etwas Relatives, etwas
Ideales, eine einfache ideale Möglichkeit, etwas Imaginäres
u. dgl. m.

Wenn nun der Philosoph hier zunächst sagt, dafs der
Raum ohne die „Dinge" blofs eine mögliche Ordnung begreife,
so kann er selbstverständlich unter diesen Dingen nur die
Phänomene, die Körper, nicht die Monaden, verstehen. Denn
sein Gedanke ist ja doch offenbar der: Wenn wir von allem
dem abstrahieren, was wir in dem Raume wahrnehmen, dergestalt, dafs wir nach der gewöhnlichen Anschauung den
leeren Raum übrig behalten, d. h. also, wenn wir von den
in dem Raume befindlichen Phänomenen und Körpern absehen, so drückt der Raum lediglich eine mögliche Ordnung
aus. Nicht aber meint er, wie man von dem bisherigen
Standpunkte aus vielleicht denken könnte: Wenn wir von
dem, was dem mit Körpern erfüllten Raume zu Grunde
liegt, abstrahieren, dergestalt, dafs blofs dieser mit Körpern
erfüllte Raum übrig bleibt ohne etwas, was demselben zu
Grunde liegt, d. h. also, wenn wir von den Monaden absehen,
so ist der Raum nur eine mögliche Ordnung; denn das
würde keinen Sinn haben und zu den Äufserungen des
Philosophen nicht passen. Auch bemerkt er überdies öfter
ausdrücklich, dafs der Raum ohne die „Körper" nur eine
Möglichkeit sei.

Behalten wir dies im Auge, so sieht man leicht, dafs
die Ausführungen Leibnizens mit der traditionellen Auffassung
nicht übereinstimmen. Denn darnach würde der Raum ohne
die Körper zwar die allgemeine Form darstellen, in welcher
die Ordnung der w i r k l i c h e x i s t i e r e n d e n Monaden uns
erscheint, aber er würde keineswegs auch die Form darstellen, in welcher die Ordnung anderer m ö g l i c h e r Substanzen uns erscheint; oder er würde zwar eine Ordnung
der w i r k l i c h e n Dinge, aber er würde nicht auch eine

Ordnung der möglichen Dinge sein (welche beiden
letzteren Sätze freilich an sich, wie wir vorher zeigten,
durchaus nicht an die Stelle der beiden ersteren gesetzt
werden könnten, was wir indessen hier außer acht lassen
wollen). Man würde allerdings nicht in Abrede stellen
können, daß außer der Ordnung der wirklichen Monaden
möglicherweise auch noch die Ordnung anderer Substanzen
in der Form des Raumes uns erscheinen könnte; allein für
das Wesen des Raumes als solchen würde dies doch vollkommen gleichgiltig sein. Denn wenn Leibniz erklärt, der
Raum ohne die Körper sei nur eine Ordnung möglicher
Dinge, so will er damit nicht sagen, der Raum sei die Form,
in welcher außer den wirklichen vielleicht auch noch andere
mögliche Substanzen erscheinen könnten, sondern er will
damit das Wesen und die Natur des Raumes als solchen
kennzeichnen; er will sagen, daß das Wesen des Raumes,
wenn man von den Körpern abstrahiere, darin bestehe, eine
Ordnung der möglichen Dinge auszudrücken, daß er seinem
Wesen nach sich auf das Mögliche beziehe, daß er wesentlich eine bloße Möglichkeit sei; das geht ja aus allen seinen
Auslassungen mit Gewißheit hervor. So angesehen sind die
letzteren aber einfach vollständig unverträglich mit den herkömmlichen Anschauungen. Denn nach diesen würde, wie
schon angegeben, der Raum ohne die Körper wesentlich eben
nur die Form sein, in welcher die wirklichen Monaden
uns erscheinen, aber er würde nicht wesentlich eine mögliche Ordnung von Dingen, nicht eine Ordnung der möglichen wie der aktuellen Dinge sein, er würde nicht das
Mögliche und das Wirkliche betreffen u. w. dgl. m. i. Noch
viel weniger aber würde er darnach eine reine Möglichkeit,
etwas bloß Ideales und Imaginäres sein, wie es doch Leibniz beständig sagt, indem er vielmehr als die Erscheinung von der Ordnung der Monaden, genau ebenso wie
die übrigen Phänomene, z. B. der Körper und die Bewegung,
etwas höchst Konkretes, Wirkliches, Aktuelles, ja sogar die
Grundlage alles Aktuellen sein würde.

Überhaupt würde nach der vorliegenden Annahme schon gar nicht einzusehen sein, wozu Leibniz eigentlich den Unterschied zwischen dem mit Körpern erfüllten Raume und dem Raume ohne die Körper macht; denn nach dieser ist eben der Raum ohne die Körper genau dasselbige, was er mit den Körpern ist, nämlich die Form, in welcher die Ordnung der Monaden sich unserer Anschauung darstellt. Jene Unterscheidung hat vielmehr nur, aber auch schlechterdings nur dann einen Sinn, wenn der Raum eben nicht das P h ä n o m e n von der Ordnung der Monaden ist, sondern wenn er die Ordnung der Phänomene s e l b s t, der Körper s e l b s t bezeichnet. Denn dann ist es selbstverständlich, dafs der Raum ohne die Körper überhaupt nichts Wirkliches, sondern nur eine mögliche Ordnung von Körpern, eine blofse Möglichkeit, etwas rein Ideales ist.

Wenn nun weiterhin die bisher besprochenen Bestimmungen Leibnizens mit den traditionellen Vorstellungen auch besser vereinbar wären, als sie es thatsächlich sind, so sollte man doch zum mindesten, falls diese Vorstellungen richtig wären, erwarten, dafs er wenigstens einigemal gesagt habe, der Raum sei eine Ordnung der e i n f a c h e n S u b s t a n z e n, der M o n a d e n. Indessen auch davon ist keine Rede. Dafs die Monaden freilich die Prinzipien, wie der Körper, so auch des Raumes und der Zeit seien, das hat er zwar nicht ausdrücklich ausgesprochen, aber es ergiebt sich dies aus mehreren seiner Äufserungen (so 2, 281 f. Anm. und 438); allein diese Äufserungen behalten auch dann ihre Geltung, wenn der Raum nicht ein P h ä n o m e n von der Ordnung der Monaden, sondern, wie wir wollen, eine Ordnung der Phänomene s e l b s t ist; denn in diesem Falle sind die Monaden, da sie ja die Prinzipien der Phänomene und mithin auch ihrer Ordnung sind, selbstverständlich auch diejenigen des Raumes. Dafs jedoch der Raum eine Ordnung der M o n a d e n sei, davon hat Leibniz niemals etwas verlauten lassen; so sehr man auch über diese Behauptung erstaunt sein möge, es giebt dennoch keine derartige Stelle in

den Quellen. Vielmehr sagt er in der Regel, dafs der Raum
eine Ordnung der Dinge, der Koexistenzen, und was
dergleichen allgemeine Ausdrücke mehr sind, bezeichne.
Dafs aber unter diesen Dingen Körper, Phänomene
verstanden werden müssen, ist um so wahrscheinlicher, als
Leibniz, wie wir schon sahen, wenigstens in der Wendung,
der Raum „ohne die Dinge" sei eine blofse Möglichkeit, mit
diesen Dingen sicher nur Phänomene gemeint haben kann.
Über jeden Zweifel gewifs wird dies aber dadurch, dafs der
Philosoph selbst öfter den Raum ausdrücklich eine Ordnung
der Phänomene, der Körper genannt hat. So erklärt
er ja nach Ausweis der oben beigebrachten Zitate: „Der
Raum ist diese Ordnung, durch welche die Körper eine
Lage haben, wie die Zeit diese Ordnung ist in Bezug auf
ihre successive Stellung." „In dem Raume begreifen wir
nur die mögliche Ordnung der Körper." „Der Raum ist
eine Ordnung der koexistierenden Phänomene, wie die
Zeit eine solche der successiven." „Die Ausdehnung ist nur
eine Menge koordinierter Phänomene, insofern sie eine
gemeinsame Ordnung zu koexistieren haben." „Die Ordnung
der Monaden, ausgedrückt durch unsere Phänomene, konstituiert die Begriffe der Zeit und des Raumes."
Wenn er endlich sagt: „Vorausgesetzt, dafs der Raum an
sich etwas ist aufser der Ordnung der Körper untereinander,
so giebt es keinen Grund, warum Gott die Körper in dem
Raume so und nicht anders gestellt hat. Aber wenn der
Raum nichts anderes ist als diese Ordnung oder Beziehung
und durchaus nichts ist ohne die Körper", so heifst dies also
klar und deutlich, dafs der Raum nichts anderes sei als eine
Ordnung der Körper. Diese Äufserungen sind so stringent,
dafs wir denselben nichts hinzuzufügen brauchen. Damit
fällt die bisherige Ansicht definitiv in sich zusammen.

    Endlich verweisen wir noch im besonderen auf eine
Stelle, an welcher Leibniz auseinandersetzt, wie die Vorstellung des Raumes entstehe.

    „In folgender Weise," sagt er nämlich, „kommen die

Menschen dazu, sich den Begriff des Raumes zu bilden. Sie beobachten, dafs mehrere Dinge auf e i n m a l existieren, und sie finden darin eine gewisse Ordnung von Koexistenz, derzufolge die Beziehung der einen und der anderen mehr oder minder einfach ist. Das ist ihre „Lage" oder „Entfernung". Wenn es sich trifft, dafs einer von diesen Koexistierenden diese Beziehung zu einer Menge anderer ändert, ohne dafs sie dieselbe untereinander ändern, und dafs ein neuer Ankömmling eine Beziehung erwirbt, welche der erste zu den anderen hatte, so sagt man, dafs er an seinen „Platz" gekommen sei. Und wenn mehrere oder selbst alle nach gewissen bekannten Regeln der Richtung und der Geschwindigkeit diese Beziehungen ändern würden, so kann man immer die Beziehung von Lage bestimmen, welche jeder zu jedem erwirbt. Und wenn man voraussetzt, dafs es unter diesen Koexistierenden einige giebt, welche keine Veränderung in sich haben, so wird man sagen, dafs diejenigen, welche eine Beziehung zu diesen feststehenden haben, wie sie zuvor andere zu denselben gehabt haben, denselben „Platz" inne haben, welchen diese letzteren gehabt hatten. Und was alle diese Plätze begreift, wird „Raum" genannt. Woraus man sieht, dafs, um die Idee des Platzes zu haben und folglich diejenige des Raumes, es genügt, diese Beziehungen und die Regeln ihrer Veränderungen zu betrachten, ohne nötig zu haben, sich irgend eine absolute Realität aufser den Dingen, deren Lage man betrachtet, einzubilden u. s. w." (7, 400 bis 402).

Dafs nun Leibniz unter den „Dingen", von denen er hier spricht, nicht die e i n f a c h e n S u b s t a n z e n, die M o n a - d e n, sondern die P h ä n o m e n e, die K ö r p e r versteht, liegt auf der Hand. Denn wenn er zeigt, dafs wir, wenn wir mehrere Dinge zusammen wahrnehmen und wenn dieselben eine gewisse Ordnung von Koexistenz haben, diesen Dingen eine Lage und weiterhin einen Platz zuschreiben, so können das selbstverständlich nur solche Dinge sein, welchen wir eben diese räumlichen Verhältnisse zuteilen. Das sind

aber nur die Körper; nur diese haben eine Lage und nehmen einen Platz ein, aber nicht die Monaden. Auch spricht
der Philosoph selbst nachher von dem Körper (vgl. 7, 400 E.).
Somit ist der Sinn seiner Ausführungen dieser: Wenn wir
beobachten, dafs mehrere Körper auf e i n m a l existieren
und dafs sie eine gewisse Ordnung zu koexistieren haben,
so sagen wir, dafs sie in Bezug aufeinander eine Lage oder
eine Entfernung haben; und wenn wir weiter sehen, dafs
einer von diesen Körpern seine Beziehungen zu einer Menge
anderer ruhender ändert und ein anderer dieselben Beziehungen zu diesen ruhenden Körpern erwirbt, welche jener
hatte, so sagen wir von dem Ankömmling, er sei an den
Platz des letzteren gekommen; und was alle einzelnen Plätze
in sich begreift, nennen wir dann Raum. In diesen Sätzen
ist es also offen ausgesprochen, dafs wir, wenn wir von den
Körpern sagen, es komme ihnen eine Lage zu, sie haben
einen Platz inne, wenn wir überhaupt von einem Raume
sprechen, damit gar nichts anderes meinen, uns darunter gar
nichts anderes denken als eine gewisse Ordnung dieser
Körper zu koexistieren, dafs der Raum mithin lediglich eine
Ordnung der Körper bezeichnet, woraus handgreiflich folgt,
dafs derselbe nicht ein P h ä n o m e n von der Ordnung der
Monaden sein kann, sondern dafs · er eine Ordnung der
Phänomene s e l b s t, der Körper s e l b s t begreift. Dafs dies
die Überzeugung des Philosophen ist, geht aus seinen Worten
mit solcher Evidenz und mit einer derartigen Sicherheit hervor, dafs auch nicht der geringste Widerspruch dagegen aufkommen kann.

Alle diese Betrachtungen, denen sich noch eine ganze
Anzahl sonstiger Argumente anreihen liefsen *), lassen nun

---

*) Z. B. die Erklärung Leibnizens, dafs die Dinge (d. h. natürlich
wieder die Körper, wie er es auch selbst sagt) nicht durch den Raum, sondern der Raum durch die Dinge bestimmt und unterschieden werde
(vgl. z. B. 7, 364, 376, 405, 407; 5, 213), da es sich ja nach der traditionellen Auffassung gerade umgekehrt verhalten müfste; ein solcher
Satz ist schlechterdings nur dann verständlich, wenn der Raum eine
Ordnung der Phänomene s e l b s t ist. — Ebenso könnte darauf verwiesen werden, dafs Leibniz mehreremal ausdrücklich bemerkt, die

keinen, aber auch durchaus gar keinen Zweifel mehr an der
Unhaltbarkeit der traditionellen Ansicht bestehen. Diese
Ansicht ist falsch, sie steht in Konflikt mit der Darstellung
Leibnizens, und wer sie dennoch festhält, der verzichtet eben
damit auf eine wirkliche Erklärung dieser Darstellung. Zugleich aber weisen uns die vorherigen Erörterungen auf den
richtigen Weg. Der Raum ist eben nicht ein P h ä n o m e n
von der Ordnung der Monaden, sondern er drückt die Ordnung, die Beziehungen der Phänomene s e l b s t , der Körper
s e l b s t aus. Dieser Satz wird durch die Angaben der
Quellen kategorisch gefordert, wie auch diese selbst unter
Voraussetzung desselben in jeder Hinsicht so einleuchtend
und sonnenklar werden, dafs sie auch nicht die mindeste
Schwierigkeit mehr verursachen; es kann daher keine Frage
sein, dafs dieser Satz in der That den Quellen entspricht.
Da derselbe nun aber den früher von uns entwickelten
eigentümlichen Standpunkt des Philosophen zur Vorbedingung
hat, ja ohne diesen überhaupt undenkbar ist, so erhalten
wir damit wiederum einen neuen und wahrlich nicht den
geringfügigsten Beleg für die Notwendigkeit dieses Stand-

Ausdehnung eines Körpers und der Raum, den er einnimmt, seien vollständig verschiedene Dinge. So heifst es: „. . . Mithin wird der von
einem Körper eingenommene Raum die Ausdehnung dieses Körpers
sein: was absurd ist, da ja ein Körper seinen Raum ändern, aber nicht
seine Ausdehnung verlassen kann" (vgl. 7, 398, 37; ebenso 399, 46; auch
5, 115 und 6, 585). Denn die bisherige Ansicht von dem Wesen des
Raumes hat ja zur Voraussetzung, dafs der Körper gar nichts weiter
sei als ein Wesen, das den Raum erfüllt, so dafs die Ausdehnung des
Körpers allerdings mit dem von ihm eingenommenen Raum zusammenfallen würde. Ist dagegen der Körper seinem Begriffe nach nicht ein
r a u m e r f ü l l e n d e s Wesen, besteht er also (denn ein Drittes giebt es
nicht) in der Ausdehnung s e l b s t einer Natur, in welchem Falle sich
allererst die Ausdehnung und der Raum voneinander unterscheiden
würden, dann folgt, wie oben gezeigt wurde, mit Notwendigkeit, dafs
der Raum eine Ordnung der Phänomene s e l b s t bezeichnet. Diese
Äufserungen des Philosophen bilden auch, wie man sieht, eine direkte
Bestätigung unserer früheren Begriffsbestimmung des Körpers. — Noch
eine Menge anderer Beweisgründe gegen die gewöhnlichen Vorstellungen
würden sich aus den Quellen beibringen lassen; indessen verzichte ich
darauf und verweise nur noch eindringlichst auf die Bestimmungen
Leibnizens über die kontinuierlichen Gröfsen, aus welcher, wie nachher
(S. 298 ff. Anm.) gezeigt werden wird, die Unhaltbarkeit jener Vorstellungen
unwiderleglich hervorgeht.

punktes. Das gesamte System bildet eben bis in seine
Detailbestimmungen hinein, wie wir schon früher sagten,
einen fortlaufenden und ununterbrochenen Beweis für die
Richtigkeit des letzteren. Die Auseinandersetzungen Leibnizens über den Begriff des Raumes können und werden
nur dann verstanden werden, wenn man denselben unsere
Auffassung der Monadenlehre zu Grunde legt.

Bezeichnet nun der Raum nach Leibniz eine Ordnung
der Phänomene, sofern sie koexistieren, so ist die Zeit die
Ordnung derselben, sofern sie nicht zusammen existieren,
sofern man ihre successive Existenz begreift. Um aber eine
Einsicht in diese letztere Bestimmung zu gewinnen, müssen
wir zuvor noch die Definition des Körpers vervollständigen.
Denn bis jetzt kennen wir erst den Begriff des Körpers im
allgemeinen sowie denjenigen des Widerstandes (über diesen
letzteren vgl. man oben S. 148 ff.). Es fehlt uns daher noch
der Begriff der Bewegung, und auf diesen kommt es hier
gerade an.

Wie nämlich Leibniz gemäfs dem Standpunkte, welchen
er zu der Welt der Objekte einnimmt, unter dem Körper
im allgemeinen nicht den Grund, die Ursache dafür,
dafs der Körper einen Raum erfüllt, sondern die Ausdehnung
selbst einer Natur versteht, so versteht er auch unter der
Bewegung nicht den Grund und die Ursache dafür, dafs
der Körper eine Zeitreihe durchläuft, sondern die successive
Wiederholung selbst einer Veränderung oder, was ja vollständig dasselbe bedeutet, die Dauer selbst einer Veränderung. Er hat sich allerdings unseres Wissens niemals im
Zusammenhange darüber verbreitet; dafs er jedoch die Bewegung in dieser Weise definiert, den Begriff derselben in
die Dauer einer Veränderung gesetzt haben mufs, ergiebt
sich nicht nur aus der Sache selbst, sondern auch mit Gewifsheit aus einer ganzen Reihe seiner Äufserungen.

Denn wenn er zunächst die Ausdehnung und die Dauer
überall als einander korrespondierende und zusammengehörige
Begriffe, gleichsam als Korrelatbegriffe behandelt, wenn er

sogar ausdrücklich erklärt, dafs die Ausdehnung und die
Dauer sich gegenseitig entsprechen, so hat dies nur dann
einen Sinn, wenn die Dauer in Bezug auf die Bewegung
dasselbe ist, was die Ausdehnung in Bezug auf den Körper
im allgemeinen, d. h. wenn die Bewegung in der Dauer
einer Veränderung besteht, ebenso wie der Körper überhaupt
in der Ausdehnung einer Eigenschaft besteht. Wenn er
ferner des näheren darauf hinweist, dafs die Ausdehnung
schlechthin ein blofses Abstraktum sei, gerade so wie auch
die Dauer schlechthin nur ein abstrakter Begriff sei, dafs
sich die Ausdehnung auf eine Natur beziehe, deren Ausdehnung sie bezeichne, dafs sie die Ausdehnung einer Eigenschaft sei, wie auch die Dauer sich auf etwas beziehe, was
daure, die Dauer von etwas sei, so geht daraus klar hervor,
dafs, ebenso wie die Ausdehnung, wenn auch nicht die Ausdehnung für sich, sondern die Ausdehnung einer Sache, etwas
Konkretes, wirklich Existierendes ist, auch die Dauer, freilich auch hier nicht die Dauer für sich, sondern die Dauer
einer Sache, etwas wirklich Existierendes ist, dafs also durch
dieselbe auch eine wirklich existierende Erscheinung charakterisiert wird. Diese Erscheinung aber kann nur die Bewegung sein; denn der Körper als solcher kann selbstverständlich nicht in der Dauer einer Sache bestehen, indem
er vielmehr durch die Ausdehnung einer Natur konstituiert
wird. Jede Unsicherheit in dieser Beziehung verschwindet
aber, wenn Leibniz weiter bemerkt, dafs „die Ausdehnung
eine simultane kontinuierliche Wiederholung von etwas sei,
wie auch die Dauer eine successive kontinuierliche Wiederholung sei", dafs „die Ausdehnung nicht, wie die Dauer, eine
successive, sondern eine simultane Diffusion oder Wiederholung einer und derselben Natur ausdrücke". Denn die
successive kontinuierliche Wiederholung einer Sache ist eben
eine Bewegung, und es ist schlechtweg gar nicht möglich,
sich etwas anderes darunter zu denken als die Bewegung.
Bezeichnet daher die Dauer gar nichts anderes als eine
solche Wiederholung, so folgt auch umgekehrt und mit

zwingender Notwendigkeit, dafs die Bewegung nach der
Überzeugung Leibnizens in der Dauer einer Veränderung
besteht; daran ist angesichts seiner beiden eben angegebenen
Erklärungen durchaus kein Zweifel mehr möglich. Nicht
minder evident erhellt endlich dasselbe auch aus der Thatsache, dafs die Dauer sich zu der Zeit ebenso verhalten soll,
wie die Ausdehnung zum Raume, ein Satz, der von dem
Philosophen nicht nur ausdrücklich aufgestellt wird, sondern
auch durch mehrere seiner sonstigen Angaben in der unzweideutigsten Weise bestätigt wird. Denn nach unserer obigen
Darstellung über das Wesen des Raumes ist es ja unmittelbar klar und braucht nicht erst besonders bewiesen zu
werden, dafs, wie der Raum eine Ordnung der Körper, so
die Zeit eine Ordnung der Bewegungen ist. Mithin kann
sich auch die Dauer schlechterdings nur dann zu der Zeit
verhalten wie die Ausdehnung zu dem Raume, wenn die
Bewegung in der Dauer einer Veränderung besteht, ebenso
wie der Körper in der Ausdehnung einer Natur besteht; eine
andere Auskunft giebt es ja gar nicht.

　　Um die wichtigsten der hierher gehörigen Stellen wörtlich anzuführen, so lauten dieselben folgendermafsen: „Die
Dauer, die Zeit, die dauernde Sache und die Ausdehnung,
der Ort, die örtliche Sache entsprechen sich wechselseitig"
(2, 183). „Die Ausdehnung, wenn man sie von dem Ausgedehnten unterscheidet, ist etwas Abstraktes wie die Dauer,
wenn sie von den Dingen getrennt wird. . . . . Die Ausdehnung ist relativ auf eine Natur, deren Diffusion sie ist,
wie die Dauer auf eine Sache, welche dauert" (234). „Wenn
man den mathematischen Körper für den Raum hält, so ist
er zu vergleichen mit der Zeit, wenn für die Ausdehnung, so
ist er zu vergleichen mit der Dauer. . . . Die Ausdehnung
ist das Abstraktum des Ausgedehnten und drückt nichts
anderes aus als eine gewisse, nicht, wie die Dauer, successive,
sondern simultane Diffusion oder Wiederholung einer und
derselben Natur. Daher ist die Ausdehnung ein relativer
Begriff oder die Ausdehnung von etwas, wie wir auch sagen

dafs die Dauer die Dauer von etwas sei" (269). „Wenn man
sagt, der Raum dehne sich aus, so nehmen wir dies nicht
anders, als wenn man sagt, die Zeit daure; denn in der
That fügt die Zeit nichts zu der Dauer oder der Raum zu
der Ausdehnung hinzu, sondern wie die successiven Veränderungen der Zeit innewohnen, so ist im Körper Verschiedenes,
was verbreitet werden kann. Denn weil die Ausdehnung
eine simultane, wie die Dauer eine successive, kontinuierliche
Wiederholung ist, so sagt man, so oft eine und dieselbe
Natur verbreitet ist, die Ausdehnung habe einen Raum inne"
(4, 394). „Man kann sagen, dafs die Ausdehnung in gewisser
Weise dem Raume gehört, wie die Dauer der Zeit. Die
Dauer und die Ausdehnung sind die Attribute der Dinge,
aber die Zeit und der Raum dienen dazu, sie zu messen"
(6, 584). „Der Raum ist nicht die Ausdehnung der Körper,
wie die Zeit nicht die Dauer ist. Die Dinge bewahren ihre
Ausdehnung, aber sie bewahren nicht immer ihren Raum.
Jede Sache hat ihre eigene Ausdehnung, ihre eigene Dauer,
aber sie hat nicht ihre eigene Zeit, und sie bewahrt nicht
ihren eigenen Raum" (7, 399, 46). „Die Unermefslichkeit und
Ewigkeit Gottes sind mehr als die Dauer und die Ausdehnung der Kreaturen" (416 A.). „Die Materie besteht in
einem Haufen einfacher Substanzen ohne Zahl, und die Dauer,
wie die aktuelle Bewegung, in einem Haufen momentaner
Zustände" (562). „Die Dauer der Dinge oder die Menge
momentaner Zustände ist das Aggregat einer Unendlichkeit
von Offenbarungen der Gottheit" (564; auch 565). Vgl. auch
5, 139, 142 u. a.

Diese Sätze beweisen wohl zur Genüge die Richtigkeit
unserer obigen Behauptung, dafs der Begriff der Bewegung
in die Dauer einer Veränderung gesetzt werden müsse, und
erst mit dieser Bestimmung erhält die Leibnizische Definition
des Körpers ihren vollständigen Abschlufs *).

---

*) Dieser Begriff der Bewegung wird, wie überhaupt der Begriff
des Körpers (vgl. darüber oben S. 145), von den früher dargestellten
Untersuchungen Leibnizens über das Prinzip des Körpers, näher von

Hieraus ergiebt sich nun sofort die Lehre des Philosophen über das Wesen der Zeit. Würde die Bewegung, wie es im Sinne der bisherigen Darstellungen des Systems sein würde, in dem G r u n d e , der U r s a c h e dafür bestehen, dafs der Körper eine Zeitreihe durchläuft, so würde, da ja das, was der Bewegung nach eben jenen Darstellungen zu Grunde liegt, die einfachen Substanzen sind, die Zeit notwendig ein P h ä n o m e n der Monaden und näher ein P h ä n o m e n von der Ordnung der Veränderungen in den Monaden sein müssen, wie man dies bisher in der That allgemein angenommen hat. Da nun aber die Bewegung vielmehr in der Dauer s e l b s t einer Veränderung besteht, so ist auch die Zeit nicht ein P h ä n o m e n von der Ordnung der Monaden, sondern sie bezeichnet eine Ordnung der Phänomene s e l b s t , der Bewegungen s e l b s t . Das ist aber auch die Überzeugung Leibnizens, wie die früher (S. 271 ff.) angeführten Stellen hinlänglich bezeugen. Die Zeit stellt die Ordnung der Phänomene, der Bewegungen der Dinge dar oder die Ordnung der Dinge, sofern sie successiv sind. Während der Raum die Ordnung der Koexistenzen, die Be-

---

derjenigen über das Prinzip der Bewegung bereits vorausgesetzt. Denn diese Untersuchung behandelt ja das Problem, welcher Art das Prinzip der Bewegung s e l b s t sei. Man kann aber nicht nach dem Prinzip der Bewegung s e l b s t fragen, so lange man unter der Bewegung den G r u n d und die U r s a c h e dafür versteht, dafs der Körper eine Zeitreihe durchläuft, da man in diesem Falle vielmehr nur darnach fragen könnte, wie die Bewegung entstehe. Jenes Problem ist nur dann möglich und denkbar, wenn man zuvor den Begriff der Bewegung dahin bestimmt hat, dafs sie in der Dauer s e l b s t einer Veränderung bestehe. An und für sich hätte ich daher auch diese Begriffsbestimmung der angegebenen Untersuchung des Philosophen vorauschicken müssen, ebenso wie ich auch derjenigen über das Prinzip des Widerstandes eine Auseinandersetzung über den Begriff des letzteren vorangehen liefs. Ich habe dies indessen nicht gethan, einmal, weil jener Begriff der Bewegung zu dem Verständnis der Erörterung über das Prinzip derselben nicht unbedingt notwendig war, indem nämlich der Leser, sobald man ihn darauf aufmerksam macht, dafs es in dieser Erörterung auf das Prinzip der Bewegung s e l b s t abgesehen sei, derselben schon ganz allein, wenn er sich auch dessen nicht bewufst ist, den oben bezeichneten Begriff der Bewegung zu Grunde legt (was z. B. in Bezug auf die Erörterung über den Widerstand keineswegs zutreffen würde), und sodann aus dem schon oben S. 145 Anm. dargelegten Grunde.

ziehungen der Dinge bezeichnet, welche zusammen existieren,
bezeichnet die Zeit die Ordnung der Successionen, der successiven Dinge, die Beziehungen der Dinge, welche nicht
zusammen existieren, die man aber dennoch als existierend
begreift, die successive Ordnung der Phänomene. Die Zeit
aber ohne die Phänomene, die abstrakte Zeit ist nichts
anderes als eine Ordnung möglicher Dinge, sofern sie nicht
zusammen existieren, eine mögliche successive Ordnung der
Dinge, eine einfache Möglichkeit, etwas blofs Ideales.

Ist nun der Raum und die Zeit eine blofse Beziehung,
so ist es im allgemeinen klar, dafs dasselbe auch von den
übrigen kontinuierlichen Gröfsen, wie z. B. der Linie, gelten
mufs. Die nähere Begründung dieses Satzes macht aber noch
eine eigene Erörterung nötig.

Der Körper ist, wie wir sahen, nach Leibniz nicht ein
Wesen, welches den Raum erfüllt, sondern er konstituiert
sich durch die Ausdehnung selbst einer Natur und näher
natürlich durch die kontinuierliche Ausdehnung einer
Natur, wie dies ja schon in dem Wesen der Ausdehnung
liegt und wie es auch der Philosoph selbst beständig hervorhebt (vgl. die S. 137 ff. bezeichneten Stellen). Würde nun der
Körper seinem Begriffe nach einen Raum einnehmen,
so würde er eben damit auch ein Kontinuum einnehmen und
mithin eine kontinuierliche Gröfse sein; denn der Raum ist
nichts anderes als ein Kontinuum. Da der Körper aber seinem
Begriffe nach vielmehr in der kontinuierlichen Ausdehnung
selbst einer Sache besteht, so bildet er, wie ja unmittelbar
klar ist, nicht eine kontinuierliche Gröfse, sondern ein Ganzes
vieler Dinge, deren jedes ins Unendliche wiederum ein Ganzes
vieler Dinge ist, ist er ins Unendliche nicht blofs teilbar,
sondern wirklich geteilt. Die Bestimmung, der Körper bestehe in der Ausdehnung einer Natur, ist ja doch ganz und
gar gleichbedeutend mit der anderen, er bestehe in der Ausbreitung, der Diffusion oder, wie der Philosoph auch passend
sagt, in der Wiederholung, der Vielfachheit einer Natur.

Es giebt daher in demselben wesentlich eine Mehrheit von
Teilen, eine Menge von Dingen. Diese Worte dürfen aber
nicht falsch aufgefafst werden. Es giebt nicht etwa in dem
Körper viele einzelne unteilbare Substanzen, aus welchen er
sich als seinen Elementen zusammensetzt; dies würde der
Fall sein müssen, wenn der Körper in der Raumerfüllung
bestände; denn dann würde er selbst zwar ein Kontinuum sein,
aber es müfsten ihm doch einzelne Substanzen zu Grunde liegen,
aus welchen die Raumerfüllung ensteht, wie man dies auch bisher wollte (vgl. S. 139 ff.). Da er aber nicht in der Raumerfüllung, sondern in der Ausbreitung selbst, in der
Wiederholung selbst einer Eigenschaft besteht, so giebt es in
ihm keineswegs viele einzelne unteilbare Substanzen; ja es
giebt überhaupt gar keine Substanzen in ihm, sondern er ist
wesentlich, wie wir schon sagten, ein Ganzes vieler Dinge,
deren jedes ins Unendliche wiederum ein solches Ganzes ist,
so dafs man niemals zu letzten Elementen, also auch niemals
zu Substanzen gelangt; er ist mit einem Worte ins Unendliche geteilt. ein Satz, von welchem ja die früher dargestellten
Untersuchungen Leibnizens über das Prinzip des Körpers, näher
diejenige über die Einheit des Körpers, ihren Ausgangspunkt
nahmen *). Und nur in diesem Sinne darf es verstanden

---

*) Es ist keineswegs ein Zufall, dafs diese Untersuchung mit eben-
demselbigen Satze beginnt, welcher sich aus dem Begriffe des Körpers,
wie ihn Leibniz aufstellt, notwendig ergiebt. Da dieselbe sich nämlich
nicht mit der Frage beschäftigt, wie der Körper entstehe, sondern
mit der anderen, wie das Prinzip des Körpers selbst zu denken ist,
so liegt ihr natürlich von vornherein ein solcher Begriff des Körpers zu
Grunde, wie er zu diesem eigentümlichen Standpunkte pafst, d. h. ein
Begriff, wonach der Körper nicht die Ursache der Raumerfüllung ist,
sondern in der Ausdehnung selbst einer Natur besteht, mit welcher
Definition schon gesagt ist, dafs derselbe ein Ganzes vieler Dinge ist,
deren jedes ins Unendliche wieder ein solches Ganzes ist. Es ist daher
klar, dafs jene Untersuchung eben von dieser Bestimmung ihren Anfang
nehmen mufs. Zwar haben wir die letztere früher bereits als etwas
Selbstverständliches hingestellt, und ist dieselbe ohne Zweifel auch von
dem Leser bereits verstanden worden, noch ehe wir von dem Leibnizischen
Begriffe des Körpers eine Kenntnis hatten. Allein das kommt nur daher,
weil eben, sobald wir nur darauf hinwiesen, dafs es sich in der in
Rede stehenden Auseinandersetzung des Philosophen um das Prinzip
des Körpers selbst handle, jedermann schon eo ipso und stillschweigend,
wenn auch unbewufst, den Begriff des Körpers in einem diesem Probleme

werden, wenn wir behaupten, der Körper begreife wesentlich
eine Vielheit von Dingen oder besser von Teilen in sich.
Daſs mit dem Satze, der Körper konstituiere sich durch
die Ausbreitung einer Natur, unmittelbar schon gesagt ist,
er habe eine Mehrheit von Teilen, er sei ins Unendliche
geteilt, hat auch Leibniz selbst häufig ausgesprochen, indem
er an denjenigen Stellen, an welchen es sich für ihn um die
Feststellung des Begriffs des Körpers handelt (vgl. oben
S. 137 ff.), nicht blofs erklärt, daſs die Ausdehnung die Diffusion
einer Sache u. dgl., sondern auch, daſs sie eine Mehrheit von
koexistierenden Dingen oder, wie er auch öfter noch genauer
bemerkt, eine Mehrheit der Teile u. dgl. bezeichne. So sagt
er z. B.: „Die Ausdehnung bezeichnet nur eine kontinuierliche Wiederholung oder Vielfachheit dessen, was ausgedehnt
wird, eine Mehrheit, Kontinuität und Koexistenz der Teile."
„Die Ausdehnung ist ein auflösbarer Begriff; denn er löst
sich in eine Mehrheit, Kontinuität und Koexistenz oder
eine Existenz von Teilen zu einer und derselben Zeit
auf." „Der Begriff der Ausdehnung löst sich in eine Mehrheit, Kontinuität und Koexistenz auf." „In der Ausdehnung
begreife ich mehr als eines, nämlich die Kontinuität und
die Koexistenz. Wenn es eine Ausdehnung geben soll, so
muſs es eine Sache geben, welche kontinuierlich wiederholt
wird, oder mehrere Dinge, deren kontinuierliche Koexistenz
sie ist." „Nie wird man eine Ausdehnung finden ohne
mehrere Dinge, deren kontinuierliche Koexistenz sie ist."
„Die Ausdehnung drückt nichts anderes aus als die simultane
Wiederholung einer gewissen Natur oder, was auf dasselbe
hinausläuft, einer Menge von Dingen derselben Natur zu-

---

entsprechenden Sinne umbildete, d. h. also sich unter dem Körper nicht
ein raumerfüllendes Wesen, sondern die Ausbreitung selbst einer
Natur vorstellte. Hierdurch tritt unsere frühere Behauptung, daſs dieser
Begriff des Körpers den prinzipiellen Erörterungen Leibnizens über den
Körper vorausgesetzt sei und daſs man erst dann ein klares Bild von
dem Systeme erhalte, wenn diesen Erörterungen eine ausführliche Be-
sprechung der Begriffsbestimmung des Körpers vorangestellt werde (vgl.
S. 145 Anm.), erst in ihr richtiges Licht. Wenn wir dennoch diese
Methode nicht befolgt haben, so geschah dies aus dem früher (ebenda)
angegebenen Grunde.

gleich mit einer gewissen Ordnung der Existierenden" (vgl.
4, 467; 2, 169, 183, 195, 227, 234, 269; überhaupt die
S. 137 ff. beigebrachten Stellen).

Da also der Körper seinem Begriffe nach nicht einen
Raum einnimmt, sondern in der Ausdehnung selbst
einer Natur besteht, so ist er auch seinem Begriffe nach
nicht eine kontinuierliche Größe, sondern ein Ganzes vieler
Dinge, deren jedes wieder ein Aggregat ist u. s. w. f., ist er
wesentlich ins Unendliche geteilt, ist er wesentlich eine diskrete Größe. Und die Worte, daß der Körper seinem
Begriffe nach, daß er wesentlich etwas Diskretes sei,
dürfen hier nicht außer acht gelassen werden. Denn wir
meinen nicht, daß dem Körper zwar viele Dinge zu Grunde
liegen, daß er aber selbst etwas Kontinuierliches sei,
sondern wir meinen, daß der Körper als solcher gar
nichts anderes sei, daß man unter einem Körper gar nichts
anderes verstehe als die Ausbreitung, die Wiederholung
einer Natur, daß es also zu dem Begriffe und dem Wesen
des Körpers gehöre, eine Vielheit zu sein.

Genau dasselbe, was wir bisher von dem Körper im
allgemeinen gesagt haben, gilt aber auch von der Bewegung.
Die Bewegung besteht ja, wie wir oben nachgewiesen haben
(vgl. S. 284 ff.), ihrem Begriffe nach nicht in der Ursache
dafür, daß der Körper eine Zeitreihe durchläuft, sondern in
der Dauer selbst einer Veränderung. Würde das erstere
der Fall sein, so würde sie auch etwas Kontinuierliches sein,
da die Zeit wesentlich ein Kontinuum ist. Da aber die Bewegung vielmehr in der Wiederholung und näher natürlich
in der kontinuierlichen Wiederholung selbst einer Sache,
in der Dauer selbst einer Veränderung besteht, so ist sie
eben damit auch wesentlich etwas Diskretes, bildet sie
wesentlich ein Aggregat von Zuständen, wie denn auch
Leibniz an einigen der oben (S. 286 f.) zitierten Stellen die
Dauer eine „Menge momentaner Zustände" nennt. Allein
auch dieser Satz muß in dem unseren vorherigen Ausführungen entsprechenden Sinne verstanden werden. Die Be-

wegung setzt sich keineswegs aus vielen einzelnen Zuständen
als ihren Elementen zusammen, sondern sie ist ins Unendliche, wie weit man sie auch analysieren möge, immer ein
Ganzes vieler Zustände, so daſs man auch hier niemals zu
einem Anfange gelangt, und diese Bedeutung allein hat es,
wenn wir behaupten, die Bewegung sei ihrem Begriffe nach
etwas Diskretes, ein Aggregat von Zuständen.

Auf diesen Thatsachen beruht nun das, was Leibniz
über das Wesen der kontinuierlichen Gröſsen sagt. Denn
besteht der Körper in der Ausdehnung einer Sache und liegt
darin schon, daſs er wesentlich eine diskrete Gröſse ist, besteht ebenso die Bewegung in der Dauer einer Veränderung
und ist auch damit bereits ausgesprochen, daſs dieselbe dis-
kreter Natur ist, so folgt ja ohne weiteres, daſs das Kontinuum, die kontinuierlichen Gröſsen (wenn wir dabei von dem
Raume und der Zeit absehen) überhaupt nichts Wirkliches,
Aktuelles, sondern etwas bloſs in der Idee Existierendes, etwas
bloſs Ideales sind und daſs sie näher die Beziehungen möglicher Körper und der wirklichen, sofern sie möglich sind,
daſs sie nur mögliche Beziehungen der Körper bezeichnen,
daſs sie reine Möglichkeiten sind. Sie stehen mithin im
allgemeinen auf einer Linie mit dem abstrakten Raume
und der abstrakten Zeit, wie dies ja auch an sich selbstverständlich ist, da der Raum und die Zeit der Inbegriff
alles Kontinuierlichen sind; indessen darf doch der Unterschied, der zwischen ihnen und den letzteren Begriffen besteht, deshalb nicht übersehen werden. Denn während der
Raum und die Zeit die Beziehungen der Körper untereinander ausdrücken, drücken die kontinuierlichen Gröſsen,
die wir hier im Auge haben, nur die Beziehungen eines
einzelnen möglichen Körpers, nur diejenigen Beziehungen,
welche in dem einzelnen Körper sich finden, welche dem
Körper als solchem eigen sind, nur die Ordnung der Teile
eines Körpers aus. Wie daher der Raum und die Zeit als
solche nur eine mögliche Ordnung der Dinge darstellen, so
sind auch alle anderen kontinuierlichen Gröſsen, die Aus-

dehnung, sofern man nämlich darunter nicht die Ausbreitung einer Natur, sondern die kontinuierliche, die mathematische Ausdehnung, den mathematischen Körper versteht, die Figuren, die Linien, die Oberflächen, die einförmige kontinuierliche Veränderung oder die mathematische Bewegung u. dgl. m. lediglich ideale Dinge, durch welche wir gar nichts anderes als die Beziehungen der Körper, sofern sie möglich sind, begreifen.

Aus diesem Satze ergiebt sich zugleich eine wichtige Schlußfolgerung. Denn ist die kontinuierliche Größe nur eine Beziehung, so ist es klar, daß sie auch nicht aus Teilen zusammengesetzt ist. Vielmehr erhält sie — eben als Beziehung — erst dadurch Teile, daß wir solche in ihr annehmen, sie hat keine anderen Teile als diejenigen, welche wir in unserem Geiste in ihr machen, und sie hat deren so viele, als wir uns in ihr denken wollen; ihre Teile sind darum nicht wirklich in ihr vorhanden, sondern können nach Willkür von uns angenommen werden, sie hat nicht wirkliche, aktuelle, sondern nur mögliche, potentielle, unbestimmte Teile, sie ist eine unbestimmte und gegen die Teile, in welche man sie zerlegen kann, indifferente Größe, sie schließt etwas Unbestimmtes in sich, bezeichnet nur eine unbestimmte Möglichkeit, zu teilen wie man will, drückt nur die Möglichkeit der Teile aus, ist nichts anderes als die Möglichkeit, auf eine gewisse Weise Teile in ihr zu setzen; mit e i n e m Worte, in der kontinuierlichen Größe geht das Ganze seinen Teilen voran. Während in den konkreten, aktuellen Dingen, in der Materie, in den Körpern die Teile wirklich vorhanden sind und das Einfache früher als das Ganze ist, sind in den idealen Dingen die Teile nur der Möglichkeit nach vorhanden, und ist das Ganze früher als die Teile. Daraus erhellt, daß das Kontinuum niemals aus den Teilen, in welche man es zerfällen kann, zusammengesetzt, daß es nicht ein Aggregat von Teilen ist, genau ebensowenig wie die Zahleneinheit aus den Brüchen zusammengesetzt ist, in welche man sie brechen kann, und daß es keine letzten Elemente des Kontinuums

giebt, wie es auch keine kleinsten Brüche giebt. Und deshalb sind auch die Punkte und die Augenblicke, welche wir
uns im Raume und in der Zeit denken, nicht die Bestandteile
und die Elemente der kontinuierlichen Gröfsen, sondern sie
bezeichnen weiter nichts als Grenzbestimmungen (extrémités)
und Modalitäten.

Damit löst sich dann auch das alte Problem betreffs der
Zusammensetzung des Kontinuums. Das Kontinuum ist eben
überhaupt nicht aus Teilen zusammengesetzt; die aktuellen
Dinge, die Körper, die Massen sind ein Aggregat unendlich
vieler Teile, aber nicht die idealen Dinge, wie das Kontinuum.
Wenn man dennoch immer wieder nach den letzten Elementen
des Kontinuums gefragt hat, so liegt dieser Frage eine Verwechselung des Idealen mit dem Aktuellen zu Grunde.

Was die Belege zu dieser Darstellung betrifft, so haben
wir bereits oben (S. 271 ff.) einige Bemerkungen Leibnizens
über die Ausdehnung (nämlich 4, 523, 568 und 2, 473; vgl.
ebenso 2, 277 [1. Absatz] und 510 g. E.; 3, 623 A. und die
nachher anzuführenden Stellen) zitiert. Er sagt hier, die
Ausdehnung sei eine Ordnung möglicher Koexistenzen, bestehe in einer Beziehung, sei etwas Ideales u. dgl. An diesen
Orten versteht aber der Philosoph, wie wir, um Mifsverständnissen vorzubeugen, noch einmal betonen, unter der Ausdehnung nicht denjenigen Begriff, welcher in die Definition
des Körpers eingeht und der die Ausbreitung einer Natur
bezeichnet, sondern die kontinuierliche, die mathematische
Ausdehnung, wie er dies auch ausdrücklich hervorhebt (so
4, 568 und 2, 276). Beides sind ganz verschiedene Dinge,
die nicht durcheinander gebracht werden dürfen: Die Ausdehnung in dem ersteren Sinne bezieht sich auf etwas, dessen
Ausdehnung sie ist, sie drückt die Ausbreitung, die Diffusion,
die Wiederholung, die Mehrheit einer Sache aus und ist etwas
Wirkliches, Reales. Die Ausdehnung in dem zweiten Sinne
dagegen drückt keineswegs die Ausbreitung und Wiederholung einer Sache aus, sondern sie ist eine Ordnung mög-

licher Koexistenzen, eine mögliche Beziehung und mithin
etwas Ideales, wie der abstrakte Raum *).

Im übrigen äufsert sich Leibniz über die vorliegende
Materie in folgender Weise: „Die Zeit, die Ausdehnung, die
Bewegung und das Kontinuum in der Art, wie man sie in
der Mathematik nimmt, sind nur ideale Dinge, d. h. welche
die Möglichkeiten ausdrücken, ganz wie es die Zahlen thun. . .
In der Natur finden sich nie vollkommen einförmige Veränderungen, so wie sie die Idee fordert, welche die Mathematiker uns von der Bewegung geben, ebensowenig wie
aktuelle Figuren von der Natur derjenigen der Geometrie"
(4, 568). „Die Ausdehnung, die Oberflächen, die Linien und
Punkte sind nur Ordnungsbeziehungen oder Ordnungen von
Koexistenz sowohl für das effektiv Existierende als für das
Mögliche, was man an den Platz dessen stellen könnte. Und
wie die gebrochene Zahl, z. B. $\frac{1}{2}$, weiter bis ins Unendliche
gebrochen werden kann, ohne dafs man zu kleinsten Brüchen
kommen oder die Zahl wie ein Ganzes begreifen kann, das
durch die Sammlung der letzten Elemente gebildet wird, so
ist es auch mit einer Linie, die man ebenso wie diese Zahl
teilen kann. . . . . Aber in den aktuellen Dingen ist das
Ganze ein Resultat der einfachen Substanzen. Und das ist
die Konfusion des Idealen und des Aktuellen, was das
Labyrinth des Kontinuums verursacht. Diejenigen, welche
die Linie aus Punkten zusammensetzen, haben erste Elemente
in den idealen Dingen oder Beziehungen gesucht, und die-

---

*) Darum mufs es auch richtig verstanden werden, wenn Leibniz
vielfach die Ausdehnung in dem erstgenannten Sinne, wenn sie abstrakt
genommen wird, der Zeit und der Zahl gleichsetzt (vgl. die oben S. 137 ff.
angegebenen Stellen). Die Ausdehnung stimmt insofern mit der Zeit und
der Zahl überein, als sie eine Sache voraussetzt, deren Ausbreitung sie
ist, dafs sie die Ausdehnung von etwas ist, ebenso wie auch die Zeit
auf Phänomene hinweist, deren Ordnung und Beziehungen sie darstellt,
und wie die Zahl auf Dinge hinweist, welche gezählt werden, und nur
insofern vergleicht sie der Philosoph mit diesen Begriffen. Im übrigen
aber mufs sie sehr wohl von denselben unterschieden werden, da sie
die Diffusion, die Wiederholung einer Natur bezeichnet, während die
Zeit und die Zahl Ordnungen und Beziehungen sind, was etwas vollkommen anderes ist.

jenigen, welche gefunden haben, daſs die Beziehungen, wie
die Zahl oder der Raum, nicht durch die Sammlung der
Punkte gebildet werden können, haben Unrecht gehabt, deshalb die ersten Elemente der substantiellen Realitäten zu
leugnen u. s. w." (491). „Obwohl die Materie in einem
Haufen von zahllosen Substanzen und obwohl die Dauer der
Kreaturen ebenso wie die aktuelle Bewegung in einem Haufen
von momentanen Zuständen besteht, so ist doch der Raum
nicht aus Punkten, noch die Zeit aus Augenblicken, noch die
mathematische Bewegung aus Momenten zusammengesetzt.
Das kommt daher, weil die Materie, weil jedes aktuelle
Zusammengesetzte eine diskrete Gröſse ist, aber der Raum,
die Zeit, die mathematische Bewegung eine kontinuierliche
und an sich unbestimmte oder gegen die Teile, die man
darin annehmen kann, indifferente Gröſse ist. Die Masse
der Körper wird wirklich auf eine bestimmte Weise geteilt;
aber der Raum oder die vollkommene Kontinuität, welche in
den Ideen ist, bezeichnet nur eine unbestimmte Möglichkeit
zu teilen, wie man will. In der Materie und in den aktuellen
Realitäten ist das Ganze ein Resultat der Teile, aber in den
Ideen oder in den möglichen Dingen ist das Ganze vor den
Teilungen. Auch sind die Punkte und die Momente nicht
die Teile, sondern die Grenzen des Raumes und der
Zeit u. s. w." (7, 561—565). „Jede Masse ist geteilt, wiewohl in der mathematischen Ausdehnung, durch welche das
Mögliche begriffen wird, keine aktuelle Teilung ist und keine
Teile sind als diejenigen, welche wir in unserem Denken
machen, und keine ersten Elemente, ebensowenig wie es
unter den gebrochenen Zahlen eine kleinste giebt. Daher
sind die Zahl, die Stunde, die Linie, die Bewegung u. a. dgl.
ideale Gröſsen oder mathematische Wesen nicht Aggregate
aus den Teilen, da es völlig unbestimmt ist, auf welche
Weise man in ihnen Teile annehmen will, da sie nichts
anderes bezeichnen als jene reine Möglichkeit selbst, in ihnen
Teile auf eine gewisse Weise anzunehmen" (2, 276). „In
den aktuellen Dingen giebt es nur eine diskrete Gröſse.

Aber die kontinuierliche Gröfse ist etwas Ideales, was sich
auf die möglichen und auf die aktuellen Dinge, insofern sie
möglich sind, bezieht. Das Kontinuum nämlich schliefst unbestimmte Teile ein, während in den aktuellen Dingen nichts
unbestimmt ist, da jede Teilung, die in ihnen gemacht werden
kann, auch wirklich gemacht ist. Die Teile sind wirklich
in jedem Realen, nicht in dem Idealen. Wir aber, indem
wir das Ideale mit den realen Substanzen verwechseln, indem
wir in der Ordnung der möglichen Dinge die aktuellen Teile
und in dem Aggregate der aktuellen Dinge die unbestimmten
Teile suchen, geraten in das Labyrinth des Kontinuums"
(282; ebenso 282 Anm.). „In dem Idealen oder dem Kontinuum ist das Ganze früher als die Teile, wie die arithmetische Einheit früher ist als die Brüche, welche sie teilen
und welche man darin willkürlich annehmen kann, die Teile,
sind nur potentiell; aber in dem Realen ist das Einfache
früher als die Sammlungen, die Teile sind aktuell, sind vor
dem Ganzen. Diese Betrachtungen heben die Schwierigkeiten
über das Kontinuum, welche voraussetzen, dafs das Kontinuum etwas Reelles ist und Teile hat vor jeder Teilung und
dafs die Materie eine Substanz ist" (3, 622; ebenso 612).
Vgl. ferner 2. 268, 278 f., 304, 379, 451; 7, 467 f.; 5, 50,
138; 4, 483 A. u. a.*).

---

*) Dafs die traditionelle Auslegung dieser Erklärungen Leibnizens
oder wenigstens diejenige, welche vom Standpunkte der traditionellen
Auffassung des Systems notwendig sein würde, unhaltbar ist, dafs dieselben vielmehr gar keine andere Deutung zulassen als diejenige, welche
ich ihnen vorher gegeben habe, geht aus ihnen selbst mit einer solchen
Evidenz hervor, ergiebt sich überdies so unmittelbar aus den allgemeinen
Erörterungen über die Begriffe des Raumes und der Zeit, dafs ich es
nicht für nötig hielt, dies erst noch des näheren zu beweisen, sondern
sogleich mit der richtigen Darstellung der Sache begann. Anmerkungsweise aber will ich doch noch die wichtigsten Punkte in dieser Beziehung
darlegen.

Nach der herkömmlichen Annahme ist der Körper eine Substanz,
welche einen Raum einnimmt, und da nun der Raum ein Kontinuum
ist, so ist er auch wesentlich eine kontinuierliche Gröfse, woraus dann
folgt, dafs die kontinuierlichen Gröfsen, wie z. B. die mathematische
Ausdehnung, die Linie u. dgl., ebenso wie der Raum und die Zeit,
Phänomene von der Ordnung der Monaden sein müssen. Dafs indessen
dieser Satz mit den obigen Auslassungen des Philosophen nicht in Ein-

Obwohl indessen die kontinuierlichen Größen der Mathematik nur ideale Dinge sind, so sind sie deshalb doch nicht bloße Chimären, da die Phänomene der Natur regelmäßig

klang gebracht werden könnte, ist handgreiflich. Denn nach diesem Satze würde fürs erste — um von den auf S. 273 ff. in Bezug auf den Raum und die Zeit angeführten Indizien, welche hier ebenfalls in sinnentsprechender Weise geltend gemacht werden könnten, abzusehen — die kontinuierliche Größe zwar nichts Wesenhaftes und Substantielles, sondern ein bloßes Phänomen, aber eben als solches doch etwas Wirkliches, Aktuelles sein, gerade so wie der Körper und seine Eigenschaften. Leibniz sagt aber überall und ausnahmslos, daß sie nichts Aktuelles, sondern etwas rein Ideales sei, wie er sie denn auch beständig auf eine Linie mit den Zahlen stellt. Ferner würde sie zwar thatsächlich nicht aus einzelnen Substanzen, aus Teilen zusammengesetzt sein, indem ihr ja nicht die Monaden als solche, sondern nur die Beziehungen der letzteren, ihre Ordnung zu Grunde liegen würden; aber es würde doch keineswegs in ihrem Begriffe und ihrem Wesen liegen, nicht aus Teilen zusammengesetzt zu sein: vielmehr würde sie ganz und gar von derselben Natur sein wie diejenige Erscheinung, welche sich der gewöhnliche Verstand unter einer kontinuierlichen Größe vorzustellen pflegt. Dagegen ist es allerdings Leibnizens Meinung, wie dies alle seine Äußerungen beweisen, daß es zu dem Begriffe der kontinuierlichen Größe gehöre, nicht ein Aggregat zu sein. Wenn er vollends erklärt, die kontinuierliche Größe erhalte nur dadurch Teile, daß wir in unserem Denken solche in ihr annehmen, sie habe nur potentielle, unbestimmte Teile, bezeichne nur eine Möglichkeit, zu teilen wie man wolle, das Ganze sei in ihr früher als die Teile u. w. dgl. m. i., so sind diese Angaben unter Voraussetzung der gewöhnlichen Ansicht überhaupt vollkommen unverständlich. Dieselben sind schlechterdings nur dann begreiflich, wenn die kontinuierliche Größe eben nicht ein Phänomen von den Beziehungen der Monaden ist, sondern die Beziehungen der Phänomene selbst bezeichnet. Endlich würde nach jener Ansicht die kontinuierliche Größe etwas den Körpern Zukommendes, eine Eigenschaft der Körper darstellen. Allein auch dies ist nach Leibniz nicht der Fall. Denn wenn er beständig darauf hinweist, daß in den kontinuierlichen Größen das Ganze den Teilen vorangehe, dagegen in den aktuellen Dingen das Ganze ein Resultat der Teile sei, so kann er natürlich unter diesen aktuellen Dingen nur die Körper, die Phänomene verstehen; denn nur diese sind Aggregate, sind aus Teilen zusammengesetzt: auch spricht der Philosoph selbst in diesem Zusammenhange meistens von den Körpern und der Materie: In der Materie, sagt er, seien die Teile vor dem Ganzen, aber in der kontinuierlichen Größe sei das Ganze das erste und die Teile das zweite. Daraus ergiebt sich also handgreiflich und mit einer Gewißheit, die jedweden Widerspruch ausschließt, daß die kontinuierliche Größe nicht etwas den Körpern Zukommendes und daß die Körper wesentlich und ihrer Natur nach, die Körper als solche nicht etwas Kontinuierliches, sondern Diskretes sind. Muß dies aber bedingungslos von jedem zugestanden werden, dann folgt ebenso unwidersprechlich und zweifellos, daß die kontinuierliche Größe nicht ein Phänomen von den Beziehungen der Monaden sein kann, sondern daß sie eine Beziehung der Phänomene selbst, der

und ausnahmslos so ausfallen, wie es die mathematischen
Regeln vorschreiben, obwohl sie freilich immer etwas mehr
enthalten, als diese Regeln angeben. „Die Zahl und die
Linie", sagt Leibniz, „sind keine chimärischen Dinge; denn
das sind Beziehungen, welche ewige Wahrheiten einschliefsen,
nach denen sich die Phänomene der Natur regeln" (4, 491 E.).
„Obwohl sich in der Natur niemals vollkommen gleichförmige
Veränderungen u. dgl. finden, werden dennoch die aktuellen
Phänomene der Natur so geführt und müssen so geführt
werden, dafs niemals ein Fall vorkommt, wo die Regeln der
Mathematik verletzt werden. . . . Obwohl die mathematischen
Meditationen ideal sind, so mindert das doch nicht ihren
Nutzen, weil die aktuellen Dinge nicht von ihren Regeln ab-
irren können" (568 f.) „Die wirklichen Dinge geben den
Regeln der reinen Mathematik niemals ein Dementi, aber
sie enthalten immer etwas darüber" (7, 564; auch 562 und
563 f.). Vgl. auch 2, 282; 5, 50 u. a.

Aus dieser Darstellung erhellt übrigens auch, um darauf
zum Schlusse noch aufmerksam zu machen, weshalb in den
dynamischen Untersuchungen Leibnizens das Problem betreffs
der Zusammensetzung des Kontinuums gar keine Rolle spielt
und wie es ihm möglich war, den Körper aus unendlich
vielen einzelnen unteilbaren Substanzen resultieren zu lassen.
Diesen Untersuchungen liegt eben von vornherein ein Begriff
des Körpers zu Grunde, wonach derselbe überhaupt kein
Kontinuum bildet, jede kontinuierliche Gröfse vielmehr nur
etwas Ideales, eine Beziehung möglicher Körper darstellt (vgl.
darüber S. 290 f. Anm.). Die Frage, woraus das Kontinuum
bestehe, existierte also gar nicht für sein System, und der
Satz, dafs das wahrhaft Reale in dem Körper eine Unendlichkeit einzelner einfacher Wesen sei, erregte von seinem
Standpunkte aus nicht nur keine Bedenken, sondern er wurde
sogar unmittelbar durch diesen gefordert.

Körper selbst sein mufs. Übrigens sagt Leibniz 4, 491 auch ausdrücklich, dafs „die Linien die Beziehungen der Massen bezeichnen,"
wie er ja das Gleiche schon von der mathematischen Ausdehnung bemerkte (vgl. oben S. 271 ff. die betreffenden Stellen).

Siebenter Abschnitt.

Die Substanzen als Repräsentationen der äufseren Dinge.

Die Welt besteht nach dem Bisheigen aus einer Unendlichkeit einfacher Substanzen, von denen jede die einem
Körper korrespondierende, ihn repräsentierende unteilbare
Einheit ist. Nun repräsentieren aber die Substanzen nach
Leibniz nicht blofs ihren eigenen Körper, sondern auch die
ihn umgebende Welt; aber sie repräsentieren dieselbe nur
nach dem Mafse der Einwirkungen, die sie auf ihren Körper
ausübt.

„Alle Vorstellungen der Seele," sagt der Philosoph,
„müssen dem entsprechen, was in dem Universum, aber ganz
besonders dem, was in ihrem Körper vorgeht, weil sie den
Zustand des Universums nach der Beziehung der anderen
Körper zu dem ihrigen ausdrückt" (4, 453 E.). „Die Seele
repräsentiert alles, was aufser ihr ist, gemäfs den Eindrücken,
welche die Dinge auf ihren organischen Körper machen, der
ihren Gesichtspunkt ausmacht" (530). „Die Substanz ist
eine Repräsentation des Universums gemäfs ihrem Gesichtspunkt und gemäfs den Eindrücken oder vielmehr Beziehungen,
die ihr Körper mittelbar oder unmittelbar von allen anderen
empfängt" (2, 98). „Jeder Körper drückt alles andere aus,
und jede Seele drückt ihren Körper aus und durch ihn
alles andere" (253). „Die Vorstellungen jeder einfachen
Substanz entstehen auseinander, um den Körper, welcher
ihr zugewiesen ist, zu repräsentieren und durch sein Mittel
das ganze Universum gemäfs dem dieser einfachen Substanz
eignenden Gesichtspunkt" (6, 289 f.). „Jede Monade repräsentiert das ganze Universum; sie repräsentiert deutlicher
den Körper, welcher ihr beigegeben ist und dessen Entelechie sie ausmacht, und da dieser Körper das ganze Universum ausdrückt, repräsentiert die Seele auch das ganze
Universum, indem sie diesen Körper repräsentiert" (617, 62 f.).
„Jede Seele oder substantielle Einheit repräsentiert das
ganze Universum, indem sie ursprünglich ihren Körper reprä-

sentiert" (3, 383). „Die endlichen Substanzen sind nichts anderes als die verschiedenen Ausdrücke eines und desselben Universums gemäfs ihren verschiedenen Gesichtspunkten und den einer jeden eigenen Limitationen" (7, 311 Anm.). Vgl. ferner 4, 476 f., 484 f., 518 f., 523, 530; 6, 599; 2, 58, 74, 90 f., 111, 113, 126 u. s. w. u. s. w.

Dafs nun die Substanzen überhaupt äufsere Dinge repräsentieren, dafür hat Leibniz niemals einen Grund angegeben; er behandelt dies immer als eine selbstverständliche Thatsache. Wirklich folgt dieselbe auch unmittelbar aus dem Wesen der Substanz. Denn diese repräsentiert, wie wir zeigten (vgl. Abschn. 2 dieser Abtlg.), alle Bewegungen ihres Körpers in einem unteilbaren Akt. Diese Bewegungen sind aber teils die Folge des Einflusses des Universums auf den Körper, teils sind sie selbst die Veranlassung zu Veränderungen in dem Universum; sie weisen daher durch sich selbst auf dieses hin. Indem also die Substanzen die Bewegungen ihres Leibes ausdrücken, drücken sie notwendig auch diejenigen der äufseren Welt aus. Ebendies bestätigt auch Leibniz, indem er, wie wir eben gehört haben, sagt, dafs die Substanzen das Universum durch das Mittel ihrer respektiven Körper repräsentieren, dafs sie, indem sie die Bewegungen des letzteren repräsentieren, auch jenes repräsentieren und dergleichen. Indessen würde sich die Bestimmung, dafs die Monaden die Aufsendinge darstellen, auch noch auf andere Weise begründen lassen. Denn einmal ist die Bewegung ihrem Begriffe nach ohne einen Raum und eine Umgebung, in welcher sie sich vollzieht, undenkbar; sie besteht ja nur in einer Veränderung der Nachbarschaft, des Ortes. In den Bewegungen ihres Leibes stellen daher die Substanzen notwendig auch die Welt dar; ein Wesen, welches keine Welt ausdrückte, würde auch keine Bewegung ausdrücken können. Sodann aber erfordert schon die Passivität der Substanzen einen Ausdruck der Welt. Denn diese besteht, wie wir zeigten (vgl. Abschn. 3 dieser Abtlg.), darin, dafs die Substanzen nur dasjenige Mals von Thätigkeit haben, wie es mit den übrigen Dingen nach dem Satz vom Grunde sich verträgt; jene sind also wesentlich auf die letzteren bezogen und müssen sie daher ideell in sich enthalten.

Zugleich erhellt aus allem diesem, dafs die Substanzen die Welt nur nach Mafsgabe der Eindrücke repräsentieren können, welche sie auf ihren Körper macht.

Durch diese Betrachtungen fällt auch auf einen anderen Punkt ein Licht. Nach der bisherigen Ansicht sollen nämlich die Monaden dasjenige, was in ihrem Körper vorgeht, vollkommener vorstellen als dasjenige, was in dem Universum geschieht*), oder sie sollen sogar jenes schlechthin deutlich, dieses schlechthin verworren vorstellen. So allgemein ausgesprochen, ist dieser Satz sicherlich unrichtig. Denn die Substanz repräsentiert ja, wie wir eben sahen, die Welt nur insofern, als sie die durch sie verursachten Bewegungen ihrer Organe repräsentiert, sie repräsentiert sie nur nach den Beziehungen, in welchen sie zu ihren Organen steht; sie repräsentiert sie also mit demjenigen Grade der Vollkommenheit, mit welchem sie diese Beziehungen, d. h. die Bewegungen ihres Körpers, repräsentiert. Mithin drückt sie das Universum nicht undeutlicher aus als die Vorgänge in ihrem Körper, sondern ebenso deutlich wie diese. Wenn dagegen Leibniz zuweilen sagt, die Substanzen stellen die Veränderungen ihres Leibes deutlicher vor als diejenigen der Aufsenwelt, so gilt das nur von denjenigen Veränderungen des Leibes, die nicht ein blofser Reflex des Universums, sondern die demselben eigentümlich sind, in welchen er sich spontan verhält. Diese Veränderungen müssen natürlich deutlicher vorgestellt werden als die Welt, da ja der Körper der Substanz näher steht als diese. Aber man darf das nicht allgemein von den Bewegungen des Körpers behaupten.

Weil übrigens die Substanzen das Universum nur so

---

*) Vgl. Gesch. d. d. Phil. S. 130.

sehen, wie es von dem Standpunkt ihres Körpers aus erscheint, so nennt Leibniz, wie bekannt, den Körper den Stand- oder Gesichtspunkt der Substanzen.

Achter Abschnitt.
Der Begriff der Repräsentation.

Der interessanteste und tiefste, zugleich der wichtigste Begriff der Leibnizischen Monadenlehre, derjenige, ohne dessen volles Verständnis ein tieferes Eindringen in die letztere von vornherein ausgeschlossen ist, ist der Begriff der Repräsentation. Nun erhellt zwar schon aus unseren bisherigen Erörterungen hinlänglich, wie dieser Begriff erklärt sein will. Da derselbe aber eine so hervorragende Stellung in dem System einnimmt und da vor allem bisher nirgends eine klare Einsicht in denselben vorhanden gewesen ist, so können wir nicht umhin, im Zusammenhange auf denselben zurückzukommen.

Es sind nun in dieser Hinsicht im wesentlichen zwei Ansichten aufgestellt worden. Die eine zählt nur vereinzelte Anhänger, die andere ist allgemeiner verbreitet. Wir wollen zunächst die erstere erledigen.

Nach dieser soll nämlich der Ausdruck, die Substanzen repräsentieren das Universum, nur heifsen, sie machen dasselbe für einen Dritten erkennbar. So repräsentiert z. B., wie man sagt, der Torso einer antiken Bildsäule für einen erfahrenen Archäologen das ganze Kunstwerk, denn er läfst ihn dasselbe erkennen; so repräsentiert ein Blatt für den Botaniker die ganze Pflanze, denn er kann auf Grund desselben sich über Struktur und Beschaffenheit der letzteren eine Anschauung bilden; so repräsentiert ein Knochen für den Zoologen das ganze Tier, denn er setzt ihn in den Stand, das Tier zu konstruieren. In dieser Weise sollen die Substanzen die Welt repräsentieren, indem sie auf die Veränderungen in derselben schliefsen lassen. Ebenso legt man es dann auch

aus, wenn Leibniz erklärt, die Substanzen stellen die Dinge
vor. Auch diese Worte sollen nur in dem Sinn gebraucht
werden, in welchem man sagt, der Torso stelle für den
Sachverständigen die Bildsäule vor, sei eine Vorstellung der
Bildsäule. Und von diesem Gesichtspunkt aus behauptet
man nicht blofs, die Substanzen haben Vorstellungen,
sondern sie seien Vorstellungen, sie seien objektive
Vorstellungen, ja man sagt dies auch von materiellen
Dingen; so soll z. B. der Körper eine Vorstellung der Seele
oder der Welt sein u. dgl.*).

---

*) Dies ist Fischers Meinung. Er sagt S. 416 f. in Ableitung der
Vorstellung: „Wenn ich die eigentümliche Form eines Dinges ins Auge
fasse, so erscheint mir in diesem Marmorblock der Torso einer Bildsäule, nicht jeder beliebigen, sondern es sei der Fufs eines männlichen
Körpers, der nur einem Jupiter angehören konnte. Es ist gewifs, dafs
ein Kenner des Altertums in jedem Torso die ganze Bildsäule erkennen
wird, wie der Botaniker in dem Blatte die ganze Pflanze, der Zoologe
in dem Knochen das ganze Tier. Und doch ist der Torso nicht die
Bildsäule, der Fufs nicht der ganze Körper, aber er macht ihn erkennbar, er stellt ihn vor, er ist mithin die Vorstellung oder der Repräsen-
tant desselben: er ist diese Vorstellung für den Kenner seiner Natur,
der nur als Teil dieses Ganzen den Torso verstehen kann; er ist diese
Vorstellung an sich selbst, weil er seiner Form nach nur als Teil dieses
Ganzen, nur im Zusammenhang mit diesen anderen Teilen existieren
konnte. So ist die ganze Bildsäule die Vorstellung dessen, was der
Künstler darin ausgeführt hat. Dem Geologen, der die Natur versteht,
sagt der rohe Stein ebensoviel als der Torso dem Archäologen; ihm
repräsentiert der Stein eine bestimmte Erdart, und nur in dieser Vorstellung erscheint dieses Ding als das, was es in Wahrheit ist. Wir
verallgemeinern den Satz: jedes Ding kann seine wahre, im grofsen
Zusammenhang des Ganzen begriffene Natur nur vorstellen oder repräsentieren. Will man sagen, diese Vorstellung sei in uns und nicht in den
Dingen? Unsere Vorstellung ist nur dann wahr, wenn sie mit der
Natur der Dinge übereinstimmt. Der Unterschied liegt nur darin, dafs
wir wissen, was die Dinge vorstellen, während die Dinge selbst nichts
davon wissen etc.“; vgl. ferner S. 418 f. In der letteren Weise unterscheidet dann Fischer die Vorstellung der Dinge von der menschlichen
Vorstellung. Er äufsert sich darüber an einer anderen Stelle, S. 434 f.
so: „Die vorstellende Thätigkeit der Dinge bezeichnet Leibniz bald
durch représenter, bald durch exprimer. Dieser Sprachgebrauch ist
darum bemerkenswert, weil er den Begriff der vorstellenden Kraft er-
leuchtet und den Unterschied kenntlich macht zwischen der blofsen und
der bewufsten Vorstellung. Die bewufste Vorstellung ist nach innen
gerichtet und bezieht sich auf das Subjekt zurück, von welchem sie
ausgeht; die blofse Vorstellung ist nach aufsen gerichtet und bezieht
sich nicht auf ihr Subjekt zurück. Die Dinge sind nur die Akkusative
(Objekte) ihrer vorstellenden Thätigkeit, nicht deren Dative (Personen),
sie stellen sich vor (se), nicht sibi. Die bewufste Vorstellung ist reflexive

Allein hier würde es sich zunächst fragen, wie nun eigentlich die Thätigkeit der Substanzen zu denken sei. Denn damit, dafs sie das Universum erkennbar machen, ist über ihre eigene Beschaffenheit noch nichts Bestimmtes ausgesagt. Ein Torso läfst die ganze Bildsäule, ein Kreisbogen läfst den ganzen Kreis, ein Satz oft den Inhalt eines ganzen Schriftstückes erraten. Alle diese Dinge stimmen darin überein, dafs sie irgend etwas erkennbar machen, und doch sind es gänzlich verschiedene Dinge. Durch die Behauptung, dafs die Substanzen die Welt erkennbar machen, würde nicht einmal darüber etwas ausgemacht werden können, ob sie etwas Materielles oder ob sie geistiger Natur sind. Denn der Weltlauf würde auch dann aus ihnen erhellen können, wenn sie z. B. Atome wären, da nach Leibniz bekanntlich in den Bewegungen des geringsten Teiles der Materie sämmtliche Veränderungen des Weltalls sich abspiegeln. Nimmt man aber einmal als durch anderweitige Überlegungen erwiesen an, dafs die Substanzen einfache Wesen seien, so würde doch immer noch über den besonderen Inhalt dieser einfachen Wesen, über die Art ihres Handelns durch jene Behauptung nichts Bestimmtes gesagt sein. Bedeutet also „repräsentieren" nichts anderes als „erkennbar machen", dann wird durch diesen Begriff

---

Thätigkeit, die blofse nur expressive. Was die bewufstlosen Dinge vorstellen, ist nicht Reflexion, subjektive Vorstellung oder Begriff, sondern nur Expression, objektive Vorstellung oder Form. Daher représenter = exprimer." Die letzteren Sätze sind indessen schon deshalb unhaltbar, weil Leibniz keineswegs blofs das bewufstlose Vorstellen mit dem Worte exprimer bezeichnet: er gebraucht dasselbe ebenso häufig auch für das bewufste, das menschliche Vorstellen. Einen Unterschied hier machen zu wollen, ist quellenwidrig. Warum übrigens diese Sätze nicht schon in dem sechsten Kapitel, wo die Erklärung der Vorstellung in Frage stand, sondern erst in dem folgenden Platz gefunden haben in einem Zusammenhang, der mit denselben kaum etwas zu thun hat, ist mir nicht klar. Kurz vor den zitierten Bemerkungen sagte endlich Fischer S. 434: „Jeder Körper ist zugleich eine verworrene und deutliche Vorstellung; er ist eine verworrene Vorstellung der Welt und eine deutliche Vorstellung des Individuums" (was übrigens nach dem vorigen Abschnitte ebenfalls verfehlt ist), „und weil sich auf diese Weise jede Seele deutlich in ihrem Körper erkennbar macht etc.". Dergleichen findet sich öfter.

nicht die Thätigkeit der Substanzen als solche charakterisiert. Das ist aber allerdings Leibnizens Meinung, und wenn
sie es nicht wäre, so würde es ja unerfindlich sein, worin
jene Thätigkeit überhaupt bestehen soll.

Nicht minder unzulässig ist aber die angegebene Auslegung des Begriffs der Vorstellung. Es ist richtig, das
deutsche Wort „vorstellen" wird auch in dem Sinne gebraucht, in welchem es soviel wie „vertreten" besagt; so
ist es z. B. eine gebräuchliche Redensart, der Gesandte
stelle seinen Souverän, die Deputierten stellen das Volk vor
und dergleichen. Allein in diesem Sinne findet es sich
niemals bei Leibniz. Das erhellt sonnenklar daraus, dafs
der Philosoph es in seinen Schriften, die ja ˙ fast durchgehends lateinisch oder französisch geschrieben sind, als
„Perzeption" wiedergiebt. Denn dieser Ausdruck ist nicht
mehr so doppelsinnig. Unter einer „Perzeption" versteht
eben jeder Mensch einen Gedanken, und unter dem „Per-
zipiren" eine Art geistiger Thätigkeit, ein Wahrnehmen;
niemand aber versteht ein „Vertreten" darunter; eine
solche Bedeutung hat das Wort niemals und in keiner Verbindung. Es ist also auch ganz und gar unstatthaft,˙ dem
„Vorstellen" eine solche Bedeutung beizulegen. Insbesondere leuchtet auch die Unhaltbarkeit von Wendungen wie
diesen, die Substanzen s e i e n Vorstellungen, oder gar der
K ö r p e r sei eine Vorstellung der Seele, auf den ersten
Blick ein, sobald man daran denkt, dafs die Vorstellung mit
der Perzeption identisch ist. Denn zu sagen, die Substanz
sei eine Perzeption, der Körper sei eine Perzeption der Seele,
wäre unsinnig. Überdies ist die Vorstellung nach Leibniz
wesentlich ein Attribut e i n f a c h e r, u n t e i l b a r e r Wesen;
denn er definiert sie als Repräsentation der Vielheit in der
Einheit, und unter dieser Einheit versteht er eine einfache Substanz, wie dies sowohl daraus hervorgeht, dafs er ja überhaupt
keine anderen wahrhaften Einheiten als die einfachen Substanzen kennt, als auch daraus, dafs er jene Definition öfters
ausdrücklich in diesem Sinne variiert (vgl. d. folg. Abschn.).

Endlich ist aber auch die Deutung, welche dem Ausdruck „repräsentieren" hier gegeben wird, höchst bedenklich. Es ist nicht wahr, dafs repräsentieren soviel heifst wie erkennbar machen. Der Torso gestattet allerdings zuweilen einen Schlufs auf die ganze Bildsäule, aber deshalb repräsentiert er sie doch nicht! Er ist ein Bruchstück, aber nicht eine Repräsentation derselben. Ein Fufs kann nicht eine ganze Statue repräsentieren; denn es ist eben ein Fufs und die Statue eine vollständige Person. Ein Blatt repräsentiert doch nicht eine ganze Pflanze, ein Satz repräsentiert doch nicht ein ganzes Buch u. s. w.! Es mag sein, dafs eine solche Anwendung des Wortes hier und da einmal vorkommt, aber sie ist nicht die eigentliche und nicht die gewöhnliche Anwendung. Eine Sache repräsentiert eine andere, wenn sie das in einer bestimmten Form A, was die letztere in einer bestimmten anderen Form B ist. So repräsentiert das Modell die Bildsäule, weil es das im Kleinen, was diese im Grofsen ist; so repräsentiert die Photographie die Landschaft, weil sie das auf der Fläche, was diese im Raum ist und dergleichen. Nur in diesem Sinne kann das Wort verstanden werden und ist es von Leibniz nach seiner ausdrücklichen Angabe verstanden worden. Sobald man sich aber dies gegenwärtig hält, gelangt man sofort zu einer gänzlich anderen Auffassung, wie aus dem Folgenden erhellen wird.

Hiernach kommen wir zu der zweiten Ansicht, von der wir oben sprachen; freilich weicht auch diese von der wahren Meinung Leibnizens weit ab. Der Unterschied, der zwischen jener und dieser letzteren besteht, erscheint wohl auf den ersten Blick geringfügig; er ist es aber nicht. Er ist vielmehr von so fundamentaler Bedeutung für das System, dafs wir, je nachdem wir die eine oder die andere Seite ergreifen, zu entgegengesetzten Auffassungen von dem letzteren gelangen. In diesem Unterschied spiegelt sich denn auch die Verschiedenheit des Standpunktes, von dem man bisher die Monadenlehre zu betrachten pflegte, und desjenigen, welchen wir zu demselben eingenommen haben, am einfachsten und deutlichsten wieder. Es kommt also alles auf ein klares und scharfes Verständnis dieses Punktes an. Wenn nämlich der Philosoph sagt, das Universum sei in den Substanzen repräsentiert, so hat das nach dieser Ansicht die Bedeutung, die Welt sei in denselben als ihr O b j e k t enthalten, sei in ihnen ideell als Gedanke oder Vorstellung gegenwärtig, die Substanz trage ein Abbild der Aufsendinge in sich, habe eine Kenntnis von ihnen und dergleichen *). Wäre dies der Fall, so würden die Substanzen s e l b s t nicht auf das Universum bezogen sein; sie würden an demselben ihren I n h a l t und den G e g e n - s t a n d ihrer Thätigkeit haben, aber sie s e l b s t würden nur einfache Wesen schlechthin sein und in keinem Verhältnis zu der Welt stehen. Allein das ist nicht richtig. Die Substanzen schliefsen die Welt nicht blofs als ihr O b j e k t in sich, sondern sie sind s e l b s t das als Einfaches, was die Welt als Zusammengesetzes, das als Reales, was die Welt als Phänomen, das als innere geistige Thätigkeit, was die Welt als ein Inbegriff äufserer, materieller Veränderungen, von Bewegungen ist, sie sind s e l b s t die der Welt ent- sprechenden unteilbaren Wesen, sie sind s e l b s t Darstel- lungen der Welt, und eben dies meint Leibniz, wenn er sagt, die Substanzen repräsentieren die Welt. Freilich, eine Substanz, welche das als Unteilbares, was die Welt als Vielheit ist, mufs, wie wir später hören werden, die Welt auch als ihr Objekt in sich enthalten, ein Bild, eine Vor- stellung, eine Perzeption von derselben haben, aber darum darf doch das Wesen der Repräsentation nicht in diese Begriffe gesetzt werden. Damit, dafs die Substanzen die Welt repräsentieren, ist es allerdings unmittelbar und eo ipso gegeben, dafs sie dieselbe auch vorstellen, perzipieren, aber dies, dafs sie die Welt repräsentieren, heifst deshalb doch nicht, dafs sie dieselbe perzipieren.

---

*) Vgl. Gesch. d. d. Phil. S. 111 f.

Schon die zahlreichen Äufserungen Leibnizens, das Universum sei in den Substanzen repräsentiert oder ausgedrückt, vertragen sich nicht recht mit der herkömmlichen Erklärung, obwohl sie noch am ehesten zu derselben passen. Denn unter einem Repräsentieren, einem Ausdrücken versteht eben jedermann ein Darstellen, und hätte Leibniz dies nicht darunter verstanden, so wäre es unbegreiflich, warum er sich überhaupt dieser Worte bedient habe. Leibniz kann daher mit jenem Ausdruck nicht den Gedanken verbunden haben, das Universum sei in den Substanzen als ihr Objekt enthalten, sondern es sei selbst in ihnen dargestellt, die Substanzen seien selbst Darstellungen desselben, sie seien selbst das im Kleinen, was dieses im Grofsen. Noch deutlicher tritt diese Meinung hervor, wenn der Philosoph sagt, die Substanzen repräsentieren oder drücken die Welt aus, sie seien repräsentative oder expressive Wesen (représentatives, expressives de l'univers, z. B. 4, 476, 484 f, 523; 2, 114 f; 6, 599, 617 u. a.). Diese Bezeichnungen können sicherlich nicht blofs heifsen, die Substanzen schliefsen die Welt als ihr Objekt in sich — das ist sprachlich ganz unmöglich — sondern sie seien selbst die der Welt entsprechenden einfachen Wesen, sie seien selbst das als Einheit, was die Welt als Aggregat, sie seien selbst Nachbildungen von dieser. Unwidersprechlich folgt dies aber aus denjenigen Sätzen, in welchen Leibniz die Substanzen Repräsentationen oder Ausdrücke der Welt nennt. „Jede wahre, d. h. einfache Substanz," sagt er z. B., „ist ein bestimmter dauernder Ausdruck des Universums", „ist eine Repräsentation des Universums gemäfs ihrem Gesichtspunkte." „Alle wahrhaften Substanzen sind ebensoviele Ausdrücke des gesamten Universums in einem bestimmten Sinn" (2, 98; 3, 545, 464; ebenso 3, 347; 6, 620, 78; 4, 434, 475, 554; 7, 412, 311 Anm. u. ö.). Hier ist es ganz handgreiflich: Die Substanzen haben nicht blofs ein Bild, eine Vorstellung der Welt in sich, sondern sie sind

selbst Repräsentationen, Ausdrücke, selbst Darstellungen
der Welt.

Sehr bezeichnend hierfür ist die Definition, welche
Leibniz einmal von dem Begriffe des „Ausdrückens" giebt.
„Eine Sache drückt eine andere aus," sagt er, „wenn eine
konstante und geregelte Beziehung existiert zwischen dem,
was von der einen und der anderen prädiziert werden kann.
So drückt eine perspektivische Projektion ihr Geometral
aus" (2, 112). Eine Substanz drückt also die Welt aus,
wenn alles dasjenige von ihr als Einfachem ausgesagt
werden kann, was von der Welt als einer Vielheit ausgesagt
werden kann, wenn sie das der Welt proportionale Einfache, wenn sie eine Darstellung der Welt ist; in derselben
Weise, wie die Zeichnung dasjenige auf eine Ebene proji-
ziert ist, was das Geometral als Körperliches ist. Ähnlich
vergleicht der Philosoph gleich danach die „repräsentativen
Substanzen" mit den Maschinen der Mathematiker, „welche
die Bewegungen der Himmelskörper repräsentieren" (115).
Wie diese Maschinen die Bewegungen der Himmelskörper im
Kleinen veranschaulichen, darstellen, repräsentieren, so
stellen die Substanzen die Welt im Kleinen dar. Ebenso
spricht sich Leibniz anderswo aus. „Die Repräsentation,"
sagt er, „hat zu dem, was repräsentiert werden soll, eine
natürliche Beziehung. Wenn Gott die runde Figur eines
Körpers durch die Idee eines Quadrats repräsentieren liefse,
so würde dies eine wenig angemessene Repräsentation sein;
denn es würde in der Repräsentation Winkel geben, während in dem Original alles gleich wäre. Die Repräsentation
unterdrückt oft etwas in den Objekten, wenn sie unvollkommen ist, aber sie kann nichts hinzufügen . . . . . Es ist
wahr, dafs dieselbe Sache verschieden repräsentiert werden
kann, aber es mufs stets eine exakte Beziehung zwischen
der Repräsentation und der Sache und folglich zwischen
den verschiedenen Repräsentationen einer und derselben
Sache geben. Die perspektivischen Projektionen lassen sehen,
dafs ein und derselbe Kreis durch eine Ellipse, eine Parabel

und eine Hyperbel und selbst durch einen anderen Kreis und durch eine gerade Linie und einen Punkt repräsentiert werden kann. Nichts scheint so verschieden als diese Figuren, und dennoch giebt es eine exakte Beziehung jedes Punktes zu jedem Punkte" (6, 326 f). In der gleichen Weise äußert sich der Philosoph auch 5, 118 f; 1, 383 und wohl noch öfter.

Von hervorragender Wichtigkeit sind auch folgende, schon früher angeführte Bemerkungen Leibnizens: „Jede Entelechie hat eine innere Veränderung, dergemäß äußere Veränderungen sich vollziehen. Aber die Vorstellung ist nichts anderes als die Repräsentation der äußeren Veränderung in der inneren" (7, 330 f.). „Die Seele ist das Prinzip der inneren Handlung in dem Einfachen, der eine äußere Handlung entspricht. Und dieses Entsprechen des Inneren und des Äußeren oder die Repräsentation des Äußeren in dem Inneren konstituiert eine Vorstellung" (529). Die Thätigkeit der Monade repräsentiere eine körperliche Bewegung, bedeutet also hiernach, daß sie das als innere Veränderung, was diese Bewegung als äußere Veränderung ist, daß sie die der Bewegung entsprechende, korrespondierende innere Veränderung oder daß sie die innere Veränderung ist, der die Bewegung als äußere Veränderung entspricht. Das ergiebt sich so evident und unwidersprechlich aus den Worten des Philosophen, daß wir, selbst wenn wir aus seinen Schriften nur diese beiden Stellen kennen würden, nicht mehr in Ungewißheit darüber sein könnten, wie er den Begriff der Repräsentation verstanden habe.

Sehr klar geht dies alles endlich aus einer Reihe anderer Erklärungen Leibnizens hervor. So bezeichnet er die Substanzen als „Bilder" oder „Nachahmungen" der Welt bezw. Gottes. „Nicht alle Entelechieen sind Bilder Gottes, aber sie sind stets Bilder des Universums." „Die Seelen im allgemeinen sind Bilder des Universums, aber die Geister sind noch Bilder der Gottheit selbst." „Jede einfache Substanz ist ein Bild des Universums, aber jeder Geist noch ein

Bild Gottes." „Das Wesen unserer Seele ist ein bestimmter
Ausdruck oder eine Nachahmung oder ein Bild der göttlichen
Essenz" (4, 562; 6, 621, 83; 3, 623; 4, 453; ebenso 6,604;
3, 345, 72, 430; 4, 553; 564 u. a.). Das kann nicht heifsen,
die Substanzen haben die Welt zu ihrem Objekt, sondern
sie seien selbst Bilder derselben. Ebenso werden die Substanzen, wie bekannt, häufig Spiegel, auch lebendige Spiegel
des Universums genannt. Das kann nicht bedeuten, dieselben
tragen eine Vorstellung des Universums in sich, sondern
sie seien selbst Spiegel desselben, vermittelst welcher ein
aufser ihnen stehendes Wesen den jedesmaligen Weltzustand
würde erkennen können. Die Substanzen sollen weiterhin
„konzentrierte Welten" sein. „Jede Monade," heifst es, „ist
eine Konzentration · des Universums." „Die substantiellen
Einheiten sind nichts anderes als verschiedene Konzentrationen
des Universums." „Jede Substanz ist eine Konzentration
des Universums." „Jede Seele ist ein bestimmter Ausdruck
des Universums und gleichsam ein konzentriertes Universum."
„Es giebt ebensoviele konzentrierte Welten als es Monaden
giebt." „Die Entelechieen sind ebensoviele lebende Spiegel
der Dinge oder ebensoviele konzentrierte Welten" (4, 553,
518; 7, 411; 3, 347, 575; 2, 252 A·; ebenso 4, 542, 562;
6, 598, 603 u. a.). Das kann nicht den Sinn haben, die
Welt sei in den Substanzen als ihr Objekt vereinigt, sondern
sie seien selbst konzentrierte Welten, selbst das konzentriert, was die Welt auseinandergebreitet ist. Die Substanzen
sollen endlich Welten für sich, Welten im Kleinen sein, und
es soll ebensoviele Welten als Substanzen geben. „Jede
Seele ist eine Welt für sich, aber alle diese Welten stimmen
mit sich überein." „Jede Substanz ist wie eine kleine Welt,
welche die grofse ausdrückt." „Die Substanz ahmt in ihrer
kleinen Welt nach, was Gott in der grofsen thut." „Der
Urheber der Natur vervielfältigt soviel wie möglich seine
kleinen Welten." „Jede Substanz ist wie eine ganze Welt ....
So ist das Universum ebenso oft vervielfältigt, als es Substanzen giebt, und der Ruhm Gottes ist gesteigert durch

ebensoviele ganz verschiedene Repräsentationen seines Werkes." „Durch die unendliche Menge einfacher Substanzen giebt es gleichsam ebensoviele verschiedene Universen." „Durch die Substanzen ist ein und dasselbe Universum auf unendlich viele Weisen vervielfältigt." „Alle Substanzen sind Repräsentationen oder lebende Spiegel des Universums .... Das ist, als ob Gott das Universum ebenso oft vervielfältigt hätte, als es Seelen giebt, oder als ob er ebensoviele Universen geschaffen hätte" (3, 72; 4, 441; 6, 605; 4, 557; 434; 6, 616, 57; 3, 623, 347; ebenso 4, 554, 562; 3, 465; 7, 566 f. u. a.). Auch dies kann nur bedeuten, die Substanzen seien s e l b s t das im kleinen, was die Welt im grofsen, sie seien s e l b s t Welten.

Die Welt ist also nicht blofs, wie wir sagten, das O b - j e k t der Substanzen, der I n h a l t und der G e g e n s t a n d ihrer Thätigkeit, sondern diese sind s e l b s t wesentlich auf dieselbe bezogen. Sie sind — es lassen sich eben keine besseren Bezeichnungen finden als diejenigen, welche Leibniz selbt gewählt hat — s e l b s t Ausdrücke, Repräsentationen, Bilder, Spiegel, Nachahmungen des Universums, konzentrierte Welten, Welten im Kleinen, und es giebt daher eine Unendlichkeit von Welten, wie es ja auch unendlich viele Substanzen giebt.

Durch diese Betrachtungen erhalten nun zugleich die Ergebnisse unserer Untersuchungen eine ihrer wertvollsten Stützen. Die Monade repräsentiert ihren Körper und seine Bewegungen und vermittels dieser auch die Vorgänge in der äufseren Welt. Das hat Leibniz oft gesagt und steht also quellenmäfsig fest. Nun heifsen ja aber, wie wir jetzt gesehen haben, die Worte, die Substanz repräsentiere ihren Körper und seine Bewegungen, gar nichts anderes, als dafs sie s e l b s t das als Einheit, was der Körper als Aggregat, dafs sie s e l b s t das als innere, geistige Veränderung sei, was die Bewegungen des Körpers als äufsere, materielle Veränderungen sind. Also ist die Monade nicht der Grund für die E x i s t e n z der körperlichen Erscheinung, sondern sie ist s e l b s t das als reales, was diese Erscheinung als Phänomen, sie ist das Prinzip für das Phänomen des Körpers s e l b s t. Und mithin geht das Leibnizsche System nicht von der Frage aus, wie die materiellen Erscheinungen e n t s t e h e n, was ihnen z u G r u n d e l i e g e, sondern von derjenigen, wie die Prinzipien dieser Erscheinungen s e l b s t zu denken seien. So führt die bloße Analyse des Begriffes der Repräsentation zu ebendemselbigen Standpunkt, zu dem wir uns schon durch unsere anfänglichen Untersuchungen hingedrängt sahen, und so gewiß man nicht imstande sein wird, für diesen Begriff eine andere haltbare Fassung anzugeben als diejenige, welche wir vorher begründet haben, so gewiß wird man auch schon um dieses bloßen Begriffes willen jenen Standpunkt als den richtigen anerkennen müssen. In der Monadenlehre hängt eben alles untrennbar miteinander zusammen.

Neunter Abschnitt.

Die Vorstellung.

Die Substanzen repräsentieren nach dem Bisherigen ihren Körper und seine Bewegungen und durch diese die äußere materielle Welt und ihre Veränderungen. Da nun die Materie und die Bewegungen bloße Phänomene sind, so ergiebt sich ganz von selbst, daß die Substanzen, ebenso wie der Mensch, lediglich P h ä n o m e n e repräsentieren (oder vorstellen). Dennoch dürfte es nicht unnötig sein, besondere Belegstellen dafür anzuführen, die allerdings außerordentlich zahlreich sind.

Um nur einige davon herauszugreifen, so sagt Leibniz: „Die Monaden sind nichts anderes als Repräsentationen der Phänomene mit dem Übergang zu neuen Phänomenen" (2, 481). „In den vorstellenden Wesen ist ein bestimmtes Gesetz des Fortschrittes ihrer Phänomene, und diese Phänomene der verschiedenen Substanzen stimmen untereinander überein" (264). „Gott hat die Monaden zu den Quellen ihrer Phänomene gemacht" (4, 564). „Die einfachen Sub-

stanzen haben alle dieselben Phänomene des Universums in
verschiedener Form", „sie drücken dieselbe Gesamtheit von
Phänomenen in gröfster Verschiedenheit aus" (2, 275 und
278). „Alle Substanzen drücken dasselbe Universum oder
dieselben Phänomene aus" (57, ebenso 58). „Gott hat alle
Substanzen so geschaffen, dafs in der Folge alle ihre Phänomene einander entsprechen" (70, 75, 115, ebenso 1, 383).
„Die Materie und die Bewegung sind nicht sowohl Substanzen als Phänomene der vorstellenden Wesen" (270, 281 f.).
„Indem Gott sozusagen das allgemeine System der Phänomene, welches er für gut befunden hat zu produzieren, nach
allen Seiten wendet und alle Facen der Welt betrachtet, so
ist das Resultat jeder Ansicht des Universums eine Substanz,
welche das Universum in Gemäfsheit dieser Ansicht ausdrückt .... So sind alle unsere Phänomene nur Folgen
unseres Wesens, und da diese Phänomene eine bestimmte
Ordnung bewahren, welche mit der Welt in uns in Einklang
steht, so würde dies genügen, um zu sagen, dafs diese Phänomene wahrhaft sind .... Obwohl nun alle Substanzen
dieselben Phänomene ausdrücken, so sind deshalb doch ihre
Ausdrücke nicht vollkommen gleich, sondern es genügt, dafs
sie - einander proportional sind. Nun kann nur Gott die Ursache dieser Korrespondenz ihrer Phänomene sein ......
Wir teilen die Phänomene, die wir vollkommener ausdrücken,
uns, und wir teilen den anderen Substanzen das zu, was
eine jede am besten ausdrückt" (4, 439 f., vgl. auch 485,
519). „Der Körper ist mit unserer Seele nur durch diese
Beziehung vereinigt, welche aus der Ordnung der natürlichen
Phänomene in jeder Substanz folgt" (573). „Die Natur der
Seele ist diese geregelte Tendenz, aus welcher eine solche
Reihe von Phänomenen entstehen mufs, welche die Funktionen ihres Körpers repräsentiert" (ebenda; ebenso 3, 58).
„Jede Seele ist eine Welt für sich, aber alle diese Welten
stimmen überein und sind Repräsentationen derselben Phä-
nomene" (3, 72). „Die mathematischen Figuren finden sich
in den Phänomenen oder in den Objekten der beschränkten
Geister" (7, 563) u. s. w.

Diese Sätze sind nun äufserst lehrreich. Da zunächst
jede Substanz eine Repräsentation der Phänomene ist, so
folgt, dafs es keine Thätigkeit giebt, welche nicht irgend
ein Phänomen ausdrückt oder, was ja dasselbe ist, nicht von
der Vorstellung irgend eines Phänomens begleitet ist; jede
geistige Thätigkeit, selbst der abstrakteste Gedanke, hat
irgend etwas Imagination nötig. Und umgekehrt, die Phänomene sind das Mittel, um das absolut Einfache, das rein
Geistige unserer inneren Thätigkeiten zu versinnlichen, zum
Bewufstsein zu bringen, und darin allein besteht ihr Zweck.
Der Philosoph spricht sich selbst öfter in dieser Weise aus.
Man hat ferner Leibniz den Vorwurf gemacht, dafs er, obwohl seine Monaden einfache Substanzen, also unräumlicher
Natur seien, dennoch durchgängig räumliche Verhältnisse
voraussetze, dafs er insbesondere von einem Standorte der
Monaden rede, von welchem aus sie das Universum repräsentieren sollen. Dieser Vorwurf ist nicht gerechtfertigt.
Jede Monade stellt nämlich nach dem Früheren einen Körper
und zwar, wie wir eben sahen, einen ausgedehnten Körper,
richtiger das Phänomen eines ausgedehnten, in einem bestimmten Punkte des Raumes befindlichen Körpers und durch
dieses das Phänomen einer räumlichen Welt vor. Oder: sie
stellt das Phänomen der Welt vermittelst des Phänomens
eines bestimmten Standpunktes, den sie innerhalb dieser Welt
einnimmt (nämlich ihres Körpers, vgl. S. 304 A.), vor. Ob
man nun aber sagt, die Monaden stellen das Phänomen der
Welt durch das Phänomen eines bestimmten Standortes, oder
ob man sagt, sie stellen die Welt von einem bestimmten
Standorte aus dar, kommt natürlich auf das Gleiche hinaus.
Und so bietet denn der letztere Ausdruck nicht die geringste
Schwierigkeit, sobald man ihn im Geiste des Systems versteht. In ähnlicher Weise erledigt sich endlich auch ein
anderer Einwand, den man der Monadenlehre entgegengehalten hat. Man geht nämlich von der Ansicht aus, dafs
jede Monade die anderen einfachen Substanzen als
solche repräsentiere oder vorstelle, und da erhebt sich

natürlich die Frage, welches nun der Inhalt ihrer Vorstellungen sei. Denn wenn das Wesen der einzelnen Monade
darin besteht, die übrigen Monaden als solche vorzustellen,
jede dieser übrigen aber selbst wieder nur eine Repräsentation der andern ist, so ist überhaupt kein absolutes Objekt
vorhanden, welches vorgestellt wird; wir kommen hier aus
blofsen Beziehungen nicht heraus. Allein die Monaden
drücken eben überhaupt nicht die unteilbaren Substanzen
als solche aus, sondern sie drücken Vielheiten, Aggregate
aus, die etwas ganz anderes sind als die vielen einzelnen
unteilbaren Substanzen; sie drücken Körper und Bewegungen,
kurz Phänomene aus, und damit hebt sich sofort die ganze
Schwierigkeit.

Die Substanzen repräsentieren also die äufsere materielle
Welt oder sie sind das als Einfaches, was die Welt als Vielheit ist. Eine Substanz aber, welche das als Einfaches ist,
was die Welt als Vielheit, ist eben diejenige, welche die
Welt ideell in sich enthält, ein Bild, eine Vorstellung, eine
Perzeption derselben in sich schliefst, kurz diejenige, welche
die Welt vorstellt. So ist mit dem Begriff der Repräsentation unmittelbar auch derjenige der Vorstellung gegeben.
Die Vorstellung ist die Repräsentation oder der Ausdruck
des Materiellen in dem Immateriellen, des Äufseren in dem
Innern oder, wie Leibniz vorzugsweise sagt, des Vielen in
dem Einen, da ja das Körperliche seinem allgemeinsten
Begriffe nach eine Vielheit und die Substanz eine Einheit ist.
Die Substanzen sind daher, weil sie eine repräsentative Natur
haben, zugleich auch vorstellende Wesen.

„Für die Vorstellung genügt es," sagt der Philosoph,
„dafs das, was teilbar und materiell ist und sich in mehreren
Wesen zerstreut findet, in einem einzigen unteilbaren Wesen
oder in der Substanz, welche mit einer wahrhaften Einheit
begabt ist, ausgedrückt oder repräsentiert ist" (2, 112,
ebenso 121). „Die Vorstellung ist der innere Zustand der
Monaden, welcher die äufseren Dinge repräsentiert" (6, 600).
„Die Vorstellungen sind die Repräsentationen des Zusammen-

gesetzten oder dessen, was aufsen ist, in dem Einfachen"
(598, ebenso 627 f.). „Die Monaden sind nichts anderes als
Repräsentationen der Phänomene, und wegen der Repräsen-
tation ist eine Vorstellung in ihnen" (2, 481). „Die Vorstellung ist nichts anderes als die Repräsentation der äufseren
Veränderung in der inneren, des Äufseren in dem Inneren,
des Zusammengesetzten in dem Einfachen, der Menge in der
Einheit" (7, 330 E. und 529). „Die Vorstellung ist nichts
anderes als der Ausdruck des Vielen in dem Einen" (2, 311).
„Wenn wir vorstellen, wird vieles in Einem, nämlich in dem
Vorstellenden ausgedrückt" (317). „Die Vorstellung ist der
Ausdruck der Menge in der Einheit", „ist die Repräsentation
der Menge in dem Einfachen" (3, 69, 574 E. f.; ebenso 581,
622; 7, 317 u. a.).

Indessen sei hier noch einmal ausdrücklich bemerkt
(vgl. S. 309): Die Vorstellung folgt aus der Repräsentation,
ist unzertrennlich mit ihr verbunden, aber die Repräsentation
besteht deshalb doch keineswegs in der Vorstellung. Die
Vorstellung ist die Repräsentation der Vielheit in der Einheit, aber man darf den Satz nicht umkehren und sagen,
die Repräsentation der Vielheit in der Einheit bedeute, dafs
die erstere von der letzteren vorgestellt werde. Das hat
auch der Philosoph niemals behauptet.

Der Weg nun, auf welchem Leibniz zu der Annahme
von Vorstellungen in den Monaden gekommen ist, liegt nach
dem Bisherigen klar vor uns. Die Monaden sind eben ihrer
ursprünglichen Ableitung nach repräsentative Substanzen,
nur als solche sind sie überhaupt eingeführt worden, sie sind
nichts weiter als dies; sie müssen daher auch vorstellende
Kräfte sein. Wenn daher gewöhnlich die Monaden zunächst
als einfache Substanzen schlechthin deduziert und ihnen erst
nachträglich auf Grund anderweitiger Überlegungen eine
repräsentative Natur, Vorstellungen zuerkannt werden, so
ist dies nicht richtig. Diese Begriffe sind mit den Monaden
als solchen unmittelbar gegeben.

Leibniz selbst hat wohl nur zweimal die Notwendig-

keit der Vorstellung in den Dingen begründet*). Die eine
Stelle (7, 330 und 529), die wir schon früher (S. 137) zitiert
haben, steht in vollständiger Übereinstimmung mit unserer
Darstellung. Dagegen weicht die andere, welche sich in der
„Monadologie" findet, durchaus von ihr ab. Leibniz leitet
hier nämlich die Vorstellung aus dem Begriff der inneren
Veränderung ab, der jede Substanz unterliegen müsse. „Es ist
nötig," sagt er, „dafs es aufser dem Prinzip der Veränderung
in den Substanzen auch ein Detail dessen gebe, was sich
verändert. Dieses Detail mufs eine Menge in der Einheit
einschliefsen. Denn da die natürliche Veränderung sich allmählich vollzieht, mufs etwas sich ändern und etwas bleiben,
und folglich mufs es in der einfachen Substanz eine Vielheit
von Beziehungen geben. Der Zustand aber, welcher eine
Menge in der Einheit einschliefst und repräsentiert, ist eben
dies, was man Vorstellung nennt" (6, 608). Dieser Darstellung ist man nun auch bisher durchgängig gefolgt **). Da

---

*) Die Begründung, welche sich zuweilen in den Quellen findet,
dafs man den Substanzen deshalb ursprünglich Vorstellungen geben
müsse, weil die letzteren sich aus der blofsen Materie nicht würden ableiten lassen, brauche ich ihrer allgemeinen Natur wegen wohl nicht zu
berücksichtigen.

- **) Vgl. Gesch. d. d. Phil. S. 111. Auch Fischer schliefst sich dieser
Darstellung an. Er bringt aber noch einige andere Argumente bei.
Er leitet nämlich zunächst die Vorstellung aus dem Begriffe der Entwicklung ab, und dann beginnt ein neues Kapitel, in welchem er sich
so ausspricht: „Um zu dem Satze zu kommen, dafs alle Dinge vorstellende Wesen sind, lassen sich zwei verschiedene, von Leibniz selbst
befolgte Wege einschlagen. Es darf für eine feste Thatsache gelten,
dafs in jedem Dinge eine formgebende Kraft existiert. Niemand bestreitet ferner, dafs im Menschen Vorstellungen sind. Man erkläre diese
beiden Thatsachen, die der Form in allen Dingen und die der Vorstellung im Menschen. Die Auflösung dieser Thatsache führt zu dem
principium perceptivum" (S. 415). Fischer beweist nun die Notwendigkeit der Vorstellung zunächst aus dem Begriff der Form, ein Beweis,
der nur verständlich ist, wenn man sich erinnert, worin nach Fischer
das Wesen der Vorstellung besteht (s. S. 304 ff.). Sofern man nämlich,
führt er aus, die Form eines Dinges berücksichtigt, erscheint sie jedesmal als das Glied irgend eines Ganzen und mithin als Vorstellung desselben. „Wenn ich nur auf den Stoff eines Dinges, etwa dieses Steines,
achte, so sehe ich nichts als ein Stück Marmor; wenn ich seine Form
ins Auge fasse, so erscheint mir in diesem Marmor der Torso einer
Bildsäule. Und doch ist dieser Torso nicht die Bildsäule, aber er stellt
sie vor; er ist diese Vorstellung an sich selbst, weil er seiner Form

indessen die „Monadologie" nach dem Früheren, soweit die

---

nach nur als Teil dieses Ganzen, nur im Zusammenhang mit diesen anderen Teilen existieren konnte. Ebenso kann jedes Ding seine im grofsen Zusammenhang des Ganzen begriffene Natur nur vorstellen etc." (S. 416). Diese Begründung scheint mir verfehlt zu sein. Sie beruht auf dem Satze, dafs die Form jedes Dinges ihrem Wesen nach auf einen grofsen Zusammenhang hinweise, in welchem dieses Ding begriffen ist, und mithin irgend ein Ganzes erkennbar macht, repräsentiert, vorstellt. Allein dieser Satz dürfte nicht allgemein zugegeben werden. Kann denn nicht auch eine Sache, welche gar keinen Zusammenhang mit anderen hat, eine Form haben? Ist das undenkbar? Wenn vielmehr ein Ding sich als das Glied eines Ganzen erweist, so kommt dies nicht daher, dafs es überhaupt eine Form hat, sondern daher, dafs diese Form eben so beschaffen ist, wie es dieses Ganze verlangt. Nicht also aus dem abstrakten Begriff der Form hätte Fischer, wie mir scheint, von seinem Standpunkte aus die Bestimmung beweisen müssen, dafs jede Substanz eine Vorstellung der Welt, ein vorstellendes Wesen sei, sondern daraus, dafs alle Sustanzen miteinander sympathisieren, zusammenhängen, ein Ganzes ausmachen, wie dies letztere ja Leibniz in der That lehrt. Wie hängt übrigens diese Ableitung der Vorstellung mit derjenigen aus dem Begriff der Entwicklung zusammen? Oder soll die erstere neben der letzteren bestehen? Dafs von jener in den Quellen nichts enthalten ist, brauche ich kaum zu sagen; sie kann ja gar nicht darin enthalten sein, weil der Begriff der Vorstellung, welcher hier vorausgesetzt wird, falsch ist, auch von einer Form in Fischers Sinne bei einfachen Substanzen nicht die Rede sein kann. Fischer versichert allerdings, dafs „Leibniz selbst diesen Weg befolgt habe". Hiernach zeigt Fischer, dafs die Thatsache der Vorstellung im Menschen auf Vorstellungen in allen Substanzen schliefsen lasse, weil sonst das Gesetz der Analogie verletzt würde. Er äufsert dabei: „Gleichviel nach welchem Gesetze die Dinge geordnet sind, sie sind geordnet, sie sind miteinander verbunden, und eine gewisse Übereinstimmung, eine gewisse Verwandtschaft mufs unter allen stattfinden nach jenem Worte des Hippokrates: „σύμπνοια πάντα" (Erdm.: O. ph. S. 197 u. „Monadol." 61). Es giebt ein Gesetz der Analogie, welches erklärt, dafs alle Dinge zu derselben Familie gehören etc." (S. 420). Diesen Ausspruch des Hippokrates hat indessen Leibniz, soviel ich weifs, nur zur Beleuchtung der Bestimmung zitiert, dafs selbst die geringste Bewegung ihre Wirkung auf die ganze Welt erstrecke, dafs jede Substanz Eindrücke von allen anderen erhalte, wie dies auch auf die beiden von Fischer angegebenen Stellen zutrifft; niemals aber hat er ihn bei Gelegenheit des Satzes angeführt, dafs alle Substanzen gleichartige, vorstellende Kräfte, analoge Wesen seien. Warum also erwähnt ihn Fischer in diesem Zusammenhange? An sich würde ja eine solche Erwähnung nicht zu beanstanden sein, aber sie ist eben unhistorisch. Leibniz hat nun einmal die Worte des Hippokrates nur in jener, nie in dieser Verbindung gebrauchht, und es ist einer historischen Darstellung nicht gestattet, die Aufserungen Leibnizens in jeden beliebigen Zusammenhang zu stellen. Gerade bei Leibniz ist die peinlichste Exaktheit geboten. Ich mache auf diese und ähnliche Dinge nur deshalb gelegentlich aufmerksam, weil sie für Fischers Buch bezeichnend sind, weil dasselbe im grofsen wie im kleinen allzuviel solcher Willkürlichkeiten aufweist.

Prinzipien des Systems in Betracht kommen, überhaupt nicht
mafsgebend für uns sein kann, so kann schon deshalb dieser
Begründung keine Beachtung geschenkt werden. Sie ist aber
auch an sich unzureichend; denn aus dem Begriff einer innern
Veränderung würde sich allerdings beweisen lassen, dafs die
Substanz eine Vielheit in sich schliefse, aber niemals, dafs
sie die materiellen Dinge, die äufsere Welt repräsentiere.
Die Vorstellung ist aber nach Leibniz wesentlich ein
Ausdruck des Äufseren in dem Inneren, des Materiellen in
dem Einfachen, wie die obigen Citate bezeugen (vgl. S. 318 f.).
Die angeführte Stelle ist daher mit der Definition, die der
Philosoph selbst von der Vorstellung giebt, nicht vereinbar.

Zehnter Abschnitt.
Die Leibnizische Terminologie.

Endlich müssen wir noch auf die unserem Philosophen
eigentümliche Terminologie, soweit sie sich aus dem Bisherigen ergiebt und soferne sie der Erläuterung bedarf, kurz
eingehen.

- Leibniz bezeichnet zunächst seine Substanzen nicht deshalb als Monaden, weil dieselben Einzelsubstanzen, individuelle Wesen, Individuen*), sondern deshalb, weil sie ein-

---

*) So äufsert sich Fischer. Er sagt S. 339 f.: „Es handelt sich
um einen einfachen Ausdruck, der mit einem Worte erklärt, dafs jede
Substanz eine formelle Einheit oder ein Individuum ist. Dieses Wort
heifst: Monade. Dafs die Substanzen als substantielle Formen oder
Individuen begriffen werden müssen, erklärt das Wort: Monade." Auch
die sonstigen Sätze, die er in diesem Abschnitte aufstellt, erregen Bedenken. Nachdem er nämlich gezeigt hat, dafs die Substanz als Kraft
und diese als Einzelwesen gedacht werden müsse, sagt er, nun müsse
man für das neue Prinzip einen Namen suchen, wodurch es charakterisiert wird, und fährt dann S. 336 so fort: „Bezeichnen wir die Leibnizischen Elementarwesen als einzelne Substanzen, so ist in diesem Ausdruck der Unterschied zwischen ihnen und den Cartesianischen Substanzen nicht kenntlich gemacht. Während aber von den letzteren die
einen ausgedehnt, teilbar, zusammengesetzt sind und sein müssen, so
gelten bei Leibniz alle Substanzen für Kräfte und darum für immaterielle,
unteilbare, einfache Wesen. Um dieser Einfachheit willen mögen sie
Einheiten genannt werden, aber nicht im gemeinen, sondern im strengen
Sinne des Wortes: sie sind wahrhafte Einheiten, die nicht geteilt wer-

fache Substanzen, die einem Körper entsprechenden unteilbaren Einheiten sind, Begriffe, die selbstverständlich sehr wohl auseinandergehalten werden müssen (s. unten). Es ergiebt sich dies sowohl aus dem Worte selbst, welches eben nur

---

den können," und später heifst es mit Bezug hierauf: „Um den Begriff der einzelnen Substanz streitet Leibniz mit Descartes, denn bei ihm ist die einzelne Substanz nie zusammengesetzt, sondern immer einfach: sie ist eine Einheit" (S. 339). Dies ist indes eine unhistorische Darstellung. Leibniz hat seine Substanzen durchaus nicht deshalb Einheiten, wahrhafte Einheiten genannt, um sie von den Substanzen des Cartesius oder überhaupt von den Substanzen irgend eines Systems zu unterscheiden, etwa in der Weise, wie er sie als „wahrhafte Atome" bezeichnete, um sie von den Atomen der Atomistiker zu unterscheiden, sondern deshalb, weil sie ihrer Natur nach eben gar nichts anderes sind als die einem Aggregat, der nur scheinbaren Einheit eines Körpers entsprechenden unteilbaren, wahrhaften Einheiten. Leibniz charakterisiert mit dieser Benennung nur das eigene Wesen seiner Substanz, nicht aber stellt er sie damit den Substanzen anderer Philosophen gegenüber. Es genügt ein Blick auf die Erörterungen Leibnizens über die körperliche Einheit, um daran keinen Zweifel zu lassen. Nur weil Fischer diese umfassenden Erörterungen nicht genügend beachtet hat (sie werden in seinem Buche kaum erwähnt), war eine solche Darstellung möglich. Hierauf fährt Fischer fort: „Nicht die Zahl, sondern die Kraft bildet das Wesen dieser Einheiten. Sie sind Einheiten nicht im arithmetischen, sondern im metaphysischen Verstande. Die arithmetische Einheit ist teilbar. Um diesen Unterschied von den Zahlengröfsen hervorzuheben, könnte man die wahren Einheiten mit Leibniz Punkte nennen, aber metaphysische Punkte, damit sie nicht mit den physischen und mathematischen verwechselt werden können. Denn die physischen Punkte sind körperliche, also teilbare Gröfsen, dagegen die mathematischen sind zwar Punkte, aber es fehlt ihnen die wirkliche Existenz. Um die Realität dieser Punkte im Unterschiede von den mathematischen auszudrücken, könnte man sie als Atome bezeichnen. Indes die Atome eines Demokrit sind materiell etc." (S. 336 f.). Auch dies ist falsch. Leibniz nennt seine Einheiten Punkte, weil sie unteilbar sind, keineswegs aber, weil die Kraft, nicht die Zahl ihr Wesen ausmacht. Noch viel weniger aber bezeichnet er sie als Atome, um die Realität dieser Punkte im Unterschiede von den mathematischen auszudrücken (wenn Fischer dies vielleicht aus den Stellen 4, 478 und 482 schliefst, so ist das nicht richtig); er bezeichnet sie überhaupt niemals schlechthin als Atome, sondern immer als „wahrhafte Atome" u. dgl., und dies geschieht dann selbstverständlich ausschliefslich im Hinblick auf die Atomisten, um sie von deren Substanzen zu unterscheiden, nicht um ihre Realität kenntlich zu machen. Dafs dann weiter auch die Worte „formelle Atome" nicht richtig gedeutet sind, folgt aus der nächstfolgenden Anmerkung. Überhaupt ist es wenig begründet, wenn Fischer alle diese Dinge so breit ausführt. Die meisten dieser Ausdrücke sind für das System nicht von der geringsten Bedeutung. Leibniz selbst hat sie auch nur beiläufig fallen lassen, und es sind herzlich wenige Stellen, mit denen wir es hier überhaupt zu thun haben.

eine „Einheit" bedeutet, als auch aus den Äuserungen des
Philosophen, für den die „Monade" überall mit der „einfachen Substanz", der „Einheit" identisch ist. Wenn aber
gerade die Bestimmung, dafs die Substanzen (die einen
Körper repräsentirenden) Einheiten sind, für die Namen-
gebung derselben entscheidend gewesen ist, so erklärt sich
dies vollständig aus unserer früheren Darlegung (vgl. S. 188 f.),
wonach eben diese Bestimmung die allgemeinste und abstrakteste Definition der Leibnizischen Substanzen darstellt, während alle sonstigen Definitionen, die wir von denselben geben
könnten, wie diese, dafs sie Kräfte seien, schon speziellerer
Natur sein würden. Das Wort „Monade" kennzeichnet das
Wesen des von Leibniz entdeckten Prinzips in seiner einfachsten und allgemeinsten Form. Übrigens versteht der
Philosoph natürlich unter einer Monade nicht das aus Seele
und Leib zusammengesetzte Ganze, sondern die einfache
Substanz als solche (vgl. z. B. 2, 206, 250 f., 262, 282; 6,
585, 589, 599, 607 ff. u. ö.).

In jeder Monade sind alsdann die Seele oder die substantielle Form und das materielle Prinzip zu unterscheiden.
Substantielle Form wird die Monade nicht mit Bezug auf
die einfache Substanz als solche genannt — das ist schon
deshalb unmöglich, weil in dieser kein Stoff vorhanden ist,
welcher geformt werden kann, denn die passive Kraft ist
kein Stoff — sondern mit Bezug auf den ausgedehnten Körper, da sie diesen in einer Einheit darstellt, das als Einheit
ist, was dieser als Mannigfaltiges; dies geht u. a. deutlich
daraus hervor, dafs die Ausdrücke „substantielle Form" und
„Seele" vollständig gleichbedeutend gebraucht werden. Indessen
hat der erstere Ausdruck überhaupt nicht im entferntesten
die Bedeutung für das System, die man ihm bisweilen beigelegt hat*). Leibniz hat denselben, wie so manches andere

---

*) Eine entscheidende Rolle spielt der Formbegriff bei Fischer.
Es ist dies nur möglich, weil er unter der passiven Kraft eine wirklich
ausgedehnte Materie versteht. Er unterscheidet daher in der Monade
als solcher das formgebende Prinzip und die Materie, welche durch
jenes geformt wird, und von diesem Gesichtspunkte aus behandelt er

Wort aus der alten, bezw. scholastischen Philosophie übernommen, um damit anzudeuten, dafs die früheren substantiellen Formen in verbesserter Gestalt in seinen Monaden wieder aufleben sollen; im übrigen aber spielt er keine Rolle in dem System. Die Seele besteht ferner in der aktiven Kraft oder der Entelechie, das materielle Prinzip in der passiven Kraft oder der Materie (vgl. z. B. 4, 395, 510 bis 512; 2, 252, 506 u. a.). Unter der Entelechie versteht Leibniz bald die aktive Kraft als solche, bald nur die Tendenz, das Streben zur Handlung, welches derselben eigen ist. Die aktive und die passive Kraft werden „erste", „ursprüngliche" oder „wesentliche" Kräfte genannt (vires activae et passivae primae, primitivae, essentiales seu substantiales, materia prima), im Gegensatz zu den Kräften des materiellen Körpers, der aktiven oder bewegenden und der passiven oder der Widerstandskraft, welche zweite, abgeleitete oder accidentelle Kräfte heifsen (vires activae seu passivae secundae, derivativae, accidentales, materia secunda) (ebenda; ferner 4, 473; 2, 306, 307, 517 u. a.).

Die abgeleiteten Kräfte verhalten sich, wie nach dem Früheren klar ist, zu den ursprünglichen, nicht wie das Zusammengesetzte zu seinen Bestandteilen, nicht wie die Materie zu den Atomen, sondern wie die Körper zu ihren Seelen; die ursprünglichen Kräfte sind die Prinzipien zu den abgeleiteten,

---

nun das ganze System. All' die bekannten Erörterungen über Form und Stoff erscheinen hier wieder: es wird darauf hingewiesen, dafs Leibniz sich insofern von den Korpuskularphilosophen unterscheide, als bei diesen die Elemente der Dinge sich zu ihren Formen als gleichgiltige Substrate, bei Leibniz als die thätigen Subjekte, bei jenen die Formen sich zu den Dingen als zufällige Modi, bei diesem als notwendige Attribute oder substantielle Beschaffenheiten verhalten; es wird gezeigt, dafs die Materie (die passive Kraft) etwas Mannigfaltiges, Form- und Verhältnisloses sei, kein Ganzes ausmache, dafs erst durch die thätige Kraft Form, Ordnung, Einheit in ihr entstehe; von hier aus werden dann, worauf wir später kommen, auch die Bestimmungen Leibnizens über das Verhältnis von End- und wirkenden Ursachen verstanden u. s. w. u. s. w. Und alles dieses nur, aber wirklich nur auf Grund des e i n e n Wortes: „forma substantialis"! Dies allein genügt schon, um dem Buche Fischers für einen Kenner der Quellen einen fremdartigen Charakter zu verleihen.

aber sie gehen nicht in dieselben ein. Die abgeleiteten
Kräfte werden ferner häufig als Modifikationen der ersten
bezeichnet — in welchem Sinne, erhellt aus dem Früheren
(vgl. Abschn. 2 dieser Abtlg.). Was im besondern die abgeleitete aktive oder die bewegende Kraft betrifft, so ist sie das
Streben (tendentia, conatus, nisus, impetus, effort u. a.) des
bewegten Körpers, sich weiter zu bewegen (vgl. S. 86 f. und
die dort angef. Beisp.) oder „der gegenwärtige Zustand der
Bewegung, indem er zu dem folgenden strebt," „sie ist das,
was in der Handlung" (d. h. der Bewegung) „momentan ist"
2, 262, 269 f.). Diese Kraft ist diejenige, deren Summe
sich nach dem von Leibniz entdeckten Satze im Universum
stets gleichbleiben soll (vgl. z. B. 4, 396—398 u. a.). Die
abgeleiteten Kräfte sind endlich wie die Körper, denen sie
zugehören, reine Phänomene. „Die Kräfte," sagt Leibniz,
„welche aus Masse und Geschwindigkeit entstehen, sind abgeleitete und gehören zu den Aggregaten oder Phänomenen"
(2, 251). „Die abgeleiteten Kräfte rechne ich zu den Phänomenen" (275). „Die abgeleiteten Kräfte der zweiten Materie, die Handlungen wie die Leiden, sind nur Aggregate
und · Phänomene" (306; ebenso 250 E., 281 Anm. u. a.).
Übrigens heißen auch die der abgeleiteten aktiven, also der
materiellen bewegenden Kraft entsprechenden veränderlichen Tendenzen und Handlungen innerhalb der einfachen
Substanzen selbst zuweilen abgeleitete Kräfte im Gegensatz
zu der beharrenden Substanz oder Kraft.

Die weitere Ausgestaltung des Systems.

Erster Abschnitt.
Der Begriff der Substanz.

Wenn man den Leibnizischen Substanzbegriff verstehen will, so mufs man zunächst im Auge behalten, dafs die Substanz, wie dies ohne weiteres klar ist, mit der Kraft identisch ist. Dies hat man nun auch bisher allgemein gelehrt, aber in der näheren Bestimmung jenes Begriffes hat man fehlgegriffen. Denn da man die Kraft traditionell als etwas Thätiges, Veränderliches auffafste, so hat man auch die Substanz in erster Linie als ein thätiges Wesen definiert. Diese Definition ist indessen nicht richtig. Wie vielmehr die Kraft nicht etwas Veränderliches, sondern das unveränderliche Prinzip der Thätigkeit ist, so ist auch die Substanz nicht in erster Linie ein thätiges Wesen, sondern das Unveränderliche, Beharrende, welches alle künftigen veränderlichen Handlungen derselben in sich repräsentiert und diesen als ihr gemeinsames Subjekt zu Grunde liegt. Auch haben wir ja schon früher zahlreiche Belege dafür beigebracht, dafs dies in der That die vielfach ausgesprochene Meinung des Philosophen ist (vgl. dar. S. 126 ff.).

Allein wie man bisher annahm, dafs die Substanz wesentlich nur in einer Thätigkeit im allgemeinen bestehe, dafs aber die besondere Bestimmtheit der

letzteren für sie accidentell sei, ja in letzter Linie auf die
Wirksamkeit Gottes zurückgeführt werden müsse*), so könnte
man auch glauben, die Substanz sei nur etwas Beharrliches
schlechthin, die besonderen Handlungen aber, welche
in diesem Beharrlichen ausgedrückt sind, gehören nicht zu
ihrem Begriffe. Dies wäre indessen ein Irrtum. Es war oben
(S. 309 ff.) gezeigt worden, daſs die Monaden das Universum nicht
bloſs als ihre Vorstellung, als ihr Objekt in sich enthalten, sondern daſs sie selbst Repräsentationen, Spiegel des
Universums sind. In gleicher Weise trägt nun selbstverständlich die Substanz auch ihren Entwicklungsgang nicht bloſs
als ihr Objekt in sich, sondern sie ist selbst eine Darstellung dieses Entwicklungsganges, sie ist selbst das im
Keime und als Einheit, was dieser in der Entfaltung ist.
Wäre derselbe nur das Objekt der Substanz, so könnte man
ihn aus ihr hinwegdenken, ohne daſs die Substanz selbst
dadurch aufgehoben würde, ohne daſs dem Wesen der Substanz dadurch Abbruch geschähe. Nun aber ist die Substanz selbst eine Repräsentation ihrer gesamten Zukunft;
ihr eigenes Wesen besteht darin, alles, was ihr jemals geschehen wird, in einem unteilbaren Akte auszudrücken, sie
ist überhaupt gar nichts weiter als ein Ausdruck ihrer
ganzen Geschichte. Alle Prädikate, die je von ihr ausgesagt
werden können, das geringfügigste nicht ausgenommen, sind
deshalb wesentliche Bestandteile ihrer Natur, sie sind
unauflöslich mit dieser verbunden und können weder durch
Gott noch durch ein sonstiges Wesen von ihr getrennt oder
geändert werden, ohne daſs die Substanz selbst aufgehoben
wird. Die Substanz ist daher nicht etwas Beharrendes

---

*) Vgl. Gesch. d. d. Phil. S. 106 f. und S. 153. An letzterer Stelle
heiſst es: „Die Monadenlehre zeigt in den einfachen Wesen die Grundbestandteile alles Seins auf; aber sie kann weder die individuelle Bestimmtheit jeder einzelnen Monade noch den Zusammenhang aller
Monaden anders als durch die Voraussetzung erklären, daſs sie alle ein
Ganzes bilden und jeder von ihnen ihre Natur und Entwicklung von
Anfang an nach Maſsgabe dessen bestimmt sei (nämlich durch Gott), was
die Rücksicht auf alle anderen und das Ganze fordert."

schlechthin, sondern sie ist das ihrer Entwicklung entsprechende Beharrende; der Begriff der Substanz ist dieser,
dafs sie eine vollständige Repräsentation ihres Entwicklungsganges ist.

, Diese Sätze sind, wie man sieht, eine notwendige und
unumgängliche Folgerung aus unserer bisherigen Darstellung,
insbesondere auch aus dem, was wir oben über den Begriff
der Repräsentation bemerkt haben. In der That zeigen
schon die blofsen Worte, die Monaden seien Repräsentationen, Ausdrücke, Bilder, Spiegel des Universums u. dgl.
mit Evidenz, dafs dieselben wesentlich auf die Welt bezogen
sind, dafs der gesamte Weltverlauf, wie er sich von ihrem
Gesichtspunkte aus darstellt, und mithin überhaupt alles, was
ihnen jemals geschieht, zu ihrem Begriffe gehört. Ebendies
geht aus den zahlreichen Angaben Leibnizens hervor, die Substanzen seien repräsentative Prinzipien, es sei ihre Natur,
ihr Wesen, ihren Körper und die äufseren Dinge in Gemäfsheit dieses Körpers auszudrücken u. dgl. m. Auch
werden sich die unzweideutigsten Beweise dafür aus der
jetzt folgenden Erörterung über die individuelle Substanz
sowie aus den späteren Abschnitten, vornehmlich aus demjenigen ergeben, welcher sich mit der sogenannten prästabilierten Harmonie beschäftigt. Wir können daher hier von
besonderen Belegen absehen.

Zweiter Abschnitt.
Die individuelle Substanz.

Leibniz stellt an die Spitze seiner frühesten monadologischen Schrift, des sogenannten „metaphysischen Dis-
kurses", den Satz von der individuellen Substanz. Er entwickelt zunächst den Begriff einer solchen Substanz und
leitet dann aus diesem sein gesamtes System ab. Auch in
dem an den „Diskurs" sich anschliefsenden Briefwechsel mit
Arnauld macht der Philosoph diesen Begriff zu dem beherr-

schenden Mittelpunkt seiner Erörterungen. Diese Thatsachen erheischen eine Erklärung.

Vor allem müssen wir uns darüber klar werden, worin
das Wesen der individuellen Substanz nach Leibniz besteht.
An sich würde es freilich einer solchen Klarstellung gar nicht
bedürfen, da der Philosoph sich an den genannten Orten
hinlänglich deutlich über diese Frage ausgesprochen hat.
Da jedoch bisher auch dieser Punkt mifsverstanden, vollständig mifsverstanden worden ist, so können wir uns doch
einer besonderen Auseinandersetzung nicht entschlagen.

Die bisherigen Darstellungen pflegen nämlich unter den
prinzipiellen Bestimmungen des Systems auch den Satz aufzuführen, dafs die Elemente der Dinge individuelle Wesen
seien; man mifst demselben sogar eine ganz hervorragende
Bedeutung bei, man erklärt, es sei die Grundtendenz der
Monadenlehre, im Gegensatz zu der Cartesianischen Schule
die Substantialität der Individuen wiederherzustellen. ja man
entwickelt bisweilen das ganze System oder doch die wichtigsten Thesen desselben aus dem Begriff des Individuums.
Unter einer individuellen Substanz versteht man aber allgemein eine Einzelsubstanz, d. h. also eine neben einer
Vielheit anderer Substanzen existierende und von diesen
getrennte und unterschiedene Substanz. Und wenn man
also sagt, die Grundbestandteile der Welt seien nach Leibniz
Individuen, so hat das keine andere Bedeutung, als dafs
die Welt aus Einzelsubstanzen in diesem Sinne bestehe.
Und diese angebliche Lehre Leibnizens pflegt man dann aus
dem Wesen der Kraft oder, was ja traditionell damit zusammenfällt, der Thätigkeit abzuleiten. Nachdem man
nämlich aus der Thatsache der körperlichen Erscheinungen
die Existenz von Kräften in der Natur nachgewiesen hat,
fügt man hinzu, jedes thätige Wesen sei notwendig ein
Einzelwesen; thätige Kraft und Individualität seien Wechselbegriffe, und mithin müsse die Substanz als Individuum gedacht werden.

Schon diese Ableitung ist indessen willkürlich; sie findet

sich nicht in den Quellen. Man glaubt sich dabei allerdings
auf mehrere Äufserungen Leibnizens stützen zu können.
Dieselben haben indessen durchgängig einen andern Sinn,
als man ihnen untergelegt hat. Die Hauptrolle spielt hierbei
eine schon früher von uns ätierte Stelle aus der Abhandlung: „De ipsa natura etc.". Leibniz erörtert in derselben.
wie man sich erinnern wird, unter anderem die Frage, ob
die Kreaturen aus sich selbst heraus thätig sind. Er bejaht
dieselbe, indem er darauf hinweist, dafs eine Thätigkeit
ohne ein Subjekt, ein Beharrendes, welches dieselbe ausübt,
überhaupt nicht möglich sei, und spricht sich dabei so aus:
„Soweit ich den Begriff der Handlung verstanden habe,
folgt aus ihr, dafs alle Handlungen irgendwelchen Subjekten
zukommen (actiones esse suppositorum). Und dies ist so
wahr, dafs man es auch umkehren kann, indem nicht nur
alles, was handelt, eine besondere Substanz (substantia sin-
gularis) ist, sondern auch jede besondere Substanz ununterbrochen handelt" (4, 509). Und diese Worte sollen nun bedeuten, dafs jedes thätige Wesen eine Einzelsubstanz, ein
Individuum sei und umgekehrt! Allein das würde ja gar
nicht in den Zusammenhang passen. Sie können nur den
Sinn haben, dafs jede Handlung ein Subjekt, ein Substrat, ein
Beharrendes voraussetze, und jedes Subjekt beständig handle,
welcher letztere Satz vollkommen klar wird, sobald man
bedenkt, dafs dieses Subjekt mit der Kraft identisch und
die Kraft, wie Leibniz noch kurz vorher betont, niemals ein
leeres Vermögen ist, sondern immer auch noch ein Streben
zur Thätigkeit enthält und wirklich thätig ist. Von der
individuellen Substanz ist daher hier schlechterdings keine
Rede, und wenn man dennoch etwas Derartiges in Leibnizens
Worten hat finden wollen, so hat man dies eben selbst erst
in sie hineingelegt. Nicht anders steht es mit den sonstigen
Belegen, die man beigebracht hat. Dieselben haben alle
keine Beziehung zu dem vorliegenden Gegenstand *). Die

*) In der Gesch. d. d. Phil. S. 107 Anm. wird eine ganze Reihe
von Belegen angeführt. Diese Anführungen aber erklären sich zum Teil

bisherige Begründung der Individualität der Leibnizischen Substanz ist daher verfehlt; in dem gesamten Umfange der Quellen findet sich keine Stelle, welche dieselbe unterstützen könnte, und sie kann sich auch nicht finden, weil Leibniz, wie wir sogleich hören werden, mit einer individuellen Substanz überhaupt etwas anderes bezeichnet, als man gewöhnlich gemeint hat. Übrigens ist diese Begründung auch an sich unmöglich. Denn der Satz, dass jedes thätige Wesen

überhaupt nur daraus, dafs hier der Begriff der Einzelsubstanz demjenigen der einfachen Substanz schlechtweg gleichgestellt wird (wie sich dies auch in den meisten anderen Darstellungen findet), sodafs der Satz, jedes thätige Wesen sei eine Einzelsubstanz und umgekehrt, unmittelbar mit dem anderen zusammenfällt, jedes thätige Wesen sei eine einfache Substanz und umgekehrt. Indessen scheint mir eine solche Gleichstellung nicht nur quellenwidrig, sondern vor allem auch an sich unhaltbar. Unter einer einfachen Substanz versteht man etwas anderes als unter einer Einzelsubstanz: auch folgt aus der Einfachheit einer Substanz durchaus noch nicht, dafs dieselbe eine Einzelsubstanz sei. Warum sollte es denn nicht blofs e i n e einfache Substanz geben können? (Denn die Einzelsubstanz erfordert doch ihrem Begriffe nach eine Vielheit von Substanzen.) Aus dem blofsen Begriff der Einfachheit würde sich dies niemals als unmöglich erweisen lassen. Unter diesen Umständen bleiben von den angegebenen Stellen nur noch zwei von Belang übrig: auch diese aber gehören nicht hierher. Die erste derselben ist nämlich ebenfalls der Abhandlung: „De ipsa natura etc." entnommen und lautet so (auch sie wurde schon früher zitiert): „So wenig vermehrt man den Ruhm Gottes, indem man das Idol der Natur aufhebt, dafs man vielmehr Gott selbst zur Natur der Dinge machen zu wollen scheint, da das, was nicht handelt, was der aktiven Kraft entbehrt, was der Unterscheidbarkeit (discriminabilitas) beraubt wird, keine Substanz sein kann" (4, 515). Wenn Leibniz hier von der Unterscheidbarkeit spricht und andeutet, dafs eine solche ohne aktive Kraft, ohne Thätigkeit nicht möglich sei, so bezieht er sich damit auf die vorhergehende Erörterung. Er zeigte in dieser, dafs, wenn die Bewegung nur eine successive Veränderung des Ortes sei, wenn man dem bewegten Körper nicht auch ein Streben nach Ortsveränderung und mithin eine aktive Kraft als das Prinzip dieses Strebens zugestehe, die verschiedenen Zustände der Bewegung nicht voneinander unterschieden werden könnten und dafs es mithin überhaupt keinen Unterschied in den Dingen geben würde. Allein damit, dafs ohne die Annahme einer thätigen Kraft keine Unterschiede existieren würden, ist doch noch keineswegs gesagt, dafs alles, was thätig ist, eine von anderen unterschiedene Substanz, eine Einzelsubstanz sein müsse: es würde sich vielmehr sehr wohl ein thätiges Wesen denken lassen, das nicht eine Einzelsubstanz ist. Das Gleiche gilt von der zweiten Stelle (6, 598). Übrigens wird die vorliegende Frage in der Gesch. d. d. Phil. in einer von unserer obigen Darstellung etwas abweichenden Weise behandelt: ich habe mich an die gebräuchlichste Darstellung gehalten.

ein Individuum sein müsse, ist unrichtig. Als ob nicht auch eine Substanz, welche nicht ein Individuum ist, thätig sein könnte! Als ob nicht auch Gott, der doch schwerlich ein Individuum genannt werden kann, nach Leibniz selbst eine thätige Substanz wäre *)!

Allein der Begriff der individuellen Substanz — und hiermit kommen wir zur Hauptsache — ist bisher überhaupt falsch gefafst worden. Die vorher genannten Schriften, in welchen der Philosoph eine Definition dieses Begriffes giebt, zeigen es deutlich. Um diese Definition zu verstehen, erinnern wir uns zunächst daran, dafs der Philosoph sich kein Handeln und Leiden denken kann ohne ein Beharrendes,

---

*) Auch Fischer leitet den Satz, dafs die Monaden Einzelsubstanzen, Individuen sind, aus ihrer Thätigkeit ab: „Wie nämlich jede Thätigkeit," sagt er, „eine bestimmte Handlung ist, so ist ihr Subjekt eine bestimmte, von anderen unterschiedene e i n z e l n e Substanz: Diese Bestimmungen sind für Leibniz geradezu Wechselbegriffe" (S. 334). „Es leuchtet ein," bemerkt er kurz danach, „dafs mit der Selbstthätigkeit auch die Selbstunterscheidung unmittelbar verknüpft ist, dafs die erste nicht gedacht werden kann ohne die zweite, dafs beide in einem und demselben Akt ein und dasselbe Wesen ausdrücken" (S. 335). Später aber setzt er auseinander, dafs die Monaden nur durch die passive Kraft oder die Materie zu Individuen werden (S. 358 ff.). Um nämlich die Annahme einer passiven Kraft zu begründen, erklärt er: „Ein solches Prinzip (eine passive Kraft) folgt aus dem Begriff der Monaden. Dieselben sind eigentümliche Substanzen oder Individuen. Um diesen individuellen Charakter auszudrücken, dazu gehört körperliche Kraft. Wären die Monaden reine Geister, so wären alle einander gleich. Dafs sie es nicht sind, sondern Individuen (Substanzen von körperlicher Energie), daraus folgt ihre Verschiedenheit. So wenig ohne diese Verschiedenheit die Monaden gedacht werden können, so wenig läfst sich diese ursprüngliche Verschiedenheit ohne das Prinzip der Materie erklären." Das scheint mir ein vollendeter Widerspruch zu sein. Folgt die Individualität der Monaden daraus, dafs sie t h ä t i g e Kräfte sind, dann kann sich dieselbe nicht erst durch die passive Kraft konstituieren; werden aber die Monaden erst durch die passive Kraft zu Individuen, dann kann ihre Individualität nicht schon damit gegeben sein, dafs sie thätige Kräfte sind. — Übrigens ist gerade Fischers Darstellung diejenige, welche, wie ich oben sagte, das ganze System oder doch wenigstens die wichtigsten Sätze desselben aus dem Begriff des Individuums ableitet. Trotzdem ist freilich auch er in keine nähere Untersuchung darüber eingegangen, was eigentlich Leibniz unter diesem Begriffe versteht, sondern hat denselben so übernommen, wie er sich auf Grund einer zweihundertjährigen Tradition einmal festgesetzt hat. Da nun dieser Begriff, wie wir sehen werden, von Grund aus falsch ist, so ist leicht zu sehen, dafs damit das ganze Gebäude des Leibnizischen Systems, wie er es sich denkt, zusammenfällt.

ein Subjekt, welchem dasselbe zukommt. Die individuelle Substanz ist nämlich in erster Linie ein Wesen, welches handelt und leidet, und zwar das Beharrende, das Subjekt, welchem wir diese Attribute beilegen. Näher aber ist sie dasjenige Subjekt, welchem wir individuelle Prädikate zuteilen können. Diese Definition ist indessen nur nominal und darum ungenügend. Denn soll das Zuteilen von Prädikaten ein objektives Verhältnis bezeichnen, so müssen dieselben in dem Begriff des Subjektes begründet sein; jedes wahrhafte Prädikat mufs in dem Subjekt, von welchem es ausgesagt wird, eingeschlossen sein. Die individuelle Substanz ist daher diejenige, aus deren Begriff sich nicht nur die allgemeinen, sondern auch alle besonderen, individuellen Prädikate, die ihr zugeschrieben werden können, überhaupt alles, was ihr jemals geschehen kann, alle Bedingungen, welche zu ihrer Existenz in irgend einem Zeitpunkte erforderlich sind, die Materie, der Ort, die Zeit und alle anderen Umstände bis ins kleinste Detail hinein ableiten lassen.

„Da die Handlungen und Leiden," sagt Leibniz, „der individuellen Substanz zukommen (die Handlungen gehören den Subjekten [actiones sunt suppositorum]), so ist es notwendig, zu erklären, was eine solche Substanz ist. Es ist sehr wahr, dafs man, wenn mehrere Prädikate einem und demselben Subjekte zugeteilt werden können und wenn das Subjekt keinem anderen zugeteilt werden kann, dieses eine individuelle Substanz nennt; aber eine solche Erklärung ist nur nominal. Man mufs also erwägen, was das heifst, einem Subjekt wahrhaft zugeteilt werden. Nun mufs jede wahrhafte Aussage in der Natur der Dinge einen Grund haben. Das Subjekt mufs daher immer die Prädikate einschliefsen, sodafs derjenige, welcher den Begriff des Subjekts vollkommen verstehen würde, auch wissen würde, dafs die Prädikate ihm zukommen. Dies vorausgesetzt, können wir sagen, dafs die Natur einer individuellen Substanz die ist, einen so vollständigen Begriff zu haben, dafs er genügt,

um sämtliche Prädikate des Subjekts, welchem dieser Begriff zugeteilt wird, daraus zu verstehen und abzuleiten.
Anstatt dafs das Accidens ein Wesen ist, dessen Begriff nicht
alles einschliefst, was man dem Subjekt zuteilen kann, dem
man diesen Begriff zuteilt. So ist die Eigenschaft König,
welche Alexander dem Grofsen zukommt, für ein Individuum
nicht hinlänglich bestimmt und schliefst nicht die anderen
Qualitäten desselben Subjekts ein, anstatt dafs Gott, indem
er den individuellen Begriff oder die Häcceität Alexanders
sieht, darin den Grund für alle Prädikate sieht, welche
wahrhaft von ihm ausgesagt werden können" (4, 432 f).
Die weiteren Belege für die obige Darstellung brauchen wir
wohl nicht wörtlich anzuführen. Vgl. 2, 19 f. 23, 37—46,
49—56.

Wir können indessen der Definition Leibnizens, um sie
dem Verständnis näher zu bringen, noch eine etwas andere
Form geben. Eine Substanz, aus deren Begriff ihre
gesamte Entwicklung folgt, ist offenbar identisch mit derjenigen, zu deren Begriff oder Wesen alles gehört, was
je von ihr ausgesagt werden kann, welcher alle ihre individuellen Begebenheiten wesentlich sind, von der auch
nicht das geringste Ereignis, welches ihr irgend einmal zu-
stofsen wird, getrennt oder hinweggedacht werden kann,
ohne dafs sie selbst vernichtet wird, in welcher niemals an
die Stelle auch des unscheinbarsten Prädikats, das ihr im
Laufe der Zeit zukommen wird, ein anderes gesetzt, in der
in keiner Beziehung je etwas geändert werden kann, auch
nicht durch Gott, ohne dafs sie selbst aufgehoben wird.
Ein solches Wesen versteht Leibniz unter einer individuellen
Substanz, nicht aber versteht er darunter, wie es die Tradition will, ein Einzelwesen. Allerdings ist die individuelle
Substanz des Philosophen auch ein Einzelwesen, aber deshalb besteht doch der Begriff derselben nicht darin, ein
Einzelwesen zu sein. Wenn man dies dennoch behauptet,
so ist das eine Erfindung der Interpreten des Philosophen,
die in den Quellen auch nicht den geringsten Grund hat,
nicht mehr und nicht minder.

Man sieht nun hieraus, dafs die individuelle Substanz genau dasselbe ist, was Leibniz sonst als Substanz oder Kraft im allgemeinen zu bezeichnen pflegt; denn die Substanzen des Philosophen sind ja ihrem Begriffe nach, wie wir früher hörten, Repräsentationen ihres gesamten Entwicklungsganges (vgl. S. 328 f.). Ist aber dies der Fall, so müssen wir notwendig fragen, warum der Philosoph in den (S. 329 E.) genannten Schriften überhaupt von der Bestimmung der individuellen Substanz und nicht vielmehr von derjenigen der Substanz schlechthin ausgeht. Man hätte erwarten sollen, dafs er dieselben mit einer Definition des Substanzbegriffes, wie er ihn durch seine früheren Untersuchungen gewonnen hatte und wie wir ihn im vorigen Abschnitte bestimmten, begann und dafs er höchstens dann aus dieser Definition die Folgerung zog, dafs seine Substanzen also individueller Natur seien. Wenn er aber statt dessen die individuelle Substanz als solche zu seinem Ausgangspunkt nimmt, so mufs dies einen besonderen Grund haben.

Indem nämlich Leibniz die individuelle Substanz zum Prinzip seines Systems macht, verneint er damit offenbar einen ganz bestimmten anderen Substanzbegriff; er sagt eben damit, dafs er nicht irgendwelche bestimmten anderen Substanzen, die er gerade im Auge hat, sondern individuelle Substanzen aufstellen wolle. Nun hat es aber keinen Sinn, Gedanken zu verneinen, zurückzuweisen, die von niemandem ausgesprochen worden sind. Der Philosoph richtet sich also gegen bestimmte Systeme, die nicht individuelle Substanzen für das wahrhaft Seiende gehalten haben.

Welches diese Systeme aber sind, läfst sich mit voller Sicherheit aus dem Begriffe der individuellen Substanz ersehen. Würde sich dieser Begriff mit demjenigen des Einzelwesens als solchen decken, wie man bisher wollte, dann würden wir urteilen müssen, Leibniz wende sich gegen den Spinozismus. Denn eine Lehre, welche das Einzelwesen,

das heifst also, wie oben bemerkt wurde, das neben einer
Vielheit anderer Substanzen existierende und von diesen
getrennte Wesen als ihr Prinzip proklamiert, würde eben
nur zu derjenigen Lehre den Gegensatz bilden können,
welche blofs e i n e Substanz anerkennt und alles Einzelsein
in dieser aufgehen läfst. Thatsächlich fafst man denn auch
gewöhnlich die Betonung der individuellen Substanz seitens
Leibnizens als eine bewufste Reaktion gegen den Pantheismus
Spinozas auf. Nun besteht aber die Natur der individuellen
Substanz vielmehr darin, dafs sich aus ihrem Begriffe a l l e s
ableiten läfst, was ihr jemals geschehen wird. Daher kann
der Satz von der individuellen Substanz nicht gegen dasjenige System gerichtet sein, welches blofs e i n e Substanz
gelten läfst, sondern schlechterdings nur gegen dasjenige,
welches blofs solche Substanzen, aus deren Begriff n i c h t
a l l e s, was ihnen je zugeschrieben werden kann, sondern
nur ein Teil davon, nur die a l l g e m e i n e n Prädikate folgen,
welches mit anderen Worten blofs a l l g e m e i n e Substanzen
gelten läfst.

Das ist eine notwendige, ganz unabweisliche Folgerung.
Individuell ist eben diejenige Substanz, welche für a l l e
Prädikate, die ihr beigelegt werden können, den Grund
bildet; ihr Gegensatz kann also nur in derjenigen Substanz
gefunden werden, welche n i c h t für a l l e, sondern nur für
die a l l g e m e i n e n Prädikate den Grund bildet. Leibniz
weist selbst an derjenigen Stelle, an der er zuerst die Definition der individuellen Substanz giebt, ausdrücklich darauf
hin, indem er der individuellen Substanz die Accidenzien,
d. h. eben die den Dingen zukommenden allgemeinen Prädikate, wie die Gattungsbegriffe, gegenüberstellt. Er sagt
ja, wie wir schon hörten, im Gegensatz zu der individuellen
Substanz: „Das Accidenz dagegen ist ein Wesen, dessen
Begriff nicht alles einschliefst, was man dem Subjekte zuteilen kann, dem man diesen Begriff zuteilt. So ist die
Eigenschaft König, welche Alexander dem Grofsen zukommt,
für ein Individuum nicht hinlänglich bestimmt und schliefst

nicht die anderen Qualitäten desselben Subjekts ein, anstatt
dafs Gott, indem er den individuellen Begriff oder die Häcceität Alexanders sieht, darin den Grund für alle Prädikate
sieht, welche wahrhaft von ihm ausgesagt werden können"
(4, 433). Auch sonst stellt der Philosoph der individuellen
Substanz die allgemeinen Formen, die Gattungsbegriffe entgegen. So heifst es: „Der Begriff einer Art schliefst nur
ewige oder notwendige Wahrheiten ein, aber der Begriff
eines Individuums schliefst alles ein, was sich auf die
Existenz der Dinge und auf die Zeit bezieht. Auch ist der
Begriff der Kugel im allgemeinen unvollständig oder
abstrakt, d. h. man betrachtet darin nur die Essenz der
Kugel im allgemeinen, ohne auf die besonderen Umstände Rücksicht zu nehmen, und folglich schliefst sie keineswegs das ein, was zu der Existenz einer bestimmten Kugel
gehört; aber der Begriff der Kugel, welche Archimedes auf
sein Grab setzen liefs, ist vollständig und mufs alles einschliefsen, was dem Subjekt dieser Form zugehört. Deshalb
geht in die individuellen Betrachtungen, die es mit den besonderen Dingen zu thun haben, aufser der Form der Kugel
auch die Materie ein, aus der sie gemacht ist, der Raum,
die Zeit und die anderen Umstände u. s. w." (2, 39;
ebso. 49). „Der Begriff des Ich im besondern und jeder
anderen individuellen Substanz ist unendlich viel inhaltvoller
als ein Artbegriff, wie derjenige der Kugel, welcher nur
unvollständig ist und nicht alle Umstände in sich schliefst,
welche notwendig sind, um zu einer bestimmten Kugel zu
kommen. Um zu verstehen, was das Ich ist, genügt es
nicht zu sagen, dafs ich mich als eine Substanz fühle,
welche denkt, sondern man müfste auch deutlich begreifen,
was mich von allen anderen möglichen Geistern unterscheidet. Aber ich habe davon nur eine konfuse Erfahrung.
Das macht, dafs, obwohl es leicht ist zu urteilen, dafs die
Gröfse des Durchmessers nicht in dem Begriff einer Kugel
im allgemeinen enthalten ist, es nicht so leicht ist, zu
beurteilen, ob die Reise, die ich im Sinne habe, in meinem

Begriff eingeschlossen ist" (52 f; ebso. 45 f). „Sie sagen, mein
Herr, mit Recht, dafs es nicht möglich ist, mehrere mögliche Adame zu begreifen, indem Sie nämlich Adam für eine
einzelne Natur nehmen. Allein wenn ich von mehreren
Adamen sprach, so nahm ich Adam nicht für ein bestimmtes
Individuum, sondern für eine unter der Form der Allge-
meinheit begriffene Person, unter Umständen, welche Adam
nicht hinlänglich zu einem Individuum bestimmen, wie wenn
man Adam für den ersten Menschen nimmt, den Gott in
einen Garten setzte . . . . . Aber alles das bestimmt ihn
nicht genügend, und es würde mehrere Individuen geben,
welchen alles dieses zukommen würde . . . . . Was einen
einzelnen Adam bestimmt, mufs absolut alle sogenannten
Prädikate einschliefsen, und das ist dieser vollständige Begriff, welcher das Allgemeine zu einem Individuum bestimmt"
(54; und überhaupt 37—46 u. 49 — 56). Und in einer
späteren Abhandlung sagt der Philosoph: „Dies ist der
Unterschied zwischen den allgemeinen und den individuellen
Substanzen (substances universelles et individuelles), dafs
in dem Begriffe der letzteren auch die zufälligen Prädikate
eingeschlossen sind" (7, 312 A). Vgl. auch 6, 346, 390, und
vielleicht noch öfter.

Die Hervorhebung der individuellen Substanz seitens
Leibnizens zielt also nicht gegen den Cartesianismus oder
gar den Spinozismus, wie man geglaubt hat, sondern gegen
diejenigen Systeme, welche blofs den allgemeinen Substanzen,
blofs den allgemeinen Formen der Dinge wahrhafte Realität
zusprechen. Nun, solche allgemeinen Substanzen sind bekanntlich von den grofsen Denkern des Altertums, von einem
Plato und Aristoteles aufgestellt und von den Scholastikern
übernommen worden, und so sehen wir uns durch die denkbar
einfachste und einleuchtendste Überlegung zu einem Resultate gedrängt, das mit unseren früheren Ergebnissen in
einer überraschenden Übereinstimmung sich befindet: Indem
Leibniz die individuelle Substanz an die Spitze seines Systems
stellt, zeigt er, dafs dasselbe die Tendenz hatte, die allge-

22*

meinen Substanzen des Altertums und der Scholastik zu
beseitigen.

Und damit beantwortet sich die obige Frage, wie der
Philosoph dazu kam, in seiner monadologischen Erstlings-
schrift von der individuellen Substanz seinen Ausgangspunkt
zu nehmen, höchst einleuchtend. Leibniz ging, wie wir aus
dem Früheren wissen, an die Bildung seines Systems in der
Absicht, die antike formalistische mit der modernen mechanischen Weltanschauung zu versöhnen, und er stellte sich
daher das Problem, ob nicht alle Einzelphänomene der
Natur mit den Neueren allerdings rein mechanisch erklärt
werden können und müssen, aber die Prinzipien des Körpers und seiner Eigenschaften selbst, des Mechanismus
selbst nach dem Vorgange der Alten in den substantiellen
Formen gesucht werden müssen. Damit aber war es von
selbst gegeben, daſs, während die Substanzen der Alten nur
die Prinzipien für die allgemeinen Formen der Dinge, nur
die Gattungsbegriffe darstellten, allgemeiner Natur waren,
die Leibnizischen Substanzen die Prinzipien für die materiellen, konkreten Dinge selbst und mithin individueller
Natur sein muſsten. Die Tendenz, das Altertum durch die
neuere Wissenschaft zu ergänzen, fiel daher unmittelbar mit
der anderen zusammen, an die Stelle der Prinzipien für die
bloſsen Formen der Dinge Prinzipien für die wirklichen und
darum individuellen Dinge selbst, für den Körper, die Bewegung und den Widerstand, für die thatsächlichen Vorgänge
in der Welt zu setzen, kurz, die abstrakten, allgemeinen
Substanzen eines Aristoteles durch konkrete, individuelle
Substanzen abzulösen. Von derartigen Grundgedanken aus
unterzog er dann den Begriff der Bewegung einer eingehenden Untersuchung. Er fand, daſs das Prinzip derselben in der Kraft, in einer Substanz bestehe, welche die
gesamte Thätigkeit des Körpers in einem Akte repräsentiert. Diese Kraft, diese Substanz war also die individuelle
Substanz, die er suchte. Es war mithin ganz natürlich, daſs
er seinem „metaphysischen Diskurs" nicht die Definition der

Substanz überhaupt, sondern diejenige der individuellen Substanz zu Grunde legte.

In den späteren Schriften verschwindet dann der Ausdruck „individuelle Substanz", oder er erscheint wenigstens nur sehr selten (besonders in dem wichtigen „specimen inventorum de admirandis naturae generalis arcanis", 7, 309—318). Leibniz spricht da fast immer nur von einer Substanz schlechthin. Wie er nämlich zu diesen Schriften durchgehends durch Fragen, Bedenken und Einwürfe zeitgenössischer Gelehrter veranlaßt wurde, so handelte es sich für ihn hier überall darum, die Resultate seiner Monadenlehre vom Standpunkte der modernen Philosophie aus darzustellen und zu erläutern, und diesem Standpunkte war natürlich jene auf das Altertum gerichtete Tendenz Leibnizens fremd; es war daher von selbst gegeben, daß dieselbe je länger, je mehr in den Hintergrund gedrängt wurde, die „Substanz" schlechthin an die Stelle der „individuellen Substanz" trat. An den vorherigen Auseinandersetzungen wird dadurch selbstverständlich nicht das Geringste geändert.

Dritter Abschnitt.

Die Thätigkeit der Monaden als Folge ihrer Natur. Die Monaden als Ausdrücke des gesamten Universums.

Die Substanz ist zunächst etwas Beharrliches. Als solches ist sie ein Akt, und zwar derjenige, welcher ihre gesamte Vergangenheit, Gegenwart und Zukunft in sich repräsentiert. Allein dieser Akt ist ein bloßes Vermögen, aus dem noch keine Handlung hervorgeht. Das Prinzip der zeitlichen Thätigkeit der Substanz besteht vielmehr in einem Streben. Der Gegenstand dieses letzteren ist die Verwirklichung desjenigen Zieles, zu welchem die Entwickelung der Substanz, so wie sie in jenem Akte angelegt ist, hinführt. Ist aber das Streben auf das Ziel der Entwickelung der Substanz gerichtet, so ist es zugleich auch auf alle diejenigen Handlungen ge-

richtet, welche in derselben begriffen sind, da ja ohne diese
jenes Ziel nicht erreichbar wäre (vgl. dar. S. 101 ff.). Aus
dieser primitiven Tendenz, welche alle besonderen Tendenzen
in sich enthält, ergiebt sich also die gesamte Thätigkeit der
Substanz. Mithin sind alle ihre Zustände eine Folge ihres
ursprünglichen Zustandes, jeder gegenwärtige eine Folge aller
vorhergehenden und jeder zukünftige eine Folge ihres gegenwärtigen. Die Gegenwart der Substanz geht jederzeit mit
ihrer Vergangenheit und Zukunft schwanger. Leibniz leitet
diese bekannten Bestimmungen ausdrücklich aus dem Begriffe
der Substanz ab (so 2, 57, 113 E. u. a.) und sagt, sie seien
derselben wesentlich oder sie liegen in ihrer Natur (z. B. 4,
518, 521, 579; 2, 282, 503; 6, 610,22 u. a.). Indessen dürfen dieselben nicht mißverstanden werden. Wie das Streben
der Monaden anderer Art ist als das Streben des bewegten
Körpers, wie es wesentlich ein Begehren ist, so gehen auch
ihre Zustände nicht mechanisch aus ihrem Anfangszustande
hervor, und sie gehen nicht notwendig aus demselben hervor,
wie dies allerdings bei dem bewegten Körper der Fall ist,
sondern sie resultieren in der Weise auseinander, wie in
einem begehrenden, zweckthätigen Wesen aus einer Begierde
die Gesamtheit aller derjenigen Handlungen resultiert, welche
diese Begierde am wirksamsten zu befriedigen scheinen,
d. h. mit Freiheit. Jeder gegenwärtige Zustand der Substanzen ist eine Folge ihres vorhergehenden Zustandes, aber
eine zufällige und freie Folge desselben, wie Leibniz besonders hervorzuheben pflegt (z. B. 2, 57; 4, 475 u. ö.). Vollkommen klar wird dies aber erst durch unsere späteren Erörterungen über die Freiheit werden. Hier mußten wir nur
deshalb diese Dinge streifen, weil die angegebenen Sätze
Leibnizens zu leicht einem für die Auffassung des ganzen
Systems unheilvollen Mißverständnis ausgesetzt sind.

Wie ferner die Monaden ihre Vergangenheit und Zukunft ausdrücken, so drücken sie auch das gesamte Univer-

sum aus. Leibniz begründet diesen letzteren Satz damit, dafs die Welt vollständig mit der Materie erfüllt und diese ins Unendliche gleichmäfsig geteilt sei, mithin selbst die unscheinbarste Bewegung ihre Wirkung auf sämtliche Körper erstrecken müsse. Jede Substanz stellt ja doch nach dem Früheren die Welt gemäfs den Eindrücken dar, welche dieselbe in ihrem Leibe hervorbringt; teilt sich also jedwede Bewegung und Veränderung in dieser Welt allen Körpern mit, so mufs notwendig auch der Leib der einzelnen Substanz von jeder dieser Bewegungen affiziert werden, woraus dann folgt, dafs sie alles, was in dem Universum vorgeht, das gesamte Universum wahrnehmen mufs.

„Die geringste Bewegung,“ sagt der Philosoph, „teilt sich ebensoweit mit, als sich die Materie erstreckt; wenn man die Natur der Bewegung und der Materie betrachtet, überzeugt man sich davon“ (2, 45). „Wegen der Kontinuität· und der Teilbarkeit der ganzen Materie erstreckt die geringste Bewegung ihre Wirkung auf die benachbarten Körper und folglich ins Unendliche von Nachbar zu Nachbar, aber in entsprechendem Mafse“ (112). „Setzt man die Vielheit der Welt und die gleichmäfsige Teilbarkeit der Materie voraus, so folgt aus den Gesetzen der mannigfachen Bewegung, dafs jeder Punkt von jedem anderen angebbaren Punkt wegbewegt wird“ (300). „Da die Körper teilbar und sogar ins Unendliche wirklich geteilt sind und alles davon voll ist, so folgt, dafs der geringste Körper einen Eindruck von der geringsten Veränderung aller anderen erhält, so entfernt und klein sie auch sein mögen“ (4, 557). „Wegen der Vollheit der Welt ist alles verbunden, und handelt jeder Körper auf jeden anderen je nach der Entfernung“ (6, 599). „Da alles voll ist und im Vollen jede Bewegung eine Wirkung auf die entfernteren Körper nach Mafsgabe der Entfernung ausübt, sodafs jeder Körper nicht blofs von denjenigen, welche ihn berühren, affiziert wird, sondern auch von denjenigen, welche diesen wieder berühren, so folgt, dafs diese Kommunikation auf jede beliebige Entfernung erfolgt. Mithin fühlt jeder

Körper alles mit, was in dem Universum vorgeht" (617, 61
u. 62; ebenso 7, 311, 317 f., 542, 567 u. a.).

Gesteht man dem Philosophen die absolute Vollheit der
Welt und die kontinuierliche, gleichmäfsige Geteiltheit der
Materie zu, hält man es für ausgeschlossen, dafs die Welt
aus einzelnen Systemen besteht, die, trotz ihrer Verkettung
miteinander im allgemeinen, doch noch ein besonderes Dasein führen, doch noch Bewegungen zulassen,
welche ihnen allein eigen sind, so wird man allerdings seinen
Folgerungen die Zustimmung nicht versagen können. Es
scheint dann in der That undenkbar, dafs irgend eine Bewegung möglich sein sollte, deren Folgen sich nicht auf die
ganze Welt erstrecken, dafs irgend eine Veränderung sollte
unterbleiben oder anders sein können, ohne dafs der Zustand
der gesamten Welt dadurch alteriert würde. Dennoch dürfte
dies nicht der einzige, vielleicht nicht einmal der ursprüngliche Grund für die Bestimmung gewesen sein, dafs die
Monaden das ganze Universum vorstellen.

Dieselbe wird nämlich durch die Voraussetzungen der
Monadenlehre mit Notwendigkeit gefordert. Dieses System
geht ja, wie wir früher dargelegt haben, nicht von der Annahme aus, dafs unsere Vorstellungen die Erscheinungen
einer an sich bestehenden Welt, sondern von der anderen,
dafs die äufseren Dinge selbst in uns repräsentiert seien.
Würden nun unsere Vorstellungen die Erscheinungen,
die Wirkungen realer Substanzen sein, so liegt es auf der
Hand, dafs wir keineswegs das gesamte Universum vorzustellen brauchten; denn es wäre ja sehr wohl denkbar, dafs
eine mehr oder minder grofse Anzahl jener Substanzen überhaupt keine Wirkung auf uns ausübte, mit ihren Veränderungen gar nicht unsere Organe träfe, mithin auch nicht von
uns bemerkt werden könnte. Eben deshalb pflegt man ja
auch in der That gemeinhin anzunehmen, dafs wir nicht alle
Vorgänge in der Welt wahrnehmen; ja, dieser Satz gilt dem
gewöhnlichen Verstande als so selbstverständlich, dafs ihm
das Gegenteil als eine Absurdität erscheint. Ganz anders

stellt sich aber die Sache von Leibnizens Standpunkte aus
dar, wonach unsere Vorstellungen nicht die Erscheinungen
unabhängig von uns existierender Substanzen bezeichnen, sondern die äufseren Dinge selbst, die Objekte selbst in uns
repräsentiert sind. Denn sind die äufseren Dinge selbst,
die Objekte selbst in uns repräsentiert, so können wir
natürlich nicht blofs von einem Teile des Universums, sondern wir müssen notwendig von dem gesamten Universum
eine Perzeption haben, da ja alle Teile desselben ganz in
gleicher Weise zu den äufseren Dingen, zu den Objekten
gehören, die äufseren Dinge aber eben selbst in uns
repräsentiert sein sollen. Mit der Prämisse, dafs wir nicht
die Erscheinungen eines Realen vorstellen, sondern dafs
die Aufsenwelt selbst in uns ausgedrückt sei, ist es daher
unmittelbar gegeben, dafs wir die ganze Welt vorstellen
müssen.

Wie unvermeidlich dieser Satz unter einer solchen Voraussetzung ist, ergiebt sich vielleicht noch einleuchtender und
augenfälliger aus den Konsequenzen der letzteren. Weil
nämlich dem System die Anschauung zu Grunde liegt, dafs
die äufseren Dinge selbst in uns repräsentiert seien, so
beschäftigt es sich auch allein mit der Frage nach den Prinzipien dieser in uns repräsentierten Dinge selbst, und
infolgedessen werden auch die Monaden nur deshalb von
dem Philosophen angenommen, damit es Substanzen gebe,
in welchen die Dinge, die wir vorstellen, selbst realisiert
sind, welche das als Wesenhaftes, was die von uns vorgestellten Dinge als Phänomene sind, oder damit es Substanzen
gebe, in welchen unsere Phänomene repräsentiert sind, wie
denn auch die Monaden wesentlich gar nichts anderes als
die Repräsentationen unserer Phänomene sind. Verhält es
sich aber so. dann ist es ja selbstverständlich, dafs alle
Phänomene, welche durch die Gesamtheit der Monaden
repräsentiert werden, in uns vorhanden sein müssen. Denn
wenn einige von ihnen fehlen würden, so würde man zu dem
Widerspruche kommen, dafs die Monaden zwar nur deshalb

von dem Philosophen aufgestellt und eingeführt werden,
damit Wesen existieren, in welchen unsere Phänomene
repräsentiert sind, dafs aber die Phänomene, deren Repräsentationen sie darstellen, teilweise gar nicht in uns anzutreffen
sind. Müssen wir aber sämtliche Phänomene, welche durch
die Substanzen repräsentiert werden, vorstellen, so heifst
dies ja gar nichts anderes, als dafs wir das ganze Universum
vorstellen müssen. So führen die Konsequenzen der angegebenen Voraussetzung der Monadenlehre mit zwingender
Notwendigkeit zu dieser letzteren Bestimmung, was der beste
Beweis dafür ist, dafs dieselbe von vornherein in jener Voraussetzung implizite bereits enthalten ist.

Müssen wir selbst nun nach dem System des Philosophen
notwendig von allem, was in der Welt vorgeht, eine Kenntnis
haben, so gilt dasselbe und zwar aus dem gleichen Grunde
auch von den übrigen Monaden aufser uns, da ja deren Vorstellungen ebenfalls nicht die Erscheinungen eines an
sich Seienden darstellen, vielmehr die äufseren Dinge selbst
in ihnen repräsentiert sind, worin nach dem Vorherigen eo
ipso liegt, dafs der gesamte Weltlauf sich in ihnen abspiegeln
mufs. Und ebenso trifft auch das indirekte Argument, welches wir soeben in Bezug auf uns selbst geltend machten,
nicht minder auf alle anderen Substanzen zu. Denn alle
Monaden stehen ja zu jeder einzelnen in dem Verhältnis,
dafs sie die Repräsentationen der von dieser einzelnen
Monade vorgestellten Dinge und Phänomene sind, woraus
ohne weiteres folgt, dafs die letztere alle von den übrigen
Monaden repräsentierten Phänomene, d. h. alle äufseren
Dinge bemerken mufs.

Hieraus ersieht man nun deutlich, dafs die Lehre Leibnizens, wonach die Monaden das gesamte Universum ausdrücken und vorstellen, eine notwendige Folge des besonderen Standpunktes ist, von dem aus er die Welt der Objekte
betrachtet; dieselbe bildet einen integrierenden, untrennbaren
Bestandteil des Systems, dergestalt, dafs dasselbe ohne sie
überhaupt nicht gedacht und aufrecht erhalten werden kann.

Muſs aber dies anerkannt werden, dann werden wir auch
nicht mehr glauben können, der Philosoph sei zu dieser Lehre
in erster Linie durch die Erwägung veranlaſst worden, daſs
wegen der Kontinuität und gleichmäſsigen Teilbarkeit der
Materie jede Bewegung ihren Einfluſs auf alle Körper äuſsern
müsse. Vielmehr werden wir vermuten dürfen, daſs er dieselbe im Verfolge seiner eigenen Grundanschauungen gefunden, daſs er sie in erster Linie deshalb aufgestellt habe,
weil sie durch diese Anschauungen gefordert wurde, und
daſs er erst dann zum Zwecke einer wissenschaftlichen
Begründung derselben auf die besagte Erwägung zurück-
gegriffen habe.

So drücken alle Monaden ein und dasselbe Universum
aus, aber jede von ihnen drückt es in einer nur ihr eigenen
Weise aus, nämlich gemäſs dem Gesichtspunkte, von welchem
aus sie dasselbe wahrnimmt; wie eine und dieselbe Stadt
in mehreren Beschauern ganz verschieden repräsentiert ist
je nach der Position, welche sie einnehmen, so ist auch das
Universum in jeder Monade verschieden und eigenartig dargestellt. Alle Substanzen sind nur die besonderen Ansichten
der Welt, von ihren einzelnen Seiten aus gesehen, und gleichsam die Variationen eines und desselben Themas; jede ist
das im kleinen und nach ihrer Art, was die Welt im groſsen
ist; jede ist eine konzentrierte Welt, ein Spiegel des Universums von dem ihr eigentümlichen Standorte aus, und dieses
ist in ihnen allen ebenso oft und mannigfach vervielfältigt,
als es Substanzen giebt. Wir kennen keine Bestimmung des
Systems, welches die wunderbare Schönheit desselben deutlicher zum Bewuſstsein zu bringen geeignet wäre.

Daſs übrigens die Substanz imstande ist, eine Unendlichkeit von Eindrücken zu empfangen, ist nach Leibniz nur
dadurch möglich, daſs ihr Körper unendlich viele Teile hat,
von denen jeder eine eigene, irgend einer Veränderung des
Universums entsprechende Bewegung hat. Die Substanz ist
ja wesentlich eine Repräsentation ihres Körpers; würde dieser
also nicht das ganze Universum reflektieren, so würde auch

sie selbst es nicht wahrnehmen können. Dafs aber der Körper dasselbe reflektieren kann, kommt eben daher, weil er
eine Unendlichkeit von Teilen in sich befafst. „Man kann,"
sagt Leibniz, „den Zustand des gesamten Universums in
demjenigen jedes Teiles desselben lesen. Was nicht möglich
sein würde, wenn nicht überall alles bis ins Unendliche geteilt wäre, damit jedes mit allen anderen mitfühlen kann.
Und durch dieses Mittel repräsentiert jede Seele, indem sie
ihren Körper repräsentiert, auch das ganze Universum" (3,
383). „Niemals entsteht eine neue organische Maschine der
Natur, weil sie immer unendlich viele Organe hat, so dafs
sie das ganze Universum nach ihrer Art repräsentiert" (2,
251 A.). „Jede Substanz führt mit Hülfe unendlich vieler
Teile, die verschiedene Bewegungen ausführen, unendlich
viele Handlungen aus" (307). „Jeder Teil der Materie ist
nicht blofs teilbar, sondern wirklich ohne Ende geteilt; jeder
Teil in Teile, von welchen jeder eine eigene Bewegung hat:
sonst würde es unmöglich sein, dafs jeder Teil der Materie
das ganze Universum ausdrücken kann" (6, 618, 65). „Dafs
man in dem geringsten Teile der Materie das ganze Universum lesen kann, würde unmöglich sein, wenn die Materie
nicht wirklich ins Unendliche geteilt wäre" (627) u. a.

Vierter Abschnitt.

Die Unterschiede in den Vorstellungen. Das Gesetz der Kontinuität.

Die Monade repräsentiert schon ursprünglich ihre gesamte zukünftige Thätigkeit; aber sie repräsentiert dieselbe,
wie aus dem Früheren hervorgeht, nur unentwickelt und mithin nur schwach und unmerklich. Ferner drückt sie das
ganze Universum aus, aber sie drückt nicht alle Vorgänge
in demselben gleich kräftig aus. Denn da sie wesentlich
passiv ist, so stellt sie die Welt nur gemäfs den Beziehungen
dar, welche dieselbe zu ihrem Leibe hat, nimmt sie die

Dinge nur vermittelst der Eindrücke wahr, welche dieselben
auf ihre Organe machen. Diese Eindrücke sind aber natürlich von den verschiedenen Teilen der Welt verschieden
stark; sie werden um so schwächer sein, je weiter die betreffenden Dinge von dem Körper der Substanz entfernt sind;
ja wenn diese Entfernung nur einigermafsen bedeutend ist,
werden sie kaum mehr merkbar sein. Da nun aber das
Universum unermefslich grofs ist, so wird die Substanz von
den allermeisten Veränderungen in demselben nur höchst
geringfügige Eindrücke erhalten und es mithin nur höchst
unvollkommen repräsentieren. Die Monade hat daher in
jedem Momente eine Unendlichkeit von Vorstellungen (von
der gesamten Welt wie von ihrer gesamten Zukunft und
Vergangenheit), aber der weitaus gröfseste Teil derselben ist
nur aufserordentlich klein.

Auf dieser Thatsache beruht nun der Unterschied der
Deutlichkeit und Verworrenheit der Vorstellungen. Da nämlich die Substanz so viele Vorstellungen auf ein mal hat
und die meisten von diesen so klein sind, dafs sie für sich
nicht die Aufmerksamkeit erregen, so ist sie nicht imstande,
alle ihre Vorstellungen einzeln aufzufassen, auf jede von
ihnen im besondern acht zu haben, vermag sie dieselben
nicht voneinander zu sondern und auseinanderzuhalten und
mithin nicht deutlich, sondern nur in konfuser Weise wahrzunehmen. Eine konfuse Vorstellung ist eben, wie das Wort
selbst besagt, diejenige, welche eine Menge von Vorstellungen
in sich enthält, die an sich zwar wie die deutlichen sind,
die aber aus irgend einem Grunde nicht voneinander getrennt werden, sondern in unserem Bewufstsein zu e i n e r
Vorstellung zusammenfliefsen. So ist das Rauschen des
Meeres eine konfuse Vorstellung, weil sie nur dadurch zustande kommt, dafs die Vorstellungen der von den einzelnen
Meereswellen herrührenden Geräusche nicht voneinander
gesondert, sondern zu e i n e r Gesamtvorstellung verschmolzen
werden; so ist das Geschrei eines Volkshaufens eine konfuse Vorstellung, weil die Vorstellungen der einzelnen

Stimmen, aus denen es sich zusammensetzt, darin nicht für
sich hervortreten u. dgl. m. Die Substanz hat daher zu
jeder Zeit eine Vorstellung von ihrem gesamten Entwicke-
lungsgang und von dem gesamten Universum; aber um das
schöne Gleichnis Leibnizens zu wiederholen, wie wir, wenn
wir am Gestade des Meeres spazieren gehen, die vielen
kleinen Geräusche, welche das letztere verursacht, nicht voneinander zu unterscheiden vermögen, sondern nur den allgemeinen Eindruck eines Getöses erhalten; genau in derselben
Weise können auch die Substanzen ihre Vorstellungen wegen
der Menge und wegen der Kleinheit derselben nicht einzeln
und getrennt, sondern nur in Verbindung miteinander, in ihrer
Gesamtheit auffassen; sie können nur den Totaleindruck, den
sie alle zusammen auf sie machen, aber sie können nicht die
einzelnen Vorstellungen als solche, sie können mit e i n e m
Worte ihre Vorstellungen größtenteils nicht deutlich, sondern
nur konfuse bemerken.

So folgt aus dem Wesen der Monade selbst, daß
sie nicht bloß deutliche, sondern auch verworrene Vorstellungen hat. Es liegt eben in der Natur der Substanz, daß
sie in jedem Augenblicke unendlich viele Vorstellungen in
sich schließt und daß diese Vorstellungen zum Teil nur
schwach und unmerklich sind; damit ist aber der Unterschied der Deutlichkeit und Verworrenheit der Vorstellungen
unmittelbar gegeben. Und was den Umfang der deutlicheren
Vorstellungen der Substanz betrifft, so erhellt aus dem Vorhergesagten, daß dieser gegenüber demjenigen ihrer konfuseren Vorstellungen verschwindend klein ist; er umfaßt
lediglich einen geringen Bruchteil ihrer Vergangenheit und
die nächstliegenden Ereignisse der Gegenwart; alles übrige,
insbesondere ihre gesamte Zukunft, repräsentiert sie verworrener.

„Die konfusen Vorstellungen," sagt Leibniz, „sind nichts
anderes als eine Menge von Gedanken, welche an sich wie
die deutlichen sind, welche aber so klein sind, daß jede für
sich nicht unsere Aufmerksamkeit erregt und sich nicht

unterscheiden läfst" (4. 574 f.). „Die Folgen der konfusen
Gedanken repräsentieren die Bewegungen des Körpers, deren
Menge und Kleinheit nicht erlaubt, dafs wir sie deutlich
bemerken" (591). „Jede Substanz enthält das ganze Universum durch ihre konfusen Vorstellungen . . . Es ist aber
unmöglich, dafs die Seele deutlich bemerken kann, wie diese
unzählige Zahl von kleinen, gehäuften oder vielmehr kon-
zentrierten Vorstellungen sich in ihr bildet" (6, 356 f.). „Es
giebt eine Unendlichkeit von Vorstellungen in uns, die wir
nicht bemerken, weil die Eindrücke zu klein und in zu
grofser Zahl sind, sodafs sie nichts hinlänglich Unterschie-
denes haben, aber verbunden mit andern haben sie doch
ihre Wirkung und machen sich wenigstens in einer konfusen
Weise bemerklich" (5, 46 ff. u. oft). „Jede Substanz drückt
das Universum aus, obwohl diese Kombination einer Unendlichkeit von Dingen hindert, dafs sie eine deutliche Kenntnis
davon hat" (4, 475 f.). „Die Seele fühlt die ganze Folge
ihrer Handlungen konfus. Aber diese unendliche Menge
von Vorstellungen hindert uns, sie zu unterscheiden, wie,
wenn ich den wirren Lärm eines ganzen Volkshaufens höre,
ich nicht eine Stimme von der anderen unterscheide" (521).
„Die konfusen Gedanken sind nur weniger unterschieden
und entwickelt wegen ihrer Vielfachheit" (563). „Die Vorstellungen unserer Sinne müssen ein konfuses Gefühl enthalten; denn unser Körper empfängt die Eindrücke aller
anderen Körper, und obwohl unsere Sinne sich auf alles
beziehen, ist es doch nicht möglich, dafs die Seele auf alles
im besondern acht haben kann; deshalb sind unsere konfusen Gefühle das Resultat einer Mannigfaltigkeit von Vorstellungen. Und das ist fast ebenso, wie das konfuse
Murren, welches diejenigen hören, die sich dem Gestade des
Meeres nähern, von der Menge der unzähligen Wellen kommt.
Wenn von mehreren Vorstellungen keine ist, die sich vor der
anderen auszeichnet und wenn sie fast gleiche Eindrücke
machen, kann sie die Seele nur verworren bemerken" (459).
„Jede Seele kennt das Unendliche, aber verworren; wie,

wenn ich am Ufer des Meeres spazieren gehe und das grofse
Geräusch höre, welches es verursacht, ich die besonderen
Geräusche jeder Welle höre, aber ohne sie zu unterscheiden,
so sind unsere konfusen Vorstellungen das Resultat der Ein-
drücke, welche das ganze Universum auf uns macht" (6, 604).
Vgl. ferner 6, 628; 2, 91, 171 u. oft.

Aus dieser Darstellung erhellt zugleich, dafs die Grenze
zwischen den deutlichen und konfusen Vorstellungen eine
fliefsende ist. Eine konfuse Vorstellung ist eben diejenige,
welche eine gröfsere Anzahl einzelner Vorstellungen in sich
schliefst, die nicht voneinander unterschieden, sondern nur
in ihrer Gesamtheit, nur in der Form einer Totalvorstellung
von uns aufgefafst werden, und die Substanzen haben konfuse Vorstellungen, eben weil sie ihre einzelnen Vorstellungen nicht auseinander zu halten vermögen. Zwischen absolut deutlichen und absolut konfusen Vorstellungen wird es
daher eine unendliche Menge von mehr oder minder deutlichen bezw. konfusen Vorstellungen geben, je nachdem denselben eine gröfsere oder geringere Anzahl von ununter-
schiedenen Vorstellungen beigemischt ist. Ja, absolut deutliche und absolut konfuse Vorstellungen giebt es nach Leibniz
überhaupt nicht, wenigstens nicht in den geschaffenen Substanzen. So sagt er: „Die Vorstellungen unserer Sinne
müssen immer, selbst wenn sie klar sind, etwas Konfuses
enthalten." „Die abstraktesten Gedanken haben etwas Ima-
gation nötig; die konfusen Gedanken begleiten immer die
deutlichsten Gedanken, die wir haben können" (4, 459, 563,
574; 6, 604 u. ö.).

Der Grund für die Verworrenheit der Vorstellungen der
Monaden liegt nun aber in letzter Linie in der passiven
Kraft derselben. Wenn sie nämlich den gröfsten Teil des
Universums nur schwach und unvollkommen, mithin konfus
repräsentieren, so führt sich dies, wie schon oben (S. 348 f.)
bemerkt wurde, auf ihre Passivität zurück; diese bringt es
mit sich, dafs sie die Dinge nur vom Gesichtspunkt ihres
Körpers aus, daher gröfstenteils schwach und also nur ver-

worren wahrnehmen. Wenn sie aber ihre Zukunft oder, was ja ganz dasselbe ist (da das Leben der Substanzen lediglich darin besteht, die Welt von einem bestimmten Standpunkte aus zu repräsentieren), die verschiedenen Stadien des Weltlaufes nicht schon ursprünglich vollkommen und deutlich, sondern nur unvollkommen, konfuse ausdrücken, so gründet sich dies, wie wir oben (ebenda) sagten, darauf, daſs sie dieselben nur unentwickelt ausdrücken. Daſs dies letztere aber der Fall ist, daſs sie ihren gesamten Inhalt nicht von Anfang an, wie die Gottheit, entwickelt, sondern nur unentwickelt ausdrücken, dies rührt ebenfalls von ihrer Passivität her. Die Substanz stellt nämlich die Welt gemäſs den Bewegungen ihres Körpers in e i n e m unteilbaren und beharrlichen Akte dar. Da nun aber jene Bewegungen etwas wesentlich Successives, Zeitliches, Veränderliches sind, dieser Akt aber etwas Zeitloses und Unveränderliches ist, so ist es selbstverständlich, daſs die Substanz, indem sie die äuſseren Dinge nach den Bewegungen ihres Leibes darstellt, dieselben nur im Keime darstellen kann, und ebendeshalb behaupteten wir ja auch vorher, daſs die Monaden ihre Zukunft nur unentwickelt in sich tragen. Umgekehrt also, wenn die Monaden die Dinge nicht schon ursprünglich vollkommen, sondern nur unentwickelt repräsentieren, so kommt dies daher, weil sie dieselben eben nicht unmittelbar, sondern vermittelst der Bewegungen eines L e i b e s repräsentieren, weil sie der Zeitlichkeit unterworfen, mit der Materie behaftet, d. h. weil sie passiv sind. Da jedoch aus der Thatsache, daſs die Monaden ihre Zukunft nur unentwickelt repräsentieren, unmittelbar folgt, daſs sie dieselbe nur konfuse vorstellen, so zeigt sich, daſs auch in dieser Beziehung die Verworrenheit ihrer Vorstellungen in ihrer Passivität begründet ist.

Darauf beruht es auch, um diese für das System nicht ganz unwichtige Bestimmung hier anzufügen, wenn Leibniz sagt, das Streben nach Entwickelung sei den endlichen (d. i. passiven) Substanzen wesentlich (so 2, 252, 262 und wohl

noch öfter), wenn er also dieses Streben von der Passivität
der Substanzen abhängig macht. Denn ein solches Streben
ist eben nur möglich, weil die Substanzen ursprünglich ihre
Zukunft unentwickelt, konfus vorstellen. Da nun diese letztere Thatsache durch die passive Kraft bedingt ist, so muſs
das Gleiche auch von dem Streben gelten. (Ebenso bemerkt
Leibniz auch von der Bewegung, deren Prinzip ja jenes
Streben ist, daſs sie aus Aktivem und Passivem resultiere,
so 2, 268, 269, 227, 282 Anm.) Doch darf dies nicht so
verstanden werden, als ob das Streben eine blofse Resultante
aus der aktiven und passiven Kraft, gleichsam die Diagonale
aus dem Zusammenwirken dieser beiden Kräfte sei, wie man
es sich öfter vorstellt. Daſs dies nicht der Fall ist, darüber
haben wir bereits früher gesprochen (S. 136 Anm.). Das
Streben ist ein selbständiges, zu dem aktiven und passiven
Vermögen hinzukommendes Prinzip, aber die Substanzen
würden desselben eben überhaupt nicht bedürfen, wenn sie
nicht passiv wären.

Die mehr oder minder grofse Verworrenheit sämtlicher
Vorstellungen ist daher eine Folge der Passivität der Substanzen. Dieselben sind nicht passiv, weil sie verworrene
Vorstellungen haben, wie man bisher gemeint hat, sondern
sie haben solche, weil sie passiv, mit der Materie, der Leiblichkeit behaftet sind.

Der Unterschied der deutlicheren und konfuseren Vorstellungen führt sich also auf denjenigen der aktiven und
passiven Kraft zurück. Je aktiver, je thätiger die Substanz
ist, um so deutlicher sind ihre Repräsentationen, je passiver,
je beschränkter, um so konfuser. Die deutlichen Vorstellungen bezeichnen ihre Freiheit (in diesem Sinne, nicht
im moralischen Sinne, wie man es in einigen Darstellungen
liest) und Vollkommenheit, die verworrenen ihre Abhängigkeit von der Materie, von den Aufsendingen und ihre Unvollkommenheit (vgl. z. B. 4, 574; 2, 281 Anm.; 6, 137—139,
604, 617, 60; 3, 347, 634 u. a.).

Da man mit dem Unterschiede der Deutlichkeit und Verworrenheit der Vorstellungen in den Monaden das sogenannte Gesetz der Kontinuität, das Leibniz entdeckt zu haben sich rühmte, in Verbindung gebracht hat, so wollen wir hier mit einigen Worten auf dieses Gesetz eingehen, obwohl es an sich in keinem Zusammenhange mit dem Vorhergehenden steht. Und zwar wollen wir zunächst dieses Gesetz selbst in seinen verschiedenen Formen besprechen, um alsdann auseinanderzusetzen, auf welchem Wege Leibniz dasselbe gefunden hat.

Das Prinzip der Kontinuität besagt nun im allgemeinen, daß die Natur niemals einen Sprung mache; seine speziellere Fassung erhält es dagegen erst durch den Gegenstand, auf welchen es angewendet wird.

Wenden wir es daher zunächst auf die geometrischen Größen an, so kann man auf Grund desselben die Regel aufstellen, daß, wenn der Unterschied einer Größe A von einer anderen Größe B unter jede angebbare Grenze vermindert, d. h. unendlich klein gemacht werden kann, die Größe B blos als ein besonderer Fall der Größe A angesehen werden kann und daß daher alle Sätze, welche von der letzteren gelten, unter bestimmten Bedingungen auch für die erstere Gültigkeit haben müssen. Um ein Beispiel anzuführen, so ist es bekannt, daß die Ellipse, wenn der Abstand ihrer Brennpunkte kontinuierlich vergrößert wird, sich immer mehr einer Parabel nähert und daß daher, wenn jener Abstand unendlich groß, diese Differenz unendlich klein wird. Ohne Hinzuziehung des Kontinuitätsprinzips würde uns nun diese Erwägung noch keineswegs berechtigen, die Parabel als eine Ellipse zu betrachten. Diese Berechtigung erhalten wir vielmehr erst durch das Gesetz der Kontinuität, wonach die Natur niemals einen Sprung macht. Vermittelst dieses Gesetzes folgt aus der angegebenen Erwägung, daß die Parabel wie eine Ellipse behandelt werden kann, deren Brennpunkte unendlich weit voneinander entfernt sind, und daß daher alle Theoreme, welche sich auf die Ellipse beziehen, auch auf die Parabel übertragen werden können, falls man diese Theoreme auf den besonderen Fall einschränkt, dafs die Brennpunkte der Ellipse unendlich weit voneinander entfernt sind (vgl. besonders 3, 51 ff.; 6, 321, 348 u. a.).

Was ferner das Kontinuitätsprinzip in seiner Anwendung auf die Physik, d. h. auf die Bewegung betrifft, so ergiebt sich aus demselben fürs erste, dafs der Körper von einem Orte zu einem anderen von diesem entfernten nur durch sämtliche dazwischen liegende Orte hindurch gelangen kann (vgl. darüber besonders 2, 168, 182, 186, 193 u. a.), und zum zweiten, dafs er seine jeweilige Geschwindigkeit immer nur allmählich, durch Zuwachs unendlich kleiner Elemente erwerben oder dafs er einen gröfseren Grad von Geschwindigkeit nur gewinnen kann, nachdem er successive alle kleineren Grade angenommen hat. Dieser zweite Satz führt dann aber zu einigen Konsequenzen, welche von aufserordentlicher Wichtigkeit sind.

Es folgt nämlich aus demselben, dafs, wenn ein ruhender Körper von einem anderen in Bewegung befindlichen gestofsen wird, der erstere nicht unmittelbar diejenige Bewegung bez. Geschwindigkeit annehmen kann, welche durch den Stofs gefordert ist, sondern dafs er zuerst alle Grade der Geschwindigkeit durchlaufen mufs, welche zwischen dem Ruhepunkte und jener durch den Stofs geforderten Geschwindigkeit liegen. Ebenso folgt, dafs ein in Bewegung begriffener Körper nicht plötzlich zur Ruhe gebracht werden kann, sondern dafs er vorher durch alle zwischen der Geschwindigkeit, welche er in dem Momente, wo er angehalten wird, besitzt, und der Ruhe liegenden Mittelzustände hindurchgegangen sein mufs. Endlich folgt auch, dafs ein nach einer bestimmten Richtung sich bewegender Körper nicht sofort eine entgegengesetzte oder überhaupt eine andere Richtung einschlagen, ja dafs er auch nicht aus einer gröfseren in eine kleinere Bewegung übergehen kann, ohne die bezüglichen Zwischenstadien durchgemacht zu haben (vgl. z. B. 4, 398 f.; 2, 154 ff., 169, 194 f., 506; 5, 49 u. a.).

Fragt man nun aber — und diese Frage muſs notwendig erhoben werden —, wie denn dergleichen überhaupt möglich sei, so läſst sich darauf nur mit Hülfe einer eigentümlichen dynamischen Theorie Leibnizens eine befriedigende Antwort geben. Jedem Körper wohnt nämlich nach dieser Theorie eine unaufhörliche innere Bewegung seiner einzelnen Teilchen inne, durch welche Bewegung die Kohäsion der Materie entsteht. Wenn nun ein äuſserlich ruhender Körper von einem anderen gestoſsen wird, so wird er dadurch zunächst zusammengedrückt, und infolge dessen wird die innere Bewegung seiner Teile in ihrem gewöhnlichen Laufe gehindert. Indem nun diese innere Kraft sich wiederherzustellen sucht, wendet sie sich nach aufsen und treibt den Körper dazu an, sich von seinem Orte zu bewegen, treibt ihn zu einer äuſseren Bewegung an, so daſs der gestoſsene Körper in Wahrheit nicht, wie man es sich gemeinhin vorzustellen pflegt, von dem stoſsenden, sondern vielmehr durch sich selbst, durch seine eigene bereits in ihm existierende Kraft in Bewegung gesetzt wird, während der stoſsende Körper gar nichts anderes zu dieser Bewegung beiträgt, als daſs er die innere Kraft des Körpers veranlaſst, sich nach aufsen zu wenden, daſs er dieser inneren Kraft die Gelegenheit bietet, zu handeln, daſs er sie bestimmt, wie dies Leibniz öfter nachdrücklichst hervorhebt (vgl. z. B. 4, 397, 398 f., 486 f.; 2, 506 u. a.). Nun leuchtet ja ohne weiteres ein, daſs, indem die gehemmte innere Bewegung des Körpers bestrebt ist, sich wiederherzustellen, und infolge davon, sich nach aufsen wendend, den Körper in Bewegung setzt, dieser die dem Stoſse entsprechende Geschwindigkeit nur allmählich oder genauer erst dann erlangen kann, nachdem er alle der letzteren voraufgehenden Grade der Geschwindigkeit vom Nullpunkte an successive durchlaufen hat, da ja in dem Momente, wo jene innere Kraft sich auszubreiten strebt, der Körper noch gar keine Geschwindigkeit besitzt, diese Kraft ihm also auch nur eine bestimmte Geschwindigkeit erteilen kann, indem sie ihn durch die Mittelzustände hindurchtreibt. Mithin kann allerdings ein ruhender Körper niemals eine bestimmte Geschwindigkeit erhalten, bevor er durch alle kleineren Grade der Geschwindigkeit hindurchgegangen ist. Umgekehrt verhält sich die Sache natürlich dann, wenn ein in Bewegung befindlicher Körper in seinem Laufe aufgehalten wird. In diesem Falle verschwindet nämlich nach Leibnizens Theorie die Bewegung des Körpers keineswegs in das Nichts, sondern sie verteilt sich auf die einzelnen Korpuskeln. Dies kann aber, wie unmittelbar klar ist, wiederum erst dann geschehen, nachdem der Körper alle diejenigen Geschwindigkeiten angenommen hat, welche zwischen derjenigen Geschwindigkeit, die er in dem Augenblicke hatte, als er an der Weiterbewegung gehindert wurde, und demjenigen Zustande liegen, in welchem der Körper äußerlich zur Ruhe gekommen ist. Eine Kombination der beiden jetzt beschriebenen Fälle erhalten wir endlich, wenn ein sich bewegender Körper nach einer der seinigen entgegengesetzten Richtung bewegt wird u. dgl.; doch brauchen wir die komplizierten Vorgänge, die hierbei eintreten, nicht mehr des Näheren auseinanderzusetzen.

Hieraus erhellt nun allererst die Durchführbarkeit des Satzes, daß ein Körper immer nur allmählich in den Zustand einer bestimmten Geschwindigkeit oder in denjenigen der Ruhe übergehen könne. Es geschieht dies mit Hülfe der inneren Bewegung, oder wir können auch sagen mit Hülfe der Elastizitätskraft des Körpers. Denn wie das Verhalten, welches der Körper infolge dieser inneren Bewegung seiner Teile bei einem Zusammenstoße mit einem anderen Körper beobachtet, mit demjenigen vollständig identisch ist, welches wir bei Körpern, die in hohem Maße elastisch sind, auch äußerlich wahrnehmen, so gründet sich überhaupt die Erscheinung der Elastizität nach Leibniz auf jene innere Kraft, und darum setzt er die letztere auch der Elastizitätskraft gleich. Demgemäß sagt er z. B.: „Wenn nicht jeder Körper elastisch wäre, so würden die wahren und notwendigen Gesetze der Bewegung nicht aufrecht erhalten

werden können" (4, 397). „Darin wird von den Cartesianern
geirrt, dafs sie glauben, die Veränderungen treten sprungweise ein, gleichsam als ob z. B. ein ruhender Körper in
einem Momente in den Zustand einer bestimmten Bewegung
übergehen könnte oder als ob ein in Bewegung gesetzter
Körper plötzlich zur Ruhe gebracht werden könnte, ohne
durch die dazwischen liegenden Grade der Geschwindigkeit
hindurchzugehen, weil sie nämlich die Bedeutung der elastischen Kraft bei dem Zusammenstofse der Körper nicht begriffen haben. Ohne die elastische Kraft würde das Gesetz
der Kontinuität nicht in den Dingen beobachtet werden"
(399). „Die Natur handelt niemals sprungweise, oder kein
Körper geht in einem Momente von der Ruhe zur Bewegung
über oder von einer gröfseren Bewegung zu einer kleineren,
und dies geschieht mit Hülfe der elastischen Kraft oder der
inneren Bewegung" (2, 506) u. a.

Aus allen diesen Überlegungen folgt dann auch noch,
dafs ein Körper niemals in dem Zustande absoluter Ruhe
sich befinden kann, dafs vielmehr die Ruhe nichts weiter als
eine unendlich kleine Bewegung ist und dafs darum alle
Regeln der Bewegung ohne weiteres auch auf die Ruhe angewendet werden können, wenn man dieselben für den besonderen Fall zurichtet, dafs die Bewegung unendlich klein
ist. Denn würde es eine vollkommene Ruhe geben, so würde
dies ja voraussetzen, dafs der Körper sprungweise aus diesem
Zustande in denjenigen der Bewegung übergehen könne,
was nach dem Gesetz der Kontinuität unmöglich ist (vgl. z. B.
3, 51 ff.; 6, 321, 348 u. a.).

Wenn nun das Gesetz der Kontinuität für die Geometrie
und die Physik von hervorragender Wichtigkeit ist, so hat
es Leibniz zuweilen auch in der Metaphysik mit Geschick
verwertet. Indessen spielt es in dieser Beziehung eine geringere Rolle. Bisher hat man ihm allerdings vielfach gerade
für die Metaphysik des Philosophen eine fundamentale Bedeutung beigemessen, wie man denn in der That auch einige
entscheidende Bestimmungen derselben aus ihm abgeleitet

hat; ja man hat sich zu der Behauptung verstiegen, dafs das
ganze System gleichsam von dem Kontinuitätsprinzip getragen
werde. Das ist aber eine willkürliche und grundlose Darstellung, welche in den Quellen sowenig eine Stütze findet,
dafs man nicht recht begreift, wodurch dieselbe eigentlich
veranlafst worden ist. Leibniz benutzt wohl hin und wieder
dieses Gesetz, um zu beweisen, dafs man keine Metempsychose,
sondern nur eine Metamorphose annehmen, dafs man nicht
allein dem Menschen Vorstellungen zuschreiben dürfe, dafs es
kein „vacuum formarum" gebe, dafs keine Atome von
äufserster Härte zugelassen werden können u. dgl. Allein
zum Teil ist dies nicht der erste und ursprüngliche Grund,
aus welchem Leibniz diese Sätze aufgestellt hat, zum Teil
aber sind diese selbst für die Monadenlehre als solche nur
von geringem Belang (wie der erste und die beiden letzten
der angeführten Sätze). Und demgemäfs wird auch das
Prinzip der Kontinuität in den philosophischen Werken Leibnizens nur sehr selten erwähnt, und da, wo es wirklich einmal berührt wird, geschieht es meistens nur vorübergehend
und aus einem nebensächlichen Anlafs; ja sogar in der
„Monadologie", in deren abstrakte Ausführungen eine
breitere Berücksichtigung und metaphysische Verwertung
dieses Prinzips noch am ehesten gepafst hätte, wird desselben — wenigstens direkt — mit keiner Silbe gedacht.
Wir wiederholen daher, in der Leibnizischen Metaphysik
spielt das Gesetz der Kontinuität nur eine untergeordnete
Rolle.

Nur bei einem Falle der metaphysischen Anwendung
desselben müssen wir noch einen Augenblick verweilen, weil
er zu einer mifsverständlichen Ansicht Anlafs gegeben hat.
Auf Grund dieses Gesetzes hat der Philosoph nämlich die
Vermutung ausgesprochen, dafs die verschiedenen Gattungen
von Organismen sich nur graduell voneinander unterscheiden,
dafs sie ein stetiges Stufenreich bilden, welches von den unvollkommneren Arten zu den vollkommneren aufsteigt, so
dafs auch der Mensch möglicherweise noch nicht das höchst-

organisierte Wesen sein würde. Diese Hypothese ist aber
falsch ausgelegt worden.

Man hat sie nämlich so verstanden, dafs die Monaden
eine Reihe von Substanzen ausmachen, von welchen jede
folgende die Welt deutlicher vorstellt als die vorhergehende,
bis sie schliefslich unmerklich in eine Substanz, welche nur
noch deutliche Vorstellungen hat, d. h. in die Gottheit übergehen. Mit dieser Auffassung, die allgemein verbreitet zu
sein scheint, befindet man sich indessen in einem gewaltigen
Irrtum; nicht nur hat Leibniz selbst nirgends etwas Derartiges verlauten lassen, sondern es widerspricht auch allen
Voraussetzungen des Systems. Denn alle endlichen Monaden
sind ja doch wesentlich passiv, d. h. nach dem Früheren, sie
repräsentieren die Welt nur nach den Eindrücken, welche
sie auf ihren Leib macht. Nun ist es aber vollkommen
selbstverständlich, dafs dieser Leib, der doch in jedem Falle
nur ein unendlich kleines Stück des Universums ausmacht,
niemals, er möge im übrigen beschaffen sein wie er wolle,
einen irgendwie erheblichen Teil der Eindrücke dieses ganzen
Universums deutlich in sich aufnehmen kann. Ist aber dies
nicht möglich, dann kann auch keine einzige der endlichen
Monaden, selbst nicht die höchststehende von ihnen, einen
irgendwie erheblichen Teil des Universums deutlich ausdrücken. Mithin können sie auch nicht eine Stufenleiter
von Wesen zusammensetzen, deren jedes die Dinge mit
wachsender Deutlichkeit vorstellt. Mit viel gröfserem Rechte
wird man vielmehr behaupten können, dafs sämtliche geschaffene Substanzen — eben weil sie alle mit der Materie,
mit dem Leibe behaftet sind — im grofsen und ganzen die
Welt gleich deutlich oder vielmehr gleich konfuse repräsentieren. Es finden sich allerdings in dieser Beziehung kleine
Unterschiede zwischen ihnen; diejenigen, welche einen besser
organisierten Körper haben, werden im allgemeinen auch
einen etwas gröfseren Ausschnitt der Welt deutlich ausdrücken als die anderen; und Leibniz sagt dies auch selbst
das eine oder andere Mal. Indessen im Vergleiche zu

der Gröfse des Universums sind doch diese Unterschiede so
geringfügig, so verschwindend, dafs sie überhaupt nicht in
Anschlag zu bringen sind. Und insofern dürfen wir allerdings mit Fug sagen, dafs die Monaden sowenig hinsichtlich
der Deutlichkeit ihrer Vorstellungen kontinuierlich an Vollkommenheit zunehmen, dafs sie vielmehr das Universum im
wesentlichen alle zusammen gleich konfuse vorstellen. Dieser
Satz folgt notwendig aus den Prinzipien des Systems, und
mithin ist die bisherige Auslegung der angegebenen Lehre
Leibnizens falsch.

In der That ist die Meinung des Philosophen eine ganz
andere. Wie nämlich die Eigentümlichkeit der einzelnen
Gattungen der Lebewesen nicht darin besteht, dafs die einen
deutlichere Vorstellungen haben als die anderen; wie vielmehr diese Eigentümlichkeit in den sonstigen Eigenschaften
derselben liegt, wie beispielsweise das kennzeichnende
Merkmal der Säugetiere dies ist, dafs sie warmblütige
und luftatmende Wirbeltiere sind u. s. w., der Vögel dies,
dafs sie einen befiederten Körper, zwei Füfse und zwei
Flügel haben u. s. w., oder wie das Charakteristische des
Menschen, was ihn vom Tiere unterscheidet, darin gefunden
werden mufs, dafs er ein Selbstbewufstsein hat, ein denken-
des Wesen ist, so bezieht sich auch die Hypothese Leibnizens,
dafs die Organismen eine stetig vom Unvollkommneren zum
Vollkommneren vorwärtsschreitende Reihe bilden, nicht auf
die Deutlichkeit ihrer Vorstellungen, sondern auf jene sonstigen Eigenschaften derselben, auf ihre Organisation u. dgl.
Dafs Leibniz nur dies im Auge haben kann, ergiebt sich aus
der Sache selbst; und vor allem läfst sein System schlechterdings keine andere Auffassung zu. Wollte man aber hiergegen einwenden, dafs jene Unterschiede der Organisation u. dgl. für die Monadenlehre ja überhaupt nicht
existieren, da diese nichts weiter als einfache Wesen
schlechthin kenne, so würde dies durchaus verfehlt sein.
Denn wenn auch nach dem Leibnizischen System der
tierische Körper in seinen verschiedenen Formen nichts an

sich Seiendes, Wesenhaftes ist, so giebt es doch sicherlich
nach ihm unteilbare Substanzen, welche diesen verschiedenen
Formen des tierischen Körpers entsprechen, welche diese
verschiedenen organischen Körper in sich repräsentieren und
durch das Mittel derselben das Universum ausdrücken; so
giebt es unteilbare Substanzen, welche den Körper einer
Pflanze, eines Fisches, eines Vogels u. s. w. darstellen und
vermittelst desselben die Welt perzipieren. Unsere Deutung
der Quellen bietet daher vom Standpunkte der Monadenlehre aus nicht die geringste Schwierigkeit, indem sie vielmehr in vollkommener Übereinstimmung mit ihr steht; nur
muſs sie natürlich, was ohnehin klar ist, dahin verstanden
werden, daſs die lebendigen Wesen hinsichtlich der Beschaffenheit und Organisation des Körpers, welchen sie repräsentieren
und gemäſs welchem sie die äuſseren Dinge wahrnehmen,
eine kontinuierlich fortschreitende Reihe der Vollkommenheit bilden. Daraus erhellt auch zugleich, daſs die in Rede
stehende Bestimmung des Philosophen für die Monadenlehre
als solche ohne jede aktuelle Bedeutung ist.

Nachdem wir nun das Kontinuitätsgesetz selbst in seinen
verschiedenen Anwendungen kennen gelernt haben, erübrigt
noch der Nachweis, auf welchem Wege Leibniz zu demselben
gekommen ist.

Bisher hat man nun das Prinzip der Kontinuität, ebenso
wie dasjenige von der Erhaltung der Kraft (vgl. S. 184 ff.),
als eine bloſse Folgerung aus den Bestimmungen der Monadenlehre auffassen zu können geglaubt. So hat man es auf
folgende Weise abzuleiten versucht: Sämtliche Monaden
stellen e i n e n und denselben Inhalt, e i n und dasselbe
Universum dar. Dennoch behauptet jede von ihnen ihren
eigentümlichen Charakter. Diese Eigentümlichkeit aber wird
durch die gröſsere oder geringere Deutlichkeit, bezw. Verworrenheit, mit welcher sie die Welt vorstellen, bezeichnet. Der Unterschied der gröſseren oder geringeren
Deutlichkeit der Vorstellungen ist indessen ein bloſs gra-

dueller. Die Monaden sind daher verschieden nicht durch die Natur ihres Wesens, auch nicht durch die Art ihrer Kraft, sondern lediglich durch den Grad dieser Kraft, durch den Grad der Deutlichkeit, mit welcher sich die Welt in ihnen spiegelt. Nun besteht aber jeder Gradunterschied in dem des Niedrigeren und Höheren, und dieser Unterschied bezeichnet ein Stufenverhältnis; mithin machen die Monaden ein stetiges, kontinuierliches Stufenreich von Substanzen aus, das vom Unvollkommneren zum Vollkommneren aufsteigt und in dem keine Lücke vorhanden ist*). Und damit glaubt man dann aus dem Wesen der Monaden nachgewiesen zu haben, daß die Natur niemals einen Sprung mache, daß in der Welt alles nach dem Grundsatze der Stetigkeit, der Kontinuität geordnet sei und geschehe, kurz man glaubt auf

---

*) Vgl. Fischer S. 435 ff. Fischer bemerkt überdies noch folgendes: „Das niedere Individuum kann das höhere nur dunkel und unklar vorstellen, um so unklarer, je höher das vorgestellte Individuum ist; dagegen das höhere Individuum kann allemal das niedere deutlich und klar vorstellen, um so klarer, je höher das vorstellende Individuum ist." Von diesen Sätzen steht nicht das geringste in den Quellen, wiewohl sie in der Darstellung Fischers eine große Rolle spielen: sie würden auch zu unsinnigen Konsequenzen führen, gerade von Fischers Standpunkt aus, sind auch mit der Erfahrung gänzlich unvereinbar. Ferner sagt er: „Jede Monade bildet ein besonderes Wesen, das durch seine Anlage bestimmt ist, gerade diesen Punkt im Universum, gerade dieses Glied in der Reihenfolge der Kräfte, gerade diese Stufe in der Ordnung der Dinge einzunehmen: gleichsam der metaphysische Ort, welchen jede Monade von Ewigkeit her behauptet und welchen Leibniz früher als den Gesichtspunkt bezeichnete, unter dem jede das Universum vorstellt" (S. 437). Auch dies ist ungenau. Unter dem „Gesichtspunkte" der Monaden versteht Leibniz nicht die Rangstufe, welche dieselben innerhalb des Weltganzen einnehmen, sondern den Ort, von welchem aus sie das Universum wahrnehmen und der durch die Stellung ihres Körpers in der Welt der Phänomene gegeben ist, was doch sehr verschiedene Dinge sind. Wenn es endlich heißt: „Die deutliche Vorstellung ist die Aufklärung und darum die Erklärung der undeutlichen: Das Vollkommne ist also die Erklärung des Unvollkommnen, es ist dessen Ursache etc." (S. 440), so sollen durch diese Worte die Äußerungen Leibnizens über das Handeln und Leiden der Substanzen erklärt werden, wie das angeführte Beispiel zeigt. Das ist weit gefehlt, wie aus dem Späteren erhellen wird. Hieraus würde übrigens folgen, daß nur die vollkommnere Substanz zu der unvollkommneren, nicht aber auch die unvollkommnere zu der vollkommneren sich als Ursache, als handelnd verhalten könne, was nicht nur Leibnizen, sondern auch aller Erfahrung zuwider wäre.

diese Weise das Gesetz der Kontinuität deduziert zu haben.
Allein abgesehen davon, dafs hierdurch erst ein besonderer
Fall dieses Gesetzes, der nämlich, dafs die Substanzen eine
vom Niedrigeren zum Höheren kontinuierlich vorwärtsschreitende Reihe der Vollkommenheit konstituieren, nicht aber
die allgemeine Anwendbarkeit desselben, insbesondere noch
nicht seine Gültigkeit für die Thatsachen der Geometrie,
für die Bewegungserscheinungen der Physik dargethan sein
würde, und abgesehen davon, dafs Leibniz eine solche
Deduktion nicht kennt, widerlegt sich dieselbe schon durch
sich selbst. Wie soll denn daraus, dafs die Monaden sich
nur durch den Grad der Deutlichkeit ihrer Vorstellungen
unterscheiden, jemals folgen, dafs sie ein kontinuierliches
Stufenreich von Substanzen bilden? Gerade als ob sie sich
nicht auch dann blofs graduell von einander unterscheiden
würden, wenn aus diesem Stufenreich zufällig einige Exem-
plare fehlten! Und was soll es heifsen, dafs jeder Gradunterschied ein Stufenverhältnis bezeichne? Dann würde
man also überall, wo zwei Dinge oder zwei Zustände blofs
graduell voneinander verschieden sind, schliefsen müssen,
dafs sämtliche zwischen diesen beiden Dingen oder Zuständen liegenden Mittelglieder vorhanden seien, was absurd und
gegen die Erfahrung ist. Leibniz hätte vielleicht, wenn er
sich zuvor durch anderweitige Erwägungen von dem Gesetz
der Kontinuität überzeugt hätte, folgern können, dafs, wenn
die Monaden nur graduell verschieden sind, sie auch eine
lückenlose Reihe konstituieren werden, aber der umgekehrte
Weg ist ganz unmöglich. Aufserdem ist die Voraussetzung,
die hier zu Grunde liegt, dafs nämlich die Eigentümlichkeit
der Monaden durch die gröfsere oder geringere Deutlichkeit
ihrer Vorstellungen gekennzeichnet werde, unrichtig. Die
Eigentümlichkeit der einzelnen Monade besteht keineswegs
darin, dafs sie das Universum deutlicher, bez. verworrener
als die übrigen ausdrückt; alle Monaden drücken im Gegenteil, wie wir vorher zeigten, die Welt im wesentlichen gleich
verworren aus; viel können sie alle zusammen nicht von

den Dingen wahrnehmen. Wollen wir vielmehr den wesentlichen Unterschied angeben, der zwischen den Monaden
herrscht, so ist es nicht dieser, dafs sie die Welt mehr oder
minder deutlich, sondern der, dafs sie dieselbe von besonderen
Gesichtspunkten aus repräsentieren, dafs jede einzelne von
ihnen die Dinge von einem nur ihr zukommenden, einzig-
artigen Standorte aus darstellt. Das und das allein ist der
fundamentale Unterschied, der zwischen den Substanzen
statthat, während die Beschaffenheit ihrer Vorstellungen dagegen gar nicht in Betracht kommt. Damit fällt dann aber
überhaupt die obige Argumentation. In dieser Art also
kann das Prinzip der Kontinuität nicht aus den Monaden
deduziert werden.

Man hat es aber noch auf einem anderen Wege versucht. Man sagt nämlich, wenn jede Monade, wie dies nach
den Prinzipien des Systems allerdings der Fall ist, in einer
beständigen Veränderung ihrer Zustände begriffen sei, so
folge, dass jede Veränderung allmählich eintrete, jeder spätere Zustand mit dem früheren durch eine stetige Reihe von
Zwischenzuständen verknüpft sei, dafs die Natur nie einen
Sprung mache*). In der That aber läfst sich das Gesetz
der Kontinuität und näher natürlich das Kontinuitätsgesetz
in seiner Anwendung auf die Veränderung, auf die Bewegung
— denn nur dieser Fall könnte ja hier in Betracht kommen
— niemals in dieser Weise begründen.

Die Monaden verändern sich, weil sie das Streben haben,
das in ihrer Natur potentiell Enthaltene zur Deutlichkeit
herauszubilden, und ihre Veränderung besteht in der Entwicklung ihrer Natur. Würden nun zunächst in den Naturen
der Monaden solche Zustände präformiert sein, dafs die aus
den Monaden resultierenden Körper unmittelbar und sprungweise von einem Orte zu einem anderen davon entfernten,
ohne durch die dazwischen liegenden Orte hindurchgegangen
zu sein, gelangen würden, so würden sich offenbar die Substanzen sehr wohl unaufhörlich verändern können, ebenso

---

*) Vgl. Gesch. d. d. Phil. S. 128.

wie ja auch die Körper unaufhörlich von einem Punkte des
Raumes sprungweise nach einem anderen versetzt werden
könnten, und dennoch würde das Prinzip der Kontinuität
für die Bewegung keine Gültigkeit haben. Dafs aber die
Naturanlage der Substanzen so beschaffen sein könnte, steht
aufser Frage, da kein Grund anzugeben ist, weshalb dies
nicht möglich sein sollte, und es ist um so sicherer, als
Leibniz ausdrücklich und auf das entschiedenste erklärt hat,
dafs die Körper sich auch sprungweise von Ort zu Ort bewegen könnten (vgl. z. B. 2, 168, 182, 186, 193), woraus
von selbst folgt, dafs auch die Prinzipien der Körper, die
Monaden in analoger Weise thätig sein könnten. Würden
ferner die Monaden so angelegt sein, dafs in der ihnen
entsprechenden materiellen Welt die Körper plötzlich und
unvermittelt aus einem Zustande in einen anderen, aus der
Ruhe in die Bewegung und umgekehrt, aus einer nach einer
bestimmten Seite gerichteten Bewegung in die entgegengesetzte, aus einer grösseren in eine kleinere Bewegung und
dergleichen übergehen würden, ohne die zwischen diesen
einzelnen Zuständen befindlichen Stadien durchlaufen zu
haben, so würden sich ja doch abermals die Substanzen fortwährend verändern können, wie auch die Körper unter
dieser Voraussetzung fortwährend gestofsen und bewegt werden könnten, und gleichwohl würde das Kontinuitätsgesetz
auch in dieser Beziehung von dem bewegten Körper nicht
befolgt werden. Dafs aber die Substanzen ursprünglich so
hätten angelegt sein können, ist in diesem Falle noch viel
gewisser als in dem vorigen. Pflegt doch auch sonst niemand an der Vorstellung Anstoss zu nehmen, dafs ein Körper
sofort aus einem Zustande in den anderen übergehe, und
ist doch die entgegengesetzte Lehre Leibnizens überhaupt nur
durchführbar, wenn man die ihm eigentümliche Theorie
einer inneren Bewegung des Körpers zu Grunde legt! Mithin wird man auch nicht leugnen können, dafs die Substanzen
sehr wohl auch eine solche Konstitution hätten haben können, dafs die Veränderungen der Welt sich nicht nach dem

Kontinuitätsprinzip vollzogen. Wie wenig aber in dieser Hinsicht ein Zweifel bestehen kann, geht aus dem Satze des
Philosophen hervor, dafs das Gesetz der Kontinuität nicht
notwendig sei, sondern auf Zweckmäfsigkeitsrücksichten Gottes
beruhe, womit ja unmittelbar gesagt ist, dafs die Substanzen
sich nicht so hätten bethätigen müssen, wie es dieses Gesetz
vorschreibt, dafs sie vielmehr auch ganz anders hätten handeln können, dafs aber Gott es im Interesse der Ordnung
des Universums für gut befunden habe, ihnen eine solche
Natur zu verleihen. Würden nun aber die Monaden in einer
unaufhörlichen Veränderung begriffen sein können, ohne dafs
das Continuitätsgesetz von ihnen und von den Körpern beobachtet würde, so kann auch niemals aus der Thatsache
jener unaufhörlichen Veränderung auf dieses Gesetz geschlossen werden.

Ja, diese Überlegungen zeigen evident, dafs das Prinzip
der Kontinuität überhaupt nicht aus den Monaden begründet
werden kann. Die Substanzen hätten auch eine solche Entwicklung nehmen können, dafs das Gesetz der Kontinuität
nicht von ihnen eingehalten würde. Wenn sie vielmehr in
dem Sinne desselben thätig sind, so kommt das daher, weil
sie ausdrücklich in dieser Weise konstituiert, weil sie ursprünglich so disponiert sind, dafs dieses Gesetz aus ihnen
resultiert. Dafs sie mithin so thätig sind, dafs die
Welt nach jenem Prinzip geregelt ist, dies kann niemals
aus ihnen selbst bewiesen, das kann nur durch sonstige Beobachtungen oder Untersuchungen ausgemacht werden. Was
man daher auch bisher über diesen Gegenstand geurteilt
haben möge, soviel steht doch über jeden Zweifel gewifs fest,
dafs das Gesetz der Kontinuität von Leibniz nicht aus den
Monaden abgeleitet worden ist und nicht aus ihnen abgeleitet
werden konnte.

Welches sind nun aber jene sonstigen Untersuchungen,
durch welche der Philosoph zu der Entdeckung des Kontinuitätsprinzips geführt wurde? Die Entscheidung hierüber
kann uns nach unseren früheren Auseinandersetzungen über

den Begriff des Körpers und der Bewegung sowie über das
Wesen der kontinuierlichen Gröfsen nicht mehr schwer fallen.
Um dies indessen einleuchtend zu machen, müssen wir zu-
nächst eine Voraussetzung aufdecken, welche dem Gesetz der
Kontinuität zu Grunde liegt.

Dieses Gesetz in seiner Anwendung auf die Bewegung
— denn um diesen Fall als den wichtigsten handelt es sich
hier zunächst für uns — lautet nämlich keineswegs dahin,
dafs der bewegte Körper ein Kontinuum durchlaufe, sondern
dafs der Körper aus einem Zustande in einen anderen nur
allmählich, ohne einen Sprung zu machen, nur durch die
dazwischenliegenden Zustände hindurch gelangen könne; ja
das Wesen des Kontinuitätsprinzips kommt erst in diesem
Gegensatz recht eigentlich zum Vorschein. Bisher hat man
freilich zwischen diesen beiden Sätzen nicht unterschieden;
dafs dies aber ein Fehler war, dafs in der That ein sehr
grofser Unterschied zwischen denselben besteht, ist leicht zu
erkennen, sobald man sie daraufhin etwas näher prüft. Denn
würde der bewegte Körper ein Kontinuum durchlaufen, so
würde es in der Bewegung überhaupt keine Vielheit von
Zuständen geben, genau ebensowenig, wie es in dem Körper
als solchem, wenn er wesentlich eine raumerfüllende Substanz wäre, wenn er wesentlich ein Kontinuum einnähme,
eine Vielheit von Dingen oder Teilen geben würde; vielmehr
würde die Bewegung in diesem Falle etwas Einheitliches, sie
würde eine kontinuierliche Gröfse sein und als solche jede
Vielheit ausschliefsen. Wenn dagegen Leibniz sagt, dafs der
Körper aus einem Zustande in einen anderen nur durch
sämtliche zwischen beiden befindliche Zustände, nur durch
unendlich viele Zwischenglieder gelangen, dafs er niemals
eine bestimmte Geschwindigkeit annehmen könne, bevor er
durch alle derselben vorangehenden Grade der Geschwindigkeit hindurchgegangen sei, dafs die Bewegung sich in unendlich kleinen Abstufungen vollziehe u. dgl., so liegt ja doch
darin offenbar und handgreiflich, dafs sich in der Bewegung
ein Menge von Zuständen finde und dafs sie näher ins Un-

endliche ein Ganzes vieler Zustände sei. Verhält es sich aber so, dann setzt also das Gesetz der Kontinuität voraus, daſs die Bewegung nicht eine kontinuierliche Veränderung sei, sondern daſs sie etwas Diskretes, ein Aggregat von Zuständen bilde. Ohne diese Voraussetzung kann dasselbe überhaupt nicht verstanden werden und verliert es jeden Sinn. Es sagt eben aus, daſs die Bewegung nur durch unendlich viele Zustände oder nur durch viele einzelne, voneinander getrennte Zustände hindurch, deren Unterschied voneinander aber geringer als jeder angebbare Unterschied, d. h. unendlich klein ist, erfolge; mithin erfordert es auch, daſs die Bewegung ins Unendliche ein Ganzes vieler Zustände sei. Dieser letztere Satz führt dann aber durch sich selbst zu der früher (S. 284 ff.) angegebenen leibnizischen Begriffsbestimmung der Bewegung, wie wir ihn ja auch bereits aus dieser abgeleitet haben (vgl. S. 292 f.). Und mithin hat das Gesetz der Kontinuität diese eigentümliche Begriffsbestimmung der Bewegung zur notwendigen Voraussetzung und ist ohne diese einfach unmöglich.

Umgekehrt folgt nun aber auch aus dieser Definition mit Notwendigkeit das Gesetz der Kontinuität. Die Bewegung ist, wie wir oben ausführten, ihrem Wesen nach nicht der G r u n d und die U r s a c h e dafür, daſs der Körper eine Zeitreihe durchläuft, sondern sie besteht wesentlich in der Dauer s e l b s t einer Veränderung, in der kontinuierlichen successiven Wiederholung s e l b s t einer Sache. Demgemäſs ist sie auch nicht, wie man es sich gemeinhin vorzustellen pflegt, ein Kontinuum, eine kontinuierliche Gröſse, sondern sie ist etwas Diskretes, sie ist ins Unendliche ein Ganzes vieler Zustände. In dieser Bestimmung ist aber das Kontinuitätsprinzip bereits enthalten. Denn ist die Bewegung ins Unendliche ein Ganzes vieler Zustände, so ist es klar, daſs der Körper niemals aus einem Zustande in einen anderen übergehen kann, bevor er durch den diesem anderen zunächst vorangehenden Zustand, und daſs er wiederum nicht in den letzteren übergehen kann, bevor er durch den diesem zunächst vorangehenden Zustand hindurchgegangen ist u. s. w. ins Unendliche fort; dafs er näher nicht aus einem Orte X nach einem anderen davon entfernten Orte A kommen kann, ehe er die auf die Strecke XA folgende nächstkleinere Strecke XB, dafs er ebenso nach B nicht kommen kann, ehe er die drittkleinere Strecke XC durchlaufen hat u. s. w. i. U. f.; dafs er in gleicher Weise nicht einen bestimmten Grad von Geschwindigkeit erhalten kann, bevor er den nächstniedrigeren, dafs er ebenso diesen nicht erhalten kann, bevor er den drittniedrigeren Grad von Geschwindigkeit erreicht hat u. s. w. i. U. f. *); kurz dafs der Körper aus einem Zustande in einen anderen immer nur durch sämtliche Mittelzustände hindurch gelangen kann, dafs mithin die Bewegung nur allmählich, in unendlich kleinen Abstufungen vor sich geht, dafs der bewegte Körper keinen Sprung macht. Und hieraus ergiebt sich dann wiederum, dafs der Körper nicht plötzlich den Zustand der Ruhe mit demjenigen der Bewegung oder umgekehrt vertauschen kann, weil ja sonst ein Sprung zwischen diesen beiden Zuständen stattfinden würde, und dafs ebenso keine vollkommene Ruhe existieren kann, dafs vielmehr jede Ruhe eine unendlich kleine Bewegung ist, weil ja sonst auch der Körper aus dem Zustande der absoluten Ruhe in denjenigen der Bewegung müfste versetzt werden können, in welchem Falle es einen Sprung geben würde, was dem Wesen der Bewegung zuwider wäre.

---

*) Alle diese Sätze dürfen aber nicht mifsverstanden werden. Wie ich nicht behaupte, dafs die Bewegung sich aus unendlich vielen einzelnen Zuständen als ihren Bestandteilen zusammensetze, sondern dafs sie ins Unendliche ein Ganzes vieler Zustände sei, so sage ich auch keineswegs, dafs der Körper nicht aus einem Orte X nach einem anderen A gelangen könne, bevor er die zwischen dem Punkte X und dem auf diesen (in der Richtung nach A) zunächst folgenden Punkt Y liegende Strecke, also die Strecke XY u. s. w. f. durchlaufen habe, sondern dafs er nicht von X nach A gelangen könne, bevor er die zwischen X und dem dem Punkte A (in der Richtung nach X) zunächst vorangehenden Punkt B liegende Strecke, also die Strecke XB, u. s. w. f. durchlaufen habe. Und ebenso sage ich auch nicht, dafs der Körper aus einem kleineren Grade der Geschwindigkeit in einen gröfseren nur übergehen könne, nachdem er den auf den kleineren Grad folgenden nächsthöheren u. s. w. f., sondern dafs dieser Übergang nur möglich sei, nachdem er den dem gröfseren Grade vorangehenden nächstniedrigern Grad von Geschwindigkeit u. s. w. f. angenommen hat.

24*

So ist mit dem eigentümlichen Begriffe der Bewegung, wie ihn Leibniz angiebt, unmittelbar auch das Gesetz der Kontinuität gegeben. Nach der gewöhnlichen Auffassung ist die Bewegung der **Grund** dafür, dafs der Körper eine Zeitreihe durchläuft, nach Leibniz besteht sie in der Dauer **selbst** einer Ortsveränderung. Daher ist sie auch für diesen nicht eine kontinuierliche Veränderung, sondern ins Unendliche ein Ganzes vieler Zustände, und darin liegt eo ipso, dafs der Körper in einen bestimmten Zustand nur durch unendlich viele Zwischenglieder hindurch, nur allmählich übergehen kann, dafs es keinen Sprung in der Bewegung giebt. So tritt an die Stelle der Bestimmung, dafs die Bewegung eine kontinuierliche Veränderung sei, in der Monadenlehre notwendig das Gesetz der Kontinuität, und der Satz, dafs die Dinge stetige Gröfsen seien, wird hier ersetzt durch den anderen, dafs sie nach dem Prinzip der Kontinuität geregelt seien.

Wie aus dem leibnizischen Begriff der Bewegung, so läfst sich aber auch aus demjenigen des Körpers ein besonderer und sehr bemerkenswerter Fall des Kontinuitätsgesetzes ableiten. Der Körper ist, wie wir früher nachgewiesen haben, seinem Begriffe nach nicht eine Substanz, welche den **Raum erfüllt**, sondern er besteht in der Ausdehnung **selbst** einer Natur. Demgemäfs ist er, wie ebenfalls schon gezeigt wurde (vgl. S. 289 ff.), auch nicht ein Kontinuum, eine kontinuierliche Gröfse, sondern er ist etwas Diskretes und näher ein Ganzes vieler Dinge, deren jedes ins Unendliche immer wieder ein Ganzes vieler Dinge ist. Aus diesem letzteren Satze aber folgt, wie aus dem Vorherigen hinlänglich erhellt, abermals, dafs man von einem Punkte des Körpers zu einem anderen Punkte desselben immer nur durch diejenigen Körper hindurch, welche er in sich enthält, dafs man aber auch in jedem dieser letzteren Körper von einem Punkte zum anderen nur durch diejenigen Körper hindurch, welche diese ihrerseits in sich schliefsen, gelangen könne u. s. w. ins Unendliche fort; kurz, dafs man von einem Punkte des Körpers zu einem anderen immer nur durch sämtliche zwischen beiden liegende Körper,

nur durch unendlich viele Körper hindurch, nur allmählich,
ohne einen Sprung zu machen, übergehen könne, dafs es
mithin in dem Körper keinen Sprung oder, was ja ganz dasselbe bedeutet, kein Leeres gebe. Und daraus geht dann
weiterhin hervor, dafs man auch von einem Körper zu einem
anderen davon entfernten nur durch alle zwischen ihnen
möglichen Körper nur allmählich, nicht sprungweise kommen
könne, d. h. dafs es auch zwischen den einzelnen Körpern,
also überhaupt in dem ganzen Universum kein Leeres gebe.
Hieraus ersieht man, dafs auch diese letztere von Leibniz so
häufig ausgesprochene Bestimmung nur ein besonderer Fall
des Kontinuitätsgesetzes ist und dafs auch dieser eine blofse
Konsequenz aus der Definition des Körpers ist. Allein auf
diesen Fall des Kontinuitätsprinzips können wir hier nicht
näher eingehen, da uns dies zu tief in das Detail des Systems
führen würde, weshalb wir ihn auch bei der obigen Besprechung jenes Prinzips nicht aufgeführt haben. Hier genügt es, der Vollständigkeit halber auf denselben hingewiesen
und seinen Zusammenhang mit den früheren Untersuchungen
Leibnizens angedeutet zu haben.

Dafs sich endlich aus alledem auch das Gesetz der Kontinuität in seiner Anwendung auf die geometrischen Gröfsen
würde begründen lassen, brauchen wir kaum noch besonders
hervorzuheben.

Diese Darlegungen beseitigen nun jede Unsicherheit über
den Weg, auf welchem Leibniz das Gesetz der Kontinuität
gefunden hat. Dasselbe ist gar nichts weiter als eine Folgerung aus dem Begriffe des Körpers und seiner Eigenschaften,
wie ihn das System aufstellt. Da nun dieser Begriff ganz
und gar durch den besonderen Standpunkt bedingt ist, auf
welchem Leibniz der Welt der Objekte gegenüber steht, so
können wir auch sagen, dafs das Kontinuitätsprinzip eine
Frucht dieses eigentümlichen Standpunktes des Philosophen
ist. Dieser Satz wird durch unsere früheren Ergebnisse zu
einem solchen Grade von Gewifsheit erhoben, dafs er füglich
nicht mehr in Zweifel gezogen werden kann.

Daraus geht dann auch von selbst hervor, dafs Leibniz
zu der Erkenntnis des Kontinuitätsgesetzes nicht oder doch
zum mindesten nicht in erster Linie durch seine bekannten
geometrischen Entdeckungen, also insbesondere diejenige der
Differentialrechnung, veranlafst worden ist.

Fünfter Abschnitt.
Die Harmonie der Monaden.

Indem wir nunmehr zu der berühmten Lehre Leibnizens
von der Harmonie der Monaden übergehen, wollen wir zunächst die Frage erörtern, worauf die Übereinstimmung der
Substanzen, die Thatsache, dafs die Vorgänge in den einen,
wie die Erfahrung zeigt, mit denjenigen in den anderen zusammentreffen, nach Leibniz beruht, und erst dann auf den
Zusammenhang eingehen, in welchem die so gewonnenen
Bestimmungen mit dem Ganzen des Systems stehen. Denn
eine gleichzeitige Besprechung dieser beiden Punkte ist angesichts der Beschaffenheit der Tradition nicht wohl möglich.

In der ersteren Beziehung pflegt man nun, entsprechend
der bisherigen Auffassung, wonach die Substanz nur etwas
Thätiges schlechthin ist, der besondere Inhalt dieser Thätigkeit aber nicht zu ihrem Wesen gehört, von der Voraussetzung auszugehen, dafs die Monaden an und für sich, ihrem
Begriffe nach in keiner Beziehung zu einander stehen.
Wenn daher die Erfahrung lehrt, dafs dennoch ihre Handlungen auf das genaueste miteinander übereinstimmen, so
läfst sich dies, wie man fortfährt, nur durch ihre gemeinsame Abhängigkeit von einer dritten Ursache, von einem
Gotte erklärlich machen. Aber während dieser Gott bei den
Cartesianern jene Übereinstimmung in der Weise herbeiführt,
dafs er unmittelbar in den Lauf der Dinge eingreift, soll
er sie bei Leibniz, so sagt man, nur durch das Mittel der
Natur der Monaden bewirken. Gott soll zu Anfang in den
letzteren eine solche Entwicklung angelegt, er soll sie künstlich so eingerichtet, ihnen eine solche Natur verliehen haben,

dafs sie späterhin, ohne dafs es eines besonderen göttlichen Eingriffes bedürfte, durch sich selbst, auf Grund ihrer eigenen Gesetze miteinander übereinstimmen. Die Korrespondenz der veränderlichen Handlungen der Substanzen soll daher auf ihre Natur zurückgehen, aber dafs diese Naturen zu einander passen, soll das Werk Gottes sein *).

---

*) Vgl. Gesch. d. d. Phil. S. 114 ff.: „Jedes Einzelwesen folgt in seiner Entwicklung den Gesetzen seiner eigenen Natur; aber diese Natur ist von Hause aus" (infolge der göttlichen Thätigkeit) „so beschaffen, wie es sein Verhältnis zu allen anderen Wesen mit sich bringt; die Monaden verhalten sich zu einander wie zwei Uhren, von denen jede nur durch ihr eigenes Triebwerk in Bewegung gesetzt wird, die aber von Anfang an so gerichtet sind, dafs sie immer die gleiche Stunde zeigen." — Fischer hat allerdings eine andere Ansicht über die Harmonie der Monaden aufgestellt, aber eine Ansicht, die mit dem, was Leibniz lehrt, kaum mehr einen Berührungspunkt hat. Nachdem er nämlich das Gesetz der Analogie sowie dasjenige der Kontinuität deduziert hat, geht er zu dem „Gesetz der Harmonie", wie er es nennt, über. (Dieser Ausdruck ist übrigens auch unleibnizisch.) „Nach dem Gesetz der Analogie," sagt er, „herrscht unter den Dingen die gröfste Einförmigkeit, denn alle sind Kräfte, Monaden, vorstellende Wesen. Nach dem Gesetz der Kontinuität besteht in den Dingen die gröfste Mannigfaltigkeit, denn jede einzelne ist ein besonderer Grad der Kraft, eine besondere Stufe des Mikrokosmus. Die Analogie verbietet den Gegensatz in den Dingen und erlaubt nur graduelle Differenzen, die Kontinuität verbietet die grofsen Differenzen in der Reihenfolge der Dinge und macht, dafs diese Stufenreihe in unendlich kleinen Differenzen, d. h. kontinuierlich fortschreitet. So erreicht die Natur vermöge der Analogie die gröfste Einförmigkeit und vermöge der Kontinuität die gröfste Mannigfaltigkeit. Wo Einheit in der Mannigfaltigkeit ist, da herrscht Form und Ordnung. Wo sich mit der gröfstmöglichen Einheit die gröfstmögliche Mannigfaltigkeit verbindet, da herrscht vollkommene Ordnung, eine zahllose Fülle von Wesen, die in ihren Kräften und Handlungen vollkommen übereinstimmen. Übereinstimmung ist Harmonie. . . . Wir verstehen also unter Harmonie das ursprüngliche und vollkommene Stufenreich der Dinge. . . . Auf dem Gesetz der graduellen Unterschiede beruht das Gesetz der Harmonie" (S. 455 f.). Alsdann zeigt Fischer, dafs die Harmonie aus dem Wesen der Monaden notwendig folge. „Denn aus den Monaden folgt, dafs sie analoge Wesen sein müssen; daraus folgt, dafs sie nur graduell verschieden sein können oder, was dasselbe heifst, dafs sie ein Stufenreich bilden. Aus ihrer unendlichen Mannigfaltigkeit folgt, dafs es in jenem Stufenreich keine Lücke giebt, dafs sich die Monaden in unendlich kleinen Differenzen abstufen oder in einer kontinuierlichen Stufenreihe fortschreiten. Und eben darin besteht ihre Harmonie. . . . Das Naturgesetz der Harmonie läfst sich am einfachsten so erklären, dafs in ihm die Gesetze der Analogie und der Kontinuität zusammengefügt sind. Es folgt aus jenen beiden Gesetzen, indem es sie vereinigt. . . . Das Gesetz der Harmonie erklärt, dafs die Weltordnung in der kontinuierlichen Reihenfolge analoger Wesen besteht, wodurch die gröfstmögliche Mannigfaltigkeit mit der gröfstmöglichen Einförmigkeit vereinigt wird" (S. 460 f.).

Diese altüberlieferte Auffassung ist nun, ebenso wie
alles andere, was bisher über das Leibnizische System ver-

Wie man sieht, gebraucht Fischer hier das Wort „Harmonie" in
dem Sinne, in welchem es soviel als Einheit in der Verschiedenheit,
Ordnung und Vollkommenheit bedeutet: unter der Harmonie der Monaden
versteht er dies, daſs dieselben trotz ihrer Verschiedenheit ein Stufenreich gleichartiger Wesen zusammensetzen, welches kontinuierlich fortschreitet und in welchem jede Stufe eine wachsende Deutlichkeit der
Vorstellungen zeigt. Wäre diese Auffassung zutreffend, dann hätte
Fischer mit seiner Darstellung recht. Allein dieselbe ist vollständig
willkürlich. Man vergleiche die ausführlichen Erörterungen Leibnizens
über die prästabilierte Harmonie, nirgends handelt es sich um eine
Harmonie in Fischers Sinne. Überall bezeichnet Leibniz mit der Harmonie der Substanzen die Thatsache, daſs die Handlungen derselben
miteinander zusammentreffen, daſs den Veränderungen in e i n e r von
ihnen bestimmte Veränderungen in allen anderen korrespondieren. Daſs
dies etwas gänzlich anderes ist, als was Fischer unter der Harmonie
begreift, ist klar. Denn damit, daſs die Substanzen eine vom Niedrigeren
zum Höheren stetig aufsteigende Reihenfolge bilden, ist es noch nicht
gegeben, daſs ihre Handlungen miteinander übereinstimmen: und, umgekehrt, die Thatsache, daſs die Substanzen miteinander übereinstimmen,
kann bestehen, ohne daſs sie ein kontinuierliches Stufenreich darstellen.
Die Übereinstimmung, die zwischen den Thätigkeiten der Monaden
stattfindet, ist allerdings auch eine Art von Einheit in der Mannigfaltigkeit, von Ordnung und Vollkommenheit, und Leibniz sagt dies, wie
Fischer hervorhebt, auch an ein paar Stellen (so in der „Monadologie",
Nr. 58): aber deshalb ist doch der Begriff der Harmonie nicht identisch
mit dem Begriff der Vollkommenheit u. dgl.

Und wenn man nun diesen eben angegebenen richtigen Begriff
der Harmonie im Auge behält, so sieht man sofort, daſs auch die
Art, wie Fischer dieselbe ableitet, verfehlt ist. Freilich genügt schon
ein oberflächlicher Blick auf die Quellen, um dieselbe zu widerlegen.
Denn wo man auch hinschaue, nirgends findet sich auch nur die Spur
einer solchen Ableitung: vielmehr spricht fast alles, was Leibniz sagt,
dagegen. Und wie wenig glücklich ist diese Ableitung noch dazu!
Daraus, daſs die Monaden ein stetig vom Unvollkommeneren zum Voll-
kommeneren aufsteigendes Reich von Substanzen ausmachen, in welchem
jede höhere Stufe die Welt deutlicher vorstellt als die niedrigere, soll
folgen, daſs die Thätigkeiten der Monaden miteinander übereinstimmen!
Wie soll dies möglich sein? Es würden sich hier eine Masse von Einwendungen erheben lassen, je nachdem man sich das Verhältnis der
Monaden zur Welt denken würde. Allein wie immer man sich dasselbe
denke, so viel ist gewiſs: der Satz, daſs die Monaden eine kontinuierliche Reihenfolge bilden, kann niemals die Korrespondenz ihrer Handlungen erklären, falls sie nicht ihrer Natur nach so beschaffen sind,
daſs sie eo ipso, auch dann, wenn sie keine solche Reihenfolge bildeten,
übereinstimmen würden. Denn nehmen wir an, daſs die einzelne Monade
unmittelbar mit keiner der anderen Monaden zusammentrifft, so würde
offenbar ein solches Zusammentreffen auch dann unmöglich sein, wenn
diese Monaden sich zu einer stetigen Reihenfolge zusammenfügten.
Greifen wir z. B. aus Fischers Stufenreich zwei Substanzen heraus,
etwa eine der niedrigsten und eine der höchsten, und setzen wir, daſs

breitet war, grundfalsch. Denn in Wahrheit ist die Korrespondenz der Monaden allerdings eine Folge ihres Begriffes.

in einem besonderen Falle die Vorgänge in der ersten denjenigen in der letzteren genau entsprechen. Wenn dieselben nun nicht an und für sich, auch abgesehen von der Existenz aller übrigen, miteinander harmonieren würden, wie sollte diese Harmonie auch nur im geringsten dadurch begreiflicher werden, dafs diese beiden Substanzen nur graduell voneinander verschieden sind, in einer und derselben Reihe liegen, welche von der ersten zu der zweiten durch eine kontinuierliche Folge von Zwischengliedern hinführt? Stehen aber die Monaden unmittelbar und an sich selbst miteinander in Zusammenhang, dann wird dies auch der Fall sein, ob dieselben ein Stufenreich ausmachen oder nicht, ob einige von diesen fehlen oder nicht, und ihr Zusammenhang wird jedenfalls nicht darauf beruhen, dafs sie ein solches Stufenreich bilden, sondern darauf, dafs sie alle ein und dasselbe Universum, jede von ihrem Standpunkte aus, darstellen, womit wir dann glücklich bei dem angelangt wären, was Leibniz wirklich gelehrt hat. Wie sich Fischer die Sache gedacht, ob er sich überhaupt die betreffenden Fragen vorgelegt hat, ist aus seinem Buche nicht zu ersehen: aber das ist zweifellos: Aus den Gesetzen der Analogie und der Kontinuität kann nie und nimmer die Thatsache des Verkehrs der Substanzen abgeleitet werden; dieselben sind für die Erklärung dieser Thatsache total bedeutungslos und gleichgültig.

Übrigens hat, um dies gleich hier zu erwähnen, die Verkennung des Unterschiedes, der zwischen dem Begriffe der Weltharmonie und demjenigen der Ordnung und Vollkommenheit der Welt besteht, Fischer dazu geführt, die Vollkommenheit der Welt in die Harmonie der Substanzen zu setzen: nach ihm ist diejenige Welt die vollkommenste, in welcher eine solche Harmonie stattfindet, und dieser Gesichtspunkt spielt dann in seiner Lehre von der besten Welt eine Rolle. Merkwürdigerweise findet sich dieselbe Behauptung auch in einigen anderen Darstellungen. Allein man braucht nur an die Bedeutung der Harmonie zu denken, um die Unhaltbarkeit dieses Satzes zu erkennen. Denn damit, dafs die Monaden miteinander in Korrespondenz stehen, ist es doch selbstverständlich noch nicht gegeben, dafs die Welt, die sie konstituieren, die vollkommenste sei, und dadurch können sich unmöglich die vollkommneren von den unvollkommneren Welten unterscheiden, dafs es in jenen eine solche Korrespondenz giebt, in diesen nicht: vielmehr würde eine Welt, in welcher das letztere der Fall wäre, überhaupt keine Welt sein, und der Mafsstab für ihre Vollkommenheit mufs also anderswo liegen. Auch hat Leibniz niemals etwas derartiges gesagt.

Wenn sodann Fischer auseinandersetzt, dafs die Harmonie der Monaden aus ihrem eigenen Begriffe folge, so ist diese, übrigens auf Erdmann, so viel ich weifs, zurückgehende Bestimmung allerdings sehr richtig. Allein er ist mehr durch Zufall als durch solide Überlegungen zu derselben gekommen. Denn er begründet sie mit einer Behauptung, die nichts weniger als gerechtfertigt ist. Die Harmonie soll unmittelbar mit den Monaden gesetzt sein, weil dieselben ihrem Wesen nach ein kontinuierliches Stufenreich bilden. Aber das ist eine ganz willkürliche These, von der Leibniz nichts weifs, eine These, die um so mehr zu verwerfen ist, als die Erörterung, auf welcher sie fufst, sich uns als unhaltbar erwiesen hat (S. 363 ff.). Überdies hat Fischer den Satz von der wesentlichen Harmonie der Monaden nicht mit den zahlreichen An-

Wir hatten oben (S. 327 ff.) gezeigt, dafs die Substanz ihrem ursprünglichen Wesen nach eine Repräsentation ihres gesamten Entwicklungsganges ist. Dieser Entwicklungsgang ist aber nur eine Darstellung aller derjenigen Beziehungen,

gaben Leibnizens, dafs Gott den Monaden zu Anfang eine solche Natur gegeben habe, wie sie zu dem Ganzen pafste, zu vereinigen vermocht, und es war dies auch von seinem Standpunkte aus ganz unmöglich; und doch mufs diese Vereinigung verlangt werden, soll anders jener Satz Gewifsheit erhalten. Den Versuch, eine solche herbeizuführen, hat er freilich gemacht, aber man sieht leicht, dafs derselbe mifslungen ist, worüber wir später reden werden. Fischer hat daher die Behauptung, dafs die Monaden kraft ihres Wesens miteinander zusammenhängen, in keiner Beziehung bewiesen oder auch nur wahrscheinlich gemacht; ja man kann auf Grund seiner Darstellung eher zu dem Schlusse gelangen, dafs sie überhaupt unhaltbar sei. Ebendies ist wohl der Grund, dafs ihm auch in dieser Hinsicht fast niemand gefolgt ist, wie ich denn auch selbst seine Auffassung vermutlich gemifsbilligt haben würde, wenn ich sie gekannt hätte, bevor ich auf ganz anderen Wegen zu demselben Resultate gelangt war. Ferner bemerkt Fischer, Leibniz bezeichne die Harmonie der Substanzen mit den Worten: „Accord parfait, rapport mutuel, harmonie de l'univers" (S. 458). Diese Worte sind indessen ganz willkürlich aus der grofsen Menge derjenigen Benennungen herausgegriffen, deren sich Leibniz bedient, ohne dafs man sieht, warum er gerade diese gewählt hat, da andere mindestens ebenso häufig oder häufiger sind; es kommt dies bei Fischer öfter vor. Gleich darauf bemerkt er dann: „Das positive Verhältnis, welches allein zwischen den Substanzen übrig bleibt, ist die Einheit selbständiger Wesen, d. i. Übereinstimmung oder Accommodation" und er setzt zu dem letzteren Ausdrucke das Wort: „consensus" in Klammern hinzu (ebenda). Damit scheint angedeutet werden zu sollen, dafs ein Unterschied zwischen diesem und den vorher zitierten Worten stattfinde. Auch dies ist jedoch willkürlich; ein solcher Unterschied hat nicht statt. Weiter sagt Fischer, die harmonische Verknüpfung der Monaden setze ihre Verschiedenheit und diese ihre Materialität voraus; daher bezeichne Leibniz „die Materie, weil sie das Prinzip der Verschiedenheit bildet, als das Band der Monaden, als die allgemeine, natürliche Bedingung der Harmonie", und dafür führt er dann die bekannte Äufserung Leibnizens an, dafs „die Kreaturen, wenn sie von der Materie befreit wären, zugleich von der allgemeinen Verknüpfung losgelöst und gleichsam Deserteure von der allgemeinen Ordnung sein würden" (S. 461). Das ist aber kaum richtig. Denn dafs der Materie deshalb diese Bedeutung von Leibniz zugeschrieben wird, weil sie „das Prinzip der Verschiedenheit" bildet, ist nicht bewiesen; es ist sogar nach allem sonstigen entschieden nicht der Fall (vgl. oben S. 183 f.). Auch bezeichnet Leibniz die Materie hier nicht direkt als die Bedingung der „Harmonie"; er sagt nur, dafs die Substanzen überhaupt keine Welt würden bilden können, wenn ihnen die Materie fehlte. Endlich ist es auch nicht zu billigen, wenn Fischer auf Grund einer vereinzelten Äufserung Leibnizens die Bedeutung der unmerklichen Vorstellungen für die Harmonie in dem Schlufsabschnitt zu dieser Lehre (S. 461) so sehr hervorhebt: die Sache hätte, da Leibniz sie nur gelegentlich einmal berührt, kaum erwähnt werden dürfen.

welche jemals zwischen ihr und dem Universum durch das
Mittel ihres Leibes statthaben. Die Substanz ist daher ebenso
wesentlich eine Repräsentation, ein Spiegel der gesamten
Welt, betrachtet vom Standpunkt ihres Körpers. Sind nun
aber alle Monaden ihrer Natur nach Ausdrücke des Universums, eines und desselben Universums, jede nach ihrer
Weise, so ist es selbstverständlich, dafs ihre Thätigkeiten
miteinander übereinstimmen. Zu dieser Übereinstimmung
bedarf es also keineswegs eines Gottes; sie ist vielmehr mit
dem Wesen der Substanzen selbst gegeben, ist unmittelbar
mit ihrer eigenen Existenz gesetzt, ist eine blofse Konsequenz ihres originalen Begriffes.

Dafs nun wirklich die traditionelle Ansicht hinfällig ist,
ergiebt sich zunächst aus unserer früheren Definition des
Substanzbegriffes, aus dem, was Leibniz über das Wesen der
individuellen Substanz bemerkt, sowie aus unserer ganzen
bisherigen Darstellung. Es sind aber noch einige andere
Indizien da, welche nach derselben Richtung weisen.

In erster Linie mufs hier auf einen Satz aufmerksam
gemacht werden, der zwar zunächst überraschend ist, der
aber dennoch keinen Zweifel leidet. Setzt man nämlich
voraus, dafs die Harmonie der Monaden nicht aus ihrem
Begriffe folge, also in einem dritten, einem Gotte ihren
Grund habe, so kann man dieselbe nach den Grundsätzen des
Systems nicht, wie man bisher wollte, so erklären, dafs man
annimmt, Gott habe den Monaden zu Anfang eine solche
Natur verliehen, vermöge deren sie durch sich selbst und kraft
ihrer eigenen Gesetze in Übereinstimmung miteinander thätig
sind, sondern nur so, dafs man sagt, Gott produziere unmittelbar die veränderlichen Thätigkeiten der Monaden, so
wie es ihre gegenseitige Beziehung erfordert, wenn auch nicht
in der Form, dafs er in jedem Moment auf sie einwirkt,
sondern in derjenigen, dafs er blofs einmal auf sie einwirkt, dann aber in einer Art, welche alle jene besonderen
Einwirkungen bereits in sich enthält.

Dieser Satz läfst sich sehr leicht einleuchtend machen.
Gott soll nach der traditionellen Auffassung den Zusammenhang der Monaden in der Weise bewirken, dafs er dieselben
ursprünglich so anlegt, so einrichtet, dafs ihre Handlungen
in der Folge von selbst einander entsprechen, so wie wir ja
auch den Gang einer Maschine, einer Uhr durch eine bestimmte
Einrichtung derselben genau zu regulieren vermögen. Allein
man frage sich doch einmal, was wir denn unter einem solchen
„Anlegen", einem solchen „Einrichten" eigentlich verstehen.

Es läfst sich dies am besten an den eben genannten
Beispielen klar machen. Wenn wir einen mechanischen
Apparat so instandsetzen, dafs er spontan irgend eine
Arbeit vollbringt, so handelt es sich für uns ausnahmslos
lediglich darum, die Bestandteile desselben zu einander oder
zu dritten Gegenständen, welche unter gewissen Umständen
gewisse Veränderungen in jenen bewirken, in eine solche
Beziehung zu bringen, dafs die unserer Einwirkung und
unserem Einflusse entzogenen, an und für sich existierenden
Kräfte, welche jenen Teilen oder jenen dritten Gegenständen innewohnen, die gewünschte Leistung ausführen.
So beschränkt sich z. B. bei dem Aufziehen einer Uhr
unsere Thätigkeit darauf, entweder die Feder derselben so
zusammenzurollen, dafs das ihr an sich eigene Bestreben,
sich zu entwickeln, sich auszudehnen, das Räderwerk in
Umlauf setzt, oder dem Gewicht der Uhr eine solche Lage
zu geben, dafs dasselbe durch die Anziehungskraft der Erde
in eine fallende Bewegung gerät und damit den übrigen
Mechanismus in Gang bringt. So verstehen wir überhaupt
unter dem „Anlegen" einer Veränderung in diesem Sinne die
Herstellung aller derjenigen Bedingungen und Umstände, unter
welchen gegebene Kräfte in bestimmter Richtung wirksam
werden. Oder, mit anderen Worten, wir verstehen darunter
die Herbeiführung einer Veränderung durch das Mittel
selbständiger, von uns unabhängiger Kräfte.

Genau in derselben Weise müfste nun notwendig auch
die Wirksamkeit Gottes gedacht werden. Wenn man sagt,

Gott habe die Monaden so angelegt, dafs sie sich harmonisch entwickeln, so würde dies heifsen, er habe solche Bedingungen in ihnen erfüllt, dafs die von ihm selbst unabhängigen Kräfte und Gesetze der Substanz eine harmonische Entwicklung derselben bewirken, er habe diese harmonische Entwicklung durch das Mittel dieser an und für sich existierenden Kräfte und Gesetze hervorgebracht, wie dies mit besonderer Deutlichkeit aus der vielfach und auch von uns vorher gebrauchten Fassung einleuchtet, Gott habe die Substanzen so angelegt, dafs sie kraft ihrer eigenen Gesetze, durch sich selbst einander begegnen. Man mag sich nun im übrigen ausdrücken, wie man wolle, man mag statt der Worte, Gott habe die Substanzen in bestimmtem Sinne angelegt, sagen, er habe ihnen eine bestimmte Natur gegeben, oder sonstwie, alle diese Wendungen können gar keine andere Bedeutung haben als die eben angegebene. Denn wenn sie dies nicht bedeuten sollen, wenn ihr Sinn nicht der sein soll, Gott habe die Thätigkeit der Substanzen durch das Mittel selbständiger Kräfte und Gesetze, sondern dieser, er habe ihre Thätigkeit selbst, nur nicht in entwickelter, sondern in unentwickelter Form verursacht, so würde eben der Ausdruck, er habe die Thätigkeit der Substanzen angelegt, verfehlt sein und man müfste an die Stelle desselben vielmehr den anderen setzen, er habe diese Thätigkeit unmittelbar produziert, nur eben in konzentrierter Form. Wer da sagt, Gott habe die Substanzen irgendwie angelegt, der sagt eben eo ipso, er mag es wollen oder nicht, Gott bewirke ihre Handlungen nicht unmittelbar, sondern vermittelst selbständiger Kräfte und Gesetze, und wer dies bestreitet, der weifs selbst nicht, was er sagt.

Dafs nun aber eine solche Bestimmung mit dem Wesen der Substanz, selbst nach den traditionellen Vorstellungen, unvereinbar sein würde, liegt auf der Hand. Denn die Thätigkeit der Substanz ist eben nicht, wie diejenige einer Maschine, das Produkt einer bestimmten Konstellation selbständiger Elemente und Kräfte, sondern sie ist die Entwick-

lung eines in ihr liegenden Keimes, sie ist das entfaltet,
was ursprünglich zusammengewickelt in ihr vorhanden ist,
sie ist dasselbe in entwickelter Form, was sie ursprünglich in konzentrierter Form in sich trägt. Es ist und bleibt
daher ganz und gar unmöglich, zu lehren, Gott habe die
Substanzen so angelegt, dafs ihre Handlungen miteinander
übereinstimmen — weil dies eben immer und immer nur heifsen
würde und heifsen kann, er habe diese Uebereinstimmung
vermittelst selbständiger Kräfte herbeigeführt —, sondern
man kann nur sagen, er produziere ihre Handlungen unmittelbar, so wie es das Weltganze verlangt, nur nicht
in der Weise, dafs er dieselben von Moment zu Moment,
sondern in der, dafs er sie alle auf einmal in der Form
des Keimes, in konzentrierter Form produziert.

Dafs dies ein ganz gewaltiger Unterschied ist, erhellt
am besten aus einem Vergleiche mit den entsprechenden
menschlichen Thätigkeiten. Denn fassen wir die Wirksamkeit Gottes in dem ersteren Sinne, so würde dieselbe, wie
wir sahen, ihr Analogon in dem Einrichten einer Maschine,
dem Aufziehen einer Uhr u. dgl. haben. Fassen wir sie
dagegen in dem zweiten Sinne, so würde sie vielmehr ihr
Analogon in derjenigen Thätigkeit haben, welche wir ausüben, wenn wir einen Körper dadurch in Bewegung setzen,
ihm dadurch eine bestimmte Richtung und Geschwindigkeit
erteilen, dafs wir ihm einen bestimmten Stofs geben. Denn
dann verursachen wir allerdings die Bewegung des Körpers
unmittelbar, nur in konzentrierter Form. Wie nun
diese beiden Thätigkeiten in Bezug auf den Menschen gänzlich verschiedener Art sind, sodafs es unsinnig sein würde,
beide auf eine Linie stellen, etwa in dem Falle, dafs wir
einen Körper durch einen Stofs bewegen, sagen zu wollen,
wir haben ihn so angelegt oder ihm eine solche Natur verliehen, dafs er diese Bewegung ausführt, so mufs das Gleiche
natürlich auch in Bezug auf Gott gelten.

Und daraus erhellt auch, dafs durch die besondere
Form, in welcher Gott hiernach die Handlungen der Sub-

stanzen produzieren müſste, an der Unmittelbarkeit seines
Einflusses auf die letzteren nicht das geringste geändert
werden würde. Denn, um dies an dem eben gebrauchten
Beispiel zu erläutern, ob wir einen Gegenstand in der Weise
von einem Punkte A nach einem andern Punkte B beför-
dern, daſs wir ihn nach dem letzteren hinschieben, oder in
der, daſs wir ihm einen entsprechenden Stoſs versetzen, aus
welchem jene Bewegung folgt, das ist für die Frage nach
der Ursache dieser Bewegung vollständig gleichgültig; in
beiden Fällen sind wir der alleinige und unmittelbare Grund
dafür, daſs der Körper von A nach B gelangt, und nur die
Form, in welcher wir das bewirken, ist beidemal verschieden; das erste Mal geschieht es so, daſs wir ununterbrochen und successive auf ihn einwirken, das andere Mal
so, daſs wir alle diese einzelnen sich folgenden Einflüsse in
einem Stoſse konzentrieren. Kein Mensch wird behaupten
wollen, daſs wir, wenn wir etwa einen Gegenstand in die
Höhe werfen, nur die mittelbare Veranlassung für seine Bewegung seien; jedermann wird sie vielmehr unmittelbar und
nur auf uns zurückführen, und man wird höchstens hinzufügen, wir haben dieselbe in der Art erzeugt, daſs wir den
Gegenstand eben g e w o r f e n haben. Genau in derselben
Weise würde sich auch das Verhältnis Gottes zu den Substanzen gestalten müssen.

Soviel steht daher fest: Ist die Harmonie der Monaden
nicht mit ihrem eigenen Wesen gegeben, dann muſs sie notwendig direkt aus der göttlichen Wirksamkeit abgeleitet
werden. Es kann dann nur noch erklärt werden, die Handlungen der Substanzen stimmen überein, weil Gott dieselben
u n m i t t e l b a r so produziert, wie es das Weltganze mit sich
bringt, aber nicht, sie stimmen überein, weil Gott den Substanzen ursprünglich eine solche Natur verliehen hat, daſs
sie späterhin durch sich selbst miteinander zusammentreffen*).

*) Übrigens hat man schon bisher darauf hingewiesen, daſs aus
dem Satze, Gott habe den Monaden ursprünglich ihre Natur verliehen,
folge, daſs die Thätigkeiten derselben in Wahrheit ein Erzeugnis Gottes

Das ist ein Satz, der von jedermann zugegeben werden mufs und der nur übersehen worden ist, indem man sich an falsche, in das System nicht passende Analogieen gehalten, indem man sich ohne Kritik bei unklaren und widerspruchsvollen Vorstellungen beruhigt hat.

Unter diesen Umständen können wir nun aber über die wahre Meinung Leibnizens in betreff des Zusammenhanges der Monaden nicht mehr im Zweifel sein. Es ist Thatsache, dafs, wenn die Wechselbeziehung derselben nicht aus ihrem Begriffe hervorgeht, sie überhaupt in keiner Weise mehr aus ihrer Natur, aus ihren eigenen Gesetzen, ja auch nicht einmal mehr daraus begründet werden kann, dafs sie Spiegel, Repräsentationen des Universums sind, sondern dafs sie unmittelbar auf Gott zurückgeführt werden mufs. Es ist aber auch Thatsache, dafs Leibniz diese Wechselbeziehung allerdings überall als eine Folge der Natur der Monaden, als eine Folge davon darstellt, dafs die letzteren Spiegel der Welt sind. Also mufs dieselbe in dem Wesen der Substanz selbst ihren Ursprung haben.

Zugleich aber ergiebt sich noch ein anderer Satz, mit dem wir uns zwar erst in der Folge ausführlicher beschäftigen werden, der aber doch bei dieser Gelegenheit berührt werden mufs. Wenn der Grund für die Korrespondenz der Monaden nicht in ihrem Begriffe, sondern in Gott gesucht

---

seien. Allein dies folgt gar nicht aus jenem Satze, sondern mufs an die Stelle desselben gesetzt werden, da er an sich einen unhaltbaren Gedanken ausspricht. Wenn er nicht innerlich verkehrt wäre, so würde auch eine solche Folgerung gar nicht aus ihm gezogen werden können; denn diese Folgerung würde ihn selbst ja aufheben, da sie besagt, dafs Gott die unmittelbare Ursache der Thätigkeit der Substanzen sei, während er doch zuerst diesen nur eine Natur, kraft deren sie durch sich selbst thätig sind, gegeben haben, nur die mittelbare Ursache ihrer Thätigkeit sein sollte. So heifst es Gesch. d. d. Phil. S. 177: „Wenn den Substanzen alle ihre Thätigkeiten durch den schöpferischen Akt Gottes vorgezeichnet sind, so sind jene Thätigkeiten in Wahrheit nur ein Erzeugnis der göttlichen Schöpferthätigkeit, diese ist es, welche sich in ihnen fortsetzt und zur Erscheinung bringt, an der sie ihren Bestand haben, ohne deren fortwirkende Kraft sie nicht möglich wären u. s. w."

wird, dann kann dieselbe, wie wir hörten, nicht mit der Bestimmung erklärt werden, Gott habe den Substanzen eine solche Natur gegeben, daſs sie sich von selbst in harmonischer Weise bethätigen. Mithin folgt, daſs diese Bestimmung, die ja, wie bekannt, ebenfalls überall von Leibniz gelehrt wird, nur unter der Bedingung Sinn hat, wenn der Verkehr der Substanzen auf ihrem Begriffe beruht, und daſs sie also nur bedeuten kann, Gott sei das Prinzip für die Thatsache s e l b s t, daſs die Substanzen harmonische Begriffe haben, er repräsentiere das Schaffen und Realisieren s e l b s t der Naturen der Dinge, wie wir später des näheren nachweisen werden. Dieselbe nötigt also so wenig zu der Annahme, daſs die Übereinstimmung der Substanzen nicht schon mit ihnen selbst gesetzt sei, wie man dies bisher allerdings glaubte, daſs sie vielmehr in diesem Falle überhaupt unmöglich wäre.

Nun wird man freilich einwenden, daſs diese unsere Schluſsfolgerungen aus den obigen Erwägungen doch nicht ohne weiteres berechtigt seien. Denn wenn es auch unter der Voraussetzung, daſs der Zusammenhang der Monaden nicht eine Konsequenz ihres Begriffes ist, sachlich unzulässig wäre, diesen Zusammenhang auſser aus der göttlichen Thätigkeit auch noch aus ihrer Natur abzuleiten und zu sagen, Gott habe den Substanzen zu Anfang eine bestimmte Konstitution gegeben, so würde dies ja doch noch keineswegs unbedingt ausschlieſsen, daſs Leibniz nicht dennoch von jener Voraussetzung aus zu diesen Sätzen gekommen sei, in welchem Falle wir eben nur einen groben Irrtum seitens des Philosophen zu konstatieren haben würden. Daſs dies nun möglich sein würde, muſs allerdings zugegeben werden; allein es ist doch zum mindesten im höchsten Maſse unwahrscheinlich. Denn die Unhaltbarkeit jener Sätze ist für jeden, der sich in den Geist der Monadenlehre eingelebt hat, zu handgreiflich, als daſs man annehmen könnte, sie sei dem Urheber der letzteren und vollends einem Leibniz entgangen. Bisher hat man ja freilich diese Unhaltbarkeit

nicht bemerkt; indessen daraus folgt nichts. Denn bei der
geringen Gründlichkeit, mit der das Leibnizische System
traditionell behandelt zu werden pflegt, bei den aufserordentlich verschwommenen Vorstellungen, die über die
Prinzipien desselben verbreitet sind, kann dies nicht wunder
nehmen; und überhaupt, diejenigen, welchen nur die Aufgabe
zufällt, die thatsächlichen oder angeblichen Lehren Leibnizens
zu reproduzieren, können selbst offenkundige Fehler in denselben übersehen; aber dafs Leibniz selbst, der doch diese
Lehren gründlich durchdacht, allseitig geprüft und erwogen
haben mufs, sie übersehen haben sollte, ist unglaublich.
Nein, was man bisher über die Harmonie der Monaden vorgetragen hat, ist nicht die Meinung Leibnizens, sondern ein
Werk der Tradition. Weil man die Erklärungen des Philosophen, dafs der Zusammenhang der Monaden einerseits aus
ihrer Natur hervorgehe und dafs andererseits doch diese
Naturen ihnen von Gott gegeben worden seien, von der
Prämisse aus, dafs die Natur gleich dem Begriffe der Substanz sei, nicht zu vereinigen vermochte, darum hat man
sich ursprünglich diese schiefe und widerspruchsvolle Lehre
zurecht gemacht, deren innere Unzulänglichkeit eben ihren
unleibnizischen Ursprung verrät, und die Späteren haben
diese Lehre als bare Münze übernommen.

Wenn übrigens Leibniz einigemal erklärt, die Monaden verhalten sich in Bezug auf ihre Wechselwirkung wie
zwei Uhren, deren jede vollständig spontan abläuft, die aber
ursprünglich so gerichtet worden sind, dafs sie immer genau
die gleiche Stunde zeigen, so beweist dies natürlich gar
nichts gegen unsere Ausführungen. Denn es würde sich ja
doch hier vor allem fragen, ob der Philosoph diesen Vergleich deshalb gebraucht hat, weil die Monaden durch dasselbe Mittel, wie die Uhren, durch eine mechanische Anlage
und Einrichtung, zur Übereinstimmung gebracht worden
sind, oder nur deshalb, weil beide gleich spontan und dennoch gleich unabhängig voneinander zusammentreffen. Was
Leibniz hier meint, kann aus diesem Gleichnis selbst nicht

ersehen, sondern mufs durch seine sonstigen Angaben über
die Natur des Zusammenhanges der Substanzen ausgemacht
werden. Folglich kann dasselbe keinesfalls gegen unsere vorherigen Ergebnisse verwendet werden, sondern mufs selbst
erst durch diese seine Aufklärung empfangen.

Es sind nun aber ferner auch eine ganze Reihe von
Äufserungen in den Leibnizischen Schriften vorhanden, welche
deutlich zeigen, dafs der Verkehr der Substanzen nach des
Philosophen Meinung eine Folge ihres Begriffes ist.

„Alles, was der Seele und jeder Substanz passiert,"
sagt Leibniz, „ist eine Folge ihres Begriffes; also bringt es
die Idee oder das Wesen der Seele selbst mit sich, dafs alle
ihre Vorstellungen ihr aus ihrer eigenen Natur entstehen
müssen und zwar gerade so, dafs sie von selbst dem entsprechen, was in dem Universum vorgeht" (4, 458; auch
439 E.). „Die Seele fühlt, dafs ihr Körper schlecht disponiert
ist, weil es die Natur der Seele ist, auszudrücken, was in
dem Körper vorgeht" (2, 71), „weil die Natur jeder Substanz einen allgemeinen Ausdruck des ganzen Universums
mit sich bringt und weil die Natur der Seele im besonderen
einen deutlicheren Ausdruck dessen mit sich bringt, was jetzt
im Hinblick auf ihren Körper vorgeht. Es liegt also in ihrer
Natur, die Accidenzien ihres Körpers durch die ihrigen zu
erkennen" (74). „Die Seele drückt ihrer Natur nach das
ganze Universum nach der Beziehung aus, welche die anderen
Körper zu dem ihrigen haben, und also unmittelbarer dasjenige, was den Teilen ihres Körpers zukommt; sie mufs
also kraft der Gesetze der Beziehung, die ihr wesentlich
sind, gewisse Bewegungen ihres Körpers in besonderer Weise
ausdrücken" (111). „Die Zustände der Seele sind ihrer
Natur und ihrem Wesen nach Ausdrücke der entsprechenden
Zustände der Welt und im besonderen des Körpers, welcher
ihr eigen ist .... Also mufs die Seele auch die Zustände ihres Körpers bemerken" (114; ebenso 115 u. 126).
„Es ist die Natur der Seele, den Körper auszudrücken: daher

muſs sie alles, was aus den Gesetzen des Körpers folgt, sich
repräsentieren" (171). „Die inneren Vorstellungen entstehen
in der Seele durch ihre eigene originale Konstitution, d. h.
durch ihre repräsentative Natur. Indem daher jede Substanz das ganze Universum exakt repräsentiert und indem
die Vorstellungen der äuſseren Dinge ihr kraft ihrer eigenen
Gesetze entstehen, wird es eine vollkommene Übereinstimmung zwischen allen diesen Substanzen geben" (4, 484).
„Da die Natur der Seele darin besteht, das Universum zu
repräsentieren, so wird die Folge der Repräsentationen,
welche die Seele sich produziert, natürlicherweise der Folge
der Veränderungen des Universums entsprechen" (485). „Es
ist die Natur der Substanz, sich nach einer bestimmten Ordnung zu verändern, welche sie durch alle Zustände führt,
die ihr je zukommen werden. Und dieses Gesetz der Ordnung hat eine exakte Beziehung zu dem, was in jeder anderen Substanz vorgeht. Auf diese Weise führt das Gesetz
der Veränderung der Substanz das Tier von der Freude
zum Schmerz in dem Moment, in welchem in seinem Körper
eine Auflösung des Kontinuums stattfindet, weil es das Gesetz der unteilbaren Substanz dieses Tieres ist, zu repräsentieren, was in seinem Körper und selbst was in der Welt
vor sich geht, da die substantiellen Einheiten nichts anderes
sind als verschiedene Konzentrationen des Universums" (518).
„Es ist die Natur der Seele, ihren Körper auszudrücken und
mit ihm übereinzustimmen, ganz wie wenn der Körper auf
die Seele Einfluſs hätte" (580, ebenso 583; vgl. überhaupt
517—595). „Man muſs sich nicht über die Übereinstimmung
der Seelen und Körper wundern, da alle Seelen wesentlich
Repräsentationen oder lebendige Spiegel des Universums nach
dem Gesichtspunkte einer jeden sind" (3, 347) u. a.

    Würde Leibniz unter der „Natur" der Substanzen eine
ihrem Begriffe fremde Anlage verstehen, so hätte er doch
sicherlich nur sagen können, den Substanzen sei die Natur,
das Universum zu repräsentieren, gegeben worden u. dgl.
Statt dessen aber drückt er sich, wie diese Belege zeigen,

vorzugsweise dahin aus, es sei die Natur der Seele, es liege in ihrer Natur, die Natur der Seele bestehe darin, auszudrücken, was in ihrem Körper vorgeht, die Natur der Substanz bringe einen Ausdruck des Universums mit sich, es sei das Gesetz der Substanz, ihren Körper zu repräsentieren u. dgl. Das kann nur heifsen, es sei der Begriff, das Wesen der Monaden, die Welt vorzustellen. Und dies sagt ja der Philosoph in einigen der angeführten Sätze sogar ausdrücklich. Der Begriff, die Idee, das Wesen (essence) der Seele soll der Grund ihrer Übereinstimmung mit dem Universum sein, diese Übereinstimmung soll auf den der Seele wesentlichen (essentielles) Gesetzen der Beziehung, auf der originalen Konstitution, der repräsentativen Natur derselben beruhen, die Zustände der Seele sollen wesentlich (essentiellement) Ausdrücke der Weltzustände, die Substanzen sollen wesentlich Repräsentationen des Universums, sie sollen nichts anderes sein als Konzentrationen der Welt u. dgl. Und bei eingehenderer Durchsicht der Quellen würde sich noch eine ganze Anzahl gleicher Äufserungen aufweisen lassen. Eine deutlichere Sprache kann man doch nicht verlangen! Oder wie hätte sich denn Leibniz überhaupt sonst ausdrücken sollen, wenn die Harmonie der Monaden seiner Ansicht nach auf deren Begriff sich gründete?

Mit zwingender Notwendigkeit ergiebt sich aber eben dies auch aus dem Zusammenhang, in den der Philosoph, wie wir sogleich hören werden, diese Lehre mit dem Begriff der individuellen Substanz gebracht hat. Und endlich werden sich durch unsere späteren Erörterungen über Gott die allerbündigsten, überzeugendsten Bestätigungen für unsere Auffassung ergeben, sodafs an der Richtigkeit derselben ein begründeter Zweifel nicht mehr bestehen kann.

Aus diesen Darlegungen erhellt nun auch, wie Leibniz zu der Lehre von der Harmonie der Substanzen gekommen ist.

Die bisherige Darstellung ist auch in dieser Beziehung nicht haltbar. Gewöhnlich pflegt man nämlich, nachdem man die Monaden und ihre hauptsächlichsten Eigenschaften abgeleitet hat, darauf hinzuweisen, dafs dieselben an sich in keiner Beziehung zu einander stehen, dafs sie aber andererseits wegen ihrer Einfachheit auch keinen physischen Einflufs aufeinander ausüben können, um daran die Frage zu knüpfen, wie es zu erklären sei, wenn die Thätigkeiten derselben dennoch erfahrungsgemäfs miteinander übereinstimmen, und um diese Frage zu beantworten, läfst man schliefslich den Philosophen die selbständige Hypothese erfinden, Gott habe ursprünglich jeder Substanz eine solche Anlage verliehen, dafs sie in der Folge spontan miteinander zusammentreffen.

Dafs indessen Leibnizens Ansicht nicht auf diesem Wege entstanden sein kann, ergiebt sich am besten aus ihr selbst. Denn der Zusammenhang der Monaden beruht ja, wie wir sahen, nicht auf der Wirksamkeit Gottes, sondern auf ihrem eigenen Begriffe. Dieser Satz aber, dafs die Substanzen kraft ihrer eigenen Natur miteinander harmonieren, kann nicht eine Hypothese sein, welche Leibniz aus dem Grunde aufgestellt hat, um die Wechselwirkung der Substanzen zu erklären; sie kann nicht eine Erfindung sein, die er zum Zweck der Lösung des Problems gemacht hat, wie der Verkehr der Substanzen möglich sei. Denn um überhaupt das Problem aufwerfen zu können, wie die Übereinstimmung der Substanzen denkbar sei, mufste er zuvor überzeugt sein, dafs dieselbe nicht schon aus dem Wesen der Substanzen selbst folge, mufste er bereits voraussetzen, dafs sie nicht schon mit den Substanzen selbst unmittelbar gegeben sei. Er hätte also auch nicht auf jenes Problem eine Lösung finden können, derzufolge das Ineinandergreifen der Substanzen aus ihrem Begriffe selbst sich ergebe, mit ihrem Wesen selbst schon gesetzt sei, da er ja damit die Prämisse, auf der seine Untersuchung überhaupt beruhte, aufgehoben haben würde. Mithin kann diese Art der Verbindung der Substanzen

überhaupt nicht als die Antwort auf ein solches Problem
gelten.

Vielmehr kann sie nur eine Schlußfolgerung aus den
Prinzipien des Systems sein. Die Monadenlehre geht ja von
der Frage aus, ob nicht unter der Voraussetzung, daß die
speziellen Phänomene rein mechanisch, durch den Körper,
seine Eigenschaften und Gesetze erklärt werden können und
müssen, doch die Prinzipien des Körpers und des Mechanismus selbst in immateriellen Substanzen bestehen, und demgemäß setzt es sich die Aufgabe, zu untersuchen, wie die
Prinzipien der Dinge, des Körpers, der Bewegung und des
Widerstandes gedacht werden müssen. Diese Prinzipien haben
wir nun aber früher als einfache Substanzen bestimmt, die
ihre respektiven Körper in sich repräsentieren, und näher
als aktive und passive Kräfte, welche die sämtlichen Veränderungen ihrer Körper, die Thätigkeiten und Leiden derselben im Keime in sich repräsentieren. Als die Prinzipien
der Dinge ergaben sich uns daher die Monaden, welche ihre
gesamte Thätigkeit schon ursprünglich, ehe sie noch zur Erscheinung kommt, in sich enthalten, deren Handlungen also allein
aus ihnen selbst kraft ihres eigenen Begriffes und ihrer eigenen
Natur hervorgehen. Aus diesem Satze aber folgt ohne weiteres und mit Notwendigkeit die Lehre von der Harmonie
der Substanzen. Denn sind die Handlungen der Monaden
das ausschließliche Erzeugnis ihrer ursprünglichen Konstitution und ihres Begriffes, sind sie nur das in der Entwickelung, was von Anfang an in ihnen angelegt ist, sind sie also
nicht das Resultat ihres Verkehrs miteinander, sondern dasjenige ihrer eigenen originalen Anlage, so ist ja der Schluß
vollständig unumgänglich, daß die gewöhnliche Anschauungs-
weise, wonach diese Handlungen durch den Stofs und Druck
der Dinge hervorgerufen werden, das Erzeugnis der physischen Einwirkung der Dinge aufeinander sind, ein Irrtum,
ein Phänomen sei, daß, wenn die Substanzen einen physischen Einfluß aufeinander auszuüben scheinen, dies nur
daher komme, weil die Thätigkeiten der Substanzen spontan

sich entsprechen, sich begegnen, dafs dieser scheinbare physische Einflufs in Wahrheit nur in einem Zusammentreffen,
einer Harmonie bestehe, und dafs diese Harmonie eben in
dem ursprünglichen Wesen der Substanzen begründet sei,
darauf beruhe, dafs sie alle ihrer Natur nach ein und dasselbe Universum darstellen. So hat Leibniz keineswegs zuerst die Bemerkung gemacht, dafs die Monaden wegen ihrer
Unteilbarkeit keinen physischen Verkehr miteinander haben
können, und infolgedessen die Hypothese ersonnen, ihre
Handlungen gehen aus ihrer Natur hervor und harmonieren
blofs miteinander, sondern er fand zuerst, dafs alle Handlungen der Monaden aus ihrer eigenen Natur resultieren, und
schlofs daraus folgerichtig, dafs es also mit der Vorstellung eines
physischen Verkehrs derselben nichts sei, sondern dafs an
seine Stelle eine natürliche, wesentliche Harmonie derselben
treten müsse.

Dafs nun Leibniz auf diesem Wege zu seiner Theorie
von dem Zusammenhang der Monaden gekommen ist, folgt,
wie gesagt wurde, notwendig aus der Art dieses Zusammenhanges selbst. Es ist auch an sich so einleuchtend wie nur
möglich. Diese Theorie ist eben schon in den Prinzipien
des Systems implicite enthalten, und Leibniz brauchte die
letzteren nur in ihre Konsequenzen zu verfolgen, um sie zu
finden. Die Monaden sind ja ihrer Natur und ihrem Wesen
nach die alleinige Quelle ihrer Handlungen: es folgt daher
mit zwingender Notwendigkeit, dafs sie keinen physischen
Einflufs aufeinander ausüben, sondern dafs sie nur miteinander
harmonieren. Der Philosoph mufste daher von seinen Prinzipien aus seine Lehre von der prästabilierten Harmonie
aufstellen, und hätte er es nicht gethan, so hätte er sich
mit sich selbst in Widerspruch gesetzt. Diesen Entwicke-
lungsgang des Philosophen würden wir daher unter allen
Umständen aufrecht erhalten müssen, auch wenn keine
quellenmäfsigen Belege dafür vorlägen. Nun aber ist auch
dies sogar in umfassendem Mafse der Fall, und darauf müssen
wir jetzt noch etwas näher eingehen.

In dem „metaphysischen Diskurs" Leibnizens erscheinen nämlich die Bestimmungen, dafs die Substanzen keinen Einflufs aufeinander haben, dafs ihre Thätigkeiten sich blofs entsprechen und dafs dieses Entsprechen auf der Natur der Substanzen beruhe, als Folgerungen aus dem Begriff der individuellen Substanz, d. h. derjenigen Substanz, welche ihre gesamte Zukunft ursprünglich in sich schliefst. „Aus dem Begriff der individuellen Substanz," sagt der Philosoph, „folgt, dafs jede Substanz gleichsam eine Welt für sich ist, unabhängig von jedem anderen Wesen als von Gott. So sind alle unsere Phänomene, d. h. alles, was uns je geschehen kann, nur Folgen unseres Wesens . . . . . Indes es ist sehr wahr, dafs die Ausdrücke aller Substanzen sich einander entsprechen, sodafs jede mit den anderen zusammentrifft . . . . Man kann daher sagen, dafs das, was jeder Substanz passiert, nur eine Folge ihrer Idee ist, da ja diese Idee schon alle Prädikate enthält und das ganze Universum ausdrückt" (4. 434 f. u. 458). In dem an den „metaphysischen Diskurs" anknüpfenden Briefwechsel Leibnizens mit Arnauld tritt dieser Gedankengang noch schärfer hervor. „Aus dem Satz von der individuellen Substanz," heifst es da, „folgt, worin der Verkehr der Substanzen besteht. Derselbe vollzieht sich nicht nach der gewöhnlichen Hypothese des physischen Einflusses, denn jeder gegenwärtige Zustand einer Substanz kommt ihr spontan; er vollzieht sich vielmehr nach der Hypothese des blofsen Zusammentreffens, d. h. jede Substanz drückt die ganze Folge des Universums nach der Beziehung aus, die ihr eigen ist, woraus sich ergiebt, dafs sie vollkommen miteinander harmonieren" (2, 47; ebenso 57). „Die Hypothese des blofsen Zusammentreffens oder der blofsen Übereinstimmung der Substanzen untereinander ist nach dem Satz von der individuellen Substanz, den wir aufgestellt haben, unausweichlich" (58); „sie ist eine Folge des Begriffes, den ich von der individuellen Substanz habe. Denn nach mir schliefst der individuelle Begriff einer Substanz alles ein, was ihr je passieren kann. Da nun die Seele eine indivi-

duelle Substanz ist, so mufs ihr Begriff, ihre Idee oder ihre
Natur alles einschliefsen, was ihr je passieren kann. Also
da ja unsere Gedanken nur Folgen der Natur unserer Seele
sind und ihr kraft ihres Begriffes entstehen, so ist es unnötig,
den Einflufs einer anderen Substanz zu verlangen. Es ist
wahr, dafs uns bestimmte Gedanken auf bestimmte körperliche Bewegungen kommen, aber das rührt daher, dafs jede
Substanz das ganze Universum ausdrückt." „Die Hypothese
des blofsen Zusammentreffens folgt daraus, dafs jede individuelle Substanz alles einschliefst, was ihr geschehen wird,
und das ganze Universum nach ihrer Art ausdrückt" (70).
„Der Verkehr der Seele und des Körpers ist nur eine Folge
des Begriffes der individuellen Substanz, der alle ihre
Phänomene in sich schliefst, so dafs einer Substanz nichts
passieren kann, was ihr nicht aus ihrem eigenen Grunde
entsteht, aber in Übereinstimmung mit dem, was einer
anderen passiert" (75 A.). „Ich erkläre den Verkehr der
Substanzen auf eine natürliche Weise. Aus dem Begriff der
Substanz, welcher es mit sich bringt, dafs ihr gegenwärtiger
Zustand eine natürliche Folge ihres vorhergehenden Zustandes
ist, folgt, dafs es die Natur jeder Substanz und folglich jeder
Seele ist, das Universum auszudrücken u. s. w." (113 E.).
„Jede Substanz schliefst in ihrem gegenwärtigen Zustande
alle ihre vergangenen und zukünftigen Zustände ein und
drückt selbst das ganze Universum aus; folglich kommt
ihr alles nur aus ihrem eigenen Grunde und kraft ihrer
eigenen Gesetze; aber sie bemerkt die anderen Dinge, weil
sie dieselben ihrer Natur nach ausdrückt" (126; auch 136).
In dem Entwurf zum „Neuen System" sagt Leibniz weiterhin: „Aus dem vollkommen Begriff jeder Substanz folgt,
dafs eine geschaffene Substanz nicht auf die anderen handelt,
sondern dafs alles aus dem eigenen Grunde einer jeden
kommt, da ja jede das ganze Universum für sich auf ihre
Weise repräsentiert" (4, 475 f.). In der wichtigen, ziemlich
gleichzeitigen Abhandlung: „Specimen inventorum de admirandis naturae generalis arcanis" wird endlich ebenfalls

die Lehre von der Weltharmonie als eine Folge des Begriffs
der individuellen Substanz dargestellt: „Aus dem Begriffe der
individuellen Substanz", heifst es dort, „folgt, dafs alle Handlungen und Leiden der Substanzen spontan sind, dafs kein
realer gegenseitiger Einflufs unter ihnen denkbar ist, da ja,
was auch einer jeden geschieht, aus ihrer Natur und aus
ihrem Begriffe hervorgeht, auch wenn alles übrige weggedacht
würde; denn eine jede drückt das Universum aus." Gleich
darnach lesen wir dann weiter: „Ähnlich erhält durch unseren
Begriff der Substanz die Verbindung der Seele und des
Körpers eine volle Erklärung. Denn da jede einzelne Substanz ein und dasselbe Universum ausdrückt, so verhält sie
sich kraft der Gesetze ihrer eigenen Natur so, dafs ihre Veränderungen vollkommen den Veränderungen der anderen
Substanzen entsprechen" (vgl 7, 312 f.).

Diese Auseinandersetzungen decken sich nun, wie man
sieht, ganz und gar mit unseren vorherigen Ausführungen.
Leibniz, sagten wir, fand durch seine dynamischen Untersuchungen, dafs die Prinzipien der Dinge in Substanzen bestehen, welche sämtliche Bewegungen ihres Körpers ursprünglich in sich repräsentieren, welche daher ihre gesamte Entwicklung von Anfang an und kraft ihres Begriffes im Keime
in sich schliefsen. Waren nun aber alle Handlungen der
Monaden schon ursprünglich in ihnen angelegt und nur die
Folge ihres eigenen Wesens, so mufste er notwendig zu dem
Schlusse kommen, dafs an die Stelle der gewöhnlichen Theorie
von dem physischen Einflufs der Dinge diejenige einer wesentlichen Harmonie der Substanzen gesetzt werden müsse. In
vollständiger Übereinstimmung mit dieser unserer Darstellung
leitet nun der Philosoph, wie die eben angeführten Stellen
zeigen, in der That seine Lehre von der Harmonie der
Monaden aus dem Begriffe der individuellen Substanz, aus
dem Satze ab, dafs die Substanzen ihre gesamte Zukunft
von Anfang an in sich tragen: weil die individuellen Substanzen alles, was ihnen je geschieht, schon im voraus in
sich enthalten, daraus soll folgen, dafs sie keinen physischen

Einfluß aufeinander ausüben, sondern nur mit gegenseitiger
Übereinstimmung selbständig handeln, und daß ferner diese
Übereinstimmung auf ihr eigenes Wesen zurückzuführen ist.
Eine eklatantere, überzeugendere Bestätigung unserer Ansicht ist schlechterdings nicht möglich. Und diese Bestätigung
ist um so wertvoller, um so unwiderleglicher, als die betreffenden Auslassungen Leibnizens durchgängig den frühesten
Schriften desselben angehören. Denn daß diese für die Frage
nach der Entstehung des Systems unter allen Umständen
bedeutungsvoller und maßgebender sind als die späteren
Werke, daß sie den ursprünglichen Ideengang des Philosophen
am treuesten und unverfälschtesten wiedergeben müssen, liegt
auf der Hand und wird sicherlich niemand anzweifeln wollen.

     In den späteren Werken aber, insbesondere in den an
die Veröffentlichung des „Neuen Systems" sich knüpfenden
langen Auseinandersetzungen über die Harmonie der Substanzen wird meistens diese Harmonie nur als solche besprochen, ohne Rücksicht auf ihre Ableitung; der angegebene
Zusammenhang tritt daher nicht mehr so klar hervor. Doch
aber weist auch Leibniz in diesen einigemal ausdrücklich
darauf hin, daß die prästabilierte Harmonie eine Konsequenz
seiner dynamischen Untersuchungen (über den Körper, die
Bewegung und den Widerstand) sei, was ja mit unserer
Ableitung ganz im Einklange steht. So sagt er nach einer
Erörterung dieser seiner Lehre: „Meine dynamischen Studien
stehen damit in Verbindung, infolge deren ich den Begriff
der körperlichen Substanz vertiefen mußte, die ich vielmehr
in die Kraft zu handeln und zu widerstehen setze als in die
Ausdehnung" (4, 499). „Meine prästabilierte Harmonie,"
erklärt er anderswo, „folgt aus meiner Ansicht über die Einheiten" (494, 5). „Wenn Ihre Einwände sagen sollen, daß
ich zu meiner Hypothese noch durch Gründe a priori oder
durch gewisse Prinzipien gekommen bin, wie es in der That
der Fall ist, so ist das vielmehr ein Vorzug der Hypothese"
(496, 16). Ebenso erklärt der Philosoph in der Schrift: „De
primae philosophiae emendatione etc.", daß aus dem Begriffe

der Kraft sich eine Lösung des Problems über den Verkehr der Substanzen miteinander ergebe (470). Vgl. auch 5, 359.

Nun führt Leibniz allerdings öfter als Beweis für seine Lehre auch dies an, daſs ein physischer Einfluſs der Substanzen wegen ihrer Einfachheit an sich undenkbar sei (so 4, 458, 476; 2, 57, 70, 133, 251, 503; 7, 410, 84). Zuweilen stellt er sogar die Sache so dar, als habe ihn eben diese Unmöglichkeit physischer Wechselwirkung ursprünglich zu seiner Ansicht geführt (so 4, 483; auch 6, 607, 7 und 615, 51). Allein wenn auch diese Erwägung ein Grund mehr für ihn war, an die Richtigkeit und Notwendigkeit der letzteren zu glauben, so kann doch der wesentliche und entscheidende Grund für dieselbe schlechterdings nur in dem Substanzbegriffe gesehen werden.

Mit diesem Satze fällt nun zugleich wiederum ein gutes Stück der bisherigen Vorstellungen hinsichtlich der geschichtlichen Beziehungen des Leibnizischen Systems. Man hat nämlich gemeint, daſs die Lehre von der Harmonie der Substanzen in einem genetischen Zusammenhange mit den Erörterungen und Streitigkeiten der damaligen Philosophen über die Möglichkeit einer Wechselwirkung zwischen Leib und Seele stehe, daſs sie nach der Intention des Philosophen eine Verbesserung des Okkasionalismus darstellen solle, daſs sie unter dem Einflusse der Theorie des Malebranche entstanden sei, ja daſs sie sogar eine enge Verwandtschaft mit dem Spinozismus nicht verleugnen könne, dergestalt, daſs gerade aus ihr am besten hervorleuchte, wie die Monadenlehre ursprünglich aus jenem hervorgewachsen sei u. w. dgl. m. i. Alle diese Ansichten erweisen sich nun als vollständig verfehlt. Denn wir haben ja eben gesehen, daſs diese Lehre gar nichts weiter als ein Resultat, eine Schluſsfolgerung aus den Untersuchungen Leibnizens über die Prinzipien des Körpers und seiner Eigenschaften ist, womit es unmittelbar ausgeschlossen ist, daſs er durch die zeitgenössische Wissenschaft zu derselben veranlaſst worden sei. Die sogenannte prästabilierte Harmonie unseres Philosophen hat ihrem Ur-

sprunge nach auch nicht das mindeste mit den Auseinandersetzungen der Gelehrten seiner Zeit über die Verbindung
von Seele und Leib zu thun; sie ist die Frucht von Überlegungen, die in gar keiner Beziehung zu diesem Probleme
standen, und alle Folgerungen, die man an eine solche
Vermutung geknüpft hat, sind darum null und nichtig.

Dem widerspricht es selbstverständlich nicht im geringsten, dafs Leibniz seine prästabilierte Harmonie sehr häufig
in Gegensatz stellt zu den Hypothesen gleichzeitiger oder
früherer Philosophen über dasselbe Thema (z. B. 2, 47, 57 f.
91 ff.; 4, 476, 483 u. oft). Nachdem er dieselbe einmal
gefunden hatte, war dies nicht nur bei dem Charakter Leibnizens, sondern auch an sich nur natürlich; um so natürlicher, als ihn die Korrespondenz mit Gelehrten seiner Zeit
und deren Widersprüche gegen sein eigenes System von
selbst dazu drängten. Aber für die Entstehung seiner Ansichten kann dies nichts beweisen.

Üben nun die Substanzen keinen physischen Einflufs
aufeinander aus, so ist dieser eine blofse Einbildung, ein
reines Phänomen. Wie wir uns aber der mechanischen
Naturerklärung für alle einzelnen Vorgänge der Welt und
für das Gebiet der Phänomene bedienen müssen, so müssen
wir selbstverständlich auch der Vorstellung eines physischen
Einflusses innerhalb derselben Grenzen ihre Geltung be-
lassen.

„Die Handlung einer körperlichen Substanz,“ sagt Leibniz, „auf die andere ist vielmehr ein Spiel der Einbildung
als eine deutliche Vorstellung“ (2, 58). „Wenn wir uns einen
Einflufs der Substanzen aufeinander einbilden, so ist dies
ein Irrtum u. s. w.“ (4, 493). „Die Bewegungen und das
Zusammenstofsen der Körper sind ein reiner Schein“ (3, 623).
„Die Entelechie kann keinen Einflufs auf andere Entelechieen
ausüben. Aber in den Phänomenen mufs alles mechanisch
erklärt und müssen die Massen als einander in Bewegung

setzend gedacht werden" (2, 250). „Einen Einfluſs der
Substanzen aufeinander lasse ich nicht zu. Aber in dem
Schein der Aggregate, die durchaus nur Phänomene sind,
wird niemand das Zusammenstoſsen und die Impulse leugnen"
(251). „In den Phänomenen oder Aggregaten muſs jede neue
Veränderung nach den vorgeschriebenen Gesetzen von einem
Zusammenstoſs abgeleitet werden; denn die Abstraktionen
sind notwendig, damit die Dinge wissenschaftlich erklärt
werden" (252) u. a.

Sechster Abschnitt.

Das Handeln und Leiden der Substanzen.

Die Erörterung über den Einfluſs der Substanzen aufeinander führt uns zu der Besprechung einiger, nicht eben
zahlreicher Bemerkungen Leibnizens über das Handeln und
Leiden der Substanzen. Auch diese Bemerkungen sind
nämlich vollständig miſsverstanden worden.

Man beginnt gewöhnlich die Darstellung der Monadenlehre mit dem Satze, daſs die letzten Bestandteile der Dinge
nur als einfache, thätige Wesen gedacht werden können;
man zeigt weiter, daſs diese Wesen, weil keine äuſsere Einwirkung auf sie möglich ist und sie daher das Prinzip ihrer
Veränderung in sich selbst tragen, mit einem Vorstellungs-
vermögen begabt sein müssen, daſs die Vorstellungen aber
nur die äuſsere Welt zum Gegenstand haben können und
daſs sie teils deutlich, teils verworren sind. Auf die Annahme
hin, daſs diese Substanzen ihrer Natur nach in keiner Beziehung zu einander stehen, wird weiterhin ausgeführt, daſs
Gott also ursprünglich künstlich in jeder eine solche Entwicklung angelegt haben müsse, wie es alle anderen erfordern.
Indem man dann zu den besagten Auslassungen des Philosophen über das Handeln und Leiden übergeht, fährt man
so fort: Jede Monade ist zunächst eine thätige Kraft; diese
Kraft ist indessen in keiner unbegrenzt; jede hat ein be-

stimmtes Mafs ihrer Kraft. Sofern sie aber positiv ist, hat
sie deutliche, sofern sie beschränkt ist, verworrene Vorstellungen. Diese Beschränktheit der Monaden ist nun eine
Folge ihres Verhältnisses zu einander: Gott hat ursprünglich
jeder nur soviel Vollkommenheit zugeteilt, als es sich mit
den anderen vertrug. Soweit daher eine Substanz begrenzt
ist, konfuse Vorstellungen hat, ist sie (vermittelst der göttlichen Wirksamkeit) durch die übrigen bestimmt, leidet sie
von ihnen, ist sie passiv; soweit sie aber vollkommen ist,
deutliche Vorstellungen besitzt, hat sie die übrigen bestimmt,
ist sie thätig und aktiv; und es lassen sich daher an jeder
Substanz zwei Seiten ihres Wesens, zwei Kräfte unterscheiden,
die aktive und die passive Kraft*).

    Wäre diese Darstellung richtig, so hätte also Leibniz in
den uns vorliegenden Äufserungen über das Handeln und
Leiden nachweisen müssen, inwiefern die Substanzen für andere
bestimmend, handelnd, aktiv sind und inwiefern sie von
anderen bestimmt werden, leidend, passiv sind; er hätte also
das Wesen der Substanz selbst, die beiden Seiten ihrer Natur
charakterisieren müssen. Das ist aber durchaus in keiner
Weise der Fall. Leibniz geht vielmehr von der Thatsache
aus, dafs keine physische Wechselwirkung zwischen den
Substanzen stattfindet. Da aber hieraus folgt, dafs
auch kein Handeln und Leiden derselben möglich ist, so
führt er nun aus, worauf es sich gründet, wenn wir dennoch
den Dingen ein Handeln und Leiden zuschreiben, welche
objektive Beschaffenheit der Substanzen uns zu einer solchen
Unterscheidung Veranlassung giebt. Er will also nichts über
die Substanzen selbst aussagen, er will nicht darthun, inwiefern sie bestimmend sind und inwiefern sie bestimmt
werden, sondern, indem er voraussetzt, dafs diese Unterschiede überhaupt nicht bestehen, dafs es zwischen den Substanzen überhaupt kein Handeln und Leiden giebt, weder
im eigentlichen noch im uneigentlichen Sinne, will er er-

---

*) Vgl. Gesch. d. d. Phil. S. 118 f.

klären, wie wir dazu kommen, von den Dingen solche
Prädikate auszusagen; er will unsere Redeweise auf ihre
thatsächlichen Grundlagen zurückführen; er will zeigen, dafs
wir von einem Dinge sagen, es handle im Vergleich zu
einem anderen, weil es deutlichere Vorstellungen als dieses
hat, nicht aber, dafs die Dinge selbst thätig oder leidend
seien, je nachdem ihre Vorstellungen deutlich oder verworren
sind; kurz, er will das blofs phänomenale Verhältnis des
Handelns und Leidens auf das reale der Deutlichkeit und
Verworrenheit der Vorstellungen zurückführen, ebenso wie
er vorher das Phänomen des physischen Einflusses auf die
Thatsache der Harmonie der Substanzen zurückführte. Das
geht aus den nachher anzuführenden Beispielen sonnenklar
hervor. Noch viel weniger aber ist es Leibniz in den Sinn
gekommen, an diesen Stellen den Gegensatz der Aktivität
und der Passivität, der aktiven und der passiven Kraft abzuleiten und zu beleuchten. Der Unterschied des Handelns
und Leidens, den wir in den Dingen wahrzunehmen glauben,
gründet sich allerdings in letzter Beziehung auf denjenigen
ihrer Aktivität und Passivität. Aber darum darf doch die
Frage, worauf jener Unterschied beruhe, nicht mit derjenigen
verwechselt werden, welcher Art der letztere Unterschied sei.
Diese Frage findet in den prinzipiellen Untersuchungen des
Philosophen ihre Erledigung; hier gehört sie nicht her; es
ist entschieden verfehlt, sie in diesem Zusammenhange zu
besprechen. Wie scharf beides zu trennen ist, geht schon
aus dem äufserlichen Umstande hervor, dafs der Philosoph
von dem Handeln und Leiden immer nur anhangsweise zu
der prästabilierten Harmonie, dagegen von der Aktivität und
Passivität überall, insbesondere aber in den grundlegenden
Erörterungen der Monadenlehre spricht.

Hiernach fahren wir, anknüpfend an den vorigen Abschnitt, in unserer bisherigen Darstellung fort.

Haben die Monaden, wie wir sahen, keinen Einflufs aufeinander, so ist es evident, dafs sie sich auch nicht handelnd
und leidend zueinander verhalten können. Dennoch · mufs

diesem Unterschiede irgend etwas Reales in ihnen entsprechen; denn sonst wäre ja nicht einzusehen, warum wir einer Substanz in einem bestimmten Falle vielmehr ein Handeln als ein Leiden beilegen oder umgekehrt. Leibniz pflegt daher an die prästabilierte Harmonie Bemerkungen über den Grund, weshalb wir die Dinge in ein ursächliches Verhältnis zueinander setzen, anzuschliefsen.

Und zwar sagt der Philosoph in dieser Beziehung, wir betrachten von zwei aufeinander wirkenden Substanzen diejenige als die handelnde, welche die Veränderung deutlicher, und diejenige als die leidende, welche dieselbe konfuser ausdrückt. Denn indem wir nach einem Grunde der Veränderung suchen, ist es natürlich, dafs wir diejenige Substanz als solchen bezeichnen, welche dieselbe am deutlichsten repräsentiert.

So heifst es, wohlgemerkt immer in Anknüpfung an die Einflufslosigkeit der Substanzen aufeinander: „Um die metaphysische Sprache mit der praktischen zu versöhnen, genügt die Bemerkung, dafs wir uns die Phänomene zuschreiben, die wir vollkommner ausdrücken, und dafs wir den anderen Substanzen das zuteilen, was jede am besten ausdrückt. . . . Man kann sagen, dafs diejenige Substanz, welche durch eine Veränderung zu einem gröfseren Grade von Vollkommenheit oder zu einem vollkommneren Ausdruck übergeht, ihre Kraft ausübt und handelt, und diejenige, welche zu einem geringeren Grade übergeht, ihre Schwäche erkennen läfst und leidet" (4, 440 f., 452 und 2, 47). „Deshalb sagen wir, dafs die eine Substanz auf die andere handelt, weil die eine deutlicher als die andere die Ursache oder den Grund der Veränderungen ausdrückt, ebenso wie wir die Bewegung mehr dem Schiffe als dem ganzen Meere zuteilen" (2, 57). „Man teilt die Handlung derjenigen Substanz zu, deren Ausdruck deutlicher ist, und nennt sie Ursache. Wenn z. B. ein Körper auf dem Wasser schwimmt, so giebt es unendlich viele Bewegungen von Teilen des Wassers, die alle so geartet sind, wie es nötig ist, damit der Platz, den der Körper

verläfst, stets auf dem kürzesten Wege wieder ausgefüllt
wird. Eben darum" (weil die Bewegungen der Wasser-
teilchen denjenigen des Körpers folgen) „sagen wir, dafs der
Körper die Ursache der letzteren Bewegungen ist, weil wir
durch ihn deutlich erklären können, was vor sich geht. . . .
Aber in der metaphysischen Präzision hat man nicht mehr
Recht zu sagen, dafs der Körper das Wasser stöfst, um diese
grofse Menge von Bewegungen zu machen, als dafs das
Wasser den Körper stöfst, sich entsprechend zu bewegen"
(69 f.). „Man hat sehr Recht zu sagen, dafs der Wille die
Ursache der Bewegung des Armes ist, denn der eine drückt
deutlicher aus, was der andere verworrener, und man mufs
die Handlung der Substanz zuteilen, deren Ausdruck deutlicher ist" (71). „Wir teilen die Handlung demjenigen
Körper zu, dessen Disposition geeigneter ist, den Grund
dafür anzugeben" (4, 476 und 486). „Von derjenigen Substanz, deren Ausdruck deutlicher ist, wird geurteilt, sie
handle, von derjenigen, deren Ausdruck konfuser ist, sie
leide. Und diejenige Sache wird als die Ursache ausgegeben,
aus deren Zustand der Grund der Veränderung am leich-
testen angegeben werden kann", was dann an einem Beispiele erläutert wird (7, 312). Vgl. ferner 1, 383; 6, 615,
49, 138 f.; 5, 195 f. u. a.

Nun kann es nicht Leibnizens Meinung sein, dafs wir
nur derjenigen Substanz ein Handeln zuschreiben, welche
eine Veränderung absolut deutlich, und nur derjenigen ein
Leiden, welche dieselbe absolut verworren ausdrückt.
Denn einmal giebt es derartige Ausdrücke überhaupt nicht
(s. S. 352); alle Vorstellungen sind deutlich und verworren
zugleich, und sie unterscheiden sich nur durch den gröfseren
oder geringeren Grad ihrer Deutlichkeit bezw. Verworrenheit. Sodann stellt sich jeder Vorgang innerhalb einer Substanz teils als ein Handeln, teils als ein Leiden dar. Es
giebt keine Thätigkeit, die nur der Grund für gewisse Veränderungen ist und nicht selbst wieder in solchen begründet
ist, und umgekehrt. Jede Thätigkeit ist in Beziehung auf

bestimmte Geschehnisse ein Handeln und in Beziehung auf
bestimmte andere ein Leiden. Das ist an sich selbstverständlich und folgt unter anderm daraus, dafs nach Leibniz
alles in der Welt sich in mechanischer Weise vollzieht.
Mithin mufs jede Thätigkeit einer Substanz beziehungsweise
deutlich und beziehungsweise konfus, kann also nie vollkommen deutlich oder konfus sein. Und endlich giebt es
thatsächlich viele Handlungen in den Monaden, die
höchst verworren, und viele Leiden, die sehr deutlich
vorgestellt werden. Denn wenn die Substanz in jedem Momente unmerkliche Eindrücke von ihrer Umgebung erleidet,
so übt sie natürlich auch unmerkliche Handlungen auf dieselbe aus, diese aber können nach dem Früheren nur verworren in ihr repräsentiert sein; und jede Monade stellt ihre
Vergangenheit und Zukunft fast ausschliefslich verworren vor,
folglich auch die Handlungen, welche darin enthalten sind.

    Wir können mithin die Erklärungen des Philosophen
schlechterdings nur so verstehen, dafs von zwei Substanzen
diejenige als handelnde bezeichnet wird, die das deutlicher,
was die andere verworrener ausdrückt, die also nur im
Vergleich zu der zweiten einen deutlichen Ausdruck hat.
So spricht sich auch Leibniz fast an sämtlichen der obigen
Stellen ausdrücklich aus. Es genügt daher eine relative
Deutlichkeit der Vorstellungen, um einer Substanz vielmehr
als einer anderen das Attribut des Handelns beizulegen,
was keineswegs ausschliefst, dafs jene Vorstellungen an sich
beliebig verworren sind.

    Es erübrigt noch eine Klarstellung des Zusammenhanges
dieser Sätze mit dem übrigen System. Da dieselben nämlich
die Einflufslosigkeit der Substanzen aufeinander voraussetzen,
so werden wir schliefsen müssen, dafs sie, ebenso wie diese,
im letzten Grunde eine Folge der dynamischen Forschungen
des Philosophen sind. Das bestätigt sich nun auch thatsächlich in überraschender Weise.

    Um dies zu zeigen, müssen wir zunächst auf die Natur
des Körpers zurückgehen. Der Körper hat nämlich erstens

die Fähigkeit, sich zu bewegen, und zweitens kommt ihm Widerständigkeit, Trägheit, Passivität zu, wie dies früher gezeigt wurde. Kraft der ersteren Fähigkeit ist er in einer beständigen Bewegung; weil er aber wesentlich träge, passiv ist, wird er andererseits zu jeder seiner Bewegungen von aufsenher bestimmt, beginnt er keine Bewegung, wenn er nicht von einem fremden Körper gestofsen wird, sind seine Bewegungen abhängig von der Aufsenwelt. Sofern er sich nun bewegt, thätig ist, überträgt er selbstverständlich auch immer Bewegung, Thätigkeit, Kraft auf irgendwelche anderen Körper, verhält er sich also handelnd. Sofern aber seine Bewegungen selbst nur von aufsen bestimmt, auf ihn übertragen werden, verhält er sich leidend. So folgt aus der Natur des Körpers, dafs er wesentlich handelt und leidet (ja, dafs jede seiner Bewegungen beziehungsweise ein Handeln und beziehungsweise ein Leiden ist), dafs wir also überall in der materiellen Welt ein Handeln und Leiden wahrnehmen, alle Vorgänge in derselben sich als ein Handeln oder ein Leiden darstellen.

Wir geben diese Ableitung nur deshalb, damit man sich zunächst verdeutliche, was Leibniz überhaupt unter dem Handeln und Leiden der Dinge begreift, insbesondere wie er den Begriff des Leidens fafst. Denn diese Fassung ist eine von der gewöhnlichen vollständig abweichende. Wie man nämlich gemeinhin unter dem Widerstande des Körpers eine Reaktion, eine thätige Abwehr desselben gegenüber dem ihn angreifenden Körper versteht, so pflegt man auch unter einem Leiden eines Körpers dies zu verstehen, dafs er trotz seiner Abwehr, trotzdem er sich einer gewissen Bewegung widersetzt, dennoch zu dieser letzteren gezwungen wird. Eine solche Vorstellung ist Leibniz indessen ebenso fremd, wie die entsprechende des Widerstandes. Wenn wir sagen, ein Körper leide in einem bestimmten Falle von einem anderen, so hat das nach Leibniz nicht die Bedeutung, dafs dem ersteren unter Überwindung seiner Reaktion von dem letzteren eine bestimmte Bewegung aufgenötigt wird, sondern dafs er zu dieser Bewegung nicht spontan, durch sich selbst, sondern von aufsenher bestimmt, dafs dieselbe von einem fremden Körper auf ihn übertragen wird und durch diesen bedingt ist. Und ebenso verhält es sich mit dem Handeln. Ein Körper handelt daher in Leibnizens Sinne auf einen anderen, insofern er Bewegung und Kraft auf ihn überträgt, und er leidet von einem anderen, insofern seine Bewegung von dem letzteren auf ihn übertragen worden ist. Diese Begriffe mufs man sich zuerst klar gemacht, diesen Standpunkt sich angeeignet haben, wenn man in die Erörterungen Leibnizens über das Handeln und Leiden einen richtigen Einblick gewinnen will; ohne dies ist es nicht möglich, den Zusammenhang derselben mit dem Ganzen des Systems zu verstehen (was übrigens wieder ein neuer, frappanter Beleg für die Richtigkeit unserer früheren Auseinandersetzungen über das Wesen des Widerstandes ist).

Jeder Körper also bewegt sich einerseits, überträgt Bewegung auf einen anderen, verhält sich bestimmend, er handelt, und andererseits ist er träge, passiv, abhängig von den äufseren Dingen, wird bestimmt, er leidet. Weil er nun passiv ist, bestimmt wird, leidet, bewegt er sich auch nur dann und nur insoweit, nur in dem beschränkten Mafse, als er bestimmt wird, als er leidet, wie wir ja schon früher die Passivität des Körpers als diejenige Eigenschaft desselben bezeichneten, kraft deren er sich nur dann, wenn er von einem anderen Körper gestofsen wird, nur nach dem Gesetze von der Erhaltung der Kraft bewegt. Der Körper leidet daher, und infolgedessen ist er nur insofern, als er leidet, d. h. nur beschränkt thätig. Sobald wir nun dies beachten, erhellt sofort, wie der Philosoph zu den obigen Bestimmungen geführt wurde und geführt werden mufste.

Leibniz war, wie wir früher sahen, durch seine dynamischen Untersuchungen zu dem Resultate gelangt, dafs die Bewegungen des Körpers als blofse Veränderungen nicht denkbar seien ohne eine aktive Kraft, welche dieselben im voraus in sich enthält; entsprechend hatte er gefunden, dafs

die Passivität des Körpers, die Eigenschaft desselben, vermöge deren er nur in beschränktem Sinne thätig ist, nicht
begreiflich sei ohne eine passive Kraft, welche diese beschränkte Thätigkeit des Körpers, sofern sie beschränkt
ist, ebenfalls im voraus virtuell in sich schliefst. Er überzeugte sich also, dafs die Prinzipien der Dinge Kräfte seien,
welche ihre gesamte Thätigkeit nach der positiven wie nach
der negativen Seite hin schon ursprünglich in sich trugen.
Hieraus ergab sich nun zunächst im allgemeinen, wie
oben dargestellt wurde (vgl. S. 391 ff.), dafs die gewöhnliche
Vorstellung, als ob die Substanzen einen physischen Einflufs
aufeinander haben und infolgedessen miteinander übereinstimmen, irrtümlich ist, dafs sie vielmehr kraft ihrer Natur
und ihres Begriffes in Wechselwirkung stehen und dafs es
nur wegen dieser spontanen Wechselwirkung so scheint, als
ob sie einen physischen Einflufs aufeinander haben. Zugleich
aber ergab sich auch im besonderen für das Handeln und
Leiden ein ganz analoger Satz.

Die Körper, sagten wir, werden wesentlich von aufsen
zu ihrer Bewegung bestimmt, sie leiden, und mithin sind sie
nur insoweit, als sie leiden, d. h. nur begrenzt thätig. Die
Folge davon, dafs sie leiden, ist, dafs sie nur begrenzt thätig
sind. Da nun aber nach Leibniz diese begrenzte Thätigkeit
nur das Produkt der ursprünglichen Konstitution der Substanzen, nur eine Konsequenz ihrer Natur ist, so zeigt sich
auch in dieser Beziehung, dafs die gewöhnliche Anschauungs-
weise, als ob die Substanzen leiden und infolgedessen beschränkt thätig sind, nicht richtig ist, dafs sie vielmehr aus
sich selbst heraus beschränkt sind und dafs wir nur sagen,
sie leiden voneinander, wenn und soweit sie in Bezug aufeinander beschränkt thätig sind. Die Substanzen sind kraft
ihrer Anlage dermafsen limitiert, wie es der Fall sein würde,
wenn sie nach der gewöhnlichen Vorstellung von der Welt
abhängig sein, leiden würden; die Schranken ihres Handelns gehen aus ihnen selbst, aus ihrer eigenen Natur, ihrer
ursprünglichen Disposition hervor; mithin ist nicht das Leiden

der Substanzen das erste und ihre Beschränktheit das zweite,
sondern sie sind vermöge ihrer Natur beschränkt, und um
dieser Beschränktheit willen schreiben wir ihnen ein Leiden
zu; sie sind nicht deshalb begrenzt, weil sie von den äufseren
Dingen bestimmt werden, leiden, sondern wir sagen, sie
werden bestimmt, sie leiden, weil sie im Vergleich zu jenen
begrenzt sind. Die gewöhnlichen Vorstellungen drehen sich
daher hier, ebenso wie in Bezug auf den physischen Einflufs
der Dinge, einfach um: Die Unvollkommenheit der Substanz
ist nicht eine Folge ihres Leidens, sondern wir legen ihr
ein solches bei, wenn und soweit sie in Beziehung auf
andere Wesen limitiert ist. Nun äufsert sich aber diese
Limitation in der Verworrenheit der Vorstellungen, wie
früher gezeigt wurde. Also, müssen wir schliefsen, sprechen
wir der Substanz ein Leiden zu, insofern sie eine Verände-
,rung konfuser ausdrückt als eine andere, die wir die handelnde nennen. Umgekehrt bezeichnen wir dann natürlich
eine Substanz in Beziehung auf eine andere als die handelnde, wenn sie das deutlicher repräsentiert, was jene verworrener.

Damit haben wir die Bestimmungen Leibnizens über
das Handeln und Leiden der Substanzen aus den Prinzipien
seines Systems abgeleitet. Er hat dieselben nicht etwa, wie
man gemeint hat, der Lehre des Cartesius und des· Spinoza
über diesen Punkt entnommen, sondern sie sind eine Schlufs-
folgerung aus seinen Prinzipien; sie folgen mit zwingender
Notwendigkeit aus diesen. So war der Philosoph durch
seine früheren Untersuchungen zugleich in den Stand gesetzt,
den blofs äufseren und darum imaginären Unterschied von
Handeln und Leiden auf einen inneren und deshalb wesenhaften Unterschied, auf die Vollkommenheit und Unvollkommenheit der Thätigkeit der Substanzen, auf die
Deutlichkeit und Verworrenheit ihrer Vorstellungen zurückzuführen.

Siebenter Abschnitt.

Die Zweckthätigkeit und die Freiheit der Substanzen.

Das Prinzip, welches die Monaden zur Thätigkeit bestimmt, besteht in einem Streben. Dieses Streben ist aber nicht von der mechanischen Natur wie dasjenige, welches den bewegten Körper zur Veränderung seines Ortes antreibt. Es ist vielmehr, wie früher (S. 101 ff.) nachgewiesen wurde, ein Analogon des menschlichen Begehrens. Jede Begierde geht nun aber, wie ebenfalls schon besprochen wurde (ebda.), auf die Realisierung irgend eines vermittelst bestimmter Handlungen zu erlangenden Zieles. Eine Substanz daher, die sich nach Begierden regelt, regelt sich nach Zwecken und Mitteln; beides hängt unlöslich zusammen, wie denn auch Leibniz selbst die Gesetze des Begehrens und die Zweckursachen unmittelbar zu identifizieren pflegt. Die Monaden sind daher ihrem Begriffe nach zweckthätige Wesen.

Während also in der materiellen Welt, in dem Gebiet der Phänomene die mechanischen Gesetze der Bewegung herrschen, vollziehen sich die Vorgänge in den Monaden nach den Gesetzen des Begehrens oder der Zweckursachen. Nun bilden aber die Monaden nach dem Früheren die Prinzipien des Mechanismus. Jeder körperlichen Veränderung entspricht daher eine Veränderung in der Seele eines oder mehrerer Körper, und jeder Vorstellung der einfachen Substanzen korrespondiert irgend eine Bewegung in ihrem respektiven Leibe. Es besteht daher zwischen der Zweckthätigkeit der Monaden und den materiellen Erscheinungen, zwischen den Zweckursachen und den mechanischen Ursachen eine vollkommene Harmonie, welche nur ein Teil jener allgemeinen Harmonie ist, die wir oben dargestellt haben *).

---

*) Fischer hat über das Verhältnis der End- und der wirkenden Ursachen seine eigenen Ansichten, und zwar geht er dabei meistens von den antiken Vorstellungen über diese Dinge aus, wie er ja auch das Verhältnis von Seele und Körper ganz im aristotelischen Sinne faßt. Nach ihm ist nämlich, wie man sich erinnern wird, die Monade

„Die Seele", sagt Leibniz, „strebt nach den Gesetzen des Begehrens nach der Veränderung, wie der Körper nach

eine ausgedehnte, aus Seele und Leib bestehende Substanz: die Seele ist identisch mit der aktiven Kraft, der Leib ist eine Wirkung der passiven Kraft: beide verhalten sich zueinander wie Form und Stoff: Der Leib ist das Mannigfaltige, welches durch die Seele zur Einheit verknüpft wird. Von hier aus folgert nun Fischer zunächst, dafs die Monade, sofern sie Seele ist, durch die Finalursachen bestimmt wird. „Wo die Teile und Bewegungen eines Körpers vollkommen übereinstimmen," sagt er nämlich, „da ist Einheit in der Mannigfaltigkeit: wo eine solche Einheit existiert, da ist Form, Seele, Leben, mit e i n e m Worte Selbstthätigkeit. Aber alle Selbstthätigkeit ist zugleich Selbstbethätigung oder Selbstentfaltung, das Selbst ist nicht blofs thätig, sondern wird auch bethätigt: es ist nicht blofs die Ursache, woraus die Handlung folgt, sondern zugleich das Ziel, worauf sie gerichtet ist, nicht blofs das wirkende, sondern zugleich das zu bewirkende Subjekt. Eine Ursache aber, welche zugleich Grund und Ziel ihrer Wirksamkeit ist, nennen wir Endursache oder Zweck: jede selbstthätige Kraft ist mithin auch eine zweckthätige Kraft. Alles, was aus dieser Kraft folgt, kann daher allein durch das Prinzip der Zweck- oder Endursachen erklärt werden" (S. 370). Sofern daher die Monade Seele ist, handelt sie nach Endursachen. Nun ist sie aber nicht blofs Seele, sondern auch Körper. Jeder Körper aber ist mechanischen Gesetzen unterworfen: mithin handelt die Monade, sofern sie Körper ist, nach den wirkenden Ursachen.

Auf Grund der ersteren Überlegungen soll sich also Leibnizen nach Fischer der Satz ergeben haben, dafs die Monade eine zweckthätige Substanz sei. Und woraus schliefst dies Fischer? Ist es möglich, auch nur den Schatten eines Beweises dafür anzuführen? Existiert irgend eine Stelle in den Quellen, die diese Begründung Fischers rechtfertigte oder wenigstens den Anlafs zu einer solchen geben könnte? Ist ein Beleg dafür aufzuweisen, dafs Leibniz eine solche Begründung der Zweckthätigkeit auch nur gekannt habe? Hat Leibniz jemals von einer Selbstbethätigung in diesem Sinne gesprochen? Soweit ich die Quellen kenne, glaube ich, müssen alle diese Fragen rundweg verneint werden. Und aufserdem, was soll das heifsen, das Selbst sei gleichzeitig das Subjekt und das Objekt, die Ursache und das Ziel seiner Thätigkeit? Mir scheint dies kein klarer Gedanke zu sein. Ebensowenig sagt aber sodann Leibniz jemals, dafs die Monade nach mechanischen Gesetzen sich regle, weder sofern sie aktiv noch sofern sie passiv ist: er sagt ausdrücklich, und zwar im Gegensatze zu der Monade, dafs diese Gesetze ausschliefslich für die körperliche Welt, für die Welt der Phänomene Geltung haben. Auch dies ist daher unhaltbar.

Nachdem nun Fischer auf diese Weise gezeigt zu haben glaubt, dafs Leibniz in seinen Monaden die beiden Prinzipien der Teleologie und Kausalität vereinigt habe, wirft er die Frage auf, auf welche Weise sie in ihr vereinigt seien. Die Beantwortung dieser Frage sei „der Angelpunkt der Leibnizischen Lehre". Um aber dieses Problem lösen zu können, sagt er, müsse man sich zunächst über das Verhältnis von Seele und Körper klar sein, und über dieses spricht er sich nun im Folgenden eingehend aus.

Nachdem er nämlich nachgewiesen hat, dafs Seele und Körper nur die Momente e i n e r Substanz sind, stellt er über die Beziehung

den Gesetzen der Bewegung" (4. 545). „Es giebt ein
Gesetz der Ordnung für die Vorstellungen wie für die Be-

---

beider zueinander nähere Bestimmungen auf. Und zwar zeigt er fürs
erste, dafs die Seele der Zweck des Körpers sei. Jede Monade ist
nämlich „eine lebendige Maschine": diese aber ist ein nach Zwecken
bewegter Körper oder besteht in einem System zweckmäfsiger Bewegungen. „Wie sich nun der Zweck zu der Bewegung verhält, die
ihn ausführt, so die Seele zum Körper. Da die Bewegung durch den
Körper geschicht, so können wir sagen, dafs die Seele der Zweck des
Körpers oder die Absicht sei, in welcher sich die Maschine bewegt.
Wir fassen daher den Leibnizischen Begriff der Seele genau im aristotelischen Verstande, wonach der Zweck des bewegten Körpers dessen
Seele ausmacht. . . . . . Die Seele bildet den natürlichen Zweck und
darum die natürliche Form und Harmonie des Körpers" (S. 382 f.). Alles
ganz willkürlich! Ich frage, hat Leibniz jemals an irgend einer Stelle gesagt, die Seele sei der Zweck und die Absicht des Körpers? Ich kenne
keine solche Stelle; Leibniz hat auch nicht im entferntesten an diese
Bestimmung gedacht. Und auf welchem Wege wird diese Bestimmung
abgeleitet! Wie sich der Zweck zu der Bewegung verhalte, die ihn
ausführt, so müsse sich auch die Seele zum Körper verhalten, und mithin sei die Seele der Zweck des Körpers. Wer wird eine solche Folgerung unterschreiben? Ja, Fischer geht sogar so weit, dafs er auf Grund
seiner Sätze Leibnizen dahin verbessert, er hätte nicht sagen dürfen,
dafs zwischen der Seele und dem Körper eine prästabilierte Harmonie
bestehe, sondern dafs die Seele selbst die Harmonie des Körpers sei.
Allein eine solche Korrektur ist wunderbar. Weil nämlich in diesen
beiden Sätzen das Wort Harmonie vorkommt, entgeht Fischer, wie mir
scheint, die Heterogeneität ihres Inhalts. Wenn Leibniz sagt, die Seele
stehe mit dem Körper in einer prästabilierten Harmonie, so heifst das
nach seinen eigenen Worten, sie sei so angelegt, dafs ihre Handlungen
mit denjenigen des letzteren spontan zusammentreffen. Wenn aber
Fischer sagt, die Seele sei die Harmonie des Körpers, so heifst das,
sie sei das formgebende Prinzip desselben, dasjenige, durch welches das
Mannigfaltige des Körpers zu einer Einheit verknüpft wird. In dem
ersten dieser Sätze handelt es sich daher darum, den Verkehr der
Seele und des Körpers zu erklären, in dem zweiten handelt es sich
darum, den Rang und die Stellung zu kennzeichnen, welchen die Seele
innerhalb der Monade einnimmt. Beide Sätze haben daher schlechterdings nichts miteinander zu thun; beide beziehen sich auf ganz verschiedene Probleme, und es ist also ganz unmöglich, den einen an die
Stelle des anderen setzen zu wollen. Hätte Leibniz sich so ausgedrückt,
wie Fischer will, so hätte er überhaupt etwas ganz anderes sagen
müssen, als er sagen wollte, hätte er einen ganz anderen Gegenstand
behandeln müssen, als seine Absicht war!
    Zweitens führt Fischer aus, dafs der Körper das Mittel der Seele
sei. „Jetzt erst", sagt er, „können wir den letzten Ausdruck für das
natürliche Verhältnis von Seele und Körper finden. Sind sie der ersten
Bestimmung nach die beiden ursprünglichen Momente in dem Wesen
jeder Monade, so müssen wir jetzt berichtigend hinzufügen, dafs diese
beiden Momente nicht einander koordiniert werden dürfen. Sie verhalten
sich wie die thätige Kraft zur leidenden oder wie der Zweck zu dem
Mittel" (S. 385). Auch davon weifs Leibniz nichts. Er sagt zwar, die

wegungen ..... Die Vorstellungen, welche die Gesetze der Bewegungen ausdrücken, sind ebenso verbunden wie diese

Monaden stellen die Welt durch das Mittel des Körpers oder ihrer Organe vor u. dgl. Aber das hat alles einen ganz anderen Sinn als Fischers Sätze. Fischer fügt dann hinzu, dafs das Verhältnis von Zweck und Mittel in der Natur ein anderes sei als in der Kunst: „In der Kunst nämlich fallen beide auseinander als verschiedene Dinge, die, um vereinigt zu werden, der technischen Kraft des Künstlers bedürfen. Der Künstler setzt sich den Zweck und um diesen Zweck zu verkörpern, sucht er sich auswärts das geeignete Mittel: ein anderes Wesen ist der Bildhauer, dem die Idee des Herkules vorschwebt, ein anderes die tote Stein, dem diese Idee fremd ist. Die Natur dagegen vereinigt in demselben Wesen Zweck und Mittel, sie erzeugt mit dem Zweck zugleich das Mittel, wodurch sich jener verwirklicht. Eben hierin liegt in Vergleichung mit der Kunst die Vollkommenheit der Natur, welche Leibniz so oft hervorhebt, dafs diese mit dem Zweck das Mittel der Ausführung und die ausführende Kraft selbst in jedem ihrer Wesen vereinigt. Auf diesen Unterschied zwischen Natur und Kunst kommt Leibniz, so oft er von dem Wesen der Maschine redet" (S. 385 f.). Auch wieder ein Irrtum! Den Unterschied zwischen der natürlichen und künstlichen Maschine, welchen Fischer angiebt, kennt Leibniz, so viel ich weifs, überhaupt nicht. Der einzige Unterschied, den Leibniz überall übereinstimmend hervorhebt, ist der, dafs die natürlichen Maschinen bis in ihre kleinsten Teile hinab wieder aus Maschinen zusammengesetzt sind, während dies bei den künstlichen nicht der Fall ist. Dafs dies etwas ganz anderes ist als das, was Fischer meint, ist einleuchtend. Fischer allerdings scheint dies nicht zuzugeben. Zum Beweise seiner Behauptungen führt er nämlich zwei Stellen an (6. 618, 64 und 4. 482), und die erstere zitiert er sogar wörtlich. An beiden Stellen wird aber von dem, was Fischer bemerkt, überhaupt nichts gesagt, sondern Leibniz formuliert hier vielmehr jenen Unterschied klar und bündig, so wie ich ihn eben angegeben habe. Wenn Fischer ferner von „Kunst" redet, so gebraucht er dies Wort, wie aus dem Zusammenhange hervorgeht, im ästhetischen Sinne. Der Unterschied also, den Leibniz zwischen der künstlichen und der natürlichen Maschine aufstellt, fällt für Fischer eo ipso mit dem Unterschied zwischen der schönen Kunst, der Bildhauerei, der Malerei u. s. w., und der Natur zusammen! Allein Leibniz versteht ja unter einer künstlichen Maschine nicht ein ästhetisches Werk, sondern eine mechanische, im Gegensatz zu einer natürlichen Maschine. Die Kunst im engeren Sinne hat also absolut nichts damit zu thun. Wenn Fischer endlich sagt, Leibniz habe in den bezüglichen Sätzen „das Wesen der Maschine" klarlegen wollen, so irrt er sich auch hierin. Der Begriff der Maschine als solcher spielt nur in der Darstellung Fischers, nicht aber bei Leibniz eine Rolle; Leibniz hat nie über den Begriff der Maschine gesprochen.

Drittens folgert Fischer aus den besprochenen Thesen, dafs das Leben der Monaden in einer Entwicklung sich vollziehen müsse. „Die Seele," sagt er, „schliefst den Körper als das notwendige Mittel ihrer Selbstbethätigung in sich. Aber das Mittel hat zu seinem Zweck eine doppelte Beziehung; es setzt ihn voraus als Bedingung, von welcher es abhängt, und setzt sich den Zweck vor als ein zu erreichendes Ziel. So bildet die Seele den Zweck des Körpers in dem doppelten Sinne,

Gesetze, welche sie nach der Ordnung der wirkenden Ursachen ausdrücken. Aber die Ordnung der Vorstellungen

dafs sie ihn zugleich bedingt und vollendet, möglich und wirklich macht. Als die Wirklichkeit des Körpers oder als sein Endzweck ist sie Entelechie, als das Vermögen des Körpers oder als der Grund, woraus die körperliche Wirksamkeit hervorgeht, ist sie Anlage. Jede Seele existiert zunächst als Anlage, sie soll existieren als wirkliche Individualität. Die Entfaltung der Anlage geschieht durch Entwicklung. Jede Monade ist also ein Individuum, das sich entwickelt" (S. 386). Da ferner nach Fischer jede Seele ein Individuum ist, so mufs sie sich ausschliefsend, also körperlich bethätigen, und also ist ihr Leben nur durch einen Bewegungsprozefs nach mechanischen Ursachen möglich. Die mechanische Thätigkeit ist das notwendige Mittel in der Entwicklung des Individuums; sie ist durch deren Zweck bedingt und auf diesen gerichtet. Ohne ihn würde sie überhaupt nicht stattfinden. Wenn sie aber stattfindet, so mufs sie nach den Naturgesetzen des Körpers verlaufen. Daher sind die körperlichen Akte der Entwicklung doppelt zu erklären; als körperliche sind sie mechanisch zu erklären; als Entwicklungsakte gehorchen sie der Natur der Seele, verfolgen den Zweck, welcher die Entwicklung beherrscht, sind also final zu erklären (386 ff.). Auch alle diese Bestimmungen sind vollständig willkürlich: die Quellen geben auch nicht den geringsten Grund für dieselben. Niemals hat Leibniz den Satz, dafs die Monaden sich entwickeln, auf diesem Wege abgeleitet: ja, er hat ihn überhaupt gar nicht abgeleitet: die Monaden sind ja wesentlich die Prinzipien körperlicher Bewegungen; es ist also selbstverständlich, dafs ihr Leben in einer Entwicklung verläuft. Dafs es ferner mit Leibnizens Darstellung unvereinbar ist, die Entwicklung als Resultat von Form und Stoff, von Seele und Körper, von aktiver und passiver Kraft zu fassen, geht aus dem früher Gesagten hervor. Auch liegt die teleologische Fassung des Begriffs der Entwicklung dem Philosophen fern. Wenn er von der Entwicklung der Substanzen spricht, so meint er damit nur dies, dafs sie dasjenige, was ursprünglich in ihnen angelegt ist, zu deutlichen Vorstellungen herausbilden. Endlich ist es auch falsch, wenn Fischer sagt, alle körperlichen Entwicklungsakte müssen nicht nur mechanisch, sondern auch final, aus dem Zwecke, welchen die betreffenden Monaden verfolgen, erklärt werden. Leibnizens Grundsatz ist es allerdings, dafs die Vorgänge in der Natur nicht blofs mechanisch, sondern auch aus ihren Zwecken begriffen werden müssen. Dafs er aber damit etwas ganz anderes meint, als Fischer sagt, darauf kommen wir sogleich.

Nachdem nun Fischer auf diese Weise das Verhältnis von Seele und Körper erläutert hat, kehrt er zu der Frage nach der Art der Vereinigung der End- und der wirkenden Ursachen zurück und sagt über diese Vereinigung im wesentlichen Folgendes: Diese Ursachen verhalten sich zueinander wie die zweckthätige Kraft zu der mechanischen, wie die Seele zu dem Körper. Da nun die beiden letzteren eine Einheit bilden, so müssen auch jene miteinander verbunden werden. Wie aber Seele und Körper einander nicht gleichwertig sind, sondern der letztere nur das Mittel für die Entwicklung der ersteren ist, so bildet auch in der Welterklärung der Zweckbegriff das ursprüngliche und umfassende, der Begriff der Kausalität das untergeordnete Prinzip u. s. w. (S. 388 f.). Wenn nun Fischer hier sagt, dafs die Final- und die wir-

ist diejenige der Zweckursachen" (580, ebso. 592). „Die allgemeine Harmonie bringt es mit sich, dafs das Reich der wirkenden Ursachen und dasjenige der Finalursachen unter einander parallel sind" (6, 264). „Die Seelen folgen ihren Gesetzen, welche in einer gewissen Entwicklung der Vorstellungen gemäfs dem Guten und Schlechten bestehen; und die Körper folgen auch den ihrigen, welche in den Regeln der Bewegung bestehen; und dennoch harmonieren diese zwei ganz verschiedenen Reiche und entsprechen sich wie zwei völlig geregelte Uhren. Und dies ist das, was ich die prästabilierte Harmonie nenne" (541 f.) „Die Vorstellungen in den Monaden entstehen nach den Gesetzen des Begehrens oder der Zweckursachen auseinander, wie die Veränderungen der Körper und die äufseren Phänomene nach den

kenden Ursachen miteinander vereinigt seien, so meint er damit, dafs die nach mechanischen Gesetzen sich vollziehenden körperlichen Bewegungen auf die nach Zwecken sich regelnde Thätigkeit der Monaden zurückgeführt, jene als Mittel für diese erkannt seien. Davon steht indessen nichts in den Quellen. Was Leibniz sagt, ist nur dies, dafs den Zweckhandlungen jeder Monade die mechanischen Bewegungen eines Körpers korrespondieren, dafs beide nebeneinander hergehen, dafs zwischen ihnen eine Harmonie bestehe; nie und nirgends aber hat er gesagt, dafs die letzteren mit den ersteren vereinigt seien, dafs sie ein Mittel für diese bilden. Das ist ganz willkürlich. Nun stellt aber Fischer, wie aus seinen Worten und Belegen hervorgeht, diese seine Behauptungen mit dem Satze Leibnizens auf eine Linie, dafs die mechanischen Ursachen aus der Zweckthätigkeit Gottes abgeleitet und dafs in der Welterklärung neben den mechanischen Bedingungen der Erscheinungen auch die Zwecke berücksichtigt werden müssen, welche Gott mit ihnen verfolgt habe, dafs in diesem Sinne der Mechanismus von den Finalursachen abhänge und für die Naturbetrachtung Mechanik und Teleologie vereinigt werden müssen; und eben weil er den Unterschied, der zwischen seinen eigenen und diesen Bestimmungen Leibnizens besteht, nicht bemerkt hat, scheint er überhaupt zu jenen veranlafst worden zu sein. Dafs aber ein solcher Unterschied statthat, ist handgreiflich. Es ist doch etwas ganz anderes, ob man sagt, die mechanischen Bewegungen seien das Mittel für die Zweckthätigkeit der Monaden, oder ob man sagt, die Thatsache, dafs es einen Mechanismus in der Welt giebt, dafs die Welt nach mechanischen Gesetzen geregelt ist, gründe sich auf die Zweckmäfsigkeitserwägungen Gottes, müsse aus diesen Erwägungen, mithin aus den Finalursachen erklärt werden, und die Naturerscheinungen stehen nicht in einem blofs mechanischen Zusammenhange, sondern verwirklichen auch gewisse Zwecke Gottes, und müssen aus diesen Zwecken begriffen werden. Das sind ja doch offenbar ganz heterogene Sätze; und diese verwechselt Fischer miteinander.

Gesetzen der wirkenden Ursachen, d. h. der Bewegungen
auseinander entstehen. So herrscht eine vollkommene Har-
monie zwischen den Vorstellungen der Monaden und den
Bewegungen der Körper, die ursprünglich zwischen dem
System der wirkenden und demjenigen der Zweckursachen
prästabiliert ist" (599). „Die Seelen handeln gemäfs den
Gesetzen der Zweckursachen nach Strebungen, Zwecken und
Mitteln. Die Körper handeln gemäfs den Gesetzen der wirkenden Ursachen oder der Bewegungen. Und diese beiden
Reiche, dasjenige der wirkenden und dasjenige der Zweckursachen, sind untereinander harmonisch" (620,79). „Die
Natur hat ein doppeltes Reich, ein solches der Vernunft und
ein solches der Notwendigkeit, oder dasjenige der Formen
und dasjenige der Materie. Denn alles ist ebenso voll von
Seelen wie von organischen Körpern. Diese beiden Reiche
werden, ohne sich miteinander zu vermischen, jedes nach
eigenem Rechte gelenkt, und der Grund für die Vorstellung
und die Begierde darf ebensowenig in den Modifikationen
der Ausdehnung, wie derjenige der Ernährung und der
sonstigen organischen Funktionen in den Formen oder Seelen
gesucht werden. Aber jene höchste Weisheit, welche die
universelle Ursache von allem ist, bewirkt kraft ihrer unendlichen Weisheit und Macht, dafs diese beiden so verschiedenen Reiche in einer und derselben Substanz"
(d. h. also in einem organischen Wesen) „vollkommen miteinander übereinstimmen, gerade als ob das eine durch den
Einflufs des anderen regiert würde, und mag man die Notwendigkeit der Materie und die Ordnung der wirkenden
Ursachen betrachten, so bemerkt man, dafs nichts ohne eine
Ursache oder gegen die mathematischen Gesetze des Mechanismus eintritt, mag man die Kette der Zwecke und den
Kreis gleichsam der intelligibeln Welt der Formen berücksichtigen, in welcher vermöge der Vollkommenheit des
höchsten Urhebers die Spitzen der Ethik und Metaphysik
in eines vereinigt sind, so bemerkt man, dafs nichts ohne
die höchste Vernunft geschieht" (4. 391). Vgl. ferner 3, 341,

346 f., 510, 607 (zweiter Absatz); 7, 317, 344, 412,92,
419, 124, 451, 501 u. a.

Diese Ausführungen müssen aber von den Bemerkungen
Leibnizens über die teleologische Naturerklärung sehr wohl
unterschieden werden, worüber wir später reden werden.

Hieran schliefst sich passend die Erörterung über die
Freiheit der Substanzen, über die Frage an, ob die Entwicklung der letzteren einem Zwange unterworfen oder ob
sie das Produkt freien Handelns ist, oder richtiger, ob diese
Entwicklung notwendig oder zufällig ist, — denn von einer
Freiheit im strengen Sinne kann man ja nur in Bezug auf
intelligente Wesen reden.

Wenn wir überhaupt dieses Problem in den Bereich
unserer Darstellung ziehen, da dieselbe es doch nur mit
dem theoretischen Teile der Monadenlehre zu.thun hat, so
geschieht das aus drei Gründen. Einmal ist die Lösung
dieses Problems von so eminenter Bedeutung für den Charakter des Systems im allgemeinen wie der Substanzen im
besonderen, dafs wenigstens die allgemeinsten Sätze Leibnizens über diesen Gegenstand notwendig schon hier behandelt werden müssen, wenngleich die nähere Ausführung
derselben allerdings einer Zusammenfassung der praktischen
Lehren des Philosophen vorbehalten bleiben mufs. Wir
müssen um so mehr darauf eingehen, als man bisher über
diese Dinge Vorstellungen hatte, die von der Wahrheit weit
abweichen und eine gänzlich falsche Auffassung der Monadenlehre mit sich gebracht haben, ja dieselbe sogar dem
Spinozistischen System haben verwandt erscheinen lassen.
Sodann aber können wir uns schon darum der Besprechung
dieser Materie nicht entziehen, weil sie den Auseinandersetzungen Leibnizens über die Freiheit und Zweckthätigkeit
Gottes, auf die wir ja jedenfalls im nächsten Abschnitt einen
Blick werfen müssen, durchaus analog und parallel ist, ja
diese ohne jene gar nicht hinlänglich gewürdigt werden

können. Und endlich dürfte eine Beleuchtung dieser Dinge
auch deshalb angebracht sein, weil durch sie die bisherige
Ansicht von der Natur der Kraft und besonders des ihr
innewohnenden Strebens unwidersprechlich widerlegt und
unsere eigene, früher ausgesprochene Meinung eklatant bestätigt werden wird. Unter normalen Umständen würde
freilich nach allem Bisherigen eine solche Widerlegung und
Bestätigung gar nicht mehr notwendig sein. Allein wir befinden uns hier einer fast zweihundertjährigen Tradition
gegenüber, und es steht zu erwarten, dafs man trotz allem
dennoch versuchen wird, die altehrwürdige Vorstellung über
diesen Punkt festzuhalten. Auch in dieser Beziehung sind
daher in jedem Falle die nachfolgenden Ausführungen
erwünscht.

Es kommt uns, wie wir sagten, auf die Beantwortung
der Frage an, ob die Thätigkeit der Leibnizischen Substanzen
notwendig oder zufällig ist. Diese Antwort aber ergiebt sich
unmittelbar und von selbst, sobald wir die Bestimmungen des
Philosophen über die Freiheit des menschlichen Willens kennen
gelernt und richtig verstanden haben. Denn der Mensch ist
eine Monade gleich den übrigen und nicht wesentlich von
ihnen verschieden. Sollte es sich daher zeigen, dafs dessen
Handlungen frei sind, so ist es selbstverständlich, dafs auch
diejenigen der übrigen Substanzen, zwar nicht frei — denn
die Freiheit ist nach Leibniz nicht denkbar ohne Intelligenz —,
aber doch zufällig sind. Wir können daher unsere Aufgabe
auf eine Darstellung von der Willensfreiheit des Menschen
beschränken. Zu diesem Zwecke aber wird es genügen,
wenn wir lediglich diejenigen Angaben des Philosophen
berücksichtigen, welche sich in der „Theodicee" finden.
Denn ein Eingehen auch auf die sonstigen Schriften würde
allzuweit führen und auch überdies überflüssig sein, da alle
Sätze, die uns hier beschäftigen werden, vollständig und ausführlich in jenem Werke behandelt sind.

Leibniz hat sich nun überall auf das entschiedenste dahin ausgesprochen, dafs die unbedingte Wahlfreiheit des menschlichen Willens durch sein System keineswegs, wie es auf den ersten Blick allerdings den Anschein hat, vernichtet werde. Und zwar zeigt er in dieser Beziehung, um von Unwesentlichem hier abzusehen, dafs sie weder durch die Wirksamkeit Gottes auf die Monaden, noch auch durch die Natur der Substanz selbst bedroht sei.

Was zunächst den ersteren Punkt betrifft, so dürfte dieser erst durch den folgenden Abschnitt vollständig klargestellt werden. Wir werden dort zeigen, dafs die Thätigkeit Gottes lediglich den Inhalt hat, alle möglichen Begriffe der Dinge sich zu vergegenwärtigen, einzelne von ihnen zur Schöpfung auszuwählen und sie zu realisieren, dafs er aber — im Gegensatz zu der gewöhnlichen Ansicht — auf die Natur der Dinge selbst keinen Einflufs hat. Die Welt erhält daher allerdings nur durch das Dekret Gottes ihr Dasein, aber weil dieses Dekret nur darin besteht, sie zur Existenz zuzulassen, an der Konstitution der Substanzen aber nichts ändert, so können die Handlungen der letzteren nicht in höherem Mafse dadurch determiniert werden, als sie es ihrem eigenen Wesen nach sind. Ebenso sieht Gott allerdings voraus, wie die Substanzen sich frei bethätigen werden, aber dadurch wird diese freie Thätigkeit natürlich nicht zu einer notwendigen. Freilich mufs dieselbe eintreten, wenn Gott sie vorausgesehen hat, denn er ist unfehlbar; aber diese Notwendigkeit ist nur eine hypothetische, die der Freiheit nicht schadet.

„Da das Dekret Gottes," sagt Leibniz, „einzig in der Resolution besteht, die Welt zur Existenz zuzulassen, so ist ersichtlich, dafs dies Dekret an der Konstitution der Dinge nichts ändert und dafs sie dieselben läfst, wie sie im Zustande reiner Möglichkeit waren. So bleibt das, was zufällig und frei ist, nach den Dekreten Gottes nicht weniger frei als nach seinem Voraussehen" (6. 131, 52). „Vorausgesetzt, dafs Gott die Ereignisse voraussieht, so ist es notwendig,

dafs sie geschehen; d. h. die Konsequenz ist notwendig,
nämlich dafs sie existieren, da sie ja vorausgesehen wurden;
denn Gott ist unfehlbar; das nennt man eine hypothetische
Notwendigkeit u. s. w." (123, 37—126, 42; ebenso 380 f.).
„Wir alle gestehen den Ereignissen in Bezug auf das göttliche Vorherwissen nur eine hypothetische Notwendigkeit
zu. . . . Diese Art von Notwendigkeit, die von dem Vorherwissen kommt, hat nichts Bedenkliches" (390, 3). „Weder
das Vorherwissen, noch die Ordnung Gottes legt den Dingen
eine Notwendigkeit auf, obwohl beides unfehlbar ist. Denn
Gott sieht die Dinge in den idealen Reihen der Möglichkeiten, wie sie zukünftig waren, und unter ihnen den
Menschen, wie er frei sündigte, und indem er die Existenz
dieser Reihe beschlofs, änderte er nicht die Natur der Substanz oder machte das, was zufällig war, zu etwas Notwen-
digem" (454, 100) u. a.

Wird aber die Freiheit des Willens durch die Thätigkeit Gottes nicht gemindert, so beweist Leibniz zweitens.
dafs sie auch durch das Wesen der Substanz selbst, wie er
dasselbe bestimmt, keinen Abbruch erleidet. Näher führt er
hier im allgemeinen zwei Gedanken aus, die man zuweilen
durcheinandergebracht hat, die indessen sorgfältig auseinander gehalten werden müssen und auch in den Schriften
des Philosophen jederzeit voneinander unterschieden werden.

Fürs erste weist er darauf hin, dafs der Wille in Gemäfsheit seines Substanzbegriffes niemals von aufsen, sondern
nur durch die eigene Natur der Substanz determiniert werde,
also jedenfalls keinem ä u f s e r e n Zwange (contrainte) unterliege. Diese Bestimmung bietet indessen keinerlei Schwierigkeiten, ist an sich klar und tritt überhaupt bei Leibniz —
entgegen der bisherigen Ansicht, welche dieselbe als die
Hauptbestimmung des Philosophen in Bezug auf die Willensfreiheit ausgiebt — so vollständig zurück, dafs wir uns mit
ihr nicht weiter zu beschäftigen brauchen.

Den beherrschenden Mittelpunkt aller Erörterungen des
Philosophen bildet dagegen der zweite Satz, dafs dem Willen

auch von innen heraus, durch die eigene Natur der
Substanz keine Notwendigkeit (nécessité) zu bestimmten Entschlüssen und Handlungen auferlegt werde. Der Wille, sagt
er, sei zwar immer determiniert, aber er sei nie genötigt,
sondern nur inkliniert; seine Akte seien nur sicher und unfehlbar, aber nicht notwendig. Dieser Satz ist minder klar
und bedarf der Erläuterung. Mit ihm allein werden wir es
im Folgenden zu thun haben.

Dafs derselbe wenigstens von dem bisherigen Standpunkte
aus höchst problematisch ist, ist leicht zu sehen.

Nach der gewöhnlichen Auffassung ist ja, wie früher
ausgeführt wurde, der Begriff der Kraft, d. h. also der Substanz, der Monade dieser, dafs sie etwas Thätiges ist (vgl.
darüber S. 106 ff. u. S. 129 f.). Das ganze Leben der Monade
besteht somit lediglich in einer stetigen Reihe sich verändernder Zustände, von welchen jeder einzelne die Gesamtheit aller übrigen involviert und zugleich die Tendenz hat,
in den durch seine Natur geforderten nächstfolgenden Zustand
überzugehen, aus welcher Tendenz der letztere von selbst
hervorgeht. · Die Substanz ist daher nicht ein Subjekt, welches sich auf Grund eines Strebens nach einem vorgestellten
Ziele selbständig und frei zu den Handlungen bestimmt,
vermittelst deren dieses Ziel realisiert wird, sondern sie
wird willenlos aus jedem gegenwärtigen Zustande zu dem
folgenden, wie dieser aus der Beschaffenheit des ersteren
sich ergiebt, von einer Thätigkeit zur anderen getrieben und
gedrängt, ohne dafs eine selbständige Bestimmung derselben
möglich wäre. Jede Strebung, jeder Zustand der Substanz
ist daher die blinde und mechanische Konsequenz ihres
vorhergehenden und in letzter Linie ihres Anfangszustandes,
gerade so wie die Bewegung das mechanische Resultat des
Anfangszustandes des Körpers ist. Ist dem aber so, dann
kann natürlich der Wille und die Thätigkeit des Menschen
niemals anders beschaffen sein, als es die Erfahrung lehrt;
es ist ebenso unmöglich, dafs er sich anders bethätigt, wie

es unmöglich sein würde, dafs ein bewegter Körper eine
andere Geschwindigkeit, Richtung und Tendenz annimmt als
diejenige, welche aus dem Impuls, den er zuerst erhalten,
mit mathematischer Sicherheit zu berechnen ist *).

Wenn nun Leibniz trotzdem sagt, der Wille sei nicht
genötigt, sondern nur inkliniert u. dgl., so hat man diese Angaben, gestützt auf einige Argumente, die sich in den Quellen
finden, in folgender Weise ausgelegt:

Der Wille ist in jedem Moment durch den ursprünglichen Zustand der Substanz vollständig bestimmt; er kann
niemals eine andere Richtung nehmen, als sie ihm durch
jenen vorgezeichnet ist; er kann niemals anders wollen und
handeln, als es wirklich geschieht. Dennoch sind seine Entschlüsse und Handlungen nicht notwendig. Denn wenn auch
das einzelne Subjekt s e l b s t sich niemals in verschiedener
Weise entscheiden kann, so könnten doch a n u n d f ü r
s i c h, o b j e k t i v andere Entscheidungen g e d a c h t werden;
es würde keinen l o g i s c h e n Widerspruch in sich schliefsen,
wenn andere Entscheidungen eintreten würden; notwendig
ist aber nur dasjenige, dessen Gegenteil unmöglich ist oder
einen Widerspruch in sich enthält. Und überdies kommt
die wirkliche Willensentscheidung nur durch eine Wahl
zwischen verschiedenen Möglichkeiten zustande. Mithin ist
der Wille nicht im eigentlichen Sinne genötigt, sondern nur
inkliniert, es ist ihm keine völlig unüberwindliche Notwendigkeit auferlegt, sondern er wird nur gereizt, angelockt, seine

---

*) Man hat gesagt, die Freiheit des Willens sei auch wegen der
prästabilierten Harmonie unmöglich: denn wenn die einzelne Substanz
einmal anders handeln würde, als es die übrige Welt verlangt, so werde
die Harmonie des Ganzen zerstört: mithin müsse sie notwendig so
handeln, wie es geschieht. Das letztere ist aber ein übereilter Schlufs.
Die Harmonie der Substanzen fordert nur, dafs dieselben s i c h e r und
u n f e h l b a r in Übereinstimmung miteinander thätig sind, aber durchaus
nicht, dafs sie n o t w e n d i g so thätig sind. Das sind gewaltige Unterschiede. Die Leibnizische Weltharmonie ist eine Harmonie ¡frei handelnder Wesen; die Substanzen treffen sicher und unfehlbar, aber frei,
unter vollständiger Wahrung ihrer absoluten Freiheit miteinander zusammen. Gerade diese Bemerkung ist für den Geist, den Charakter und
die Tiefe des Leibnizischen Systems in hohem Mafse bezeichnend.

Bethätigung ist nicht durchaus notwendig, sondern nur sicher und unfehlbar *).

***

*) Vgl. Gesch. d. d. Phil. S. 146 f.: „Verwahrt sich Leibniz gegen die Behauptung, dafs unser Wollen und Handeln von ihm für notwendig erklärt werde, so ist dies ein blofser Wortstreit. Es soll nicht notwendig sein, weil notwendig im strengen Sinne nur das sei, dessen Gegenteil einen Widerspruch in sich enthält, bei unserem Handeln dagegen in jedem einzelnen Falle a n s i c h verschiedene Entscheidungen möglich wären, und die wirkliche Entscheidung nur durch eine Wahl zwischen diesen verschiedenen Möglichkeiten zustande komme. Da aber die Wahl zwischen jenen an sich möglichen Willensrichtungen unter den Bedingungen eines gegebenen Falles nach Leibniz doch immer nur so ausfallen kann, wie sie wirklich ausfällt, so ist in Wahrheit nur dieses Wollen möglich, und wenn gesagt wird, unser Wille sei zwar immer determiniert, aber er sei keiner Notwendigkeit unterworfen, die Gründe, durch die er bestimmt wird, nötigen ihn nicht, sondern erzeugen in ihm nur die Neigung, so zu handeln, so löst sich diese Unterscheidung in nichts auf." Und so weit sollte Leibniz nicht auch selbst gesehen haben?

Zuweilen ignoriert man allerdings diese Sätze Leibnizens vollständig und sagt, die Freiheit des Willens bestehe nach Leibniz lediglich darin, dafs er nicht von aufsenher, sondern nur von innen heraus, durch die Natur der Substanz selbst determiniert werde. Dafs jedoch ein solches Verfahren unzulässig ist, zeigt schon ein oberflächlicher Blick auf die Quellen. Denn in diesen nimmt der Gedanke, dafs der Wille nur durch Inklinationen bewegt werde, so sehr die Hauptstelle ein, und derjenige, dafs die Triebfedern des Willens keine äufsern, sondern innere seien, verschwindet dagegen dergestalt, dafs wir viel eher diesen letzteren beiseite lassen könnten. Wenn man nun dieses Verhältnis einfach durch einen Machtspruch umkehrt, so ist das im höchsten Mafse willkürlich, man müfste denn von der gänzlich unbewiesenen und unhaltbaren Vorstellung ausgehen, als seien jene Erörterungen ein blofses Gerede, mit dem es Leibniz nicht Ernst war und das nur dazu dienen sollte, die wahren Ansichten des Philosophen zu vertuschen.

Noch viel mehr zu verwerfen ist aber der Versuch Fischers, die beiden Sätze, dafs der Wille nur inkliniert sei und dafs er nur von innen heraus determiniert werde, zueinander in Beziehung zu setzen, jenen auf diesen zurückzuführen. Unter einer Inklination, sagt er nämlich, verstehe Leibniz denjenigen Bestimmungsgrund des Willens, welcher aus der eigenen Natur des wollenden Subjektes entsteht, im Gegensatze zu demjenigen, welcher von aufsenher kommt und daher zwingt; und wenn er also bemerke, der Wille sei nur inkliniert, so sei dies gleichbedeutend mit der Behauptung, er werde nur von innen determiniert, und ein Wille dieser Art sei ein freier Wille. „Der Wille", sagt er, „ist stets durchgängig determiniert. . . . . Wo findet sich nun der letzte Grund der Willensbestimmungen? Ist dieser Grund eine äufsere fremde Gewalt, so handelt der Wille unter dem Zwange einer blinden Notwendigkeit. Der von aufsen determinierte Wille ist gezwungen. . . . . In Wahrheit aber wird der Wille von innen determiniert. Seine Determinationen sind Selbstbestimmungen. Diese innere Selbstthätigkeit ist unser „spontaneum", und darin besteht die „libertas humana". Was mich von aufsen bestimmt, ist Zwang oder Gewalt; was mich von innen bestimmt, ist

Diese Deutung der Quellen ist nun allerdings notwendig, sobald man den bisherigen Kraftbegriff zu Grunde legt; ja, sie ist in diesem Falle die einzig mögliche Deutung. Dafs dieselbe aber vollständig unhaltbar ist, mit den Erörterungen Leibnizens platterdings nicht in Einklang gesetzt werden kann — und dafs also auch der Kraftbegriff geändert werden mufs, wie wir dies schon früher nachgewiesen haben, wie aber hier noch einmal augenfällig dargethan werden soll — davon kann man sich leicht überzeugen.

Schon die aufserordentliche Ungereimtheit dieses Gedankenganges mufs uns befremden. Beweisen wollen, es sei nicht notwendig, dafs der Wille in genau bestimmter Weise sich verhalte, obwohl ein anderes Verhalten unmöglich sei, ist absurd. Denn die Notwendigkeit und die Unmöglichkeit sind gleichwertige Begriffe in diesem Falle, und wenn sie dies nicht sein sollen, so ist überhaupt nicht mehr zu sagen, was sie bedeuten. Und daraus, dafs an sich verschiedene Entschlüsse und Handlungen möglich sind, ohne dafs der Wille s e l b s t dazu imstande ist, würde doch niemals folgen, dafs derselbe nicht genötigt sei. Dafs Leibniz einer so mangelhaften Beweisführung nicht fähig gewesen sei, davon müssen wir apriori überzeugt sein. Die wissenschaftliche

---

Neigung oder Inklination. Die menschliche Freiheit besteht darin, dafs nicht fremde Gewalt unseren Willen zwingt, sondern die eigene Neigung ihn leitet. Die Form der Willensfreiheit ist bei Leibniz die Neigung, der Grund der Neigung ist das eigene Naturell u. s. w." (S. 517 ff.). Dafs indessen diese Ansicht durchaus verfehlt ist, zeigt schon die Thatsache, dafs der Inklination als ihr Gegensatz nicht der Zwang, sondern regelmäfsig die Notwendigkeit gegenübergestellt wird. Wollte nun aber Fischer sagen, dafs Leibniz eben auch unter einer nötigenden Ursache eine äufsere verstehe, dafs also Notwendigkeit und Zwang zusammenfallen, so wäre dies einfach nicht wahr. Leibniz unterscheidet sehr wohl beide Begriffe. Überhaupt, wenn der Philosoph bemerkt, der Wille sei inkliniert, nicht genötigt, so meint er damit, dafs der Bestimmungsgrund desselben ihn nur geneigt mache, nur eine Neigung sei, dafs sie ihm aber nicht die Notwendigkeit zu gewissen Entschlüssen auferlege; keineswegs meint er aber damit, dafs der Wille durch innere, nicht durch äufsere Bestimmungsgründe geleitet werde. Das geht aus jeder Äufserung des Philosophen deutlich hervor. Die beiden genannten Bestimmungen haben daher nichts miteinander zu thun, und Fischers Ansicht ist falsch.

Gröfse dieses Mannes mufs uns die Annahme von vornherein
als unmöglich erscheinen lassen, dafs er ganze Abschnitte
seiner Werke mit so kläglichen, widerspruchsvollen und unklaren Ausführungen gefüllt und dieselben zeitlebens gegen
jedermann mit dem gröfsten Ernste und auf das nachdrück-
lichste verteidigt habe.

Keine geringeren Bedenken aber erheben sich gegen
diese Auffassung, wenn wir die Quellen selbst vergleichen.
Wenn Leibniz sagt, der Wille sei nur inkliniert, so würde
das nach dieser Auffassung nur den Sinn haben können, er
werde in mechanischer Weise (analog dem bewegten
Körper) zu einer gewissen Bethätigung getrieben, aber allerdings nicht ganz und gar unüberwindlich, sondern nur in
einer minder nötigenden Weise; er werde, wenn wir uns
dieser Ausdrücke bedienen dürfen, nur stimuliert, nur solli-
zitiert, nur gereizt, nicht geradezu genötigt. Nun versteht
aber Leibniz unter einer Inklination durchaus nicht einen
mechanischen Impuls zu irgend einer Äufserung, der dem
Willen, sei es von innen, sei es von aufsenher, gegeben wird,
sondern er versteht das darunter, was wir mit dem Ausdrucke
„Neigung" zu bezeichnen pflegen, eine Zu- oder Abneigung,
eine Begierde, eine Leidenschaft, eine Liebhaberei u. dgl.
Wenn er daher sagt, der Wille sei nicht genötigt, sondern
nur inkliniert, so heifst das keineswegs, er werde zu seinen
Akten in mechanischer Weise, zwar nicht völlig un-
widerstehlich getrieben, aber doch gereizt, sondern es heifst,
er werde überhaupt nicht in mechanischer Weise, sondern
vielmehr durch Neigungen, durch Zu- und Abneigungen,
durch Leidenschaften u. s. w. bestimmt.

Dieser Satz fällt nämlich unmittelbar mit dem anderen
zusammen, der Wille sei nicht genötigt, sondern frei. Denn
ein mechanisch bestimmter Wille ist eben damit auch ein
notwendig bestimmter Wille; das folgt aus dem Begriffe der
mechanischen Kausalität. Dagegen ist ein Wille, der durch
Neigungen bestimmt wird, eben damit ein freier Wille. Das
erhellt sofort, sobald wir den Begriff der Neigung analysieren.

Unter einer Neigung, einer Begierde begreifen wir (im Gegensatz zu dem mechanischen Streben des bewegten Körpers)
das Streben nach einem durch das Mittel einer größeren
oder geringeren Reihe von Handlungen erreichbaren Erfolg
(vgl. S. 101 ff.). Ein Wille daher, der sich nach Neigungen
regelt, ist ein solcher, der zur Thätigkeit veranlaßt wird
durch den Wunsch, irgend eines Zustandes oder Objektes,
das dem Subjekt zunächst nur als begehrenswertes Ziel vorschwebt, vermittelst dieser Thätigkeit teilhaftig zu werden,
ein Wille, welcher durch die Aussicht, irgend einen erstrebten
Gegenstand, der an sich nur ideal in der Vorstellung vorhanden ist, zu erlangen, kurz durch die ideale Repräsentation
des Guten oder des Schlechten bewegt wird. Nun kann
offenbar das Streben, ein in der Vorstellung existierendes
Ziel zu realisieren, die Repräsentation des Guten für den
Willen zwar der A n l a ſ s werden, unter mehreren ihm gleich
möglichen Resolutionen frei diejenige zu wählen, welche
dieser Repräsentation am meisten entspricht, sie kann wohl
das M o t i v für ihn bilden, unter mehreren ihm an sich frei-
stehenden Entschlüssen gerade diesem und nicht vielmehr
jenem den Vorzug zu geben, aber sie kann unter keinen
Umständen ihm in irgend einer Richtung eine Notwendigkeit
auferlegen, sie kann ihn determinieren, aber nicht nötigen,
sie wird ihm stets seine absolute Handlungsfreiheit lassen.
Die Neigung zu etwas, der Wunsch nach dem Besitz irgend
eines Objektes kann nie und nimmer jemanden nötigen,
dieser Neigung entsprechend sich zu entscheiden, obwohl sie
eine solche Entscheidung herbeiführen kann, ja sogar mit
unfehlbarer Sicherheit herbeiführen wird, falls sie nicht durch
andere Neigungen überwogen wird. Das ist ein Satz, der
über allen Zweifel gewiß, ja vollkommen selbstverständlich
ist; denn er ergiebt sich unmittelbar aus dem Begriffe der
Neigung. Eine Neigung, welche nötigt, ist überhaupt keine
Neigung; ein bloßer Wunsch, eine Begierde, eine Leidenschaft kann, und wäre sie noch so groß, das wünschende
Subjekt zwar bestimmen, aber ihm nicht seine Freiheit

nehmen, eben weil es ein Wunsch, eine Begierde, eine
Leidenschaft ist. Und in der That, von diesem Standpunkte
aus heben sich sofort alle, aber auch alle Widersprüche,
die man in den Ausführungen Leibnizens finden zu müssen
glaubte. Der Satz, dafs der Wille, trotzdem er stets determiniert, dennoch frei sei, enthält, so angesehen, nicht nur keine
Schwierigkeit, sondern er ist so natürlich und sonnenklar,
wie es nur irgend ein Satz sein kann; und alle Vorwürfe,
die man Leibnizen traditionell in dieser Beziehung gemacht
hat, treffen nicht ihn, sondern fallen zurück auf seine Interpreten, die seine Auseinandersetzungen nicht verstanden
haben.

Dafs wir nun aber den Begriff der Inklination richtig
gekennzeichnet haben, dafs Leibniz unter einer Inklination
nicht einen mechanischen Impuls, eine mechanische Solli-
zitation, sondern eine Zu- oder Abneigung, eine Begierde
u. dgl., mit e i n e m Worte die ideale Repräsentation des
Guten und Schlechten versteht, erhellt schon aus Wendungen
des Philosophen wie dieser, der Wille s e i in jedem Falle
zu e i n e r Entscheidung inklinierter als zu allen anderen
möglichen Entscheidungen; er h a b e zu jener eine gröfsere
Inklination als zu diesen. Unmittelbar aber ergiebt es sich,
wenn die Inklination mit der Begierde, Leidenschaft u. s. w.
schlechthin identifiziert, wenn sie den Urteilen des Verstandes
entgegengesetzt, wenn gesagt wird, der Wille entscheide sich
immer nach der vorwiegenden Repräsentation des Guten oder
Schlechten, er handle nach Vernunftgründen, nach M o t i v e n
u. s. w. Auch die Ausdrücke, der Wille b e s t i m m e sich
kraft gewisser Neigungen, er w ä h l e zwischen verschiedenen
Entschlüssen, er fasse die Resolutionen, die ihm am meisten
zusagen u. dgl., Ausdrücke, die sich beständig wiederholen,
gehören hierher. Ja, schon die Bestimmung, der Wille sei
nur inkliniert, aber nicht genötigt, würden wir mit Fug zur
Bestätigung unserer Ansicht herbeiziehen können. Denn diese
Bestimmung ist von dem bisherigen Standpunkte aus ganz
und gar unverständlich, während sie von dem unsrigen aus

ganz und gar selbstverständlich ist. Wir wollen einige Belege
anführen, dabei aber das französische Wort: „Inklination" mit
dem deutschen: „Neigung" übersetzen.

„Nie," sagt Leibniz, „wird der Wille anders zum Handeln getrieben als durch die Repräsentation des Guten,
welche die entgegengesetzte Repräsentation überwiegt. Im
Gegenteil, es würde ein Mangel sein, wenn man fähig
wäre, ohne inklinierenden Grund zu handeln. Und wenn man
einen Entschluſs aus Laune ergreift, um seine Freiheit zu
zeigen, so ist das Vergnügen daran einer der treibenden
Gründe" (6, 128 A.). „Wir folgen nicht immer dem letzten
Urteil des praktischen Verstandes, aber wir folgen stets im
Willen dem Resultate aller Neigungen" (130 F.). „Die Zufälligkeit schlieſst nicht die Neigungen und vorherrschenden
Vergnügen aus" (256). „Die freie Substanz bestimmt sich
durch sich selbst nach dem Motiv des Guten, wie es durch
den Verstand erkannt ist" (288; auch 293, 296). „Nur der
Wille Gottes folgt stets dem Urteile des Verstandes; alle
intelligenten Kreaturen sind gewissen Leidenschaften unterworfen" (300). „Eine Freiheit von unbestimmter Indifferenz,
welche ohne irgend einen bestimmenden Grund wäre, ist
unmöglich, und sobald man ein Beispiel dafür geben will,
verfällt man in den Fall eines Menschen, welcher sich nicht
ohne Grund bestimmt, sondern vielmehr auf Grund seiner
Neigung oder Leidenschaft als auf Grund seines Verstandes
sich bestimmt. Denn sobald man sagt: Ich setze mich über
die Urteile meiner Vernunft hinweg durch das bloſse Motiv
meines Vergnügens, es gefällt mir so, so heiſst das soviel, als
wenn man sagt: Ich ziehe meine Neigung meinem Interesse,
mein Vergnügen meinem Nutzen vor" (303). „Das Motiv
des Guten inkliniert den Willen, ohne ihn zu nötigen" (314;
überhaupt 306—314). „Die Zufälligkeit verträgt sich sehr
wohl mit den Neigungen, welche dazu beitragen, daſs der
Wille sich bestimmt" (333 f. und 332). „Es wird sich nie
in der Natur eine Wahl finden, zu welcher man nicht durch
die frühere Repräsentation des Guten oder des Schlechten.

durch Neigungen oder Gründe getrieben wird" (401).
„Unsere Seelen können nur durch das Gute oder Schlechte
bewegt werden. . . . Plato u. a. setzen mit Recht die Freiheit in den Gebrauch der Vernunft und der Neigungen,
welche die Objekte wählen oder zurückweisen lassen und
sie nehmen für feststehend an, dafs unser Wille zu seinen
Wahlen durch das Wahre oder scheinbar Gute getrieben
wird, welches man in den Objekten begreift" (402). „Der
Wille wird durch die Repräsentation des Guten und Schlechten
bewegt" (412). „Ich zwinge den Willen nicht, stets dem
Urteile des Verstandes zu folgen, weil ich dies Urteil von
den Motiven unterscheide, welche aus den Vorstellungen und
unmerklichen Neigungen kommen. Aber ich halte dafür, dafs
der Wille stets der vorteilhaftesten Repräsentation des Guten
und Schlechten folgt, welche aus den Überlegungen, Leidenschaften und Neigungen hervorgeht. Aber stets handelt er nach
Motiven" (413). „Die denkende Substanz wird zu ihren
Resolutionen durch die vorwiegende Repräsentation des
Guten oder Schlechten getrieben" (414). „Es giebt nieman-
den, der handeln kann, ohne zu dem, was die Handlung
verlangt, prädisponiert zu sein, und die Überlegungen oder
Neigungen, gezogen aus dem Guten oder Schlechten, sind
die Dispositionen, welche machen, dafs die Seele sich
zwischen mehreren Entschlüssen entscheiden kann. Man will,
dafs der Wille souverän ist u. s. w. . . . . Aber die Wahrheit ist, dafs die Seele die Gründe versteht und die Neigungen
fühlt und sich nach den vorwiegenden Repräsentationen bestimmt" (416). „Wenn sich die Menschen über gewisse
Strebungen oder Abneigungen hinwegsetzen, so geschieht
das durch andere Strebungen, welche stets ihren Grund in
der Repräsentation des Guten und Schlechten haben" (419).
„Um frei zu sein, genügt es, dafs die Repräsentation des
Guten und Schlechten und andere Dispositionen uns inklinieren, ohne uns zu nötigen" (420). „Die Objekte handeln
nicht als wirkende und physische, sondern als finale und
moralische Ursachen auf uns" (422). Überhaupt 414—422.
und 426—436 u. a.

Von entscheidender Bedeutung für die Unhaltbarkeit der in Frage stehenden bisherigen Ansicht sind nun aber ferner noch einige andere Thatsachen.

Wäre dieselbe begründet, so müfste man erwarten, dafs Leibniz irgendwo den Nachweis führe, dafs der Wille, trotzdem er in jedem einzelnen Falle nicht anders handeln könne, als es geschieht, dennoch nicht genötigt, sondern nur inkliniert, dafs seine Resolutionen dennoch nur sicher, aber nicht notwendig seien, und dafs er dies auf dem oben (S. 421 f.) beschriebenen Wege leiste. Von einem derartigen Beweise, von einem Beweise dafür, dafs der Wille nur inkliniert, nicht genötigt sei, findet sich aber in den Quellen nicht die geringste Spur. Vorausgesetzt, dafs man nicht einzelne Äufserungen des Philosophen willkürlich aus ihrem Zusammenhange herausreifst, wird man in dem gesamten Umfange seiner Schriften auch nicht einen einzigen Beleg dafür aufzeigen können.

Leibniz sagt wohl an ein paar Stellen im Vorübergehen, die Gründe, welche den Willen zu einem Entschlusse treiben, inklinieren ihn nur, denn es würde kein Widerspruch sein, dafs er sich anders entschliefse, und der Wille sei frei, da er zwischen mehreren Möglichkeiten wähle. Allein in diesen Bemerkungen liegt nicht eigentlich ein Beweis dafür, dafs der Wille inkliniert, nicht genötigt sei, und noch viel weniger ein solcher, wie man ihn bisher darin finden zu müssen glaubte. Denn in Verbindung mit den sonstigen Erklärungen des Philosophen können sie selbstverständlich nur heifsen, die Gründe, welche den Willen zu einem Entschlusse treiben, inklinieren ihn nur, weil sie es ihm nicht unmöglich machen, sich in beliebiger Weise zu entscheiden, weil sie ihm die absolute Freiheit der Entscheidung nicht nehmen, und der Wille sei frei, weil ihm jederzeit mehrere Möglichkeiten offen stehen. Die Nachsätze sind daher hier ihrem Sinne nach ganz identisch mit den Vordersätzen, und ihr Zweck ist nicht der, die letzteren zu beweisen, sondern sie zu erläutern.

Vielmehr führt Leibniz den Satz, der Wille sei nur

inkliniert, überall als eine einfache Thatsache an. Offenbar waren die Substanzen, die er auf Grund anderweitiger Untersuchungen als die Prinzipien der Dinge erkannt hatte, Wesen, welche frei nach Neigungen handelten, und wenn er daher jenen Satz aufstellte, so sprach er sich damit nur über die thatsächliche Beschaffenheit dieser Substanzen aus, die als solche keines Beweises fähig war.

Wohl knüpft der Philosoph häufig umfangreiche Argumentationen an das Problem der Willensfreiheit an; aber diese haben einen anderen Inhalt, und sie setzen das voraus, was nach der bisherigen Meinung erst bewiesen werden müfste. Alle diese Argumentationen (sowohl in der „Theodicee" als in den anderen Schriften) haben ausnahmslos die Tendenz, darzuthun, dafs die Freiheit, welche Leibniz dem Willen zugesteht, wonach derselbe zwar immer inkliniert, aber doch niemals genötigt, seine Bethätigung stets sicher, aber nicht notwendig ist, die wahre Freiheit sei, dafs die gewöhnliche Vorstellung, als ob ein freier Wille nicht nur nicht genötigt, sondern auch nicht inkliniert sein dürfe, als ob er zu der Seite des Ja wie zu derjenigen des Nein in gleich hohem Mafse geneigt, kurz schlechthin indifferent sein müsse, irrtümlich sei. Diese Vorstellung zurückzuweisen, darauf allein kommt es ihm überall an; das ist die Meinung, gegen die er allein und ausschliefslich polemisiert, gegen die seine gesamten Darlegungen gerichtet sind. Und er widerlegt dieselbe, indem er zeigt, dafs die Indifferenz eine blofse Chimäre sei, dafs die Gewifsheit und die Freiheit sich nicht ausschliefsen, dafs die Zufälligkeit eines Ereignisses nur davon abhänge, ob das Ausbleiben desselben einen Widerspruch in sich schliefst, dafs es genüge, um die Freiheit zu retten, wenn der Wille nur inkliniert, nicht genötigt sei u. s. w. Handelt es sich nun aber für Leibniz überall und ausnahmslos lediglich um die Bekämpfung der Annahme, dafs ein freier Wille nicht nur nicht genötigt, sondern auch nicht inkliniert sein könne, so mufs ihm die Überzeugung, dafs er inkliniert, nicht genötigt sei, unmittelbar durch sein System

gegeben gewesen sein, sie mufs für ihn einen Satz gebildet
haben, der nicht erst eines Beweises bedurfte, sondern der
eben eine Thatsache aussprach. Ohne diese Voraussetzung
sind die Ausführungen des Philosophen einfach ziel- und
gegenstandslos; sie können ohne diese Voraussetzung nicht
von ihm niedergeschrieben worden sein. Mit dieser e i n e n
Bemerkung erweist sich daher die bisherige Darstellung als
vollständig haltlos: diese Darstellung läfst sich mit den
Quellen nicht vereinigen; sie steht in striktem Widerspruch
zu denselben.

Leibniz hat sich in der „Theodicee" viermal eingehender
über die Freiheit des Willens verbreitet. Zur Erhärtung
unserer Behauptungen wollen wir den Gedankengang dieser
Auseinandersetzungen kurz analysieren.

Da, wo Leibniz zum erstenmal seine Ansichten über
die Willensfreiheit im allgemeinen darlegt, bemerkt er ein-
leitend Folgendes: Man mufs nicht denken, dafs unsere Freiheit in einer Indifferenz des Gleichgewichts besteht, als ob
man in jedem Falle zu verschiedenen Seiten gleich geneigt
wäre. Ein solches Gleichgewicht ist unmöglich und auch
der Erfahrung zuwider. Indem er dann zu den Schwierigkeiten übergeht, die sich betreffs der Willensfreiheit erheben,
zeigt er, dafs die Bestimmtheit oder objektive Gewifsheit
mit der Zufälligkeit nicht unverträglich ist. Der Wille ist
stets geneigter zu dem Entschlufs, welchen er ergreift, aber
er ist nie in der Notwendigkeit, ihn zu ergreifen. Es ist
sicher und unfehlbar, dafs er ihn fassen wird, aber nicht
notwendig. Aber diese objektive Gewifsheit oder Bestimmtheit macht die Willensentschlüsse nicht notwendig. Denn
die Zufälligkeit eines Ereignisses besteht lediglich darin, dafs
es keinen Widerspruch in sich schliefst, wenn dasselbe ausbleiben würde. Es giebt zwei grofse Prinzipien unseres
Denkens. Das Prinzip des Widerspruchs und dasjenige des
bestimmenden Grundes, d. h. dafs niemals etwas geschieht,
ohne dafs eine Ursache vorhanden ist, warum dies vielmehr
eintritt als nicht eintritt. Dies letztere Prinzip hat in allen

Ereignissen statt; daher sind auch die freien Handlungen
nicht gegen diese allgemeine Regel privilegiert. Es giebt
stets einen Grund, welcher den Willen zu seiner Wahl treibt,
und es genügt, um die Freiheit zu retten, dafs dieser Grund
nur inkliniert, ohne zu nötigen. So ist auch die Meinung
der Alten. Es giebt also eine Freiheit der Indifferenz, vorausgesetzt, dafs man unter Indifferenz dies versteht, dafs uns
nichts zu einem Entschlusse nötigt. Aber niemals giebt es
eine absolute Indifferenz. Dann wird ausgeführt, wie diese
falsche Idee der Indifferenz des Gleichgewichts verschiedene
Sekten beherrscht (6, 122—131).

An einer anderen Stelle verbreitet sich Leibniz über
die Natur der Freiheit noch eingehender. Nachdem er erklärt hat, dafs die Freiheit in der Intelligenz, der Sponta-
neität und der Zufälligkeit besteht, bespricht er die beiden
ersten dieser Erfordernisse und geht dann auf das dritte
ein, um zu zeigen, dafs die Bestimmtheit, welche in unserer
Zufälligkeit eingeschlossen ist, unsere Freiheit nicht vernichtet.
Die Scholastiker, führt er aus, stellten die Indifferenz als
ein wesentliches Merkmal der Freiheit auf. In der That
mufs man dieselbe zulassen, sofern sie nur soviel als Zufälligkeit bedeutet. Aber diese Indifferenz, welche ein charakte-
ristisches Attribut der Freiheit ist, hindert nicht, dafs man
stärkere Neigungen für den Entschlufs hat, den man wählt,
und fordert keineswegs, dafs man absolut indifferent ist.
Dagegen darf man nicht die Indifferenz des Gleichgewichts,
in welcher man für jede Wahl gleiche Neigung hat, zulassen.
Eine solche Wahl würde ein reiner Zufall und eine Chimäre
sein. Wer immer ein freies Urteil annimmt, wird deshalb
doch nicht diese reine Bestimmungslosigkeit zugeben. Auch
begünstigt die Erfahrung dieselbe keineswegs. Ja, sie würde
sogar der gröfste Nachteil für den Menschen sein, wofür der
Philosoph umfangreiche Bemerkungen Bayles anführt. Dem-
nächst werden die sonstigen Verteidiger einer solchen
Indifferenz durchgenommen. Die falsche Idee der Freiheit,
wonach dieselbe nicht blofs die Notwendigkeit, sondern auch

die Gewißheit und Bestimmtheit ausschließt, hat zunächst
einige der Scholastiker verwirrt. Sie begreifen einen chimärischen Begriff, aus welchem sie Nutzen zu ziehen glauben
und den sie durch Chimären aufrecht zu halten suchen.
Die völlige Indifferenz ist von dieser Natur. Aber wollen,
daß eine Bestimmung aus einer absolut absoluten Indifferenz
kommt, heißt wollen, daß sie aus nichts kommt. Weder
Gott, noch die Seele, noch ein Körper, noch die Umstände
sollen die Ursache dieser Bestimmung sein, und dennoch soll
sie existieren. Das ist eine ebenso lächerliche Theorie, wie
die epikuräische Abweichung der Atome. Im Anschluß hieran
wird dann auf Karneades, der auch eine solche Indifferenz
des Willens lehrte, auf die Skotisten und Molinisten, die
Stoiker und Chrysippus eingegangen (S. 296—314).

Mit Bezug auf diese Darlegungen bemerkt Leibniz
später über die Möglichkeit der Vorsehung Gottes folgendes:
Da die Willensbestimmungen, obwohl nicht notwendig,
dennoch sicher sind, so ist die Erklärung dafür gegeben,
daß Gott, unbeschadet der Freiheit, alle Ereignisse voraussieht. Die Schwierigkeiten, die man sich in dieser Beziehung
gemacht hat, kommen alle von der falschen Idee der Freiheit, indem man diese mit der vagen Indifferenz identifiziert. Vorausgesetzt, daß man begreift, daß die Notwendigkeit und die Möglichkeit einzig von der Frage abhängen, ob das Objekt an sich einen Widerspruch einschließt, und daß man erwägt, daß die Zufälligkeit sich
sehr wohl mit den Neigungen verträgt, vorausgesetzt auch,
daß man zwischen der Notwendigkeit und der Gewißheit
zu unterscheiden weiß, sowie endlich, daß man sich der
Chimäre der reinen Indifferenz entledigt, so findet man
sofort eine Lösung für jenes Problem. Wenn man behauptet,
daß ein freies Ereignis nicht vorausgesehen werden kann,
so verwechselt man die Freiheit mit der Unbestimmtheit
oder mit der reinen Indifferenz des Gleichgewichts. Die
Bestimmtheit zerstört nicht die Zufälligkeit, noch die Freiheit, und die sichere Gewißheit, daß der Mensch sündigen

werde, hindert ihn nicht an der Macht, nicht zu sündigen
und im anderen Falle strafbar zu sein. Ebenso ist das allgemeine Dilemma, daſs die die Seele bestimmenden Ursachen
sie entweder völlig indifferent lassen oder sie zu einer gewissen Handlung zwingen müssen, falsch. Alle inneren und
äuſseren Ursachen machen, daſs die Seele sich sicher, aber
nicht, daſs sie sich notwendig bestimmt u. s. w. (328 E. bis
339 E.).

Endlich spricht sich Leibniz noch in einem an die
„Theodicee" angefügten Appendix im Anschluſs an die Kritik
eines Werkes, in welchem die reine Indifferenz des Willens
behauptet wurde, sehr ausführlich über diese, wie überhaupt
über die Natur der Freiheit aus. Eine Wahl ohne Ursache
und Grund, heiſst es dort, ist unmöglich, aber wenn sie
statt hätte, würde sie schädlich sein. Wie vielmehr ein Körper nur durch einen anderen bewegt werden kann, so muſs
man auch glauben, daſs unsere Seele nur durch die Repräsentation des Guten und Schlechten bewegt werden kann.
So urteilen Plato, Aristoteles u. a., und überhaupt alle vor-
urteilslosen Menschen. Erst einige subtile Philosophen haben
die volle Indifferenz eingeführt und damit zugleich die allgemeinen Denkgesetze verletzt, daſs nichts ohne zureichenden
Grund geschieht (401—403). — Der Wille handelt ausnahmslos nach Neigungen. Wenn man dies dennoch leugnet,
so verwechselt man das Prinzip des Widerspruches mit demjenigen des zureichenden Grundes, welches auch in den zufälligen Wahrheiten statt hat u. s. w. Es folgt dann ein
spezieller Nachweis, daſs die Freiheit mit den Neigungen
verträglich sei, ein Nachweis, der besonders auf Thatsachen
der Erfahrung, auf die allgemeinen Anschauungen der
Menschen u. dgl. gestützt wird. Dann wird die Behauptung,
daſs die Freiheit mit der reinen Indifferenz identisch sei,
eingehend widerlegt; es werden die angeblichen Vorteile
der letzteren zurückgewiesen, die Sätze, daſs wir dieselbe in
uns fühlen, daſs wir ihre Äuſserungen erfahren u. dgl., bekämpft u. s. w. u. s. w. (414—436).

Aus allen diesen Erwägungen ergiebt sich nun die vollkommene Unhaltbarkeit der bisherigen Auslegung der Quellen und damit zugleich der Voraussetzung, auf welcher dieselbe fußt und von welcher sie die notwendige Folge ist, des bisherigen Kraft- oder Substanzbegriffes. Die Substanz darf eben nicht als ein thätiges Wesen, sondern sie muß als das unveränderliche Prinzip der Thätigkeit definiert werden, womit es, wie früher dargestellt wurde, unmittelbar gegeben ist, daß sie sich nach Begierden, nach Neigungen, nach Inklinationen bestimmt. So sehen wir uns auch hier zu demselben Resultate gedrängt, das wir bereits oben auf anderem Wege gefunden haben. Die Stichhaltigkeit dieses Resultates und insbesondere unserer früheren Ausführungen über den Charakter des der Substanz eigentümlichen Strebens kann daher durchaus nicht mehr in Frage gezogen werden, und über diesen Punkt können die Akten füglich geschlossen werden.

Unter Voraussetzung dieses neuen Substanzbegriffes lassen sich nun die wesentlichen Lehren Leibnizens über die Willensfreiheit in folgende einfache Darstellung zusammenfassen:

Das Prinzip, durch welches die Monaden zur Veränderung getrieben werden, besteht nach dem Früheren in einem Streben, einer Begierde, einer Neigung, die als solche sehr wohl von dem mechanischen Streben zu unterscheiden ist. Diese Neigung ist auf das Ziel der Entwicklung und insofern auch auf die in dieser Entwicklung begriffenen einzelnen Handlungen der Substanz gerichtet. Die Substanzen haben daher in jedem Moment so spezialisierte Neigungen, daß sie von allen ihnen in diesem Moment möglichen Veränderungen eine mit größerer Stärke wünschen als alle übrigen, und diese Neigungen sind die Ursache ihres Handelns. Eben solche Neigungen, Strebungen, Begierden müssen wir nun auch im Menschen anerkennen. Auch er ist in jedem Zeitpunkte zu einer bestimmten Möglichkeit in höherem Maße

aufgelegt, geneigt als zu allen sonst denkbaren. Auch er wird
zu seinen Entschlüssen ausnahmslos durch seine Neigungen,
Begierden und Leidenschaften bewegt, er handelt immer
nach der vorwiegenden Repräsentation des Guten oder des
Schlechten. Er ist daher stets determiniert, inkliniert; er ist
nie ohne Gründe, ohne Motive thätig; er regelt sich sicher
und unfehlbar so, wie es seinem ursprünglichen Charakter
entspricht; er ermangelt nie, gerade diese Richtung einzu-
schlagen, und eben deshalb können auch seine Akte von
Gott mit Gewifsheit vorausgesehen werden. Aber weil er
immer nur zu einer gewissen Seite inkliniert ist, ist er
eben darum nie dazu genötigt; weil es nur Neigungen
sind, durch welche er zu seiner Wahl getrieben wird, ist er
eben darum nie in der Notwendigkeit, so zu wählen, und
sind seine Entscheidungen trotz ihrer Sicherheit dennoch
nicht notwendig. Denn die Neigung macht eben den Willen
nur geneigt, aber sie nötigt ihn nicht. Das ist ein identischer
Satz. Eine Neigung, welche nötigt, ist keine Neigung; eine
Begierde, eine Leidenschaft, eine Liebhaberei u. dgl. kann
nicht nötigen, so gewifs es eben eine Begierde u. s. w. ist.
Die Neigung hat nur den Effekt, dafs sie dem Willen nicht
jeden Entschlufs gleich wünschenswert macht; sie ist nur
der Grund dafür, dafs derselbe aus der Unbestimmtheit zur
Bestimmtheit übergeht, dafs er, trotzdem er sich ganz anders
bethätigen könnte, dennoch gerade so und nicht anders sich
bethätigt, aber sie vernichtet nicht seine absolute Wahlfreiheit; das liegt in ihrem Begriffe.

Mit diesen Sätzen kam nun aber Leibniz zu einem Begriffe der Willensfreiheit, der mit dem gewöhnlichen, wonach
die Freiheit nicht blofs die Notwendigkeit, sondern auch die
Neigungen ausschliefst, d. h. in der reinen Indifferenz besteht,
nicht übereinstimmte. Er wurde daher von selbst darauf
geführt, diesen letzteren einer näheren Untersuchung auf seine
Richtigkeit zu unterwerfen. Dem Nachweis nun, dafs dieser
Begriff unhaltbar sei, sind die umfangreichen Erörterungen
des Philosophen über die Willensfreiheit, die sich in seinen

Schriften finden, gewidmet. Die Annahme nämlich, als ob
nur derjenige Wille frei sei, der zu entgegengesetzten Entschlüssen gleich aufgelegt ist, der sich im Zustande vollkommener Indifferenz befindet, ist an sich unmöglich und
undenkbar; sie ist eine blofse Chimäre; sie verstöfst gegen
den allgemein giltigen Satz, dafs alles, was existiert, eine
Ursache haben mufs; sie ist auch der Erfahrung zuwider,
und selbst wenn eine solche Indifferenz statt hätte, würde sie
für den Menschen von dem gröfsten Nachteil sein. Wenn
man dennoch immer wieder auf diese Vorstellungen zurück-
kommt, so liegt dies daran, dafs man die Notwendigkeit und
die Bestimmtheit, das Prinzip des Widerspruchs und dasjenige des zureichenden Grundes miteinander verwechselt.
Notwendig ist nur dasjenige, dessen Gegenteil einen Widerspruch in sich schliefst, nicht aber dasjenige, was dem Satz
vom Grunde unterworfen ist; dieses ist blofs gewifs. Ein
freier Wille wird dadurch charakterisiert, dafs er niemals
genötigt, dafs von den Handlungen desselben auch das Gegenteil (nicht etwa blofs objektiv, sondern) subjektiv möglich
ist, dafs er jederzeit die Freiheit besitzt, sich anders zu entscheiden, als es die Erfahrung zeigt, nicht aber dadurch, dafs
er überhaupt ohne einen Grund, ohne ein Motiv, gleichsam
zufällig handelt. Ein freier Wille unterscheidet sich von
einem unfreien nicht insofern, als er gänzlich indifferent ist,
sondern insofern, als er nur durch Neigungen bestimmt wird,
nur inkliniert, nie·genötigt ist, dafs seine Handlungen nur
sicher, nicht notwendig sind.

Diese Darstellung läfst indessen einige Fragen unbeantwortet, und diese müssen wir noch in aller Kürze berühren.

Wenn nämlich auch die Strebungen oder die Neigungen,
auf Grund deren die Monaden zur Thätigkeit übergehen,
denselben die Möglichkeit verschiedener Thätigkeit lassen, so
scheint doch eine solche Möglichkeit aus einem anderen
Grunde ausgeschlossen. Denn die Substanz besteht ja doch
nach dem Früheren nicht blofs in einem Streben, sondern
auch in einem Vermögen, auf dessen Entwicklung eben das

Streben gerichtet ist. Dieses Vermögen aber schliefst ja von
Anfang an den gesamten Entwicklungsgang der Substanz in
sich, und wenn sie also anders handeln würde, als es in
diesem Entwicklungsgange vorgesehen ist, so würde dies,
wie es den Anschein hat, ihrer Natur zuwiderlaufen. Es
scheint also notwendig zu sein, dafs sie so handelt. Dieser
Schein ist aber durchaus unbegründet. So wenig durch die
Thatsache, dafs Gott die freien Handlungen der Substanz voraussieht, diese Handlungen aus freien zu notwendigen werden,
genau ebensowenig geschieht dies dadurch, dafs sie in der
Substanz präformiert sind. Durch die Bestimmung, dafs die
zukünftigen freien Entschlüsse und Thätigkeiten eines Wesens
bereits in der ursprünglichen Anlage derselben enthalten
sind, kann diesen Entschlüssen nicht der Charakter freier
Entscheidungen genommen werden, kann diesem Wesen nicht
die Möglichkeit geraubt werden, sich anders zu entscheiden.
Die Handlungen der Substanz sind ja eben als f r e i e Handlungen, als solche, statt deren auch andere möglich wären,
die nicht notwendig sind, präformiert, ebenso wie Gott diese
Handlungen nur als freie voraussicht. Daraus, dafs die Entwicklung der Substanz vorher bestimmt ist, folgt nur, dafs
dieselbe gewifs, nicht aber, dafs sie notwendig ist, und, um
die Freiheit mit der Präformation zu versöhnen, genügt der
Satz, dafs die freien Akte unfehlbar sicher sind. Das ist
alles so selbstverständlich, dafs ein paar Belege genügen.
Die Konsequenz, erklärt Leibniz, dafs alles, was einer Person
begegnet, n o t w e n d i g eintreten mufs, wenn alles, was ihr
passiert, in ihrem individuellen Begriff bereits eingeschlossen
ist, trifft nicht zu. „Gerade als ob das Vorhersehen Gottes
die Dinge notwendig machte und gerade als ob eine freie
Handlung nicht in dem Begriffe oder in dem vollkommenen
Einblicke begriffen sein könnte, den Gott von der betreffenden Person hat" (2, 17). „Der Zusammenhang der Ereignisse ist, obwohl sicher, doch nicht notwendig, und es steht
uns frei, diese Reise zu machen oder nicht zu machen; denn
obwohl es in meinem Begriff eingeschlossen ist, dafs ich sie

machen werde, so ist doch auch darin eingeschlossen, daſs
ich sie frei machen werde" (52). Wenn man daraus, daſs
der gegenwärtige Zustand jeder Substanz eine natürliche
Folge ihres vorhergehenden Zustandes ist, schlieſst, daſs er
eine notwendige Folge ist, so ist das verfehlt. „Wenn es
die Natur der Substanz ist, in der Thätigkeit, um welche es
sich handelt, frei zu sein, so wird dieselbe frei und willkürlich sein u. s. w." (4, 579) u. a.

Noch ein anderes Problem knüpft sich an Leibnizens
Auseinandersetzungen, dessen Lösung für das Verständnis
dieser letzteren von hervorragender Bedeutung ist.

Es hat nämlich auf den ersten Blick den Anschein, als
ob die Unterscheidung zwischen der Notwendigkeit und der
Sicherheit nur einen theoretischen, keinen praktischen Wert
habe. Denn wenn auch die Handlungen des Menschen nicht
notwendig, sondern nur sicher so ausfallen, wie es seinen
ursprünglichen Neigungen entspricht, so werden dieselben
dennoch eintreten, ob wir etwas dazu thun oder nicht. Wie
immer wir uns verhalten werden, unsere Entwicklung wird
unfehlbar denjenigen Gang nehmen, welcher durch unsere
Neigungen vorausbestimmt ist. Die Folge dieser Theorie
scheint also derselbe Fatalismus zu sein, welcher sich allerdings unumgänglich ergeben würde, wenn alle Willensakte
notwendig wären, so daſs durch dieselbe nicht viel gewonnen
zu sein scheint. In der That aber ist das gerade Gegenteil
der Fall. Denn unsere gesamte Zukunft ist ja nur deshalb
sicher, weil die Gründe, von denen sie abhängt, sicher sind,
und diese Gründe liegen in unseren Neigungen. Diese
Neigungen bestehen schon ursprünglich in uns, und darum
sind auch unsere Handlungen schon ursprünglich gewiſs,
weil es gewiſs ist, daſs wir diesen Neigungen entsprechend
handeln. Wollten wir uns also dem Fatalismus ergeben, uns zu
unserem Handeln durch jene fatalistische Gesinnung bestimmen
lassen, oder vielmehr, handelten wir thatsächlich einmal auf
Grund dieser Gesinnung, so würde allerdings eine derartige
Handlung schon ursprünglich gewiſs gewesen sein, aber sie

würde nur deshalb gewifs gewesen sein, weil jene Gesinnung,
welche uns zu derselben determinierte, d. h. unsere Trägheit, gewifs war. Diese Handlung würde also von dem Standpunkte der Leibnizischen Lehre als eine Folge unserer Trägheit angesehen werden müssen, und alle üblen Konsequenzen,
welche aus derselben entstehen und natürlich nicht ausbleiben würden, müfsten wir dieser Trägheit zuschreiben.
Daraus folgt dann aber mit Notwendigkeit, dafs wir, wenn
wir diese Konsequenzen vermeiden wollen, jene fatalistische
Gesinnung ablegen und dafs wir jederzeit nach bestem Wissen
und Gewissen ohne Rücksicht auf das, was vorher bestimmt
sein mag, so handeln müssen, wie es uns nach Lage der
Umstände am geeignetsten dünkt. Das ist die Philosophie
des gewöhnlichen Menschen, und wir sehen daher, dafs das
Leibnizische System, wie in so manchem anderen, auch hier
mit dem gesunden Menschenverstande in vollkommener Übereinstimmung ist. Weit entfernt, den Fatalismus zu begünstigen, macht es diesen vielmehr durchaus unmöglich und
beseitigt ihn mit der Wurzel. So sagt Leibniz, um nur
ein Beispiel anzuführen: „Die Betrachtung über die Willensfreiheit zerstört zugleich dasjenige, was die Alten das faule
Sophisma nannten: Denn, sagte man, wenn das, was ich
verlange, eintreten mufs, so wird es eintreten, auch wenn
ich nichts thue. . . . Aber die Antwort ist bereit. Da der
Effekt sicher ist, so wird es auch die Ursache sein, welche
denselben hervorbringt, und wenn der Effekt eintritt, so wird
das durch eine Ursache geschehen. Also wird wohl eure
Faulheit Schuld daran sein, wenn ihr nicht erlangt, was
ihr wünscht, und wenn ihr den Übeln anheimfallt, die ihr
vermieden haben würdet, wenn ihr eifrig gewesen wäret.
Man sieht also, dafs der Zusammenhang der Ursache mit
der Wirkung, weit entfernt, einen unerträglichen Fatalismus
zu erzeugen, vielmehr ein Mittel liefert, ihn zu heben. . . .
Die ganze Zukunft ist bestimmt, ohne Zweifel; aber da wir
nicht wissen, wie sie es ist, noch was vorhergesehen oder
beschlossen ist, so müssen wir unsere Pflicht thun, ent-

sprechend der Vernunft, welche Gott uns gegeben hat, und
den Regeln, die er uns vorgeschrieben hat; und danach
müssen wir den Geist in Ruhe lassen und Gott selbst die
Sorge für den Erfolg überlassen" (6, 132—135).

Alles dies dürfte nun hinlänglich zeigen, wie ganz und
gar man im Unrechte ist, in welchem gewaltigen Irrtume
man sich befindet, wenn man die Ausführungen Leibnizens
über die Willensfreiheit als mit der Monadenlehre in Widerspruch stehend oder als bedeutungslos hinstellt. Sie stehen
nicht nur vollständig, aber auch vollständig auf dem Boden
des Systems, sondern sie scheinen auch von einem hohen,
absoluten Wert zu sein; sie enthalten eine sehr einfache,
natürliche und jedenfalls durchaus originelle Lösung dieses
schwierigen Problems, so dafs sie wohl verdienen, eingehender, als es bisher geschehen ist, geprüft zu werden.

Ist nun der menschliche Wille frei, so gilt dies mit
den früher angegebenen Einschränkungen auch von den
übrigen Substanzen. Die Leibnizische Monadenlehre ist ein
System von Substanzen, welche sich frei nach Begierden
und Neigungen bestimmen, ein System frei handelnder Wesen.
Die traditionelle gegenteilige Auffassung beruht auf einem
Irrtume und mufs aufgegeben werden.

Achter Abschnitt.
Die Lehre von Gott.

Wir wollen zunächst die bisherige Ansicht über das
Verhältnis Gottes zu den Substanzen einer kritischen Würdigung unterziehen.

Dieselbe ist durch die traditionellen Vorstellungen von
dem Zusammenhange der Monaden bedingt. Nach diesen
sollen ja die Substanzen, wie man sich erinnern wird, ihrem
Wesen nach in keiner Beziehung zueinander stehen. Wenn

sie daher dennoch miteinander übereinstimmen, so soll das
von einem Dritten, einem Gotte herrühren, welcher der Entwicklung jeder Substanz eine den übrigen proportionale
Richtung gab, sie harmonisch anlegte. Die Wirksamkeit
Gottes auf die Substanzen soll daher darin bestehen, jede
derselben ursprünglich und willkürlich so einzurichten, ihr
eine solche Natur zu geben, wie es der Weltplan verlangte*).

*) Vgl. Gesch. d. d. Phil. S. 114 ff. — Fischer weicht allerdings
auch in Bezug auf die Gotteslehre weit von der gewöhnlichen Ansicht
ab. Schon die Art, wie er die Existenz eines Gottes begründet, ist
eigentümlich. Da nämlich nach ihm, wie wir sahen, die Monaden ihrem
Wesen nach eine kontinuierliche Stufenreihe von Substanzen darstellen,
in welcher keine Lücke ist, so ist die Harmonie derselben, wie er
meint, unmittelbar mit ihnen selbst gegeben: Die Monaden müssen
ihrer Natur nach miteinander übereinstimmen. Es ist daher auch kein
Gott notwendig, um dieselben erst künstlich zueinander in Beziehung
zu setzen. Weil nun aber Leibniz dennoch einen solchen annimmt, so
leitet Fischer ihn sowie seine nähere Wirksamkeit in folgender Weise
ab: Die Welt ist ein vom Niedrigeren zum Höheren stetig fort-
schreitendes Stufenreich von Monaden. Ein solches aber weist wesentlich auf eine höchste Monade hin; denn sonst wäre es ohne Ziel, die
Entwicklung in der Welt ohne Zweck. Diese höchste Monade ist Gott
(S. 540 f.). Als höchste Monade muß er aber ohne Schranke, er muß
allmächtig, allwissend und absolut gut sein, und diese Attribute können
nur in bestimmter Weise wirksam sein. „Denn alle Wirksamkeit besteht in dem Verwirklichen dessen, was möglich ist, oder in einer Veränderung, worin von dem Zustand der Möglichkeit zu dem der Wirklichkeit übergegangen wird. Die natürlichen Kräfte wirken nur nach
dem Maße ihres Vermögens; dieses Maß ist Naturanlage, und das Verwirklichen der Naturanlage ist Entwicklung. Aber in Gott giebt es
keine Naturanlage, also auch keine Entwicklung. In Gott ist alles
möglich, aber die in ihm enthaltene Möglichkeit ist nicht dunkle Naturanlage, sondern deutlichste Vorstellung, d. h. nicht natürliche oder
materielle, sondern rein ideale Möglichkeit. Mithin besteht die göttliche Wirksamkeit darin, die ideale Möglichkeit zu verwirklichen oder
die Idee in Natur und Wirklichkeit, die Ideenwelt in eine reale Welt
zu verwandeln, die Kraftäußerung, wodurch die Ideale ins Werk gesetzt
werden, ist nicht Entwicklung, sondern Schöpfung" (S. 559 f.). Die
Wirksamkeit Gottes besteht daher darin, die Welt zu schaffen, sie aus
der Möglichkeit in die Wirklichkeit zu setzen. Allein diese Erörterungen Fischers sind unhaltbar. Man bemerke zunächst: Gott wird hier
nicht deshalb angenommen, weil die Existenz der Monaden sonst unerklärlich wäre, sondern deshalb, weil zu dem Stufenreiche der Monaden
eine höchste Substanz vorhanden sein muß, und erst nachträglich wird
mit Hilfe einer Erwägung, die hiermit nichts zu thun hat, auf Grund
des Begriffes der Wirksamkeit hinzugefügt, Gott schaffe die Monaden,
und die Existenz der letzteren sei also nicht durch sie selbst zu begreifen.
Schon dies ist sehr gezwungen. Sodann aber: Wie kommt denn Fischer
eigentlich zu der Ableitung Gottes aus dem Gesetz der Kontinuität.

Diese letztere Behauptung kann nun freilich schon deshalb, weil sie sich auf eine irrtümliche Voraussetzung gründet,

Kann denn irgend ein Beleg dafür beigebracht werden? Und gesetzt selbst, Leibniz hätte sich einmal so ausgesprochen, was würde dies gegenüber den zahlreichen Stellen zu bedeuten haben, an denen er eine ganz andere Ableitung giebt? Das ist also durchaus willkürlich. Ganz abgesehen davon, dafs das Gesetz der Kontinuität überhaupt nicht die Rolle in der Monadenlehre spielt, wie Fischer annimmt. Ferner: woher nimmt Fischer die Berechtigung, Gott deshalb eine Schöpferthätigkeit zuzuschreiben, weil die Wirksamkeit ein Übergang von der Möglichkeit zur Wirklichkeit sei? Steht denn in den Quellen irgendwo auch nur die geringste Silbe davon? Also auch das ist ganz willkürlich. Überdies pafst diese Bestimmung nicht einmal zu der Art der Ableitung Gottes, wie sie Fischer annimmt. Gott soll deshalb notwendig sein, weil die progressiv aufsteigende Reihe der Substanzen mit einer höchsten Substanz abschliefsen müsse. Daraus würde folgen, dafs er eine Monade neben den übrigen Monaden sei, wie auch die letzteren nebeneinander existieren, und dafs er sich nur insofern von diesen unterscheide, als er nicht mit den Schranken der endlichen Monade behaftet ist, als mithin ohne Materie ist und alles auf einmal und in jedem Moment deutlich vorstellt. Nie und nimmer aber läfst sich daraus schliefsen, dafs Gott der Schöpfer aller übrigen Monaden sei. Wenn Fischer dies dennoch beweist, so gelingt es ihm nur mittelst eines Fehlschlusses, indem er folgert, dafs jede Wirksamkeit, die nicht Entwicklung sei, ein Schaffen sein müsse, was ihm nicht jedermann zugestehen wird. Gottes Thätigkeit könnte sich ja darauf beschränken, die ganze Welt auf einen Schlag und also ununterbrochen denselben Inhalt deutlich vorzustellen. Das wäre weder eine Entwicklung, noch eine schöpferische Thätigkeit, und doch würde es unzweifelhaft eine Thätigkeit sein. Und überhaupt auf so abstrakte Weise läfst sich eben alles und jedes und darum gar nichts beweisen.

Indessen kommen wir zur Hauptsache. Gott ist nach Fischer nur die Ursache des Daseins, der Existenz der Monaden, nicht aber ist er die Ursache ihrer Natur, ihrer Anlage, ihrer Harmonie. Seine Thätigkeit besteht nur darin, die Substanzen und überhaupt die Welt aus der Möglichkeit in die Wirklichkeit überzuführen, nicht aber ihre Harmonie zu veranlassen: diese folgt vielmehr aus dem Wesen der Monaden. Da aber Leibniz dennoch häufig sagt, Gott habe den Substanzen harmonische Naturen gegeben, er sei der Grund ihrer Harmonie, diese sei von Gott prästabiliert u. dgl., so erklärt dies Fischer so: „In der Anlage der Monaden ist die Weltharmonie präformiert. Sind nun die Monaden selbst göttlichen Ursprunges, so gilt dasselbe von ihrer Harmonie. Was in der Natur präformiert ist, das ist durch Gott prästabiliert. Ist die Natur eine göttliche Schöpfung, so sind ihre Präformationen göttliche Vorherbestimmungen u. s. w." (S. 460; vgl. auch S. 383 f.). „Unter dem metaphysischen Gesichtspunkte erscheint die Weltordnung als eine notwendige Folge der Monaden: sie sind gleichartige Kräfte, die eine harmonische Ordnung bilden müssen. Unter dem theologischen Gesichtspunkte erscheint diese harmonisch geordnete Welt als die beste. Da nun die wirkliche Welt eine zur Schöpfung erwählte, also vorherbestimmte ist, so verwandelt sich notwendig auch die Weltordnung in eine vorherbestimmte oder prästabilierte Harmonie. Die

einen Anspruch auf Richtigkeit nicht erheben. Denn wir
hatten oben nachgewiesen, daſs die Substanzen allerdings

Welt ist Schöpfung, d. h. sie ist durch Gott erwählt, aus der Möglichkeit in die Wirklichkeit überzugehen. Die Schöpfung oder das Dasein
der Welt ist demnach eine Vorherbestimmung Gottes. Dies ist der Begriff der Prädestination. Da nun die Weltordnung im Ursprunge der
Welt enthalten und angelegt ist, so ist die vorherbestimmte Welt zugleich die vorherbestimmte Weltordnung: Dies ist der Begriff der prästabilierten Harmonie...... Wären die Monaden nicht blofs Urheber
ihrer Handlungen, sondern auch ihres Daseins, so würde die Präformation ihrer Natur der höchste Begriff und die naturgemäfse Entwicklung die höchste Thätigkeit sein. Aber die Monaden sind, was ihr
Dasein betrifft. Geschöpfe. Also ist auch ihre Anlage etwas Anerschaffenes
oder Vorherbestimmtes" (S. 579 ff.).

Was nun Fischer in diesen Ausführungen sagen will, ist offenbar
dies: Gott sei allerdings zunächst nur die Ursache für die Existenz
der Monaden, seine Thätigkeit beschränke sich darauf, die Dinge zum
Dasein zu bringen, sie zu verwirklichen; weil aber in dem Begriffe
dieser Dinge ihre Harmonie enthalten sei, so sei Gott, indem er denselben Existenz verleihe, zugleich auch der Urheber ihrer Harmonie
und ihrer Naturen. Allein die Unhaltbarkeit dieser Argumentation
springt in die Augen. Daraus, dafs Gott die Ursache für die Existenz
der Dinge ist. soll folgen, dafs er auch die Ursache für ihre Eigenschaften, ihre Wechselwirkung sei! Indessen wer wird dies zugeben?
Was man allein behaupten könnte, wäre dies, dafs Gott, indem er die
Ursache für die Existenz der Welt ist, auch die Ursache für die
Existenz der Weltharmonie sei, weil die letztere in der ersteren eingeschlossen ist. Allein dies wären ganz identische, nur der Form nach
voneinander verschiedene Sätze; auch meint Fischer dies offenbar nicht,
und der Sache wäre damit jedenfalls nicht gedient; denn Leibnizens
Gedanke ist nicht, dafs die Existenz der Harmonie, sondern dafs die
Harmonie der Substanzen aus Gottes Thätigkeit erklärt werden müsse,
was etwas ganz anderes ist. Dagegen läfst sich daraus, dafs Gott den
Dingen ihre Existenz verliehen hat. auf keine Art der Satz herleiten,
dafs er auch ihre Harmonie erzeugt habe. Überdies, wenn Fischer sagt,
Gott sei die Ursache für die Existenz der Substanzen, so heifst diese
Behauptung doch gar nichts anderes, als dafs Gott nicht die Ursache
ihrer Beschaffenheit, ihrer Naturen, sondern nur diejenige ihrer
Existenz sei, und wenn sie dies nicht bedeuten soll, so ist überhaupt
nicht abzusehen, was sie bedeuten soll, und wird jedenfalls Fischers
Darstellung unverständlich. Schliefst nun aber der Satz, Gott gebe den
Substanzen ihr Dasein, schon den anderen aus, dafs er ihre Naturen,
ihre Harmonie hervorbringe, so kann auch nie und nimmer aus ihm
gefolgert werden. dafs Gott dennoch die Harmonie der Dinge hervor-
bringe. Wenn man zuerst voraussetzt, dafs Gott nur der Grund für die
Existenz der Dinge sei, so ist es ein grober Widerspruch, hinterher
doch wieder beweisen zu wollen, dafs Gott auch der Grund für die
Harmonie der Dinge sei, und über diesen Widerspruch können alle Worte
Fischers nicht hinweghelfen. Dazu aber kommt noch ein anderes. Wenn
Leibniz sagt, die Harmonie der Substanzen rühre von Gott her, so würde
dieser Satz nach Fischer doch nur eine Folgerung aus der auf anderen
Überlegungen beruhenden Bestimmung sein, dafs Gott der Schöpfer der

kraft ihres Begriffes in Übereinstimmung miteinander sind. Sie sind ihrem Wesen nach Ausdrücke eines und desselben Universums von dem Gesichtspunkte ihres Körpers aus, das ist ihre Natur, sie sind nichts anderes als dies. Mithin kann es auch nicht die Bestimmung Gottes sein, den Substanzen zu Anfang willkürlich eine gewisse Natur zu verleihen, sie künstlich so einzurichten, dafs sie dasselbe Universum ausmachen.

Substanzen sei, und nur als Folgerung aus dieser Bestimmung könnte er von Leibniz vorgetragen werden. Allein es ist genau das Umgekehrte der Fall. Nicht daraus, dafs Gott der Schöpfer der Monaden ist, schliefst Leibniz, dafs er der Grund ihrer Harmonie sei, sondern daraus, dafs die Harmonie der Monaden einen Grund haben müsse, schliefst er, dafs ein Schöpfer der Welt notwendig sei. Sagt er doch, wie bekannt, an vielen Stellen, dafs die Harmonie eine gemeinsame Ursache, einen Schöpfer der Substanzen voraussetze, dessen Produktionen sie seien, und führt er doch ausdrücklich dies als einen von ihm erst ans Licht gezogenen Beweis fürs Dasein Gottes an! Diese Sätze sind vom Standpunkte Fischers schlechtweg ein Rätsel. Freilich scheint seine Meinung auch hier zu sein, dafs der Philosoph mit diesen Sätzen lediglich dies sagen wolle, dafs das Dasein der Welt eine Ursache voraussetze, und dafs er nur insofern, als mit der Welt notwendig auch die Harmonie verbunden ist, sich in der genannten Form ausdrücke. Das scheint wenigstens der Sinn seiner wenig klaren Auseinandersetzungen über den kosmologischen Beweis vom Dasein Gottes zu sein (S. 555 f.). Indessen auch hier würde sich das Vorhergesagte entgegnen lassen; und überhaupt, wer wird denn solche Auslegungen glauben? Übrigens würde ja selbst der Beweis, dafs das Dasein der Welt einen Gott erfordere, zu Fischers Ansicht über die Ableitung Gottes nicht stimmen, da die letztere sich doch auf das Gesetz der Kontinuität, nicht auf die Abhängigkeit des endlichen Seins stützen, diese Abhängigkeit vielmehr erst eine Folge von der Annahme eines Gottes sein soll.

Indessen selbst wenn alle diese Einwände nicht bestehen würden, so würde Fischers Auffassung schon aus einem anderen Grunde von vornherein verworfen werden müssen. Wenn nämlich Fischer erklärt, Gott sei die Ursache für die Existenz der Dinge, er verleihe ihnen ihr Dasein u. dgl., so verbindet er damit, er mag sich dessen bewufst sein oder nicht, den Gedanken, Gott sei die Ursache für die Entstehung der Dinge, er bewirke, dafs die Dinge entstehen. Dieser Satz heifst aber, wie wir später darlegen werden, gar nichts anderes, als dafs Gott die Dinge vollständig kraft seines Willens produziere, so dafs er also nicht blofs die Ursache für ihr Dasein, sondern diejenige für ihre Naturen wäre. Fischer sagt daher zwar, Gott gebe den Dingen blofs ihre Existenz, er denkt sich aber die Wirksamkeit dieses Gottes in einer solchen Weise, dafs er die Dinge in Wahrheit nicht blofs realisiert, sondern vollständig produziert. Denkt man sich hingegen diese Wirksamkeit so, dafs Gott die Dinge in der That nur aus der Möglichkeit in die Wirklichkeit überführt, nur realisiert, so führt dies zu einer gänzlich anderen Auffassung, worüber wir später uns des näheren verbreiten werden. Damit wird Fischers ganze Darstellung hinfällig.

Da indessen diese Vorstellungen schon allzulange ein-
gebürgert sind und daher so leicht nicht werden aufgegeben
werden, so wollen wir ihre Unhaltbarkeit noch auf einem
zweiten, vielleicht noch überzeugenderen Wege darthun.

Leibniz sagt nämlich so wenig, dafs Gott die Naturen
der Substanzen willkürlich produziere, dafs er vielmehr ausdrücklich erklärt, diese Naturen werden ihm durch seinen
Verstand in der Form der Möglichkeit als etwas Ursprüngliches, an und für sich Bestehendes, an dem sein Wille nichts
zu ändern vermöge, gegeben, und seine Thätigkeit bestehe
lediglich darin, diese ihm so gegebenen unabänderlichen
Naturen aus der Möglichkeit in die Wirklichkeit überzuführen,
sie zum Dasein zu bringen, sie zu realisieren. Gott findet
nach den vielfachen Angaben der Quellen die individuellen
Begriffe der existierenden Substanzen neben unendlich vielen
anderen möglichen Begriffen ursprünglich in seinem Verstande
als ein von seinem Willen Unabhängiges vor. Alle diese möglichen Begriffe ordnet er in Systeme; die so entstehenden
Welten vergleicht er miteinander, bestimmt eine von ihnen
zur Existenz und giebt ihr samt allen darin enthaltenen
individuellen Dingen Wirklichkeit. Er hat daher auf die
Naturen der Substanzen keinen Einflufs; vielmehr liefert ihm
sein Verstand die Ideen derselben als etwas Gegebenes, und
er beschränkt sich in dem schöpferischen Akte darauf, diese
Naturen zu sichten, zu wählen und zu realisieren.

„Gott,“ sagt Leibniz, „wählt nicht einen allgemeinen
Adam, sondern einen solchen“ (d. h. individuellen) „Adam,
dessen vollkommene Repräsentation sich unter den möglichen
Wesen in den Ideen Gottes vorfindet u. s. w.“ „Man kann
nicht zweifeln, dafs Gott einen individuellen Begriff Adams
formen kann oder vielmehr, dafs er ihn in dem Lande der
Möglichkeiten, d. h. in seinem Verstande, vollständig geformt
vorfindet.“ „Die freien Dekrete Gottes sind die ursprünglichen Quellen der Existenzen, anstatt dafs die Essenzen in dem Verstande Gottes vor der Betrachtung des
Willens sind“ (2, 19, 42, 49; überhaupt 17—20, 23, 37—57).

„Die Natur jedes Geschöpfes ist eingeschlossen in den ewigen
Wahrheiten, welche in dem Verstande Gottes sind, unabhängig von seinem Willen" (6, 114 f.). „Das Dekret Gottes
besteht einzig in dem Beschluſs, welchen er faſst, nachdem
er alle möglichen Welten verglichen hat, diejenige, welche
die beste ist, zur Existenz zuzulassen, samt allem, was diese
Welt enthält. Dieses Dekret ändert nichts an der Konstitution der Dinge und läſst sie so, wie sie in dem Zustand
reiner Möglichkeit sind, d. h. es ändert nichts weder an
ihrem Wesen oder ihrer Natur noch selbst an ihren Accidenzien, die ja vollständig in der Idee dieser möglichen Welten
repräsentiert sind" (131). „Der Beschluſs, die Welt zu
schaffen, hat Gott genötigt, alle Handlungen der Kreaturen
noch im Zustande reiner Möglichkeit zu betrachten, um
daraus den passendsten Plan zu wählen. Er ist, wie ein
groſser Architekt u. s. w." (144). „Der Roman des menschlichen Lebens, welcher die universelle Geschichte des menschlichen Geschlechts ausmacht, hat sich in dem Verstande
Gottes vollständig vorgefunden neben einer Unendlichkeit
anderer, und der Wille Gottes hat nur die Existenz desselben
beschlossen" (198). „Die Weisheit Gottes, nicht zufrieden,
alle Möglichkeiten zu umfassen, durchdringt sie, vergleicht
sie, wägt sie gegeneinander ab; sie geht selbst über die
endlichen Kombinationen hinaus; sie macht daraus eine
Unendlichkeit von möglichen Folgen des Universums, deren
jede eine Unendlichkeit von Kreaturen enthält, und durch
dies Mittel verteilt sie alle möglichen Dinge, die sie schon
für sich eingesehen hatte, in ebensoviel universelle Systeme,
die sie wieder miteinander vergleicht, und das Resultat aller
dieser Vergleiche und Überlegungen ist die Wahl des besten
unter allen diesen möglichen Systemen" (252). „Gott hat
die Ideen der Dinge nicht durch einen Akt seines Willens
produziert, nicht mehr als die Zahlen und die Figuren und
mit e i n e m Worte nicht mehr als alle möglichen Wesenheiten, die man für ewig und notwendig halten muſs; denn
sie finden sich in der idealen Region der Möglichkeiten,

d. h. in dem göttlichen Verstande. Gott ist also nicht der
Urheber der Wesenheiten, sofern sie Möglichkeiten sind"
(313). „Gottes Verstand enthält die Ideen aller möglichen
Dinge. Diese Ideen repräsentieren ihm das Gute und
Schlechte u. s. w. . . . . . Diese Ideen aber sind unabhängig
von seinem Willen" (423). Ebenso 106, 126, 236, 422,
439—441, 445 u. a. Vgl. ferner 4, 439 f., 476, 556; 6, 603,
614 f.; 7, 311 f. u. oft.

Nun wird man vielleicht sagen, diese Darstellung sei
von Leibniz nur gelegentlich zu besonderen Zwecken angewendet worden und enthalte nicht seine eigentliche Überzeugung. Allein ein solcher Einwand wäre vollkommen
unhaltbar. Schon die grofse Anzahl der bezüglichen
Äufserungen würde ihn widerlegen; vor allem aber finden
sich diese Äufserungen thatsächlich durch die sämtlichen
Schriften des Philosophen, von seiner frühesten bis zur letzten,
ohne jedwede Rücksicht auf den Zusammenhang zerstreut und
schon der „metaphysische Diskurs" spricht sich auf das deutlichste in diesem Sinne aus. Wie wenig man aber diese
Erklärungen beiseite schieben darf, geht am besten aus der
fundamentalen Bedeutung hervor, die sie für das System
haben. Die gesamte praktische Philosophie Leibnizens, u. a.
seine ganze „Theodicee" setzen dieselben voraus und sind ohne
sie schlechterdings unverständlich. Wir brauchen in dieser
Beziehung nur auf zwei Punkte hinzuweisen, deren Wichtigkeit für den praktischen Teil des Systems bekannt ist, auf
die Freiheit des Willens und die Rechtfertigung des physischen und moralischen Übels. Dafs die Freiheit des Willens
die obigen Sätze zur Grundlage hat, geht aus dem vorhergehenden Abschnitt (S. 418 f.) zur Genüge hervor; dafs aber
die Rechtfertigung des Übels ganz und gar auf diesen fufst,
ja bis in das Einzelne durch sie bedingt ist, dürfte jedem
klar sein, der überhaupt die „Theodicee" gelesen hat. Liefse
man daher diese Sätze nicht als wesentliche Bestimmungen
des Systems gelten, so würden sich alle praktischen Lehren
des Philosophen in ein blofses Gerede auflösen. So viel ist

also über jeden Zweifel gewifs, dafs die obige Darstellung die wahre Ansicht des Philosophen über das Verhältnis Gottes zu den Substanzen wiedergiebt. Dieser läuft nun aber die traditionelle Auffassung schnurstracks zuwider. Nach jener hat Gott keinen Einflufs auf die Konstitution der Dinge, nach dieser ist das allerdings im denkbar höchsten Mafse der Fall: er soll ihnen ursprünglich ihre gesamte Entwicklung bis ins kleinste Detail hinein willkürlich vorschreiben. Beides läfst sich nicht miteinander vereinigen. Die letztere Auffassung ist also falsch und unmöglich.

Eben dies folgt aber noch aus einem anderen, nicht minder zwingenden Grunde. Wäre das Verhältnis Gottes zu den Substanzen ein solches, wie man es sich gemeinhin denkt, so würden die beiden doppelten Darstellungen Leibnizens, wonach Gott und die Monaden verschiedene Substanzen und die letzteren dennoch kontinuierliche Produktionen des ersteren sein sollen, schlechterdings nicht miteinander zu vereinigen sein. Man müfste daher in diesem Falle dem Philosophen einen handgreiflichen, groben Widerspruch in den höchsten Bestimmungen der Monadenlehre imputieren, einen Widerspruch, der das ganze System einfach zerstören würde. Diese Auskunft hat man nun allerdings bisher nicht gescheut; dafs aber ein solches Verfahren nicht zulässig ist, darüber werden wir sogleich eingehender sprechen. Dann aber ist es ja wiederum klar, dafs die Tradition verworfen werden mufs.

Es ist daher kein Schwanken mehr möglich: Die überkommene Ansicht ist falsch, sie steht in unversöhnlichem Widerspruch mit den Quellen. Und diese Behauptung würden wir unter allen Umständen aufrecht erhalten müssen, selbst dann, wenn wir nach unserm derzeitigen Verständnis des Leibnizischen Systems nicht imstande wären, dieselbe mit anderen Äufserungen des Philosophen in Einklang zu bringen, was freilich in keiner Weise der Fall ist.

Hiernach müssen wir, um die nachherige Darstellung nicht unübersichtlich zu machen, noch einen anderen Punkt gesondert in Betracht ziehen.

Aus vielfachen Äufserungen Leibnizens wie aus dem Geiste des Systems ergiebt sich nämlich mit Sicherheit, dafs Gott und die Welt nicht blofs e i n e Substanz ausmachen, dafs die Dinge vielmehr besondere Substanzen neben Gott sind.

So beschreibt der Philosoph die Gottheit als ein repräsentatives Wesen; er sagt, sie drücke das Universum aus, sie sei eine Konzentration desselben u. dgl. (Beispiele später). Das kann aber im allgemeinen nur bedeuten, sie sei das als Einheit, was die Welt als Vielheit ist. Mithin verlangt Gott seiner Natur nach eine von ihm selbst unterschiedene Welt. Der Begriff der repräsentativen Substanz besteht eben darin, dafs sie die Darstellung irgend welcher Dinge in irgend einer Form ist. Sie erfordert daher notwendig aufser ihr selbst noch irgendwelche anderen Wesen; eine repräsentative Substanz, aufser der es keine weiteren Substanzen mehr giebt, ist ein Widerspruch in sich selbst.

Entsprechend sagt Leibniz, die Monaden und besonders die Geister drücken Gott in analoger Weise aus wie das Universum; sie seien Ausdrücke, Bilder, Nachahmungen Gottes. So heifst es: „Unsere Seele drückt Gott und das Universum aus" (4, 451). „Die Geister allein sind nach dem Bilde Gottes gemacht. . . . Obwohl jede Substanz das ganze Universum ausdrückt, so drücken doch die anderen Substanzen vielmehr die Welt als Gott aus, aber die Geister vielmehr Gott als die Welt" (461). „Die Geister drücken am besten die Göttlichkeit aus. Und die ganze Natur der Substanzen besteht nur darin, Gott und das Universum auszudrücken" (460). „Die Seele drückt Gott und mit ihm alle möglichen und wirklichen Wesen aus, wie ein Effekt seine Ursache ausdrückt" (453 f.). „Das ist der Ausdruck der gemeinsamen Ursache, welcher die Übereinstimmungen der Wirkungen macht" (475). „Jede Monade ist eine Konzen-

tration des Universums, und jeder Geist ist eine Nachahmung
der Göttlichkeit" (553). „Die Geister repräsentieren nicht
blofs die Welt, sondern auch Gott" (7, 452). Vgl. ferner 4.
440, 451, 454; 3, 545, sowie die S. 312 f. angeführten oder
angegebenen Stellen. Repräsentieren aber die Monaden die
Gottheit, sind sie also das als Endliches, was jene als Un-
endliches, so mufs diese selbstverständlich ihrer Substanz
nach von ihnen verschieden sein; das liegt im Begriff der
Repräsentation.

Gott wird ferner den Monaden im wesentlichen gleichgestellt. Er ist wie diese ein vorstellendes Wesen und unterscheidet sich von ihnen lediglich durch seine Schrankenlosigkeit oder, was auf dasselbe hinausläuft, durch die absolute Deutlichkeit seiner Vorstellungen. Leibniz sagt öfter,
dafs jede Entelechie ein Gott sein würde, falls man ihr die
Materie nähme, falls sie keine konfusen Vorstellungen hätte
(z. B. 4, 564 f.; 2, 325; 6, 121, 137, 357, 613,42, 617,60
u. a.). Auch nennt er die Gottheit ausdrücklich eine Monade wie die übrigen Substanzen. Ist nun aber Gott wesentlich eine Substanz g l e i c h den übrigen, so liegt auf der
Hand, dafs er auch nur eine Substanz n e b e n den übrigen
sein kann. — Und dafs die endlichen Monaden besondere
Substanzen aufserhalb der göttlichen Natur sind, geht
überhaupt aus jeder Seite der Leibnizischen Schriften hervor.
Das System würde ohne diesen Satz völlig unverständlich
werden.

Nun scheinen aber mit diesem Satze andere sehr zahlreiche Angaben des Philosophen in Konflikt zu kommen.

Gott ist nämlich nach Leibniz der Schöpfer und der
Erhalter der Welt. Unter der Erhaltung versteht er aber
ausgesprochenermafsen nur eine kontinuierliche Schöpfung.
Demgemäfs sagt er, Gott produziere beständig die Substanzen,
diese seien seine Emanationen, stehen in ununterbrochener
Abhängigkeit von ihm u. dgl. „Gott," erklärt er, „produziert
unaufhörlich durch eine Art Emanation die Dinge, wie wir
unsere Gedanken produzieren" (4, 439). „Aus Gott fliefsen

alle Individuen unaufhörlich aus" (440). „Alle Substanzen
hängen von Gott ab, wie die Gedanken aus unserer Substanz
hervorgehen; er ist alles in allem und mit allen Geschöpfen
auf das engste vereinigt" (457). „Alle Dinge mit allen ihren
Realitäten werden unaufhörlich durch die Kraft Gottes produziert" (483). „Gott ist das primitive Zentrum, von dem
alles übrige eine Emanation ist" (553). „Alle Realitäten
fliefsen unaufhörlich aus Gott aus" (573). „Gott produziert
unaufhörlich alles, was in den Geschöpfen reell ist" (588).
„Die Handlung Gottes besteht in dem unaufhörlichen Produzieren oder Konstituieren der Dinge" (2, 264). „Gott
handelt auf die Körper, indem er sie schafft und erhält, was
eine Fortsetzung der Schöpfung ist" (324). „Die Kreatur
hängt unaufhörlich von der göttlichen Handlung ab, und
nicht minder, seitdem sie zu existieren begonnen hat, als zu
Anfang selbst. Diese Abhängigkeit bringt es mit sich, dafs
sie aufhören würde zu existieren, wenn Gott aufhörte zu
handeln. Diese erhaltende Thätigkeit kann aber eine Produktion oder Schöpfung genannt werden" (6, 343). „Gott
giebt uns alles, was positiv in uns ist, und jede Vollkommenheit durch eine unmittelbare und unaufhörliche Emanation
kraft der Abhängigkeit, welche alle Geschöpfe von ihm haben"
(578). „Gott allein ist die ursprüngliche einfache Substanz,
von welcher alle geschaffenen Monaden Produktionen sind
und durch unaufhörliche Fulgurationen von Moment zu Moment aus der Göttlichkeit entstehen" (614,47). „Die Erhaltung Gottes besteht in dem unmittelbaren unaufhörlichen Einflufs, den die Abhängigkeit von Gott erfordert . . . und ist
eine fortgesetzte Schöpfung" (119). „Aus Gott fliefsen alle
Realitäten und Vollkommenheiten durch eine Art unaufhör-
licher Schöpfung aus" (3, 58). „Die Substanz ist der Effekt
und die unaufhörliche Emanation einer souveränen Intelligenz" (345). Vgl. ferner 4, 453, 454, 476, 564, 568, 588;
2, 91, 133, 295; 6, 572, 103, 121; 3, 72, 566 u. s. w. u. s. w.

Allerdings schafft und erhält Gott nur die Substanz selbst,
ihre Essenz, ihre Natur, das Beharrende, die Kraft, aus wel-

cher ihre zeitlichen Thätigkeiten als Folgen hervorgehen, während die Modifikationen der Substanz, ihre Handlungen von ihr selbst herrühren. Und ebendeshalb sagt Leibniz, dafs die Substanzen nicht blofse Modi Gottes, wie bei Spinoza, seien. „Man darf den Kreaturen nicht die Handlungen oder die Kraft nehmen, unter dem Vorwand, dafs sie schöpferisch sein würden, wenn sie Modalitäten produzieren würden. Gott erhält und schafft nur ihre Kräfte, d. h. eine Quelle von Modifikationen, welche in der Kreatur ist. Denn ohne dies würde Gott nichts produzieren, und es würde keine Substanzen aufser der seinigen geben, was uns alle Absurditäten des Spinozistischen Gottes wiederbringen würde u. s. w." (4, 568; auch 573). „Gott produziert unaufhörlich alles, was reell in den Kreaturen ist. Aber indem er es thut, produziert er auch unaufhörlich oder erhält in uns diese Energie oder Aktivität, welche die Natur der Substanz ausmacht und die Quelle ihrer Modifikationen. Und so handelt Gott keineswegs allein in den Substanzen oder verursacht allein ihre Veränderungen, und ich glaube, dafs das hiefse, die Kreaturen ganz und gar nichtig und unnütz machen" (588). „Ich gebe den Kreaturen eine gewisse thätige Natur, eine Kraft, eine Energie, welche von der Kraft Gottes verschieden ist. Derjenige, welcher behauptet, dafs Gott allein handelt, wird leicht mit einem anderen Autor zu der Behauptung geführt, dafs Gott die einzige Substanz ist und dafs die Kreaturen nur vorübergehende Modifikationen sind. Immer hat die Kraft zu handeln die Substanz am besten gekennzeichnet" (594). „Alles entsteht in der Substanz kraft des ersten Zustandes, welchen Gott ihr bei der Schöpfung gab, und sein gewöhnlicher Einflufs besteht nur in der Erhaltung der Substanz selbst" (2, 91). „Den Dingen die Kraft zu handeln nehmen, würde heifsen, sie aus Substanzen in Modi verwandeln, wie Spinoza es thut u. s. w." (133; vgl. auch 295). „Ohne Kraft kann es keine Substanz geben, da die Natur der Substanz in der Tendenz besteht, aus der ihre Phänomene entstehen, die sie zuerst empfangen hat und die ihr

e r h a l t e n wird von Gott" (3, 58). „Die Handlung, durch
welche Gott die Dinge produziert, ist ihrer Natur nach vor
der Existenz der Kreatur, welche produziert wird, und die
Kreatur ist vor ihren accidentellen Affektionen und ihren
Handlungen, und dennoch finden sich alle diese Dinge in
einem und demselben Moment. Gott produziert die Natur
in jedem Moment, und die Kreatur handelt entsprechend der
Natur, welche er ihr giebt, indem er sie beständig schafft"
(6, 346). „Indem man die Substanz mit den Accidenzien
verwechselt, indem man den geschaffenen Substanzen die
Handlung nimmt, fällt man in den Spinozismus. Was nicht
handelt, verdient nicht den Namen einer Substanz. Wenn
die Accidenzien nicht von den Substanzen verschieden sind,
warum soll man dann nicht mit Spinoza sagen, dafs Gott
die einzige Substanz ist und dafs die Kreaturen nur Accidenzien oder Modifikationen sind? Bisher hat man geglaubt,
dafs die Substanz bleibt und die Accidenzien sich ändern, und
ich glaube, man mufs daran festhalten" (350 f.). „Die Produktion der Modifikationen ist niemals Schöpfung genannt
worden. Gott produziert die Substanzen aus nichts, und
die Substanzen produzieren ihre Accidenzien" (351). „Jede
einfache Substanz mufs die wahrhafte und unmittelbare Ursache aller ihrer Handlungen und Leiden sein, und sie hat
deren keine anderen als diejenigen, welche sie produziert.
Diejenigen, welche anderer Meinung sind und welche Gott
allein handeln lassen, verwirren die Ausdrücke" (354; überhaupt 341—357) u. a.

Allein ganz abgesehen davon, wie es möglich ist, dafs
Gott blofs die Natur der Substanz produziert, ohne auch
ihre Handlungen zu produzieren (eine Frage, die von dem
bisherigen Standpunkt ebenfalls rätselhaft, ja wirklich unlös-
bar ist), so hat es doch auch mit dieser Einschränkung den
Anschein, als sei die Lehre, Gott produziere kontinuierlich
die Welt, mit der sonstigen Darstellung des Philosophen,
wonach Gott und die Kreaturen verschiedene Substanzen sind
(s. ob. S. 450 f.), ganz und gar unverträglich. Denn sie scheint

im Gegenteil vorauszusetzen, daſs die Welt an der Gottheit
ihre Substanz habe, daſs sie eine Substanz mit dieser ausmache. Wir stehen also hier, wie man glauben könnte, vor
einem ganz elementaren Widerspruch, und bisher hat man
auch in der That kein Bedenken getragen, einen solchen
anzunehmen *).

Daſs aber dieser Widerspruch nicht statthaben kann,
dafür bürgt uns schon alles Bisherige. Denn wenn er bestände, wäre er doch nur damit erklärlich, daſs Leibniz
ihn entweder gar nicht bemerkt oder daſs er sich nicht die
Mühe genommen habe, ihn vollständig zu beseitigen (vgl. d.
Anm.). Nun zeugt aber, wie wohl jeder unbedingt zugeben
wird, das System, soweit wir es bisher kennen gelernt haben,
von einem so durchdringenden Scharfsinn, und es ist andererseits in allen seinen Teilen bis in die kleinsten Einzelheiten
hinein so durchdacht, mit einer so peinlichen, ja subtilen
Sorgfalt behandelt, daſs es schlechthin unglaublich ist, dasselbe
sollte in seinen höchsten Bestimmungen diese Eigenschaften
in einer so augenfälligen Weise verleugnen. So gewiſs es daher
derselbe Mann gewesen ist, der den Anfang und das Ende der
Monadenlehre geschaffen hat, so gewiſs kann auch die Bestimmung, daſs Gott unaufhörlich die Welt produziere, nicht
im Widerstreite mit dem übrigen Systeme stehen, welches
wesentlich die substantielle Verschiedenheit von Gott und
Welt erfordert. Es wird dies aber auch durch die groſse Anzahl
der bezüglichen Äuſserungen des Philosophen bewiesen. Die

---

*) Vgl. Gesch. d. d. Ph. S. 177 f. Es wird hier gezeigt, daſs die
prästabilierte Harmonie dazu führe, daſs die endlichen Wesen an der
Gottheit ihre Substanz haben, und es heiſst dann weiter: „Leibniz selbst
kommt dieser Folgerung nahe genug. Jener alte Satz, daſs die göttliche Welterhaltung nichts anderes sei als eine fortwährende Schöpfung,
ist ihm sehr geläufig. Die Dinge, sagt er, flieſsen unablässig aus ihrem
Urquell aus . . . . . Hiermit sind in der That für die Behauptung, daſs
alle Dinge nur an der Gottheit ihre Substanz haben, die nächsten Prämissen" (warum nur die Prämissen?) gegeben . . . . . Dennoch würden
wir zu weit gehen, wenn wir dem Philosophen jene Behauptung selbst
zuschreiben wollten. Er selbst hält ebenso an der Über- wie an der
Innerweltlichkeit Gottes fest . . . . . Man kann eben nur sagen, Leibniz habe die verschiedenen Bestandteile seiner Lehre hier nicht vollkommen miteinander vermittelt und in Übereinstimmung gebracht."

Behauptung, dafs Gott die Welt beständig produziere, findet
sich ganz aufserordentlich häufig, so häufig, wie kaum ein
anderer Satz des Systems. Schon die vorher angeführten
Stellen zeigen dies; dieselben würden sich indessen mit
leichter Mühe verdoppeln und verdreifachen lassen. Gedanken aber, die so permanent, überall und bei jeder Gelegenheit als eine für den Philosophen feststehende Thatsache
vorgetragen werden, die müssen sich doch notwendig in seinen Augen vollkommen anstandslos mit seiner sonstigen Darstellung vertragen haben. Daran ist ja ein Zweifel vernünftigerweise gar nicht möglich. Leibniz kann ja doch nicht
derartige Behauptungen in die blaue Luft hinein geredet,
er mufs sich doch irgend etwas dabei gedacht, er mufs doch
irgend welche greifbaren Vorstellungen damit verbunden
haben, und selbstverständlich Vorstellungen, die nicht seine
ganze Monadenlehre aufzuheben schienen! Der grofse Denker
hat doch ohne Zweifel auch gewufst, was er gesagt hat!

Zu absoluter Gewifsheit wird dies aber, wenn man sogar
sieht, dafs der Philosoph mehreremal, unmittelbar nachdem
er den Spinozismus, also die Lehre, dafs die Welt mit der Gottheit eine Substanz ausmache, als unsinnig zurückgewiesen
hat, sagt, Gott produziere beständig die Substanzen. So bemerkt er in einem Briefe an Arnauld: „Verweigert man den
Dingen die Kraft, so würde das heifsen, sie aus Substanzen,
die sie in der That sind, in Modi verwandeln, wie dies Spinoza thut, welcher will, dafs Gott allein eine Substanz ist
und dafs alle anderen Dinge nur seine Modifikationen sind.
Dieser Spinoza ist voll von Träumereien. ... Indessen halte
ich dafür, dafs eine geschaffene Substanz nicht auf eine andere
handelt, d. h. mit einem reellen Einflufs. Auch kann man nicht
deutlich erklären, worin dieser Einflufs bestehen soll, wenn man
sich nicht auf Gott bezieht, dessen Handlung eine kontinuierliche Schöpfung ist" (2, 133; vgl. auch 4, 568). Eine ähnliche
Stelle findet sich in der „Theodicee". Nachdem der Philosoph
sich hier tadelnd darüber ausgesprochen hat, dafs Bayle den
Einflufs Gottes auf die Substanzen zu weit treibe, indem er

ihnen sogar die selbständige Thätigkeit verweigere (6, 342, 381),
erklärt er in der Besprechung der alten Lehre, daſs die
Welterhaltung Gottes eine kontinuierliche Schöpfung sei.
„Was man als sicher behaupten kann, ist, daſs die Kreatur
kontinuierlich von der göttlichen Handlung abhängt, sodaſs
sie aufhören würde zu existieren, wenn Gott aufhörte zu
handeln u. s. w." (343, 385). Indem er dann dasselbe Thema
weiter behandelt, u. a. noch einmal betont, „daſs Gott die
Kreaturen in jedem Momente produziere" (346), kommt er
auch in einer schon oben angeführten Äuſserung auf Spinoza
zu sprechen: „Wenn die Accidenzien," sagt er, „nicht von den
Substanzen verschieden sind, warum soll man dann nicht
mit Spinoza sagen, daſs Gott die einzige Substanz ist und
daſs die Kreaturen nur Accidenzien oder Modifikationen
sind?" (350 f.), womit er also den Pantheismus auf das entschiedenste zurückweist. Und derartiger Stellen würden
sich sogar noch mehrere beibringen lassen. Nun sage man
doch einmal, wie ist denn dergleichen möglich, wenn Leibniz
sich die Welterhaltung nicht in einer solchen Weise dachte,
daſs die substantielle Selbständigkeit der Kreaturen dadurch
eben nicht ausgeschlossen wurde? Im anderen Falle wäre
ja sein Verhalten doch nicht mehr blofs unbegreiflich.

Es kann daher keine Frage sein, der in Rede stehende
Zwiespalt mufs sich auf irgend eine Weise beilegen lassen.
Ja, wir können noch weiter gehen. Die Monaden sollen auf
der einen Seite ihrer Substanz nach von Gott unterschieden sein,
und andererseits soll Gott dieselben dennoch kontinuierlich
produzieren. Dieser selbe anscheinende Widerspruch ist uns
nun aber in anderer Beziehung schon früher in den dynamischen Untersuchungen des Philosophen, mit denen wir
unser Buch begonnen haben, begegnet. Leibniz setzt
dort, wie man sich erinnern wird, auseinander, daſs wir
in dem Körper eine Seele annehmen müssen, weil dieser
sonst keine Substanz sei und weil es anderenfalls keine Ursache für die Bewegung und den Widerstand geben würde.
Und demgemäſs sagt er, die Seele mache den Körper zu

einer Substanz, sie sei die Ursache der Bewegung, bewirke den Widerstand u. dgl. Und er sagt dies, trotzdem doch die Seele eine von dem Körper vollständig verschiedene Substanz ist, ja nicht einmal einen Einfluß auf diesen auszuüben vermag. Man sieht, in Bezug auf das Verhältnis von Seele und Körper bestehen in der Darstellung Leibnizens dieselben oder wenigstens ähnliche Gegensätze, wie in Bezug auf dasjenige von Gott und Welt. Waren nun aber die Gegensätze in betreff des ersteren Punktes nicht unvereinbar, dann können wir apriori mit einer an Gewißheit grenzenden Wahrscheinlichkeit behaupten, daß auch diejenigen in betreff des letzteren es nicht sein können und daß sie sich auf dieselbe Weise müssen vereinigen lassen wie jene.

Sollte sich nun diese Vermutung auch aposteriori bestätigen, dann hätten wir damit offenbar eine Lösung dieses Problems gewonnen, an deren Richtigkeit füglich nicht mehr gezweifelt werden könnte. Ob aber eine solche Bestätigung sich uns darbieten wird, das kann erst das weitere lehren.

———

Wir kommen nun zu unserer positiven Darstellung. Es handelt sich hier in erster Linie um die Ableitung der Gottheit. Wir wollen zunächst die hierhergehörigen Angaben des Philosophen zusammenstellen und erst nachher die Erklärung derselben geben.

Leibniz begründet die Existenz eines Gottes, abgesehen von einigen allgemeineren Beweisen, die wir hier übergehen können, immer mit der Thatsache der Harmonie der Substanzen. Die Korrespondenz so vieler Wesen, die keine Verbindung miteinander haben, kann nämlich, wie er ausführt, nur von einem dritten, von einer gemeinsamen Ursache herrühren, ist nur dadurch möglich, daß sie die Produktionen e i n e s Schöpfers sind.

„Gott", sagt er, „ist die Ursache der Korrespondenz der Phänomene der Substanzen; er macht, daß das, was dem einen eigen, allen öffentlich ist; sonst würde es kein Band der Substanzen geben" (4, 440, ebenso 458 A.). „Das ist

der Ausdruck der gemeinsamen Ursache, was die Übereinstimmung der Wirkungen macht" (475). „Diese vollkommene Übereinstimmung so vieler Substanzen, welche keine
Kommunikation miteinander haben, kann nur von der gemeinsamen Ursache herkommen" (486). „Die Übereinstimmung
aller Phänomene der verschiedenen Substanzen kommt nur
davon, dafs sie die Produktionen einer und derselben Ursache
sind, nämlich Gottes, welcher macht, dafs jede individuelle
Substanz die Resolution ausdrückt, welche Gott im Hinblick
auf das ganze Universum gefafst hat" (2, 70, ebenso 57).
„Diese gegenseitige Korrespondenz der verschiedenen Substanzen ist einer der stärksten Beweise für das Dasein Gottes
oder einer gemeinsamen Ursache, die jede Wirkung ausdrücken mufs. Sonst würden die Phänomene der verschiedenen Geister nicht zusammenstimmen, und es würde ebensoviele Systeme als Substanzen geben, oder vielmehr es würde
ein reiner Zufall sein, wenn sie einmal übereinstimmten"
(115, ebenso 75; vgl. auch 116, 264, 275). „Das System
der prästabilierten Harmonie liefert einen neuen unbekannten
Beweis für das Dasein Gottes, da es ja offenbar ist, dafs
die Übereinstimmung so vieler Substanzen, die keinen Einflufs aufeinander haben, nur von einer gemeinsamen Ursache
kommen kann" (6, 541; ebenso 3, 341, 347, 354 E.; 7, 411,
468, 344 u. a.). „Da jede Seele ausdrückt, was aufsen vorgeht, und diesen Ausdruck aus dem eigenen Grunde ihrer
Natur ziehen mufs, so mufs notwendig jede diese Natur von
einer universellen Ursache empfangen haben, von der diese
Wesen abhängen und welche macht, dafs das eine in vollkommener Übereinstimmung mit dem anderen ist" (5,
421 f.) u. a.

Näher ist diese Harmonie nur dadurch erklärlich, dafs
Gott den Substanzen ursprünglich solche Naturen gegeben
hat, dafs sie in der Folge durch sich selbst kraft ihrer eigenen Gesetze miteinander zusammentreffen. Gott verleiht zu
Anfang den Dingen Konstitutionen, die zueinander passen;
alles weitere macht sich von selbst.

„Jede Substanz," sagt Leibniz, „ist zuerst so geschaffen
worden, dafs ihr alles kraft ihrer eigenen Gesetze in Übereinstimmung mit allen anderen begegnet" (4, 476). „Die
Seele ist zuerst so geschaffen worden, dafs alles, was der
Körper ihr darbieten wird, sich in ihr kraft ihrer repräsentativen Natur präsentiert" (ebenda). „Die Substanzen sind
kraft der originellen Konstitution, welche ihnen Gott gegeben
hat, voneinander abhängig" (492). „Gott hat von Anfang
an jede Substanz so geformt, dafs sie, trotzdem sie nur ihren
eigenen Gesetzen folgt, welche sie mit ihrem Wesen empfangen hat, doch mit den anderen übereinstimmt" (498 f.
u. 501). „Es ist die Natur der Seele selbst, welche ihr Gott
gegeben hat, sich kraft ihrer eigenen Gesetze die Vorgänge
in ihren Organen zu repräsentieren" (519). „Die Natur der
Seele ist zuerst so gemacht worden, dafs sie sich die Veränderungen der Materie repräsentiert" (ebenda). „Gott hat
zuerst der Seele eine Konstitution gegeben, welche jetzt
diesen Schmerz in ihr produziert u. s. w." (531). „Gott hat
der Seele von Anfang an und ein- für allemal die Kraft gegeben, ihren Körper auszudrücken" (574). „Gott hat die
Seele so geschaffen, dafs es für gewöhnlich keiner Veränderungen bedarf" (2, 58). „Gott hat zuerst alle Substanzen so
geschaffen, dafs in der Folge alle ihre Phänomene einander
entsprechen" (70). Vgl. ferner 4, 485. 520, 530 f., 536, 541 f.,
548, 578 ff.; 2, 74, 91, 94 f., 114 f., 126, 136 u. s. w.

Diese Erklärungen haben nun aber nicht den Sinn, den
man ihnen gewöhnlich beilegt. Wir haben schon wiederholt
darauf hingewiesen, wie man dieselben bisher ausgelegt hat;
jetzt aber müssen wir diese traditionelle Auslegung noch
schärfer fassen. Da man nämlich gemeiniglich annimmt,
dafs die Monadenlehre von dem Probleme ausgehe, wie die
Erscheinungen entstehen, dafs sie eine Antwort auf die
Frage nach der Entstehung der Dinge darstelle, so hat
man auch die vorliegenden Bestimmungen derselben in dem
gleichen Sinne verstanden. Man ist der Ansicht, Leibniz
wolle sagen, dafs die Harmonie der Monaden nur durch die

göttliche Wirksamkeit e n t s t e h e n könne, dafs die E x i -
s t e n z, die E n t s t e h u n g dieser Harmonie nur in Gott
ihren Grund haben könne und dafs Gott diese Entstehung eben
bewirkt habe, indem er jede Substanz willkürlich so anlegte;
wie es alle übrigen forderten. Wie sich indessen das System
überhaupt nicht mit der Frage nach der E n t s t e h u n g der
Dinge beschäftigt, indem es vielmehr nach dem Prinzip der
Dinge s e l b s t fragt, so ist auch diese Auffassung unhaltbar.

Es ist keineswegs Leibnizens Meinung, dafs die E n t -
s t e h u n g der Übereinstimmung der Monaden an sich unbegreiflich sei; vielmehr setzt er überall voraus, dafs die
Substanzen kraft ihres ursprünglichen, unableitbaren und
unabänderlichen Begriffes miteinander übereinstimmen, und
was er meint, ist lediglich dies, dafs die Thatsache, wonach
die Substanzen Begriffe haben, aus welchen eine solche Übereinstimmung hervorgeht, s e l b s t nichts Primitives sei. Und
darum erachtet er einen Gott für notwendig, nicht damit die
Übereinstimmung der Monaden durch ihn e n t s t e h e, sondern damit ein Princip für die Erscheinung s e l b s t, dafs die
Substanzen harmonische Begriffe haben, vorhanden sei, damit es ein Wesen gebe, in welchem das Schaffen und Realisieren s e l b s t der Naturen der Dinge repräsentiert ist.

Die Korrespondenz der Monaden nämlich beruht allerdings auf ihrer eigenen Natur, auf ihrem originalen Begriffe;
aber die Thatsache, dafs ihnen Begriffe zukommen, kraft
deren sie spontan miteinander zusammentreffen, bedarf
s e l b s t der Erklärung. Denn wenn auch diejenigen Begriffe, welche den Substanzen thatsächlich einmal eignen,
nicht anders beschaffen sein konnten, als es wirklich der
Fall ist, so hätten die Substanzen doch sicherlich statt dieser
Begriffe auch andere haben können. Denn das wird ja doch
niemand behaupten wollen, dafs die Dinge solche Naturen
haben mufsten, wie es die Erfahrung lehrt, dafs sie nur so
konstituiert sein konnten. Nach der Meinung der ganzen
Welt hätten sie vielmehr ganz anders angelegt, ganz anderen
Wesens sein können, als wir es wahrnehmen. Hätten aber

die Dinge andere Begriffe haben können als diejenigen, welche
ihnen thatsächlich zukommen, so hätten sie selbstverständlich
auch solche Begriffe haben können, aus welchen sich keine
Wechselbeziehung zwischen ihnen ergeben hätte. Besitzen
nun aber erfahrungsmäfsig die Substanzen harmonische
Begriffe, hätten sie aber auch solche haben können, welche
nicht zu einander gepafst hätten, so erhebt sich notwendig
die Frage, wie es kommt, dafs die Substanzen gerade solche
Begriffe und keine anderen haben. Obwohl daher die Monaden vermöge ihrer Naturen, ihrer Begriffe miteinander zusammentreffen, so ist doch die Erscheinung, dafs sie Naturen
haben, infolge deren sie vermöge ihres eigenen Wesens miteinander zusammentreffen, dafs sie proportionale Begriffe
haben, s e l b s t unbegreiflich. Soll nun diese Erscheinung
s e l b s t nicht reiner Zufall sein, soll es ein Prinzip für dieselbe, ein Wesen geben, in welchem das Schaffen, Produzieren, Realisieren s e l b s t der Naturen der Dinge repräsentiert ist, so müssen wir einen Gott annehmen.

Indessen wollen wir hier sogleich etwaigen Mifsverständnissen vorbeugen. Wir führten also eben aus, dafs die
Substanzen statt derjenigen Begriffe, welche ihnen wirklich
zukommen, auch andere Begriffe hätten haben können; und
daraus folgerten wir, dafs mithin die Thatsache, wonach die
Substanzen harmonische Begriffe haben, s e l b s t unerklärlich
sei. Allein diese Sätze müssen richtig verstanden werden.

Denn fürs erste, wir behaupten, wie wir schon andeu-
teten, nicht, dafs die Begriffe, welche die Substanzen einmal
haben, auch a n d e r s hätten beschaffen sein können, als sie
es wirklich sind. Das wäre ja unsinnig, da ein Begriff etwas
an sich Bestehendes ist, etwas Primitives, was nicht anders
sein kann, als es ist. Sondern wir behaupten, dafs die Substanzen andere B e g r i f f e hätten haben können. Wir sagen
nicht, dafs die Begriffe der Dinge einer Änderung fähig gewesen wären; vielmehr setzen wir voraus, dafs jeder Begriff
als solcher etwas Originales und Unabänderliches ist; und
was wir sagen, ist nur dies, dafs die Dinge statt dieser selbst

unabänderlichen Begriffe, welche ihnen thatsächlich eigen
sind, auch andere ihrerseits ebenso unabänderliche Begriffe
hätten haben können. Dieser Gedanke wird zwar zunächst
auffallend und befremdlich, ja vielleicht unhaltbar erscheinen.
Allein dieser Schein ist gänzlich unbegründet, und er verschwindet, sobald man sich die Sache näher überlegt. Denn
es ist in der That gar nicht einzusehen, warum die Dinge
nicht auch andere Naturen, andere Begriffe hätten haben
können, als es die Erfahrung zeigt, warum ihr Wesen nicht
auch derart hätte sein können, dafs sie nicht durch sich
selbst miteinander korrespondierten; es wäre dies vielmehr
sehr wohl möglich gewesen, und es ist auch nicht der geringste Grund zu entdecken, welcher eine solche Möglichkeit
ausschliefsen würde.

Aus der Überlegung, dafs die Dinge auch andere Begriffe hätten haben können, als es der Fall ist, schlossen
wir sodann, dafs also die Thatsache, wonach die Substanzen
harmonische Begriffe haben, selbst der Erklärung bedürfe.
Allein auch dieser letztere Satz darf nicht mit einem anderen
verwechselt werden. Wir meinen nicht, die Begriffe der
Dinge bedürfen selbst der Erklärung. Auch dies würde ja ein
Widerspruch sein. Denn ein Begriff ist etwas Ursprüngliches,
wofür es keinen Grund weiter giebt und wofür auch nach
keinem Grunde mehr gefragt werden kann. Sondern wir
meinen, dies, dafs die Dinge harmonische Begriffe haben,
sei selbst unerklärlich. Wir setzen auch hier voraus, dafs
die Begriffe der Dinge als solche unableitbar seien; aber wir
behaupten, ebendies, dafs die Substanzen solche unableitbaren
harmonischen Begriffe haben, sei selbst eine an sich rein
zufällige Erscheinung; wir setzen voraus, dafs die Substanzen
kraft ihres eigenen unabänderlichen Wesens zueinander in
Beziehung stehen; aber wir sagen, dies, dafs sie kraft ihres
Wesens solche Beziehungen zu einander haben, sei selbst,
diese wesentliche Harmonie sei selbst etwas Rätselhaftes.
Und dementsprechend führten wir einen Gott nicht deshalb
ein, damit die Begriffe der Dinge durch ihn entstehen,

sondern damit ein Prinzip für die Thatsache s e l b s t , daſs die
Substanzen harmonische Begriffe haben, vorhanden sei, damit
die wesentliche Harmonie s e l b s t der Dinge begründet sei.
Aus dieser unserer Darstellung ergiebt .sich nun sofort
das Wesen Gottes. Die Monaden, sagten wir, stimmen zwar
kraft ihres Begriffes miteinander überein; da sie aber statt
dieser Begriffe auch andere hätten haben können, kraft
deren sie nicht miteinander übereingestimmt hätten, so ist
also die Thatsache s e l b s t , daſs sie harmonische Begriffe
haben, unbegreiflich. Soll es also ein Prinzip für diese
Thatsache s e l b s t , soll es ein Wesen geben, in welchem das
Realisieren s e l b s t ihrer Begriffe repräsentiert ist, so müssen
wir einen Gott annehmen. Dieser Gott muſs also das Realisieren s e l b s t , das Schaffen s e l b s t der Naturen der Substanzen repräsentieren; er muſs das als innere, in sich zurückgehende Thätigkeit sein, was dieses Schaffen als äuſsere,
auf das Objekt gerichtete Thätigkeit ist; er muſs der einem
solchen Schaffen entsprechende innere Akt sein oder jenes
in diesem ausdrücken. Allein er muſs nicht blofs die wirklichen Begriffe der Dinge schaffen, sondern er muſs auch
alle anderen möglichen Begriffe der Dinge vorstellen und
sich vergegenwärtigen. Er soll ja das Prinzip dafür sein,
daſs die Substanzen nicht vielmehr irgendwelche anderen
Begriffe, sondern gerade solche Begriffe haben, kraft deren
sie miteinander korrespondieren. Von diesen anderen Begriffen, welche die Substanzen hätten haben k ö n n e n , von
diesen anderen möglichen Begriffen muſs er also selbstverständlich eine Vorstellung haben; es müssen überhaupt
sämtliche möglichen Begriffe der Dinge in ihm repräsentiert
sein, damit er aus diesen eben diejenigen auslese, welche
zueinander passen, und sie alsdann realisiere. Und so führt
unsere vorherige Darstellung mit Notwendigkeit zu folgender
Ansicht von der Natur des göttlichen Wesens: In Gott sind
zunächst alle Begriffe, welche den Dingen überhaupt zukommen können, alle möglichen Begriffe der Dinge, unendlich viele Möglichkeiten repräsentiert, die ihm durch seinen

Verstand als etwas Ursprüngliches und Unableitbares gegeben werden, die sich in ihm als etwas an und für sich Bestehendes vorfinden, das von seinem Willen unabhängig ist, auf dessen Beschaffenheit er keinen Einfluß hat und an dem er nichts zu ändern vermag. Aus diesen unendlich vielen Möglichkeiten, aus diesen zahllosen möglichen Begriffen wählt er alsdann solche aus, welche einander entsprechen, aus denen harmonische Thätigkeiten resultieren und die für den Weltplan, der ihm vorschwebt, sich als geeignet erweisen. Und den so gewählten Möglichkeiten verleiht er endlich Existenz, Wirklichkeit, Realität; er führt sie aus dem Zustande bloßer Möglichkeit in denjenigen der Wirklichkeit über, er schafft, produziert, realisiert sie; er ist näher der einem solchen Schaffen, Produzieren, Realisieren entsprechende innere Akt oder der Akt, in welchem diese Thätigkeiten repräsentiert und ausgedrückt sind.

Von diesem Standpunkte aus erhalten nun die obigen Auslassungen des Philosophen eine vollständig andere Bedeutung, als es anfänglich scheinen möchte. Die Harmonie der Monaden rührt allerdings von Gott her, nur dieser ist der Urheber derselben. Aber das hat nicht den Sinn, daß Gott die Ursache für die Entstehung dieser Harmonie sei, indem die Substanzen vielmehr kraft ihres eigenen Begriffes miteinander harmonieren, sondern daß in ihm das Schaffen selbst dieser begrifflichen, wesentlichen Harmonie der Substanzen dargestellt sei. Die Kongruenz der Naturen der Monaden läßt sich allerdings nur von Gott herleiten, nur dieser kann ihnen solche Naturen verliehen haben. Aber das heißt nicht, daß Gott diese Naturen habe entstehen lassen, daß er die Dinge willkürlich so angelegt habe, wie es das Weltganze erforderte, sondern daß er das Realisieren selbst der Naturen, der Begriffe der Substanzen repräsentiere. Endlich schafft Gott allerdings die Monaden, er giebt ihnen ihr Dasein, er ist ihr Schöpfer und sie seine Geschöpfe, aber das will nicht sagen, Gott habe die Entstehung der

Dinge bewirkt, sondern er drücke das Schaffen und Realisieren selbst der Substanzen aus.

Weshalb aber Leibniz seine Ansichten nicht in dieser
Weise formuliert hat, ja dafs er sie gar nicht anders formulieren konnte, als er es gethan hat, dafs seine Ausdrucksweise die richtige und die normale ist, während diejenige,
welche wir eben angewendet haben, nur möglich und gestattet
ist, um seine Ansichten vor Mifsverständnissen zu schützen,
darüber ist bereits früher gesprochen worden (S. 61 f.). Gott
sei die Ursache der Harmonie, er habe den Substanzen ihre
Naturen verliehen, er sei ihr Schöpfer, der Urheber ihrer
Existenz, das ist im allgemeinen die einzig zulässige Formulierung der Leibnizischen Ansichten, und unsere Formulierung
ist nur zum Zweck der Erklärung dieser Sätze angängig.

Dafs nun aber dies die richtige Auffassung der Darstellung des Philosophen ist, geht schon aus seinem ganzen
Standpunkte hervor. Denn Leibniz fragt eben grundsätzlich
nicht nach den Gründen für die Entstehung der Erscheinungen, sondern er fragt nach den Prinzipien der Dinge
selbst; es ist also selbstverständlich, dafs er auch die Existenz einer Gottheit nicht deshalb angenommen haben kann,
um die Entstehung der Harmonie der Substanzen zu erklären, sondern damit ein Prinzip für diese Harmonie selbst
vorhanden sei. Weiter haben wir früher ausführlich nachgewiesen, dafs die Wechselwirkung der Monaden eine Folge
ihres eigenen Begriffes sei; wenn dieselbe daher in den
Quellen zugleich auch auf die göttliche Thätigkeit zurückgeführt wird, so ist dies nur dann verständlich, wenn eben
diese begriffliche Wechselwirkung selbst nichts Primitives
ist. Ferner wird diese Ansicht auch dadurch in der ekla-
tantesten Weise bestätigt, dafs sie den Widerspruch, in dem
die Äufserungen des Philosophen über das Verhältnis Gottes
zu den Substanzen anscheinend stehen und den man bisher
nicht zu heben vermocht hat (vgl. S. 454 ff.), von Grund
aus beseitigt. Endlich aber und vor allem müssen wir
noch auf die zu Anfang dieses Abschnittes (S. 446 ff.) be-

sprochenen Angaben der Quellen über den Inhalt der göttlichen Wirksamkeit verweisen, die allein schon hinreichen
würden, um unsere vorherigen Ausführungen aufser Zweifel
zu stellen, und auf die wir daher noch einmal zurückkommen
müssen.

Leibniz erklärt ja, wie wir sahen, an zahlreichen Stellen
ausdrücklich, dafs Gott an der Natur der Substanzen nichts
ändern könne, dafs ihm vielmehr durch seinen Verstand alle
möglichen Begriffe der Dinge als etwas von seinem Willen
Unabhängiges präsentiert werden, dafs er aus diesen Möglichkeiten diejenigen auswähle, welche ihm zur Erreichung
seiner Absichten am geeignetsten erscheinen, und dafs seine
ganze Thätigkeit lediglich darin bestehe, den so gewählten
Substanzen Existenz zu verleihen, sie zu realisieren. Diese
Erklärungen würden schon an sich einen überzeugenden Beleg für die Richtigkeit unserer obigen Auffassung liefern, da
sie ja mit dieser in vollständiger Übereinstimmung sind. Ihre
Beweiskraft wird aber noch durch folgende Betrachtung erheblich erhöht. Wenn der Philosoph nämlich lehrt, Gott
verleihe den Naturen der Dinge die Existenz, er realisiere sie,
so kann er doch damit offenbar nicht den Gedanken verbinden, Gott sei die Ursache für die Entstehung dieser
Naturen, er bewirke, dafs dieselben entstehen. Bisher
hat man ihn freilich, soweit man seine hier vorliegenden
Bemerkungen überhaupt beachtet hat (die meisten Darstellungen erwähnen sie nämlich überhaupt nicht, und auch
die anderen berühren sie nur oberflächlich), ausnahmslos in
diesem Sinne verstanden, wiewohl man sich keine besondere
Rechenschaft darüber gegeben hat. Dafs dies aber nicht angeht, liegt auf der Hand. Denn die Behauptung, Gott bewirke, dafs die Naturen der Dinge entstehen, heifst ja
doch gar nichts anderes, als dafs Gott diese Naturen willkürlich hervorbringe, dafs dieselben das Produkt seiner eigenen Kraft und seines eigenen Willens seien; was entsteht,
ist eben nicht etwas an sich Seiendes, sondern ein Geworde-
nes, und was also durch Gott entsteht, ist etwas, was durch

Gott geworden ist, auf seine Thätigkeit zurückgeführt und
aus ihr abgeleitet werden muß. Wenn also der Satz, Gott
realisiere die Naturen der Dinge, heißt, er mache, daß diese
Naturen entstehen, dann folgt, daß Gott den Dingen
überhaupt nicht bloß das Dasein gegeben, daß er sie überhaupt nicht bloß realisiert, sondern daß er sie vollständig
kraft seines Willens erzeugt hat, womit jener Satz sich selbst
aufheben würde. Mithin muß derselbe anders verstanden
werden. Leidet aber dies keinen Zweifel, dann kann er also
nur noch die Bedeutung haben, Gott repräsentiere das Realisieren selbst der Naturen der Dinge. Denn entweder er
bedeutet, Gott sei die Ursache dafür, daß die Naturen entstehen, oder aber, Gott stelle das Realisieren selbst
dieser Naturen dar. Ein Drittes giebt es ja nicht; alle
etwaigen anderen Auslegungen beruhen nur auf einer Unklarheit des Denkens. Da mithin die erstere Möglichkeit
ausgeschlossen ist, so bleibt nur die zweite übrig. Die Lehre
Leibnizens, daß Gott die Naturen der Dinge realisiere, kann
schlechterdings keinen anderen Sinn haben als diesen, daß
er das Realisieren selbst dieser Naturen ausdrücke; und
damit erhalten wir wiederum einen schlagenden Beweis für
die Notwendigkeit unserer obigen Darstellung.

Diese Darstellung ruht daher auf so festen Grundlagen,
sie gewinnt durch die Quellen wie durch unsere gesamten
früheren Untersuchungen eine solche Sicherheit, daß ihre
Richtigkeit durchaus nicht mehr wird in Frage gestellt
werden können; es wird schwerlich gelingen, dieselbe ihrem
wesentlichen Inhalte nach zu widerlegen oder über sie
hinauszukommen.

Diese Erörterungen setzen uns nun, wie vorher bemerkt
wurde, auch in den Stand, die oben (S. 454 ff.) von uns erhobenen
Schwierigkeiten von Grund aus zu heben. Wenn nämlich
Leibniz sagt, Gott schaffe, produziere die Monaden, so heißt
dies nach unseren vorherigen Ausführungen nicht, Gott bewirke, daß die Substanzen und ihre Naturen entstehen,

sondern er repräsentiere das Schaffen s e l b s t, das Realisieren
s e l b s t ihrer Naturen; und wenn er sogar sagt, Gott schaffe,
produziere die Dinge unaufhörlich, er erhalte sie, sie seien
seine Emanationen u. dgl., so hat auch das nicht den Sinn,
er lasse die Dinge beständig von neuem e n t s t e h e n, sondern
er repräsentiere beständig das Realisieren s e l b s t der Dinge,
er sei der einem solchen Realisieren, Erhalten entsprechende
Akt, er stelle jenes in diesem dar. Mithin folgt aus diesen
Sätzen des Systems keineswegs, dafs Gott und die Welt e i n e
Substanz ausmachen, dafs diese an jenem ihre Substanz habe.
Der Widerspruch, den wir in den Äufserungen des Philosophen finden zu müssen glaubten, besteht also nicht. Zugleich kommen wir damit, wie wir bereits vermutet hatten
(vgl. S. 457 f.), zu einer Lösung dieser Frage, die ganz im
Sinne derjenigen Erörterungen ist, von welchen das System
ausgeht. So hatte z. B. die Bedingung, die Leibniz dort
aufstellte, dafs der Körper eine Substanz sein solle, nicht
die Bedeutung, dafs dem Körper eine Substanz z u G r u n d e
l i e g e n, sondern dafs dieser s e l b s t in einem Wesen als
Substanz dargestellt sein solle. Und ebenso hatten die Ausdrücke, der mit einer Seele begabte Körper sei eine Substanz, die Seele mache den Körper zu einer Substanz u. dgl.,
nicht den gewöhnlichen Sinn, sondern mufsten dahin ausgelegt werden, dafs der organische Körper s e l b s t in einem
Wesen substantiiert sei und dafs die Seele den Köper s e l b s t
als Substanz repräsentiere u. s. w. Man sieht, alles vollständig analog unseren jetzigen Ergebnissen.

Zugleich aber ermöglichen diese letzteren auch die Beantwortung der Frage, woher Leibniz das Recht zu seiner
Lehre nimmt, dafs Gott die Welt nicht blofs e i n m a l, sondern unaufhörlich schaffe, dafs er nicht blofs der Schöpfer,
sondern auch der Erhalter der Substanzen sei. Würde nämlich
Gott deshalb von dem Philosophen angenommen worden sein,
damit die E n t s t e h u n g der Dinge durch ihn erklärt werde,
so würde er eben nur als der Grund dafür bestimmt werden
können, dafs die Dinge e n t s t a n d e n sind, seine Wirksam-

keit würde nur als einmaliger Schöpfungsakt aufgefafst
werden können, aber für einen Einflufs auf die Dinge, welcher sich noch über den Zeitpunkt hinaus erstreckte, in
welchem sie zur Existenz gelangt, entstanden sind, würde
kein Raum mehr sein; man würde dann nur sagen können,
dafs Gott die Substanzen ursprünglich schaffe, aber nicht,
dafs er sie erhalte. Nun aber ist Gott nicht die Ursache
für die Entstehung des Universums, sondern er repräsentiert das Schaffen selbst, das Produzieren selbst der
Dinge. Darin aber liegt ja doch unmittelbar, dafs er die
Welt eben nicht blofs einmal, sondern dafs er sie beständig
schafft, dafs er sie in jedem Moment von neuem produziert,
dafs die Welt kontinuierlich von Gott hervorgebracht und
erhalten wird. Und auch die Angabe der Quellen, dafs Gott
nur die Natur, nicht die Handlungen der Substanzen
schaffe, ergiebt sich aus dem Obigen ohne weiteres. Gott
ist ja nur das Prinzip dafür, dafs die Substanzen harmonische
Naturen haben; es ist also selbstverständlich, dafs er nur
die Konstitutionen, das Wesen der Substanzen schafft und
erhält, während die Thätigkeiten derselben nur in ihnen
selbst ihren Ursprung haben.

Bei diesen Bestimmungen müssen wir uns nun aber
noch ein wenig aufhalten. Wenn Leibniz sich dahin ausspricht, Gott produziere kontinuierlich die Substanzen, so
heifst dies, wie wir behaupteten, nicht, Gott bewirke die
Entstehung derselben, sondern er repräsentiere das Produzieren selbst ihrer Naturen. Allein diese unsere Behauptung darf nicht falsch gedeutet werden. Wir meinen
ja keineswegs, dafs Gott die Welt nicht produziere, sondern dafs er nur das Produzieren derselben repräsentiere; wer das glaubt, der hat, wie wir früher schon ein-
schärften (vgl. S. 61 f.), unsere Darstellung nicht verstanden.
Vielmehr lassen wir die Erklärung des Philosophen, dafs
Gott die Substanzen produziere, vollständig zu Rechte bestehen, ja wir erkennen sie sogar als den allein richtigen
Ausdruck seiner Gedanken an. Gott produziert auch nach

unserer Ansicht unaufhörlich die Dinge, und was wir sagen
wollen, ist nichts anderes, als dafs diese Worte nur nicht
die Bedeutung haben, Gott sei der Grund dafür, dafs die
Dinge entstehen, sondern die andere, Gott repräsentiere
das Produzieren selbst der Naturen der Dinge, das Realisieren selbst der Dinge. Produziert, realisiert nun aber
Gott beständig die Welt, so ist ja damit gesagt, dafs die
letztere überhaupt nicht existieren, dafs es überhaupt keine
Welt geben würde, wenn Gott nicht thätig wäre; nur dürfen
dann freilich auch diese Worte nicht so aufgefafst werden,
dafs die Welt unter dieser Bedingung nicht entstanden
wäre, sondern dafs sie alsdann keine Wirklichkeit, keine
Realität erhalten haben würde, dafs es alsdann nichts
Wirkliches, nichts Sciendes geben würde. Behalten wir
nun dies im Auge, so können wir betreffs des Verhältnisses
Gottes zu der Welt den Satz aufstellen, dafs Gott die Welt
kontinuierlich schaffe, produziere, realisiere, erhalte, sodafs,
wenn seine Thätigkeit versagen würde, die Dinge alle Realität verlieren, nichts mehr existieren würde.

Mit diesem Satze befinden wir uns nun auf dem Höhe-
punkte der Monadenlehre. Dieses System beginnt mit der
Frage nach den Prinzipien der Erscheinungen; es findet
diese in den Monaden und es setzt demgemäfs das Universum aus einer unendlichen Menge einzelner selbständiger
Substanzen zusammen, deren jede ihre gesamte Thätigkeit
aus ihrem eigenen originalen und unableitbaren Begriffe
zieht. Allein damit ist die Weltanschauung des Philosophen
noch nicht erschöpft. Denn wenn er auch einesteils die
Substantialität der Einzeldinge fordert, so lehrt er doch
anderenteils zugleich, dafs diese Dinge nur die kontinuierlichen Produktionen und Emanationen der einen göttlichen
Substanz seien, dergestalt, dafs in demselben Moment, in
dem Gott aufhören würde, zu wirken, die endlichen Wesen
aufhören würden, zu existieren, die gesamte Natur in das
Nichts zurückkehren würde, aus dem sie durch Gott zur
Realität gelangt ist. Die Welt besteht daher aus einer un-

endlichen Fülle individueller Substanzen, von denen jede ihr
eigenes Leben führt, aber das Ganze dieser Substanzen ist
doch nur eine fortlaufende Ausstrahlung der Gottheit, und
hat nur solange Bestand, als diese thätig ist. So ist in dem
Systeme die Selbständigkeit der Einzeldinge, der Individuen
mit ihrer durchgängigen Abhängigkeit von der göttlichen
Thätigkeit in der glücklichsten Weise verbunden. Wie der
Monadenlehre die konziliatorische Tendenz zu Grunde liegt,
die mechanische und die formalistische Weltanschauung miteinander zu versöhnen, und wie sie demgemäfs von dem
Probleme nach den Prinzipien der Dinge s e l b s t ausgeht,
so führt eben diese Tendenz und eben dieser Standpunkt
auch schliefslich zur Versöhnung derjenigen Weltanschauung,
welche auf die Einheit alles Seins dringt, mit derjenigen,
welche nur eine Vielheit einzelner Substanzen anerkennt,
zu einer Versöhnung, die so meisterhaft und in jeder Beziehung so befriedigend ist, dafs sie als eine der glänzendsten
Leistungen des Philosophen angesehen werden mufs, wie wir
denn auch auf diesen Punkt die Aufmerksamkeit des Lesers
in ganz besonderem Mafse hinlenken möchten.

Hieraus erhellt nun auch, wie verfehlt es ist, wenn
man gewöhnlich annimmt, dafs die Monadenlehre im wesentlichen nur eine Unendlichkeit einzelner, für sich existierender Substanzen kenne, wenn man es demgemäfs als den
Zweck des Systems betrachtet, die Ursprünglichkeit und
Substantialität des Einzeldaseins zu statuieren und zu betonen, die Individualität in ihre Rechte einzusetzen, wenn
man den Grundzug der Leibnizischen Spekulation in dem
Interesse erblickt, welches sie dem Einzelwesen, dem Individuum zuwende, in der Bedeutung und dem Werte, welchen sie den Einzeldingen beimesse, wenn man infolgedessen
das System in einen wesentlichen Gegensatz zu denjenigen
Lehren bringt, welche nur e i n Sein, nur e i n e Substanz
gelten lassen und alle besonderen Erscheinungen nur als die
Modifikationen und Accidenzien dieser Substanz betrachten,
welche den Einzeldingen jede Bedeutung absprechen, um

sie in dem e i n e n göttlichen Wesen untergehen zu lassen.
Diese Vorstellungen sind bisher gang und gäbe gewesen,
aber sie können den Quellen gegenüber nicht standhalten;
ja sie bezeichnen einen der gröfsten und folgenschwersten Irrtümer, welche sich in die traditionellen Darstellungen ein-
geschlichen haben. Die Monadenlehre gehört allerdings
nicht zu den Systemen, welche blofs e i n e Weltsubstanz zugeben und alle übrigen Dinge für Schein erklären; sie erkennt vielmehr eine zahllose Fülle von Substanzen an und
sie verlangt die Selbständigkeit dieser Einzelwesen. Aber
dieser Satz macht noch nicht das ganze System aus, und er
bildet nicht das Wesen desselben. Denn trotz ihrer Selbständigkeit sind doch alle diese einzelnen Substanzen nur
die fortwährenden Produktionen und Fulgurationen der
e i n e n göttlichen Substanz, von deren Wirksamkeit sie in
jedem Momente abhängig sind und ohne die sie nicht bestehen können. Diese beiden Lehren sind für das System
gleich wesentlich; beide sind untrennbare Bestandteile desselben, und es ist gänzlich unstatthaft, wie man es bisher
gethan hat, die eine von ihnen auf Kosten der anderen zu
bevorzugen, die erste übermäfsig hervorzuheben und die
zweite einfach zu vernachlässigen.

Diese Betrachtungen nötigen uns, noch einmal das Ver-
hältnis Leibnizens zu Spinoza zu berühren. Denn wenn
man, wie wir früher auseinandergesetzt haben, vielfach die
Ansicht geäufsert hat, dafs die Monadenlehre nach der Intention ihres Urhebers ein Gegenstück zu dem Pantheismus
Spinozas bilden solle, dafs dieselbe eine antispinozistische
Tendenz verfolge, so haben wir bereits dargelegt, dafs diese
Vermutung sich nicht aufrechterhalten lasse; unsere jetzigen
Ergebnisse aber liefern wiederum einen neuen Beleg für die
Richtigkeit dieses unseres Urteils. Würde die Monadenlehre
nichts weiter als eine Unendlichkeit von Einzelsubstanzen
zulassen, so würde es, wenn sonst nichts im Wege stände,
allerdings möglich sein, einen Zusammenhang zwischen ihr
und dem Spinozismus herzustellen. Diese Möglichkeit aber

verschwindet, sobald man bedenkt, dafs, wie sich nunmehr
herausgestellt hat, die Monaden nach Leibniz selbst nur die
permanenten Emanationen Gottes sind. Denn nun bildet
das System überhaupt keinen Gegensatz mehr zu dem Pantheismus, indem es ja ebenfalls das gesamte Universum als
die alleinige Produktion einer Substanz betrachtet, wenngleich auch dieser Satz hier nicht in der einseitigen Form
erscheint, dafs darüber die Substantialität der Einzeldinge
verloren geht. Steht aber das Leibnizische System in gar
keinem Gegensatze zu demjenigen Spinozas, so ist es auch
vollkommen unmöglich, ihm eine antispinozistische Tendenz
zuzuschreiben, dasselbe in eine genetische Beziehung zu dem
Spinozismus zu bringen, womit unsere früheren Aufstellungen
glänzend bestätigt werden.

Zugleich ergiebt sich hieraus deutlich, wie völlig grundlos die oft ausgesprochene, schon früher von uns erwähnte
Behauptung ist, dafs die bekannten schroff ablehnenden Urteile Leibnizens über Spinoza seinen Überzeugungen zuwider
gewesen seien oder ihnen wenigstens nicht vollständig entsprochen haben und dafs er nur aus Liebedienerei gegen
die damalige öffentliche Meinung oder auch aus Furcht vor
derselben dazu bestimmt worden sei. Schon an sich mufste
für einen so harmonisch angelegten Mann, wie Leibniz, der
alle Einseitigkeiten geflissentlich mied, der Spinozismus etwas
äufserst Fremdartiges haben, wie er denn auch schon damals,
als er denselben zuerst kennen lernte und als die Bildung
seines eigenen Systems eben erst in ihren Anfängen war,
sich in dieser Weise geäufsert hat. Wieviel mehr aber
mufste sich ihm diese Überzeugung aufdrängen, als er die
Monadenlehre gefunden hatte. Denn dieses System vereinigt
eben gerade die Selbständigkeit der Einzeldinge mit ihrer
stetigen Abhängigkeit von Gott in einer so vollkommenen
Weise, dafs in dieser Hinsicht wirklich nichts mehr zu
wünschen übrig bleibt. Wer aber einmal einen solchen
Standpunkt gewonnen hat, dem kann natürlich der Spinozismus nicht mehr imponieren, für den mufs notwendig eine

Lehre, welche den Satz aufstellt, dafs nur e i n e Substanz
existiere, als im höchsten Mafse einseitig, als eine aufserordentliche Paradoxie und Ungereimtheit erscheinen. Wenn
daher irgend jemand sich über Spinoza schroff auslassen
konnte, dann war es Leibniz, und seine Äufserungen über
jenen müssen darum als vollauf berechtigt gelten. Denn,
was man auch bisher geurteilt haben möge, die Monadenlehre ist und bleibt doch in jeder Beziehung ein ungleich
tieferes und bedeutenderes System als dasjenige Spinozas.
Es ist freilich Mode geworden, unter den grofsen Philosophen
des 17. Jahrhunderts Spinoza an erster Stelle zu nennen,
während man den so viel höher stehenden deutschen Denker
zwar zu rühmen, aber im übrigen beiseite zu stellen pflegt.
Indessen diese Anschauungen werden vielleicht noch einen
Wandel erfahren.

Es erübrigt noch e i n e Bemerkung. Wir hatten früher
gesehen, dafs die Substanzen in keiner realen Beziehung
zu einander stehen, keinen physischen Einflufs aufeinander
ausüben. Nach dem Obigen aber stehen sie dennoch
in einem gewissen Zusammenhang. Gott, zeigten wir vorher, hat den Substanzen ein solches Wesen gegeben, wie es
die Rücksicht auf das Ganze forderte. Mithin ist jede derselben, wenn auch nicht die reale oder physische, doch die
ideale oder finale Ursache für die Thätigkeit aller übrigen,
insofern ja ihre Idee den Schöpfer bestimmte, den anderen
Dingen eine Natur zu verleihen, aus welcher diese Thätigkeit resultiert. So tritt an die Stelle derjenigen Abhängigkeit, welche die gewöhnliche Vorstellung zwischen den Dingen
anzunehmen pflegt, eine ideale Abhängigkeit derselben. In
dieser Weise spricht sich, wie bekannt, Leibniz öfters aus
(vgl. z. B. 2, 69 f., 71; 4, 578; 6, 107 f., 9, 138 f., 66, 615,
51 u. a.).

Aus dieser Ableitung hat sich uns nun, wie wir sahen,
unmittelbar das Wesen Gottes ergeben, und auf diesen Gegenstand müssen wir jetzt noch etwas näher zurückkommen.

Gott repräsentiert also die Ursache der Welt. Er ist
daher ein repräsentatives, vorstellendes Wesen. Da er aber
die Quelle des Universums ist, so kann er natürlich nicht
mit der Materie, der Passivität behaftet sein. Er ist daher
ein blofses Handeln, ein reiner Akt. Dies folgt auch aus
den Bemerkungen Leibnizens, dafs die Substanzen ohne die
passive Kraft Götter sein würden (vgl. oben S. 451); denn
sie sind, wenn man von der Materie abstrahiert, nichts anderes als reine Thätigkeiten. Auch sagt der Philosoph, wie
bekannt, ausdrücklich, dafs Gott ein reiner Akt, ein „actus
purus" sei (z. B. 2, 325; 3, 457, 2; 5, 362; 7, 530 und
wohl noch öfter). Es kann infolgedessen auch keine Verworrenheit der Vorstellungen in Gott geben, und er kann
keine Zeit nötig haben, um den gesamten Weltprozefs zu
überschauen. Er stellt alles Vergangene, Gegenwärtige und Zukünftige deutlich und mit e i n e m Schlage vor. „Gott", sagt
Leibniz, „sieht alles vollkommen und auf e i n e n Blick" (2,
23; ähnlich 4, 440). „In Gott findet sich das Universum
nicht blofs konzentriert, sondern auch vollkommen ausgedrückt" (4, 553). „Gott drückt alles vollkommen auf e i n -
m a l aus, das Mögliche und Existierende, das Vergangene,
Gegenwärtige und Zukünftige" (564). „Gott allein hat eine
deutliche Kenntnis von allem, denn er ist die Quelle desselben" (6, 604). „In dem göttlichen Verstande ist die Welt
deutlich eingeschlossen" (559). „Die Göttlichkeit repräsentiert das Universum in seiner Quelle, sodafs das Universum
so ist, wie sie es gemacht hat, und sich ihr anpafst, die der
Keim oder die Ursache desselben ist. Und folglich repräsentiert Gott das Universum deutlich und vollkommen" (7,
556; vgl. auch 567 A.). „Der souveränen Substanz ist alles
deutlich" (3, 72 und zahlreiche andere teils direkte, teils
indirekte Belege).

Näher aber vergegenwärtigt sich Gott, wie wir zeigten,
alle möglichen Dinge in seinem Verstande, ordnet diese in
Welten, wählt e i n e von ihnen zur Schöpfung aus und giebt
dieser die Existenz. Und in dem Wählen ist neben der

Wahl selbst noch eine unendliche Menge von Überlegungen,
welche zu derselben führen, begriffen; alle Überlegungen,
die jemals eine Kreatur anstellen kann, sind eminent in Gott
enthalten. Aber diese sämtlichen Handlungen Gottes sind,
dem vorher Gesagten entsprechend, zeitlich nicht voneinander
verschieden. Sie haben, gerade so wie die Handlungen der
Geschöpfe, eine Ordnung und Priorität. Aber nicht eine Ordnung und Priorität der Zeit, sondern, wie Leibniz so schön
sagt, eine solche der Natur und des Ranges.

So bemerkt der Philosoph, nachdem er die Thätigkeit
Gottes spezialisiert hat: „Und alle diese Handlungen des
göttlichen Verstandes, obwohl sie untereinander eine Ordnung und Priorität ihrer Natur haben, vollziehen sich stets
zusammen, ohne dafs es unter ihnen eine Priorität der Zeit
giebt" (6, 252). „Alle Überlegungen Gottes beobachten in
seinem Verstande eine Ordnung unter sich, ebensowohl wie
in dem unsrigen. Aber bei ihm ist es eine Ordnung und
eine Priorität der Natur, anstatt dafs es bei uns eine Priorität
der Zeit giebt" (230). „Die Priorität der Natur ist in der
Philosophie etwas Gewöhnliches. In diesem Sinne sagt man,
dafs die Dekrete Gottes eine Ordnung untereinander haben.
Und wenn man Gott die Einsicht in die Überlegungen und
Schlüsse der Geschöpfe zuschreibt, sodafs alle ihre Demonstrationen und Schlüsse ihm bekannt sind und sich in eminenter Weise in ihm vorfinden: so sieht man, dafs es in den
Propositionen oder Wahrheiten, die er kennt, eine Ordnung
der Natur giebt, ohne irgend eine Ordnung oder ein Intervall
der Zeit" (346). „Gott überlegt nicht, indem er, wie wir,
Zeit anwendet, um von einer Wahrheit zur anderen überzugehen; aber wie er alle Wahrheiten und alle Beziehungen
auf einmal begreift, so erkennt er alle Konsequenzen und
schliefst in eminenter Weise alle Überlegungen, die wir
machen können, in sich ein" (399; vgl. auch 147 f. u. a.).

Gott wählt also zwischen verschiedenen Möglichkeiten,
aber die einzelnen Momente dieser Wahl sind nur ihrem
Range, nicht der Zeit nach voneinander verschieden. Damit

fällt die Vorstellung, als ob Gott, weil er als der Allweise
keine Zeit gebraucht, um die Dinge zu durchschauen, überhaupt nicht wählen könne *). Der Begriff der Wahl wird
nicht durch das zeitliche Hin- und Herschwanken zwischen
verschiedenen Urteilen konstituiert. Denjenigen Entschluß
nennen wir eine Wahl, welcher auf Grund von Erwägungen
über mehrere dem Subjekt gleich offenstehende Möglichkeiten
zustande kommt, und von einem Entschlusse, für welchen
solche Rücksichten nicht maßgebend gewesen sind, sagen
wir, daß er blindlings gefaßt sei. Ob dagegen diese Erwägungen zeitlich voneinander getrennt sind oder gleichzeitig
angestellt werden, ist für den Begriff der Wahl vollständig
gleichgültig. So urteilt jedermann. Eine und dieselbe Wahl
wird von verschiedenen Menschen, je nachdem dieselben mit
einer schärferen oder schwächeren Auffassungskraft begabt,
reicher oder ärmer an Erfahrungen sind, verschieden schnell
vollzogen. Und dennoch wird deshalb niemand der Entscheidung des einen in höherem Maße den Charakter einer
Wahl beilegen wollen als derjenigen des anderen. Ja, wir
werden eine Wahl um so höher schätzen, je schneller sie
getroffen wird. Und wenn Personen, die mit besonderer
Geistesgegenwart ausgerüstet sind, sich zuweilen in neuen
Situationen so unmittelbar zurechtzufinden wissen, daß sie
wie mit e i n e m Schlage den richtigen Entschluß ergreifen,
so werden wir von diesen nicht behaupten wollen, daß sie
aufs Geratewohl gehandelt und überhaupt nicht gewählt
haben. Im Gegenteil, wir werden solchen Wahlen unsere
höchste Anerkennung zollen. Je vollkommener überhaupt

---

*) In der Gesch. d. d. Ph. S. 158 ff. wird ausgeführt, daß Gott
kraft seiner Natur genötigt sei, die beste Welt zu schaffen, und es wird
daraus der Schluß gezogen, daß mithin „auch die Vorstellung von einer
Wahl sich aufhebe, die Gott zwischen mehreren oder wohl gar zwischen
unzähligen Welten getroffen habe u. s. w." Dieser Schluß ist sehr richtig.
Es wird aber dann noch hinzugefügt: „Eine Wahl ist nur denkbar, wo das
Urteil zwischen mehreren möglichen Entschlüssen hin- und herschwankt;
wo die vollendete Weisheit des Urteilenden jede Unsicherheit über das,
was zu thun ist, ausschließt, da ist der Entschluß in jedem Augenblick
schon getroffen, es kann daher nie zu einer Wahl kommen."

unsere geistige Konstitution ist, umsoweniger Zeit haben wir
zu unseren Wahlen nötig. Das Kennzeichen einer Wahl besteht daher nur darin, dafs alle diejenigen Überlegungen,
welche uns zu derselben führen, in uns repräsentiert sind,
dagegen ist es ganz unwesentlich, ob diese Überlegungen
einander mehr oder weniger schnell folgen, ob sie überhaupt
einander folgen oder uns gleichzeitig gegenwärtig sind. Wenn
vielmehr für unsere Wahlen regelmäfsig eine gewisse Zeit
erforderlich ist, so ist dies ein Mangel, welcher durch unsere
Endlichkeit bedingt ist. Gott aber, der absolut Weise, der
alle Dinge und Verhältnisse bis ins kleinste Detail in e i n e m
Moment durchdringt, der mit e i n e m Blicke sieht, ob sie
seinen Plänen angemessen sind oder nicht, bedarf nicht der
Zeit, um gut zu wählen. Aber eine Wahl ist seine Resolution unter allen Umständen. Ja, sie ist die denkbar vollkommenste Wahl, sie ist die Wahl aller Wahlen, weil sie
auf Grund vollendeter Kenntnis aller Möglichkeiten geschieht
und dennoch keine Zeit beansprucht.

Mit diesen Bestimmungen ist aber das Wesen Gottes
noch nicht vollständig erschöpft.

Gott wählt, sagten wir, und er wählt sogar zwischen
unendlich vielen Möglichkeiten. Für diese Wahl mufs es nun
selbstverständlich ein Motiv geben. Denn eine Wahl ohne
Grund ist undenkbar. Dieser Grund kann aber natürlich nicht
nötigender Natur sein. Denn wenn Gott genötigt wäre, sich
in bestimmter Weise zu entscheiden, so würde er überhaupt
nicht mehr wählen können, da eine Wahl ohne Freiheit ein
Widerspruch ist. Dafs aber Gott wählt und mithin frei ist,
folgt aus seiner Ableitung. Denn er soll ja der Grund dafür
sein, dafs die Substanzen Naturen haben, kraft deren sie
miteinander übereinstimmen, da sie doch auch Naturen
hätten haben können, die nicht zu einander gepafst hätten.
Er mufs daher w e s e n t l i c h aus einer Unendlichkeit von
Substanzen bestimmte auswählen und mithin frei sein. Würde
sich Gott in der Notwendigkeit befinden, die Welt zu schaffen,
so würde diese selbst notwendig sein; die Dinge hätten also auch

aufser den Naturen, welche ihnen thatsächlich zukommen, keine anderen haben können. Damit wäre aber die Voraussetzung, auf welcher die Annahme eines Gottes beruht, aufgehoben, und es wäre also überhaupt kein Gott mehr notwendig. Der Leibnizische Gott kann daher seiner Begründung nach nur als ein frei handelndes Wesen gedacht werden; nur als solches hat er Sinn und Berechtigung innerhalb des Systems, und wenn er das nicht ist, ist er einfach überflüssig. Der Grund also, welcher Gott zu seiner Wahl bestimmt, mufs ihm die Freiheit der Wahl lassen; er darf blofs inklinieren, nicht nötigen. Nun, ein solcher Grund ist, wie früher schon gezeigt wurde, eine Neigung, eine Zu- oder Abneigung. Gott ist daher nicht blofs eine Thätigkeit, sondern er hat auch eine Neigung, welche dieser Thätigkeit die Richtung weist, und diese Neigung treibt ihn, wie Leibniz annimmt, zum Besten.

Indessen dürfen wir uns dies nicht so vorstellen, als ob Gott zunächst eine Neigung hätte und dann erst seine Entschlüsse folgten, als ob jene den letzteren zeitlich vorausginge. Beide sind vielmehr, wie alle Momente der göttlichen Natur, gleichzeitig. Die Neigung hat vor den Handlungen, welche durch sie veranlafst werden, nur eine Priorität des Ranges, aber nicht eine Priorität der Zeit. Mit diesen Dingen werden wir uns im Folgenden eingehender beschäftigen.

Hiermit haben wir das Wesen Gottes im einzelnen vollständig charakterisiert. Wollen wir dasselbe aber auf den allgemeinsten und abstraktesten Ausdruck bringen, so werden wir nach der Analogie der geschaffenen Substanzen sagen können, Gott sei die dem Universum entsprechende Einheit oder Monade (vgl. S. 188 f. und 324). Denn wenn Gott die Ursache der Welt repräsentiert, so muss er natürlich vor allem diese Welt in einer Einheit repräsentieren. Als Einheit oder Monade bezeichnet aber auch Leibniz die Gottheit. „Gott allein," sagt er, „ist die primitive Einheit oder die ursprüngliche einfache Substanz, von welcher alle geschaffenen Monaden Produktionen sind" (6, 614, 47). „Die primitive einfache Substanz mufs in eminenter Weise die Vollkommenheiten der abgeleiteten Substanzen enthalten" (602, 9). „Da die Monaden den Leiden unterworfen sind, mit Ausnahme der primitiven, so sind sie keine reinen Kräfte" (3, 636). „Alle Substanzen sind die Emanationen der grofsen Einheit der höchsten Substanz" (429). „Die Monas oder die einfache Substanz enthält im allgemeinen Vorstellung und Streben; und sie ist entweder die primitive Monade oder Gott, oder die abgeleitete, nämlich die geschaffene Monade" (7, 502 A.). „Gott ist auch eine Einheit aus der Zahl der Geister" (556). „Gott ist eine Einheit und zwar die universelle Einheit, im Gegensatz zu den besonderen Einheiten der Kreaturen" (558). „Gott ist selbst eine einfache Substanz, wie die Kreaturen" (566 E.)*).

---

*) Die schon S. 322 Anm. besprochene verkehrte Definition des Begriffs der „Monade" führt Fischer dazu, in den Bestimmungen Leibnizens, dafs Gott ohne Materie, ohne Schranke und dafs er eine Monade sei, einen groben Widerspruch zu erblicken (S. 609 ff.). Nach ihm ist nämlich die Monade wesentlich ein mit der Materie behaftetes, ein beschränktes Wesen. Wäre das der Fall, dann würde allerdings zwischen jenen beiden Bestimmungen ein offenbarer Widerspruch bestehen. Aber davon ist ja keine Rede. Leibniz versteht nach Ausweis der Quellen unter einer Monade nichts weiter als eine (irgend einer Vielheit entsprechende) unteilbare Einheit; weiter bedeutet dies Wort auch thatsächlich nichts: dafs auch die Schranke zu ihrem Begriff gehöre, hat der Philosoph nirgends gesagt. Wenn aber Fischer einmal von dieser Annahme ausgeht, so ist seine eigene Darstellung unhaltbar. Er folgert nämlich, indem er die Notwendigkeit eines Gottes zu begründen sucht, so: Die Monaden stellen ein Stufenreich von Substanzen dar, von denen jede höhere immer deutlichere Vorstellungen als die vorhergehende hat, jede sich immer mehr von ihrer Schranke zu befreien sucht. Dieses Stufenreich zielt also auf eine höchste Monade, die alles deutlich vorstellt, keine Schranke mehr hat. „Weil jede Monade nach einer höheren strebt, so mufs es eine höchste Monade geben, wodurch das Stufenreich der Dinge vollendet und die Weltharmonie erfüllt wird. Diese höchste Monade ist Gott" (S. 541). Und nun schliefst Fischer, dafs, da eine Monade wesentlich ein beschränktes Wesen sei, hier die bekannte Antinomie vorliege, die Thesis: „Gott ist Monade" in die Antithesis umschlage: „Gott ist keine Monade". Ganz mit Unrecht. Denn wenn die Monade wesentlich ein beschränktes Wesen ist, so war es eben überhaupt falsch, aus dem Gesetz der Kontinuität auf eine höchste „Monade" zu schliefsen, da aus diesem Gesetz im Gegenteil folgen würde, dafs eine schrankenlose Substanz, mithin nicht eine höchste „Monade" existieren müsse. Und auch aus dem Gesetz der Analogie, das Fischer nun vielleicht zu seiner Rechtfertigung herbeiziehen möchte, würde sich dies nicht ergeben. Denn Gott würde ja, auch wenn er nicht mehr eine Monade genannt werden könnte, doch den Monaden

Gott ist also der Akt, in welchem das Universum, ja
alle Möglichkeiten auf ein mal deutlich repräsentiert sind.

vollständig analog sein, indem er sich nur durch das Fehlen der
Schranke unterscheide; auf die Analogie des Namens würde nichts
ankommen. Fischer durfte also von vornherein von seinem Standpunkt
aus, ohne sich zu widersprechen, gar nicht auf eine höchste „Monade"
schliefsen und diese mit Gott identifizieren. Und wenn er es dennoch
thut, dann ist es selbstverständlich leicht, hinterher eine Antinomie zu
entdecken und diese dem Philosophen zu imputieren. Und auch die
Thatsache, dafs Leibniz die Gottheit als eine Monade bezeichnet, hätte
Fischer zu jenem Schlufs und jener Identifizierung nicht berechtigt;
vielmehr hätte er diese Bezeichnung für eine Ungenauigkeit des Aus-
drucks ausgeben müssen, zumal dieselbe sich nur äufserst selten findet.
Auch die Bemerkung Fischers, „der Begriff der Monade, ausgedacht,
führt zu einer Theorie der Weltseele, welche dem Geist der Monadenlehre entschieden zuwiderläuft", ist bedenklich (S. 611). Ich weifs
nicht, woher Fischer das Recht zu der letzteren Behauptung nimmt;
man sieht nicht, weshalb eine solche Theorie dem „Geiste" der Monadenlehre widersprechen soll: insbesondere sieht man es nicht, wenn
man sich auf Fischers Standpunkt stellt; zu seiner Auffassung des
Systems würde eine derartige Lehre, wie mir scheint, recht gut passen.
Der Leibnizische Gott ist nun freilich thatsächlich Schöpfer der Welt
und nicht Weltseele, und eben darum hat Leibniz die letztere Annahme
verworfen; aber dafs dieselbe an und für sich mit dem System in
Konflikt stehen würde, kann man, soviel ich sehe, nicht sagen.

Ebenso grundlos ist der andere Widerspruch, den Fischer in dem
Gottesbegriff Leibnizens finden zu müssen glaubt. Er sagt, wenn Gott
(wie es nach Leibniz wirklich der Fall ist) eine schrankenlose Substanz
sei, so folge daraus, dafs in ihm keine Selbstunterscheidung und Per-
sönlichkeit, keine Freiheit und blofs moralische Notwendigkeit möglich
sei, wie dies letztere der Philosoph behauptet, und dafs die Welt eine
Emanation Gottes sein müsse (S. 611). Wie kann man aber meinen,
einem Manne wie Leibniz mit so allgemeinen Argumenten beikommen
zu können? Es würde doch hier ganz darauf ankommen, was man
überhaupt unter Schrankenlosigkeit versteht. Gott ist schrankenlos, insofern er keine Materie an sich hat, das ganze Universum deutlich vorstellt. Warum in aller Welt sollte denn eine solche Substanz nicht
frei sein und nicht neben den andern vorstellenden Substanzen existieren können, wie doch auch diese einander koordiniert sind? Es ist ja
unzweifelhaft, dafs die Einwände Fischers auf manches andere System
passen würden, aber auf das Leibnizische passen sie entschieden nicht;
in Bezug auf dieses sind sie gänzlich gegenstandslos.

Nicht minder unbegründet sind dann auch die anderen Antinomieen,
die Fischer in der Monadenlehre entdeckt haben will. So sagt er: Nach
Leibniz sollen unendlich viele Welten möglich sein. Sämtliche dieser
Welten müssen aber notwendig aus Monaden bestehen. Nun bilden alle
Monaden ihrem Begriffe nach ein vollkommenes Stufenreich; jede von
ihnen stellt eine denkbare Differenz innerhalb desselben dar, und diese
mufs nach dem Gesetz der Kontinuität eine wirkliche sein. Bestehen
also die möglichen Welten aus den Monaden, existieren sie aber nicht,
so fehlen sie in der Natur, so ist die Welt kein vollkommenes Stufenreich. Mithin sind die unendlich vielen Welten entweder unmöglich

So bildet er den natürlichen Abschlufs des Systems. Alle Monaden tragen das Unendliche in sich; sie repräsentieren schon ursprünglich in dem Akte, der ihre Natur ausmacht, den gesamten Weltprozefs, ebenso wie die Gottheit. Aber weil sie die passive Kraft, die Materie, die Leiblichkeit an sich haben, können sie ihren Inhalt nur unvollkommen darstellen, und sie bedürfen deshalb der Zeit, des Strebens, der Entwickelung, um ihn sich zu verdeutlichen (vgl. oben S. 353 f.). In Gott allein ist dieses Unendliche, wonach alle geschaffenen Substanzen streben, in jedem Moment vollendet repräsentiert. Alle Kreaturen und insbesondere die Geister ahmen daher, wie es die Kraft einer jeden gestattet, die Göttlichkeit nach; sie sind Ausdrücke, Bilder, Nachahmungen Gottes, jede nach ihrer Weise. „Die Summe meines Systems," sagt Leibniz, „führt sich darauf zurück, dafs jede Monade eine Konzentration des Universums ist

---

oder, wenn sie möglich sind, müssen sie auch wirklich sein. Daher ist aufser der wirklichen Welt keine andere möglich (S. 612 ff.) Was Fischer hier sagt, wäre richtig, wenn die Voraussetzung, dafs alle möglichen Monaden ihrem Begriffe nach ein kontinuierliches Stufenreich bilden und dafs jede denkbare Stufe desselben existieren müsse, sich bestätigte. Das ist aber in keiner Weise der Fall. Denn die möglichen Substanzen, welche sich in Gottes Verstande vorfinden, machen sowenig ein kontinuierliches Stufenreich mit einander aus, dafs sie vielmehr, wenn sie geordnet werden, sich zu vielen einzelnen Welten zusammenfügen, die einander vollständig koordiniert sind und in gar keinem gegenseitigen Zusammenhang stehen. Das geht ja aus den Angaben Leibnizens mit absoluter Gewifsheit hervor, und damit fällt Fischers Beweis von selbst. Überdies haben wir früher gezeigt, dafs der Begriff der Monade mit dem Gesetz der Kontinuität überhaupt nicht das Geringste zu schaffen hat. — Ebensowenig liegt es in dem Begriffe der Monade, alle möglichen Welten vorzustellen, wie das Fischer gleich darauf bemerkt; es liegt auch nicht im Begriff der Substanz überhaupt. Zum Wesen der existierenden und wohl aller möglichen Substanzen mufs es allerdings gerechnet werden, dafs sie diejenige Welt, welcher sie zugehören, mit allen Dingen, welche dieselbe enthält, vorstellen, nicht aber, dafs sie überhaupt alle Dinge und alle Welten vorstellen. — Auch das, was Fischer über die Antinomie in dem Begriff der Monade ausführt (S. 615). widerlegt sich ohne weiteres durch das, was vorher in Bezug auf Gott gesagt wurde. — Überhaupt ist Leibniz so elementarer Widersprüche, wie sie ihm Fischer nachweisen zu können glaubt, gar nicht fähig gewesen; dazu war er ein viel zu scharfsinniger, exakter und umsichtiger Denker.

und dafs jeder Geist eine Nachahmung der Göttlichkeit ist; dafs in Gott das Universum sich nicht nur konzentriert, sondern auch vollkommen ausgedrückt findet, aber dafs in jeder geschaffenen Monade nur ein Teil deutlich zum Ausdruck kommt, welcher mehr oder minder grofs, je nachdem die Seele mehr oder minder ausgezeichnet ist, während alles übrige nur konfus in ihr ausgedrückt ist; aber dafs in Gott nicht nur die Konzentration, sondern auch die Quelle des Universums ist. Er ist das primitive Zentrum, aus dem alles übrige hervorgeht" (4, 553). „Gott drückt alles vollkommen aus. Er ist die universelle Quelle von allem, und die geschaffenen Monaden ahmen ihn nach, soweit dies den Kreaturen möglich ist" (564). „In Gott findet sich die Macht, welche die Quelle von allem ist, dann der Verstand, welcher das Detail der Ideen enthält, und endlich der Wille. Und dies ist das, was dem Vorstellungs- und dem Begehrungsvermögen in den geschaffenen Monaden entspricht. Aber in Gott sind diese Attribute absolut und unendlich oder vollkommen und in den geschaffenen Monaden oder Entelechieen sind es nur Nachahmungen nach Mafsgabe ihrer Vollkommenheit" (615,48). „Gott repräsentiert das Universum deutlich und vollkommen; aber die Seelen repräsentieren diese Dinge hinterdrein und passen sich dem an, was aufser ihnen ist; das macht, dafs Gott frei ist, während wir teilweise in der Sklaverei sind, insofern wir von den anderen Dingen abhängen und unsere Vorstellungen konfus sind. Er ist das universelle Zentrum, und er sieht die Welt, wie ich die Stadt eines Hofes sehen würde, welche darin ist, d. h. gut; wir sind nur besondere Kreaturen und sehen die Welt gegenwärtig nur durch die zwei Augen unseres Kopfes oder so, wie ich eine Stadt von der Seite sehen würde" (7, 556; vgl. auch 566 g. E.). Vgl. ferner oben S. 450 f.

Übrigens mufs darauf hingewiesen werden, dafs wir das göttliche Wesen zwar mit dem Denken erfassen, dafs wir uns aber keine Vorstellung von demselben bilden können. Gott repräsentiert die Ursache, das Realisieren der Welt.

Für eine repräsentative Thätigkeit dieser Art giebt es aber
weder in uns noch überhaupt in irgend einer der endlichen
Substanzen ein Analogon, da diese eben wesentlich Geschöpfe,
aber keine Schöpfer sind. Wir können uns daher auch keine
Vorstellung von dieser Thätigkeit machen. Das Gleiche gilt
noch in anderer Beziehung. Gott perzipiert nicht, wie wir
und alle sonstigen Kreaturen (vgl. oben S. 315 ff.), Aggregate, Körper und Bewegungen, sondern die einfachen Substanzen als solche. Leibniz hat sich allerdings hierüber, wie
es scheint, nicht besonders ausgesprochen (in dem „metaphysischen Discurs" sagt er sogar, Gott betrachte das System
der Phänomene 4, 439), und ob überhaupt wörtliche Belege
für diesen Satz angeführt werden können, müfste erst eigens
untersucht werden. Indessen ist derselbe doch unumgänglich,
da ja Gott die einzelnen möglichen Substanzen, also doch
die Monaden als solche, sich vergegenwärtigen und produzieren soll. Wie aber Gott von dem absolut Einfachen eine
Perzeption haben könne, das sind wir natürlich nicht imstande zu begreifen, da unsere Objekte ausnahmslos und
wesentlich Phänomene sind. Ebensowenig können wir uns
aber darüber Aufklärung verschaffen, wie Gott die Begriffe
der Monaden (die überdies nicht, wie die unsrigen, allgemeine,
sondern individuelle Begriffe sind, wovon wir ebenfalls keine
Vorstellung haben) zu durchschauen und in diesen ihre gesamte Zukunft zu lesen vermöge, welcher Art die Möglichkeiten sind, die Gott durch seinen Verstand gegeben werden,
ja, wie überhaupt ein Verstand beschaffen sei, der die Ideen
der möglichen Dinge liefere; denn in uns findet sich nichts
dergleichen. Alles dies ist eben nur Gegenstand unseres
Denkens, nicht aber unserer Imagination. Leibniz selbst
hat die aufserordentliche Schwierigkeit der hier in Betracht
kommenden Fragen betont und geäufsert, „dafs man sich
nicht ohne Notwendigkeit in die Erforschung des göttlichen
Wissens und des göttlichen Willens versenken müsse wegen
der grofsen Schwierigkeiten, welche es hier gebe", und „dafs
es viele Dinge in der göttlichen Wissenschaft gebe, welche
wir nicht begreifen können" (so 2, 44 und 53).

Demgemäß spricht der Philosoph auch öfter von einer besonderen göttlichen „scientia possibilium" oder einer „scientia simplicis intelligentiae" und von einer „scientia actualium", auch von einer „scientia visionis", d h. einem Wissen, welches sich auf die Möglichkeiten, und einem solchen, welches sich auf die Voraussicht der Ereignisse in der wirklichen Welt bezieht (vgl. z. B. 6, 440 f. und 2, 44).

Wir gehen jetzt zu der für das System hochbedeutsamen Erörterung über die Freiheit und Zweckthätigkeit Gottes über. Daß dieselbe in den Rahmen dieser Darstellung gehört, dürfte wohl nicht angezweifelt werden. Doch wollen wir uns auch hier, und zwar aus demselben Grunde wie in dem vorigen Abschnitte (S. 417), auf die Angaben der „Theodicee" beschränken.

Leibniz sagt nun in Bezug auf Gott, ähnlich wie wir es schon in betreff der Willensfreiheit gehört haben, daß derselbe frei, daß er nur moralisch, nicht metaphysisch genötigt, daß er nur inkliniert sei und daß seine Neigung stets auf das Beste abziele. Auch diese Auseinandersetzungen haben aber den Interpreten des Philosophen keine geringen Schwierigkeiten bereitet. Eine nähere Betrachtung jedoch lehrt, daß die letzteren keineswegs unüberwindlich sind.

Gewöhnlich geht man von der Voraussetzung aus, daß Gottes Wille durch seine Vorstellungen, durch seinen Verstand bedingt werde, und da nun hieraus, wie man glaubt, sich ergeben würde, daß Gott nur dasjenige wollen könne, was sein Verstand als das Beste erkennt, daß also seine Willensakte notwendig seien, so läßt man, um den Erklärungen Leibnizens gerecht zu werden, die Freiheit Gottes darin bestehen, daß er zwischen verschiedenen Möglichkeiten w ä h l e und daß andre Entscheidungen Gottes als die thatsächlichen d e n k b a r seien*). Allein diese Darstellung steht

*) Dieser Meinung ist auch Fischer. Der nähere Inhalt seiner Ausführungen giebt aber noch zu besonderen Ausstellungen Anlaß. Nachdem er nämlich nachgewiesen hat, daß wir in Gott die Macht, den

nicht nur im Widerspruch mit der Leibnizischen, sondern sie ist auch an und für sich unhaltbar. Denn daraus, dafs

---

Verstand und den Willen zu unterscheiden haben und dafs die Wirksamkeit Gottes nur in einer schöpferischen Thätigkeit bestehen könne, wirft er die Frage auf: „Wie und was schafft Gott? Unter welchem Gesetze geschieht die Schöpfung oder ist sie gesetzlos? Es handelt sich um die Freiheit und Notwendigkeit in Gott" (S. 562). Und daran reiht sich dann folgende Auseinandersetzung: „Die Schöpfung ist zunächst ein Akt der göttlichen Macht. Wäre sie indes nur dies, so müfste Gott alles schaffen, was seine Kraft vermag, und die Schöpfung wäre also metaphysisch notwendig. Aber das göttliche Wesen ist nicht blofs die Kraft, sondern zugleich der Verstand. Darum ist die Schöpfung zugleich ein Akt des göttlichen Verstandes. Gesetzt aber, die Schöpfung wäre nur ein Werk der Weisheit, so müfste Gott alles hervorbringen, was sein Verstand vorstellt, und die Schöpfung wäre dann logisch notwendig. Da Gott jedoch auch einen Willen hat, so mufs notwendig auch dieser an der Schöpfung beteiligt sein. Die Schöpfung mufs daher zugleich als ein Werk des göttlichen Willens begriffen werden. Aber der Wille handelt immer nach einer Idee, die ihn am meisten anzieht. So wählt er unter den möglichen Welten eine bestimmte, um sie ins Werk zu setzen. Und zwar wählt er unter den Möglichkeiten diejenige, welche der göttlichen Vernunft als die beste erscheint. Der Wille handelt daher moralisch, weil er wählt, und notwendig, weil seine Wahl durch die höchste Einsicht geleitet wird, kraft deren er nicht anders kann, als das Beste wählen. Darum ist das Gesetz des göttlichen Willens die moralische Nothwendigkeit. Wäre die Schöpfung im metaphysischen oder logischen Verstande notwendig, so müfste Gott alles schaffen, was seine Kraft vermag und sein Verstand denkt. Aber er verwirklicht davon nur, was er will: er will nur, was er wählt, und er wählt nach dem ewigen Gesetz seines Willens das Beste. Dies ist die moralische Notwendigkeit der Schöpfung, und darin besteht das Wesen der göttlichen Freiheit" (S. 563 ff.). Gott ist also nach Fischer nicht metaphysisch, sondern nur moralisch genötigt, weil die Schöpfung nicht blofs ein Werk seiner Macht und seines Verstandes, sondern auch ein solches seines Willens ist, weil er nicht alles schaffen mufs, was er kann, sondern weil er zwischen verschiedenen Möglichkeiten wählt. Man möge nun die Erörterungen Leibnizens über die göttliche Freiheit auffassen, wie man wolle, so viel sieht man doch gleich, dafs diese Ansicht nicht richtig ist. Wo finden sich denn bei Leibniz solche Gegensätze, wie sie Fischer hier aufstellt? Wo erklärt Leibniz, Gott sei deshalb nicht der metaphysischen Notwendigkeit unterworfen, weil er nicht nur auf Grund seiner Kraft und Intelligenz handle? Überall begründet er vielmehr jene Bestimmung damit, dafs es keinen Widerspruch in sich schliefsen würde, wenn Gottes Wille sich auch anders entschiede, als es der Fall ist. Und wo sagt Leibniz, Gott befinde sich darum nicht in einer metaphysischen Notwendigkeit, weil er nicht alle Möglichkeiten realisieren müsse, welche seine Kraft realisieren kann, sein Verstand vorstellt? Überall begründet er vielmehr diesen Satz damit, dafs Gott auch andere Welten als die thatsächlich existierende hätte realisieren können. Dies letztere sind offenbar zwei ganz verschiedene Sätze. Denn es ist ein gewaltiger Unterschied, ob man sagt, Gott sei frei, weil er nicht alle Welten verwirklichen müsse, oder ob man sagt, er sei frei, weil er auch eine andere Welt hätte verwirklichen

Gott sich nach seinem Verstande entscheidet, würde ja doch
keineswegs folgen, dafs er dasjenige wollen müsse, was sein
Verstand als das Beste erkennt; man würde vielmehr genau
mit demselben Recht daraus folgern können, dafs er irgend
etwas anderes, was sein Verstand erkennt, z. B. das Schlech-
teste, wollen müsse; denn würde er dieses realisieren, so
würde er sich ja doch auch nach seinem Verstande ent-
schliefsen. Das Beste würde er nur dann wählen müssen,
wenn er ausdrücklich dazu genötigt wäre, gerade dieses zu
verwirklichen, aber nicht dann, wenn er überhaupt durch
seinen Verstand bestimmt würde. Wir können daher diese

können als diejenige, welche er wählt. Leibniz bezeichnet daher mit
der metaphysischen Notwendigkeit etwas ganz anderes als das, was
Fischer angiebt. Und überhaupt sind die Gegensätze, welche Fischer
einführt, auch an sich selbst sehr unglücklich gewählt. Wenn die moralische Notwendigkeit Gottes nach ihm dadurch bedingt ist, dafs der göttliche Wille zwischen verschiedenen Möglichkeiten wählt, dann konnte er
die metaphysische Notwendigkeit nicht dadurch bedingt sein lassen, dafs
Gott nur durch seine Macht und seinen Verstand zur Schöpfung bestimmt wird, dafs er alles, was er vermag, produzieren muss. Denn das sind
eben keine Gegensätze. Fischer hätte, wenn er folgerichtig gewesen wäre,
die metaphysische Notwendigkeit nur darin sehen können, dafs Gottes
Wille so unüberwindlich genötigt sei, dafs ihm keine Wahl mehr übrig
bleibt. Aufserdem wie kann Fischer von Sätzen wie diesen seinen Ausgangspunkt nehmen: wenn die Schöpfung nur ein Werk der göttlichen
Macht oder des göttlichen Verstandes wäre, würde Gott metaphysisch
oder logisch genötigt sein? Ist denn das denkbar, dafs die Macht Gottes
durch sich selbst etwas produziere, ohne dafs irgend eine Triebfeder
vorhanden ist, welche sie dazu bestimmt? Und vor allem, wie soll der
Verstand für sich allein eine Welt realisieren können, da doch Leibniz
ausdrücklich sagt, dafs der Verstand nicht schaffe, sondern nur die Vorstellungen liefere, nach welchen Gott schafft. Die Annahmen, von welchen Fischer ausgeht, sind also unmöglich und können für die Frage,
ob Gott frei sei oder nicht, gar nicht in Betracht kommen. — Wenn
endlich Fischer bemerkt, Leibniz nenne die moralische Notwendigkeit,
unter welcher Gott handelt, darum eine glückliche Notwendigkeit, weil
nach ihrem Gesetz eine glückliche Weltordnung zustande komme (S. 566),
so ist dies ganz verkehrt. Leibniz gebraucht diesen Ausdruck mit Bezug auf Gott selbst: er bezeichnet die moralische Notwendigkeit, vermöge welcher Gott das Beste schaffen mufs, darum als eine glückliche,
weil es der beste, wünschenswerteste, vollkommenste, kurz der glück-
lichste Zustand ist, immer zum Besten getrieben zu werden, ohne durch
Leidenschaften u. dgl., wie es bei dem Menschen der Fall ist, davon
abwendig gemacht zu werden, weil es also für Gott selbst ein Glück
ist, unter einer solchen Notwendigkeit zu stehen. Das geht aus den
Quellen mit vollster Deutlichkeit hervor (z. B. 6, 219, 385 f., 390 u. a.).
So einfache Gedanken sollten nicht auch noch mifsverstanden werden.

Auffassung bei Seite lassen, zumal sie auch durch das Folgende hinreichende Widerlegung finden wird, und uns zu einer andern wenden, welche allerdings von dem Satze ausgeht, dafs Gott durch seine Natur besonders genötigt sei, das Beste zu thun.

Nach derselben fafst sich aber der Inhalt der Ausführungen Leibnizens in folgende Sätze zusammen: Gott ist durch seine Natur zu einer ganz bestimmten Thätigkeit genötigt; es ist unmöglich, dafs er anders handelt, als es durch diese Natur gefordert ist, und diese Natur treibt ihn zur Schöpfung des Besten. Gott kann daher keine andere als die vollkommenste, die beste Welt produzieren, und es konnte auch keine andere Welt existieren als die gegebene. Nichtsdestoweniger bleibt die Freiheit Gottes gewahrt, und ist das Universum nicht notwendig, sondern zufällig. Denn Gott ist allerdings durch seine Natur zu der Schöpfung genötigt, aber diese Notwendigkeit ist keine absolute, metaphysische, sondern nur eine moralische, insofern sie nicht a n u n d f ü r s i c h, sondern nur deshalb besteht, weil das göttliche Wesen auf die Realisierung des B e s t e n geht, nur wegen der G ü t e Gottes wirksam wird. Was aber blofs moralisch notwendig ist, davon ist im Unterschied von dem absolut Notwendigen das Gegenteil möglich; denn es ist ja nur wegen der V o l l - k o m m e n h e i t der göttlichen Natur, aber nicht a n s i c h notwendig, mithin auch a n s i c h nicht unmöglich. Und eben darum bringt die moralische Notwendigkeit, ebenfalls im Gegensatz zu der absoluten, auch nicht einen gänzlich unwiderstehlichen Zwang mit sich, sondern inkliniert nur. Gott ist also nur moralisch genötigt, nur inkliniert, frei, und die Welt ist nicht die einzig mögliche*).

Auf die Sophistik dieses Gedankenganges, auf den offenbaren Widerspruch, der hiermit dem grofsen Denker imputiert wird, wollen wir nicht weiter eingehen. Wir hätten darüber ziemlich dasselbe zu sagen, was wir schon früher

---

*) Vgl. Gesch. d. d. Phil. S. 159 ff.

anläfslich der Frage der Willensfreiheit bemerkt haben
(vgl. S. 423 f.). Dagegen bedarf vor allem die Prämisse, auf
welche sich diese Auffassung stützt, einer näheren Prüfung.
Gott soll zu seiner Thätigkeit durch seine Natur genötigt werden. Dieser Satz ist aber schon an sich selbst
höchst verdächtig. Denn was soll man sich denn unter dieser
angeblichen Natur eigentlich vorstellen? Welcher Art soll
dieselbe sein? Soll sie etwas Ruhendes, soll sie selbst eine
Thätigkeit sein, oder wie sonst soll man sich dieselbe denken?
Man wird niemals imstande sein, ihr Wesen zu beschreiben;
es wird nie sagbar sein, worin sie bestehen soll. Das ist
das sicherste Zeichen dafür, dafs es mit dieser göttlichen
Natur überhaupt nichts ist. Sodann aber, worauf stützt man
eigentlich die Behauptung, dafs Gott kraft seiner Natur
nichts anderes als das Bestmögliche thun könne. In den
Quellen selbst findet sich eine derartige Äufseiung nicht;
man wird keinen Beleg dafür anführen können. Denn dafs
die Sätze, Gott ermangle nicht, das Beste zu schaffen, er
schaffe es sicher und unfehlbar, er sei als das weiseste Wesen
moralisch dazu genötigt, er handle stets nach Gründen
u. dgl. m., einen anderen Sinn haben, erhellt hinlänglich aus
Leibnizens eigener Darstellung; sagt er doch ausdrücklich,
dafs dies alles die souveräne Freiheit Gottes nicht beeinträch-
tige, keine Notwendigkeit für ihn begründe, was doch selbstverständlich nur heifsen kann, dafs es ihm die Möglichkeit
anderen Handelns lasse.

Dementsprechend stellt sich nun auch die hier zu Grunde
liegende Anschauung, als ob Gott in mechanischer Weise
durch die Konstitution seiner Natur zum Handeln veranlafst
werde, schon bei dem ersten Blick auf die Quellen als unhaltbar heraus. Gott erscheint hier vielmehr überall als ein Wesen,
welches in der Art zweckthätiger Substanzen durch ideale
Bestimmungsgründe, durch das Streben, die Aussicht, zu
irgend einem im voraus vorgestellten Ziele zu gelangen,
d. h. durch Neigungen, durch die Zuneigung zum Guten und
die Abneigung gegen das Schlechte, durch die Repräsen-

tation des Guten und des Schlechten zur Thätigkeit bewegt
wird, mithin als ein Wesen, welches sich selbst frei nach
Neigungen bestimmt. Er verhält sich in dieser Beziehung
genau ebenso, wie der Mensch und die übrigen Substanzen
(vgl. darüber S. 424 ff.). So sagt Leibniz, Gott regle sich
nach Neigungen, nach der vorwiegenden Güte des Objekts,
nach der Betrachtung des Guten; er stecke sich ein Ziel, er
handle nach Gründen, nach Vernunftgründen, nach Motiven;
er entscheide sich, im Gegensatz zu dem Menschen, der
stets Leidenschaften unterworfen sei, nur nach dem Urteil
der Vernunft, nach Regeln und Prinzipien, nicht nach Ausnahmen, nach den allgemeinen Gründen des Guten und der
Ordnung; seine Macht sei an sich unbestimmt, und die Güte
und die Weisheit seien nur Anlaß für ihn, aus dieser Unbestimmtheit zur Bestimmtheit herauszugehen; er vergegen-
wärtige sich kraft seines Verstandes alle möglichen Dinge;
er wähle daraus diejenigen, die seiner Güte am angemessen-
sten sind; er fasse Resolutionen, stelle Dekrete auf u. s. w.
Die nachher anzuführenden Äußerungen Leibnizens werden
dies hinlänglich bestätigen.

Ferner aber beweist Leibniz auch hier niemals, daß
Gott, obwohl er kraft seiner Natur keine andere Welt als
die thatsächlich existierende schaffen konnte, dennoch nicht
genötigt, sondern nur inkliniert sei; und doch müßte man
dies nach der in Frage stehenden Auffassung unbedingt
fordern. Denn wenn einigemal bemerkt wird, die Güte
Gottes inkliniere ihn nur, das Beste zu schaffen, nötige ihn
aber nicht, da sie nicht unmöglich mache, was von dem
Besten verschieden sei, so soll in der letzteren Erklärung
nicht ein eigentlicher Beweis für die erstere enthalten sein,
wofür wir uns wohl auf das früher Gesagte beziehen können
(vgl. S. 429). Wohl aber wird häufig dargelegt, daß Gott
nicht gänzlich indifferent, ohne eine Neigung zum Guten sein,
daß er ohne eine solche Neigung nicht gedacht werden
könne. Es steht also für Leibniz gar nicht die Alternative
in Frage, ob Gott genötigt oder inkliniert, sondern diejenige,

ob er indifferent oder inkliniert sei, eine Thatsache, welche
es schon als für den Philosophen feststehend voraussetzt,
dafs Gott blofs inkliniert, nicht genötigt sei (vgl. auch hierüber
die entsprechenden ausführlichen Darlegungen in betreff der
Willensfreiheit, S. 430 f.). Besondere Belege dafür brauchen
wir hier wohl nicht mehr beizubringen.

Was aber — und damit kommen wir zu dem Hauptpunkt — die Ausführungen des Philosophen über die absolute und die moralische Notwendigkeit angeht, so sind diese
überhaupt gänzlich verkehrt und auf den Kopf gestellt worden. Gott ist durch seine Natur, läfst man Leibniz erklären,
zu einer bestimmten Thätigkeit genötigt; aber weil diese
ihn nur zu der Verwirklichung des Besten drängt, darum
ist diese Notwendigkeit nur eine moralische und keine absolute,
eine solche aber schadet der Freiheit Gottes nicht. Darnach
würde also Leibniz den Unterschied der absoluten und
moralischen Notwendigkeit zu dem Zwecke gemacht haben,
um sehen zu lassen, dafs Gott nicht gezwungen sei, das
Beste zu thun. Und die moralische Notwendigkeit würde
diejenige Notwendigkeit sein, welche die Natur Gottes diesem
auferlegt, seinen Willensentschlüssen eine gewisse Richtung
zu geben; sie würde also vor diesem Willensentschlusse, unabhängig von dem Willen Gottes existieren. Von alledem
steht das genaue Gegenteil in den Quellen.

Leibniz will durch die vorliegende Unterscheidung keineswegs zeigen, dafs Gott nicht gezwungen sei, das Beste zu
schaffen, sondern gerade umgekehrt, dafs die Bestimmung,
Gott wolle das Beste, für ihn keinen Zwang (oder richtiger
keine Notwendigkeit) begründe. Das sind offenbar sehr verschiedene Gedanken. Man kann unzweifelhaft genötigt werden,
das Beste zu thun, und dennoch ist es zum mindesten sehr
fraglich, ob dies, dafs ein Wille auf das Beste gerichtet ist,
für diesen eine Notwendigkeit erzeugt, seine Freiheit vernichtet, ob ein freier Wille nicht auf das Beste gehen könne,
ob frei wollen und das Beste wollen unverträgliche Begriffe
sind. Diese Frage wirft nun Leibniz in Beziehung auf Gott

auf. Will nämlich Gott das Beste, so ist er, da es nur e i n
Bestes giebt und da er als der Allweise sich nicht darüber
täuschen kann, welches dieses Beste ist, genötigt, e i n e ganz
bestimmte Welt zu wählen. Es scheint also, dafs ihm in
diesem Falle die Möglichkeit eines andern Handelns und
mithin die Freiheit genommen ist. Um daher diesen Schein
zu widerlegen, unterscheidet der Philosoph zwischen der absoluten und der moralischen Notwendigkeit. Denn wenn
Gott sich einmal zu dem Besten entschlossen hat, so ist er,
wie Leibniz auseinandersetzt, auf Grund seiner Weisheit
allerdings zur Schöpfung e i n e r ganz bestimmten Welt genötigt. Aber dafs er diesen Entschlufs fafst, dazu ist er nur
inkliniert, aber nicht nezessitiert, das ist eine freie That
Gottes; er könnte sich auch anders entscheiden. Jene Notwendigkeit, die infolge dieses Entschlusses für ihn entsteht,
gründet sich daher auf einen freien Willensakt Gottes, tritt
nur ein, weil er diesen Entschlufs vorher mit Freiheit gefafst
hat. Eine Notwendigkeit dieser Art aber ist keine absolute,
sondern eine moralische (eine auf einem freien Willensakt
beruhende); eine solche aber berührt die Freiheit nicht, vernichtet nicht die göttliche Freiheit, wie dies ja unmittelbar
evident ist. Daraus sieht man, dafs die Freiheit Gottes
durch diese Erwägungen nicht nur nicht bewiesen werden
soll, sondern dafs sie ihnen sogar als etwas Gegebenes schon
vorausgesetzt ist. Ebenso erhellt daraus, dafs die moralische
Notwendigkeit nicht unabhängig von dem Willen Gottes besteht, sondern dafs sie gerade erst durch diesen wirksam
wird, erst dadurch zur Geltung kommt, dafs Gott frei sich
dazu entscheidet, das Beste zu schaffen, sowie endlich, dafs
dieselbe nicht s e l b s t inkliniert, wie man gemeint hat, sondern
auf einer Inklination b e r u h t. Dafs aber dies die Gedanken
des Philosophen sind, das bestätigen seine Äufserungen so
unzweideutig, so unwidersprechlich, dafs ein Zweifel daran
überhaupt ausgeschlossen ist. Auch hierfür werden wir in
der zusammenhängenden Darstellung dieser ganzen Materie,
zu der wir nunmehr übergehen wollen, hinreichende Belege
anführen.

Wir hatten früher gesehen, dafs Gott sich alle möglichen Welten repräsentiert, dafs er aus ihnen e i n e zur Existenz auswählt und diese realisiert. Für eine solche Wahl mufs es nun einen Grund geben, und dieser kann, worauf schon oben (S. 479 f.) hingewiesen wurde, nur in einer Neigung zum Besten gefunden werden. Denn die Annahme, dafs Gott ohne alle Gründe, gleichsam zufällig handle, dafs er zum Guten wie zum Schlechten gleich geneigt sei, ist undenkbar, wie überhaupt die reine Indifferenz etwas Chimärisches ist. Hat nun Gott eine Neigung zum Besten und wird seine Thätigkeit durch diese veranlafst, so ist er stets determiniert. Weil aber sein Bestimmungsgrund eben nur in einer Neigung besteht, so ist er nur inkliniert, nicht nezessitiert, und ist sein Handeln zwar sicher und unfehlbar, aber nicht notwendig. Gott ist daher souverän frei; er kann jede beliebige Welt wählen und schaffen; aber er hat andererseits nicht für jede eine gleich grofse Neigung. Und diese Neigung, diese Zu- oder Abneigung bildet nun den Grund, das Motiv, dafs er, trotzdem er sich für die schlechtere wie für die bessere Welt entscheiden könnte, dennoch der letzteren frei den Vorzug giebt.

„Gott", sagt Leibniz, „hat die Naturgesetze nicht ohne Grund gegeben; denn er wählt nichts aus Laune und gleichsam zufällig oder auf Grund reiner Indifferenz; sondern die allgemeinen Gründe des Guten und der Ordnung haben ihn dazu getrieben" (6, 50). „Der Wille handelt stets nach der Repräsentation des Guten. Man gesteht dies in Bezug auf Gott zu. Gott mangelt nicht, das Beste zu wählen, aber er ist nicht dazu genötigt, und es giebt sogar in dem Objekt seiner Wahl keine Notwendigkeit; denn eine andere Folge der Dinge ist gleich möglich. Ja, gerade deshalb ist die Wahl frei und unabhängig von der Naturnotwendigkeit, weil sie zwischen mehreren Möglichkeiten geschieht und weil der Wille durch die vorwiegende Güte des Objektes bestimmt wird" (128). „Gott ist unendlich mächtig, aber seine Macht ist unbestimmt; die Güte und die Weisheit zusammen be-

stimmen ihn, das Beste zu produzieren" (183). „Obwohl
Gott souverän frei ist, folgt doch nicht, dafs er in einer Indifferenz des Gleichgewichtes ist, und obwohl er zum Handeln inkliniert ist, folgt doch nicht, dafs er durch diese
Neigung genötigt ist, alles, was er kann, zu produzieren.
Er wird produzieren, was er will; denn die Neigung treibt
ihn zum Guten. Wir gestehen die souveräne Freiheit Gottes
zu, aber wir verwechseln sie nicht mit der Indifferenz des
Gleichgewichts, als ob er ohne Grund handeln könnte"
(234 f.) „Das Dekret der Schöpfung ist frei: Gott ist zu
jedem Guten getrieben; das Gute und selbst das Beste inkliniert ihn zum Handeln, aber es nötigt ihn nicht; denn
seine Wahl macht nicht unmöglich, was von dem Besten
verschieden ist; sie macht nicht, dafs das, was Gott unter-
läfst, einen Widerspruch in sich schliefst. Es giebt also in
Gott eine Freiheit, die von der Notwendigkeit eximiert ist"
(255). „Die Dekrete Gottes sind stets frei, obwohl Gott
dazu durch Gründe getrieben wird, welche in der Betrachtung des Guten bestehen: denn durch die Betrachtung des
Guten genötigt werden, das heifst frei sein" (258). „Gott
kann nicht gleichsam zufällig durch ein absolut absolutes
Dekret oder nach einem Willen handeln, der von vernünftigen Motiven unabhängig ist. Er wird immer durch Ver-
nunftgründe bewegt, in welche die Natur der Objekte eingeht u. s. w." (285). „Entweder wird Gott auf Grund einer
vagen Indifferenz und zufällig handeln, oder er wird aus
Laune oder aus irgend einer anderen Leidenschaft handeln,
oder endlich er mufs kraft einer vorwiegenden Neigung der
Vernunft handeln, welche ihn zum Besten treibt. Aber die
Leidenschaften, welche aus den konfusen Vorstellungen
kommen, können in Gott nicht statthaben, und die vage
Indifferenz ist etwas Chimärisches. Es ist also nur möglich,
dafs der stärkste Vernunftgrund die Wahl Gottes regelt"
(305 f.). „Es giebt Gründe für die Wahl Gottes, und diese
sind aus seiner Güte gezogen" (253). „Der Verstand Gottes
enthält die Ideen aller möglichen Dinge; diese repräsentieren

ihm das Gute und Schlechte, und seine Güte läfst ihn das
Vorteilhafteste wählen. Gott also bestimmt sich durch sich
selbst; sein Wille ist aktiv kraft des Guten, aber er wird
geleitet durch die Weisheit" (423). „Nicht durch Zufall
oder ohne Grund, noch aus Notwendigkeit hat Gott die Welt
geschaffen, sondern aus Neigung ist er dazu gekommen, und
seine Neigung treibt ihn zum Besten" (424). Vgl. ferner
107, 116, 145, 160, 167, 178, 253 f., 256, 310, 315 f., 397,
414 u. a. Von zusammenhängenden Erörterungen vgl. m.
219—231, 314—328, 422—426.

Damit erledigt sich nun auch ein Einwand, den man an
sich der Lehre Leibnizens entgegenhalten könnte und der
ihm thatsächlich von zeitgenössischen Philosophen entgegengehalten worden ist. Es giebt nämlich nach Leibniz nur
eine beste Welt. Nun ist Gott, da er seinem Wesen nach
alles deutlich sieht, absolut weise; er kann daher, indem er
alle möglichen Welten betrachtet, niemals darüber im Zweifel
sein, welche von ihnen die vollkommenste ist. Ist er also
ursprünglich dazu inkliniert, das Beste zu thun, so ist er
kraft seiner Weisheit (weil er sich nie darüber täuschen
kann, was das Beste ist) genötigt, gerade diejenige Welt,
welche thatsächlich zur Existenz gelangt ist, und keine andere zu schaffen. Ist er aber genötigt, so ist es, wie es den
Anschein hat, um seine Freiheit geschehen. Dieser Schlufs
ist indessen, wie Leibniz ausführt, nicht stichhaltig. Denn
Gott ist allerdings zum Guten getrieben, aber er ist nicht
notwendig dazu getrieben; er ist inkliniert, aber nicht genötigt, das Beste zu schaffen. Es steht ihm daher unter
allen Umständen absolut frei, auch eine schlechtere Welt zu
produzieren. Hat er sich nun aber einmal zu der Schöpfung
der besten Welt entschlossen, dann allerdings ist er als das
weiseste Wesen genötigt, eine ganz bestimmte Welt zu
realisieren. Aber diese ihm so auferlegte Notwendigkeit ist
nur eine moralische, da sie seine freie Willensentscheidung
voraussetzt, und eine solche kann seine Freiheit natürlich
nicht vermindern. Ja, es giebt sogar nichts Unvernünftigeres

als die Meinung, es sei ein wesentliches Merkmal der Freiheit, ebenso sehr zu dem Guten wie zu dem Schlechten geneigt zu sein und sich darüber täuschen zu können, welches das größere, welches das geringere Gute ist. Das ist im Gegenteil ein Mangel an Freiheit, wie er endlichen Wesen anhaftet. Unwandelbar kraft eigener Neigung das Beste wollen, ohne durch innere Leidenschaften davon abwendig gemacht zu werden, folgend dem Urteil einer Vernunft, die keinem Irrtum ausgesetzt ist, das ist vielmehr der höchste Grad der Freiheit, das ist die wahre, die vollkommene Freiheit.

Der Einwand, setzt Leibniz auseinander, daß Gott, wenn er das Beste will, zur Schöpfung der Welt genötigt gewesen wäre, trifft nicht zu; „denn es ist die Güte, welche Gott zur Schöpfung treibt, und diese selbe Güte, verbunden mit der Weisheit, treibt ihn, das Beste zu schaffen. Sie treibt ihn dazu, ohne ihn zu nötigen. Man nenne dies ein Fatum; das heißt, dieses Wort in einem guten Sinne nehmen. Sagen, daß man etwas nicht thun kann, nur weil man es nicht will, heißt die Ausdrücke mißbrauchen. Der Weise will nur das Gute: ist das also eine Knechtschaft, wenn der Wille nach der Weisheit handelt? Und kann man weniger Sklave sein, als nach eigener Wahl folgend der vollkommensten Vernunft zu handeln?" „Das ist eine moralische Notwendigkeit, welche den Weisesten nötigt, das Beste zu wählen." „Jene angebliche Notwendigkeit ist nur moralisch; sie berührt die Freiheit nicht; im Gegenteil, sie setzt den besten Gebrauch derselben voraus." „Gott ist sicher zu der Schöpfung getrieben gewesen, er ist dazu bestimmt gewesen; aber was sicher ist, ist nicht notwendig; die Sache konnte anders gehen, aber das ist nicht geschehen. Gott hat zwischen verschiedenen gleich möglichen Plänen gewählt; metaphysisch konnte er daher wählen, was nicht das Beste war, aber nicht moralisch. Der beste Weg z. B. von einem Punkt zu einem anderen ist einzig; aber es giebt noch eine Unendlichkeit anderer Wege. Es giebt also keine Notwendigkeit, welche mich

zwingt, die Gerade zu gehen. Aber sobald ich das Beste
wähle, bin ich dazu bestimmt, obwohl das nur eine moralische
Notwendigkeit in dem Weisen ist." „Moralisch genötigt
werden durch die Weisheit, genötigt werden durch die Betrachtung des Guten, das heifst frei sein, das heifst nicht
metaphysisch genötigt sein" (6, 253—260). „Das ist die
wahre, die vollkommenste Freiheit, sein freies Urteil am
besten gebrauchen und seine Macht immer ausüben zu können,
ohne davon abwendig gemacht zu werden, weder von aufsen,
noch durch innere Leidenschaften. Es giebt nichts, was dem
höchsten Grad der Freiheit mehr ansteht, als immer zum
Guten geführt zu werden und immer durch seine eigene
Neigung ohne Zwang und Mifsvergnügen. . . . . . Obwohl Gottes Wille stets unfehlbar ist und stets auf das Beste
geht, so ist das geringere Gute dennoch möglich; sonst würde
die Notwendigkeit des Guten geometrisch oder metaphysisch
sein, und die Zufälligkeit der Dinge würde zerstört werden.
Aber die Notwendigkeit, um die es sich hier handelt, wird
nur durch den Willen Gottes wirksam. Diese Notwendigkeit
heifst moralisch, weil bei dem Weisen Notwendig und Ver-
pflichtet gleichwertige Dinge sind; und wenn sie immer ihren
Effekt hat, wie sie es in dem vollkommen Weisen wirklich hat, so kann man sagen, das sei eine glückliche Notwendigkeit. Das, was diese Notwendigkeit mit sich bringt,
geschieht nicht, trotzdem man es will, sondern weil man es
will, und ein Wille, dem es natürlich ist, gut zu wählen,
verdient am meisten gelobt zu werden" (385 f.). „Der Weise
ist durch eine moralische Notwendigkeit zum Besten getrieben
worden" (184). „Ebenso wie die metaphysische Notwendigkeit in Bezug auf Gott absurd, ist die moralische Notwendigkeit seiner würdig. Das ist eine glückliche Notwendigkeit, welche den Weisen nötigt, gut zu handeln, anstatt dafs
die Indifferenz gegen Gut und Schlecht das Merkmal eines
Mangels an Güte oder Weisheit wäre" (218 f.). „Die Notwendigkeit, das Beste zu thun, ist nur moralisch. Gott kann
nicht mangeln, das Beste zu wählen; indes er ist dazu durch

eine moralische Notwendigkeit genötigt. Sonst würden nicht
nur andere Grund haben, sein Thun zu kritisieren, sondern
er selbst würde nicht mit seinem Werk zufrieden sein
u. s. w." (236). „Die angebliche Notwendigkeit, die Gott
treffen soll, wenn er das Beste wählt, besteht nicht. . . . .
Das ist eine Unvollkommenheit unserer Freiheit, die macht,
dafs wir das Schlechte statt des Guten wählen können. Dies
kommt von dem scheinbaren Guten und Schlechten, das uns
täuscht, anstatt dafs Gott zu dem Wahren und dem gröfsten
Guten getrieben wird, d. h. zu dem Wahren ganz absolut, das
er nicht mangeln konnte, zu erkennen" (305 f.). „Da Gottes
Verstand vollkommen ist, seine Gedanken immer deutlich,
seine Neigungen immer gut sind, so mangelt er nie, das
Beste zu wählen, anstatt dafs wir durch den falschen Schein
des Wahren und Guten getäuscht werden können" (423).
„Für den göttlichen Willen ist zwar die metaphysische, aber
nicht die moralische Notwendigkeit ausgeschlossen; denn
wenn auch Gott in seiner Wahl nicht irren kann und also
immer wählt, was das Zweckmäfsigste ist, so schadet dies
doch seiner Freiheit so wenig, dafs sie dieselbe vielmehr
vollkommen macht" (441, 21). Vgl. ferner 107, 119, 167 f.,
178, 182 f., 204, 211, 237 E., 314 f. u. a.

Aus diesen Auseinandersetzungen erhellt auch unmittelbar, dafs Gott ein zweckthätiges Wesen ist und dafs
er näher den höchsten Zweck verfolgt. Während die geschaffenen Substanzen sich nur danach bestimmen, was ihnen
am besten scheint, bestimmt sich Gott nur nach dem absolut Besten. Auch in dieser Beziehung findet daher die
Monadenlehre in der Gottheit ihren würdigen und notwendigen Abschlufs.

Neunter Abschnitt.
Die teleologische Naturerklärung.

Aus der Zweckthätigkeit Gottes folgt nun auch das,
was Leibniz über die teleologische Naturansicht sagt.

Das Leibnizische System nämlich, soweit wir dasselbe
bisher kennen gelernt haben, stellt für die Weltbetrachtung
und für die Welterklärung den Grundsatz auf, dafs alle
speziellen Phänomene auf rein mechanischem Wege, durch
den Körper und seine Gesetze expliziert werden müssen, dafs
aber die Prinzipien des Körpers selbst, der mechanischen
Gesetze selbst in den Monaden bestehen. Dagegen sind wir
bis jetzt noch nicht berechtigt, die Natur in irgend einer
Beziehung teleologisch zu erklären. Wir haben weder das
Recht, die Beschaffenheit, die Erscheinungen und Veränderungen der Welt im einzelnen wie im ganzen aufser aus
den mechanischen auch noch aus den Finalursachen zu begründen, noch auch haben wir das Recht, die mechanischen
Gesetze oder, sprechen wir gleich genauer, die Thatsache,
dafs die Prinzipien des Mechanismus, die Monaden sich so
bethätigen, wie es durch die mechanischen Gesetze geboten
ist, auf Zweckmäfsigkeitsrücksichten zurückzuführen.

Und dafs wir das Recht zu diesen beiden Stücken auch
nicht durch unsere früheren Ausführungen erhalten, wonach
die Monaden zweckthätige Wesen sind (vgl. S. 409 ff.), liegt
auf der Hand. Denn wenn auch jede einzelne Substanz
sich nach Zwecken regelt, so folgt doch daraus noch nicht
im entferntesten, dafs sie zusammen mit den übrigen eine
zweckmäfsige Welt ausmache, dafs die Welt, welche durch
die Substanzen konstituiert wird, zweckmäfsig eingerichtet
sei und also aus Zwecken begriffen werden müsse. Vielmehr
würde nichts hindern, dafs zwar die Substanzen nach den
Finalursachen handeln und dafs sie dennoch eine höchst un-
zweckmäfsige Welt zusammensetzen. Und wenn auch ferner
die einzelne Monade zu ihrer Thätigkeit durch Zwecke bestimmt wird, so folgt daraus doch ebenfalls noch nicht, dafs
die Thatsache, wonach diese Thätigkeit gerade so beschaffen
ist, wie es die mechanischen Gesetze verlangen, irgend welchen Zwecken diene, bezweckt sei, auf Gründen der Zweckmäfsigkeit beruhe. Vielmehr würde diese Thatsache trotz
der Zweckthätigkeit der Substanzen dennoch höchst unzweck-

mäfsig oder auch reiner Zufall sein können. Der Umstand daher, dafs die Triebfedern für die Entwicklung der Monaden in Begehrungen und Zweckvorstellungen liegen, giebt uns noch in gar keiner Hinsicht das Recht zu einer teleologischen Naturansicht; beides sind völlig verschiedene Dinge, die nicht miteinander vermischt werden dürfen. Eben deshalb müssen auch diejenigen Stellen der Quellen, an welchen Leibniz bemerkt, dafs, ebenso wie die Bewegungen nach den Gesetzen der wirkenden Ursachen sich vollziehen, die Vorstellungen der Monaden nach den Gesetzen der Zweckursachen auseinander entstehen, dafs es daher in der Natur zwei Reiche gebe, das Reich der wirkenden und das Reich der Zweckursachen, dafs diese beiden Reiche einander parallel gehen u. dgl., sehr sorgfältig von denjenigen Stellen unterschieden werden, an welchen der Philosoph ausführt, dafs die Naturerscheinungen eine teleologische Erklärung bedürfen und dafs die mechanischen Gesetze von den Finalursachen abhängen. Wenn man daher bisher diese Bestimmungen meistens durcheinander gebracht hat und sie als vollständig gleichwertig zu behandeln pflegt, so ist das durchaus unzulässig *).

Wir wiederholen daher, soweit wir das System bisher entwickelt haben, hat eine teleologische Naturerklärung in demselben noch keinen Platz. Durch die Einführung eines zweckthätigen Gottes erweitert sich indessen unser Gesichtskreis.

Wir haben zunächst gesehen, dafs die Monaden die Geschöpfe, ja die kontinuierlichen Produktionen Gottes sind, und ebenso hat sich uns ergeben, dafs dieser Gott nach Neigungen, nach Zwecken und näher nach dem Prinzip des Besten handelt. Ist aber die Welt das Werk eines zwecksetzenden Wesens, so ist es selbstverständlich, dafs dieselbe im ganzen wie im einzelnen bestimmten Plänen dienen mufs,

---

*) Auch in der Gesch. d. d. Phil. S. 123—125 wird kein Unterschied zwischen diesen Bestimmungen gemacht, obwohl dieselben doch gar nichts miteinander zu thun haben und auch von Leibniz durchgängig voneinander getrennt werden. Vgl. die zu S. 123, 4 und zu S. 125, 1 angeführten Belegstellen.

dafs in ihr bestimmte Zwecke verwirklicht sein und sich
offenbaren müssen, dafs die Dinge und Veränderungen der
Welt nach dem Prinzip der Zweckmäfsigkeit, der Ordnung
und Vollkommenheit geregelt sein müssen. Ist aber dies
der Fall, dann ist es natürlich nicht hinreichend, um zu
einer Einsicht in die Gründe der Erscheinungen zu gelangen,
wenn wir dieselben blofs aus den wirkenden Ursachen begreifen, wenn wir uns, um sie zu erklären, blofs der Eigenschaften der Materie bedienen. Vielmehr werden wir nur
dann die Dinge vollständig verstehen lernen, wenn wir nicht
nur ihren mechanischen Bedingungen, sondern auch den
Zwecken, welche der Urheber des Universums mit ihnen
verfolgt hat, nachspüren, den Nutzen, den ein jedes von
ihnen stiftet, aufweisen. Eine blofs mechanische Betrachtung der Natur kann ebensowenig zu einer vollständigen
Erkenntnis derselben ausreichen, wie es z. B. zum Verständnis eines Gebäudes genügen würde, wenn man sich nur
über die Struktur desselben unterrichtete, ohne sich danach
zu erkundigen, wozu es bestimmt ist. Darum mufs für jede
Naturforschung der Grundsatz aufgestellt werden, dafs sie
neben den materiellen Bedingungen der Phänomene auch
nach ihren Zwecken frage, neben den wirkenden auch die
Finalursachen berücksichtige. Beide sind für die Begründung
der speziellen Vorgänge in der Welt sowie des Weltganzen
gleich notwendig; beide müssen als Gegenstände der Physik
anerkannt werden. Und dafs die Finalursachen auch zur
Entdeckung wichtiger Wahrheiten mit Erfolg angewendet
werden können, zeigt u. a. die Lehre von der Brechung des
Lichts. Die teleologische Naturanschauung wird daher von
Leibniz acceptiert und gefordert, weil der Schöpfer der Dinge
ein zweckthätiges Wesen ist, und sie soll der mechanischen,
auch in Bezug auf die Einzelforschung, gleichberechtigt zur
Seite treten *).

---

*) Ich hebe diese Bestimmungen ausdrücklich hervor, weil man
dieselben für gewöhnlich nicht zu beachten pflegt; ja man scheint vielfach kaum eine Kenntnis von ihnen zu haben. Auch in der Gesch. d.
d. Phil. S. 123 ff. wird davon nichts erwähnt; es ist hier nur von der
teleologischen Begründung der mechanischen Gesetze die Rede.

„So wenig," sagt Leibniz, „mufs man die Zweckursachen
aus der Physik ausschliefsen, dafs vielmehr durch jene alles
bestimmt werden mufs, da ja die wirkende Ursache der
Dinge intelligent ist, einen Willen hat und folglich nach
dem Guten strebt" (4, 284). Man darf die Zweckursachen nicht vernachlässigen, „als ob Gott sich keinen
Zweck setzte, indem er handelt, oder als ob das Gute nicht
das Objekt seines Willens wäre. Im Gegenteil, darin (in
der Zweckthätigkeit) mufs man das Prinzip aller Existenzen
und Naturgesetze suchen, weil Gott sich stets das Beste vor-
nimmt. . . . Die Wirkung mufs ihrer Ursache entsprechen,
und es ist unvernünftig, eine souveräne Intelligenz einzuführen und dann, anstatt ihre Weisheit anzuwenden, sich
nur der Eigenschaften der Materie zu bedienen, um die
Phänomene zu erklären. Wie wenn ein Historiker, um eine
Eroberung zu begründen, sagen wollte, dafs die Pulverkörner
dieselbe veranlafst haben, ohne zu zeigen, wie die Voraussicht des Eroberers ihn die Zeit und die geeigneten Mittel
hat wählen lassen. . . . Die mechanische und die finale
Naturerklärung ist gut; beide sind nützlich, nicht blofs, um
das Kunstwerk des grofsen Künstlers zu bewundern, sondern
auch um etwas Nützliches in der Physik und in der Medizin
zu entdecken. Und diejenigen, welche diese verschiedenen
Wege einschlagen, sollten sich nicht gegenseitig herabsetzen.
. . . Das Beste wäre es, beide Methoden zu verbinden; denn
ich erkenne die Geschicklichkeit eines Künstlers nicht blofs,
indem ich zeige, welche Pläne er verfolgte, indem er die
Teile seiner Maschine verfertigte, sondern auch, indem ich
die Mittel aufweise, deren er sich bediente, um jedes Stück
zu verfertigen, besonders, wenn diese Mittel einfach und
genial sind. . . . Indessen finde ich, dafs der Weg der wirkenden Ursachen hinlänglich schwer ist, wenn man ins Detail kommt. Aber der Weg der Finalursachen ist leichter
und dient dennoch oft dazu, wichtige Wahrheiten zu finden.
So fand Schnell die Gesetze von der Brechung des Lichts
u. s. w." (445—448). „Die Betrachtung des Guten oder

der Zweckursachen wird mit Nutzen für die Erklärung der
natürlichen Dinge angewendet, da ja der Urheber der Natur
nach dem Prinzip der Ordnung und Vollkommenheit und
mit der höchsten Weisheit handelt, und ich habe anderswo
an dem Gesetz für die Brechung des Lichtes gezeigt, wie
das Prinzip der Zweckursachen oft genügt, um die Geheim-
nisse der Natur zu entdecken" (472; auch 506). „Unsere
Aufgabe ist es, die Spuren Gottes in den Dingen zu bewundern und nicht blofs seine Mittel, sondern auch die Zwecke
der Dinge zu ergründen" (333). „Nicht blofs die wirkenden,
sondern auch die Zweckursachen sind der Gegenstand physischer Untersuchung, ganz wie ein Haus nur mangelhaft
erklärt würde, wenn man nur die Struktur seiner Teile, nicht
auch seinen Zweck ermittelte" (398). „Die wahrhafte Physik
mufs wirklich aus der Quelle der göttlichen Vollkommenheiten geschöpft werden. Gott ist der letzte Grund der
Dinge, und die Kenntnis Gottes ist nicht weniger das Prinzip
der Wissenschaften, als seine Essenz und sein Wille die
Prinzipien der Wesen sind. . . . Weit entfernt, die Finalursachen und die Betrachtung eines mit Weisheit handelnden
Wesens auszuschliefsen, mufs man vielmehr in der Physik
alles aus ihnen ableiten. Das bemerkte schon Sokrates in
dem Phädo des Platon, indem er gegen Anaxagoras auftrat,
welcher zuerst ein intelligentes Prinzip über der Materie
erkannte, ohne es doch anzuwenden, als er zu dem Universum kam, und, anstatt zu zeigen, wie diese Intelligenz alles
aufs beste gemacht hat, alles durch die blofse Materie zu
erklären versuchte u. s. w. u. s. w." (3, 54). Daher verweist
denn auch Leibniz, wie bekannt, aufserordentlich häufig auf
diese letztere Stelle aus dem platonischen Dialog und bespricht sie öfter mit grofser Ausführlichkeit. Vgl. ferner bes.
7, 273—279, 334—336 u. a.

Wie aber Gott nicht die e i n z e l n e n Handlungen der
Substanzen miteinander in Übereinstimmung bringt, sondern
nur die Ursache davon ist, dafs ihre N a t u r e n zu einander
passen, so dürfen wir auch in der teleologischen Naturerklä-

rung die einzelnen Erfahrungsthatsachen nicht unmittelbar
aus der Zweckthätigkeit Gottes ableiten, sondern müssen sie
aus ihren besonderen Zwecken zu begreifen suchen. Nur
wenn es gilt, das Ganze des Universums und die mechanischen und physikalischen Prinzipien selbst zu begründen,
müssen wir direkt auf die Quelle aller Dinge zurückgehen.
„Es ist nutzlos,“ sagt Leibniz, „in der Erklärung der
Phänomene sich auf Gott zu berufen, wenn man nicht gleichzeitig die Mittel oder die Zwecke desselben im speziellen
erklärt und die nächsten wirkenden oder die speziellen
Zweckursachen angiebt“ (4, 398). „Ich gestehe zu, dafs die
besonderen Phänomene der Natur mechanisch erklärt werden
können und müssen, ohne indessen ihre Zwecke und ihren
wunderbaren Nutzen zu vergessen, den die Vorsehung mit
ihnen beabsichtigt hat: aber die allgemeinen Prinzipien der
Physik und der Mechanik selbst hängen von der Führung
einer göttlichen Intelligenz ab und können ohne sie nicht
erklärt werden“ (3, 54), und wohl noch öfter.

Auch die mechanischen Gesetze hängen nämlich, wie
aus der letzten Äufserung des Philosophen zu ersehen ist,
von den Finalursachen ab, müssen aus der Zweckthätigkeit
Gottes hergeleitet werden. Auf den ersten Blick könnte
dieser Satz freilich auffallend erscheinen, da wir doch früher
gesehen haben, dafs die Prinzipien des Mechanismus, der
mechanischen Gesetze in den unteilbaren Substanzen
bestehen. Allein bei näherer Prüfung erweist er sich als
wohlbegründet.

Allerdings müssen die Prinzipien des Mechanismus zunächst in den Monaden gesucht werden: Die Monaden handeln kraft ihres Begriffes so, wie es die mechanischen Gesetze verlangen. Aber dafs sie so handeln, dafs sie näher
eine Natur haben, aus welcher solche Handlungen hervorgehen, diese Thatsache ist selbst unerklärlich. Denn dafs
sie sich nicht in dieser Weise bethätigen mufsten, dafs
keine Notwendigkeit dazu vorlag, dafs sie vielmehr auch
Naturen hätten haben können, aus welchen solche Handlungen

nicht gefolgt wären, dies ergiebt sich aus einer näheren Betrachtung der Naturgesetze. Denn wenn man die Regeln der
Bewegung ableiten will, so mufs man immer etwas voraussetzen, was nicht notwendig ist. So mufs man z. B., um
sie zu erklären und zu begreifen, den Satz voranschicken,
dafs in dem Universum die Wirkung immer der Ursache
gleich sei oder dafs sich immer dieselbe Summe der bewegenden Kraft erhalte, und erst, wenn man sich dieses
Satzes versichert hat, läfst sich der Nachweis führen, dafs
die Dinge gerade denjenigen Gesetzen folgen müssen, welche
die Erfahrung zeigt, läfst sich die Notwendigkeit dieser Gesetze einsehen. Aber dieses Axiom selbst kann nicht mehr
abgeleitet, nicht mehr als notwendig bewiesen werden; es
kann nicht gezeigt werden, dafs sich in der Welt dieselbe
Summe der Kraft erhalten m ü s s e; es würde ebensowohl
auch eine Welt denkbar und möglich sein, in welcher dieses
Prinzip keine Geltung hätte. Ist aber das letztere nicht
notwendig, dann sind auch alle anderen Naturgesetze, da sie
sich ja auf jenes Prinzip gründen, nicht notwendig. Mithin
ist es auch nicht notwendig, dafs die Substanzen eine solche
Entwicklung nehmen, wie es den mechanischen Gesetzen
entspricht, dafs ihnen ein Wesen eignet, aus welchem eine
solche Entwicklung resultiert; vielmehr hätten sie auch
eine ganz andere Konstitution haben können. Freilich mufs
nun zugegeben werden, dafs, wenn auch keine Notwendigkeit dafür zu entdecken ist, dafs die Substanzen so
handeln, wie es die Naturgesetze vorschreiben, es dennoch
keineswegs gleichgiltig ist, ob sie so oder irgendwie anders
handeln, sondern dafs ein solches Handeln um der Vollkommenheit des Universums willen gefordert ist. Denn wenn
die Dinge nicht die Naturgesetze beobachten würden, wenn
beispielsweise die Ursache nicht regelmäfsig der Wirkung
gleich wäre, so würde damit der Ordnung des Universums
Eintrag geschehen. Es ist also im Interesse dieser Ordnung
geboten, dafs die Substanzen diese Gesetze beobachten; es
ist höchst zweckmäfsig, dafs dieses der Fall ist.

Wenn daher die Monaden sich kraft ihres Begriffes so
bethätigen, wie es den mechanischen Gesetzen angemessen ist,
so ist das einerseits nicht notwendig, und wenn es dennoch
geschieht, so beruht dies also auf einem besonderen Willensakt Gottes, der ja den Substanzen ihre Naturen gegeben
hat. Andererseits aber erheischt es doch die Vollkommenheit der Welt, dafs die Monaden sich in jenem Sinne bethätigen, und wenn ihnen also Gott solche Naturen verliehen
hat, so war dies nicht die pure Willkür von ihm, sondern
er hat dies gethan, um die Welt möglichst vollkommen zu
machen, d. h. aus Zweckmäfsigkeitsgründen. Mithin sind
die Naturgesetze zwar nicht notwendig, aber auch nicht
ganz willkürlich, sondern sie halten die Mitte zwischen bei-
dem, indem sie sich auf Zweckmäfsigkeitserwägungen Gottes
gründen, auf die Wahl des Weisen zurückzuführen sind.
Sie hängen daher von den Finalursachen ab, haben in der
Zweckthätigkeit Gottes ihre Quelle.

„Die Gesetze der Bewegung," sagt Leibniz, „sind nicht
willkürlich. . . . . Sie entstehen allerdings nicht aus dem
Prinzip der Notwendigkeit, sondern aus demjenigen der Vollkommenheit und der Ordnung; sie sind ein Effekt der Wahl
und Weisheit Gottes. Ich kann diese Gesetze auf mehrere Arten beweisen, aber man mufs stets etwas voraussetzen,
was nicht von geometrischer Notwendigkeit ist. . . . . Man
kann diese Gesetze begründen, indem man voraussetzt, dafs
die Wirkung immer ihrer Ursache an Kraft gleich ist oder,
was dasselbe, dafs dieselbe Kraft sich stets erhält. Aber
dieses Axiom kann nicht bewiesen werden u. s. w. Diese
Betrachtungen zeigen, dafs die Gesetze der Natur nicht notwendig, aber auch nicht völlig willkürlich sind. Die Mitte
ist, dafs sie eine Wahl der vollkommensten Weisheit sind"
(6, 319—321). „In der letzten Analyse der Gesetze der
Bewegung ist man gezwungen, auf etwas zurückzugehen,
was von den Finalursachen oder der Zweckmäfsigkeit abhängt" (322). „Die Weisheit Gottes hat ihn die Gesetze
der Bewegung wählen lassen. Es erhält sich nach ihnen

dieselbe Gröfse der absoluten Kraft u. s. w. Aber durch die
blofse Betrachtung der wirkenden Ursachen oder der Materie
kann man keinen Grund für diese Gesetze angeben. Denn
ich habe vielmehr gefunden, dafs man auf die Finalursachen
zurückgehen mufs und dafs diese Gesetze nicht von dem
Prinzip der Notwendigkeit abhängen, sondern von demjenigen
der Zweckmäfsigkeit, d. h. von der Wahl der Weisheit"
(603). „Die Gesetze, welche Gott der Natur vorgeschrieben
hat, sind auf Zweckmäfsigkeitsrücksichten gegründet und
halten die Mitte zwischen den geometrischen, absolut notwendigen und den willkürlichen Dekreten" (37). „Die Gesetze der Bewegung sind nicht von geometrischer Notwendigkeit, sind aber auch nicht rein willkürlich, sondern hängen
von den Zwecken oder von dem Prinzip des Besten ab"
(44). „Es giebt aufser den notwendigen Wahrheiten auch
solche, die man positive nennen kann, weil sie Gesetze sind,
die es Gott gefallen hat, der Natur zu geben. Wir lernen
sie entweder durch die Erfahrung kennen oder durch die
Vernunft, d. h. durch Erwägungen der Zweckmäfsigkeit,
welche dieselben hat wählen lassen. Diese Zweckmäfsigkeit
hat auch ihre Regeln; aber das ist die freie Wahl Gottes
und nicht eine geometrische Notwendigkeit, welche das Zweckmäfsige vorziehen läfst. So ist die physische Notwendigkeit
auf die moralische gegründet, d. h. auf die Wahl des Weisen.
Diese physische Notwendigkeit ist das, was die Ordnung der Natur ausmacht, und besteht in den Regeln der
Bewegung, die es Gott gefallen hat, den Dingen zu geben.
Nicht ohne Grund also hat sie Gott gegeben, sondern das
Prinzip des Guten und der Ordnung hat ihn dazu getrieben"
(50). „Die Gesetze der Mechanik hängen von den Zweckursachen ab, d. h. von dem Willen Gottes, welcher determiniert war, das Vollkommenste zu thun" (4, 281). Vgl. ferner
4, 580, 506; 3, 54 f., 607 (1. Absatz), 623, 636, 645; 7,
270 g. E., 272 A, 280. 344 A u. a.

Übrigens machen wir noch ausdrücklich darauf aufmerksam, dafs der Satz Leibnizens, die mechanischen Gesetze

müssen teleologisch begründet werden, keineswegs eine unmittelbare Folge von der Grundbestimmung des Systems ist,
daß die Prinzipien dieser Gesetze in immateriellen Substanzen
gefunden werden müssen. Denn wenn auch diese Prinzipien
in den Monaden bestehen, welche eben so thätig sind, wie
es jenen Gesetzen entspricht, so würde dies doch keineswegs
ausschließen, daß die Monaden in dieser Weise thätig sein
müssen, daß überhaupt keine Welt denkbar wäre, in der
die Substanzen nicht so handeln, in der die Dinge nicht den
Naturgesetzen unterworfen sind, in welchem Falle eben diese
letzteren notwendig wären und also nicht aus der Zweckthätigkeit Gottes hergeleitet werden könnten. Wenn daher
Leibniz dennoch dieser Überzeugung ist, so wurde er zu derselben durch die Betrachtung der Natur jener Gesetze geführt, welche eben an sich selbst nicht notwendig sind, indem
sie vielmehr, wenn man sie ableiten will, immer Axiome
voraussetzen, die sich nur aus den Finalursachen begreifen
lassen, wie aus den angeführten Beispielen deutlich erhellt.
Wenn man es daher gewöhnlich so darzustellen pflegt, als
ob die Lehre des Philosophen, daß die Prinzipien des Mechanismus in den Monaden liegen, unmittelbar mit der anderen zusammenfalle, daß diese Prinzipien in Zweckmäßig-
keitsrücksichten ihren Grund haben *), so ist das nicht korrekt.
Auch hat ja Leibniz selbst diese Bestimmungen überall gesondert behandelt; fast niemals findet sich die Behauptung,
daß die Prinzipien des Mechanismus metaphysischer Natur
seien, zusammen mit derjenigen, daß derselbe von den Zweckursachen abhänge.

Ebenso ist der Satz von dem teleologischen Ursprung

---

*) Gesch. d. d. Phil. S. 123 werden diese beiden Sätze vollständig
auf eine Linie miteinander gestellt; vgl. besonders die ebenda zu Anm. 4
beigebrachten Belegstellen. Dementsprechend heißt es: „So fest Leibniz überzeugt ist, daß sich die letzten Gesetze der Bewegung nur durch
metaphysische oder, wie er wohl auch sagt, durch teleologische Erwägungen aufzeigen lassen, so entschieden verlangt er andererseits für
alle Vorgänge in der Körperwelt eine rein mechanische Erklärung.“
Hiergegen ist indessen zu erinnern, daß Leibniz die Worte „metaphysisch“
und „teleologisch“ nirgends ohne weiteres miteinander identifiziert.

der mechanischen Gesetze keineswegs schon mit den oben
besprochenen Ausführungen Leibnizens gegeben, daſs die Erscheinungen und Vorgänge in der Natur nicht blofs aus ihren
materiellen Bedingungen, sondern auch aus den Finalursachen
erklärt werden müssen *). Denn wenn auch die Welt in allen
ihren Teilen auf das zweckmäfsigste eingerichtet wäre, so
würde daraus doch noch nicht folgen, daſs die mechanischen
Gesetze nicht notwendig seien, sondern auf die Zweckthätigkeit Gottes zurückgehen. Auch diese Bestimmungen müssen
daher immerhin noch auseinander gehalten werden.

Schluſs.
Rückblick auf die Monadenlehre.

Da wir in unserer nunmehr vollendeten Darstellung der
Monadenlehre den Standpunkt des Philosophen, aus dem
seine sämtlichen Überzeugungen allein begriffen werden
können, nicht schon ursprünglich voraussetzen konnten, ihn
vielmehr erst durch eine Besprechung der prinzipiellen Erörterungen des Systems selbst gewinnen mussten, da wir aus
diesem Grunde auch die Bestimmungen des letzteren teilweise nicht in derjenigen Reihenfolge vortragen konnten, in
welcher es an sich erwünscht und geboten gewesen wäre,
da überdies endlich die Darstellung vielfach durch Einzel-
untersuchungen unterbrochen wurde, so wird es nicht überflüssig sein, wenn wir derselben nun rückblickend eine kurze
Übersicht über das Reinergebnis unseres Buches anschliessen.

Die Monadenlehre ist ein wesentlich konziliatorisches
System; sie will die vorhandenen Weltanschauungen miteinander versöhnen. Näher will sie die mechanische Naturerklärung der Modernen, wonach alle Vorgänge auf die Bewegungen von Körpern zurückgeführt werden müssen, und
die formalistische des Altertums und der Scholastiker,

---

*) In der Gesch. d. d. Phil. S. 123 ff. werden auch diese Bestim-
mungen nicht unterschieden.

wonach die Erscheinungen in den substantiellen Formen ihre Ursache haben sollen, miteinander vereinigen. Wollte nun aber Leibniz eine solche Vereinigung herbeiführen, so musste er nachweisen, dafs zwar alle e i n z e l n e n Phänomene aus dem Phänomen des Körpers und seiner Eigenschaften begründet werden können und müssen, dafs aber das Prinzip des Körpers s e l b s t in einer substantiellen Form bestehe, welcher letztere Satz jedoch nicht bedeuten konnte, dafs der Körper durch die Formen e n t s t e h e, weil dies im Widerspruch zu dem ersten Satze, der das Phänomen des Körpers bereits erfordert, gestanden hätte, sondern dafs der Körper s e l b s t in einer substantiellen Form realisiert, als Wesenhaftes repräsentiert sei. Ein solcher Nachweis aber hatte zur Voraussetzung, dafs der Körper und überhaupt alle Dinge, welche wir vorstellen, nicht die E r s c h e i n u n g e n einer äufseren Welt, sondern dafs diese Dinge s e l b s t in uns repräsentiert sind. Und damit war dann ein vollständig neuer Standpunkt gewonnen.

Alle früheren Philosophen gingen von der Annahme aus, dafs unsere Vorstellungen die W i r k u n g e n, die E r s c h e i - n u n g e n unabhängig von uns existierender Substanzen seien, und sie beschäftigten sich daher regelmäfsig mit dem Probleme, was diesen Erscheinungen z u G r u n d e l i e g e, wodurch sie e n t s t e h e n. Leibniz dagegen nimmt an, dafs die äufseren Dinge s e l b s t, die Objekte s e l b s t in uns repräsentiert, dafs mithin unsere gesamten Vorstellungen etwas Ursprüngliches seien, lediglich aus unserem eigenen Grunde hervorgehen. Näher fordert er, dafs wir uns zunächst ganz und gar in der Sphäre der blofsen Vorstellungen aufhalten müssen, das Gebiet der Erscheinungen nicht überschreiten dürfen, indem wir hier Vorstellung aus Vorstellung, Erscheinung aus Erscheinung, und zwar die b e s o n d e r e n Erscheinungen aus der allgemeinen Erscheinung des Körpers, seiner Bewegungen und seines Widerstandes erklären. Und das Problem, mit welchem er es allein zu thun hat, ist dieses, worin die Prinzipien des Körpers, der Bewegung und des Widerstandes s e l b s t bestehen.

Ehe jedoch dieses Problem befriedigend gelöst werden kann, muſs zunächst der Begriff des Körpers festgestellt sein; denn es ist nicht möglich, das Prinzip einer Sache zu finden, bevor man den Begriff derselben kennt. Der Begriff des Körpers wird nun aber von Leibniz natürlich so bestimmt, wie es durch seinen eigentümlichen Standpunkt gefordert ist. Da nun nach diesem Standpunkt der Körper nicht die Wirkung, die Erscheinung eines dritten, da er vielmehr selbst in uns repräsentiert ist, so definiert der Philosoph denselben auch nicht als eine Substanz, durch welche die Raumerfüllung entsteht, nicht als Ursache der Raumerfüllung oder als ein Wesen, welches den Raum erfüllt, sondern er setzt seinen Begriff in die Ausdehnung selbst, in die Ausbreitung selbst einer Natur, nämlich der Thätigkeit und des Widerstandes, und darin liegt zugleich, daſs er wesentlich nicht eine kontinuierliche, sondern eine diskrete Gröſse und näher ein Ganzes vieler Dinge ist, deren jedes ins Unendliche immer wieder ein solches Ganzes ist. Ebenso ist auch die Bewegung nach dem Philosophen ihrem Begriffe nach nicht der Grund dafür, daſs der Körper eine Zeitreihe durchläuft, sondern sie konstituiert sich durch die successive Wiederholung selbst einer Sache, durch die Dauer selbst einer Ortsveränderung, und auch damit ist · schon gesagt, daſs sie wesentlich nicht etwas Kontinuierliches, sondern etwas Diskretes, und zwar ins Unendliche ein Ganzes vieler Zustände ist. Endlich ist auch der Widerstand nicht die Ursache dafür, daſs der Körper nur unter bestimmten Bedingungen bewegt werden kann, er besteht nicht in einer Reaktion des widerstehenden Körpers gegenüber dem angreifenden, sondern er besteht in der Eigenschaft selbst des Körpers, sich nur nach dem Gesetze von der Erhaltung der Kraft oder dem Satz vom zureichenden Grunde bewegen zu lassen, d. h. in der absoluten Passivität.

Erst jetzt, nachdem der Begriff des Körpers klargelegt ist, kann das Prinzip desselben in Frage kommen. In dieser Beziehung handelt es sich jedoch, entsprechend dem Standpunkte des Philosophen, natürlich nicht darum, was dem Körper zu Grunde liegt, wie er entsteht, sondern um das Prinzip des Körpers selbst. Dieses aber muſs in einer Seele und näher in einer aktiven und passiven Kraft gefunden werden. Der Körper selbst ist nämlich, wie schon aus seinem Begriffe hervorgeht, ins Unendliche ein Ganzes vieler Dinge, ein Aggregat als solches; er ist daher immer nur eine zufällige, keine wahrhafte Einheit, ja er hat überhaupt gar keine Realität, ist also ein reines Phänomen, wie ein Traumbild. Soll er daher nicht ein bloſses Phänomen sein, sondern Realität haben, soll es ein Wesen geben, in welchem der Körper selbst realisiert, als wirkliche Einheit, als Wesenhaftes repräsentiert ist, so muſs eine Substanz, welche nicht mehr ein Aggregat ist, eine unteilbare Substanz, eine Seele angenommen werden. Ebenso ist nun auch die Bewegung selbst, sofern man nur die Ortsveränderung in ihr betrachtet, so lange es keine Ursache der Bewegung giebt, etwas bloſs Relatives, von dem man nicht angeben kann, welchem Subjekt es zuzuteilen ist; und nicht minder ist sie als Veränderung eine bloſse Modifikation, jede Modifikation aber setzt ein Unveränderliches, Beharrendes voraus, dessen Modifikation sie ist. Soll also eine Ursache der Bewegung, ein solches Beharrendes, soll eine Substanz existieren, in welchem die Bewegung selbst im Keime und als Beharrendes ausgedrückt ist, so müssen wir eine aktive Kraft einführen. Endlich kann auch für den Widerstand selbst, für die Passivität selbst des Körpers, vermöge deren der letztere nur nach dem Satz von der Erhaltung der Kraft bewegt werden kann, kein Grund angegeben werden, da ja die Ausdehnung, welche das Wesen des Körpers ausmacht (denn er konstituiert sich durch die Ausdehnung einer Natur), gegen jede Bewegung völlig indifferent ist. Soll sich mithin ein Grund für den Widerstand des Körpers, ein Wesen finden, in welchem der Körper selbst als passives Vermögen dargestellt ist, so muſs in ihm eine passive Kraft anerkannt werden.

Besteht nun hiernach das Prinzip des Körpers in einem unteilbaren Wesen, einer Seele, so muſs das Gleiche natürlich auch von denjenigen Körpern gelten, welche er selbst in sich enthält, da ja doch der Körper wesentlich ein Ganzes vieler Körper ist, deren jeder abermals ein solches Ganzes ist. Ist aber das Prinzip jedes dieser besondern Körper wiederum eine einfache Substanz, eine Seele, so erhalten wir also als das allein Wesenhafte in dem Körper eine Unendlichheit einfacher Substanzen, welche in einem organischen Verhältnis zu einander stehen. Diesen allein kommt die gesamte Realität zu. Die Körper dagegen und die ganze materielle Welt sind nichts weiter als rein subjektive Phänomene ohne jedwede objektive Realität, Phänomene, welche lediglich aus unserer eigenen Natur stammen, sie gleichen wohlgeregelten und wohlbegründeten Träumen. Der Raum und die Zeit jedoch bezeichnen, wie aus den Begriffen des Körpers und der Bewegung folgt, nur die Ordnung dieser Phänomene selbst, sofern sie koexistieren, bez. successiv sind.

Die Substanzen, die hiermit als das allein Reale erkannt sind, die Monaden sind nun ihrer Ableitung gemäſs die einem Körper entsprechenden Einheiten, sie sind das als Unteilbares und Substantielles, was der Körper, dessen Seele sie sind, als Vielheit und Phänomen ist, oder sie sind die einfachen Wesen, welche diesen Körper in sich repräsentieren. Näher sind sie aktive und passive Kräfte. Sofern aber die Monade eine aktive Kraft ist, ist sie das im Keime und als Unveränderliches, was die Bewegungen ihres Körpers entfaltet und als Veränderungen sind, repräsentiert sie diese Bewegungen in einer Einheit und in einem Beharrenden. Da jedoch in jeder Bewegung zwei Momente, die Ortsveränderung und das Streben nach ihr, zu unterscheiden sind, so besteht also die Substanz in dem einen und unveränderlichen Akte, welcher alle Bewegungen des Körpers in sich ausdrückt, d. h. in einem Vermögen, sowie in dem unveränderlichen Streben, dieses Vermögen zu entwickeln, d. h. in einem auf das Ziel der in dem letzteren

angelegten Thätigkeiten (und also mittelbar auch auf diese
selbst) gerichteten Streben, mithin einem Begehren; sie ist
daher nicht ein blofses Vermögen, sondern schliefst auch ein
Begehren in sich, kraft dessen sie durch sich selbst zur
Handlung übergeht, und diese Handlungen müssen nun
natürlich, entsprechend dem, was in jenem Vermögen präformiert ist, die Bewegungen des Körpers der Substanz
in sich darstellen. Weil aber die Monade ferner auch eine
passive Kraft ist, so ist der Akt, welcher soeben als aktive
Kraft bezeichnet wurde, nur beschränkt thätig, ist er dem
Satz vom zureichenden Grunde unterworfen, repräsentiert
er nur die Bewegungen eines Körpers, eines Leibes in
sich, eine Beschränkung, die der Substanz, wenn sie nur
aktiv wäre, natürlich nicht zukommen würde; und demgemäfs
gehen auch aus der Kraft nur solche Thätigkeiten hervor,
welche eben die Veränderungen eines Leibes darstellen.
Repräsentiert nun aber jede Monade die Bewegungen ihres
Körpers, so mufs sie notwendig zugleich auch eine äufsere
Welt repräsentieren: denn die Bewegungen ihrer Organe sind
ja doch wesentlich nur die Wirkungen dessen, was in der
Welt vorgeht, und indem sie daher jene ausdrückt, drückt
sie notwendig auch diese aus. Und da endlich mit dem
Begriffe der Repräsentation auch derjenige der Vorstellung,
der Perzeption gegeben ist, so stellt also jede Monade die
Bewegungen ihres Körpers vor und infolgedessen auch die
äufseren Dinge, oder sie perzipiert die äufseren Dinge gemäfs
den Eindrücken, welche diese auf ihren Leib machen.

Die Substanz ist hiernach identisch mit der Kraft; sie
ist der beharrliche Akt, welcher sämtliche Bewegungen ihres
Körpers und vermittelst dieser die Welt oder welcher ihren
gesamten Entwicklungsgang in sich repräsentiert. Wie aber
diese Worte nicht blofs bedeuten, dafs die Substanz den
letzteren als ihr Objekt in sich enthalte, sondern dafs sie
selbst eine Darstellung desselben sei, so ist auch der
besondere individuelle Inhalt dieses Entwicklungsganges
nicht etwas für sie nur Accidentelles, sondern er gehört zu

ihrem eigenen Wesen. Der Begriff der Substanz ist daher
dieser, daſs sie eine vollständige Repräsentation alles dessen
ist, was ihr jemals geschehen kann; oder, was auf dasselbe
hinausläuft, die Substanz ist zu definieren als ein Wesen,
aus dessen Begriff sich alle Prädikate, welche im Laufe der
Zeit von ihm ausgesagt werden können, ableiten lassen.
Während mithin die substantiellen Formen der früheren
Philosophen nur die Gründe für die allgemeinen Prädikate derjenigen Dinge darstellten, deren Formen sie bildeten,
d. h. allgemeine Substanzen waren, sind dagegen die
Leibnizischen Substanzen die Gründe für alle, auch für die
rein individuellen Prädikate, welche ihnen je zugesprochen
werden können, d. h. individuelle Substanzen. Indem
in die antike formalistische Weltanschauung von Leibniz das
moderne Element aufgenommen wird, müssen notwendig an
die Stelle der allgemeinen Substanzen der Alten individuelle Substanzen treten.

Schließen nun die Monaden ihrem Wesen nach schon
ursprünglich ihre gesamte Entwicklung in sich, so stellen sie
andererseits auch von dem Universum nicht bloſs einen Teil,
sondern sie stellen das gesamte Universum vor. Denn da
ihre Vorstellungen nicht die Wirkungen, die Erscheinungen unabhängig von ihnen existierender Substanzen
sind, da vielmehr die äuſseren Dinge selbst in ihnen repräsentiert sein sollen, so muſs notwendig auch die ganze Welt in
ihnen repräsentiert sein, weil alles, was in dieser vorgeht, in
gleicher Weise zu den äuſseren Dingen gehört; und überdies
teilt sich jede Veränderung in dem Weltall wegen der kontinuierlichen Ausbreitung und gleichmäſsigen Teilbarkeit der
Materie sämtlichen Körpern, also auch dem Leibe der einzelnen Monade mit, woraus von selbst folgt, daſs die letztere
von allen diesen Veränderungen eine Kenntnis haben muſs.

So trägt jede Monade beständig eine Unendlichkeit von
Vorstellungen in sich, indem sie ihre gesamte Zukunft, ihre
gesamte Vergangenheit und überdies das gesamte Universum
repräsentiert. Aber die meisten dieser Vorstellungen sind

nur aufserordentlich klein. Denn da sie ihre Zukunft
nur im Keime ausdrückt, so kann sie dieselbe auch nur
schwach ausdrücken, wie dies letztere auch von fast allen
Ereignissen ihrer Vergangenheit wird gelten müssen; und
ebenso wird sie auch die Vorgänge in dem Universum in
der Hauptsache nur unvollkommen wahrnehmen können, da
sie ja dieselben nur vermittelst der Eindrücke wahrnimmt,
welche sie in ihrem Leibe hervorbringen, diese Eindrücke
aber im allgemeinen nur verschwindend gering sind. Weil
nun so die Monade' jederzeit unendlich viele Vorstellungen
auf e i n m a l hat und diese Vorstellungen zumeist nur klein
und unmerklich sind, so ist sie nicht imstande, dieselben
alle auseinander zu halten, sie voneinander zu unterscheiden,
und kann sie mithin gröfstenteils nicht deutlich, sondern
nur konfuse bemerken. So ist mit dem Wesen der Substanz
auch der Unterschied der Deutlichkeit und Verworrenheit
ihrer Vorstellungen gegeben.

Das Prinzip ferner, kraft dessen die Monaden zur
Thätigkeit übergehen, ja sogar beständig thätig sind, besteht
in einem Streben zur Veränderung, welches Streben näher
ein Begehren ist; die Monaden werden zu ihrer Thätigkeit
durch Begehrungen bestimmt. Nun ist jede Begierde ein
Streben nach einem durch das Mittel bestimmter Handlungen
erreichbaren Erfolg oder Ziel. Indem sich daher die Substanzen nach Begierden regeln, regeln sie sich auch nach
Zwecken, und sie sind also zweckthätige Wesen. Diese Begierden determinieren ferner die Monaden in jedem Momente
zu einer bestimmten Handlung; aber weil sie blofse Begierden, blofse Neigungen sind, versetzen sie dieselben doch
niemals in die Notwendigkeit, so zu handeln, lassen ihnen
vielmehr unter allen Umständen ihre vollkommene Wahlfreiheit; sie machen sie nur geneigt, sie inklinieren nur,
aber sie nötigen nicht. Und wenn daher die Substanzen
auch immer und ausnahmslos diejenige Entwicklung nehmen,
welche ihren Neigungen entspricht, so müssen sie sich doch
keineswegs in dieser Weise entwickeln; ihre Handlungen
sind sicher und unfehlbar, aber sie sind nicht notwendig.

Die Monaden sind mithin ihrer Natur nach zweckthätige und
frei handelnde Wesen.

Sind weiter alle Äuſserungen der Monaden nur die Entfaltung dessen, was ursprünglich in ihnen angelegt ist, nur
eine Folge ihres eigenen Begriffes, so ergiebt sich, daſs sie
auch keinen physischen Einfluſs aufeinander haben, wie die
Dinge der materiellen Welt, daſs vielmehr, wenn ihre Handlungen, wie es die Erfahrung lehrt, einander entsprechen,
dies nur ein selbständiges Zusammentreffen, ein spontanes
Übereinstimmen, nur eine Harmonie ist, und daſs diese Harmonie ihrer Handlungen in ihrem Begriffe, in ihren Naturen
begründet ist, nur daher kommt, weil sie alle ein solches
Wesen, solche Naturen haben, daſs die aus diesen hervor-
gehenden Veränderungen von selbst in Beziehung zu einander
stehen, weil sie alle wesentlich Repräsentationen eines und
eben desselbigen Universums von dem einer jeden von ihnen
eigenen Gesichtspunkte aus sind. Ebenso ergiebt sich, daſs
die Monaden auch nicht aufeinander handeln und voneinander
leiden, daſs sie vielmehr allein aus sich selbst heraus, kraft
ihres Begriffes so thätig, bez. so beschränkt sind, wie sie es
sein müſsten, wenn sie sich zu einander handelnd und leidend
verhalten würden, und daſs wir nur darum von der einen
Substanz sagen, sie handle in Bezug auf eine andere und
diese leide von jener, weil die erstere in derselben Hinsicht thätig, in welcher die zweite beschränkt, weil jene
vollkommener ist als diese oder weil die eine dieselbe Veränderung deutlicher, welche die andere verworrener ausdrückt, weil jene eine deutlichere Vorstellung hat als diese,
kurz daſs sich der Unterschied des Handelns und Leidens,
den wir in den Phänomenen bemerken, sich in der Welt der
Substanzen auf denjenigen der Deutlichkeit und Verworrenheit ihrer Vorstellungen zurückführt.

Diese Harmonie der Monaden ist nun aber durch sich
selbst nicht vollständig zu begreifen. Die Frage freilich,
wie die Korrespondenz der Substanzen entstehe, werden
wir nicht mehr aufwerfen können, da ja die letztere aus dem

eigenen Begriffe der Dinge folgen soll, dieser aber etwas
Primitives und Unableitbares ist. Wohl aber erhebt sich die
Frage nach dem Prinzip für die Erscheinung selbst, dafs
die Substanzen solche Begriffe haben, dafs ihnen ein solches
Wesen eignet, kraft dessen sie in spontanem Verkehr miteinander stehen. Denn wenn auch die Begriffe, welche den
Substanzen einmal zukommen, etwas Ursprüngliches sind,
an denen nichts geändert werden kann, so hätten doch die
Dinge statt dieser Begriffe auch ganz andere, ihrerseits
ebenso unabänderliche Begriffe haben können: in der Region
der ewigen Wahrheiten, der Möglichkeiten giebt es noch unendlich viele Begriffe, welche den Dingen hätten verliehen,
welche hätten realisiert werden können. Soll es daher ein
Prinzip für die Thatsache selbst geben, dafs die Substanzen
harmonische Naturen haben, soll ein Wesen existieren, in
welchem das Realisieren selbst der Naturen der Dinge repräsentiert und ausgedrückt ist, so müssen wir einen Gott
annehmen. Diesem Gott müssen also alle Begriffe, welche
die Dinge hätten haben können, all' die unendlich vielen
möglichen Essenzen der Dinge durch seinen Verstand als
etwas Primitives und Unableitbares, von dem göttlichen
Willen selbst Unabhängiges gegeben werden; er mufs sich
dieselben vergegenwärtigen, sie je nach ihrer Zusammen-
gehörigkeit in Welten ordnen, von diesen möglichen Welten
eine bestimmte zur Realisation, zur Schöpfung auserwählen,
sie in die Wirklichkeit überführen, sie realisieren, schaffen;
er mufs der einem solchen Realisieren und Schaffen entsprechende, der dieses Realisieren repräsentierende Akt sein.
Da also Gott nicht der Grund dafür ist, dafs die Welt
entsteht, da er vielmehr das Realisieren selbst der
Naturen der Dinge ausdrückt, so schafft er auch die Welt
nicht blofs einmal, sondern er schafft sie unaufhörlich von
neuem, und diese Welt ist darum die kontinuierliche Produktion und gleichsam eine beständige Emanation Gottes,
sodafs sie in demselben Momente, in welchem Gott aufhören
würde zu wirken, in das Nichts verschwinden würde. Re-

präsentiert ferner Gott das Realisieren der Welt, so mufs er
natürlich auch diese Welt selbst repräsentieren, er mufs das
gesamte Universum mit allen endlichen Monaden und zwar,
da er die Quelle desselben ist, natürlich alle vergangenen,
gegenwärtigen und zukünftigen Vorgänge in ihm auf e i n m a l
und absolut deutlich vorstellen. Wenn er endlich die thatsächlich existierende Welt aus einer Unendlichkeit anderer
möglicher Welten auserlesen soll, so mufs es auch einen
Grund geben, welcher ihn bestimmt, gerade dieser und keiner
anderen Welt den Vorzug zu geben. Dieser Grund aber
darf natürlich nicht nötigender Natur sein, weil sonst überhaupt keine Wahl mehr möglich wäre; er kann also nur in
einer Neigung bestehen. Gott handelt daher nach einer
Neigung. Diese Neigung treibt ihn dazu, eine bestimmte
Welt und zwar die beste von allen möglichen zum Dasein
zu rufen; aber als blofse Neigung erlegt sie ihm doch nicht
die Notwendigkeit dazu auf, sie determiniert ihn, sie inkliniert ihn, aber sie nötigt ihn nicht; und obwohl daher Gott
sich immer und unfehlbar zu dem entscheidet, worauf seine
Neigung geht, so mufs er sich doch niemals so entscheiden,
behält vielmehr jederzeit seine souveräne Freiheit, irgend
eine andere Resolution zu fassen. Und deshalb ist auch die
Welt nicht notwendig, sondern sie ist das freie Produkt
einer nach Neigungen und mithin nach Zwecken handelnden
Substanz.

Ist aber das Universum die freie Schöpfung eines zweckthätigen Gottes, so ist es klar, dafs dasselbe auch zweckmäfsig eingerichtet sein mufs. Dann aber werden wir auch
nur in dem Falle zu einer vollkommenen Erkenntnis desselben gelangen können, wenn wir die Erscheinungen nicht
blofs aus ihren mechanischen und materiellen Ursachen, sondern auch aus ihren Zwecken zu begreifen suchen. Wenn
daher das System mit dem Grundsatze beginnt, dafs alle
Phänomene mechanisch expliciert werden müssen, so erfährt
derselbe nun zum Schlusse eine Ergänzung dahin, dafs wir
uns nicht ausschliefslich mit einer mechanischen Betrachtung

der Natur begnügen dürfen, sondern dafs wir aufserdem auch
noch nach den Zwecken forschen müssen, welche die Welt
im einzelnen wie im ganzen verfolgt, dafs mithin der mechanischen Welterklärung die teleologische gleichberechtigt
zur Seite treten mufs. Und eine Analyse der Grundgesetze
der Mechanik und der Physik zeigt sogar, dafs auch diese
Gesetze nur aus der Zweckthätigkeit Gottes begriffen werden
können, also in den Finalursachen ihren Grund haben.

Aus dieser kurzen Übersicht ersieht man nun, dafs alle
Hauptbestimmungen der Monadenlehre aus e i n e r Grundtendenz entsprungen sind, aus der Tendenz nämlich, die
antike formalistische mit der modernen mechanischen Weltanschauung zu verbinden, dafs sie insgesamt aus dem Probleme hervorgewachsen sind, ob nicht zwar die B e s o n d e r -
h e i t e n der Natur mechanisch begründet, aber die Prinzipien
des Mechanismus s e l b s t in den substantiellen Formen gesucht werden müssen. Ja, es gilt dies sogar nicht blofs von
den hervorragenderen, sondern überhaupt von allen Bestimmungen des Philosophen. Schon unsere frühere Darstellung
hat gelegentlich sehen lassen, wie selbst die speziellsten Angaben Leibnizens im engsten Zusammenhange mit seinem
sonstigen Standpunkte stehen, ja teilweise ohne eine Kenntnis
des letzteren nicht einmal verständlich sind; es würde sich
dies aber in noch viel überraschenderem Mafse bestätigen,
wofern man das Detail seiner Lehre einer eingehenderen
Analyse unterziehen würde. Wenn wir es daher früher
als eine höchst auffällige und befremdliche Erscheinung bezeichnen mufsten, dafs es dem Leibnizischen System, wie man
es bisher vorgetragen hat, an einem einheitlichen und leiten-
den Gedanken fehle, aus welchem die hauptsächlichsten Sätze
desselben sich begreifen lassen und in welchem sie ihr ver-
einigendes Band finden (vgl. S. 12 f.), so trifft dieser Vorwurf
auf das System, wie es sich nach unserer Auffassung gestaltet, so wenig zu, dafs vielmehr danach alle Sätze desselben samt und sonders mit einer wahrhaft imponierenden
Folgerichtigkeit aus e i n e m Standpunkte hervorgegangen,

nur die notwendigen Konsequenzen einer Grundtendenz
und eines Grundproblemes sind.

Zugleich erhellt aus unseren Ergebnissen die geschichtliche Stellung Leibnizens so unmittelbar, daſs es in dieser
Beziehung überhaupt keiner besonderen Auseinandersetzung
mehr bedarf, und damit findet wiederum eine Frage ihre
vollständige Erledigung, deren unbefriedigende Beantwortung
durch die herkömmlichen Darstellungen der Monadenlehre
wir früher als ein Anzeichen für die Unzulänglichkeit derselben geltend machten (vgl. S. 13 f.).

Und ebenso läſst sich auf Grund unserer Untersuchungen
der Entwicklungsgang Leibnizens, den die bisherige Forschung, wie wir früher (S. 14 f.) in dem gleichen Zusammenhange
angeführt haben, so gut wie vollständig im Dunkeln gelassen
hatte *), mit annähernder Sicherheit feststellen. Um die
wichtigsten Daten in dieser Beziehung anzugeben, so faſste
Leibniz um das Jahr 1675 den Plan, zwischen der modernen
und der älteren Spekulation durch die Aufstellung eines
neuen Systemes eine Versöhnung herbeizuführen, und legte
sich zu diesem Zwecke die Frage vor, ob nicht trotz der
Anwendbarkeit des Mechanismus im einzelnen doch die
Prinzipien des Mechanismus selbst in den substantiellen

---

*) Es sind allerdings in neuerer Zeit eine ganze Reihe von Mono-,
graphieen (merkwürdigerweise fast lauter Doktordissertationen) erschienen-
welche es sich zur Aufgabe gesetzt haben, die Entstehung der Monadenlehre aufzuklären: die letzte von ihnen ist, soviel ich weiſs, diejenigen
von L. Stein (vgl. sein oben S. 206 angeführtes Buch). Dieselben haben
aber keine auch nur halbwegs klare Anschauung über die Entstehung
des Systems zu geben vermocht, wie sie überhaupt kaum zu irgen-
einem gesicherten Resultate g führt haben. Der Grund ür diese Er
scheinung liegt darin, daſs sie alle die Lösung ihrer Aufgabe auf einem
falschen Wege erstrebt haben, nämlich nicht in erster Linie, wie es
allerdings das allein Richtige wäre, durch eine gründliche Untersuchung
und Analyse der Monadenlehre selbst, sondern durch eine Zergliederung
der wenigen ihrer Bildung vorangehenden philosophischen Schriften Leibnizens. Die Verkehrtheit dieses Verfahrens, auf welche ich schon wiederholt aufmerksam gemacht habe, kommt nun recht deutlich zum Vorschein; denn durch unsere Darstellung des Systems werden diese Arbeiten ihrem wesentlichen Inhalte nach, wie mit leichter Mühe nachgewiesen werden könnte, wie aber auch ohne weiteres klar ist, ausnahmslos hinfällig: insbesondere erweist sich auch diejenige von Stein
Punkt für Punkt als haltlos.

Formen bestehen. Indem er dann an die Lösung dieser Frage heranging, ergab sich ihm in einsamem Nachdenken, in etwa zehnjähriger grandioser Gedankenarbeit diejenige Weltanschauung, welche sich in der Monadenlehre niedergelegt findet und deren Bildung spätestens im Jahre 1685 ihren vollständigen Abschluſs fand. Bereits im Anfange des folgenden Jahres faſste er dieselbe endlich in dem „metaphysischen Discurs" zu einem zusammenhängenden Ganzen zusammen, und dieses Werk setzt nicht nur sämtliche Bestimmungen der Monadenlehre ohne Ausnahme bereits voraus, sondern es führt sie auch zum gröſsten Teile ausdrücklich auf. Die durchsichtige Klarheit, welche über das System des Philosophen ausgebreitet ist, kennzeichnet so auch seine Entwicklung. Im Beginn seiner Universitätsstudien beschäftigte er sich eindringlichst mit der formalistischen Philosophie der Alten und vorzugsweise der Scholastiker; als er darauf die neuere Wissenschaft kennen lernte, gab er jener den Abschied und wandte sich mit Begeisterung einer rein mechanischen Naturerklärung zu, von deren alleiniger Richtigkeit er noch im Anfange der siebziger Jahre des 17. Jahrhunderts fest überzeugt war. Dynamische Entdeckungen, die er während seines Pariser Aufenthaltes machte, lieſsen alsdann den Entschluſs in ihm heranreifen, die beiden philosophischen Richtungen, durch welche ihn sein eigener Studiengang nacheinander hindurchgeführt hatte, zu einem harmonischen System zu verschmelzen, und dies führte ihn nun zu der Monadenlehre, die er um die Mitte der achtziger Jahre vollendete, um sie von da an unverändert bis an sein Lebensende festzuhalten. Die nähere Begründung und Ausführung dieser Sätze würde aber noch eine eigene Erörterung notwendig machen, auf die wir uns hier nicht mehr einlassen können.

Wenn man nun endlich die Darstellung eines Systems gemeinhin mit der Aufzeigung seiner Lücken und Widersprüche abzuschlieſsen pflegt, so muſs bei der Monadenlehre an die Stelle eines solchen Abschlusses die Erklärung gesetzt werden, daſs dieses System überhaupt keinen Widerspruch

in sich enthält. Wir meinen natürlich keinen Widerspruch
mit sich selbst; denn ob es mit den Thatsachen der Erfahrung oder mit anerkannten Ergebnissen der Wissenschaft
in Konflikt steht, das zu entscheiden, ist hier nicht der Ort
und gehört nicht in den Rahmen dieses Buches. Es ist
freilich eine weit, oder wir können vielleicht sagen, eine
allgemein verbreitete Vorstellung, daſs es keine Philosophie
gebe, ja geben könne, welche sich nicht in einen oder mehrere
fundamentale Widersprüche verwickle, welche nicht in letzter
Beziehung zu einem Zwiespalt ihrer eigenen Bestimmungen
führe, in dem die Einseitigkeit ihrer Prinzipien zum Vorschein komme und durch den das Denken aufgefordert
werde, über sie hinauszugehen und eine neue, auf soliderem
und dauerhafterem Grunde sich aufbauende Weltanschauung
zu suchen. Diese Vorstellung, die bisher durch die Geschichte
scheinbar gerechtfertigt worden ist, wird, so glauben wir
wenigstens, durch die Leibnizische Philosophie glänzend
widerlegt. Die Monadenlehre, freilich nicht dasjenige System,
welches man gemeiniglich dafür auszugeben pflegt — denn
dieses ist, wie früher (S. 17) schon hervorgehoben wurde,
voll von unversöhnten Gegensätzen —, sondern die Monadenlehre, wie sie oben dargestellt wurde, scheint in der That
keinen solchen Zwiespalt aufzuweisen. Wir wenigstens kennen
keinen solchen, wir wüſsten auch nicht, wo er sich finden
sollte, und wir denken, daſs er auch nicht nachgewiesen
werden wird. Dieses merkwürdige System schließt wirklich keinen Satz in sich, der nicht mit der strengsten Folgerichtigkeit aus den Grundanschauungen des Philosophen ent-
spränge, der nicht in allseitiger Übereinstimmung mit den
Prinzipien und mit den übrigen Überzeugungen desselben
stände, und die tiefe, fast blendende Klarheit, mit welcher
sich aus dem Standpunkte des Ganzen alles Einzelne entwickelt und umgekehrt dieses durch sich selbst auf jenen
hinweist, fordert die höchste Bewunderung heraus. Diese
noch von keinem anderen Philosophen der älteren oder
neueren Zeit auch nur annäherungsweise erreichte absolute

Widerspruchslosigkeit der Monadenlehre, verbunden mit den übrigen hervorragenden Eigenschaften derselben, der Kraft und Tiefe der Spekulation, der ihr von Hause aus innewohnenden Vielseitigkeit, der Energie des Denkens, dem unvergleichlichen Scharfsinn und der echt wissenschaftlichen Exaktheit und Sorgfalt, mit welcher ihr dem gewöhnlichen Gedankenkreise so ferne liegender Standpunkt festgehalten, in seine Konsequenzen verfolgt und bis in das Einzelnste durchgeführt wird, ist es auch, welche diesem Systeme eine exceptionelle Stellung vor allen anderen Systemen verleiht. Die Leibnizische Monadenlehre ist die schönste und vollkommenste Frucht des philosophischen Denkens, sie ist das vollendetste und glanzvollste System, welches die Geschichte der Philosophie kennt.